Direito Administrativo

TEXTOS E CASOS PRÁTICOS RESOLVIDOS

Direito Administrativo

TEXTOS E CASOS PRÁTICOS RESOLVIDOS

2020 • 3ª Edição
Reimpressão

Ana Raquel Gonçalves Moniz
Professora da Faculdade de Direito da Universidade de Coimbra

ALMEDINA

DIREITO ADMINISTRATIVO
TEXTOS E CASOS PRÁTICOS RESOLVIDOS

AUTOR
Ana Raquel Gonçalves Moniz

EDITOR
EDIÇÕES ALMEDINA, S.A.
Rua Fernandes Tomás, nºs 76-80
3000-167 Coimbra
Tel.: 239 851 904 · Fax: 239 851 901
www.almedina.net · editora@almedina.net

Design de colecção: FBA.
Capa: Edições Almedina

PRÉ-IMPRESSÃO
EDIÇÕES ALMEDINA, SA

IMPRESSÃO E ACABAMENTO
DPS - Digital Printing Services
Agosto, 2020

DEPÓSITO LEGAL
461620/19

ALMEDINA | GRUPOALMEDINA

BIBLIOTECA NACIONAL DE PORTUGAL – CATALOGAÇÃO NA PUBLICAÇÃO

MONIZ, Ana Raquel Gonçalves

Direito administrativo : textos e casos práticos
resolvidos. – 3ª ed. – (Casos práticos)
ISBN 978-972-40-8104-5

CDU 342

NOTA PRÉVIA À 3.ª EDIÇÃO

Esgotada a 2.ª edição deste livro, mantém-se o propósito didático que inicialmente lhe presidiu: o de constituir um instrumento de estudo do Direito Administrativo, capaz de estimular a capacidade de problematização e o espírito crítico.

A entrada em vigor de vários diplomas legislativos e a própria evolução da doutrina determinaram que, ao invés de se efetuar uma simples reimpressão, se atualizasse o conteúdo. Por esse motivo, quer os textos, quer as soluções dos casos práticos foram alterados na medida da evolução normativa, mas procurando também acolher posições doutrinais e orientações jurisprudenciais ulteriores. Aproveitou-se ainda o ensejo para efetuar a correção de numerosos lapsos de escrita.

Coimbra, em agosto de 2019

NOTA PRÉVIA

O presente livro tem um propósito eminentemente didático, destinando-se, em primeira linha, aos alunos de Direito Administrativo e, por esse motivo, procura responder a algumas solicitações que me foram sendo dirigidas pelos estudantes.

A circunstância de se tratar de um trabalho com esta marca teleologicamente orientada explica a reunião, na mesma publicação, de dois tipos de materiais pedagógicos – textos de apoio e casos práticos resolvidos – que, não pretendendo, de forma alguma substituir a bibliografia indicada, se dirigem a facilitar o estudo da unidade curricular e a preparação para os exames (escritos e orais). Assim, e por um lado, oferece-se um conjunto de textos independentes sobre diferentes matérias constantes do programa de Direito Administrativo, com o objetivo de auxiliar na organização das questões teóricas. Por outro lado, propõe-se a resolução de questões práticas, com o objetivo de apresentar estruturas argumentativas possíveis para a decisão de situações concretas. Em qualquer das hipóteses, existe sempre a preocupação de apontar caminhos que abram horizontes, procurando incentivar a curiosidade e estimular investigações mais aprofundadas sobre algumas temáticas.

Coimbra, em setembro de 2012

LISTA DAS PRINCIPAIS ABREVIATURAS UTILIZADAS

CCP	Código dos Contratos Públicos
CPA	Código do Procedimento Administrativo
CPTA	Código de Processo nos Tribunais Administrativos
CRP	Constituição da República Portuguesa
ETAF	Estatuto dos Tribunais Administrativos e Fiscais
LGTFP	Lei Geral do Trabalho em Funções Públicas (Lei n.º 35/2014, de 20 de junho, alterada pelas Leis n.os 82-B/2014, de 31 de dezembro, 84/2015, de 7 de agosto, 18/2016, de 20 de junho, 42/2016, de 28 de dezembro, 25/2017, de 30 de maio, 70/2017, de 14 de agosto, 73/2017, de 16 de agosto, 71/2018, de 31 de dezembro, e pelo Decreto-Lei n.º 6/2019, de 14 de janeiro)
LQER	Lei-Quadro das Entidades Reguladoras, aprovada pela Lei n.º 67/2013, de 28 de agosto, alterada pelas Leis n.os 112/2017, de 2 de maio, e 71/2018, de 31 de dezembro
LQF	Lei-Quadro das Fundações, aprovada pela Lei n.º 24/2012, de 9 de julho, e alterada pela Lei n.º 150/2015, de 10 de setembro
LQIP	Lei-Quadro dos Institutos Públicos (Lei n.º 3/2004, de 15 de janeiro, alterada pela Lei n.º 51/2005, de 30 de agosto, e pelos Decretos-Leis n.os 200/2006, de 25 de outubro, e 105/2007, de 3 de abril, pela Lei n.º 64-A/2008, de 31 de dezembro, pelo Decreto-Lei n.º 40/2011, de 22 de Março, pela Resolução da Assembleia da República n.º 86/2011, de 11 de Abril, pelo Decreto-Lei n.º 5/2012, de 17 de janeiro, pelas Leis n.os 24/2012, de 9 de julho, e 66-B/2012, de 31 de dezembro, e pelos Decretos-Leis n.os 102/2013, de 25 de julho, 40/2015, de 16 de março, e 96/2015, de 29 de maio)

RJAEL	Regime Jurídico da Atividade Empresarial Local (Lei n.º 50/2012, de 31 de agosto, alterada pelas Leis n.os 53/2014, de 25 de agosto, 69/2015, de 16 de julho, 7-A/2016, de 30 de março, 42/2016, de 28 de dezembro, 114/2017, de 29 de dezembro, e 71/2018, de 31 de dezembro)
RJAL	Regime Jurídico das Autarquias Locais, aprovado pela Lei n.º 75/2013, de 12 de setembro, alterada pelas Leis n.os 25/2015, de 30 de março, 69/2015, de 16 de julho, 7-A/2016, de 30 de março, 42/2016, de 28 de dezembro, e 50/2018, de 16 de agosto
RJAPP	Regime das Associações Públicas Profissionais (Lei n.º 2/2013, de 19 de janeiro)
RJIES	Regime Jurídico das Instituições de Ensino Superior (Lei n.º 62/2007, de 10 de setembro)
RJPIP	Regime Jurídico do Património Imobiliário Público (Decreto-Lei n.º 280/2007, de 7 de agosto, alterado pelas Leis n.os 55-A/2010, de 31 de dezembro, 64-B/2011, de 30 de dezembro, 66-B/2012, de 31 de dezembro, pelo Decreto-Lei n.º 36/2013, de 11 de março, e pelas Leis n.os 83-C/2013, de 31 de dezembro, 82-B/2014, de 31 de dezembro)
RJSPE	Regime Jurídico do Setor Público Empresarial (Decreto-Lei n.º 133/2013, de 3 de outubro, alterado pelas Leis n.os 75-A/2014, de 30 de setembro, e 42/2016, de 28 de dezembro)

Parte I
Textos

Texto I
O Direito Administrativo: Caracterização no Contexto da Distinção entre Direito Público e Direito Privado

1. O Direito Administrativo: o que é e para que serve?

Nem sempre se afigura fácil o ensaio de uma definição do objeto de estudo, que se apresente suficientemente densa para ser rigorosa e servir propósitos dogmáticos exigentes e, em simultâneo, suficientemente simples e nítida para se tornar inteligível a quem chega ao Direito Administrativo pela primeira vez. Acolhendo as preocupações didáticas deste trabalho, cumpre esclarecer as primeiras dúvidas que assaltarão aqueles que principiam o estudo do Direito Administrativo: *o que é?* e *para que serve?*

A perceção das dificuldades revela-se certeira sobretudo num cenário – como aquele em que nos movemos – que toca matérias tão diversificadas[1] como a caracterização das funções do Estado, a organização da Administração Pública, os modos de atuação desta última e as relações que mantém com os cidadãos; daí que o Direito Administrativo tenha

[1] Sublinhando precisamente a *fantastically wide range of subjects* inerente ao Direito Administrativo, mas direcionando a atenção para a submissão *jurídica* da atuação dos poderes públicos, cf. BEERMANN, *Inside Administrative Law*, Aspen/Wolters Kluwer, New York, 2011, pp. 1 e s..

pontos de contacto com diversos ramos do direito e pretenda dar resposta a uma larga cópia de problemas. Como veremos, a indefetível relação entre o Direito Administrativo e o exercício da autoridade pública – aliás, a marca de contraste do nascimento e da autonomização desta área da ciência jurídica e o fim da «antipatia mútua» entre direito e Administração Pública[2] – implica que uma natural associação entre o mesmo e a disciplina do desempenho de funções públicas de autoridade.

Tal não implica, porém, que se atribua ao Direito Administrativo um carácter asséptico, voltado, em exclusivo, para as preocupações de índole filosófica ou dogmática, totalmente desvinculado da realidade. Ao contrário do que pensará o jovem estudante (subjugado pelo fascínio da retórica inflamada de *attorneys* e *prosecutors* e pelo brilhantismo científico dos criminologistas), é o Direito Administrativo que perpassa toda a vida dos cidadãos, desde o momento do nascimento, passando pelo quotidiano, até à morte, e, inclusivamente, para além da morte – fazendo jus à ideia de que *"administrative law is everywhere"*[3]. Senão, vejamos: quando alguém nasce, tal facto constitui objeto de registo, segundo normas e procedimentos *administrativos*; o direito (*administrativo*) impõe também que o cidadão seja identificado através de um cartão; o horário do estabelecimento comercial onde se adquirirá a alimentação e o vestuário encontra-se *administrativamente* fixado; o ingresso numa escola pública implica a assunção do estatuto (*administrativo*) de aluno ou estudante; a possibilidade de condução de um veículo automóvel carece da prática de um ato *administrativo* que o permita; a celebração do casamento exige, em qualquer hipótese, o prévio desencadeamento de um procedimento *administrativo*; a aquisição de uma casa representa um facto sujeito a registo, de acordo com normas de Direito *Administrativo*; a morte de uma pessoa é *administrativamente* certificada; as condições em que se efetua a respetiva inumação encontram-se definidas por normas jurídicas *admi-*

[2] HARLOW, «Law and Public Administration: Convergence and Symbiosis», in: *International Review of Public Administration*, n.º 2, vol. 71, 2005, p. 281.

[3] Como, já em 1919, acentuava MCMURRAY («Procedural Reform», in: *California Law Review*, vol. VII, Março 1919, p. 148), qualificando esta asserção como uma «verdade evidente» (*obvious truth*). Num estudo clássico, MASHAW (*Due Process in the Administrative State*, Yale University Press, New Haven, 1985, p. 12) afirma mesmo que a Administração nos acompanha desde antes do berço até depois da cova.

nistrativas; o cemitério consubstancia um bem do domínio público, e, portanto, sujeito a um estatuto jurídico-*administrativo*[4].

A consciência do relevo que o Direito Administrativo desempenha na vida dos cidadãos e no funcionamento do Estado (*lato sensu*) exigem uma rigorosa explanação do conceito, bem como a contextualização sistemática deste ramo do direito na ciência jurídica – eis o que efetuaremos nos pontos seguintes.

2. Uma conceção subjetiva e estatutária do Direito Administrativo

O Direito Administrativo pode ser definido como o «direito próprio da Administração»[5], o ramo do direito que, dotado de características específicas, disciplina o agir da Administração Pública, bem como a respetiva organização[6].

Simbolicamente a tradição associa ao instituto da responsabilidade civil (da Administração) o nascimento do Direito Administrativo, enquanto ramo jurídico-dogmático próprio da Administração Pública, que lhe reconhece especiais prerrogativas, mas também lhe impõe especiais deveres[7]. Os factos são conhecidos[8]: em 1872, Agnès Blanco, uma menina de 5 anos, foi atropelada por um *wagonnet* carregado de tabacos, conduzido por quatro funcionários da manufatura tabaqueira Bacalan, de Bordeaux, explorada em *régie* pelo Estado, tendo ficado gravemente ferida. Ao abrigo dos artigos 1382 e seguintes do *Code Civil*, o pai (*Monsieur* Blanco) intentou, nos tribunais (civis), uma ação contra os quatro funcionários, enquanto autores do facto lesivo, e contra o Estado, responsável pela imprudência dos seus trabalhadores ou comissários (nos termos do artigo 1384 do *Code Napoléon*), visando obter uma indemnização de 40 000 francos pela qual todos responderiam de forma solidária. O *préfet* veio contestar, arguindo a incompe-

[4] Cf. outros exemplos em M. Rebelo de Sousa/A. Salgado de Matos, *Direito Administrativo Geral*, tomo I, 3.ª ed., D. Quixote, Lisboa, 2008, p. 35.

[5] Maurer/Waldhoff, *Allgemeines Verwaltungsrecht*, 19.ª ed., Beck, München, 2017, § 3, n.º de margem 1 (*Verwaltung eigene Recht*).

[6] *V.* também Ehlers, «Verwaltung und Verwaltungsrecht», in: Erichsen/Ehlers, *Allgemeines Verwaltungsrecht*, 14.ª ed., De Gruyter, Berlin/New York, 2010, p. 135.

[7] Cf., *v. g.*, Long/Weil/Braibant/Delvolve/Genevois, *Les Grands Arrêts de la Jurisprudence Administrative*, 19.ª ed., Dalloz, Paris, 2013, p. 1; Cassese, *Le Basi del Diritto Amministrativo*, Einaudi, Torino, 1991, pp. 3 e s..

[8] Cf. a descrição efetuada pelo *Commissaire de Gouvernement* David in: *Sirey*, 1873-3, p. 154.

tência dos tribunais para conhecer de toda a ação, mas o tribunal civil apenas declinou a sua competência quanto ao pedido efetuado contra o Estado, sem afastar a possibilidade de apreciação do litígio entre *Monsieur* Blanco e os funcionários. Subiu o processo ao *Tribunal des Conflits*, colocando-se a questão (fonte de divergências, já nessa altura, entre a *Cour de Cassation* e o *Conseil d'Etat*) de determinar a quem pertenceria (à autoridade administrativa ou ao tribunal), em geral, a competência para conhecer das ações de responsabilidade civil extracontratual propostas pelos particulares contra o Estado, por *fautes* cometidas pelos seus agentes nos diversos serviços públicos.

Caberia, então, ao *Arrêt Blanco*[9], proferido, em 8 de fevereiro de 1873, pelo *Tribunal des Conflits*, inaugurar a conceção segundo a qual a responsabilidade que incumbiria ao Estado (enquanto *puissance publique*) por danos causados aos particulares decorrentes de atuações dos seus funcionários ("pessoas que emprega no serviço público") se distinguiria da regulada pelo Código Civil (destinado a reger as relações entre particulares) e, por esse motivo, não seria nem geral, nem absoluta, obedecendo antes a regras especiais que variariam consoante as necessidades do serviço, e que conciliariam os interesses do Estado com os direitos dos cidadãos – as quais implicariam, a final, um regime mais apertado de responsabilização que o estabelecido pelo direito civil. E esta autonomização substantiva estaria associada a uma necessária autonomização processual, já que as especificidades envolvidas na prossecução do interesse público (que imporiam conceções distintas da composição de interesses privados conflituantes) escapariam à autoridade judiciária, que se não encontrava devidamente preparada para efetuar uma interpretação das normas administrativas.

Este aresto viria a marcar a evolução do Direito Administrativo e a caracterização do sistema de administração executiva nos 100 anos, à luz de duas coordenadas fundamentais: a autonomização face ao direito civil, a que correspondia uma autonomização adjetiva ou processual; a limitação da afirmação de responsabilidade civil extracontratual por danos causados no exercício de funções públicas, em razão da especificidade revestida pela prossecução do interesse público.

[9] *Arrêt* «Blanco», de 08.02.1873, in: *Sirey*, 1873-3, pp. 153 e ss. (conclusões do *Commissaire de Gouvernement* David); *v.* também Long/Weil/Braibant/Devolve/Genevois, *Les Grands Arrêts...*, cit., pp. 1 e ss..

A definição do Direito Administrativo mediante a convocação de um critério simultaneamente subjetivo e estatutário significa que estamos diante de um ramo jurídico-dogmático vocacionado para o estudo dos princípios e normas jurídicas que se destinam a reger a atividade da Administração Pública enquanto tal, *i. e.*, enquanto dotada de especiais poderes e submetida a especiais deveres, em virtude da satisfação dos interesses (públicos)[10].

Esta concepção do Direito Administrativo permite, desde já, estabelecer três ideias basilares:

a) O nascimento do Direito Administrativo encontra-se assinalado pela necessidade de submeter a atuação da Administração Pública ao direito ou, pelo menos, à lei, não se estranhando, por isso, que este ramo jurídico-dogmático surja com o liberalismo, associado aos princípios da separação de poderes e da legalidade; nessa medida, o Direito Administrativo assume-se como o "direito comum da função administrativa"[11];
b) A atividade da Administração regida pelo Direito Administrativo caracteriza-se pela atribuição de poderes (de autoridade) e deveres especiais, conferindo-lhe um *estatuto* específico, distinto dos demais sujeitos jurídicos;
c) A dimensão *subjetiva* do critério, que associa Direito Administrativo e Administração (ou o concebe como "direito comum da Administração Pública"[12]), não significa que estejamos diante de um setor do ordenamento jurídico que se dirija, em exclusivo, à Administração (aos respetivos entidades e órgãos); efetivamente, o Direito Administrativo disciplina igualmente as relações entre a Administração e os particulares, atribuindo-lhes também direitos e deveres[13].

[10] Perfilhando, entre nós, uma compreensão estatutária do Direito Administrativo, cf. Afonso Queiró, *Lições de Direito Administrativo*, vol. I, polic., Coimbra, 1976, p. 119 (embora sem apelo à terminologia); Sérvulo Correia, *Noções de Direito Administrativo*, vol. I, Editora Danúbio, Lisboa, 1982, p. 54, e *Legalidade e Autonomia Contratual nos Contratos Administrativos*, Almedina, Coimbra, 1987, pp. 393 e ss.; Pedro Gonçalves, *Entidades Privadas com Poderes Públicos*, Almedina, Coimbra, 2005, pp. 281 e ss..

[11] Freitas do Amaral, *Curso de Direito Administrativo*, vol. I, 4.ª ed., Almedina, Coimbra, 2015, p. 136; Paulo Otero, *Manual de Direito Administrativo*, vol. I, Almedina, Coimbra, 2013, p. 33.

[12] Freitas do Amaral, *Curso...*, vol. I, cit., p. 135.

[13] Cf. também Maurer/Waldhoff, *Allgemeines Verwaltungsrecht*, cit., § 3, n.º de margem 1.

3. O Direito Administrativo e a distinção entre direito público e direito privado

Explicitado, em termos muito genéricos, o sentido do Direito Administrativo e louvando-nos na tradição jurídica continental[14], importa localizá-lo no contexto da dicotomia entre direito público e direito privado. Sem prejuízo das fortes críticas que lhe vêm sendo dirigidas[15], permanece como uma distinção relevantíssima de um ponto de vista dogmático – neste sentido, Radbruch[16] concebia-a como «inscrita no próprio conceito de direito» (*im Rechtsbegriff selber verankert*) ou mesmo na ideia de direito, qualificando, como apriorísticas as noções de direito privado e de direito público – e também com repercussões importantes a nível prático[17].

3.1. Critérios tradicionais da distinção

Tradicionalmente, a distinção entre direito público e direito privado é efetuada por referência a quatro critérios, que atendem aos *interesses* tutelados pelas normas jurídicas em causa, à *força vinculativa* das normas, à *qualidade* dos sujeitos e à *posição relativa* dos sujeitos[18]. Trata-se de um

[14] Sob a égide influenciadora de Dicey, a taxonomia direito público/direito privado foi, aliás, durante muito tempo, desconhecida dos ordenamentos anglo-saxónicos. Cf. FREEDLAND, «The Evolving Approach to the Public/Private Distinction in English Law», in: FREEDLAND/AUBY (eds.), *The Public Law/Private Law Divide*, Hart Publishing, Oxford/Portland, 2006, pp. 93 e ss..

[15] Cf., *v. g.*, o levantamento de críticas presente em BEAUD, «La Distinction entre Droit Public et Droit Privé: Un Dualisme qui Résiste aux Critiques», in: FREEDLAND/AUBY (eds.), *The Public Law...*, cit., pp. 25 e ss..

[16] RADBRUCH, *Rechtsphilosophie*, 3.ª ed., Verlag von Quelle & Meyer, Leipzig, 1932, p. 122 [ed. consultada: RADBRUCH, *Gesamtausgabe*, vol. II – Rechtsphilosophie II, org. por A. KAUFMANN, C. F. Müller, Heidelberg, 1993, p. 359].

[17] Acentuando também a dupla utilidade da distinção, cf. AUBY, «Le Rôle de la Distinction du Droit Public et du Droit Privé dans le Droit Français», in: FREEDLAND/AUBY (eds.), *The Public Law...*, cit., p. 11 (pp. 15 e ss.).

[18] Sobre os critérios tradicionais de distinção entre direito público e direito privado, cf., entre nós, Pires de LIMA/Antunes VARELA, *Noções Fundamentais de Direito Civil*, vol. I, 6.ª ed., Coimbra Editora, Coimbra, 1965, pp. 43 e ss.; Baptista MACHADO, *Introdução ao Direito e ao Discurso Legitimador*, reimp., Almedina, Coimbra, 1993, pp. 65 e s.; Carlos da Mota PINTO, *Teoria Geral do Direito Civil*, 4.ª ed. (por A. Pinto MONTEIRO e Paulo Mota PINTO), Coimbra Editora, Coimbra, 2005, pp. 36 e ss.; A. dos Santos JUSTO, *Introdução ao Estudo do Direito*, 8.ª ed., Coimbra Editora, Coimbra, 2017, pp. 237 e ss.; J. de Oliveira ASCENSÃO, *O Direito – Introdução e Teoria Geral*, 11.ª ed., Almedina, Coimbra, 2001, pp. 325 e ss..

topos distintivo que mergulha as suas raízes no Direito Romano, onde Ulpianus[19], aglutinando alguns dos mencionados critérios, já identificava o direito público como aquele que "pertence à condição do Estado romano" (*ad statum rei Romanæ spectat*) e considerava como direito privado aquele que "respeita à utilidade dos particulares" (*ad singulorum utilitatem pertinet*).

a) Critério dos interesses – De acordo com o critério dos interesses, as normas de direito público destinam-se a satisfazer interesses públicos, enquanto as normas de direito privado se dirigem a tutelar interesses privados. Como logo se compreende, a distinção efetuada nestes termos encerra algumas deficiências, porquanto todas as normas jurídicas intendem, em simultâneo, à realização de interesses públicos e de interesses privados: não só porque, em geral, a regulação *jurídica* (de natureza pública ou privada) de uma determinada matéria já cumpre o relevante interesse público de introduzir uma disciplina normativa axiologicamente informada (no limite) pelo princípio da dignidade da pessoa humana, mas também porque, em especial, as normas de direito público também visam a proteção dos interesses dos particulares (considerem-se, *v. g.*, as normas relativas à participação dos interessados em procedimentos administrativos). Ainda que se pretenda complementar este critério com o recurso à ideia do (tipo de) *interesse prevalecente* em cada norma jurídica, a destrinça entre direito público e direito privado perspetivada a esta luz, além de não solucionar as dificuldades colocadas em situações de fronteira, permanece evanescente. Pense-se, *v. g.*, nas normas atinentes à proteção dos direitos do trabalhador que, não obstante assumirem natureza predominantemente privada, revestem indubitável interesse público.

b) Critério da força vinculativa das normas – De acordo com este critério, a distinção entre normas de direito privado e de direito público reconduz-se, respetivamente, à possibilidade as mesmas poderem ou não ser

[19] Ulpianus, D. 1, 1, 1, 2. Relativamente à distinção entre direito público e direito privado, no Direito Romano, cf. A. dos Santos Justo, *Direito Privado Romano – I (Parte Geral)*, 6.ª ed., Studia Iuridica 50, Boletim da Faculdade de Direito/Coimbra Editora, Coimbra, 2017, pp. 31 e ss.; e *Manual de Direito Privado Romano*, 2.ª ed., Petrony, s. l., 2018, p. 16.

afastadas ou excluídas pela vontade dos particulares[20]. Trata-se de uma perspetiva que também se não revela idónea à caracterização de qualquer ramo do direito: atente-se, desde logo, na existência de normas imperativas [*ex definitione*, as normas insuscetíveis de derrogação (*hoc sensu*) por vontade das partes] no âmbito do direito privado, cuja ofensa determina, nos termos do artigo 294.º do Código Civil, a nulidade dos negócios jurídicos.

c) Critério da qualidade dos sujeitos – Nos termos propostos por este critério, o direito privado regula as relações estabelecidas entre os particulares, enquanto o direito público disciplina as relações em que intervém um sujeito público (relações entre um sujeito público e os particulares e relações entre sujeitos públicos). Esta distinção tem a seu favor o facto de se articular com a ideia de que o Direito Administrativo constitui o direito próprio da Administração Pública, estabelecendo o regime das relações que intercedem entre entidades públicas e entre estas e os cidadãos. Todavia, a distinção não se revela totalmente precisa, visto que existem situações em que a Administração se rege por normas de direito privado: considerem-se, *v. g.*, as disposições aplicáveis ao Estado como herdeiro legítimo.

d) Critério da posição relativa dos sujeitos – De acordo com este critério, o direito público destina-se a disciplinar as relações jurídicas em que existe uma posição de supremacia de um dos sujeitos relativamente ao outro (relação de supra-infraordenação); diversamente, o direito privado dirige-se a disciplinar as relações em que os sujeitos envolvidos surgem numa posição paritária (relação de coordenação). Ora, não só existem normas de direito público que se aplicam a relações jurídicas tendencialmente paritárias (pense-se, *v. g.*, nas normas aplicáveis aos contratos interadministrativos de coordenação), como algumas normas de direito privado estão pensadas para fazer face a situações em que uma das partes da relação jurídica se encontra numa posição inferior (atente-se, por exemplo, nas normas relativas à defesa do consumidor).

[20] Cf. Papinianus, D. 2, 14, 38 ("um contrato entre particulares não pode alterar o direito público": *ius publicum privatorum pactis mutari non potest*), e Ulpianus, D. 50, 17, 45, 1 ("um contrato entre particulares não derroga o direito público": *privatorum conventio iuri publico non derogat*).

3.2. O Direito Administrativo como ramo do direito público

São muitas as vozes que hoje se erguem para desvalorizar a distinção entre direito público e direito privado, em especial, quando se trata de analisar a posição do Direito Administrativo no contexto desta taxonomia. Tal decorre de uma evolução do *agere* da Administração Pública e do *instrumentarium* jurídico ao dispor desta última para a satisfação do interesse público: assim, e por um lado, a prossecução de tarefas públicas é efetuada também com recurso ao direito privado; por outro lado, as entidades que têm, exclusivamente, a seu cargo o desempenho daquelas tarefas nem sempre constituem pessoas coletivas públicas; finalmente, o Direito Administrativo conhece hoje, a par de formas de atuação autoritárias e unilaterais (como sucede com o regulamento e o ato administrativos), formas de atuação consensuais e bilaterais/plurilaterais (como acontece quer com os acordos informais, quer com os contratos administrativos)[21].

Sem prejuízo da mutabilidade e das perturbações sofridas pelo atual Direito Administrativo e das dúvidas suscitadas pelos critérios tradicionais de distinção entre direito público e direito privado, deverá entender-se que o Direito Administrativo consubstancia um ramo do direito público. Na verdade, e, parafraseando, em parte, Afonso Queiró[22], o Direito Administrativo regula a organização, o funcionamento e a atividade da Administração Pública (*lato sensu*), conferindo-lhe, atenta a responsabilidade pela prossecução do interesse público[23], poderes e deveres especiais, insuscetíveis de obter uma correspondência nas instituições e nas relações em que os particulares participam como tais.

A articulação entre direito público e direito privado que passou a pautar a atuação administrativa não possui a virtualidade de diluir a distinção entre ambos, mas de sublinhar o salto para a subordinação da atividade da Administração a todo o Direito. De qualquer modo, tal não oblitera a razão profunda do surgimento do direito público e da sua diferenciação face ao direito privado – patente, com nitidez, desde o momento da

[21] Sobre a desvalorização da distinção entre direito público e direito privado, *v.* Pedro Gonçalves, *Entidades...*, cit., pp. 270 e ss..

[22] Afonso Queiró, *Lições...*, cit., p. 129.

[23] Cf. também Schmidt-Assmann, *Das Allgemeine Verwaltungsrecht als Ordnungsidee*, 2.ª ed., Springer, Berlin/Heidelberg, 2006, p. 286.

emergência da «ordem jurídica social»[24]: a legitimação do poder do Estado (*lato sensu*) – tarefa que marca também o nascimento e a *ratio essendi* do Direito Administrativo[25].

4. Direito Administrativo Geral e Direitos Administrativos Especiais

No espaço «Direito Administrativo», há ainda lugar para a diferenciação entre Direito Administrativo Geral e Direito Administrativo Especial, enquanto resultado de uma abstração criada pela ciência jurídica, embora dotada de vantagens não despiciendas: por um lado, o Direito Administrativo Especial permite acentuar a especificidade de certas tarefas da Administração; por outro lado, e porque existem insuperáveis relações entre o Direito Administrativo Geral e o Direito Administrativo Especial, este último serve o importante propósito de concretização, recapitulação e aprofundamento dos conceitos e das figuras do primeiro[26].

Além disso, não poderemos ignorar que, no âmbito deste «hemisfério da ciência jurídica» – construída, como, em geral, a ciência jurídica de inspiração germânica, à luz da divisão sistemática entre parte geral/parte especial[27] – existe uma diferença nítida entre o conjunto de normas que, dando corpo a uma «teoria geral do ordenamento jus-administrativo», constituem o repositório do regime comum relativo à organização administrativa e às relações entre Administração e cidadãos (*Direito Administrativo Geral*), e a pluralidade de normas reguladoras de um sector específico de intervenção administrativa de princípios que alicerçam uma unidade interna própria (*Direito Administrativo Especial*)[28]. Na verdade, a identificação de um ramo de direito pressupõe a necessidade de uma

[24] Radbruch, *Rechtsphilosophie*, cit., p. 124 [ed. consultada: p. 361].

[25] Assim, Maria da Glória Garcia, «As Transformações do Direito Administrativo na Utilização do Direito Privado», in: *Os Caminhos da Privatização da Administração Pública*, Studia Iuridica 60, Boletim da Faculdade de Direito/Coimbra Editora, Coimbra, 2001, p. 358. *V.* também Pedro Gonçalves, *Entidades...*, cit., p. 280.

[26] Cf. Schmidt-Assmann, «Das Besondere Verwaltungsrecht in seinem Verhältnis zum Allgemeinen Verwaltungsrecht», in: Schmidt-Assmann/Schoch, *Besonderes Verwaltungsrecht*, 14.ª ed., De Gruyter, Berlin, 2008, pp. 1 e 3.

[27] Cf. Ipsen, *Allgemeines Verwaltungsrecht*, 11.ª ed., Franz Vahlen Verlag, München, 2019, p. 15.

[28] Parafraseamos Paulo Otero/Pedro Gonçalves, «Nota de Abertura», in: *Tratado de Direito Administrativo Especial*, vol. I, Almedina, Coimbra, 2009, p. 7.

regulação especial de determinadas matérias, em virtude da função própria que desempenham no contexto do ordenamento jurídico, função essa que determina a formação de um subsistema axiológico e normativo dotado de princípios, conteúdos e soluções diferenciados dos demais, suscetíveis de estudo autónomo[29].

Existem ainda ramos dogmáticos que, tendo nascido no seio do Direito Administrativo (enquanto ramo jurídico do Direito Administrativo Especial, dele se emanciparam: é o caso do Direito Fiscal[30].

A identificação dos vários Direitos Administrativos Especiais não atende a um critério uniforme, pelo que a especialidade que lhe está subjacente pode decorrer, predominantemente, de fatores subjetivos (*v. g.*, direito do emprego público), reais (*v. g.*, direito do domínio público) ou objetivos/materiais (*v. g.*, direito do urbanismo)[31].

Sem prejuízo da proliferação crescente de sectores específicos do Direito Administrativo, destacamos, pelo relevo que encerram, os seguintes:

Direito do emprego público – Também designado como direito da função pública em sentido amplo[32], o direito do emprego público disciplina as relações jurídicas estabelecidas entre uma entidade pública e uma pessoa singular, em que esta, mediante remuneração, desempenha uma atividade sob a direção e autoridade dos órgãos daquela, e cuja disciplina jurídica possui um denominador comum jus-administrativo[33].

Direito financeiro público – Esta noção reporta-se às normas jurídicas que se referem à atividade financeira do Estado[34], *i. e.*, "o complexo de

[29] Cf. Sousa FRANCO, *Finanças Públicas e Direito Financeiro*, 4.ª ed. (reimp.), vol. I, Almedina, Coimbra, 1997, p. 100, a propósito da caracterização de um ramo de direito.

[30] Sobre a relação entre o Direito Fiscal e o Direito Administrativo, *v.* A. Salgado de MATOS, «Direito Fiscal e Direito Administrativo Geral», in: *Revista do Instituto de Direito Brasileiro*, n.º 1, ano 2, 2013, pp. 699 e ss..

[31] Cf. WALLERATH, *Allgemeines Verwaltungsrecht*, Erich Schmidt Verlag, Berlin, 6.ª ed., 2009, p. 55.

[32] Cf., *v. g.*, Ana Fernanda NEVES, «Direito da Função Pública», in: Paulo OTERO/Pedro GONÇALVES (orgs.), *Tratado de Direito Administrativo Especial*, vol. IV, Almedina, Coimbra, 2010, p. 359. Sobre a delimitação entre o conceito de «função pública» face ao de «relação jurídica de emprego público», *v.* Ana Fernanda NEVES, «A Privatização das Relações de Trabalho na Administração Pública», in: *Os Caminhos...*, cit., pp. 180 e ss..

[33] Seguimos de perto a noção proposta por Ana Fernanda NEVES, «Direito...», cit., p. 359.

[34] Por oposição à atividade financeira privada: contrapondo finanças públicas a finanças privadas, cf. Teixeira RIBEIRO, *Lições de Finanças Públicas*, 5.ª ed., Coimbra Editora, Coimbra, 1995, pp. 34 e ss..

normas jurídicas que disciplinam a obtenção e distribuição do dinheiro necessário ao funcionamento dos entes públicos e, bem assim, à gestão dos bens propriedade desses mesmos entes"[35]. O direito financeiro público envolve, pois, o direito das receitas públicas (o qual, por sua vez, compreende o direito das receitas patrimoniais, o direito do crédito público e o direito tributário – que inclui o direito fiscal e o direito das taxas e das contribuições), o direito das despesas públicas e o direito da Administração financeira (no interior do qual se destaca o direito da contabilidade pública)[36]; nesta medida, o direito financeiro público ocupa-se do regime da organização e do funcionamento da Administração financeira e das relações jurídicas financeiras entre entidades públicas e entre estas e os particulares[37].

Direito público-administrativo da economia – Enquanto ramo do Direito Administrativo Especial – por si só, também um ramo do (mais amplo) Direito da Economia[38] –, o direito público da economia caracteriza-se pela sua «validade cognoscitiva», abarcando as normas jurídico-públicas (de natureza administrativa) diretamente relacionadas com a regulação de aspetos especificamente económicos (*i. e.*, sob a gestão e a influência e permitindo superar a ideia liberal de que Estado e economia se encontram totalmente apartados)[39]. Pode incluir-se aqui, *inter alia*, o estudo de matérias como a organização administrativa económica, as modalidades de intervenção do Estado na economia (pense-se no capítulo paradig-

[35] Casalta Nabais, *Direito Fiscal*, 11.ª ed., Almedina, Coimbra, 2019, p. 27. Cf. também Teixeira Ribeiro, *Lições...*, cit., p. 46; Cardoso da Costa, *Curso de Direito Fiscal*, Almedina, Coimbra, 1970, pp. 1 e ss..

[36] *V.* o quadro sinóptico elaborado, a este propósito, por Casalta Nabais, *Direito...*, cit., p. 29.

[37] Cf. Sousa Franco, *Finanças...*, cit., p. 97.

[38] Cuja individualização remonta a Hedemann, *Grundzüge des Wirtschaftsrechts*, J. Bensheimer, Mannheim, 1922 (cf. Giannini, *Diritto Pubblico dell'Economia*, Il Mulino, s. l., 1977, pp. 18 e ss., n. 1, com uma síntese sobre o nascimento do direito da economia). Atente-se que o direito da economia (ou direito económico) contém dimensões que transcendem o direito público e, por conseguinte, o Direito Administrativo – cf. Truchet, «La Distinction du Droit Public et du Droit Privé dans le Droit Economique», in: Freedland/Auby (eds.), *The Public Law...*, cit., pp. 55 e ss..

[39] Cf. Giannini, *Diritto...*, cit., pp. 16 e s., e 20, respetivamente; Huber, «Öffentliches Wirtschaftsrecht», in: Schmidt-Assmann/Schoch (orgs.), *Besonderes Verwaltungsrecht*, cit., pp. 313 e s.. *V.* ainda, sobre a (necessária) ordenação jurídico(-pública) da economia, Ariño Ortiz, *Principios de Derecho Público Económico*, Comares, Granada, 1999, pp. 1 e ss..

mático das ajudas públicas), a regulação, os serviços públicos ou o sector empresarial público.

Direito administrativo dos bens – De influência francesa[40], esta categoria, quando compreendida em sentido estrito, poderá identificar o ramo do Direito Administrativo que estuda a disciplina jurídica dos bens que se encontram na titularidade das entidades da Administração, e, em sentido amplo, representa o ramo jurídico-dogmático que versa sobre os regimes a que se estão submetidas as coisas sobre as quais a Administração detém um poder (de natureza real ou obrigacional, a título definitivo ou transitório), com vista à satisfação do interesse público. A fatia mais larga deste ramo jurídico pertence ao *direito do domínio público*, enquanto ramo do Direito Administrativo que tem por objeto o estudo dos bens integrados no domínio público. Todavia, e porque o direito administrativo dos bens se não reconduz também ao «direito das coisas públicas» alemão (*Recht der öffentlichen Sachen*)[41], também estão aqui compreendidas as normas *jurídico-públicas* que regem o domínio privado.

Direito da segurança social – Embora com um objeto de natureza mista (que, envolve, em pequena parte, a convocação de normas privadas), o direito da segurança social constitui um ramo de Direito Administrativo Especial (com reflexos em sede organizatória, funcional, formal e jurisdicional) que conhece como campos de eleição a previdência e a assistência social, a compensação social e a promoção social. Características deste domínio jurídico-dogmático são as relações jurídicas prestacionais (emergentes das prestações sociais)[42].

[40] Como decorre do texto, não seguimos a posição francesa quanto ao âmbito do *droit administratif des biens*, que, no ordenamento gaulês, abrange ainda os regimes jurídicos da expropriação e da empreitada (*travaux publics*). Cf., *v. g.*, J. MORAND-DEVILLER, *Droit Administratif des Biens*, 6.ª ed., Montchrestien/Lextenso, Paris, 2010, pp. 5 e ss. (onde os Autores explicitam que o direito administrativo dos bens diz respeito aos "meios materiais de que a Administração dispõe para prosseguir as missões que lhe são confiadas"); GAUDEMET, *Droit Administratif des Biens*, tomo 2 do *Traité de Droit Administratif*, 13.ª ed., LGDJ, 2008, pp. 1 e ss. (destrinçando entre o «direito dos bens da Administração» e o «direito administrativo dos bens», mas reconhecendo a falta de rigor imputável à caracterização do segundo, embora tenha a tradição a seu favor – *Op.* cit., p. 2).

[41] Cf., *v. g.*, PAPPERMANN/LÖHR /ANDRISKE, *Recht der Öffentlichen Sachen*, Verlag C. H. Beck, München, 1987; PAPIER, «Recht der Öffentlichen Sachen», in: ERICHSEN/EHLERS (orgs.), *Allgemeines Verwaltungsrecht*, 14.ª ed., De Gruyter, Berlin, 2010, pp. 855 e ss..

[42] Sobre esta matéria, *v.*, desenvolvidamente, João Carlos LOUREIRO, *Adeus ao Estado Social?*, Coimbra Editora, Coimbra, 2010, pp. 145 e ss., cujas noções adotamos (relativamente aos

Direito do urbanismo – Eis-nos diante de um ramo que tem por objeto a disciplina jurídica da ocupação, do uso e da transformação do solo. Como decorre desta noção, o direito do urbanismo pressupõe a conciliação de interesses públicos com planos geográfico-organizatórios diferentes (central e local), com âmbitos objetivos diferenciados (*v. g.*, ordenamento do território, ambiente, qualidade de vida) e prosseguidos por entidades públicas distintas (Estado, regiões autónomas e autarquias locais)[43].

Direito do ambiente – Tendo sido um dos pioneiros na proliferação de direitos administrativos especiais, o direito do ambiente consubstancia o "ramo de Direito [que] estabelece os modelos de aproveitamento dos bens ambientais naturais, prevenindo lesões graves, regulando as formas de reparação de danos significativos, reprimindo os infractores e incentivando todos os cidadãos e empresas a adoptar condutas ambientalmente amigas"[44].

Direito administrativo sancionatório – Numa aceção ampla[45], o direito administrativo sancionatório disciplina a matéria atinente às sanções administrativas gerais, às sanções disciplinares e às sanções contraordenacionais. As sanções administrativas gerais[46] distinguem-se dos outros dois tipos por não terem como fundamento a censura subjetiva de uma conduta, bastando-se com a comprovação objetiva de determinado

critérios que permitem a afirmação como mais relevante da dimensão jus-administrativa do direito da segurança social, cf. p. 151, n. 519). Sobre o objeto do Direito da Segurança Social, *v.* João Carlos Loureiro, *Direito da Segurança Social: Entre a Necessidade e o Risco*, Coimbra Editora, Coimbra, 2014, pp. 20 e ss..

[43] Cf. F. Alves Correia, *O Plano Urbanístico e o Princípio da Igualdade*, Almedina, Coimbra, 1989, pp. 49 e ss.; e *Manual de Direito do Urbanismo*, vol. I, 4.ª ed., Almedina, Coimbra, 2008, pp. 63 e ss..

[44] Carla Amado Gomes, «Direito Administrativo do Ambiente», in: Paulo Otero/Pedro Gonçalves (orgs.), *Tratado...*, vol. I, cit., p. 159. *V.* também Carla Amado Gomes, *Introdução ao Direito do Ambiente*, 3.ª ed., AAFDL, Lisboa, 2018, p. 15.

[45] Relativamente ao sentido do direito administrativo sancionatório, cf. a síntese constante do Acórdão do Tribunal Constitucional n.º 19/2011, de 12 de Janeiro, in: *Diário da República*, II Série, n.º 33, 16.02.2011, p. 8274. *V.* também Freitas do Amaral, «O Poder Sancionatório da Administração Pública», in: *Estudos Comemorativos dos 10 Anos da Faculdade de Direito da Universidade Nova de Lisboa*, vol. I, Almedina, Coimbra, 2008, pp. 215 e ss..

[46] Sobre esta figura, *v.* Marcelo Prates, *Sanção Administrativa Geral: Anatomia e Autonomia*, Almedina, Coimbra, 2005, *passim*, e «A Punição Administrativa entre a Sanção Contra-Ordenacional e a Sanção Administrativa», in: *Cadernos de Justiça Administrativa*, n.º 68, Março/Abril 2008, pp. 3 e ss., cujas concepções seguimos.

facto, independentemente do sentido da vontade do sujeito. Diversamente, possuem já um conteúdo axiológico as sanções disciplinares – correspondentes à violação de deveres funcionais (*i. e.*, deveres de sujeitos integrados numa relação especial de Direito Administrativo) – e as sanções contraordenacionais – associadas à comissão de factos ilícitos censuráveis punidos com uma coima.

Texto II
A Função Administrativa no Contexto das Funções Estaduais

1. O princípio da separação e da interdependência de funções e poderes

O nascimento do Direito Administrativo foi marcado por uma certa compreensão do princípio da separação de poderes. Não persistem dúvidas de que, ainda hoje, o princípio da separação de poderes constitui um pressuposto da compreensão do Direito Administrativo e uma dimensão relevantíssima do princípio do Estado de direito[1]. Não se estranhará, por isso, que a CRP – ecoando o artigo XVI da *Déclaration des Droits de l'Homme et du Citoyen*[2] – proclame, no contexto dos primeiros preceitos dedicados à organização do poder político, o princípio da separação e interdependência entre órgãos e funções (cf. artigo 111.º).

A explanação dogmática do princípio da separação de poderes ocorre no horizonte de uma área vocabular, que concilia os conceitos de *função*, *poder* e *competência*. Enquanto a *função* exprime quer as tarefas assumidas pelo Estado (as finalidades que este se propõe satisfazer), quer um

[1] Considerando o princípio da separação de poderes como uma das dimensões do princípio do Estado de direito, cf. Gomes CANOTILHO, *Direito Constitucional e Teoria da Constituição*, 7.ª ed., Almedina, Coimbra, 2003, pp. 250 e ss..

[2] Nos termos do qual "toda a Sociedade na qual não está assegurada a garantia dos Direitos, nem determinada a separação de Poderes não tem qualquer Constituição".

articulado de atividades com características próprias, o *poder* traduz o complexo orgânico que, através de um conjunto de faculdades de ação (*competências*) atua aquela função[3].

A evolução do sentido do princípio da separação de poderes conduziu a que este assumisse uma vocação pluridimensional, cujos sentidos passamos a enunciar, ainda que nem todos possuam idêntico reflexo para a compreensão da função administrativa ou para a caracterização da Administração em sentido funcional:

a) Divisão de poderes e funções – A separação de poderes compreendida como divisão de poderes e funções constitui a dimensão *negativa* do princípio: ancorando-se no sentido originário (de reação contra o absolutismo próprio do *Ancien Régime*) da separação de poderes, esta dimensão acentua a ideia de controlo e limitação do exercício do poder, com o objetivo de evitar a concentração de poderes e de tutelar os cidadãos relativamente aos respetivos abusos. Nesta aceção, o princípio da separação de poderes permite individualizar cada uma das funções estaduais: *legislativa, executiva ou administrativa, judicial* e *política*. Atente-se, porém, que a caracterização das mesmas não obedece a um critério definitório, mas antes *tipológico*[4], em que a pertinência de uma atividade a uma determinada função estadual necessita da verificação não de todas, mas apenas de algumas das suas notas características – aquelas que correspondem ao *núcleo essencial* da função em causa.

b) Organização de poderes e racionalização do respetivo exercício – O princípio agora em análise destina-se também a operacionalizar uma organização ou ordenação dos poderes do Estado, responsabilizando cada órgão pelo desempenho de uma função[5]. Subjacente a esta dimensão *positiva* do princípio da separação de poderes encontra-se a ideia de que o mesmo potencia um esquema de freios e contrapesos (*checks and balances*) e, por conseguinte, viabiliza uma interdependência entre eles. Casar a separação de poderes com a racionalização do respetivo exercício permite,

[3] Sobre estes conceitos, *v.* Gomes Canotilho, *Direito...*, cit., pp. 542 e ss.; Jorge Miranda, *Manual de Direito Constitucional*, tomo V, 4.ª ed., Coimbra Editora, Coimbra, 2010, pp. 7 e ss..
[4] Cf. Barbosa de Melo, *Sobre o Problema da Competência para Assentar*, polic., Coimbra, 1988, pp. 20 e ss..
[5] Cf. Gomes Canotilho, *Direito...*, cit., p. 250.

pois, compreender a ausência de uma rígida separação orgânica. Assim, acontece, por exemplo, quando se atenta que o poder legislativo está atribuído não apenas à Assembleia da República, mas também ao Governo, admitindo a Constituição a interferência presidencial no respetivo exercício, através da consagração do direito de veto.

Também a atual realidade jurídico-administrativa oferece exemplos nítidos desta ausência, *v. g.*, na extensão de poderes que confere às autoridades reguladoras, detentoras de competências administrativas, mas também de competências "quase-legislativas" de emissão de normas jurídicas (regulamentos independentes) e "quase-judiciais" de resolução de litígios[6]. Neste cenário, para além da perceção de que não existe uma isomorfia entre os complexos orgânicos (poderes) e os tipos de atividade (funções)[7], afigura-se, uma vez mais, relevante o apelo à teoria do *núcleo essencial*, que consente exceções à (tendencial) correspondência entre órgão e função, desde que tal não envolva um sacrifício do núcleo essencial da função em causa[8].

c) Separação vertical e separação horizontal – A referência, a par da separação *horizontal* de poderes (que, como assinalámos, possibilita a distinção, no interior das funções *estaduais*, entre função legislativa, administrativa, judicial e política), à separação *vertical* de poderes demonstra o relevo que assume o princípio da descentralização na sua relação com o princípio da unidade do Estado. Embora típica dos Estados federais, a separação vertical de poderes traduz, no nosso contexto constitucional, o reconhecimento das estruturas autonómicas regionais e locais, portadoras de um conjunto de poderes próprios (distintos dos estaduais), alicerçados numa legitimidade democrática[9]. Esta dimensão da separação de poderes reveste especial interesse no plano da função legislativa (considere-se

[6] Esta questão constitui já objeto de reflexão pela doutrina, a propósito dos poderes das agências – *v.* a síntese que efetuámos em *The Rulemaking Power of Administrative Agencies: Crisis of Legality, Rule of Law and Democracy*, disponível em http://papers.ssrn.com/sol3/papers.cfm?abstract_id=2420561.

[7] Assim, Barbosa de Melo, *Sobre o Problema...*, cit., p. 4.

[8] Sobre esta teoria, cf., entre nós, Gomes Canotilho, *Direito...*, cit., pp. 252, 559 e s.. *V.* ainda Jorge Miranda, *Manual...*, tomo V, cit., p. 35, enunciando o princípio segundo o qual "os actos próprios de cada função devem provir, *em princípio*, de órgãos correspondentes a essa função" (itálico nosso).

[9] Cf. Gomes Canotilho, *Direito...*, cit., p. 561.

a atribuição de poderes legislativos aos órgãos das regiões autónomas) e da função administrativa (e, neste campo, com repercussões na organização da Administração Pública).

d) Separação pessoal de poderes ou funções – O princípio da separação de poderes possui ainda uma dimensão *pessoal*, fundamentando a existência de *incompatibilidades*: assim, *v. g.*, o n.º 1 do artigo 154.º da CRP impede a cumulação entre o cargo de membro do Governo e o mandato de Deputado; o n.º 3 do artigo 216.º da CRP proíbe que os juízes em exercício desempenhem qualquer outra função pública ou privada (salvo as funções docentes ou de investigação científica de natureza jurídica, não remuneradas).

2. A função administrativa e as demais funções estaduais

No contexto dogmático atual, não persistem dúvidas sobre a autonomia da função administrativa, com tarefas e responsabilidades próprias, dotada de um ineliminável fundamento constitucional e uma irredutível dimensão criadora[10]. O carácter autónomo (*eigenständig*) da função administrativa não inviabiliza – antes exige – um confronto da mesma com as demais funções estaduais, também com o propósito de delinear os seus traços caracterizadores.

Eis-nos diante de uma preocupação não despicienda, porquanto a função administrativa constitui hoje uma realidade densa e pluridimensional, dentro da qual se identificam três momentos típicos: o momento político-administrativo, o momento da emissão normativa (*Rechtsetzung*) e o momento da decisão administrativa (*Rechtsanwendung*)[11]. Está aqui

[10] Hans Peters, *Die Verwaltung als eigenständige Staatsgewalt*, Scherpe Verlag, Krefel, 1965, pp. 29 e 32; cf. ainda Schmidt-Assmann, «Zur Reform des Allgemeinen Verwaltungsrechts – Reformbedarf und Reformansätze», in: Hoffmann-Riem/Schmidt-Assmann/Schuppert (org.), *Reform des Allgemeinen Verwaltungsrechts*, Nomos, Baden-Baden, 1993, p. 51, e *Das Allgemeine Verwaltungsrecht...*, cit., pp. 198 e ss., propugnando, nesta última obra, uma renovada compreensão do princípio da separação de poderes, cuja delineação não se revela constitucionalmente pré-existente, mas se encontra alicerçada no artigo 20 da *Grundgesetz*.

[11] Debruçando-se sobre três momentos análogos enquanto «funções jurídicas», cf. Vogel, *Juristische Methodik*, De Gruyter, Berlin/New York, 1998, pp. 171 e ss. (embora nem sempre em termos coincidentes com os do texto; específico deste Autor é o alinhamento do conceito de *rechtliche Gestaltung*, para se reportar à actividade jurídica prospectiva, concretizada, designadamente, na elaboração de planos).

envolvida a definição das políticas a implementar pela Administração (correspondendo a autênticas decisões de governo), a emissão de normas jurídicas administrativas e a decisão de casos concretos.

2.1. Função administrativa e função legislativa

O confronto entre função administrativa e função legislativa encontra-se intimamente relacionado com a compreensão do próprio princípio da legalidade. Em termos tipológicos, a função legislativa caracteriza-se pela *generalidade e abstração*, pela *imediação constitucional*, pela *primazia normativa* e pela *essencialidade*. Tal significa, respetivamente, que a função legislativa se desenvolve através de normas gerais e abstratas, em execução direta da Constituição, que os respetivos atos prevalecem sobre os atos das demais funções do Estado (nomeadamente, da função administrativa), e que o âmbito da legislação compreende todas as matérias que, no juízo de oportunidade do legislador, se revelem essenciais ou fundamentais para a definição das políticas públicas.

A complexidade dos atuais procedimentos legislativos, sobretudo quando relativos a questões fraturantes no panorama jurídico-político nacional, importa problemas acrescidos. Foi justamente o que sucedeu no quadro do processo de reorganização administrativa territorial autárquica e que conduziu à agregação de várias freguesias. A Lei n.º 22/2012, de 30 de maio, fixou um regime especial do procedimento legislativo dirigido à mencionada agregação de freguesias – procedimento esse que envolvia a intervenção da *Unidade Técnica para a Reorganização Administrativa do Território* (UTRAT) com competências, *inter alia*, para apresentar propostas de reorganização administrativa do território das freguesias, em caso de ausência de pronúncia das assembleias municipais e para emitir parecer sobre a conformidade legal das pronúncias das assembleias municipais (cf. artigos 13.º e 14.º da Lei n.º 22/2012). O STA foi confrontado com pedidos de suspensão da eficácia dos "atos administrativos" em que, na perspetiva dos autores, se consubstanciariam as referidas propostas formuladas pela UTRAT. Embora sem se pronunciar sobre a natureza jurídica desta última, o Tribunal entendeu que as respetivas atividades se desenvolviam no decurso de um procedimento legislativo; na verdade, a criação, extinção e modificação de autarquias locais constitui, nos termos da alínea *n)* do artigo 164.º da CRP, uma das matérias de reserva absoluta de competência legislativa da Assembleia da República. Nessa medida, os atos da UTRAT correspondiam a "atos praticados no exercício da função política e legislativa" (e não a atuações da função administrativa), expressamente excluídos do âmbito da jurisdição administrativa pela alínea *a)* do n.º 2 do artigo 4.º do ETAF[12].

Independentemente destas situações pontais mais delicadas, a atual configuração constitucional importa, contudo, elementos perturbadores da enunciada caracterização da função legislativa e dos fatores distintivos que a apartam da função administrativa, que passam por uma progressiva sobreposição entre estas funções, resultante quer do reconhecimento de um poder normativo (por vezes, quase legislativo) aos entes administrativos [*a)*] e da acumulação de funções distintas no mesmo órgão [*b)*], quer da perda das características dos atos típicos da função legislativa [*c)* e *d)*].

a) Exercício do poder normativo pela Administração – A acentuação do princípio da separação e *interdependência* de poderes leva justamente ínsita a ideia de que, se a ação administrativa carece sempre de uma intervenção legislativa prévia, também o legislador necessita da ação administrativa para levar a cabo as opções de fundo (os fins públicos) por ele definidas(os) – em total harmonia com o reconhecimento ao poder administrativo de "uma legitimidade e um lugar próprios no concerto dos poderes estaduais"[13]. A defesa de uma colaboração profunda entre Legislador e Administração (na vertente do exercício do poder regulamentar) permite compreender que o poder executivo não consubstancia um poder hierarquicamente inferior perante o poder legislativo, mas, pelo contrário, encontra-se ao seu lado numa posição equivalente[14]: um entendimento adequado do princípio da separação de poderes e uma conceção atualizada das funções normativas desempenhadas pelos poderes estaduais no horizonte de um sistema jurídico cada vez mais entretecido pelas malhas do direito internacional e europeu. O poder normativo

[12] Cf. Acórdãos do STA de 19.12.2012, Ps. 01342/12, 01345/12, 01386/12, 01388/12. Como veremos mais adiante, a reorganização administrativa do território das freguesias foi efetuada através da Lei n.º 11-A/2013, de 28 de janeiro.

[13] Vieira de ANDRADE, *O Dever da Fundamentação Expressa de Actos Administrativos*, Separata do vol. XXXVII do *Suplemento ao Boletim da Faculdade de Direito*, Coimbra, 1992, p. 376.

[14] Cf. Hans PETERS, *Die Verwaltung...*, cit., pp. 12 e s., a propósito do princípio da separação de poderes e do respetivo relacionamento.

da Administração não se volve numa simples execução de decisões pré-fabricadas pelo legislador, mas constitui um instrumento de autoprogramação (*Selbstprogrammierung, Eigenprogrammierung*) da Administração Pública, dentro de um *quadro* legal definido por lei, concebendo-se como um instituto acessório da lei[15]. Neste sentido, se a lei se assume como "instrumento normativo de cumprimento de um plano constitucional"[16], o regulamento constitui o instrumento normativo de realização e concretização de um plano legislativo. Trata-se de uma consideração cujo sentido se alcança na plenitude quando se atenta na função de dinamização jurídica conferida aos regulamentos administrativos, bem como na possibilidade de o poder normativo da Administração (*in casu*, do Governo) se basear diretamente na Constituição (cf., *infra*, as considerações que teceremos a propósito dos regulamentos, em especial, dos regulamentos independentes).

b) Adoção de leis-medida pelo Parlamento – Um dos aspetos que marcou a crise da lei e que constitui uma consequência direta da respetiva «des-sacralização» resultou do desaparecimento da tradicional vocação de intemporalidade, substituída por uma constante mutação ou instabilidade – tal a lei transformada em mero instrumento de uma certa (maioria) política do momento e meio de alcançar os respetivos fins, muitas vezes à custa de compromissos que pouco ou nada relevam já da presunção de racionalidade que anteriormente lhe estava subjacente[17]. À contingência do exercício do poder legislativo está associada a conceção da lei (também) como instrumento de intervenção no campo das relações económico-sociais, que implica o tratamento de questões singulares, prescindindo de atos administrativos de execução individuais e concretos, na medida em que efetiva, por si só, os efeitos e os resultados desejados[18]. Estamos agora diante das designadas «leis-medida» (*Maßnahmegesetze, leggi-provvedimenti*), que contrariam uma das características típicas que

[15] SCHMIDT-ASSMANN, *Das Allgemeine Verwaltungsrecht...*, cit., p. 326.

[16] A. Sousa PINHEIRO, «Artigo 112.º», in: Paulo Otero (coord.), *Comentário à Constituição Portuguesa*, vol. III, tomo 1.º, Almedina, Coimbra, 2008, p. 87.

[17] Em sentido próximo, *v.* M. Galvão TELES, «A Concentração da Competência para o Conhecimento Jurisdicional da Inconstitucionalidade das Leis», in: *O Direito*, ano 103.º, 1971, pp. 181 e s..

[18] Afonso QUEIRÓ, *Lições...*, cit., p. 342.

vimos corresponder aos atos que traduzem o exercício da função legislativa; contra a compreensão oitocentista da *legislatio*, encontra-se ausente destas leis o propósito de estabelecer, de modo intemporal, uma ordem racional, dirigindo-se antes à realização de uma finalidade ou à satisfação de uma necessidade determinada[19]. Pense-se, por exemplo, nas normas legislativas que procedem à nacionalização de empresas privadas – cf. artigo 2.º da Lei n.º 62-A/2008, de 11 de Novembro (que nacionaliza todas as ações representativas do capital social do *Banco Português de Negócios, S. A.*, e aprova o regime jurídico de apropriação pública por via de nacionalização)[20].

Neste cenário, assiste-se inclusivamente ao perigo de a Assembleia da República invadir o exercício da função administrativa: considere-se, *v.g.*, no diploma que esteve na base do Acórdão do Tribunal Constitucional n.º 24/98[21], o qual determinava uma alteração a um contrato de concessão de obras públicas. No fundo, trata-se de perceber em que situações ainda está em causa uma lei-medida ou se a natureza individual e concreta de um lei (formal) a transformou numa medida (materialmente) administrativa – um ato administrativo sob a forma de lei. Como se depreende das diversas Declarações de Voto que acompanharam o aresto, revelam-se controvertidas as questões-limite de distinção entre função administrativa e a função legislativa – aspeto que, *in concreto* e especificamente quanto a esta decisão, levou Gomes Canotilho[22] a apelar para o «paradoxo do Estado constitucional»: "aquilo que deveria constituir a última fortaleza do Estado constitucional – o princípio da separação e interdependência dos órgãos de soberania – suscita tantos e tais problemas de conflitos de competências, atribuições e funções, que bem se poderá dizer ele próprio um instrumento de subversão da ordem constitucional

[19] Cf. Gomes Canotilho, *Direito...*, cit., pp. 717 e ss..

[20] Sobre a aproximação entre as leis-medida e as leis que operam nacionalizações, cf. Acórdão do Tribunal Constitucional n.º 377/2000, de 13 de julho, in: *Diário da República*, II Série, n.º 280, 05.12.2000, pp. 19580 e ss..

[21] Acórdão n.º 24/98, de 22 de Janeiro, in: *Acórdãos do Tribunal Constitucional*, vol. 39.º, 1998, pp. 7 e ss. (ainda que o Tribunal se não tenha pronunciado pela inconstitucionalidade do diploma em causa). Cf. também a «Anotação» de Gomes Canotilho, in: *Revista de Legislação e de Jurisprudência*, ano 131.º, junho/julho 1998, pp. 89 e ss., que põe a tónica na especial sensibilidade política da questão, concebendo-a antes como uma dimensão da política global do governo em matéria rodoviária.

[22] Gomes Canotilho, «Anotação...», cit., p. 93, invocando Roberto Bin.

democrática". Nos termos da solução propugnada por Jorge Miranda[23] (e acolhida já pela jurisprudência administrativa[24]), ainda estamos no âmbito da função legislativa quando à medida individual e concreta presidir uma «intenção de generalidade», inspirada por critérios de natureza política e com o propósito de definição de um juízo de valor legal, subordinado apenas à Constituição.

c) Desempenho da função legislativa pelo Governo – A possibilidade constitucionalmente admitida do exercício da função legislativa pelo Governo através de atos (formalmente) legislativos traduz uma interpenetração funcional e institucional, na medida em que consente que o mesmo órgão se assuma, em simultâneo, como órgão administrativo (*in casu*, órgão superior da Administração Pública, nos termos do artigo 182.º da CRP) e órgão legislativo. A par do fenómeno da deslegalização, a atribuição de competências legislativas ao Governo representa um contributo determinante para o fim da supremacia da lei e do Parlamento.

Repare-se que, entre nós, o desempenho da função legislativa pelo Governo possui um alcance muito significativo, na medida em que se confere uma competência legislativa concorrente com a Assembleia da República, em todas as matérias não incluídas no âmbito reservado [artigo 198.º, n.º 1, alínea *a)*, da CRP]. Trata-se, aliás, de uma singularidade do nosso ordenamento no contexto do atual universo jurídico europeu, onde, no máximo, se permite ao Parlamento a transferência dos seus poderes legislativos para o Governo, nos termos e nos limites previstos na Lei Fundamental, ou, em circunstâncias excecionais, se admite o exercício provisório pelo Governo dos poderes legislativos conferidos ao Parlamento, submetendo-o a ratificação deste último órgão.

A inter-relação propiciada por esta realidade pode determinar o surgimento de complexos nódulos problemáticos e, inclusivamente, de situações patológicas. Assim, pode o Governo ser tentado a abusar da forma de decreto-lei para o desempenho da função administrativa, furtando a atuação *materialmente administrativa* em causa ao cumprimento do princípio da legalidade: se este problema se encontra constitucionalmente solucionado quando se trata de atuações individuais e concretas adotadas

[23] Jorge Miranda, «Sentido e Conteúdo da Lei como Acto da Função Legislativa», in: *Nos Dez Anos da Constituição*, INCM, Lousã, 1987, p. 181.
[24] Cf., *v. g.*, Acórdão do STA, de 06.06.2002, P. 027905.

sob a forma de decreto-lei (atos administrativos sob a forma de decreto-lei), o mesmo já não sucede nas hipóteses em que estão em causa atuações normativas. Uma via de solução pode consistir em erigir uma *reserva de decreto-lei* (enquanto reserva material da função legislativa exercida pelo Governo)[25], que corresponda à definição das linhas gerais da política governamental, e, nessa medida, se assuma como uma «reserva de direção política»[26], na qual se inclui a formulação sobre os "juízos de valor sobre os interesses gerais da comunidade"[27]. O conceito de reserva de direção política pretende assinalar o núcleo de matérias que o Governo deve disciplinar através de decreto-lei (permitindo uma distinção material entre este último e o decreto regulamentar) e, concomitantemente, evidenciar uma diferenciação entre as funções legislativa e administrativa ambas cometidas ao Governo.

Todavia, as dificuldades não se circunscrevem ao exercício de tarefas normativas pelo Governo, mas atingem também as atuações individuais e concretas, recuperando, do mesmo modo, as questões analisadas a propósito das leis-medida, agora sob a ótica da adoção de «decretos-leis medida».

d) Outras hipóteses de potencial interferência do legislador no exercício da função administrativa: as normas interpretativas – Os problemas podem adensar-se nas hipóteses em que, mediante a aprovação de uma lei, a Assembleia

[25] Como é evidente, não estamos a reportar-nos à reserva de decreto-lei prevista no n.º 2 do artigo 198.º da CRP (disciplina da organização e funcionamento governamentais), na medida em que este equivale, materialmente, a um «poder regulamentar formalmente legislativo» – assim, Afonso Queiró, «A Função Administrativa», in: *Estudos de Direito Público*, vol. II, tomo I, Acta Universitatis Conimbrigensis, Coimbra, 2000, p. 113.

[26] A noção de «reserva de direção política» deve-se à elaboração dogmática de Melero Alonso (*Reglamentos y Disposiciones Administrativas: Análisis Teórico y Práctico*, Lex Nova, Valladolid, 2005, pp. 213 e ss.), ainda que encontremos já lastros desta perspetiva na literatura germânica, que expressamente se refere ao Governo como "ator de direção/condução política" (*Akteur politischer Führung*) e à ideia de «normação governativa» (*gubernative Rechtsetzung*) – cf., respetivamente, Hoffmann-Riem, «Eigenständigkeit des Verwaltungsrechts», in: Hoffmann-Riem/Schmidt-Assmann/Vosskuhle, *Grundlagen des Verwaltungsrechts*, vol. I, München, 2006, p. 656, e Bogdandy, *Gubernative Rechtsetzung*, cit., *passim*, esp.te pp. 107 e ss.. Cf. também o nosso trabalho *A Recusa de Aplicação de Regulamentos pela Administração com Fundamento em Invalidade*, Almedina, Coimbra, 2012, pp. 123 e s..

[27] Jorge Miranda, «A Forma Legislativa» in: *A Feitura das Leis*, vol. II, INA, Lisboa, 1986, p. 103.

da República pretende influenciar a atuação administrativa, e, sobretudo, a obviar a determinada orientação jurisprudencial sobre uma matéria específica. Tal pode suceder, em especial, através da emissão de normas legais interpretativas.

Pense-se, *v. g.*, na alteração ao regime jurídico dos medicamentos genéricos, resultante da Lei n.º 62/2011, de 12 de dezembro: destinando-se a contrariar o rumo de alguma jurisprudência dos tribunais administrativos (que considerava inválidos os atos, praticados pelo INFARMED, de autorização de introdução no mercado de produtos que possam conter a substância ativa protegida pela propriedade industrial e na medida dessa proteção)[28], este diploma veio introduzir alterações ao Decreto-Lei n.º 176/2006, de 30 de agosto, e esclareceu expressamente que "o pedido de autorização de introdução no mercado não pode ser indeferido com fundamento na eventual existência de direitos de propriedade industrial" (artigo 25.º, n.º 2), acrescentando ainda que "a autorização, ou registo, de introdução no mercado de um medicamento não pode ser alterada, suspensa ou revogada com fundamento na eventual existência de direitos de propriedade industrial" (artigo 179.º, n.º 2). Por este motivo, o artigo 23.º-A determina que a decisão de autorização de introdução no mercado de um medicamento de uso humano visa exclusivamente a apreciação da qualidade, segurança e eficácia do medicamento, não tendo por objeto a apreciação da existência de eventuais direitos de propriedade industrial[29]. O propósito de reorientação das decisões é tão claro que o artigo 9.º da citada Lei n.º 62/2011 conferiu "natureza interpretativa" à nova redação dos artigos 25.º e 179.º[30]. O TCA-Sul[31] já teve oportunidade de julgar da inconstitucionalidade do artigo 9.º da Lei n.º 62/2011, proferindo uma decisão negativa: independentemente de outros argumentos (cuja consideração não releva para a temática em análise), o Tribunal entendeu

[28] Cf., *v. g.*, já proferidos em sede de ação principal, os Acórdãos do TCA-Sul, de 01.06.2011, P. 06400/10; e de 14.07.2011, P. 06800/10.

[29] No mesmo sentido se orientam as alterações efetuadas pela Lei n.º 62/2011 ao *Regime Geral das Comparticipações do Estado no Preço dos Medicamentos*, constante do anexo I ao Decreto-Lei n.º 48-A/2010, de 13 de maio (cf. artigos 2.º-A e 8.º, n.ºs 1 e 3).

[30] Assim como ao artigo 2.º-A do *Regime Geral das Comparticipações do Estado no Preço dos Medicamentos* citado na nota anterior.

[31] Cf. Acórdão do TCA-Sul, de 19.04.2012, P. 08630/12, reiterado pelos Acórdãos do mesmo Tribunal de 05.07.2012, P. 08729/12 e de 21.02.2013, P. 08914/12. Cf. também Acórdão do TCA-Sul, de 22.03.2012, P. 05196/09.

que, com a atribuição da natureza interpretativa às disposições em causa, o legislador pretendeu marcar a bondade de um certo sentido interpretativo dos preceitos em vigor, não inovando na disciplina jurídica aplicável. Por sua vez, o STA[32], sem prejuízo de realçar que a solução de impunha mesmo antes da prolação da Lei n.º 62/2011, reafirmou a índole interpretativa desta última, com o argumento de que a mesma se destinou efetivamente a pôr termo às dúvidas manifestadas sobre esta matéria em correntes jurisprudenciais opostas; por outro lado, o Tribunal defendeu que aquela Lei acabou por apontar, de forma indireta, no sentido de que "o INFARMED andou bem ao desconsiderar a patente, pois era assim que a legislação a convocar para a emissão dos impugnados actos devia ser interpretada *ab initio*". Também o Tribunal Constitucional rejeitou a inconstitucionalidade da norma interpretativa, *inter alia*, por considerar que (não obstante algumas divergências jurisprudenciais) a interpretação fixada se coadunava com o sentido possível da norma interpretanda, e que não ficou sequer prejudicada a «certeza na orientação», na medida em que o diploma acabou por acolher a interpretação da atuação quotidiana do INFARMED e da última jurisprudência administrativa sobre a matéria[33].

As questões emergem porque, nos termos do n.º 1 do artigo 13.º do Código Civil, "a lei interpretativa integra-se na lei interpretada", produzindo, em regra, efeitos desde a entrada em vigor desta última. Da perspetiva do relacionamento entre a função administrativa e a função legislativa, a hipótese agora em análise reveste contornos especialmente complexos, contendendo com o problema da aplicação da lei administrativa no tempo e da invalidade superveniente dos atos administrativos. Não pretendendo resolver, nesta sede, o problema, importa, todavia, acentuar que, através da emissão de normas legais interpretativas, pode o legislador ser tentado a manipular os resultados de uma determinada orientação interpretativa-decisória da Administração Pública.

[32] Cf. Acórdão do STA n.º 2/2013 (Acórdão de 09.01.2013, P. 771/12), in: *Diário da República*, I Série, n.º 20, 29.01.2013, pp. 571 e ss., esp.te pp. 581 e s.. *V.* também Acórdão do STA, de 30.01.2013, P. 01256/12.

[33] Acórdão do Tribunal Constitucional n.º 216/2015, de 8 de abril, in: *Diário da República*, II Série, n.º 94, 15.05.2015, pp. 12186 e ss.. Sobre esta matéria, com amplas referências jurisprudenciais, cf. Acórdão do TCA-Sul de 20.09.2018, P. 1225/05.8BESNT.

2.2. Função administrativa e função judicial

A caracterização da função judicial tem constituído objeto de análise por diversos arestos do Tribunal Constitucional. Desde o Acórdão 182/90, de 6 de junho[34], que tal função se descreve como uma "«composição de conflitos de interesses», levada a cabo por um órgão independente e imparcial, de harmonia com a lei ou com critérios por ela definidos, tendo como fim específico a realização do direito ou da justiça". Na senda da lição de Afonso Queiró[35] – para quem o *quid specificum* do ato jurisdicional reside na circunstância de o mesmo ser necessariamente praticado para resolver uma «questão de direito», para alcançar o resultado da paz jurídica decorrente da resolução dessa questão de direito –, o Tribunal Constitucional entende que a função jurisdicional se destina à resolução de litígios entre partes, com o único objetivo de realização do interesse público da composição de conflitos[36]. Assim, enquanto a decisão de uma «controvérsia de realização do direito» constitui um fim para a jurisdição, representa apenas um meio para outro fim quando está em causa o exercício da função administrativa[37].

O confronto entre a função administrativa e a função judicial revela a ineliminável existência de fatores que as avizinham, quer estes partam da aproximação entre ambas as funções, em virtude de ambas assumirem natureza secundária [*a)*], quer impliquem uma incursão das entidades administrativas em tarefas parajurisdicionais ou jurisdicionais [*b)* e *c)*], quer determinem a adoção de tarefas administrativas pelos órgãos judiciais [*d)*].

a) A função administrativa como realização administrativa do direito – Reconhece-se hoje que a função administrativa assume uma densidade tal que, a par de outros, contém também um momento de decisão jurídica (*Rechtsanwendung*). Este momento põe a tónica numa das dimensões ca-

[34] Acórdão n.º 182/90, de 6 de junho, in: *Acórdãos do Tribunal Constitucional*, 16.º vol., 1990, pp. 365 e ss..

[35] Afonso Queiró, «A Função Administrativa», cit., pp. 101 e ss. (p. 109).

[36] Cf., *v. g.*, Acórdãos 104/85, de 26 de junho, in: *Acórdãos do Tribunal Constitucional*, 5.º vol., 1985, pp. 638 e ss.; 182/90, de 6 de junho, cit., pp. 370 e s.; 452/95, de 6 de julho, cit., pp. 178 e ss.; 760/95, de 20 de dezembro, in: *Acórdãos do Tribunal Constitucional*, 32.º vol., 1995, pp. 844 e s..

[37] Parafraseamos Castanheira Neves, «Da "Jurisdição" no Actual Estado-de-Direito», in: *Ab Uno ad Omnes*, Coimbra Editora, Coimbra, 1998, pp. 199 e 201, louvando-se em Bettermann.

racterísticas da função administrativa: a realização administrativa do direito. Na realidade, a atividade jurídica da Administração reconduz-se, com frequência, a uma tarefa de realização do direito no caso concreto para a qual necessitará de convocar, como elementos desoneradores, normas jurídicas; nesta aceção, poder-se-á afirmar que o próprio ato administrativo constitui uma forma de composição de interesses (públicos e privados) que, autoritariamente, cristaliza o(s) interesse(s) público(s) prevalecentes em cada caso concreto.

Esta tarefa de realização do direito também atribuída aos órgãos administrativos permite enfatizar, em simultâneo, que "a função administrativa, não menos que a função judicial, [é] uma função jurídica de execução ou aplicação da lei, ou, mais ampla e correctamente, de realização do direito"[38]. Esta consideração assume especial nitidez quando em causa está o exercício de poderes discricionários pela Administração, onde, longe de se demandar ao órgão uma pura tarefa de subsunção, exige-se-lhe uma "tensão criadora do direito do caso concreto"[39], cabendo-lhe modelar o conteúdo do ato à luz das particulares circunstâncias da situação decidenda, dentro do quadro delineado pelos fins heteronomamente definidos pelo legislador.

Não se pense, porém, que a aproximação assim efetuada pretende confundir a função judicial (que tem como protagonista o juiz) com a função administrativa (em que o papel principal é entregue ao órgão decisor): o objetivo e o modo da decisão jurídica administrativa são diferentes e postulam uma racionalidade diversa da que pauta a decisão judicativa. Ao invés da decisão judicativa – que se assume como puramente normativa –, a decisão jurídica administrativa, tendo embora como pano de fundo impreterível a normatividade, não deixa de atender a outro tipo de preocupações, *in casu*, a prossecução do(s) interesse(s) público(s) juridicamente (legalmente) cometido(s) ao órgão decisor, traduzindo uma «*certa* composição de litígios» à luz de determinado interesse[40].

[38] Castanheira Neves, «O Problema da Discricionariedade», in: *Digesta. Escritos acerca do Direito, do Pensamento Jurídico, da sua Metodologia e Outros*, vol. 1.º, Coimbra Editora, Coimbra, 1995, p. 551.

[39] Rogério Soares, *Direito...*, cit., p. 85. Vieira de Andrade (*O Dever...*, cit., p. 367) alude a um "esforço reconstrutivo e criativo" inerente ao uso de poderes discricionários.

[40] Rogério Soares, *Interesse...*, cit., p. 101.

b) O exercício de poderes parajurisdicionais por entidades administrativas – O exercício de competências parajurisdicionais (ou quase-jurisdicionais) por órgãos administrativos põe a tónica na zona sensível do relacionamento (quase diríamos, entrelaçamento) entre a função administrativa e a função judicial. Com efeito, assistimos hoje à crescente devolução de poderes parajurisdicionais a entidades administrativas, correspondendo à prática de atos *materialmente equiparáveis* à função jurisdicional[41], na medida em que a respetiva finalidade exclusiva, principal ou específica, se não reconduza à satisfação de necessidades públicas diferentes do *ius-dicere* no caso concreto[42]. A atribuição de poderes parajurisdicionais a órgãos administrativos comporta, pois, a prática dos designados «atos administrativos de resolução de litígios»[43], os quais vêm assumindo um relevo cada vez mais significativo no âmbito da função regulatória[44].

Estão aqui envolvidas realidades muito diversas – umas mais próximas que outras da função jurisdicional –, que passam pela aplicação do poder disciplinar ou pelo exercício de poderes sancionatórios (quer no quadro dos ilícitos de mera ordenação social, quer no âmbito das sanções administrativas gerais), bem como a aplicação de sanções pecuniárias com-

[41] A expressão é inspirada em Vital Moreira, *Administração...*, cit., p. 198.

[42] Parafraseando Vieira de Andrade, «A Reserva do Juiz e a Intervenção Ministerial em Matéria de Fixação das Indemnizações por Nacionalizações», in: *Scientia Iuridica*, tomo XLVII, n.os 274-276, Julho/Dezembro 1998, p. 219.

[43] Cf. Wolff/Bachof/Stober/Kluth, *Verwaltungsrecht*, vol. I, 13ª ed., Beck, München, 2017, pp. 188 e 548 (enquanto subtipo dos atos administrativos declarativos – *feststellende Verwaltungsakte*); Stelkens/Bonk/Sachs, *Verwaltungsverfahrensgesetz*, 9.ª ed., Beck, München, 2018, § 35, n.os de margem 221 e 222.; *v.*, porém, adotando uma visão mais restritiva, Wilke, «Die Rechtsprechende Gewalt», in: Isensee/Kirchhof (org.), *Handbuch des Staatsrechts*, vol. V, 3.ª ed., C. F. Müller, Heidelberg/München/Landsberg/Berlin, 2007, p. 667.
Utilizando, entre nós, a expressão «atos administrativos de resolução de litígios», cf. Pedro Gonçalves, *Entidades...*, cit., p. 548, n. 377, e *Regulação, Electricidade e Comunicações: Estudos de Direito Administrativo da Regulação*, Coimbra Editora, Coimbra, 2008, p. 233 (a propósito do ICP – ANACOM); Maria Fernanda Maçãs, «O Controlo Jurisdicional das Autoridades Reguladoras Independentes», in: *Cadernos de Justiça Administrativa*, n.º 58, julho/agosto 2006, pp. 44 e ss.; João Nuno Calvão da Silva, *Mercado e Estado – Serviços de Interesse Económico Geral*, Almedina, Coimbra, 2008, p. 177.

[44] Cf., *v. g.*, Vieira de Andrade, «Os Poderes Normativos e de Resolução de Litígios das Entidades Reguladoras Independentes», in: *Estudos em Homenagem a Mário Esteves de Oliveira*, Almedina, Coimbra, 2017, pp. 137 e ss.. *V.* ainda Francisca Almeida, *O Poder de Resolução de Litígios entre Regulados pelas Autoridades Reguladoras Independentes*, Universidade Católica Editora, Porto, 2016.

pulsórias (um dos «poderes administrativos novos» típicos do Direito Administrativo da Regulação[45]) ou a resolução de litígios ou conflitos de interesses entre particulares[46]. Se o reconhecimento de poderes sancionatórios à Administração não representa uma novidade significativa (sobretudo, quando se atenta no poder disciplinar do superior hierárquico) ou se encontra já constitucionalmente previsto [cf., *v. g.*, artigos 35.º, n.º 10, 165.º, n.º 1, alínea *d)*, 269.º, n.º 3, 271.º, n.º 1, da CRP], o mesmo não acontece com muitas das competências incluídas na «zona de fronteira» ou «zona cinzenta» entre a função judicial e a função administrativa[47], e que se encontram hoje cometidas às entidades administrativas. Eis o que sucede, por excelência, no domínio da autojurisdição (enquanto componente da autonomia disciplinar ou autodisciplina), característica de certas modalidades da Administração autónoma, *maxime*, das ordens profissionais, em que se reconhece a órgãos administrativos (por vezes, denominados como «órgãos jurisdicionais»[48]) um poder sancionatório que afeta inclusivamente a liberdade de exercício de profissão (*v. g.*, a pena de expulsão de uma ordem profissional, quando a não inscrição na ordem inviabilize o exercício da profissão em causa)[49]. Também às autoridades reguladoras se encontram cometidos não só relevantes poderes sancionatórios, como ainda poderes de resolução de conflitos concernentes às atividades reguladas ou entre os próprios regulados, com especial destaque hoje para as questões de defesa dos consumidores [cf. artigos 40.º, n.º 3, alíneas *c)* e *d)*, e n.º 4, alíneas *a)*, 2.ª parte, *b)* e *c)*, 43.º, e 47.º, n.º 3, da LQER][50].

[45] Pedro GONÇALVES, *Regulação...*, cit., pp. 565 e s..

[46] Cf. Paulo OTERO, *Legalidade e Administração Pública*, Almedina, Coimbra, 2003, pp. 325 e ss..

[47] Vieira de ANDRADE, em parecer citado no Acórdão n.º 452/95, de 6 de julho, cit., p. 182. Cf. também Joaquim Pedro Cardoso da COSTA, *O Princípio da Reserva do Juiz face à Administração Pública na Jurisprudência Constitucional Portuguesa*, polic., Coimbra, 1994, pp. 34 e s..

[48] Cf., *v. g.*, artigos 127.º e seguintes do *Estatuto da Ordem dos Advogados*, que designam como «órgãos jurisdicionais» os órgãos com competência disciplinar, aludindo, de igual forma, ao "exercício da sua competência jurisdicional".

[49] *V.* Vital MOREIRA, *Administração Autónoma e Associações Públicas*, Almedina, Coimbra, 1997, pp. 196 e ss., e *Auto-Regulação Profissional e Administração Pública*, Almedina, Coimbra, 1997, pp. 71 e ss., 269 e ss..

[50] Cf. ainda João Nuno Calvão da SILVA, *Mercado...*, cit., pp. 175 e ss..

A outorga de competências parajurisdicionais a entidades administrativas representa um fenómeno sensível do ponto de vista jurídico-constitucional, precisamente sob a ótica do princípio da separação de poderes. Em regra, a admissibilidade da atribuição de competências parajurisdicionais a órgãos da Administração pressupõe a conjugação de quatro requisitos fundamentais: por um lado, estão em causa atuações que não integram o *núcleo essencial* da função jurisdicional, mas que, por força da equiparação material a esta função, estariam, por princípio, conferidas aos tribunais; por outro lado, a subtração de tais competências a estes últimos só ocorre porque existem interesses fundados que justificam a sua decisão por entidades administrativas, tendo em vista a realização de um interesse público, integrado nas respetivas atribuições, que não se identifica apenas com a realização do direito e da justiça[51]; ademais, o exercício destas competências é acompanhado da previsão de um conjunto de garantias de imparcialidade e independência; por último, as decisões administrativas proferidas no exercício destas competências podem ser, posteriormente, sujeitas a reexame judicial.

c) A atividade arbitral da Administração – Neste cenário, as entidades administrativas atuam no âmbito da resolução arbitral de litígios, encontrando-se as suas decisões sujeitas a recurso para os tribunais judiciais. Eis o que ocorre, *v. g.*, com a *Autoridade da Mobilidade e dos Transportes*, a cuja Unidade de Regulação Ferroviária compete a arbitragem de conflitos relativos à repartição da capacidade da infraestrutura ferroviária [cf. artigo 5.º, n.º 3, alínea *d)*, dos *Estatutos da Autoridade da Mobilidade e dos Transportes*, aprovados pelo Decreto-Lei n.º 78/2014, de 14 de maio[52]].

Nas hipóteses em que está em causa a atividade arbitral da Administração, as entidades que a desempenham exercem a *função jurisdicional*, operando, nos termos da *Lei de Arbitragem Voluntária* (aprovada pela Lei n.º 63/2011, de 14 de dezembro) como verdadeiros tribunais arbitrais, no sentido pressuposto pelo n.º 2 do artigo 209.º da Constituição – *i.e.*, situações em que as entidades administrativas são chamadas a dirimir um conflito, configurável como um litígio, cujo conhecimento pertenceria, em princípio, a um tribunal, se a lei não houvesse disposto de forma

[51] Cf. Vieira de Andrade, «A Classificação Administrativa do Domínio Público Municipal», in: *Cadernos de Justiça Administrativa*, n.º 78, novembro/dezembro 2009, p. 72.
[52] Alterado pelo Decreto-Lei n.º 18/2015, de 2 de fevereiro.

diversa[53]. Não podemos esquecer que, relativamente à função jurisdicional, se admite que o Estado exerça tão-só uma função supletiva nos litígios em que não esteja em causa a aplicação de sanções de carácter penal, sempre que as partes, por si só, se não revelem capazes de dirimir o conflito que as separa[54].

Ainda que tenhamos efetuado uma destrinça entre a atividade arbitral da Administração e o exercício de poderes parajurisdicionais por entidades administrativas, não ignoramos a dificuldade imanente à destrinça entre as decisões arbitrais e os «atos administrativos de resolução de litígios». Em regra, a distinção passa pela determinação da presença (ou não) de um interesse público na composição do conflito, que impeça uma posição neutral da autoridade administrativa que, nessa altura, contribuindo embora para a resolução do litígio, atua como parte interessada (*hoc sensu*), prosseguindo ainda a realização de interesses administrativos[55].

d) Adoção de medidas em matéria administrativa por órgãos judiciais – Também aos órgãos judiciais assiste a possibilidade de adotarem medidas *em matéria administrativa*. A referência à temática das *atos administrativos judiciários* neste contexto pretende traduzir, uma vez mais – mas agora pela perspetiva da adoção, pelos tribunais, de atuações materialmente administrativas –, que a separação de poderes e funções não implica fronteiras estanques; aliás, repare-se que, na terminologia alemã, os *Justizverwaltungsakte* constituem atos administrativos praticados pelos *Justizbehörde*,

[53] Assim, Huergo Lora, *La Resolución Extrajudicial de Conflictos en el Derecho Administrativo*, Publicaciones del Real Colegio de España, Bolonia, 2000, p. 241; sobre as várias modalidades que reveste esta atividade, cf. pp. 241 e ss..

[54] Cf. Barbosa de Melo, *Direito Administrativo*, polic., Coimbra, 2001, p. 55, e «Introdução às Formas de Concertação Social», in: *Boletim da Faculdade de Direito*, vol. LX, 1984, p. 75, referindo-se a um «princípio de autodiceia», enquanto corolário de uma compreensão da *res publica* segundo o teorema do consenso.

[55] *V.*, entre nós, Pedro Gonçalves, *Entidades...*, cit., p. 548, n. 377, e «Arbitragem e Regulação (A Arbitrabilidade de Conflitos Regulatórios)», in: *Revista Internacional de Arbitragem e Conciliação*, n.º 7, 2014, pp. 70 e ss.; Maria Fernanda Maçãs, «O Controlo Jurisdicional das Autoridades Reguladoras Independentes», in: *Cadernos de Justiça Administrativa*, n.º 58, julho/agosto 2006, pp. 44 e ss.; Luís Guilherme Catarino, *Regulação e Supervisão dos Mercados de Instrumentos Financeiros*, Almedina, Coimbra, 2010, pp. 814 e ss.. Cf. ainda Huergo Lora, *La Resolución...*, cit., pp. 249, 276 e s..

a designação (funcionalmente orientada) que recebem também[56] os tribunais (*Gerichte*) quando adotam medidas de natureza administrativa e, por conseguinte, não desempenham a função judicial[57]. Entre nós, são exemplos de atos administrativos judiciários os praticados pelo Presidente do Tribunal Constitucional, no desempenho das suas competências de superintendência na gestão e administração do Tribunal, secretaria e serviços de apoio, bem como no exercício do poder disciplinar sobre o pessoal [cf. artigo 39.º, n.º 1, alíneas *j)* e *l)*, da LTC]; na mesma linha, o artigo 47.º-C da LTC prevê que cabe ao Tribunal Constitucional, relativamente à execução do seu orçamento, a competência ministerial comum em matéria de administração financeira[58].

2.3. Função administrativa e função política

A função política – correspondente ao "quarto poder do Estado" – caracteriza-se pela *imediação constitucional* e pela *essencialidade* (aspetos que a aproximam da função legislativa), bem como pela natureza (em regra) *individual e concreta* das atuações que a traduzem (nota que a avizinha da função administrativa), cujo exercício se encontra devolvido aos órgãos superiores do Estado. Quer dizer, a função política dirige-se à execução direta da Constituição, definindo as linhas de orientação e de ação da comunidade politicamente organizada (em suma, da *polis*), e realiza-se através de atuações dirigidas, pelo menos, a situações determináveis.

Na síntese de Afonso Queiró[59], o fator distintivo dos atos da função política reside na circunstância de estes manifestarem "o exercício de faculdades directamente conferidas pela Constituição, sem sujeição à lei ordinária, fora, portanto, de qualquer propósito de traduzir, no que respeita ao seu conteúdo, numa actuação concreta, uma volição prévia do

[56] Mas não só, abrangendo igualmente entidades administrativas: *v.*, sobre o sentido da *Justizverwaltung*, Fisher, *The German Legal System and Legal Language*, 4.ª ed., Routledge-Cavendish, Oxon/New York, 2009, p. 308.

[57] Sobre esta matéria, cf. Conrad, *Der Sogenannte Justizverwaltungsakt*, Duncker & Humblot, Berlin, 2011; cf. pp. 121 e ss., sobre o sentido funcional do conceito de *Justizbehörde*.

[58] Sobre a organização, composição e funcionamento da secretaria e dos serviços de apoio do Tribunal Constitucional, cf. o Decreto-Lei n.º 545/99, de 14 de dezembro, diploma para o qual remete o artigo 45.º da *LTC*.

[59] Afonso Queiró, «A Função...», cit., p. 128.

legislador ordinário"; ou, na última formulação do STA[60], "a função política traduz-se numa actividade de ordem superior, que tem por conteúdo a direcção suprema e geral do Estado, tendo por objectivos a definição dos fins últimos da comunidade e a coordenação das outras funções à luz desses fins". Neste sentido, a função política reconduz-se à definição das grandes opções dirigidas à prossecução dos interesses essenciais da comunidade, mediante a livre escolha dos rumos ou soluções consideradas preferíveis, escolha essa que corresponde a uma volição primária dos órgãos com competência política[61].

A distinção entre a função administrativa e função política passa pela difícil tarefa de destrinçar entre as atividades de administrar (*verwalten*) e governar (*regieren*). Na verdade, e ainda que a competência para praticar atos políticos se não encontre concentrada no Governo[62] (cf., paradigmaticamente, o artigo 161.º da CRP, referente à competência *política* e legislativa da Assembleia da República), os problemas avolumam-se neste cenário[63] – uma vez mais, em virtude de o Governo se assumir, em simultâneo, como órgão administrativo, órgão legislativo e agora também órgão político. O *punctum crucis* reside, pois, em autonomizar os *atos de Governo*[64] face às atuações *administrativas* governamentais. A ação de governar consiste na *condução e orientação do Estado*, na identificação e coordenação das necessidades sentidas por determinada Sociedade e na decisão sobre os meios e as iniciativas a levar a cabo para as satisfazer,

[60] Acórdão de 29.03.2011, P. 0956/10.

[61] Cf. também Acórdão do STA, de 05.12.2007, P. 01214/05.

[62] Daí que Afonso Queiró («A Função...», cit., p. 129) prefira a designação mais ampla de «função política», reservando o conceito de «função governamental» para os casos em que aquela é desempenhada pelo Governo.

[63] Mas não se circunscrevem a ele: considere-se, *v. g.*, o problema do conflito entre a função legislativa, a função administrativa e a função política subjacente ao Acórdão do Tribunal Constitucional n.º 254/92, de 2 de Julho (in: *Acórdãos do Tribunal Constitucional*, vol. 22.º, 1992, pp. 83 e ss.), onde se discutiu a possibilidade de fixar normas legislativas sobre a adoção de um determinado ato político (*in casu*, a decisão presidencial sobre a nomeação ou exoneração do Procurador-Geral da República) e de o estabelecimento de condições legais em causa o reconduzir a um ato administrativo.

[64] Entre nós, a temática dos atos de Governo constitui objeto de intensa reflexão por Afonso Queiró, *Teoria dos Actos de Governo*, Coimbra Editora, Coimbra, 1948 (obra recolhida também in: *Estudos de Direito Público*, vol. I, Imprensa da Universidade, Coimbra, 1989, pp. 499 e ss.), «Actos de Gobierno» e «"Actos de Governo" e Contencioso de Anulação», in: *Estudos...*, vol. II, tomo I, cit., pp. 5 e ss., e 35 e ss., respetivamente).

cabendo, diversamente, às ações administrativas atuar objetivos ou finalidades pré-fixados (o que, aliás, acarreta maiores vinculações face às que constrangem a função política – em princípio, limitada apenas pela Constituição)[65].

Nem sempre se afigura fácil, perante atuações específicas, percecionar se o ato em causa se integra na função administrativa ou, pelo contrário, se configura um ato político. Atente-se, aliás, que o equilíbrio assegurado pelo princípio da separação e *interdependência* de poderes permite estabelecer um *continuum* de articulação entre a função política e a função administrativa, cabendo a esta complementar ou pôr em prática, a jusante, as orientações gerais dos destinos da coletividade[66] por aquela desenhadas a montante[67], sem perder de vista que, no fundo, a atividade política do Estado se assume como atividade de "alta administração"[68]. Todavia, independentemente de outros fatores, a correta qualificação da natureza jurídico-funcional de um ato (como correspondendo ao exercício da função política ou da função administrativa) possui consequências ao nível da possibilidade da respetiva fiscalização pelos tribunais administrativos [cf. artigo 4.º, n.º 3, alínea *a)*, do ETAF, que exclui do âmbito da Justiça Administrativa a apreciação de litígios que tenham por objeto a impugnação de atos praticados no exercício da função política e legislativa].

As dificuldades surgem, sobretudo, na zona de fronteira em que o Governo adota decisões com fundamento simultâneo em questões de oportunidade, de gestão de recursos (humanos e financeiros) escassos e de definição do sentido de uma política pública. Eis o que sucedeu, *v.g.*, com o Despacho n.º 7495/2006 do Ministro da Saúde[69], que decidiu sobre o encerramento de um conjunto de maternidades no território nacional, norteando-se pelo objetivo de concentração dos locais de parto em estabelecimentos que reuniam todas as condições de qualidade do ato, tendo em conta as acessibilidades e os recursos técnicos e humanos disponíveis;

[65] *V.* Schröder, «Der Bereich der Regierung und der Verwaltung», in: Isensee/Kirchof (org.), *Handbuch...*, vol. V, cit., pp. 388 e 403.

[66] Cf. Marcello Caetano, *Manual...*, vol. I, cit., p. 9.

[67] Cf. Acórdãos do STA, de 23.08.2006, P. 0816/06, e de 09.12.2010, P. 0855/10.

[68] *V.* Barbosa de Melo, *Direito Administrativo II*, cit., p. 58. Como também recorda Marcello Caetano (*Manual...*, vol. I, cit., p. 9), muitas vezes, "a separação do domínio da Política e da administração é mera questão de graus: as opções primárias ou fundamentais pertencem à primeira, as secundárias ou derivadas já podem respeitar à segunda".

[69] Publicado em *Diário da República*, II Série, n.º 67, 04.04.2006, pp. 5037 e ss..

neste contexto, o STA[70] teve oportunidade de densificar a destrinça entre a função administrativa e a função política, havendo, então, entendido que esta última corresponde à prática de atos que exprimem opções fundamentais sobre a definição e prossecução dos interesses ou fins essenciais da coletividade – o que, na perspetiva do Tribunal, não sucedia *in casu*; tratava-se, antes, de uma atuação incluída na área de «reserva da Administração», identificada com a "zona da actividade administrativa, não regulada por normas ou princípios jurídicos, que está fora dos poderes de sindicabilidade dos tribunais administrativos". Todavia, já as medidas de concretização do *Programa de Reestruturação da Administração Central do Estado* (*PRACE*, aprovado pela Resolução do Conselho de Ministros n.º 124/2005, de 4 de agosto) foram pelo STA[71] consideradas como assumindo natureza política, na medida em que se movem no âmbito de uma atividade cujo conteúdo se cifra na direção suprema e geral do Estado e, como tal, tem como propósito escolha das grandes opções destinadas à melhoria, preservação e desenvolvimento de um determinado modelo económico e social.

As dificuldades podem adensar-se significativamente quando cruzamos este problema com o das medidas governamentais adotadas sob a forma de decreto-lei, visto que, como a prática demonstra, as mesmas podem, em abstrato, revestir natureza político-legislativa ou administrativa. Assim, *v. g.*, uma nacionalização (efetuada por decreto-lei) pode constituir um ato da função política – se consubstanciar um eixo em torno da qual se ergue a política económica do Governo – ou um ato da função administrativa – se se orientar por razões irrepetíveis e pelo propósito de integrar determinada empresa no setor empresarial do Estado[72].

3. As reservas de Administração: significado e alcance

A contextualização da função administrativa no horizonte do princípio da separação de poderes implica a referência à complexa problemática do eventual reconhecimento da *reserva de Administração*. Trata-se de um corolário da consideração da autonomia da função administrativa e do entendimento de que a respetiva caracterização não reveste uma índole

[70] Cf. Acórdão do STA de 06.03.2007, P. 01143/06.
[71] Cf. Acórdão do STA de 08.07.2009, P. 0687/07.
[72] *V.*, em sentido próximo, o citado Acórdão do STA, de 23.08.2006, P. 0816/06.

negativa ou residual (no sentido de que constituiriam ações materialmente administrativas aquelas que não fossem não reconduzíveis a qualquer outra das funções estaduais), mas possui, antes, um sentido substancial próprio e específico.

a) Reservas de Administração autónoma – A ideia de separação *vertical* de poderes encontra, entre nós, repercussões na consagração constitucional de *reservas de Administração autónoma*: assim acontece relativamente às regiões autónomas (artigos 225.º e seguintes) e às autarquias locais (artigos 235.º e seguintes) e, em certo sentido, às universidades (artigo 76.º, n.º 2).

Se se não torna defensável uma «reserva geral de Administração»[73] (sem prejuízo do reconhecimento de um núcleo essencial da função administrativa[74] e de um espaço de responsabilidade própria da Administração[75]), impõe-se uma atenção especial ao reconhecimento das reservas de Administração autónoma (enquanto modalidade das «reservas especiais de Administração»), constitucionalmente consagradas, que implicam justamente uma autonomia normativo-competencial[76] insuscetível de aniquilação pelo legislador[77].

[73] Assim, Gomes Canotilho, «Anotação ao Acórdão do Tribunal Constitucional n.º 1/97...», cit., p. 82. Cf. também Gomes Canotilho, *Direito...*, cit., pp. 739 e ss.; Nuno Piçarra, «A Reserva...», cit., p. 592.

[74] *V.* também Sérvulo Correia, *Legalidade...*, cit., p. 49 (aludindo ao «cerne da função administrativa»); Nuno Piçarra, «A Reserva de Administração», in: *O Direito*, n.os III/IV, ano 122.º, julho/dezembro 1990, p. 572.

[75] Cf. Rogmann, *Die Bindungswirkung von Verwaltungsvorschriften*, Carl Heymanns Verlag, Köln/Berlin/Bonn/München, 1998, p. 91.

[76] Maurer («Der Verwaltungsvorbehalt», in: *Veröffentlichungen der Vereinigung der Deutschen Staatsrechtlehrer*, n.º 43, De Gruyter, Berlin/New York, 1985, p. 139) acentuava que os contornos da problemática da reserva de Administração se orientam numa perspetiva competencial (competências da Administração face a competências do Parlamento ou a competências dos juízes).

[77] Sobre a reserva de Administração autónoma, cf. também Gomes Canotilho, *Direito...*, cit., p. 740, e «Anotação ao Acórdão do Tribunal Constitucional n.º 1/97...», cit., p. 82. Claro está que, nesta hipótese, a autocontenção legislativa representa o cumprimento de um dever constitucional, na parte em que impede a eliminação da autonomia normativa dos entes em causa constitucionalmente consagrada – neste sentido, *v.* também Pereira Coutinho, «As Duas Subtracções. Esboço de uma Reconstrução da Separação entre as Funções de Legislar e de Administrar», in: *Revista da Faculdade de Direito da Universidade de Lisboa*, n.º 1, vol. XVI, 2000, p. 131, n. 117. Cf. ainda Nuno Piçarra, «A Reserva...», cit., pp. 595 e ss..

A referência, neste instante, às reservas de Administração autónoma tem o propósito de sublinhar que existe um núcleo irredutível de matérias cujo tratamento se encontra constitucionalmente atribuído àquelas entidades e que não pode ser aniquilado pelo legislador (ou mesmo pelo Governo-Administração). Como logo se compreende, as questões problemáticas colocar-se-ão, sobretudo, da ótica da autonomia normativa, a pressupor uma operação de concordância prática entre a reserva de lei e a reserva de regulamento autónomo.

No que se refere às regiões autónomas e às autarquias locais, a consagração constitucional da reserva de Administração autónoma obedece à necessidade de consideração dos interesses próprios (ou específicos) dos cidadãos abrangidos por determinada circunscrição territorial, interesses esses cuja prossecução se encontra constitucionalmente devolvida a entidades administrativas territoriais e, enquanto tal, cerceiam a competência legislativa. A alusão (conjunta) às reservas de Administração das regiões autónomas e das autarquias locais não oblitera a significativa diferença que entre ambas intercede, já que a autonomia político-administrativa característica das primeiras coenvolve a atribuição de poderes legislativos, que justifica que a questão da reserva de autonomia regional se formule não apenas enquanto reserva de Administração, mas também no plano da autonomia legislativa (cf. artigo 228.º da CRP).

No que tange às universidades, o fundamento da reserva de autonomia reveste outros contornos. Por um lado, esta autonomia assenta num argumento de ordem histórica, na medida em que a criação medieval das universidades surge indelevelmente marcada por uma ampla autonomia face aos poderes estaduais, apenas cerceada aquando da defesa de um modelo centralista, atualmente insustentável, em razão da heterogeneidade e da quantidade de tarefas a cargo do Estado. Por outro lado, a autonomia universitária constitui o corolário da democracia cultural, assumindo-se como componente institucional ou organizacional de garantia das liberdades de criação científica e de ensino (artigos 42.º e 43.º da Constituição, respetivamente) – em suma, da liberdade académica –, cuja realização plena carece, não obstante o reconhecimento individual de que beneficiam no texto constitucional, do respetivo desenvolvimento no seio das comunidades universitárias, justamente na medida em que a atividade dirigida à descoberta, transmissão e aquisição de conhecimentos científicos postula uma dimensão coletiva-organizatória de programação, organização e regulação das componentes científica e pedagógica aí envolvidas, que apenas pelo conjunto comunitariamente agrupado dos titulares daquelas liberdades poderá ser desempenhado[78].

b) Reserva de função administrativa – Todavia, as questões mais prementes a formular no contexto desta temática enquadram-se na referência à separação *horizontal* de poderes e respeitam ao reconhecimento da *reserva de função administrativa*. As dificuldades acrescidas em recortar o sentido da reserva de função administrativa decorrem do facto de esta se apresentar como «função esquecida» (*vergessene Funktion*)[79] no cenário constitucional, porquanto, não existe qualquer disposição na CRP que a caracterize substancialmente, ao contrário do que acontece com a função legislativa (onde se prevê uma reserva de lei – cf. artigos 164.º e 165.º) ou com a função jurisdicional (caracterizada pela «administração da justiça» – cf. artigo 202.º)[80]. Neste sentido, a referência à reserva de Administração permite esclarecer "o que é a Administração" (*"was die Verwaltung ist"*)[81].

Não ignoramos, porém, as cautelas que se impõem na referência a esta temática: urge, por isso, clarificar, desde já, que a alusão à reserva de Administração destina-se a esclarecer que o princípio da separação de poderes pressupõe um espaço de ação próprio da Administração, que não pode ser eliminado, a montante, pela função legislativa e, a jusante, pela função judicial.

[78] Sobre as *rationes* da autonomia universitária, cf. Casalta Nabais, «Considerações Sobre a Autonomia Financeira das Universidades Portuguesas», in: *Estudos em Homenagem ao Prof. Doutor A. Ferrer Correia*, vol. III, Boletim da Faculdade de Direito (número especial), Coimbra, 1991, pp. 359 e ss., e L. Pereira Coutinho, *As Faculdades Normativas Universitárias no Quadro do Direito Fundamental à Autonomia Universitária: O Caso das Universidades Públicas*, Almedina, Coimbra, 2004, pp. 58 e s., que seguimos neste ponto. *V.* também Gomes Canotilho/ Vital Moreira, *Constituição...*, vol. I, cit., p. 916, anotação VII ao artigo 76.º. A estes motivos poderá ainda acrescer uma razão de eficiência e agilização administrativas (cf. Sérvulo Correia, *Noções...*, cit., p. 131), potenciando ainda a competição entre universidades (L. Pereira Coutinho, *As Faculdades...*, cit., pp. 72 e s.).

[79] Schröder, «Der Bereich...», cit., p. 395.

[80] Sublinhando exactamente esta circunstância no contexto da *Grundgesetz*, *v.* Schnapp, «Der Verwaltungsvorbehalt», in: *Veröffentlichungen der Vereinigung der Deutschen Staatsrechtlehrer*, n.º 43, De Gruyter, Berlin/New York, 1985, p. 176.

[81] Krebs, «Verwaltungsorganisation», in: Isensee/Kirchof (org.), *Handbuch...*, vol. V, cit., p. 516.

Nesta medida, a reserva de função administrativa impõe-se, em simultâneo, ao legislador e ao juiz.

i) Reserva de Administração e legislador – Erigir uma reserva de função administrativa implica a impossibilidade de uma predeterminação legislativa total das ações administrativas. Com esta afirmação não se pretende defender que, à semelhança do que sucede com a reserva de lei, exista um *conjunto de matérias* relativamente às quais se não admita qualquer intervenção legislativa, na medida em que as mesmas se integram na competência da Administração. Deparamo-nos, pois, com o cerne de uma temática cujas repercussões assomam substancialmente, quando cruzada com a divisão funcional-competencial entre a Assembleia da República e o Governo, colocando-se nas fronteiras da distinção entre função legislativa e função administrativa[82].

Entre nós, deve recusar-se uma «reserva de Administração» moldada segundo o conceito alemão de *Verwaltungsvorbehalt*, orientado em torno de um espaço de Administração isento de ingerência legislativa e no seio do qual competiria àquela a demarcação dos seus objetivos, vinculada unicamente pela Constituição – reserva total ou reserva geral (*Totalvorbehalt* ou *allgemeiner Verwaltungsvorbehalt*)[83]. Aliás, mesmo da perspetiva germânica, considera-se que a convocação da «teoria da essencialidade» (dirigida a recortar o âmbito da reserva de lei) se não revela suficiente para alicerçar uma *originária* competência (desde logo, de normação) da Administração: daquela doutrina não decorre, pois, que para as questões *não essenciais* exista uma competência normativa originária do Executivo[84].

Além disso, e sobretudo no que toca às relações entre lei e regulamento, torna-se líquido que a admissibilidade da reserva de Administração não significa que, no sistema jurídico português, esteja consagrada uma reserva *material* como a «reserva de regulamento» existente no

[82] Cf. J. Reis Novais, *Separação de Poderes e Limites da Competência Legislativa da Assembleia da República*, Lex, Lisboa, 1997, p. 33.

[83] Para uma perspetiva da evolução dogmático-doutrinal desta doutrina (centrada em jus-administrativistas de relevo), cf. a elucidativa síntese de Schnapp, «Der Verwaltungsvorbehalt», cit., pp. 173 e ss. (178); Schmidt-Assmann, *Das Allgemeine Verwaltungsrecht...*, cit., pp. 203 e ss..

[84] Assim, Maurer, «Der Verwaltungsvorbehalt», cit., p. 162; Schnapp, «Der Verwaltungsvorbehalt», cit., p. 184; Ossenbühl, «Vorrang und Vorbehalt des Gesetzes», in: Isensee/Kirchof (org.), *Handbuch...*, vol. V, cit., p. 215.

ordenamento francês[85], cuja Constituição distingue entre matérias integradas no «domínio da lei» (*domaine de la loi*) e matérias incluídas no «domínio do regulamento» (*domaine du règlement*). Este último, previsto no artigo 37 da *Constitution* (que envolve matérias como o processo civil, a definição da política energética ou a escolha do modo de gestão dos serviços públicos) é delimitado por via residual ou negativa, pelo que, em todas as matérias fora do domínio da lei (constante do artigo 34), intervém, a título primário, o regulamento. Objeções práticas, questões de oportunidade política e dificuldades relacionadas com a nítida dissociação, *in concreto*, entre a matéria que pertence à lei e a que integra o domínio do regulamento impedem uma aplicação rígida do esquema lógico subjacente aos artigos 34 e 37, existindo alguma flexibilidade, que leva o Governo a não se opor à votação parlamentar de diplomas situados fora do domínio da lei[86].

Na verdade, e contra a defesa de qualquer reserva material de Administração (ou de regulamento), o Tribunal Constitucional[87] vem acentuando que "o legislador dispõe de uma omnímoda faculdade – constitucionalmente reconhecida – de programar, planificar e racionalizar a actividade administrativa, pré-conformando-a no seu desenvolvimento, e definindo o espaço que ficará à liberdade de critério e autonomia dos respectivos órgãos ou agentes, ou antes pré-ocupando-a", *desde que, em qualquer caso, tal não envolva uma "substituição formal do executivo, no preciso espaço da sua actividade normal"*. O conceito de reserva de Administração aqui preconizado rejeita qualquer entendimento que afirme a existência de matérias subtraídas à intervenção legislativa[88], surgindo antes concebido

[85] Cf. também Acórdão do Tribunal Constitucional n.º 1/97, de 8 de janeiro (in: *Acórdãos do Tribunal Constitucional*, 36.º vol., 1997, p. 17) onde expressamente se recusa a reserva de regulamento [sobre este Acórdão, cf. Gomes Canotilho, «Anotação ao Acórdão do Tribunal Constitucional n.º 1/97 – Processo n.º 845/96», in: *Revista de Legislação e de Jurisprudência*, n.os 3875/3876, ano 130.º, Junho/Julho 1997, pp. 48 e ss. (80 e ss.); J. Reis Novais, *Separação...*, cit., *passim*].

[86] Cf., *v. g.*, Chapus, *Droit Administratif Général*, 15.ª ed., tomo 1, Montchrestien, Paris, 2001, pp. 836 e ss.. Refletindo sobre as implicações dos artigos 34 e 37, cf. a obra organizada por Favoreu, *Le Domaine de la Loi et du Règlement*, 2.ª ed., Economica/Presses Universitaires d'Aix-Marseille, Paris/Aix-en-Provence, 1981.

[87] Acórdão n.º 461/87, de 16 de novembro, in: *Diário da República*, I Série, n.º 12, 15.01.1988, pp. 142 e ss., esp.te p. 143.

[88] Cf. também Sérvulo Correia, *Legalidade...*, cit., pp. 104, n. 187, e 487; J. Reis Novais, *Separação...*, cit., pp. 59 e 63.

como *reserva de função administrativa*. Esta compreensão visa salientar que, sob pena de ofensa do princípio da separação de poderes, deve o legislador – cuja atividade se caracteriza pela «omnivalência» (*i. e.*, pela possibilidade de incidir sobre quaisquer matérias)[89] – abster-se de qualquer «intromissão intolerável» na «esfera puramente administrativa»[90] ou no «âmbito nuclear do poder executivo constitucionalmente reservado»[91], expurgando, em concreto[92], por força do conteúdo ou densidade normativa excludente das suas prescrições, as possibilidades de a Administração, ao abrigo de juízos de conveniência e de oportunidade, escolher as melhores soluções para cada caso ou tipo de casos. Trata-se agora de demarcar, da perspetiva do relacionamento com a função administrativa, quais os limites *funcionais* que condicionam a liberdade normativa do legislador[93].

O primeiro âmbito da reserva de Administração reconduz-se ao *poder organizatório* (*Organisationsgewalt*)[94]. Incluir-se-ia neste horizonte o poder de auto-organização do Governo, o qual, pertencendo embora, nos termos constitucionais, a este órgão, é efetuado através de atos que revestem a forma de decreto-lei, por força do n.º 2 do artigo 198.º da CRP[95]. Integrará ainda a reserva de Administração o exercício concreto dos poderes decorrentes das relações de hierarquia, superintendência e tutela – sem prejuízo de o respetivo regime jurídico constituir objeto de definição a nível legislativo[96]. Por fim, ainda que com fundamento legal, certas decisões sobre a organização administrativa são reserva da Administração: *v. g.*, delegar ou não delegar o exercício de determinada tarefa pública numa entidade privada.

[89] Barbosa de Melo, *Sobre o Problema...*, cit., p. 33.

[90] Cf. Acórdão do Tribunal Constitucional n.º 24/98, de 22 de janeiro, cit., esp.te pp. 42 e s..

[91] J. Reis Novais, *Separação...*, cit., p. 44.

[92] Sobre a importância da aferição em concreto (e a correspetiva impossibilidade de conclusão, em abstrato) da ofensa da reserva de função legislativa, cf. J. Reis Novais, *Separação...*, cit., pp. 61 e s..

[93] Em sentido próximo, Maurer, «Der Verwaltungsvorbehalt», cit., p. 138.

[94] Trata-se de aspeto sobremaneira acentuado pela doutrina alemã – cf., *v. g.*, Ossenbühl, «Vorrang...», cit., p. 217; Schnapp, «Der Verwaltungsvorbehalt», cit., pp. 192 e s..

[95] *V.* também Gomes Canotilho, *Direito...*, cit., p. 741.

[96] J. Reis Novais (*Separação...*, cit., pp. 66 e s.) alude, neste contexto, às «reservas de direcção, superintendência e tutela da Administração».

Num outro plano, a reserva de Administração compreende também a designada «reserva de caso concreto», que impede o legislador (*maxime*, a Assembleia da República) de se substituir à Administração na execução (*lato sensu*) da lei, através de uma competência genérica para a prática de atos administrativos (incluindo a alteração e a revogação de atos anteriores) ou para a aprovação de contratos administrativos[97]. Recorde-se que, nos termos da alínea *g)* do artigo 199.º da CRP está expressamente cometida ao Governo, enquanto órgão superior da Administração Pública, a competência para praticar todos os atos e tomar todas as providências necessárias à promoção do desenvolvimento económico-social e à satisfação das necessidades coletivas. Neste sentido, pode falar-se também da reserva de Administração como «reserva de execução das leis»[98].

O último conceito mencionado não abarca apenas a «reserva de caso concreto». A esta ideia acresce ainda uma outra, respeitante ao exercício do poder regulamentar, tendo em conta que a emanação de normas jurídicas pela Administração no desempenho da função administrativa se encontra expressamente acolhida no artigo 112.º da CRP. Tal significa que, mesmo nas áreas em que a densidade normativa constitucional exigida ao legislador se revela mais intensa (*scilicet*, em matérias de reserva de lei), a atividade *funcionalmente* legislativa se circunscreve à definição dos aspetos essenciais da matéria em causa, pertencendo à função administrativa a disciplina dos aspetos secundários da mesma. O problema da reserva de lei não prescinde da sua compreensão numa dimensão vertical enquanto *reserva de função*. Por outras palavras, tornando-se viável (nos termos apontados) a defesa de um modelo tipológico de distinção material entre as funções legislativa e administrativa, admite-se ainda uma intervenção primária regulamentar em matéria reservada sem atingir os aspetos essenciais ou fundamentais da mesma (*normação principal ou essencial*), que constituem o núcleo típico da função legislativa e que, por esse motivo, vão exigir do legislador uma aplicação especialmente rigorosa do princípio da determinabilidade das normas, reduzindo concomitantemente a discricionariedade regulamentar[99] – tendo ainda em conta que o sentido

[97] Cf. Paulo Otero, *Legalidade...*, cit., pp. 754 e s..

[98] Gomes Canotilho, *Direito...*, cit., pp. 740 e s.; Maurer, «Der Verwaltungsvorbehalt», cit., pp. 156 e s..

[99] Sobre o princípio da precisão ou determinabilidade das normas jurídicas, ínsito no princípio da segurança jurídica e da proteção da confiança dos cidadãos (subprincípio do

atribuível a cada uma das normas que preveem as matérias reservadas não se revela igual em todas elas, nem mesmo quando as mesmas são literalmente idênticas. Assim, poderá afirmar-se (como também o faz a doutrina alemã) que a atribuição ao legislador das matérias «essenciais» deixa livre para a Administração a emissão de normas sobre matérias não essenciais (*nicht-* ou *unwesentliche Sachfragen*), a partir do momento em que a Constituição reconheça um poder normativo no seio da função administrativa[100]. Ou, se quisermos, seguindo agora a jurisprudência federal norte-americana, a manutenção do sistema constitucional de separação entre funções (*in casu*, entre legislar e administrar) reconhece a necessidade, amplitude e a relevância das disposições normativas infralegais, desde que as mesmas se contenham dentro dos limites fixados pelos *standards*, pelas *policies* e pelo *framework* previamente delineados pelo legislador, em consonância com a função que se lhe encontra cometida[101].

Questão diversa da referência a uma reserva *jurídica* de Administração é a da afirmação de uma espécie de «reserva regulamentar por via dos factos», quando admite que as matérias de carácter técnico, alheias a considerações de ordem política e perpassadas por notas de especialização técnica, possam sustentar a existência de uma matéria reservada ao regulamento[102]. A alusão a uma «reserva de Administração fáctica» assoma já na dogmática germânica[103], bem como na doutrina nacional, que também alude às «reservas fácticas ou residuais» de Governo ou de Administração, ainda que sem capacidade constitucional vinculante *a se*: está em causa a ideia – demonstrada pela realidade – de que existem órgãos com maior aptidão para o desempenho de determinadas tarefas, atentas a sua estrutura, organização

princípio do Estado de direito), cf., por todos, Gomes CANOTILHO, *Direito...*, cit., p. 258. Sobre o grau de determinação das normas legais como limite à intervenção regulamentar, *v.* Vieira de ANDRADE, «Anotação ao Acórdão do Supremo Tribunal Administrativo de 21 de Março de 2006», in: *Revista de Legislação e Jurisprudência*, ano 135.º, Julho/Agosto 2006, p. 386.

[100] Cf., por todos, SAUERLAND, *Die Verwaltungsvorschrift im System der Rechtsquellen*, Duncker & Humblot, Berlin, 2005, pp. 300 e ss..

[101] Cf. «Panama Refining Co. *v.* Ryan», de 07.01.1935, in: *United States Reports*, vol. 293, 1935, pp. 390, 418 e 421.

[102] *V.* MELERO ALONSO, *Reglamentos...*, cit., p. 171, n. 454, na senda do Supremo Tribunal espanhol.

[103] Cf., *v.g.*, MAURER, «Der Verwaltungsvorbehalt», cit., p. 140.

e funcionamento específicos e as capacidades exigidas aos respetivos titulares[104].

ii) Reserva de Administração e juiz – A afirmação de uma reserva de Administração perante o juiz destina-se a alicerçar uma autocontenção jurisdicional e a delinear os limites aos poderes dos tribunais. Todavia, e como decorre das considerações tecidas em páginas precedentes, o que esta reserva *não significa* é a subtração de algum ou alguns sectores da atividade administrativa ao controlo judicial, na medida em que a tal se opõe o *princípio da tutela jurisdicional efetiva*, consagrado, em geral, no artigo 20.º da CRP e, especificamente quanto às ações da Administração, no n.º 4 do artigo 268.º da CRP (confirmado pelo artigo 2.º do CPTA)[105].

Todavia, o facto de as vertentes garantísticas do princípio do Estado de direito imporem a fiscalização judicial de todas as áreas de atuação administrativa não implica que não existam limites aos poderes dos tribunais, impedidos de substituir pelos seus os juízos materialmente administrativos formulados pela Administração. Quer dizer, os poderes de controlo jurisdicional alcançam até onde existe vinculação administrativa à juridicidade, mas já não quando estão em causa dimensões *discricionárias* das decisões (*lato sensu*) administrativas. Esta ideia encontra-se expressamente acolhida na legislação processual, que circunscreve os poderes de pronúncia dos tribunais, designadamente quando se trata de pretensões condenatórias: nos termos do n.º 2 do artigo 71.º e do n.º 5 do artigo 95.º do CPTA, nas hipóteses em que a adoção da conduta devida pela Administração envolva a *formulação de valorações próprias do exercício da função administrativa*, o tribunal não pode determinar o conteúdo da conduta a adotar, limitando-se a explicitar as vinculações a observar pela Administração.

Da referência à reserva de Administração na relação com o poder judicial podem ainda extrair-se subsídios para a construção do próprio sistema de Justiça Administrativa, daqui resultando a incontornável existência de limites à subjetivização do contencioso: por força do princípio

[104] Assim, J. Reis Novais, *Separação...*, cit., pp. 44 e ss., 75, embora o Autor admita ainda que, perante o circunstancialismo do caso concreto, se torna possível definir o âmbito nuclear do poder executivo (*Op.* cit., pp. 62 e 76).

[105] Neste sentido, entende-se que não existe uma reserva de Administração relativamente ao poder judicial – cf. Schröder, «Die Bereiche...», cit., p. 398.

da separação de poderes, a tutela dos direitos dos cidadãos convive com a definição administrativa da atuação oportuna e conveniente e da concretização estratégica das opções legislativas[106]. Nesta medida, o reconhecimento da reserva de Administração na relação com a função jurisdicional permite também obviar a uma perigosa «fuga para o 3.º poder» ou a um indesejável «absolutismo jurisdicional» que, além de perniciosa para a *administração da justiça* – a competência constitucionalmente conferida aos tribunais – determinaria a «anulação do poder executivo», pondo em causa os valores da *government* da *res publica*[107].

[106] *V.* Paulo Otero, *Legalidade...*, cit., p. 288.

[107] Barbosa de Melo, «Parâmetros Constitucionais da Justiça Administrativa», in: *Reforma do Contencioso Administrativo*, vol. I, Ministério da Justiça, Lisboa, 2000, pp. 300 e s..

Texto III
Sistemas de Administração

A conceção subjetiva e estatutária do Direito Administrativo que perfilhamos encontra-se intimamente conexionada com o sistema de Administração que melhor assimila a realidade nacional e, em geral, o funcionamento das administrações no continente europeu: o *sistema de Administração executiva*. Repare-se que a concreta configuração de um sistema de Administração é filha da evolução histórica e da compreensão que, num determinado ordenamento, vigora quanto ao sentido do princípio da separação de poderes e, em particular, do equilíbrio entre as funções legislativa, administrativa e judicial.

1. Os modelos de sistemas de Administração

Tradicionalmente, a doutrina destrinça entre dois modelos teóricos ou ideais de sistemas de Administração: o *sistema continental de Administração executiva* (de raiz franco-germânica) e o *sistema inglês de Administração judiciária*. A estes dois ainda se torna possível adicionar um terceiro, que designaremos simplesmente como *sistema norte-americano* e que, como a denominação sugere, identifica o modelo vigente nos Estados Unidos da América.

Importa, pois, enunciar, de seguida, quais as características que permitem a diferenciação entre todos os sistemas.

1.1. Sistema continental (francês) de Administração executiva

A personalidade que marca a conceção do modelo de Administração executiva reconduz-se a Hauriou, a quem pertence, essencialmente, a elaboração dogmática do modelo originário do sistema de Administração, consagrada na sua obra *Précis de Droit Administratif et de Droit Public*, cuja primeira edição remonta a 1892[108].

Entre as notas distintivas deste modelo destacam-se as seguintes:

a) Existência de um conjunto de normas especiais aplicáveis à Administração, centradas na figura do ato administrativo – Constituindo a separação de poderes e a subordinação jurídico-*pública* da atividade da Administração frutos da Revolução Francesa, não se estranhará que o nascimento do Direito Administrativo seja inerente ao próprio sistema de Administração executiva. Construído em torno do conceito de «poder público» (*puissance publique*), o Direito Administrativo assume-se, neste contexto, como um ramo jurídico autónomo, destinado a reger a atividade das pessoas coletivas públicas, às quais confere um conjunto de *prerrogativas*, *i. e.*, de direitos exorbitantes e prerrogativas excecionais[109]. A partir da associação entre Direito Administrativo e poder de autoridade, este ramo desenvolveu-se centrado na figura do *ato administrativo*, que surge dotado de força jurídica imperativa, com uma *capacidade de resistência* própria (que lhe permite a produção estável de efeitos jurídicos no ordenamento, uma vez ultrapassado determinado prazo, ganhando força de *caso decidido*) e confere às entidades públicas um *privilégio de execução prévia* (*i. e.*, o poder de execução coativa dos atos administrativos contra os particulares incumpridores).

b) O Estado como pessoa coletiva pública e a Administração centralizada, composta por autoridades hierarquicamente dependentes do Executivo – Neste contexto, o Estado não é apenas concebido como uma instituição soberana ou uma realidade social, mas apresenta-se como uma entidade dotada de personalidade jurídica: uma pessoa coletiva pública. Aliás, Hauriou[110] enfatizava que o Estado se compreendia unanimemente como a "pessoa moral mais natural, alguns diriam mesmo a única".

[108] Reportar-nos-emos, porém, doravante a Hauriou, *Précis de Droit Administratif et de Droit Public*, 12.ª ed. (1933), Dalloz, Paris, 2002.

[109] Cf. Hauriou, *Précis...*, cit., pp. 20 e s..

[110] Hauriou, *Précis...*, cit., p. 45.

c) Limitação da responsabilidade dos funcionários por atuações administrativas ilegais – A consideração de que a possibilidade de os cidadãos demandarem judicialmente os funcionários pelos danos resultantes de atuações administrativas poderia redundar num abuso – em «perseguições temerárias ou vexatórias»[111] – conduziu à limitação da mesma, dando origem à designada «garantia administrativa dos funcionários». Num primeiro momento, e de acordo com o artigo 75 da Constituição do ano VIII, os funcionários apenas poderiam ser demandados, nos tribunais comuns, a título de responsabilidade por facto pessoal (e não por *faute du service*), mediante uma decisão prévia do *Conseil d'Etat* que o autorizasse; num segundo momento, e não obstante a revogação deste sistema pelo *décret* de 19 de Setembro de 1870, o *Tribunal des Conflits*[112] veio esclarecer que esta circunstância não punha em causa o princípio da separação de poderes, pelo que os tribunais judiciais não tinham competência para apreciar a natureza do facto cometido pelo funcionário, cabendo às autoridades administrativas decidir se este cometeu um ilícito inseparável do ato administrativo praticado e, em caso afirmativo, agir em conformidade[113].

d) Separação de poderes, determinante de uma clara distinção entre administrar e julgar – A compreensão revolucionária do princípio da separação de poderes postulava uma divisão radical entre poder administrativo e poder judicial. Daí que o controlo da atividade administrativa tenha começado por se efetuar apenas através de órgãos *administrativos* (e não de tribunais). Recordem-se, *v. g.*, as prescrições estabelecidas nas leis francesas de 16-24 de Agosto de 1790 ("As funções judiciárias são distintas e permanecerão sempre separadas das funções administrativas. Os juízes não poderão, sob pena de traição, perturbar, de qualquer modo, as operações dos corpos administrativos, nem chamar a juízo os administradores, por causa das suas funções"[114]) ou no *décret* de 16 *fructidor* ano

[111] Hauriou, *Précis...*, cit., p. 520.
[112] *Arrêt* «Pelletier», de 30.07.1873, in: Long/Weil/Braibant/Delvolve/Genevois, *Les Grands Arrêts...*, cit., pp. 8 e ss..
[113] Cf., sobre estes dois sistemas, Hauriou, *Précis...*, cit., pp. 521 e s..
[114] "Les fonctions judiciaires sont distinctes et demeureront toujours séparées des fonctions administratives. Les juges ne pourront, à peine de forfaiture, troubler de quelque manière que ce soit les opérations des corps administratifs, ni citer devant eux les administrateurs pour raison de leurs fonctions"; "Défenses itératives sont faites aux tribunaux de connaître

III ("São feitas proibições iterativas aos tribunais de conhecer dos atos da administração, qualquer que seja a espécie que revistam"). A evolução posterior veio determinar o surgimento de uma ordem jurisdicional própria que desempenha a «perigosa honra de julgar a Administração»[115]. O controlo jurisdicional realizado pelos *tribunais administrativos* e orientado em redor do *recours contentieux/recours pour excès de pouvoir*[116] dirige-se a tutelar, precipuamente, a legalidade administrativa e não as posições jurídicas substantivas dos particulares – daí que se trate de um contencioso limitado, que circunscreve não só os poderes de cognição dos juízes (restritos às questões de legalidade), mas também os respetivos poderes de decisão (poderes de mera anulação e não também poderes de condenação ou injunção).

1.2. Sistema britânico de Administração judiciária

Dicey foi o responsável pela caracterização tradicional da versão pura do sistema de Administração judiciária: na sua obra *Introduction to the Study of the Law of the Constitution*, cuja primeira edição data de 1885, o Autor realizou um confronto entre o *rule of law* e o *droit administratif* emergente da Revolução Francesa[117]; partindo da concepção de «democracia unitária» (com o predomínio do Parlamento, que emana as disposições em conformidade com os interesses dos cidadãos e controla, com efetividade, o Executivo[118]), o Autor conclui pela desnecessidade e imprestabilidade deste último para proteger os *rights* dos *individuals*, bem como pela superioridade da *common law* inglesa para cumprir tal desiderato – a final, o objetivo último da sua existência desde a Idade Média.

des actes d'administration, de quelque espèce qu'ils soient, aux peines de droit" – ambas as citações *apud* DEBBASCH/RICCI, *Contentieux Administratif*, 6.ª ed., Dalloz, Paris, 1994, p. 4.

[115] RIVERO, «Nouveaux Propos Naïfs d'un Huron sur le Contentieux Administratif», in: *Etudes et Documents – Conseil d'Etat*, 1979-1980, p. 29.

[116] Sobre o sentido do controlo jurisdicional da atuação administrativa, centrado no *recours pour excès de pouvoir*, cf. o expressivo texto de RIVERO, «Le Huron au Palais-Royal, ou Réflexions Naïves sur le Recours pour Excès de Pouvoir», in: *Recueil Dalloz*, fasc. 6 (Chronique), 1962, pp. 7 e ss..

[117] DICEY, *Introduction to the Study of the Law of the Constitution*, 7.ª ed., Macmillan and Co., London, 1908, pp. 324 a 401, as quais correspondem ao Capítulo XII, intitulado *"Rule of law compared with* droit administratif".

[118] Cf. CRAIG, *Administrative Law*, 7.ª ed., Sweet & Maxwell, London, 2016, pp. 4 e s..

A partir desta compreensão, torna-se possível identificar os traços originais do modelo britânico de Administração judiciária:

a) Sistema jurídico de common law *refractário à emergência de um corpo de normas* (statutes) *aplicáveis à Administração* – Este modelo caracteriza-se pela ausência do Direito Administrativo. Dicey[119] afirmava explicitamente que a tradução de *droit administratif* por *administrative law*, além de incorreta (por não corresponder a qualquer realidade), se tornaria inútil, porque desconhecida pelos juízes e, como tal, desprovida de qualquer significado sem uma explicação adicional. A inexistência de um ramo de direito que disciplinasse o agir das autoridades públicas assentava em dois fatores: por um lado, o Direito Administrativo assumia-se, essencialmente, como um direito construído a partir de normas (*statutes*), e não como direito de costumes; por outro lado, tratava-se de ramo jurídico que não visa a tutela dos interesses dos indivíduos, mas tem como objetivo a prossecução do interesse público e, por isso, atribui «privilégios» (*privileges*) ao governo[120]. A ausência de uma figura como a do ato administrativo – e, por conseguinte, de todo o regime que o rodeia – explica que a execução das decisões da Administração não seja efetuada por esta, mas antes pelos tribunais.

b) Ausência da noção de Estado como pessoa coletiva pública e descentralização – Ainda que a oscilação entre o exercício centralizado do poder público e a sua dispersão pelo «governo local» (*local government*) tenha variado ao longo da história inglesa, a partir do século XVIII, assistiu-se ao reforço dos poderes e da importância do poder local. O *Reform Act* de 1832 e o *Municipal Corporations Act* de 1835 lançaram as bases para o desenvolvimento da democracia local, propiciando o envolvimento da classe média e tentando pôr termo aos problemas de corrupção e má administração. A autêntica reforma do *local government* ocorreu com o *Local Government Act* de 1888[121].

c) Responsabilidade dos titulares de cargos públicos – A inexistência de um direito próprio dirigido a disciplinar a atividade administrativa de auto-

[119] Dicey, *Introduction...*, cit., p. 326.

[120] Dicey, *Introduction...*, cit., p. 332.

[121] Cf. Craig, *Administrative Law*, cit., pp. 59 e ss..

ridade (submetida à *common law*) conduz à responsabilidade (*liability*) dos funcionários pelos prejuízos causados aos cidadãos por atos ilícitos (*torts*) praticados no exercício das suas funções, nem sequer lhes sendo lícito invocar, em sua defesa, que atuaram em cumprimento de ordens do superior[122]. Está aqui em causa a consideração de que aqueles a quem se encontra atribuído um poder público só o podem exercer dentro dos precisos limites em que o mesmo lhes foi outorgado, sob pena de agirem *ultra vires*.

d) Controlo ilimitado da atividade administrativa pelos tribunais comuns (courts of law)[123] – Os tribunais têm poderes de cognição e de decisão tendencialmente ilimitados no que tange ao controlo da atividade administrativa. Encontrando-se as atuações dos poderes públicos submetidas às mesmas normas (essencialmente, consuetudinárias) e princípios que regem as relações entre privados, também, em coerência, o controlo da Administração ocorre nos mesmos tribunais comuns, cuja jurisdição lhes permite determinar o alcance do poder público vertido numa qualquer atuação, avaliar da respetiva validade e retirar todas as consequências, quer em sede de responsabilidade, quer dirigindo comandos ou injunções às autoridades públicas[124].

1.3. Sistema norte-americano de Administração

Filho do constitucionalismo norte-americano e, logo de início, marcado pela interação entre a Constituição, a legislação do Congresso e a jurisprudência da *Supreme Court*, este modelo combina características do sistema de Administração executiva com características do sistema de Administração judiciária, mas possui, na nossa perspetiva, uma autonomia face a ambos[125]. Podemos elencar como suas características principais:

[122] Associando estas duas notas, cf. Dicey, *Introduction...*, cit., pp. 382 e s..

[123] Sobre o sistema inglês em matéria de controlo jurisdicional da atividade da Administração, cf., desenvolvidamente, Sérvulo Correia, *Direito do Contencioso Administrativo*, vol. I, Lex, Lisboa, 2005, pp. 123 e ss..

[124] Cf. Dicey, *Introduction...*, cit., p. 384 e s..

[125] Cf., em sentido parcialmente diverso, Freitas do Amaral, *Curso...*, vol. I, cit., p. 94 (*v.*, porém, n. 92 da mesma p.).

a) Organização administrativa complexa – A organização administrativa dos Estados Unidos cedo se assumiu como complexa, em virtude da necessidade de articular a Administração de nível federal e a Administração de nível estadual. Ainda que a Constituição norte-americana efetuasse já uma referência aos Departamentos do Governo (*Departments of Government*), estes foram posteriormente criados através de atos do Congresso em 1789. A ausência, no texto constitucional de 1787, de uma referência à Administração surgiu, pois, compensada por uma intensa criação legislativa dos organismos e dos instrumentos para levar a cabo as tarefas administrativas pressupostas pelo cumprimento dos fins constantes da Constituição: a criação de um governo nacional (federal), pautado pelo equilíbrio entre as prerrogativas públicas e a tutela dos direitos individuais[126]. Todavia, a marca de contraste deste sistema reside na criação das agências – que originou a designação de *administrative state* –, as quais, enquanto entidades dotadas de poderes delegados pelo Congresso e formalmente independentes do Governo, têm a seu cargo a implementação de programas governamentais e consubstanciam o «quarto poder» (*fourth branch*): embora tradicionalmente se afirme que a primeira agência reguladora (a *Interstate Commerce Commission – ICC*) nasceu em 1887, pelo *Interstate Commerce Act*, emanado com o objetivo de regular o setor ferroviário[127], a verdade é que o primeiro organismo deste tipo remonta já ao início do século XIX, quando, na sequência do *Patent Act*, de 10 de abril de 1790, foi criado o *Patent Office*[128].

b) Controlo da atividade administrativa pela Administração e pelos tribunais comuns – A particular configuração do constitucionalismo norte-americano, nascido de uma reação contra o regime inglês, permite compreender a necessidade de uma autonomização entre os poderes estaduais: assim, e diversamente do que sucedeu em Inglaterra, a preocupação da destrinça entre administrar e julgar implicou, por sua vez, a atribuição de um relevo à apreciação jurisdicional da ação administrativa (*judicial*

[126] Assim, Mashaw, *Creating the Administrative Constitution*, Yale University Press, New Haven/London, 2012, p. 11.

[127] O *fac-simile* consultado do *Interstate Commission Act* encontra-se disponível em http://www.ourdocuments.gov/doc.php?flash=true&doc=49&page=pdf, maio 2015. Sobre esta matéria, *v.* Beermann, *Inside Administrative Law*, cit., pp. 6 e s..

[128] Cf. Mashaw, *Creating the Administrative Constitution*, cit., p. 5.

review of administrative action), embora limitando-a ao mínimo possível (quer eliminando-a quando tal se revelasse constitucionalmente admissível, quer circunscrevendo os poderes de apreciação jurisdicional); com este fundamento, muitas das controvérsias jurídicas eram decididas por órgãos administrativos (os *administrative tribunals*). Todavia, o modelo norte-americano não desconhecia as suas raízes anglo-saxónicas e, ao abrigo da *common law*, admitia que, quando estivesse em causa um litígio decidido a nível jurisdicional, o tribunal (*court*) tinha poderes de natureza condenatória ou injuntiva[129].

c) Existência de um Administrative Law – Diversamente da opinião perfilhada por Dicey[130], reconhece-se hoje[131] que, nos Estados Unidos, a articulação das duas notas anteriores implicou a formação de um ramo jurídico-dogmático, com características próprias, que se identifica com o *Administrative Law*. Por um lado, a criação das agências, efetuada, em regra, por ato do Congresso, deu origem a um conjunto de normas jurídicas destinadas a disciplinar a respetiva atividade jurídica. Essas normas (bem como os princípios que axiologicamente as suportavam) constituíam um corpo, mais ou menos homogéneo, que se referia ao âmbito dos poderes delegados, aos modos de atuação das agências, aos procedimentos e ao controlo da sua atuação. Por outro lado, e em virtude do radical anglo-saxónico do sistema jurídico em análise, o Direito Administrativo nasceu também da *common law*, das decisões obtidas em ações judiciais intentadas contra os funcionários ou titulares de órgãos administrativos[132].

2. Elementos de aproximação entre os modelos

A evolução das conceções e das necessidades da atuação administrativa e o equilíbrio entre a salvaguarda da legalidade e a tutela das posições jurídicas substantivas dos cidadãos determinaram, também sob o impulso do (mais moderado) sistema norte-americano, uma aproxi-

[129] Cf. Pound, *Administrative Law – Its Growth, Procedure and Significance*, University of Pittsburgh Press, Pittsburgh, 1942, pp. 28 e ss..
[130] Dicey, *Introduction...*, cit., p. 326.
[131] Cf., por todos, o envolvente estudo de Mashaw, *Creating the Administrative Constitution*, cit., *passim*.
[132] Cf. também Beermann, *Inside Administrative Law*, cit., p. 3.

mação entre os modelos continental e inglês. Debrucemo-nos sobre os três domínios essenciais do avizinhamento entre os sistemas:

a) Direito(s) disciplinador da atividade administrativa – Atualmente, o direito inglês reconhece a emergência de um *Administrative Law*, caracterizado como o ramo de direito público relativo à composição, aos poderes, aos deveres, aos procedimentos e à responsabilidade (*liability*) das autoridades públicas incumbidas de concretização das políticas públicas (*public policies*), quer estas decorram de legislação emanada pelo Parlamento, quer sejam desenvolvidas pelo governo ou outras autoridades no exercício dos seus poderes executivos[133]. Embora, como se depreende desta caracterização, sem conhecer uma figura análoga à do ato administrativo, a própria execução das decisões administrativas é, em algumas hipóteses, levada a cabo pelos *administrative tribunals* (e não necessariamente pelos *courts*).

Não deixa de ser curioso que, quer no direito francês, quer no direito inglês, o Direito Administrativo se tenha desenvolvido em consequência da elaboração jurisprudencial, respetivamente do *Conseil d'Etat* (o tribunal superior da ordem jurisdicional administrativa) e da *House of Lords* (que, em formação de tribunal – *sitting as a court* –, julga, em última instância, certos casos); por outro lado, o direito norte-americano deve muito, como acentuámos, ao labor jurisprudencial da *Supreme Court*, embora as raízes do Direito Administrativo norte-americano se encontrem já na Constituição e muitos dos princípios e normas jurídicas de Direito Administrativo tenham constituído objeto de codificação, em 1946, através do *Administrative Procedure Act* (APA).

Todavia, também no modelo continental se admite que a Administração se possa socorrer do direito privado para realizar tarefas públicas, assistindo-se à criação de entidades jurídicas formalmente privadas e à utilização do *instrumentarium* do direito privado no desempenho da função administrativa.

b) Organização administrativa – As dificuldades inerentes ao modelo hierarquizado e burocratizado de tipo francês demonstraram a respetiva

133 Bradley/Ewing, *Constitutional and Administrative Law*, 15.ª ed., Pearson, Harlow, 2003, p. 689.

impraticabilidade: assim, *v. g.*, ao abrigo dos princípios da descentralização e da subsidiariedade, reconheceu-se que determinados interesses específicos de certas comunidades territorialmente delimitadas ficariam melhor satisfeitos se lhes fosse reconhecida uma autonomia, garantindo a respetiva democraticidade através da eleição direta de órgãos representativos[134]. Por seu lado, no direito inglês, por força da exigência das tarefas colocadas ao Executivo a partir do Estado social, assistiu-se à transferência de competências próprias do poder local para o Governo central, reforçado através da criação de ministérios no sistema inglês[135]. Em ambos os modelos de Administração executiva e Administração judiciária, e, sobretudo, por influência do direito da União Europeia, criaram-se entidades reguladoras independentes, similares às congéneres agências norte-americanas.

c) Controlo da atividade administrativa – Também neste plano se propiciou uma aproximação do modelo continental ao modelo inglês, pois que aquele passa a reconhecer o designado «contencioso de plena jurisdição», que, num primeiro momento, se reconduzia às ações judiciais incidentes em matéria de contratos e de responsabilidade civil. Por outro lado, a concepção dos tribunais comuns como guardiães da propriedade privada e das liberdades fundamentais levou a que as atuações administrativas lesivas destes direitos escapassem à jurisdição administrativa; a estas hipóteses estão ainda associadas as situações de «via de facto» (*voie de fait*), onde os tribunais comuns têm poderes injuntivos. Em ambos os casos, trata-se do que a doutrina designa como derrogações ao princípio da separação de poderes[136].

Também no modelo inglês se assiste a uma aproximação ao modelo francês, resultante da proliferação dos *administrative tribunals*[137]. Repare-

[134] Cf., *v. g.*, Chapus, *Droit...*, tomo 1, cit., pp. 254 e ss., sobre as *collectivités locales*.

[135] Cf. Dicey, «The Development of Administrative Law in England», in: *The Law Quarterly Review*, vol. CXXII, abril 1915, p. 149.

[136] Cf. Chapus, *Droit...*, tomo 1, cit., pp. 851 e ss.. Além das situações enunciadas em texto, o Autor apresenta também outras hipóteses especiais em que a resolução de litígios administrativos se encontra devolvida aos tribunais comuns; trata-se, porém, de situações pontualizadas, cuja consagração obedece a *rationes* de política de justiça diversas.

[137] Sem prejuízo de se encontrarem raízes em organismos anteriores, como sucedeu, *v. g.*, com o *Commissiones of Customs na Excise*, instituído em 1660 – cf. Wade/Forsyth, *Administrative Law*, 11.ª ed., Oxford University Press, Oxford, 2014, p. 763.

-se, porém, que, ao contrário do que a designação poderia sugerir, estes órgãos, embora dotados de independência, não constituem tribunais (como o são os *courts of law*). Os *administrative tribunals* conheceram ampla expansão e desenvolvimento com o advento do Estado social e a complexificação das tarefas públicas, em especial, a partir do *Old Age Pensions Act* (1908) e do *National Insurance Act* (1911). Considerou-se, então, que o recurso aos *courts* para decidir os inúmeros litígios emergentes da atividade administrativa se revelaria desproporcionado e implicaria uma sobrecarga dos órgãos jurisdicionais; nesta medida, os *administrative tribunals* constituíam um modo mais célere e barato para a decisão de questões de direito colocadas a propósito dos esquemas da Administração de prestações[138].

3. O caso português

Como se intui das considerações precedentes, o sistema de Administração vigente em Portugal não se identifica com qualquer dos modelos puros. Todavia, e tendo em atenção as metamorfoses sofridas e com laivos dos demais, o sistema português filia-se no modelo continental de Administração executiva. Nesta medida, o sistema de Administração nacional caracteriza-se pelos seguintes vetores:

a) Concepção subjetiva e estatutária do Direito Administrativo – Não persistem dúvidas quanto à existência de um «direito próprio da Administração», em coerência com a concepção subjetiva e estatutária daquele ramo jurídico-dogmática.

b) Unidade do Estado, temperada pelos princípios da desconcentração e da descentralização – A organização administrativa portuguesa assume alguma complexidade, articulando dimensões de Administração estadual (direta e indireta), Administração independente e Administração autónoma. O reconhecimento de autonomias territoriais com poderes particularmente intensos – como sucede com as regiões autónomas, na medida em que dotadas de poderes legislativos – não põe em causa o princípio fundamental da unidade do Estado.

[138] Cf., *v. g.*, Craig, *Administrative Law...*, cit., pp. 64 e ss.; Wade/Forsyth, *Administrative Law...*, cit., pp. 762 e ss..

c) Administração reguladora independente – As exigências europeias e a influência norte-americana determinaram a importação da figura das *entidades reguladoras independentes*, as quais vieram enriquecer a organização administrativa emergente da Constituição de 1976. Neste cenário, surgiram, também entre nós, agências que desempenham funções de regulação em diversos sectores económicos (*v. g.*, financeiro, infraestrutural, comunicações, saúde).

d) Autonomia da função administrativa face às funções legislativa e judicial – O princípio da separação e interdependência de poderes alicerça um lugar próprio da função administrativa no concerto das funções estaduais. A emergência de uma reserva de função administrativa solidifica a autonomia desta última e evidencia que o legislador não pode pré-determinar todas as ações da Administração, e que, embora os tribunais se encontrem autorizados a controlar a juridicidade da atuação administrativa, não interferem nas zonas discricionárias.

e) Equilíbrio entre autoridade, consenso, simplificação e informalidade – Se ainda se pode afirmar que a dogmática jus-administrativa se centra na prática de atuações autoritárias e, em especial, na figura do ato administrativo (com todas as características de regime que lhe estão inerentes), não se pode ignorar o relevo que, na sequência do reforço dos mecanismos de participação e, sobretudo, de concertação entre Administração e particulares, vem assumindo outra das formas de ação administrativa: o contrato. Todavia, a vivência do atual Direito Administrativo não se compadece, também entre nós, com o espartilhamento em formas determinadas, mas aponta no sentido da simplificação e da proliferação de atuações informais.

f) Tutela jurisdicional efetiva dos cidadãos contra atuações ilegais da Administração – O controlo judicial da atividade administrativa encontra-se atribuído a uma ordem jurisdicional diversa dos tribunais comuns – a *ordem jurisdicional administrativa* (e fiscal), composta por tribunais administrativos (e fiscais), tendo no topo o Supremo Tribunal Administrativo –, a quem cabe a resolução dos litígios emergentes de relações jurídicas administrativas (e fiscais). Os tribunais administrativos fiscalizam a juridicidade (a compatibilidade com o direito) das ações da Administração Pública, tendo como objetivo duplo a tutela da legalidade da atuação administrativa e a defesa dos direitos e interesses legalmente protegidos dos particulares. Nessa medida, e para além dos tradicionais poderes de anulação e declaração de ilegalidade de atos e regulamentos administrativos, os tribunais podem proferir sentenças condenatórias, desde que não vulnerem o núcleo essencial da função administrativa (o exercício de poderes discricionários).

Texto IV
Juridicidade e Legalidade da Ação Administrativa

Hoje encontra-se estabilizada a ideia segundo a qual a Administração Pública está subordinada ao direito. Esta asserção é plenamente compreendida quando se perceciona que a vinculação jurídica das entidades administrativas e da respetiva atividade constitui uma decorrência do princípio do Estado de direito, que não perde de vista a autonomia (*Eigenständigkeit*)[1] da função administrativa, mas, pelo contrário, lhe reconhece um espaço de ação próprio, consubstanciado na discricionariedade.

A submissão dos poderes públicos ao direito constitui uma exigência de sentido de um Estado que se pretende *de direito*. Nesta medida, também a atividade da Administração se reconduz, em última análise, à *prossecução ou realização do interesse público no quadro do direito*. Com efeito, o próprio desenvolvimento do Direito Administrativo surge marcado pelo equilíbrio entre os dois polos fundamentais que orientam o agir da Administração Pública: o interesse público e o direito – polos estes que não representam caminhos alternativos, mas, pelo contrário, correm paralelamente. Atingir um salutar equilíbrio entre direito e interesse público, ou, por outras palavras, lograr a prossecução do interesse público dentro das margens oferecidas pelo direito constitui o objetivo último da atuação administrativa.

[1] No sentido propugnado por Hans Peters, *Die Verwaltung...*, cit., 1965.

1. O alcance da vinculação administrativa ao direito: o sentido último do princípio do Estado de direito

A vinculação administrativa ao direito não constitui senão uma concretização do princípio do Estado de direito (cf. artigo 2.º da CRP) ao nível do exercício da atividade da Administração, superando o sentido tradicional da subordinação daquela (*apenas*) à lei, positivisticamente identificada com o direito. A «estadualidade de direito» (*Rechtsstaatlichkeit*), o princípio da juridicidade, imprimem um novo alcance na compreensão da vinculação da Administração ao direito, a ponto de se poder afirmar que nos deparamos com uma estrutura de racionalidade própria, precipuamente orientada em torno da função garantística da lei e da proteção dos direitos fundamentais, sem perder de vista a ineliminável dimensão da separação de poderes, enquanto forma racionalizada de organização dos poderes públicos[2]. Parafraseando Vieira de Andrade[3], dir-se-á, pois, que "o princípio da juridicidade representa e descreve de modo mais exacto a ligação entre a Administração e o Direito que o tradicional princípio da legalidade". Com Schmidt-Aßmann[4], poderemos afirmar que o Direito Administrativo se pauta hoje pela tríade constituída pelo princípio do Estado de direito, pelo princípio democrático e pela decisão constitucional no sentido de uma «estadualidade aberta» (*offene Staatlichkeit*).

A alusão ao princípio da juridicidade e à «estadualidade de direito» tem várias projeções:

a) Afirmação da função administrativa face ao poder legislativo (e também ao poder jurisdicional) – A evolução do sentido tradicional do princípio da legalidade para o princípio da juridicidade não se confina à conceção segundo a qual a Administração não se encontra apenas submetida à lei mas a todo o direito, contendendo igualmente com a forma como, a nível interno, é encarada a relação entre aquela e o legislador. A Administração, no desempenho da sua ineliminável tarefa de prossecução do interesse público, consubstancia uma função estadual autónoma, não integralmente pré-determinada pela lei e reexaminada pelos tribunais. Esta compreensão encontra agora materializações na compreensão e no

[2] Neste sentido, Schmidt-Assmann, *Das Allgemeine Verwaltungsrecht...*, cit., pp. 47, 80 e ss..
[3] Vieira de Andrade, *O Dever...*, cit., p. 14.
[4] Schmidt-Assmann, «Zur Reform...», cit., p. 17.

regime jurídico da discricionariedade: por um lado, permite chamar a atenção para a existência de um espaço próprio de avaliação administrativa, imune à interferência dos demais poderes estaduais; por outro lado, viabiliza que se destaque a ineliminável observância das exigências jurídicas (corporizadas, desde logo, nos princípios) de que a Administração se não pode abstrair, mesmo quando atua no exercício de poderes discricionários. A limitação da ação administrativa pelo direito não obedece, porém, apenas a imperativos de natureza formal, mas, sobretudo, justifica-se por considerações de índole *material*, com o propósito de submeter a Administração aos valores que, desde o constitucionalismo moderno, se impõem ao próprio Estado[5].

A ultrapassagem da ideia da Administração como estrita execução da lei implica o fim da «domesticação» parlamentar e jurisdicional da Administração. A atividade da Administração orienta-se antes pelo binómio juridicidade/legitimação. A categoria determinante consiste hoje na responsabilidade (*Verantwortung, responsibility*): para além de alicerçar a autonomia da função administrativa no quadro da repartição de responsabilidades entre as várias funções estaduais, pressuposta pelo princípio da divisão de poderes[6], o apelo à responsabilidade no domínio em que nos movemos implica uma consideração das exigências colocadas à Administração no exercício das suas tarefas (aquilo pela qual ela é responsável e por cuja execução responde[7]), para determinar qual o sentido a conferir às respetivas formas de atuação. Sem prejuízo da pluralidade de sentidos projetada pela noção de responsabilidade da Administração e da sua ligação umbilical à Administração de prestações[8], a mobilização do conceito neste momento ultrapassa a «responsabilidade de execução» e reporta-se às realidades designadas como «responsabilidade de desenvolvimento», «responsabilidade pela concretização de programas» e «responsabilidade de iniciativa», que exigem da Administração, respe-

[5] Cf. Jorge Reis Novais, *Os Princípios Constitucionais Estruturantes da República Portuguesa*, Coimbra Editora, Coimbra, 2004, p. 27. Acentuando a imbricação entre forma e conteúdo postulada pelo princípio do Estado de direito, *v.* Gomes Canotilho, *Direito...*, cit., p. 255.

[6] *V.* a síntese de João Loureiro, *Constituição e Biomedicina: Contributo para uma Teoria dos Deveres Bioconstitucionais na Esfera da Genética Humana*, vol. I, polic., Coimbra, 2003, pp. 112 e ss..

[7] Cf. também Pedro Gonçalves, *Entidades...*, cit., pp. 163 e s..

[8] Cf. Schuppert, «Die Öffentliche Verwaltung im Kooperationsspektrum Staatlicher und Privater Aufgabenerfüllung: Zum Denken in Verantwortungsstufen», in: *Die Verwaltung*, fasc. 4, vol. 31, 1998, pp. 419 e s..

tivamente, o desenvolvimento normativo de programas apenas esboçados pelo legislador e a sua realização através de medidas concretas, assim como a adoção de iniciativas, que envolvem, designadamente, os mecanismos de autoprogramação[9].

b) Fim da exclusividade da lei como parâmetro da atuação administrativa – A erosão do sentido tradicional do princípio da legalidade conduziu à multiplicação dos parâmetros de vinculação da atuação administrativa e, consequentemente, à pulverização dos centros de poder e ao correspetivo pluralismo normativo, com impactos, desde logo, no plano internacional e, sobretudo, europeu, a partir do momento em que se considera que as respetivas fontes (em particular, do direito da União Europeia) constituem parâmetros (de vinculação) da ação administrativa.

c) Autocontrolo da juridicidade da atuação administrativa – Como consequência direta das dimensões acabadas de referir, a vinculação administrativa ao direito constitui um arrimo para a tematização de uma concretização metodologicamente ativa da juridicidade. O exercício da função administrativa ao nível do caso concreto pressupõe responsabilidades acrescidas dos decisores administrativos, agora vinculados também ao controlo da juridicidade da própria atuação. Trata-se de "trazer o Estado de direito para a prática", a única forma de alcançar uma Administração Pública responsável, e, como tal, uma Administração "que reflecte o hábito de pensar institucionalmente no respeito pelo direito"[10].

2. Juridicidade e interesse público

Se "todo o Direito tem a ver com interesse", correspondendo este último a uma «categoria fundamental do pensamento jurídico»[11], afigura-se inegável o relevo que um determinado tipo de interesse[12] – o

[9] Esta tipologia das responsabilidades da Administração (em função dos fins e das condições da actividade desenvolvida) e a sua explanação devem-se a SCHMIDT-ASSMANN, «Verwaltungsverantwortung und Verwaltungsgerichtsbarkeit», in: *Veröffentlichungen der Vereinigung der Deutschen Staatsrechtslehrer*, n.º 34, De Gruyter, Berlin/New York, 1976, pp. 231 e ss..

[10] LYNN Jr., «Restoring the Rule of Law to Public Administration», in: *Public Administration Review*, fasc. 5, vol. 69, setembro/outubro 2009, pp. 804 e 810, respetivamente.

[11] SCHMIDT-ASSMANN, «Zur Reform...», cit., p. 37.

[12] Relativamente aos tipos de interesse, cf. WOLFF/BACHOF/STOBER/KLUTH, *Verwaltungsrecht*, vol. I, cit., p. 324; SCHMIDT-ASSMANN, «Zur Reform...», cit., pp. 37 e s..

interesse público – assume no Direito Administrativo. O interesse público constitui uma manifestação (direta ou indireta) das necessidades fundamentais de uma comunidade política[13], representando o motor dirigente da ação administrativa, sendo inclusivamente concebido como elemento de legitimação do Estado, na medida em que, como fim a atingir, vincula todos os poderes públicos[14]. O interesse público (concebido como categoria) não oblitera, porém, a presença real de vários interesses públicos, dando azo à concepção da Administração Pública também como «administração dos interesses»[15].

Sem prejuízo de outras expressões do relevo do interesse público na vida da Administração, afigura-se-nos inegável o contributo que este oferece para alicerçar a autonomia da função administrativa no quadro das demais funções estaduais. Não se tratando de defender um entendimento que sucumba à tentação, ocorrida na passagem do Estado-burguês para o Estado-administrativo, de pensar uma vontade administrativa livre nos limites da lei[16], a verdade é que a acentuação da realização do interesse público como tarefa da Administração concorre para a superação da ideia segundo a qual a função administrativa se reconduz à mera execução (não criativa) da lei. À ação administrativa preside, pois, um princípio de otimidade (que implica a adoção da melhor solução para o interesse público)[17] ou um princípio de satisfação ótima das necessidades, enquanto corolário da estrutura normativa da Administração[18].

O que nos transporta para um segundo problema, atinente à relação entre interesse público e ação pública (administrativa). A questão reside

[13] Sobre esta noção de interesse público, *v.* Vieira de ANDRADE, «Interesse Público», in: *Dicionário Jurídico da Administração Pública*, vol. V, s. n., Lisboa, 1993, p. 275.

[14] *V.* MICHAEL, *Rechtseztende Gewalt im Kooperienden Verfassungsstaat*, Duncker & Humblot, Berlin, 2002, pp. 237 e ss., em parte na linha de HÄBERLE, Öffentliches Interesse als Juristisches Problem, Athenäum Verlag, Bad Homburg, 1970, pp. 46 e ss..

[15] COGNETTI, *La Tutela delle Situazioni Soggettive tra Procedimento e Processo*, Edizione Scientifiche Italiane, Napoli, 1987, p. 64; PORTALURI, *Potere Amministrativo e Procedimenti Consensuali*, Giuffrè Editore, Milano, 1998, p. 3.

[16] Cf., assinalando precisamente este aspeto, Rogério SOARES, *Interesse Público, Legalidade e Mérito*, Atlântida, Coimbra, 1955, p. 109. *V.* ainda HÄBERLE, Öffentliches Interesse..., cit., p. 48.

[17] Aludindo ao princípio da otimidade da ação administrativa, cf. Rogério SOARES, *Interesse...*, cit., p. 142.

[18] Nestes termos, *v.* Orlando de CARVALHO, *Contrato Administrativo e Acto Jurídico Público*, Coimbra Editora, Coimbra, 1953, p. 42; *v.* também Rogério SOARES, *Interesse...*, cit., p. 147.

em compreender se esta ligação apenas significa uma subordinação da segunda ao primeiro (correspondente a um simples limite), ou se, diversamente (como nos parece), constitui o seu verdadeiro fundamento – a permitir uma aproximação da ação pública a princípios e valores éticos, resultantes da compreensão do interesse público, à luz de uma perspetiva normativa[19], como "aquilo que presumivelmente [o povo] escolheria se visse claramente, pensasse racionalmente e atuasse desinteressada e benevolentemente"[20]. Esta aceção identifica o interesse público como o último fim ético das relações jurídico-políticas, por cuja realização os poderes públicos são responsáveis[21].

Não se ignora – como, aliás, também já se sublinhou – que existe uma confluência entre interesse público e direito, porquanto a finalidade última da ação administrativa consiste na *satisfação do interesse público no quadro do direito*. Revela-se sintomática, a este propósito, a consagração de um princípio *jurídico* de prossecução do interesse público, tal como resulta do n.º 1 do artigo 266.º da Constituição e do artigo 4.º do CPA[22]. No mesmo sentido milita ainda a circunstância de o interesse público ser definido a nível superior, através de fontes *jurídicas*, quer esteja em causa o *interesse público primário* (identificado com o bem comum ou o fim primordial do Estado, o qual, contrariamente à tradição liberal, não é asséptico, mas juridicamente determinado a partir dos interesses parciais concretos[23]), quer se trate de *interesses públicos secundários* (instrumentais

[19] Diferenciando a perspetiva *normativa* da perspetiva *procedimental* na definição de interesse público, *v.* Morison/Anthony, «The Place of Public Interest», in: Anthony/Auby/Morison/Zwart (ed.), *Values in Global Administrative Law*, Hart Publishing, Oxford/Portland, 2011, pp. 218 e s..

[20] Lippmann, *The Public Philosophy*, 7.ª reimp., Transaction Publishers, New Jersey, 2009, p. 42.

[21] Em sentido próximo, *v.* Cassinelli, «Some Reflections on the Concept of the Public Interest», in: *Ethics*, n.º 1, vol. 69, outubro 1958, pp. 48 e 60, aludindo, respetivamente, ao interesse público como *"the ultimate ethical goal of political relationships"* e *"the highest ethical goal of political relationships"*, em função do qual as atuações dos poderes públicos são avaliadas, considerando-se estas desejáveis ou indesejáveis, consoante contribuam ou prejudiquem a realização do interesse público (cf. ainda *Op.* cit., pp. 58 e ss.).

[22] Wolff/Bachof/Stober (*Verwaltungsrecht*, vol. I, cit., pp. 416 e ss.) concebem o interesse público como princípio de Direito Administrativo ou como princípio estrutural (não escrito, no caso alemão) de todas as formas de agir administrativo.

[23] Neste sentido, Vieira de Andrade, *Grupos de Interesse, Pluralismo e Unidade Política*, Separata do vol. XX do *Suplemento ao Boletim da Faculdade de Direito*, Coimbra, 1977, pp. 27 e ss., esp.te pp. 31 e s..

do primeiro e concretizados pelo legislador)[24]. Todavia, se a função administrativa se reconduz à prossecução de fins heteronomamente definidos (pelo legislador), tal não exclui que caiba igualmente à Administração uma tarefa de codeterminação, em certos termos, do interesse público que lhe cabe realizar, aí residindo a área típica da função administrativa. Aliás, a exclusividade administrativa da apreciação do mérito não constitui senão uma consequência da autonomia do interesse público, inclusive perante a sua juridificação.

3. O princípio da legalidade: a lei como pressuposto e fundamento do *agere* administrativo

A submissão dos poderes públicos à lei e ao direito constitui o elemento fundamental do nascimento do próprio Direito Administrativo. A centralidade assumida pela lei no dealbar do Direito Administrativo resultava da função que a mesma exercia como "expressão da vontade geral" (tal como a definia o artigo 6.º da *Déclaration des Droits de l'Homme et du Citoyen*[25]) e elemento de garantia dos (súbditos agora elevados à categoria de) cidadãos face aos abusos dos poderes públicos, assumindo-se concomitantemente a função administrativa como a execução dessa vontade geral[26].

Se já não restam dúvidas de que submissão do Estado ao direito possui um alcance muito mais amplo – concretizado no assinalado princípio da juridicidade –, também se não pode ignorar o papel fundamental da lei enquanto *pressuposto* e *fundamento* da atividade administrativa e, nessa medida, salientar a importância da emergência do princípio da legalidade enquanto «primeira conquista do liberalismo»[27]. Assim, a acentuação do

[24] Sobre a distinção entre interesse público primário e interesses públicos secundários, *v.* Rogério Soares, *Interesse...*, cit., pp. 101 e ss., 106 e ss., 149 e s., e *Direito Administrativo*, polic., s.d., pp. 3 e ss.; Vieira de Andrade, «Interesse...», cit., p. 277, e *Lições de Direito Administrativo*, 5.ª ed., Imprensa da Universidade de Coimbra, Coimbra, 2017, p. 13. Trata-se de uma destrinça que remonta a Carnelutti: cf. Alessi, *Sistema Istituzionale del Diritto Amministrativo Italiano*, 3.ª ed., Giuffrè, Milano, 1960, pp. 197 e s. (*v.* também n. 3).

[25] No que foi acompanhada, entre nós, pelo artigo 104.º da Constituição de 1822, de acordo com o qual "Lei é vontade dos cidadãos declarada pela unanimidade ou pluralidade dos votos de seus representantes juntos com Cortes, precedendo discussão pública".

[26] Assim já Montesquieu, *De L'Esprit des Lois*, tomo I, s.n., Londres, 1757, Livro XI, Capítulo VI, §16.º.

[27] Cf. M. Galvão Teles, «A Concentração...», cit., p. 177.

princípio da juridicidade deve percecionar-se como sublimação do princípio da legalidade administrativa – adequadamente compreendido a partir da superação da conceção positivista da identificação da lei com o direito –, e não como uma substituição da ideia de legalidade pela acentuação exclusiva de uma lógica de resultado[28]. Não é, aliás, por acaso, que o princípio da legalidade da Administração se vem concebendo como um dos subprincípios concretizadores do princípio do Estado de direito[29].

3.1. Subprincípios densificadores do princípio da legalidade

O relevo assumido pelo princípio da legalidade da Administração polariza-se em torno dos respetivos subprincípios densificadores:

a) Princípio da precedência de lei – O facto de a função administrativa se caracterizar pela prossecução de fins heteronomamente definidos – *i. e.*, fins fixados pelo legislador – impõe a existência de uma lei prévia que habilite a Administração a agir (lei habilitante). Esta exigência encontra uma tradução explícita, a propósito dos regulamentos administrativos, no dever de citação da lei habilitante, previsto no n.º 7 do artigo 112.º da CRP.

O conteúdo mínimo da lei habilitante – a «reserva de função legislativa» a que alude Vieira de Andrade[30] – reconduz-se à definição do(s) interesse(s) público(s) a satisfazer por determinada ação administrativa (o *fim*) e à fixação dos órgãos com poder para adotar essa ação (a *competência*). Estamos diante do sentido *positivo* do princípio do primado da lei[31].

A compreensão tradicional do princípio da precedência de lei carece hoje de algumas precisões. Em primeiro lugar – e considerando as especificidades do direito português –, o estabelecimento dos fins e das competências das ações administrativas não constitui uma responsabilidade *exclusivamente* parlamentar: eis a consequência de o princípio da precedência de lei se assumir como um princípio da precedência de *ato legislativo*, pelo que, em muitos dos casos, o legislador se identifica com o

[28] Cf. Pedro GONÇALVES, «Direito...», cit., pp. 552 e s..

[29] *V.*, por todos, Gomes CANOTILHO, *Direito...*, cit., p. 256.

[30] Vieira de ANDRADE, *Lições...*, cit., p. 51.

[31] Cf., *v. g.*, WOLFF/BACHOF/STOBER/KLUTH, *Verwaltungsecht*, vol. I, cit., p. 334 e s.. Entre nós, Rogério SOARES, *Direito...*, cit., p. 61; Vieira de ANDRADE, *Lições...*, cit., p. 51.

Governo[32], cujos decretos-leis também servem como pressuposto e fundamento da atuação administrativa (inclusivamente da atuação administrativa *governamental*).

Em segundo lugar, e mais significativamente, o princípio da precedência de lei pode ser substituído por um princípio da precedência de atos de direito nacional ou europeu, assistindo-se agora à substituição de atos legislativos nacionais por atos internacionais e, sobretudo, europeus dotados de aplicabilidade direta – em total consonância com a natureza de fontes de Direito Administrativo hoje atribuídas ao direito internacional e ao direito europeu.

No que respeita ao direito internacional, trata-se de aquilatar da possibilidade de adaptação do princípio da precedência de lei, quando se trata de *normas de direito internacional dotadas de aplicabilidade direta*. Por definição, a característica da aplicabilidade direta refere-se tão-só às normas internacionais cuja relevância jurídica interna dispensa qualquer tipo de mediatização efetuada pelos órgãos estaduais nacionais, aplicando-se imediatamente ao Estado e aos indivíduos, independentemente de qualquer ato de mediação (como a aprovação, a ratificação ou a publicação)[33]. Atenta esta noção, e para além dos regulamentos da União Europeia (ou, em geral, na terminologia do n.º 3 do artigo 8.º da Constituição, das normas emanadas por órgãos de organizações internacionais que vigoram diretamente na ordem interna, quando tal se encontre estabelecido nos respetivos tratados constitutivos), apenas as *normas de direito internacional geral ou comum* gozam, nos termos do n.º 1 do artigo 8.º da CRP, de aplicabilidade direta, aqui incluindo os casos em que as mesmas se encontram codificadas em instrumentos normativos internacionais (como os tratados universais). Ora, se, em abstrato, se torna pensável que tais normas internacionais possam fundamentar o exercício do poder administrativo

[32] E, relativamente a certas ações desenvolvidas nas regiões autónomas, com as respetivas assembleias legislativas, na medida em que emanam decretos legislativos regionais.

[33] Nestes termos, Francisco Ferreira de ALMEIDA, *Direito Internacional Público*, 2.ª ed., Coimbra Editora, Coimbra, 2003, p. 77; *v.* ainda Azevedo SOARES, *Lições de Direito Internacional Público*, 4.ª ed. (reimp.), Coimbra Editora, Coimbra, 1996. Cf. também Gomes CANOTILHO/ Vital MOREIRA, *Constituição...*, vol. I, cit., pp. 263 e s., anotação XIII ao artigo 8.º. Diversamente, Jónatas MACHADO (*Direito Internacional*, 5.ª ed., Gestlegal, Coimbra, 2019, p. 172) adota uma distinção entre aplicabilidade direta e efeito direto, designação esta que reserva para a realidade que apelidámos de aplicabilidade direta.

nacional, a prática revela que tais casos serão raros, em virtude da tendencial generalidade e da índole principiológica que as caracteriza.

Resta saber se se revela admissível ir mais além, e abraçar a tese (defendida pela doutrina e subjacente ao Acórdão n.º 184/89, do Tribunal Constitucional, ainda que apenas relativamente aos regulamentos) de que também as normas constantes de convenções internacionais se assumem como fundamento para a adoção de atuações administrativas nacionais. Na base desta conceção encontra-se a cláusula de receção do direito internacional convencional (particular) prevista no n.º 2 do artigo 8.º da CRP. Considerando esta última disposição, aliada à localização sistemática conferida às convenções internacionais no quadro do ordenamento jurídico nacional (atribuindo-se-lhes, pelo menos, nível legislativo), propendemos para aceitar que as convenções internacionais constituam fundamento para as atuações administrativas nacionais, desde que respeitados alguns condicionalismos: a vigência da convenção no plano internacional; o cumprimento das formalidades para a respetiva receção no direito interno; o respeito pelo princípio da reserva de lei e pela natureza (materialmente) administrativa das normas jurídicas a emanar pela Administração.

Na perspetiva do direito europeu, a questão colocar-se-á sobretudo a propósito dos *regulamentos da União Europeia*, num contexto em que as Administrações nacionais constituem a base da *Verwaltungsverbund* europeia e, como tal, instrumentos decisivos com «qualidade institucional suficiente»[34] para a implementação do direito da União (ou mesmo das políticas públicas europeias). Quanto a esta matéria, cumpre, desde logo, salientar que os regulamentos da União Europeia, no quadro das fontes de direito europeu, possuem (com frequência) «nível legislativo» (*hoc sensu*). Atente-se em que o TFUE qualifica, *inter alia*, os regulamentos como atos legislativos, quando adotados através de procedimentos legislativos, ordinário ou especial (cf. artigos 288.º, 2.º parágrafo, e 289.º, n.os 2 e 3, do TFUE).

Ademais, o regulamento, justamente porque dotado de aplicabilidade direta (ao contrário das diretivas), prescinde de qualquer ato de transposição para os ordenamentos jurídicos dos Estados-membros, embora

[34] MORENO MOLINA, *La Ejecución Administrativa del Derecho Comunitario*, Marcial Pons, Madrid, 1998, p. 49.

tal não precluda que a sua «boa execução» necessite, em certos casos, de atuações administrativas nacionais. Já no Acórdão *Francesco Bussone*[35], o Tribunal de Justiça havia afirmado a possibilidade de os regulamentos comunitários atribuírem às Administrações nacionais um poder discricionário na adoção das medidas necessárias à sua operatividade. A conclusão tornou-se mais impressiva quando a Cúria do Luxemburgo apreciou se a aplicabilidade direta de um regulamento comunitário se revelava compatível com disposições (constantes de um decreto) emanadas pelas autoridades italianas que visavam regulamentar a aplicação do regulamento[36]. De acordo com o Tribunal, "a aplicabilidade directa de um regulamento não constitui obstáculo a que o próprio texto do regulamento habilite uma instituição comunitária ou um Estado a adoptar medidas de aplicação. Nesta última hipótese, as modalidades do exercício deste poder são regidas pelo direito público do Estado membro em causa; de qualquer forma, a aplicabilidade directa do acto que habilita o Estado membro a adoptar as medidas nacionais em questão terá por efeito permitir às jurisdições nacionais controlar a conformidade destas medidas nacionais com o conteúdo do regulamento comunitário". A habilitação constante do regulamento europeu para o Estado adotar medidas de execução pode revelar-se conveniente, dadas as diferenças existentes ao nível dos sistemas jurídicos nacionais que justificam densificações igualmente diferenciadas dos regimes[37].

b) Princípio do primado ou da preferência da lei – A atividade administrativa deve obediência à lei (*hoc sensu*, aos atos legislativos), com a consequência de padecerem de ilegalidade (em sentido estrito[38]) todas as ações da Administração que a (os) violem. Neste sentido, alude-se a um princípio

[35] Acórdão «Francesco Bussone/Ministério italiano da Agricultura», de 30.11.1978, P. 31/78, §§ 9 e s..

[36] Acórdão «SpA Eridania – Zuccherifini nazionali e SpA Società italiana per l'industria degli zuccheri/Ministro da Agricultura, do Comércio e Artesanato e SpA Zuccherifici meridionali», de 27.09.1979, P. 230/78, in: *Recueil de la Jurisprudence de la Cour*, 1979, 3.ª parte, pp. 2749 e ss..

[37] Cf., em termos próximos, Acórdão do Tribunal de Justiça, «Roland Teulie/Cave Cooperative Les Vignerons de Puissalicon», de 11.11.1992, P. C-251/91, §§ 13 e 14.

[38] Num sentido mais amplo, a ilegalidade corresponde à antijuridicidade, identificando-se com a falta de "adesão imediata do acto a um determinado esquema fornecido pela ordem jurídica" (Rogério Soares, *Interesse...*, cit., p. 259).

da legalidade em sentido *negativo*[39], o qual possui uma dupla dimensão: por um lado, vincula a Administração a aplicar a lei («obrigação de aplicação» – *Anwendungsgebot*), acentuando a dimensão executiva da função administrativa; por outro lado, impede a Administração de transgredir a lei («proibição de desvio» – *Abweichungsverbot*), enfatizando a compreensão da lei como limite das atuações administrativas[40].

Também hoje o princípio do primado ou da preferência de lei encontra algumas compressões resultantes da incontornável conciliação deste princípio com as exigências materiais do princípio do Estado de direito de que, como vimos, constitui uma concretização. Uma delas prende-se com a possibilidade de, verificado um circunstancialismo excecional, permitir aos órgãos administrativos o afastamento, no caso concreto, de *leis inconstitucionais* – hipótese que, quando admissível, impede a invalidade das ações administrativas que se revelem contrárias à lei, para se conformarem com a Constituição[41].

Um outro exemplo na mesma linha, mas particularmente extremo, prende-se com as designadas *leis injustas* (*leges corruptæ*, *Unrecht*), *i. e.*, aquelas que se revelam contrárias à própria ideia de Direito, não podendo, em rigor, apelidar-se de normas *jurídicas*. Quando um órgão administrativo se depare com leis deste tipo, deve desaplicá-las, pois que admitir a possibilidade de desaplicação de uma norma com fundamento na violação do princípio da justiça traz ínsita uma compreensão do sistema jurídico que transcende o plano da mera legalidade ou do direito positivado e projeta o problema no Direito[42]. Por este motivo, é reconhecido um direito de recusar a colaboração na prática de qualquer ato injusto[43], o qual se con-

[39] Cf., *v. g.*, Wolff/Bachof/Stober/Kluth, *Verwaltungsrecht*, vol. I, cit., pp. 330 e ss.. Entre nós, Rogério Soares, *Direito...*, cit., p. 61; Vieira de Andrade, *Lições...*, cit., p. 51.

[40] Ossenbühl, «Rechtsquellen...», cit., p. 198, e, sobretudo, «Vorrang... », cit., pp. 185 e ss..

[41] Sobre esta matéria, cf., monograficamente, A. Salgado de Matos, *A Fiscalização Administrativa da Constitucionalidade*, Almedina, Coimbra, 2004; Ana Cláudia Gomes, *O Poder de Rejeição de Leis Inconstitucionais pela Autoridade Administrativa no Direito Português e no Direito Brasileiro*, Sergio Antonio Fabris Editor, Porto Alegre, 2002. *V.* também a bibliografia que citámos em *A Recusa de Aplicação de Regulamentos pela Administração com Fundamento em Invalidade: Contributo para a Teoria dos Regulamentos*, Almedina, Coimbra, 2012, pp. 366 e ss..

[42] *V.* Castanheira Neves, *Questão-de-Facto...*, cit., pp. 534 e s..

[43] Cf. Paulo Otero, «O Direito Fundamental a Não Participar num Acto Injusto», in: Barbas Homem/Vera-Cruz Pinto/Portocarrero de Almada/P. Teixeira Pinto (org.), *João Paulo II e o Direito*, Principia, Cascais, 2003, p. 134; *v.* também Paulo Otero, *Lições de Introdução ao*

cebe como um direito fundamental diretamente alicerçado no princípio da dignidade da pessoa humana, assimilando-se ao instituto da objeção de consciência[44]. À consideração de um direito, na titularidade de todos os cidadãos (e, portanto, também dos funcionários, titulares de órgãos e demais trabalhadores da Administração Pública), de recusar a participação num ato injusto acresce um autêntico *dever* de não atuar de forma injusta: é neste sentido que do n.º 2 do artigo 266.º da CRP se faz decorrer para a Administração um *dever de atuar com justiça*[45]. Assim, e por força do princípio da justiça, dever-se-á entender que a não colaboração em atos injustos vincula as entidades públicas, impondo-lhes, designadamente, a obrigação de rejeitar todas as normas jurídicas injustas (e de declarar a invalidade de todos os atos injustos)[46].

Contornos diversos reveste ainda uma última restrição ao princípio da primazia da lei, identificada pela doutrina alemã como «ilegalidade útil» (*brauchbare Illegalität*) ou «ilegalidade funcionalmente orientada» (*funkionsgerechte Illegalität*)[47]. Está agora em causa a perceção de que, em setores de «Administração de massas», a agilidade da ação administrativa convive com uma dose (ainda que limitada) de inobservância das normas legais. Sem pretendermos opor eficiência da Administração e respeito pela legalidade administrativa (termos de um binómio que não se relacionam à luz da contraposição, mas antes da complementaridade[48]), não podemos ignorar que existem certas ilegalidades que não contendem

Estudo do Direito, I vol., 1.º tomo, polic., Lisboa, 1998, p. 185, e *O Poder de Substituição em Direito Administrativo*, vol. II, Lex, Lisboa, 1995, p. 555.

[44] Paulo Otero, *Legalidade...*, cit., p. 930.

[45] Freitas do Amaral, «O Princípio da Justiça no Artigo 266.º da Constituição», in: *Estudos em Homenagem ao Prof. Doutor Rogério Soares*, Studia Iuridica 61, Boletim da Faculdade de Direito/Coimbra Editora, Coimbra, 2001, p. 701, e *Curso...*, vol. II, cit., p. 133.

[46] Cf. Paulo Otero, *Lições...*, cit., vol. I, tomo 1.º, p. 185.

[47] Wolff/Bachof/Stober/Kluth, *Verwaltungsrecht*, vol. I, cit., pp. 330 e s..

[48] Como, aliás, parece apontar o reconhecimento do recurso ao "direito ao desafio", contemplado, como forma de incentivar a modernização da Administração Pública, no Decreto-Lei n.º 126/2019, de 29 de agosto, que consiste na suspensão temporária de regimes legais vigentes, através de instrumento legal adequado para esse efeito e pelo período de duração de um projeto experimental, tendo em vista testar novos modelos de funcionamento propostos pelas entidades interessadas, sem exigir uma alteração legal de âmbito geral, funcionando como mecanismo de avaliação prévia da necessidade de novos instrumentos normativos (cf. artigo 1.º, n.º 2).

com a consistência jurídica das atuações administrativas, quer dizer, não implicam uma invalidade, mas apenas uma irregularidade.

c) Princípio da reserva de lei – Cabe aos artigos 164.º e 165.º da CRP estabelecer quais as matérias de reserva de lei; como é sabido, estes preceitos identificam, respetivamente, as matérias incluídas na *reserva absoluta* (em que competência para legislar se encontra devolvida apenas à Assembleia da República) e as matérias compreendidas na *reserva relativa* (admitindo a Constituição que, mediante uma lei de autorização da Assembleia da República, o Governo possa legislar). Embora, no nosso contexto jurídico-constitucional, a consagração das reservas legislativas se dirija precipuamente à delimitação do exercício dos poderes de legislar dos três órgãos a quem a CRP reconhece competência legislativa (a Assembleia da República, o Governo e as assembleias legislativas das regiões autónomas), acentuando, neste horizonte, o papel do Parlamento (enquanto "assembleia representativa de todos os cidadãos portugueses" – artigo 147.º da CRP), o princípio da reserva de lei conhece também um alcance no que tange ao relacionamento entre legislador (parlamentar) e Administração, ou, em termos mais amplos, entre função legislativa e função administrativa.

A extensão e o alcance das matérias contempladas nos artigos 164.º e 165.º viabilizam, desde já, a conclusão de que o princípio da reserva de lei não pode ter o propósito de pretender excluir a intervenção administrativa nas diversas áreas aí envolvidas. Diversamente, aqueles dispositivos destinam-se a esclarecer que, no âmbito reservado, se exige ao legislador uma *densidade normativa acrescida*, impondo-se o princípio de que a disciplina constante da lei venha exaurir a produção normativa inicial das matérias dentro do âmbito da reserva[49]. Assim, na senda de Vieira de Andrade[50], entendemos que o problema da reserva de lei não prescinde da sua compreensão numa dimensão vertical enquanto *reserva de função.* Não se anunciando possível alicerçar constitucionalmente um conceito material de lei, torna-se, no entanto, viável (como vimos) a defesa de um modelo tipológico de distinção material entre as funções legislativa e

[49] Sérvulo Correia, *Legalidade...*, cit., p. 240.

[50] Vieira de Andrade, «Autonomia...», cit., pp. 7 e ss. (p. 12), cuja posição seguiremos de perto, no que tange às considerações tecidas a propósito da reserva de lei.

administrativa, em termos que permitam uma intervenção administrativa em matéria reservada *sem atingir os aspetos essenciais ou fundamentais da mesma*, que constituem o núcleo típico da função legislativa e que, por esse motivo, vão exigir do legislador uma aplicação especialmente rigorosa do *princípio da determinabilidade* das normas[51] – tendo ainda em conta que o sentido atribuível a cada uma das normas que preveem as matérias reservadas não se revela igual em todas elas, nem mesmo quando as mesmas são literalmente idênticas[52].

Tal significa que, em zonas reservadas, a atividade da Administração se encontra sujeita a uma vinculação mais intensa, diminuindo o âmbito ou o alcance dos poderes discricionários. Esta asserção não contraria, porém, o entendimento não integrista da reserva de lei a que aderimos: a instituição da reserva não implica para o legislador o *dever* de disciplinar a matéria de modo *integral* ou com uma *densidade máxima*, reconhecendo-se antes a "necessidade de uma certa abertura ou de uma certa porosidade legal que permita a respiração administrativa"[53], desde que salvaguardado o «núcleo essencial»[54] das matérias reservadas. Neste sentido, poderá afirmar-se (como também o faz a doutrina alemã) que a atribuição ao legislador das matérias «essenciais» permite remeter para a Administração a intervenção em aspetos não essenciais (*nicht-* ou *unwesentliche Sachfragen*)[55]. Ou, se quisermos, seguindo agora a jurisprudência federal norte-americana, a manutenção do sistema constitucional de separação entre funções (*in casu*, entre legislar e administrar) reconhece a necessidade, amplitude e a relevância das disposições normativas infralegais, desde que as mesmas se contenham dentro dos limites fixados pelos

[51] Cf. Vieira de ANDRADE, *Lições...*, cit., p. 51, aludindo ao «princípio da determinidade do conteúdo» como manifestação específica da reserva do Parlamento. Sobre o princípio da precisão ou determinabilidade das normas jurídicas, ínsito no princípio da segurança jurídica e da proteção da confiança dos cidadãos (subprincípio do princípio do Estado de direito), *v.*, por todos, Gomes CANOTILHO, *Direito...*, cit., p. 258.

[52] Assim o entende o Tribunal Constitucional – cf. Acórdão n.º 23/2002, de 10 de Janeiro, in: *Acórdãos do Tribunal Constitucional*, 52.º vol., 2002, p. 18, seguido também pelo Acórdão n.º 304/2008, de 30 de Maio, in: *Diário da República*, I Série, n.º 116, 18.06.2008, p. 3497.

[53] Vieira de ANDRADE, «Legitimidade da Justiça Constitucional e Princípio da Maioria», in: *Legitimidade e Legitimação da Justiça Constitucional*, Coimbra Editora, Coimbra, 1995, p. 82.

[54] MELERO ALONSO, *Reglamentos...*, cit., p. 175.

[55] Cf., por todos, SAUERLAND, *Die Verwaltungsvorschrift im System der Rechtsquellen*, Duncker & Humblot, Berlin, 2005, pp. 300 e ss., a propósito dos regulamentos administrativos.

standards, pelas *policies* e pelo *framework* previamente delineados pelo legislador, em consonância com a função que se lhe encontra cometida[56].

d) Princípio da separação entre o direito da lei e o direito da Administração – Este último princípio projeta-se apenas numa forma de ação administrativa – os regulamentos –, e resulta do n.º 5 do artigo 112.º da Constituição[57]. Destinando-se precipuamente a reger as relações entre um regulamento e a respetiva lei habilitante (determinando que o regulamento executivo ou complementador da lei não assume natureza legal, pois que a última não absorve o primeiro), este princípio apresenta outras refrações determinantes: por um lado, exige que mesmo os regulamentos executivos – onde mais se sente o grau de dependência em relação à lei – tenham um conteúdo distinto desta (ainda que por ela pré-determinado[58]), concretizando, estabelecendo uma pormenorização ou consagrando as condições práticas para aplicação da disciplina consagrada pela lei; por outro lado, pode igualmente ser convocado para impedir qualquer integração recíproca entre regulamento e lei (habilitante ou não), que determine uma alteração da relação hierárquica que intercede entre ambos – também quando implique como que uma elevação do grau hierárquico de uma norma regulamentar (ou, se quisermos, uma deslegalização invertida)[59].

3.2. O estado de necessidade como exceção ao princípio da legalidade?

Em termos gerais, encontramos uma alusão ao estado de necessidade administrativo no n.º 2 do artigo 3.º do CPA, que estabelece a convalidação dos atos administrativos praticados em estado de necessidade, com preterição das normas estabelecidas no Código, desde que os seus resultados não pudessem ter sido alcançados de outro modo e garantida

[56] Cf. Acórdão da *Supreme Court* «Panama Refining Co. *v.* Ryan», in: *United States Reports*, vol. 293, 1935, pp. 390, 418 e 421.

[57] Seguimos a posição de Gomes Canotilho (*Direito...*, cit., p. 842) que concebe este princípio como uma decorrência do princípio da tipicidade das leis, que proíbe a existência de atos legislativos «apócrifos» ou «concorrenciais» (Gomes Canotilho/Vital Moreira, *Constituição...*, vol. II, cit., p. 67, anotação XXII ao artigo 112.º).

[58] Cf. Sérvulo Correia, *Legalidade...*, cit., p. 253.

[59] Cf. a situação analisada no nosso «Cavaleiros e Hierarquia: O Artigo 158.º da Lei do Orçamento do Estado para 2009», in: *Revista de Direito Público e Regulação*, n.º 2, Julho 2009 (http://www.fd.uc.pt/cedipre/pdfs/revista_dpr/revista_2.pdf), pp. 1 e ss..

que fique a indemnização dos lesados. A questão da qual partimos neste ponto emerge também (e desde logo) da inserção sistemática da matéria, localizada num preceito que tem como epígrafe «Princípio da legalidade»: qual é, pois, o sentido do instituto do estado de necessidade no contexto do princípio da legalidade da Administração?

Repare-se que o ordenamento jurídico contém normas especiais sobre o estado de necessidade, relativas a determinadas atuações administrativas. Assim acontece, *v. g.*, com a expropriação urgentíssima contemplada no artigo 16.º do Código das Expropriações ("quando a necessidade de expropriação decorra de calamidade pública ou de exigências de segurança interna ou de defesa nacional, o Estado ou as autoridades públicas por este designadas ou legalmente competentes podem tomar posse administrativa imediata dos bens destinados a prover à necessidade que determina a intervenção, sem qualquer formalidade prévia, seguindo-se, sem mais diligências, o estabelecido no presente Código sobre fixação de indemnização em processo litigioso")[60].

Quanto aos atos materiais, atente-se também na disposição especial constante do n.º 2 do artigo 177.º do CPA, da qual resulta que, em estado de necessidade, se legitima a atuação dos órgãos administrativos que pratiquem operações materiais (ainda que restritivas de direitos ou interesses legalmente protegidos) sem a precedência da decisão de proceder à execução administrativa (encontrando-se a ação administrativa limitada pelos princípios que regem a coação direta)[61].

Muito escalpelizado pela doutrina[62], o sentido do n.º 2 do artigo 3.º em causa consiste em permitir a legalização de atos (jurídicos e mate-

[60] Cf. F. Alves Correia, *Manual de Direito do Urbanismo*, vol. II, Almedina, Coimbra, 2010, pp. 402 e ss..

[61] Assim, Rui Machete, «Privilégio de Execução Prévia», in: *Dicionário Jurídico da Administração Pública*, vol. VI, s. n., Lisboa, 1994, p. 464, e «A Execução do Acto Administrativo», in: *Direito e Justiça*, vol. VI, 1992, p. 85, a propósito do anterior n.º 2 do artigo 151.º do CPA.

[62] *V.* M. Esteves de Oliveira/Pedro Gonçalves/Pacheco de Amorim, *Código do Procedimento Administrativo Comentado*, 2.ª ed., Almedina, Coimbra, 1997, pp. 92 e ss.; Freitas do Amaral/Maria da Glória Garcia, «O Estado de Necessidade e a Urgência em Direito Administrativo», in: *Revista da Ordem dos Advogados*, vol. II, ano 59.º, abril 1999, pp. 481 e ss.; Freitas do Amaral, *Curso de Direito Administrativo*, vol. II, 3.ª ed., Almedina, Coimbra, 2016, pp. 48 e s., 304 e ss.; Sérvulo Correia, «Revisitando o Estado de Necessidade», in: *Em Homenagem ao*

riais) violadores de princípios e regras contemplados no próprio CPA. Todavia, por constituir o afloramento de um princípio geral de direito e possuir uma projeção mais ampla (com repercussões em diversos ramos jurídico-dogmáticos, como o direito civil ou o direito penal), deste preceito decorre, num cenário de colisão de valores e interesses públicos[63], a possibilidade de convalidação[64] de atuações administrativas (atuações materiais ou atos jurídicos) vulneradoras de normas e princípios jurídicos (essencialmente, relativos à forma ou procedimento, mas não exclusivamente, podendo referir-se ao conteúdo das atuações em causa), desde que as mencionadas violações se tenham verificado por causa da situação fundamentadora do estado de necessidade e se dirijam, de alguma forma, ao restabelecimento da *normalidade administrativa*, posta em causa por um perigo agudo, iminente e atual[65] não imputável ao agente[66]. Nesta medida, constituem pressupostos do estado de necessidade assim configurado a ocorrência atual (princípio da atualidade) de factos anormais e graves (princípio da excecionalidade ou da anormalidade), não imputáveis à Administração (princípio da proibição do *venire contra factum proprium*), geradores de um perigo iminente e real (princípio da realidade) para um interesse público essencial, e relativamente aos quais se torna impossí-

Professor Doutor Diogo Freitas do Amaral, Almedina, Coimbra, 2010, pp. 719 e ss.; Paulo OTERO, *Direito do Procedimento Administrativo*, vol. I, Almedina, Coimbra, 2016, pp. 127 e ss.. Trata-se de uma disposição moldada a partir da lição de Marcello CAETANO, *Manual...*, vol. II, cit., pp. 1305 e ss.. Também Rogério SOARES (*Direito...*, cit., pp. 26 e ss.) se referia já à existência de circunstâncias excecionais que justificavam a preterição de regras de Direito Administrativo, com o objetivo de prosseguir tarefas essenciais e de natureza inadiável, quando abordava o problema da assunção de facto de funções públicas por particulares («funcionário de facto»).

[63] Cf. Marcello CAETANO, *Manual...*, vol. II, cit., p. 1305; Freitas do AMARAL/Maria da Glória GARCIA, «O Estado...», cit., p. 486.

[64] Admitindo já que a causa de exclusão da ilicitude constante do n.º 2 do artigo 3.º do CPA tenha um alcance mais amplo, *v.* M. Esteves de OLIVEIRA/Pedro GONÇALVES/Pacheco de AMORIM, *Código...*, cit., p. 93, comentário X ao artigo 3.º; Freitas do AMARAL/Maria da Glória GARCIA, «O Estado...», cit., p. 481; Freitas do AMARAL, *Curso...*, vol. II, cit., p. 49; M. Rebelo de SOUSA/A. Salgado de MATOS, *Direito Administrativo Geral*, tomo III, 2.ª ed., D. Quixote, Lisboa, 2009, p. 488 e s..

[65] Caracterizando nestes termos o perigo subjacente ao estado de necessidade administrativa, cf. Gomes CANOTILHO, *O Problema da Responsabilidade do Estado por Actos Lícitos*, polic., Coimbra, 1970-1971, p. 311.

[66] Associando este pressuposto ao princípio da boa fé, cf. Sérvulo CORREIA, «Revisitando...», cit., p. 737.

vel fazer face com os meios normais da legalidade, justificando *apenas* as medidas adequadas, necessárias e proporcionais (em termos temporais e espaciais, mas também no plano substantivo) a tais circunstâncias excecionais (princípio da proporcionalidade), e desde que fique salvaguardada a indemnização dos danos causados pelas mesmas aos particulares (princípio da indemnizabilidade).

A parte final do n.º 2 do artigo 3.º remete o direito a ser indemnizado para os "termos gerais da responsabilidade da Administração". À luz da legislação anterior, esta hipótese encontrava-se expressamente contemplada no n.º 2 do artigo 9.º do Decreto-Lei n.º 48051, de 21 de novembro de 1967, de acordo com o qual "quando o Estado ou as demais pessoas colectivas públicas tenham, em estado de necessidade e por motivo imperioso de interesse público, de sacrificar especialmente, no todo ou em parte, coisa ou direito de terceiro, deverão indemnizá-lo"[67].

Do novo RRCEE está ausente uma disposição com teor similar. Todavia, considerando-se, desde Marcello Caetano[68], que o principal problema do estado de necessidade reside em determinar se são indemnizáveis os danos causados pelas atuações administrativas praticadas com esse fundamento – constituindo este o segundo traço da «teoria do estado de necessidade administrativa», na perspetiva daquele Professor –, não poderão os lesados ficar sem direito a indemnização. Assim, e apesar da ausência de referência literal ao estado de necessidade, devem os danos emergentes das atuações administrativas praticadas naquele circunstancialismo ser indemnizados à luz do artigo 16.º do RRCEE («indemnização pelo sacrifício»), preceito que exige o caráter anormal e especial dos danos sofridos[69].

[67] Cf., sobre este preceito, Freitas do AMARAL/Maria da Glória GARCIA, «O Estado...», cit., pp. 460 e ss., 484). *V.* também Gomes CANOTILHO, *O Problema...*, cit., pp. 307 e ss..

[68] Marcello CAETANO, *Manual...*, vol. II, cit., p. 1308.

[69] Associando esta disposição à indemnização dos danos em estado de necessidade, cf., numa perspetiva crítica, M. Rebelo de SOUSA/A. Salgado de MATOS, *Direito...*, tomo III, cit., pp. 489 e 509; *v.* também Carlos CADILHA, *Regime da Responsabilidade Civil Extracontratual do Estado e Demais Entidades Públicas Anotado*, 2.ª ed., Coimbra Editora, Coimbra, 2008, pp. 365 e s.; Sérvulo CORREIA, «Revisitando...», cit., p. 726; Pedro MACHETE, «Artigo 16.º», in: Rui MEDEIROS (org.), *Comentário ao Regime da Responsabilidade Civil Extracontratual do Estado e Demais Entidades Públicas*, Universidade Católica Editora, Lisboa, 2013, pp. 463 e ss.; Ana Raquel MONIZ, *A Recusa...*, cit., p. 677.

A fixação legal de pressupostos e condições de emergência do estado de necessidade indica nitidamente que não estamos aqui no âmbito de uma zona fora do princípio da juridicidade, mas, pelo contrário, que a Administração se encontra subordinada ao direito e ao posterior controlo judicial. Neste sentido, o estado de consubstancia (mais) uma manifestação da ultrapassagem da absolutização do princípio da legalidade e da imprescindível refração deste princípio no (mais amplo) princípio da juridicidade ou, se preferirmos, do Estado de direito.

Aliás, atentados existem ao ordenamento jurídico, cuja legalidade nem a invocação do estado de necessidade poderá salvar: pense-se, *v. g.*, nas hipóteses em que, a pretexto da proteção do interesse público, o órgão administrativo submeteu um cidadão a práticas de tortura. Com efeito, apesar de o ordenamento "legalizar" as atuações administrativas praticadas com ofensa de normas jurídicas (parecendo aproximar-se, nesse sentido, a uma exceção ao princípio da legalidade administrativa[70]), não permite que as mesmas se encontrem totalmente desvinculadas do direito (que, como tal, ainda se encontram submetidas ao princípio da juridicidade)[71], assumindo-se o estado de necessidade como um «contra--princípio»[72] ou como «princípio-exceção»[73], que, sem perder a sua natureza *jurídica*, permite o afastamento, *in casu*, de outros princípios jurídicos materiais.

Para além desta limitação negativa, é ainda a perspetiva de subordinação da ação administrativa ao direito que, por último, fundamenta positivamente a sujeição das atuações praticadas em estado de necessidade aos princípios jurídicos já enunciados (com especial destaque para o princípio da proporcionalidade), viabilizando o respetivo controlo judicial. Para a conclusão da vinculação administrativa, neste contexto, ao princí-

[70] Expressamente, Freitas do AMARAL, «Legalidade...», cit., pp. 85 e s.; Freitas do AMARAL/Maria da Glória GARCIA, «O Estado...», cit., p. 480.

[71] Cf. Freitas do AMARAL/Maria da Glória GARCIA, «O Estado...», cit., p. 462. Parece ser esta também a ideia subjacente às observações críticas de M. Rebelo de SOUSA/A. Salgado de MATOS (*Direito...*, tomo I, cit., pp. 175 e s. – posição agora acolhida por Freitas do AMARAL, *Curso...*, vol. II, cit., pp. 48 e s.) e Carla Amado GOMES (*Contributo para o Estudo das Operações Materiais da Administração Pública e do Seu Controlo Jurisdicional*, Coimbra Editora, Coimbra, 1999, p. 188). Particularmente expressiva, a este propósito, se nos afigura a visão de Paulo OTERO (*Legalidade...*, cit., p. 989.

[72] Vieira de ANDRADE, *Lições...*, cit., p. 54. Concebendo o estado de necessidade como princípio de Direito Administrativo, cf. Sérvulo CORREIA, «Revisitando...», cit., pp. 723 e ss..

[73] Paulo OTERO, *Direito do Procedimento...*, cit., pp. 127 e 134.

pio da juridicidade concorre igualmente a ideia segundo a qual a preterição das normas jurídicas fundada no estado de necessidade se destina ainda a tutelar um interesse público (legalmente configurado como) prevalecente face aos demais, o que permite conectar a subversão da ordem jurídica causada pelo estado de necessidade com a obtenção de um *resultado* que também não seria, em circunstâncias normais, antijurídico[74], numa clara articulação entre o princípio da juridicidade e o princípio da prossecução do interesse público[75].

O estado de necessidade distingue-se das situações de *urgência*. Não se confundindo os institutos em causa, poder-se-á afirmar que ambos se encontram associados à emergência de uma situação suscetível de importar um perigo para o interesse público: por um lado, se a urgência postula a existência de um perigo iminente, o estado de necessidade reporta-se a um perigo grave e excecional, em regra (mas não necessariamente) urgente, para interesses de grande relevo[76], dando corpo aos adágios segundo os quais *necessitas non habet legem* e *quod non est ilicitum in lege necessitas facit licitum*; por outro lado, a urgência administrativa relaciona-se com as situações em que o legislador (ou o próprio regulamento) habilita(m) a Administração a agir, sem observância de determinadas normas de competência, forma ou procedimento [cf., *v.g.*, artigos 100.º, n.º 3, alínea *a)*, e 124.º, n.º 1, alínea *a)*, do CPA], destrinçando-se do estado de necessidade que, por definição, se reporta à ocorrência de acontecimentos anormais e, enquanto tais, não previstos pela lei ou pelo regulamento[77]; finalmente, a diferenciação entre urgência e estado de necessidade não impede a existência de uma zona de intersecção, em que, perante a mesma ocorrência, coincidem os pressupostos de ambos (o que poderemos designar como situações de «urgente necessidade»[78]), a postular uma articulação entre os respetivos regimes jurídicos.

74 Exatamente nestes termos, Vieira de ANDRADE, *O Dever...*, cit., p. 149.

75 Cf. Carla Amado GOMES, *Contributo...*, cit., p. 192.

76 Cf. Vieira de ANDRADE, *Lições...*, cit., p. 192, que seguimos de perto na concretização dos conceitos; distinguindo urgência e estado de necessidade, *v.* também Freitas do AMARAL/Maria da Glória GARCIA, «O Estado...», cit., p. 455. Estabelecendo como que uma graduação entre as situações de estado de necessidade e urgência (as primeiras, caracterizadas por uma gravidade superior às segundas), cf. Vieira de ANDRADE, *O Dever...*, cit., pp. 148 e s..

77 M. Esteves de OLIVEIRA/Pedro GONÇALVES/Pacheco de AMORIM, *Código...*, cit., p. 96.

78 Utilizando esta expressão, cf. Vieira de ANDRADE, *Os Direitos Fundamentais na Constituição Portuguesa de 1976*, 6.ª ed., Almedina, 2019, p. 220.

3.3. Retração do princípio da legalidade

Sem prejuízo da vocação garantística associada ao princípio da legalidade – verdadeira «garantia do cidadão contra o arbítrio do administrador»[79] –, assiste-se hoje à respetiva retração, mercê de fenómenos como a multiplicação dos centros de poder normativo, a concepção multinível do sistema jurídico, a consciencialização do carácter conjuntural, politicamente permeável e não necessariamente racional da lei, e a incapacidade técnico-jurídica de o legislador emanar normas jurídicas suficientemente densas sobre todas as matérias carentes de disciplina jurídica. Neste cenário, a *marginalização da legalidade*[80] manifesta-se sob modos diferenciados:

a) Proliferação de normas-fins (normas de atribuição) e progressiva diminuição de normas-meios (normas de competência) – Ao invés de a lei conter normas que estabelecem, relativamente a cada um dos órgãos, as competências materiais, os poderes públicos de atuação em cada situação típica, passa a abrigar normas de atribuição que habilitam genericamente uma entidade pública a agir para a satisfação dos interesses públicos cuja satisfação se encontra a seu cargo. Deparamo-nos agora diante de uma expressão da tendência para a substituição de uma legalidade material por uma legalidade formal[81] e para a substituição de um «Direito de regras» por um «Direito de princípios»[82].

Quer dizer, ao invés de a lei conter normas que estabelecem, relativamente a cada um dos órgãos, as competências materiais, os poderes públicos de atuação em cada situação típica, passa a abrigar normas de atribuição que habilitam genericamente uma entidade pública a agir para a satisfação dos interesses públicos cuja satisfação se encontra a seu cargo. Esta tendência apresenta projeções no núcleo duro do exercício de poderes de autoridade pelas entidades administrativas:

i) Expansão dos regulamentos independentes – Além de representarem uma manifestação do fenómeno da deslegalização (cf. *infra*), os

[79] Rogério Soares, «Princípio... », cit., p. 169.

[80] Cimellaro, «Il Principio di Legalità in Trasformazione», in: *Diritto e Società*, n.º 1, 2006, p. 130.

[81] Pedro Gonçalves, «Direito...», cit., p. 553.

[82] Paulo Otero, *Legalidade...*, cit., pp. 169 e s.; o Autor alude, neste contexto, à emergência de uma «normatividade "principialista"» (*Op.* cit., pp. 164 e ss.).

regulamentos independentes constituem uma consequência da existência de normas-fins: nestas hipóteses, o legislador apenas define a competência objetiva e subjetiva para a emissão do regulamento, deixando para a Administração a definição primária do regime jurídico a delinear pelas normas regulamentares;

ii) Destipicização de actos administrativos – Uma das características do regime do ato administrativo consiste na tipicidade do seu conteúdo, *i. e.*, no facto de caber à lei desenhar o conteúdo e definir os efeitos decorrentes da prática de um ato. Esta nota é posta em causa quando o legislador se demite da tarefa desta definição, conferindo aos órgãos das entidades administrativas o poder para praticar os atos necessários à prossecução das suas atribuições[83]. Assim, *v. g.*, o n.º 1 do artigo 34.º do *Regime Jurídico da Concorrência* (aprovado pela Lei n.º 19/2012, de 8 de maio, alterada pela Lei n.º 23/2018, de 5 de junho) prevê que, no contexto de um procedimento relativo a uma eventual prática restritiva da concorrência, a Autoridade da Concorrência, quando considere que tal prática está na iminência de provocar prejuízo, grave e irreparável ou de difícil reparação para a concorrência, pode ordenar a sua imediata suspensão preventiva ou "quaisquer outras medidas provisórias necessárias à imediata reposição da concorrência ou indispensáveis ao efeito útil da decisão a proferir no termo do processo".

b) Deslegalização – O conceito de deslegalização (ao qual emprestamos um sentido bastante lato) destina-se a exprimir a progressiva retirada de influência da lei no plano interno, destinada a permitir a introdução de outras fontes de produção normativa (como o regulamento), sem abdicar da natureza jurídico-pública dessa regulamentação[84]. Em face da mutabilidade das bases sociais da lei, esta, incapaz de responder à dinâmica

[83] Sobre esta questão, *v.* Pedro Gonçalves, «Direito...», cit., pp. 558 e ss..

[84] Já não incluímos no conceito de deslegalização a redução do âmbito juridicamente relevante ou relativo a uma «desnacionalização» da matéria em direção a uma desregulação (*deregulation*) da mesma, a que também se refere Demuro, *Le Delegificazioni: Modelli e Casi*, G. Giappichelli Editore, Torino, 1995, pp. 20 e s.. Aliás, este Autor apresenta também um conceito estrito de deslegalização próximo do que propugnamos, concebendo este fenómeno como a "transferência da função normativa (sobre matérias determinadas) da sede legislativa estadual para outra sede normativa" (*Op.* cit., p. 24).

dos acontecimentos, tende a ser substituída por instrumentos administrativos de regulação, os quais assumem a função de estabelecer balizas à atuação dos particulares.

Em termos materiais (*i. e.*, atento o modo de interferência de fontes infralegais numa determinada matéria), a deslegalização não constitui um fenómeno homogéneo, podendo distinguir-se, no seu interior, diversas facetas, consoante a disciplina primária de determinada matéria constante do regulamento implique ou não uma alteração de um ato legislativo anterior.

Os dois primeiros patamares da deslegalização correspondem às hipóteses em que, *não existindo anteriormente uma disciplina positiva sobre determinada matéria*, a nova lei vem remeter para normas infralegais (em especial, regulamentos) aspetos primordiais ou principais do respetivo regime jurídico, assim como às situações em que a lei, sem entrar no regime material de uma determinada matéria *até então regulada por outra lei*, permite que a sua disciplina seja efetuada por regulamento[85]. Estamos, em ambos os casos, diante do problema da designada *delegated legislation*, impondo-se uma avaliação dos termos em que a lei pode remeter a definição de uma disciplina jurídica (inovatória) para um regulamento (fonte infralegislativa), o qual perderá nessa altura a sua natureza de fonte de direito derivada ou de segundo grau, provocando (pelo menos na segunda hipótese) um rebaixamento ou uma degradação do grau hierárquico[86].

Uma terceira dimensão mais aprofundada associada ao fenómeno da deslegalização reporta-se às situações em que *a lei permite a sua alteração futura por regulamento*. Esta hipótese reconduz-se à inclusão num texto legal de uma cláusula que admite a possibilidade de alteração e substituição regulamentar do regime jurídico estabelecido nesse diploma. Com este sentido, a deslegalização trai o princípio da primazia da lei, alterando

[85] Esta hipótese aglutina as situações de «autodeslegalização» e «heterodeslegalização», desenhadas por Jorge Miranda (*Manual de Direito Constitucional*, tomo V, Coimbra Editora, Coimbra, 2011, pp. 231 e s.); cf. também Paulo Otero, *Legalidade...*, cit., p. 902; A. Sousa Pinheiro, «Artigo 112.º», cit., p. 219.

[86] Cf. Afonso Queiró, «Teoria...», cit., p. 225; Vieira de Andrade, «Autonomia...», cit., pp. 4 e s.; *v.* também Gomes Canotilho, *Direito...*, cit., pp. 841 e s.; Gomes Canotilho/Vital Moreira, *Constituição...*, vol. II, cit., pp. 69 e s., anotação XXV ao artigo 112.º; Paulo Otero, *Legalidade...*, cit., p. 620.

o sentido do princípio da legalidade tal como o concebemos *supra*[87]. Aliás, entre nós, uma norma legal com este conteúdo padeceria de inconstitucionalidade, visto que a sua admissibilidade se reconduziria à aceitação de regulamentos delegados ou autorizados modificativos ou derrogatórios, expressamente proibidos pelo n.º 5 do artigo 112.º da Constituição e ofensivos do princípio do congelamento do grau hierárquico (nos termos do qual "uma norma legislativa nova, substitutiva, modificativa ou revogatória de outra, deve ter uma hierarquia normativa pelo menos igual à da norma que se pretende alterar, revogar, modificar ou substituir"[88], pressupondo uma identidade entre o *actus* e o *contrarius actus*) e do princípio da fixação constitucional da competência legislativa[89].

c) Princípio da contracorrente – No que tange à vertente da precedência de lei, assistimos, por vezes, à referência a uma inversão do sentido do princípio da legalidade, passando a lei a estar vinculada por normas regulamentares. Repare-se que esta questão, embora dotada de alguma novidade, já constitui objeto de abordagem pela doutrina, debatendo-se, a este propósito, sobre a eventual vigência de um *princípio da contracorrente*[90]. No fundo, estamos de volta ao primeiro ponto abordado a propósito da deslegalização, mas encarando-o sob uma perspetiva diversa: ocupando progressivamente o regulamento o lugar da lei na sua tarefa de elaboração de disciplina inovatória, poderá tal disciplina impor-se ao legislador, em termos que impeçam uma sua alteração por este último?

Esta indagação colhe um sentido especial se a integrarmos no quadro da temática dos direitos fundamentais. O problema surgirá quando nos confrontamos com a eventual possibilidade da existência de direitos daquela natureza consagrados em regulamento, o que poderá implicar consequências decisivas quer quanto aos requisitos das restrições aos direitos, liberdades e garantias (e direitos de natureza análoga), quer no

[87] *V.* também Uhle, «Verwaltungsgerichtliche Normenkontrolle von Gesetzesrecht?», in *Deutsches Verwaltungsblatt*, n.º 20, outubro 2004, p. 1277.

[88] Sobre este princípio, cf. Gomes Canotilho, *Direito...*, cit., pp. 837 e 841; entendendo que ainda se coloca neste âmbito, por ser uma consequência, o problema da degradação do grau hierárquico, *v.* L. Cabral de Moncada, *Lei...*, cit., p. 1051.

[89] Jorge Miranda, *Manual...*, tomo V, cit., pp. 218 e ss..

[90] Cf., sobre problema da vinculação legislativa a regulamentos, aludindo ao princípio da contracorrente, Paulo Otero, *Legalidade...*, cit., pp. 931 e ss..

que se refere à proibição de retrocesso na concretização dos direitos económicos, sociais e culturais.

Importa, pois, apreciar se a previsão de um direito, liberdade e garantia ou de um direito social num diploma regulamentar se impõe ao legislador, impedindo que este altere o regulamento em sentido restritivo ou elimine o direito, respetivamente. O primeiro ponto a considerar prende-se com a própria admissibilidade constitucional da previsão de direitos fundamentais num regulamento, tendo em conta que a alínea *b)* do n.º 1 do artigo 165.º da CRP submete a matéria dos direitos, liberdades e garantias à reserva de lei e que o artigo 16.º da CRP, enquanto exteriorização do princípio da não tipicidade (ou da cláusula aberta) dos direitos fundamentais, esclarece que constituem fontes destes direitos, para além da Constituição, (apenas) os atos legislativos e as convenções internacionais. Sendo certo que nenhum destes argumentos milita decisivamente contra a consagração de direitos fundamentais em diplomas regulamentares e que, fruto da evolução no sentido da deslegalização, os regulamentos vêm tentando assumir uma posição predominante quando se trata de elaboração de normas inovatórias sobre determinada matéria, não parece de excluir a hipótese de criação de um direito fundamental por via regulamentar – aliás, uma posição que negasse tal possibilidade por contrária à Constituição resultaria contraditória com a concepção antropológica em que a mesma assenta, alicerçada, de acordo com o artigo 1.º, no princípio da dignidade da pessoa humana (a «base antropológica constitucionalmente estruturante do Estado de direito», a que alude Gomes Canotilho[91]), e com a ordem pluralista e aberta dos direitos fundamentais[92] [93].

[91] Gomes CANOTILHO, *Direito...*, cit., p. 248.

[92] Referindo-se à ordem constitucional dos direitos fundamentais como «ordem pluralista e aberta», *v.* Vieira de ANDRADE, *Os Direitos...*, cit., p. 98.

[93] Em sentido diverso, cf. Jorge MIRANDA, *Manual de Direito Constitucional*, tomo IV, 5.ª ed., Coimbra Editora, Coimbra, 2012, p. 205. Admitindo que o n.º 1 do artigo 16.º inclui direitos criados por regulamento, *v.* Paulo OTERO, «Direitos Históricos e Não Tipicidade Pretérita dos Direitos Fundamentais», in: *Ab Uno Ad Omnes*, Coimbra Editora, Coimbra, 1998, pp. 1076 e s. (admitindo mesmo a existência de direitos fundamentais criados por regulamentos anteriores à Constituição de 1976 e, por conseguinte, ao artigo 16.º), e *Legalidade...*, cit., p. 940; Bacelar GOUVEIA, *Os Direitos Fundamentais Atípicos*, Aequitas/Editorial Notícias, Lisboa, 1995, p. 354, entendendo que o vocábulo «leis», presente no n.º 1 do artigo 16.º, compreende, além dos atos legislativos (leis da Assembleia da República, decretos-leis do

Admitida a criação de direitos fundamentais por regulamento, urge determinar se uma lei posterior pode revogá-los. Ainda que se recuse a aplicação do regime dos direitos fundamentais formalmente constitucionais aos direitos de fonte regulamentar, deverá entender-se que a sua fundamentalidade material justificará, no mínimo, uma compressão da discricionariedade legislativa, que, pelo menos, há de estar vinculada ao princípio da proporcionalidade[94]. Saliente-se, porém, que, em rigor, a mobilização deste princípio coloca o problema ao nível constitucional e no plano dos limites colocados pelos subprincípios do Estado de direito (entre os quais se inclui o princípio da proporcionalidade) à atuação dos poderes públicos[95], em geral, sem prejuízo da respetiva configuração como limite material à restrição legislativa de direitos, liberdades e garantias. Não se trata, pois, da defesa de uma supremacia do regulamento sobre a lei – na hipótese de uma lei revogar o regulamento consagrador de um direito fundamental, eliminando-o, esse ato poderá constituir alvo de censura constitucional, não por ter contrariado um regulamento anterior, mas por suprimir inadequada, desnecessária ou desproporcionadamente um direito fundamental.

Afigura-se-nos que os exemplos apontados não se revelam suficientes para se erigir, no quadro das relações entre a lei e o regulamento, um *princípio* da contracorrente, *de sentido contrário ao do princípio da primazia da lei*, visto deparar-nos com situações dotadas de alguma excecionalidade. Se a deslegalização vem conhecendo avanços significativos ao nível da delegação em normas regulamentares da tarefa de elaboração de disciplinas jurídicas, o nosso ordenamento jurídico ainda não atingiu um estádio que permita uma subversão completa dos caminhos indicados pelo princípio da legalidade (em particular, pelo princípio da preferência de lei).

Governo e decretos legislativos regionais das Assembleias Legislativas das Regiões Autónomas), os regulamentos (cf. também Bacelar Gouveia, *Manual de Direito Constitucional*, 6.ª ed., vol. II, Almedina, Coimbra, 2016, p. 959).

[94] Assim, Paulo Otero, *Legalidade...*, cit., p. 941.

[95] Cf. Gomes Canotilho, *Direito...*, cit., p. 272.

Texto V
Conceitos Operativos Fundamentais em Matéria de Organização Administrativa

A compreensão das pessoas coletivas públicas no âmbito da organização administrativa carece de uma referência preliminar aos conceitos operativos essenciais para a compreensão das relações que se estabelecem no interior da Administração e entre esta e os particulares.

1. Pessoa coletiva pública

A caracterização das pessoas coletivas públicas e a sua distinção face às pessoas coletivas privadas constitui uma das tarefas mais delicadas e discutidas do Direito Administrativo. Em parte, à semelhança do que sucede quanto à destrinça entre direito público e direito privado, a delineação deste conceito tem obedecido a critérios diferenciados, que passam pela iniciativa e natureza jurídica do ato de criação, pelo regime jurídico aplicável, pela titularidade de poderes de autoridade, pelos fins satisfeitos pela pessoa coletiva, pelo desempenho da função administrativa ou pela subordinação a um regime de ingerência ou controlo público[1].

[1] Cf., *v. g.*, Marcello CAETANO, *Manual...*, vol. I, pp. 182 e ss.; Freitas do AMARAL, *Curso...*, vol. I, cit., pp. 615 e ss.; Sérvulo CORREIA, *Noções...*, cit., pp. 137 e ss.; Vital MOREIRA, *Administração...*, cit., pp. 257 e ss.; Pedro GONÇALVES, *Entidades...*, cit., pp. 248 e ss..

Conjugando alguns dos critérios apontados, poder-se-á afirmar que uma pessoa coletiva pública é uma *pessoa coletiva, criada por lei ou por um ato jurídico baseado numa lei, para desempenhar tarefas materialmente correspondentes ao exercício da função administrativa e, como tal, dotada, em nome próprio, de poderes e deveres públicos.*

O direito português conhece hoje as seguintes pessoas coletivas públicas: Estado, regiões autónomas, autarquias locais (município e freguesia), institutos públicos, entidades públicas empresariais/entidades públicas empresariais regionais/entidades empresariais locais e associações públicas.

Consoante o critério que se adote, as referidas pessoas coletivas públicas podem organizar-se em certos tipos:

a) Critério estrutural – Atendendo à sua estrutura, distingue-se entre *pessoas coletivas territoriais ou de população e território* (Estado, regiões autónomas e autarquias locais), *pessoas coletivas de tipo institucional* (institutos públicos e entidades públicas empresariais) e *pessoas coletivas de tipo associativo ou corporativo* (associações públicas);

b) Critério dos fins – Considerando o leque de finalidades de interesse público colocadas a cargo destas entidades (as atribuições – cf., *infra*, 3.), há que destrinçar entre *pessoas coletivas de fins múltiplos* (Estado, regiões autónoma e autarquias locais) e *pessoas coletivas de fins específicos ou especiais* (as demais).

Às *pessoas coletivas públicas* encontram-se cometidos determinados fins públicos (*atribuições*), os quais são satisfeitos através do exercício dos poderes (*competências*) conferidos aos respetivos órgãos.

2. Órgão

Como se sabe, e em termos diversos do que sucede com as pessoas físicas, as pessoas coletivas necessitam de seres humanos que exprimam ou manifestem a respetiva vontade, vertida num ato jurídico. Surge agora a figura do órgão administrativo.

2.1. Noção e confronto com outras figuras

O CPA fornece-nos hoje uma noção de «órgãos administrativos», caracterizando-os como "centros institucionalizados titulares de poderes e deveres para efeitos da prática de atos jurídicos imputáveis à pessoa coletiva" (cf. artigo 20.º, n.º 1). Tal significa que o órgão consiste numa figura ou estrutura subjetiva institucional-organizatória, incluída numa pessoa coletiva pública, com poderes de consulta, decisão ou controlo, e que prepara, manifesta ou controla as atuações jurídicas imputáveis à entidade pública em que se insere[2]. O órgão assume-se, pois, como um centro de imputação de poderes.

Como logo se compreende, o órgão constitui uma forma abstrata e necessita de uma (ou mais) pessoa(s) física(s) para atuar os poderes que lhe estão conferidos. Tais pessoas físicas constituem os *titulares* do órgão singular ou *membros* do órgão colegial: a *titularidade* ou *qualidade de membro* traduz, pois, a ligação de uma pessoa a um determinado órgão, ligação essa que decorre da *investidura*, enquanto ato de transformação de um indivíduo em titular ou membro de um órgão (ou agente) de uma pessoa coletiva pública.

Com frequência, o legislador alude, conjuntamente, a titulares/membros de órgão e a funcionários e agentes: assim acontece, *v. g.*, quanto ao *Regime da Responsabilidade Civil Extracontratual do Estado e demais Entidades Públicas*, que, na disciplina jurídica da responsabilidade por danos decorrentes do exercício da função administrativa, se refere a ações ou omissões ilícitas cometidas pelos titulares dos seus órgãos, funcionários ou agentes ou ao respetivo grau de culpa (cf. artigos 1.º, n.º 3, 7.º, n.º 1, 8.º, n.ºs 1 e 2, ou 10.º, n.º 1). Ao contrário dos órgãos, os funcionários e os agentes não constituem centros de imputação de poderes funcionais, desempenhando antes, sob a direção daqueles, tarefas materiais de preparação ou execução dos atos jurídicos. Tradicionalmente, a distinção entre ambos radicava na forma de constituição da relação de emprego na Administração Pública, talqualmente decorria do Decreto-Lei n.º 427/89, de 7 de dezembro: o *ato administrativo de nomeação*, no caso dos *funcionários* – que preenchiam um lugar do quadro que visava assegurar, de modo profissionalizado, o exercício de funções próprias do serviço público que revestissem caráter de permanência (cf. artigo 7.º,

[2] Definição próxima das propostas por Rogério Soares, *Direito...*, cit., p. 340, Vieira de Andrade, *Lições...*, cit., p. 94, e M. Esteves de Oliveira /Pedro Gonçalves/Pacheco de Amorim, *Código...*, cit., p. 139. Cf. também sobre a caracterização do órgão à luz dos três elementos individualizados pelo CPA, Sérvulo Correia, «Artigo 20.º», in: *Comentários...*, cit., p. 54, comentário 2.

n.º 1); o *contrato administrativo de provimento*, no caso dos *agentes* – que se assumiam como pessoas não integradas nos quadros, que asseguravam, a título transitório e com caráter de subordinação, o exercício de funções próprias de serviço público, com sujeição ao regime da função pública (cf. artigo 15.º, n.º 1)[3].

As alterações introduzidas pela Lei n.º 12-A/2008, de 27 de fevereiro, em matéria de emprego público, confirmadas pela atual *Lei Geral do Trabalho em Funções Públicas*[4] (LGTFP, que, entretanto, revogou aquele diploma) vieram determinar uma modificação das figuras subjetivas confrontáveis com os órgãos administrativos, pelo que a dicotomia hoje se desenvolve em torno destes e da noção de *trabalhadores da Administração Pública* ou de *trabalhadores em funções públicas*. Em sentido estrito, estão agora em causa os trabalhadores que estabelecem com a Administração uma *relação de emprego público*, constituída por nomeação (ato administrativo), contrato de trabalho em funções públicas (contrato administrativo) ou comissão de serviço (cf. artigo 6.º, n.º 3, da LGFP); em sentido amplo, a designação inclui todos os servidores públicos e, por conseguinte, também aqueles que estabelecem uma relação jurídica laboral pela Administração ao abrigo de instrumentos de natureza privada, como o contrato de prestação de serviços, nas modalidades de contratos de avença ou tarefa (cf. artigo 10.º da LGFP). A aproximação entre os órgãos e os trabalhadores da Administração ocorre na medida em que estes se encontrem ao serviço de funções públicas; todavia, e tal como sublinhámos a propósito dos funcionários e agentes, os trabalhadores limitam-se a desempenhar tarefas destinadas a preparar, executar ou publicitar os atos jurídicos praticados pelos órgãos, sob cuja direção atuam[5].

2.2. Tipos de órgãos

A diversidade de órgãos no seio da Administração permite estabelecer uma tipologia entre eles, orientada por diferentes critérios:

[3] Esta concepção já representava uma evolução face à destrinça apresentada por Marcello Caetano, *Manual...*, vol. II, cit., pp. 669 e ss..

[4] Lei n.º 35/2014, de 20 de junho, alterada pelas Leis n.os 82-B/2014, de 31 de dezembro, 84/2015, de 7 de agosto, 18/2016, de 20 de junho, 42/2016, de 28 de dezembro, 25/2017, de 30 de maio, 70/2017, de 14 de agosto, 73/2017, de 16 de agosto, 49/2018, de 14 de agosto, 71/2018, de 31 de dezembro, e pelo Decreto-Lei n.º 6/2019, de 14 de janeiro.

[5] Cf. também Vieira de Andrade, *Lições...*, cit., p. 95.

i) Órgãos singulares e órgãos colegiais – Esta taxonomia (aflorada no n.º 2 do artigo 20.º do CPA) é efetuada tendo como fundamento a composição do órgão, em especial o número de titulares: os órgãos com apenas um titular designam-se órgãos singulares, enquanto os órgãos compostos por dois ou mais titulares constituem os órgãos colegiais – atente-se, respetivamente, no Reitor e no Conselho Geral das universidades públicas (cf. artigos 85.º e 81.º do RJIES).

No interior dos órgãos colegiais, é ainda possível destrinçar entre *colegialidade perfeita* e *colegialidade imperfeita*, mediante o recurso aos conceitos de *quorum* estrutural ou constitutivo (número de membros presentes necessário para que o órgão esteja em condições de deliberar) e *quorum* funcional ou deliberativo (número de votos favoráveis imprescindível à adoção de uma deliberação)[6]. Os colégios perfeitos apenas podem funcionar com a presença de todos os seus membros (que podem ser substituídos por suplentes), todos eles participando na discussão, sendo as respetivas deliberações tomadas por consenso (*i. e.*, mediante a obtenção dos votos favoráveis de todos eles); quer dizer, na colegialidade perfeita, o *quorum* estrutural e o *quorum* funcional coincidem com a totalidade dos vogais do órgão colegial. Diversamente, nos colégios imperfeitos, não se verifica uma ou ambas as características apontadas: não revela necessária a presença de todos os membros (o *quorum* estrutural corresponde, nestes casos e em regra, à maioria dos membros do órgão) e/ou as respetivas deliberações podem ser adotadas por maioria dos membros presentes (*quorum* funcional).

A distinção entre órgãos colegiais e órgãos singulares reveste-se de uma importância não despicienda, na medida em que os artigos 21.º e seguintes do CPA preveem um regime aplicável aos órgãos colegiais. Como decorre da lei, a regra consiste na colegialidade imperfeita: nos termos do n.º 1 do artigo 29.º, os órgãos colegiais podem deliberar quando esteja presente a maioria do número legal dos seus membros, e, de acordo com o n.º 1 do artigo 32.º, as deliberações são tomadas por maioria absoluta de votos dos membros presentes na reunião, salvo nos casos em que, por disposição legal ou estatutária se exija uma maioria qualificada ou seja suficiente uma maioria relativa.

[6] Cf. Sandulli, *Manuale di Diritto Amministrativo*, vol. 1, 15.ª ed., Jovene Editore, Napoli, 1989, pp. 228 e ss..

Abstraindo de momento das refrações procedimentais das normas referidas, importa assinalar, desde já, as especificidades atinentes aos aspetos estruturais dos órgãos colegiais. Nos termos do n.º 1 do artigo 21.º, os órgãos colegiais dispõem, em regra, de um presidente e de um secretário, a eleger pelos membros que o compõem, os quais podem ser substituídos, respetivamente, pelo vogal mais antigo e pelo vogal mais moderno, ou, no caso de os vogais possuírem a mesma antiguidade, pelo vogal de mais idade e pelo mais jovem (artigo 22.º). Além de outras funções eventualmente previstas, ao presidente do órgão colegial cabe abrir e encerrar as reuniões, dirigir os trabalhos, suspender ou encerrar antecipadamente as reuniões (quando circunstâncias excecionais o justifiquem, e sem prejuízo da possibilidade de revogação da decisão de suspensão ou encerramento pelo colégio) e assegurar o cumprimento das leis e a regularidade das deliberações (artigo 21.º, n.os 2 e 3). No exercício desta última função de controlo da juridicidade da atuação do colégio, o presidente tem ainda competência para reagir jurisdicionalmente contra as deliberações tomadas pelo órgão colegial a que preside e que considere inválidas, designadamente impugnando atos administrativos ou normas regulamentares, pedindo a condenação à prática de ato devido ou a declaração de ilegalidade por omissão de normas, bem como requerendo as providências cautelares respetivas [cf. artigos 21.º, n.º 4, do CPA, 55.º, n.º 1, alínea *e)*, e 68.º, n.º 1, alínea *e)*, do CPTA].

ii) Órgãos simples e órgãos complexos – O critério subjacente a esta distinção corresponde a uma articulação entre os vetores da composição e do modo de funcionamento dos órgãos. São simples os órgãos singulares e os órgãos colegiais que apenas podem deliberar quando reunidos em colégio. Consubstanciam órgãos complexos aqueles órgãos colegiais, cujos titulares possuem, a título próprio, competências e que atuam em diversas formações: considere-se, *v. g.*, o que acontece com o Governo, que age em Conselho de Ministros e cujos Primeiro-Ministro e Ministros detêm poderes próprios, sendo ainda coadjuvados por Secretários de Estado e por Subsecretários de Estado (cf. artigos 183.º e 184.º da CRP).

iii) Órgãos decisórios, órgãos executivos, órgãos consultivos e órgãos de fiscalização (ou controlo) – Esta distinção pretende ilustrar os poderes exercidos pelos órgãos. Quando exerçam competências de decisão ou de execução de decisões os órgãos designam-se, respetivamente, como *decisórios* (ou *deliberativos*, tratando-se de órgãos colegiais) ou *executivos*. Assim, por exemplo, a assembleia municipal e a assembleia de freguesia qualificam-se como órgãos deliberativos, enquanto a câmara municipal e a junta de freguesia consubstanciam órgãos executivos (cf. artigos 239.º, n.º 1, 245.º, n.º 1, e 246.º da CRP). Os órgãos decisórios (ou deliberativos) e os órgãos executivos são órgãos de Administração ativa.

Na hipótese de os seus poderes se circunscreverem à emissão de pareceres, consultas ou recomendações (necessárias à adoção de decisões ou à respetiva execução), os órgãos assumem-se como *consultivos*: atente-se, *v. g.*, no conselho consultivo dos institutos públicos (cf. artigos 29.º e seguintes da LQIP).

Por fim, dizem-se órgãos de controlo aqueles cujas competências se reconduzem à fiscalização da legalidade, do mérito ou da contabilidade da atuação dos demais: a esta categoria se reconduz o fiscal único dos institutos públicos (cf. artigos 26.º e seguintes da LQIP).

iv) Órgãos primários, órgãos secundários e órgãos vicários – Subjacente a esta classificação encontra-se a forma de atribuição e o modo de exercício das competências. Os órgãos primários têm competências próprias, que lhes são diretamente conferidas pela lei, enquanto os órgãos secundários apenas dispõem das competências delegadas por outros órgãos (pense-se, *v. g.*, nos Secretários de Estado que, não tendo competências próprias, apenas possuem as competências delegadas pelos respetivos Ministros). Por sua vez, o órgão vicário exerce, em substituição, as competências de outro órgão.

A referência quer aos órgãos secundários, quer aos órgãos vicários implica a convocação de duas figuras jurídico-administrativas: a *delegação de competências* e a *substituição*. A delegação reporta-se às hipóteses em que um órgão administrativo transfere o exercício da sua competência para outro órgão administrativo ou agente (cf. *infra*). A substituição designa a possibilidade de um órgão exercer as competências de outro, agindo em vez dele. Por este motivo, a substituição distingue-se da suplência, na medida em que esta não atinge dois órgãos distintos; diversamente, nas situações de suplência, o titular (efetivo) de um órgão não pode exercer os seus poderes (por estar ausente ou se encontrar impedido), sendo aqueles exercidos, transitoriamente, por um suplente (cf. artigos 22.º, 42.º e 72.º do CPA)[7].

v) Órgãos permanentes e órgãos temporários – Esta distinção, acolhida pelo n.º 2 do artigo 20.º do CPA, encontra na sua base a duração (do funcionamento) do órgão: como a própria designação sugere, consubstanciam órgãos permanentes os que são criados por lei para funcionarem indefinidamente; por sua vez, os órgãos temporários têm uma duração limitada no tempo (pense-se, *v. g.*, nos júris de exames e demais provas académicas, ou de procedimentos de contratação pública, bem como nas comissões criadas para a realização de estudos ou projetos legislativos).

vi) Órgãos representativos e órgãos não representativos – A natureza representativa ou não representativa dos órgãos administrativos depende do seu caráter eletivo; nesta medida, apenas os titulares dos órgãos representativos resultam do sufrágio. O nosso sistema jurídico conhece vários exemplos de órgãos representativos: considerem-se, *v. g.*, a assembleia municipal (cf. artigo 239.º da CRP) ou a assembleia representativa e o presidente ou bastonário (quando diretamente eleito) das associações públicas profissionais (cf. artigo 15.º, n.ºs 2, 7, 8 e 9, da *Lei das Associações Públicas Profissionais*).

vii) Órgãos centrais e órgãos locais – A distinção agora em causa respeita ao âmbito territorial do exercício dos poderes dos órgãos. Enquanto os órgãos territoriais exercem competências sobre todo o território nacional, os órgãos locais exercem competências apenas sobre uma determinada circunscrição administrativa territorial. Considere-se, *v. g.*, no quadro da Administração estadual, os órgãos centrais (como as Secretarias de Estado e as direções-gerais) e os órgãos locais (como as repartições de finanças ou os postos de comando da PSP).

[7] Cf., *v. g.*, Freitas do AMARAL, *Curso...*, vol. I, cit., pp. 841 e s..
Saudando a precisão terminológica da revisão do CPA nesta matéria, *v.* Pedro GONÇALVES, «Algumas Alterações e Inovações "Científicas" no Novo Código do Procedimento Administrativo», in: Carla Amado GOMES/Ana Fernanda NEVES/Tiago SERRÃO, *Comentários ao Novo Código do Procedimento Administrativo*, AAFDL, Lisboa, 2015, p. 51.
Cf. ainda Paulo OTERO, *O Poder de Substituição em Direito Administrativo*, vol. II, Lex, Lisboa, 1995, pp. 470 e ss., ainda que propugnando uma posição distinta.

3. Atribuições

Em consonância com o princípio da prossecução do interesse público que fundamenta a Administração, as pessoas coletivas públicas são constituídas para a satisfação de fins ou interesses públicos. As finalidades de interesse público prosseguidas pelas entidades públicas denominam-se *atribuições*.

A noção apresentada evidencia uma (tendencial) correspondência biunívoca entre *atribuições* e *pessoas coletivas públicas*, complementada, como veremos já a seguir, pela correspondência entre *competências* e órgãos. Trata-se, contudo, de uma regra que comporta uma exceção: eis o que acontece com os ministérios que, não constituindo entidades, são titulares de atribuições (e não de competências); estamos agora diante de uma consequência da complexidade e da diversidade das tarefas estaduais, a justificar que os Ministérios não disponham apenas de competências, mas tenham a seu cargo um conjunto de finalidades públicas (cf., ilustrativamente, a *Lei Orgânica do XXI Governo Constitucional*). Esta ideia encontra acolhimento, desde logo, ao nível do regime da invalidade dos atos administrativos praticados pelos órgãos de um Ministério (*i. e.*, pelo ministro e órgãos dele hierarquicamente dependentes) que ofendam as atribuições de outro ministério – nulidade por falta de atribuições, nos termos da alínea *b)* do n.º 2 do artigo 161.º do CPA.

Nos termos pressupostos pelo princípio da legalidade (na sua dimensão de princípio da precedência de lei), cabe ao legislador definir as atribuições de cada pessoa coletiva pública: assim, *v. g.*, as atribuições da Autoridade da Concorrência encontram-se previstas no artigo 5.º dos *Estatutos da Autoridade da Concorrência*; já no caso do Estado, a relevância das tarefas que lhe incumbem no cenário atual justifica a sua consagração constitucional muito genérica nos artigos 9.º e 81.º da CRP.

Do cotejo destes dois exemplos, e considerando as atribuições conferidas às várias entidades administrativas, torna-se mais compreensível a distinção (já mencionada – cf., *supra*, 1.) entre as *pessoas coletivas públicas de fins múltiplos* e *pessoas coletivas públicas de fins específicos ou especializados*: enquanto as primeiras (nas quais se incluem o Estado, as regiões autónomas e as autarquias locais) se dirigem à satisfação de variados interesses públicos, as segundas (que compreendem os demais entes públicos) estão vocacionadas para a prossecução de finalidades públicas sectorial ou materialmente delimitáveis.

A pluralidade de entes administrativos e o complexo entrecruzar de interesses públicos pode conduzir à emergência de *conflitos de atribuições*. Nos termos do n.º 1 do artigo 51.º do CPA, a competência para dirimir tais conflitos pertence aos tribunais administrativos (quando envolvam órgãos de pessoas coletivas públicas diferentes ou no caso de conflitos entre autoridades administrativas independentes), ao Primeiro-Ministro (quando envolvam órgãos de Ministérios diferentes) ou a cada ministro (quando envolvam órgãos do mesmo Ministério ou entidades sujeitas à sua superintendência); tratando-se de conflitos de atribuições no âmbito das regiões autónomas, a respetiva resolução compete ao Presidente do Governo regional (quando envolvam órgãos de secretarias regionais diferentes) ou a cada secretário regional (quando envolvam pessoas coletivas dotadas de autonomia, sujeitas ao seu poder de superintendência). Os aspetos fundamentais do procedimento administrativo de resolução de conflitos constam do artigo 52.º do CPA; por sua vez, os artigo 135.º e seguintes do CPTA estabelecem os trâmites do processo jurisdicional de resolução de conflitos de atribuições.

4. Competências

A competência exprime o conjunto de poderes funcionais afetados aos órgãos para a prossecução dos fins ou atribuições das pessoas coletivas públicas.

A competência é definida por lei ou regulamento (cf. artigo 36.º, n.º 1, do CPA) afere-se no momento em que se inicia o procedimento (cf. artigo 37.º, n.º 1, do CPA), devendo, antes de qualquer decisão, o órgão certificar-se, *ex officio*, de que é competente para conhecer da questão (cf. artigo 40.º do CPA). Daí que, nos termos do n.º 1 da alínea *a)* do artigo 109.º do CPA, se preveja que a incompetência do órgão constitui uma questão que prejudica o desenvolvimento normal do procedimento. Todavia, o reconhecimento de que o requerimento, petição, reclamação ou recurso não foi dirigido ao órgão competente não determina a prolação de uma decisão extintiva do procedimento por falta de incompetência; diversamente, o CPA prevê que, nestas hipóteses, o documento recebido seja enviado oficiosamente ao órgão titular da competência, disso se notificando o particular, com a vantagem adicional para os particulares de que, nestas hipóteses, e para efeitos de tempestividade, vale a data da apresentação inicial do requerimento, petição, reclamação ou recurso (cf. artigos 41.º e 109.º, n.º 2). Trata-se de uma solução que presta homenagem à defesa da posição dos particulares, num contexto (como o atual) em que a complexidade da organização administrativa e as sucessivas alterações legislativas dificultam uma identificação correta das competências dos órgãos.

Diferente deste problema é o que respeita às *questões prejudiciais*. Prevista no artigo 38.º do CPA, a resolução das questões prejudiciais [*i. e.*, das questões de cuja resolução depende a decisão final e para as quais é competente um órgão administrativo *diferente* do decisor (ou o tribunal), ou, numa visão mais ampla, também aquelas que, integrando-se na competência do órgão decisor, constituem objeto de um procedimento próprio ou específico[8]] bifurca-se por dois caminhos: a suspensão do procedimento até que o órgão (ou o tribunal) competente(s) se pronuncie(m) e o conhecimento da questão pelo órgão decisor, com efeitos restritos ao procedimento. Ainda que o legislador privilegie a primeira solução, configurando um autêntico *dever* jurídico de suspender o procedimento[9], prevê igualmente que, quer nas hipóteses em que da não resolução imediata do assunto resultem graves prejuízos para interesses públicos ou (agora também) privados[10] (n.º 1, *in fine*), quer nos casos de cessação da suspensão (n.º 2), o órgão decisor conheça das questões prejudiciais, embora a respetiva decisão não produza quaisquer efeitos fora do procedimento em que foi proferida (n.º 3).

4.1. Repartição de competências

a) Competência *material* – exprime o poder de um órgão administrativo para decidir sobre determinada *matéria* ou *assunto*. Assim, *v. g.*, compete à assembleia municipal deliberar sobre a afetação ou desafetação de bens do domínio público municipal, mas já integra a competência da câmara municipal a prática dos atos de gestão ou administração do

[8] Adotando esta visão mais alargada da noção de «questão prejudicial» para efeitos do artigo 31.º do CPA, cf. M. Esteves de Oliveira/Pedro Gonçalves/Pacheco de Amorim, *Código...*, cit., p. 199, anotação III ao artigo 31.º.

[9] Assim, M. Esteves de Oliveira/Pedro Gonçalves/Pacheco de Amorim, *Código...*, cit., p. 199, anotação IV ao artigo 31.º.

[10] Salientando a importância da consideração, a par, dos interesses públicos *e privados*, *v.* Sérvulo Correia, «Artigo 38.º», in: *Comentários...*, cit., p. 83, comentário 3.

domínio público municipal [cf. artigos 25.º, n.º 1, alínea *q)*, e 33.º, n.º 1, alínea *qq)*, do RJAL, respetivamente];

b) Competência *hierárquica* ou *funcional* – manifesta a desconcentração de competências no seio de uma pessoa coletiva pública, quer quando se verifique uma repartição vertical de poderes entre os vários órgãos de uma entidade, em termos de aos subalternos se encontrarem outorgadas competências próprias, quer nas hipóteses em que, no interior da mesma entidade, se verifique a imputação de um círculo de interesses próprios a determinado órgão (como sucede, paradigmaticamente, quando estão em causa órgãos independentes);

c) Competência *espacial* ou *territorial* – traduz a repartição de competências entre órgãos cujo âmbito de ação se circunscreve a uma determinada parcela do território nacional: assim acontece, em princípio, com os serviços periféricos da Administração estadual direta. Urge não confundir a limitação, em razão do território, de competências *de órgãos administrativos* (como sucede, em geral, com as instâncias da administração periférica do Estado) com a restrição territorial das competências de órgãos integrados em pessoas coletivas públicas que exercem atribuições em circunscrições delimitadas do território nacional: assim, *v. g.*, se a câmara municipal praticar um ato administrativo destinado a produzir efeitos no território do município vizinho, não emerge um problema de (in)competência, relacionado com o órgão, uma vez que o caso traduz a *falta de atribuições*, naquele território, da pessoa coletiva a que o órgão pertence.

4.2. Conflitos de competência

Nos termos do n.º 2 do artigo 51.º do CPA, a resolução de conflitos de competência cabe ao órgão de menor categoria hierárquica que exercer poderes de supervisão sobre os órgãos envolvidos.

No plano procedimental, a resolução administrativa de conflitos de competência segue o disposto no artigo 52.º do CPA, pelo que pode ser solicitada por qualquer interessado mediante requerimento dirigido ao referido superior hierárquico e deve ser oficiosamente suscitada pelos órgãos em conflito, logo que dele tenham conhecimento; independentemente da iniciativa, estes beneficiam sempre do direito de audição antes da adoção da decisão. Em geral, esta decisão orienta-se por critérios de estrita legalidade, cabendo ao superior determinar, em face da lei, qual dos subalternos tem competência para a prática do ato em causa; todavia, em se tratando de conflitos de competência territorial, o artigo 39.º do CPA segue uma orientação diversa e prescreve que, em caso de dúvida, se designe como competente o órgão cuja localização oferecer, em seu entender, maiores vantagens para a boa resolução do assunto – privilegiando, pois, uma decisão baseada em considerações de mérito e oportunidade.

5. Legitimação

Embora a competência seja, em abstrato, conferida pelo legislador (ou por regulamento com base legal) – talqualmente decorre do princípio da legalidade, enquanto princípio da precedência de lei –, pode suceder que, em concreto, o órgão não a possa exercer. Ora, a legitimação consiste na qualificação para o exercício em concreto de uma determinada competência (que o órgão já possui). São elementos constitutivos de legitimação: a autorização para a prática de um ato, condições legais temporais, a investidura do titular, a ausência de um impedimento em relação aos atos em que intervenha (cf. artigo 69.º do CPA) e, relativamente à formação do ato no seio de órgãos colegiais, o *quorum*[11].

[11] Cf. Rogério Soares, *Direito...*, cit., pp. 248 e ss.; Vieira de Andrade, *Lições...*, cit., p. 96.

Texto VI
Setores da Organização Administrativa Portuguesa

Quando se alude à *Administração Pública em sentido organizatório*, trata-se de averiguar *qual a arquitetura institucional* que põe em marcha as ações necessárias ao cumprimento das missões assacadas à função administrativa. Neste sentido, "a organização administrativa funciona como pressuposto de toda a atuação administrativa"[1].

O tema da organização administrativa possui hodiernamente uma acutilância decisiva, num assistindo-se a um intenso debate sobre reestruturação da Administração Pública, de molde a torná-la mais eficiente e a permitir uma racionalização dos recursos pessoais e financeiros. As questões emergem sobretudo quando se tem em consideração a proliferação de organismos públicos[2] ou quando se atenta na devolução do exercício da função administrativa a entidades privadas.

Não se estranhará, portanto, a preocupação constitucional com a *estrutura da Administração* que emerge do artigo 267.º da CRP. Atente-se, porém, que, sob aquela epígrafe, se encontram condensadas referências a princípios *organizatórios* (como a descentralização e a desconcentração), a princípios relativos ao *funcionamento* da Administração Pública (desburo-

[1] Paulo OTERO, «Organização Administrativa: A Complexidade do Sistema Arquitetónico», in: Carla Amado GOMES/Ana Fernanda NEVES/Tiago SERRÃO (coord.), *Organização Administrativa: Novos Actores, Novos Modelos*, vol. I, AAFDL, Lisboa, 2018, p. 37.

[2] Cf. o cuidadoso levantamento efetuado por João CAUPERS, *O Estado Gordo*, Âncora Editora, Lisboa, 2011, pp. 31 e ss..

cratização, aproximação dos serviços às populações, participação, eficácia e unidade de ação), a determinadas *entidades públicas* (associações públicas e entidades administrativas independentes), a poderes atinentes *relações* intersubjetivas e interorgânicas (direção, superintendência e tutela), bem como uma alusão ao fenómeno da *privatização*, mediante a devolução de poderes públicos a entidades privadas.

A compreensão da estrutura da Administração Pública e, em especial, a perceção da Administração Pública como organização exige que nos debrucemos agora sobre os diversos setores que a compõem. A diversidade de tarefas administrativas demanda a constituição de entidades públicas diversas, cuja sistematização urge agora efetuar, em torno de um critério *subjetivo-teleológico*, que nos permitirá efetuar uma *summa divisio* entre a *Administração estadual* e a *Administração autónoma do/relativamente ao Estado* – em total consonância com a separação entre os interesses nacionais (cuja prossecução cabe ao Estado e a outras entidades, dependentes ou independentes do Governo) e os interesses próprios de certas comunidades, territorial ou funcionalmente delimitadas.

A complexidade institucional e estrutural da Administração Pública portuguesa justificou a criação do *Sistema de Informação e Organização do Estado* (SIOE), instituído e regulado pela Lei n.º 57/2011, de 28 de novembro[3]. Trata-se de uma base de dados destinada à caracterização organizacional transversal de entidades públicas e dos respetivos recursos humanos, com vista a habilitar os órgãos de governo próprios com a informação indispensável para definição das políticas de organização do Estado e da gestão dos respetivos recursos humanos. Este diretório, gerido pela Direção Geral da Administração e do Emprego Público, encontra-se disponível (também em regime de acesso público) em www.sioe.dgaep.gov.pt.

1. Administração estadual

A Administração estadual identifica o setor da organização administrativa dedicado à satisfação dos interesses públicos colocados a cargo do Estado. A multiplicidade desses interesses, aliada à complexidade das tarefas estaduais, pressupõe uma especial arquitetura organizatória, que envolve autoridades com diferentes estatutos jurídicos e dotadas de

[3] Alterada pela Lei n.º 66-B/2012, de 31 de dezembro.

níveis variáveis (do grau zero ao grau máximo) de *dependência* relativamente ao Governo, enquanto órgão superior da Administração Pública e, em particular, enquanto órgão cimeiro da Administração estadual.

1.1. Administração estadual direta

A Administração estadual direta inclui todos os órgãos administrativos que, estando integrados no interior da pessoa coletiva pública Estado, se encontram *hierarquicamente* dependentes do Governo e, por conseguinte, estão sujeitos aos respetivos poderes de *direção*.

A Lei n.º 4/2004, de 15 de janeiro (que estabelece os princípios e normas a que deve obedecer a Administração direta do Estado)[4], concretiza para este setor organizatório o sentido da submissão (genérica) da Administração aos princípio da unidade e da eficácia da ação administrativa, da unidade e eficácia da ação da Administração Pública, da aproximação dos serviços às populações, da desburocratização, da racionalização de meios, da eficiência na afetação de recursos públicos, na melhoria quantitativa e qualitativa do serviço prestado e da garantia de participação dos cidadãos (artigo 3.º).

No interior da Administração estadual direta e em função de um critério *territorial*, distingue-se entre a *Administração central* e a *Administração periférica*.

a) Administração central do Estado – Este setor da Administração estadual caracteriza-se por incluir os órgãos e serviços diretamente dependentes do Governo, com poderes sobre todo o território nacional [cf. também artigo 11.º, n.º 4, alínea *a)*, da Lei n.º 4/2004]. Nos termos do artigo 183.º da CRP, o Governo assume uma configuração complexa, sendo constituído pelo Primeiro-Ministro, pelos Ministros (responsáveis por ministérios, que prosseguem fins materialmente delimitados), e por Secretários de Estado e Subsecretários de Estado. De acordo com o artigo 4.º da Lei n.º 4/2004, cabe ao decreto-lei relativo à organização de cada ministério – ou, na terminologia legal, à «lei orgânica» (*improprio sensu*) de cada ministério – definir as respetivas atribuições, bem como

[4] Alterada pela Lei n.º 51/2005, de 30 de agosto, e pelos Decretos-Leis n.ºs 200/2006, de 25 de outubro, e 105/2007, de 3 de abril, e pelas Leis n.ºs 64-A/2008, de 31 de dezembro, 57/2011, de 28 de novembro, pelo Decreto-Lei n.º 116/2011, de 5 de dezembro, e pela Lei n.º 64/2011, de 22 de dezembro.

a estrutura necessária ao seu funcionamento[5]: assim, atualmente, a estrutura do Governo encontra-se prevista na *Lei Orgânica do XXI Governo Constitucional* (Decreto-Lei n.º 251-A/2015, de 17 de dezembro[6]), sendo cada um dos ministérios dotado de uma lei orgânica própria.

b) Administração periférica do Estado – Estamos agora diante dos órgãos e serviços subordinados ao Governo, mas com poderes restritos a determinada porção do território nacional (circunscrição administrativa) [cf. também artigo 11.º, n.º 4, alínea *b)*, da Lei n.º 4/2004]. Encontram-se aqui incluídas, por exemplo, as repartições de finanças, as comissões de coordenação e desenvolvimento regional, as esquadras da PSP ou os comandos da GNR. As zonas de competência territorial destas autoridades não são coincidentes entre si; de qualquer modo, poderá afirmar-se que a divisão administrativa é a correspondente às unidades territoriais de nível 2 (NUTS II): Norte, Centro, Área Metropolitana de Lisboa, Alentejo, Algarve, Região Autónoma dos Açores e Região Autónoma da Madeira[7].

Neste contexto, pode ainda aludir-se a uma Administração periférica *externa*, constituída pelos organismos que exercem poderes *fora do terri-*

[5] Como resulta da parte final deste preceito, a «lei orgânica» de cada um dos ministérios menciona, conjugadamente, não só os organismos da Administração estadual direta, mas também os entes da Administração estadual indireta.

[6] Alterado pelos Decretos-Leis n.os 26/2017, de 9 de março, 99/2017, de 18 de agosto, 138/2017, de 10 de novembro, 90/2018, de 9 de setembro, e 31/2019, de 1 de março.

[7] O acrónimo NUTS significa «Nomenclatura Comum das Unidades Territoriais Estatísticas», cuja instituição decorre do Regulamento (CE) n.º 1059/2003, do Parlamento Europeu e do Conselho, de 26 de maio de 2003 [alterado pelos Regulamentos (CE) n.os 1888/2005, do Parlamento Europeu e do Conselho, de 26 de outubro, 105/2007, da Comissão, de 1 de fevereiro de 2007, 176/2008, do Parlamento Europeu e do Conselho, de 20 de fevereiro de 2008, 1137/2008, do Parlamento Europeu e do Conselho, de 22 de outubro de 2008, pelo Regulamento (UE) n.º 31/2011, da Comissão, de 17 de janeiro de 2011, pelo Regulamento n.º 517/2013, do Conselho, de 14 de maio de 2013, pelo Regulamento n.º 1319/2013, da Comissão, de 9 de dezembro de 2013, pelo Regulamento n.º 868/2014, da Comissão, de 8 agosto de 2014, pelo Regulamento (UE) 2016/2066, da Comissão, de 21 de novembro de 2016, e pelo Regulamento (UE) 2017/2391, do Parlamento Europeu e do Conselho, de 12 de dezembro de 2017]. A subdivisão do território português em NUTS de nível 1, 2 e 3 está prevista no Anexo do citado Regulamento. Para determinar quais os municípios abrangidos por cada NUT III, cf. Decreto-Lei n.º 68/2008, de 14 de abril, alterado pelo Decreto-Lei n.º 85/2009, de 3 de abril, e pela Lei n.º 21/2010, de 23 de agosto.

tório nacional (cf. artigo 11.º, n.º 5, da Lei n.º 4/2004), como sucede com as embaixadas, as representações permanentes ou os postos consulares[8].

O artigo 11.º da citada Lei n.º 4/2004 estabelece uma tipologia dos serviços da Administração direta, destrinçando, de acordo com a sua função dominante, entre:

a) Serviços executivos – garantem a prossecução das políticas públicas da responsabilidade de cada ministério, prestando serviços no âmbito das suas atribuições (*direções-gerais*, na Administração central, e *direções regionais*, na Administração periférica) ou exercendo funções de apoio técnico aos membros do Governo (*gabinetes* e *secretarias-gerais*), nos domínios da concretização das políticas públicas, estudos e concepção ou planeamento, gestão de recursos organizacionais, relações com a União Europeia e relações internacionais (cf. artigos 13.º e seguinte).

b) Serviços de controlo, auditoria e fiscalização – exercem funções permanentes de acompanhamento e de avaliação da execução de políticas públicas, podendo integrar funções de auditoria e inspetivas; quando esta última se assume como função dominante, os serviços em causa designam-se *inspeções-gerais* ou *inspeções regionais*, consoante se integrem na Administração central ou na Administração periférica, respetivamente (cf. artigos 15.º e seguinte).

c) Serviços de coordenação – promovem a articulação entre organismos, harmonizando a formulação e execução de políticas públicas da responsabilidade do Governo, assegurando a utilização racional, conjugada e eficiente de recursos na Administração Pública, e emitindo pareceres sobre as matérias que, no âmbito da sua ação coordenadora, lhes forem submetidas pelos membros do Governo.

1.2. Administração estadual indireta pública

A Administração estadual indireta dá corpo ao fenómeno da *desconcentração personalizada*. Em causa está a consideração de que as pessoas

[8] Cf., sobre esta matéria, Margarida d'Oliveira Martins, «Direito Diplomático e Consular», in: Paulo Otero/Pedro Gonçalves, *Tratado de Direito Administrativo Especial*, vol. V, Almedina, Coimbra, 2011, pp. 237 e ss..

coletivas de fins múltiplos (como o Estado) não possuem uma capacidade organizatória que permita o desenvolvimento de todas as tarefas que se encontram a seu cargo, através de órgãos ou organismos ainda integrados na pessoa coletiva pública Estado[9]. Por este motivo, torna-se imprescindível a criação de entidades, dotadas de personalidade jurídico-pública (em suma, pessoas coletivas públicas), destinadas a satisfazer um núcleo determinado de interesses estaduais. O caráter indireto da administração exercida não confere a estes entes públicos uma autodefinição dos próprios poderes, porquanto, se tal acontecesse, e numa paráfrase a Sérvulo Correia[10], "seriam [aqueles] uma espécie de monstros do Dr. Frankenstein que, uma vez gerados artificialmente, ganhariam liberdade alheia aos propósitos do seu criador". A opção pela desconcentração possui, em regra, uma justificação organizacional, mas não retira ao ente da Administração indireta a qualidade de gestor de interesses alheios (ainda que em nome próprio), nem ao Governo a responsabilidade pela definição e representação dos interesses nacionais[11], heterodeterminando, através da formulação de diretrizes, a atividade daqueles.

No interior da Administração estadual indireta pública, encontramos dois tipos de pessoas coletivas públicas: os *institutos públicos* e as *entidades públicas empresariais.*

1.2.1. Institutos públicos

Os *institutos públicos* constituem pessoas coletivas públicas, de natureza institucional ou fundacional, destinadas a prosseguir, em nome próprio e com autonomia administrativa (e, em regra, com autonomia financeira), determinados fins públicos de uma outra entidade pública – a «Administração-mãe»[12] (*in casu*, do Estado) –, por quem são criadas e a cuja tutela e superintendência ficam adstritas.

[9] Em sentido idêntico, embora apenas a propósito dos institutos públicos, cf. Paulo Otero, «Institutos Públicos», in: *Dicionário Jurídico da Administração Pública*, vol. V, s. n., Lisboa, 1993, pp. 250 e s..

[10] Sérvulo Correia, *Legalidade...*, cit., p. 260.

[11] Baptista Machado, «Participação e Descentralização», in: *Revista de Direito e de Estudos Sociais*, n.os 1-2-3-4, ano XXII, janeiro/dezembro 1975, p. 14.

[12] Vital Moreira, *Administração...*, cit., p. 328.

O sentido da *autonomia administrativa* e da *autonomia financeira* surge esclarecido pela *Lei de Bases da Contabilidade Pública* (LBCP)[13], desenvolvida pelo *Regime da Administração Financeira do Estado* (RAFE)[14].

Dispõe o artigo 2.º do RAFE que a regra quanto ao regime jurídico e financeiro dos serviços e organismos da Administração Pública corresponde à autonomia administrativa. Nos termos do artigo 2.º da LBCP, a autonomia administrativa reporta-se à prática de atos de gestão corrente, traduzida na competência dos dirigentes de um organismo administrativo para autorizar a realização de despesas e o seu pagamento, e para praticar, no mesmo âmbito, atos administrativos (cf., em sentido idêntico, o artigo 3.º do RAFE). O preceito em análise define os atos de gestão decorrente como "todos aqueles que integram a actividade que os serviços organismos normalmente desenvolvem para a prossecução das suas atribuições" (n.º 2), esclarecendo ainda que se excluem daquele conceito "os atos que envolvam opções fundamentais de enquadramento da actividade dos serviços e organismos e, designadamente, que se traduzam na aprovação dos planos e programas de actividades e respectivos relatórios de execução ou na autorização para a realização de despesas cujo montante ou natureza ultrapassem a normal execução dos planos e programas aprovados" (n.º 3). Adotando uma perspetiva similar, o artigo 4.º do RAFE identifica como «gestão» a prática de todos os atos integrados na atividade desenvolvida pelo organismo em causa para a prossecução das atribuições, não se considerando como tais as opções fundamentais de enquadramento da atividade dos organismos, nem os atos de montante ou natureza excecionais (que serão anualmente determinados no decreto-lei de execução orçamental).

O regime da autonomia administrativa *e financeira* constitui um *plus* face a esta disciplina jurídica – daí que dos artigos 6.º e seguintes da LBCP e 43.º e seguintes do RAFE decorra a natureza (tendencialmente) excecional da autonomia administrativa e financeira, a qual apenas poderá ser conferida a um organismo *através de lei ou decreto-lei, quando, cumulativamente, aquele regime se justifique para a adequada gestão do organismo em causa e as suas receitas*

[13] Lei n.º 8/90, de 20 de fevereiro.

[14] Decreto-Lei n.º 155/92, de 28 de julho, alterado pelos Decretos-Leis n.os 275-A/93, de 9 de agosto, 113/95, de 25 de maio, pela Lei n.º 10-B/96, de 23 de março, pelo Decreto-Lei n.º 190/96, de 9 de outubro, pela Lei n.º 55-B/2004, de 31 de dezembro, pelo Decreto-Lei n.º 29-A/2011, de 1 de março, pela Lei n.º 83-C/2013, de 31 de dezembro, e pelo Decreto-Lei n.º 85/2016, de 21 de dezembro.

próprias[15] *atinjam um mínimo de dois terços das despesas totais*, com exclusão das despesas cofinanciadas pelo orçamento europeu (cf. artigo 6.º, n.º 1)[16]. Regista-se ainda que, de acordo com o artigo 9.º da LBCP, os serviços e organismos dotados de autonomia administrativa e financeira devem dispor de personalidade jurídica e património próprio (cf. também artigo 44.º do RAFE).

No caso dos institutos públicos, o legislador prevê que, *em regra*, aqueles devem preencher os requisitos de que depende a autonomia administrativa e financeira, sem prejuízo de, *excecionalmente* e mediante devida *fundamentação*, poderem ser criados institutos públicos dotados tão-só de autonomia administrativa (cf. artigo 4.º, n.os 2 e 3, da LQIP, respetivamente). Se compulsarmos os trabalhos preparatórios, compreendemos a *ratio* subjacente à opção legislativa. Por um lado, a personalidade jurídica destes entes e a racionalidade inerente à sua criação implicam a responsabilidade patrimonial, a qual pressupõe a existência de receitas próprias – aspeto particularmente relevante se considerarmos que a criação de um instituto público apenas se justifica quando se demonstre que as tarefas em causa não podem ser adequada ou eficazmente desempenhadas por organismos já existentes; ora, a prossecução das tais tarefas por uma nova entidade exige que esta disponha de condições financeiras para o fazer. Todavia, e por outro lado, admite-se que o interesse público demande, em certas hipóteses, a constituição de institutos públicos para determinados efeitos, que prescindam da presença de receitas próprias – o que explicará a criação de institutos públicos dotados apenas de autonomia administrativa[17], como sucede com

[15] Não são consideradas como receitas próprias as resultantes de transferências correntes e de capital dos orçamentos do Estado, da segurança social, de outros serviços e organismos da Administração central e da União Europeia (cf. artigo 6.º, n.º 5, da LBCP).

[16] O legislador prevê duas exceções às referidas exigências: os casos em que a autonomia administrativa e financeira resulta de imperativo constitucional [cf., *v. g.*, e para além das situações evidentes das autarquias locais ou das regiões autónomas, o artigo 76.º, n.º 2, da CRP, relativo às universidades, ou o artigo 164.º, alínea *v)*, também da CRP, que pressupõe a autonomia administrativa e financeira dos serviços de apoio do Presidente da República] e as hipóteses em que razões ponderosas expressamente reconhecidas por lei ou decreto-lei, designadamente, as que se relacionem, de forma direta, com a gestão de projetos do PIDDAC cofinanciados pelo orçamento europeu (cf. artigo 6.º, n.os 3 e 4, da LBCP).

[17] Cf. Vital Moreira, «Projecto de Lei-Quadro dos Institutos Públicos», in: Vital Moreira (dir.), *Relatório e Proposta de Lei-Quadro sobre os Institutos Públicos*, Ministério da Reforma do Estado e da Administração Pública, Lisboa, 2001, pp. 398, 404 e 434 (salientando o Autor

o *Instituto Nacional de Estatística, I. P.* (cf. artigo 1.º, n.º 2, do Decreto-Lei n.º 136/2012, de 2 de julho).

O regime jurídico dos institutos públicos encontra-se previsto na LQIP, sem prejuízo da aplicação de regimes especiais (cf. artigo 48.º da LQIP). A criação destes entes – efetuada por ato legislativo (cf. artigo 9.º, n.º 1) apenas se revela viável para o desenvolvimento de atribuições que recomendem, face à especificidade técnica da atividade desenvolvida, designadamente no domínio da produção de bens e da prestação de serviços, a necessidade de uma gestão não submetida à direção do Governo, estando impedida a constituição de institutos públicos para o desempenho de atividades que, nos termos constitucionais, devam ser desempenhadas por organismos da Administração estadual direta ou para personificar serviços de estudo e conceção, coordenação, apoio e controlo de outros serviços administrativos (cf. artigo 8.º).

Decorre do artigo 3.º que, em atenção ao respetivo substrato, os institutos públicos podem assumir dois tipos diferenciados[18]:

a) Serviços personalizados – Trata-se de serviços públicos administrativos a que o legislador atribui personalidade jurídica, acompanhada de autonomia administrativa e, em regra (como assinalámos), de autonomia financeira. Estes institutos públicos assimilam-se, de uma perspetiva funcional, às direções-gerais[19]; contudo, nestes casos, o legislador entendeu, com fundamento em algum dos motivos já apontados, criar uma entidade pública destinada a satisfazer os interesses públicos em causa.

b) Fundações públicas (ou fundos personalizados) – Enquanto fundações, estas entidades são complexos de bens afetos a satisfação de um determinado fim, complexos esses que constituem o substrato patrimonial destas

que os institutos públicos desprovidos de autonomia financeira dispõem de uma «personalidade parcial» ou de uma «personalidade de via reduzida», constituindo «semi-institutos» e não «institutos de corpo inteiro»).

[18] É mais vasta a tipologia dos institutos públicos – cf., *v. g.*, Vital Moreira/Rodrigo Esteves de Oliveira, «Os Institutos Públicos e a Organização Administrativa em Portugal», in: Vital Moreira (dir.), *Relatório...*, cit., pp. 24 e ss.; Vital Moreira, *Administração...*, cit., p. 341; Paulo Otero, «Institutos...», cit., pp. 253 e ss..

[19] Cf. Freitas do Amaral, *Curso...*, vol. I, cit., p. 313.

entidades[20]. Como resulta do n.º 1 do artigo 3.º da LQIP, a especificidade reside agora no facto de estas fundações assumirem personalidade jurídico-pública, na medida em que correspondem a fundos patrimoniais de entes públicos (no caso, do Estado) e se dirigem à prossecução de certos interesses públicos (estaduais). O conceito de «fundação pública» foi introduzido pela revisão constitucional de 1997, que inscreveu como matéria de reserva relativa de competência legislativa da Assembleia da República as "bases gerais do estatuto (...) das fundações públicas" [cf. artigo 165.º, n.º 1, alínea *u)*, da CRP, na redação atual]. A autonomização destes entes no contexto dos demais institutos públicos pressupõe que o financiamento das atividades por eles desenvolvidas decorra de receitas próprias, resultantes do acervo patrimonial que constitui o seu substrato[21].

Estão aqui em causa as entidades que a LQF designa como *fundações públicas de direito público, i. e.*, "fundações criadas exclusivamente por pessoas coletivas públicas, bem como os fundos personalizados criados exclusivamente por pessoas coletivas públicas nos termos da lei quadro dos institutos públicos" [cf. artigo 4.º, n.º 1, alínea *b)*].

Determinar se um instituto público consubstancia (ou não) uma fundação depende da análise de dois aspetos: a presença de uma finalidade de interesse social e a fonte das respetivas receitas. Eis o que resulta do n.º 2 do artigo 51.º da LQIP, nos termos do qual só devem receber a designação de «Fundação, I.P.» os institutos públicos que, em simultâneo, prossigam uma finalidade de interesse social e estejam dotados de um património cujos rendimentos constituam parte considerável das respetivas receitas.

Também as *fundações públicas de direito privado* consubstanciam pessoas coletivas públicas de natureza institucional (cf. artigo 49.º, n.º 1, da LQF, que se refere, indiferenciadamente, a fundações públicas), ainda que não constituam institutos públicos para efeitos de aplicação da LQIP (sem prejuízo de algumas disposições deste diploma se aplicarem, por remissão, a estas fundações, como sucede com as normas relativas à organização). As fundações públicas de direito privado caracterizam-se por serem criadas por uma ou mais pessoas coletivas públicas, em conjunto ou não com pessoas de direito privado, desde que aquelas, isolada ou

[20] Carlos da Mota Pinto, *Teoria...*, cit., pp. 272 e s..

[21] Assim, Vital Moreira/Rodrigo Esteves de Oliveira, «Os Institutos...», cit., p. 51.

conjuntamente, detenham uma influência dominante sobre a fundação, atestada pela afetação exclusiva ou maioritária dos bens que integram o património financeiro inicial da fundação, ou pelo direito de designar ou destituir a maioria dos titulares do órgão de administração da fundação [cf. artigo 4.º, n.º 1, alínea *c)* e n.º 2 da LQF].

Os serviços personalizados ou as fundações públicas, quando tenham funções de natureza social ou cultural e desempenhem atividades de prestação relativamente à generalidade dos cidadãos, designam-se como estabelecimentos públicos[22]. Nos termos do n.º 2 do artigo 3.º da LQIP, são estabelecimentos públicos "as universalidades compostas por pessoal, bens, direitos e obrigações e posições contratuais do instituto afetos em determinado local à produção de bens ou à prestação de serviços no quadro das atribuições do instituto". Constituem estabelecimentos públicos certas (mas, hoje, pouquíssimas) unidades hospitalares, como sucede com o *Centro Hospitalar Psiquiátrico de Lisboa* (cf. Portaria n.º 1373/2007, de 19 de outubro); em termos subjetivos, também as universidades públicas e os institutos politécnicos são exemplos de estabelecimentos públicos (ainda que, como veremos, dotados de um regime diverso do que pauta os demais institutos públicos).

Sem prejuízo de os estatutos dos institutos públicos (aprovados por portaria conjunta dos membros do Governo responsáveis pelas áreas das finanças e da Administração Pública e da tutela) conterem disposições atinentes à respetiva organização interna (cf. artigo 12.º, n.º 1), a LQIP desenha já um esboço organizatório, esclarecendo que a direção dos mesmos se encontra conferida a um *conselho diretivo*, com a composição prevista no artigo 19.º; por sua vez, a fiscalização encontra-se cometida a um *fiscal único* (cuja existência é obrigatória nos institutos dotados de autonomia administrativa e financeira – cf. artigo 17.º, n.º 2), com responsabilidades em matéria de controlo da legalidade, da regularidade e da boa gestão financeira e patrimonial do instituto (cf. artigo 26.º); por último, prevê-se a possibilidade (mas não obrigatoriedade) de instituição de um conselho consultivo, enquanto órgão de consulta, apoio e partici-

[22] Trata-se de uma noção próxima de Freitas do AMARAL, *Curso...*, vol. I, cit., p. 318. Estão aqui incluídos os «serviços personalizados prestadores», a que se refere Paulo OTERO, «Institutos Públicos», cit., p. 256.

pação na definição das linhas gerais de atuação do instituto e na adoção de decisões pelo conselho diretivo (cf. artigo 29.º). Trata-se de um regime aplicável também às fundações públicas estaduais, como decorre expressamente do n.º 1 do artigo 53.º da LQF.

1.2.2. Entidades públicas empresariais

As entidades públicas empresariais (correspondentes às antigas empresas públicas[23]) constituem pessoas coletivas públicas, de natureza empresarial, dotadas de autonomia administrativa, financeira e patrimonial, criadas, através de decreto-lei, pelo Governo, e cujo capital estatutário é detido pelo Estado e destinado a responder às respetivas necessidades permanentes (cf. artigos 56.º e seguintes do RJSPE). Tal-qualmente decorre do n.º 2 do artigo 5.º e do n.º 1 do artigo 13.º do RJSPE, as entidades públicas empresariais integram um *conceito amplo de empresas públicas*.

A criação de pessoas coletivas públicas com natureza empresarial representa uma manifestação do fenómeno da empresarialização da Administração Pública, com repercussões no modo de gestão daquelas entidades. Efetivamente, o artigo 2.º do RJSPE prevê que o respetivo âmbito de aplicação se estende a todo o setor empresarial do Estado, onde se incluem as empresas públicas *lato sensu* e, por conseguinte, as entidades públicas empresariais. Assim, e salvaguardada a observância das normas especiais constantes dos artigos 56.º e seguintes do RJSPE, estamos, pois, diante de entidades que, embora com forma pública, se apresentam dotadas de uma gestão em termos jurídico-privados.

No setor da saúde, tem-se privilegiado o modelo da gestão privada, pelo que a maioria dos hospitais nacionais reveste a forma de entidade pública empresarial[24], com o argumento de que o mesmo alia a autonomia gestionária à tutela governamental: o mote foi dado pelo Decreto-Lei

[23] Para um confronto, *v.* Coutinho de Abreu, «Sobre as Novas Empresas Públicas (Notas a Propósito do DL 558/99 e da L 58/98)», in: *Boletim da Faculdade de Direito – Volume Comemorativo)*, 2003, pp. 555 e ss., ainda que reportado ao anterior regime jurídico do setor empresarial do Estado.

[24] Sobre a empresarialização dos estabelecimentos públicos prestadores de cuidados de saúde, cf., por todos, Licínio Lopes, «Direito Administrativo da Saúde», in: Paulo Otero/ Pedro Gonçalves, *Tratado de Direito Administrativo Especial*, vol. III, Almedina, Coimbra, 2010, pp. 251 e ss., 288 e ss., e 316.

n.º 233/2005, de 29 de dezembro, a partir do qual se assistiu à transformação das unidades hospitalares neste tipo de entidades. Este figurino surge adotado também por outros setores da Administração estadual: considerem-se, *v. g.*, os setores das infraestruturas de transportes (*v. g.*, a *Navegação Aérea de Portugal – NAV Portugal, E. P. E.*, que tem por objeto o serviço público de navegação aérea para apoio à avaliação civil[25]) ou da cultura (cf., *v. g.*, o *Teatro Nacional D. Maria II – TNDM II, E. P. E.*, o *Teatro Nacional de São João – TNSJ, E. P. E.*, ou o *Organismo de Produção Artística – OPART, E. P. E.*, que integra o Teatro Nacional de São Carlos e a Companhia Nacional de Bailado[26]).

1.3. Administração estadual indireta privada

A alusão à existência de uma Administração estadual indireta privada pretende reportar-se ao recurso a esquemas formais organizativos privados para a satisfação de tarefas públicas. Assumem, neste contexto, particular relevância as *empresas públicas* (em sentido estrito), as quais consubstanciam sociedades de responsabilidade limitada constituídas segundo a lei comercial, nas quais o Estado (ou outras entidades públicas estaduais) possa(m) exercer, isolada ou conjuntamente, de forma direta ou indireta, uma influência dominante em virtude da detenção de uma participação superior à maioria do capital ou dos direitos de voto, ou do direito de designar ou de destituir a maioria dos membros dos órgãos de administração ou de fiscalização, ou ainda do facto de dispor(em) participações qualificadas ou direitos especiais que lhe(s) permitam influenciar de forma determinante os processos decisórios ou as opções estratégicas adotadas pela empresa (cf. artigos 5.º, n.º 1, e 9.º, n.º 1, do RJSPE). Enquanto entidades privadas, as empresas públicas estão sujeitas a um regime de direito privado, sem prejuízo das disposições especiais constantes do RJSPE e dos diplomas de criação ou constituição e dos respetivos estatutos (cf. artigo 13.º, n.º 1, do RJSPE).

Estamos pois, diante de um modo de privatização das formas organizativas da Administração[27], e de um fenómeno de empresarialização, con-

[25] Cf. Decreto-Lei n.º 404/98, de 18 de dezembro, alterado pelo Decreto-Lei n.º 74/2003, de 16 de abril.

[26] Cf., respetivamente, Decretos-Leis n.ºs 158/2007, 159/2007 e 160/2007, todos de 27 de abril.

[27] Cf., *v. g.*, Paulo Otero, *Legalidade...*, cit., pp. 304 e ss..

cebido como "operação jurídica – de carácter organizativo – consistente na criação de uma empresa, um sujeito de direito, à qual a entidade instituidora confia o desenvolvimento de uma tarefa da sua responsabilidade originária"[28]. Daí que se venha apontando a criação deste tipo de entidades como um fenómeno tendente à criação de uma Administração indireta privada, estando em causa uma privatização formal da Administração e uma utilização instrumental da personalidade jurídica (privada)[29]. Com efeito, encontramo-nos diante de pessoas coletivas privadas criadas por entidades públicas em vista da prossecução, inclusivamente em primeira linha (como sucede, *v. g.*, com as administrações portuárias[30] ou com a *Infraestruturas de Portugal, S. A.*[31]), de tarefas de interesse público correspondentes, *in casu*, às atribuições estaduais, verificando-se uma *relação de continuidade substancial*[32] entre as pessoas coletivas públicas (neste caso, o Estado) e estas entidades administrativas privadas. Isso permite também explicar, desde logo, que a tais entidades sejam outorgados poderes de autoridade (cf. artigo 22.º do RJSPE) e se coloque a questão de admitir que as mesmas se devam incluir-se num conceito organizativo de Administração Pública em sentido amplo, devendo concluir-se em sentido afirmativo[33].

[28] Pedro Gonçalves, *Regime Jurídico da Atividade Empresarial Local*, Almedina, Coimbra, 2012, p. 31.

[29] Assim, entre nós, Paulo Otero, *Legalidade...*, cit., pp. 305 e 308, respetivamente.

[30] As administrações portuárias gerem uma parte significativa do domínio público portuário. Cf. Decretos-Leis n.os 335/98 (*APDL – Administração dos Portos do Douro, Leixões e Viana do Castelo, S. A.*, alterado pelo Decreto-Lei n.º 334/2001, de 24 de dezembro, 46/2002, de 2 de março, e 83/2015, de 21 de maio), 336/98 (*APL – Administração do Porto de Lisboa, S. A.*, alterado pelos Decretos-Leis n.os 334/2001, de 24 de dezembro, 46/2002, de 2 de março, e 15/2016, de 9 de março), 337/98 (*APS – Administração dos Portos de Sines e do Algarve, S. A.*, a quem se encontra cometida a gestão dos portos de Sines, Faro e Portimão, alterado pelos Decretos-Leis n.os 334/2001, de 24 de dezembro, 46/2002, de 2 de março, 95/2010, de 29 de julho, e 44/2014, de 20 de março), 338/98 (*APSS – Administração dos Portos de Setúbal e Sesimbra, S. A.*, alterado pelo Decreto-Lei n.º 334/2001, de 24 de dezembro), 339/98 (*APA – Administração do Porto de Aveiro, S. A.*, alterado pelo Decreto-Lei n.º 40/2002, de 28 de fevereiro), todos de 3 de novembro; Decreto-Lei n.º 210/2008, de 2 de novembro (*Administração do Porto da Figueira da Foz, S. A. – APFF, S. A.*).

[31] Cf. Decreto-Lei n.º 91/2015, de 29 de maio.

[32] Estamos a parafrasear Pedro Gonçalves, *Regime Jurídico das Empresas Municipais*, Almedina, Coimbra, 2007, p. 134.

[33] Cf. Vieira de Andrade, *Lições...*, cit., p. 119; Vital Moreira, *Administração...*, cit., p. 286.

1.4. Administração independente

A Administração independente encontra consagração constitucional no n.º 3 do artigo 267.º da CRP, ainda que este preceito se limite a reconhecer a possibilidade legal da criação de "entidades administrativas independentes". Daqui torna-se já possível inferir tratar-se de uma referência que, quando necessariamente articulada com princípios constitucionais (como o princípio da unidade da Administração ou o princípio da responsabilidade ministerial), determina, como veremos, a existência de restrições à margem de manobra do legislador, em termos de se poder afirmar que a constituição de entidades administrativas independentes representa senão uma solução excecional, pelo menos uma solução especial no contexto da organização administrativa.

Como é sabido, a noção de Administração independente toma como ponto de referência a experiência das agências norte-americanas[34], identificando a "administração infra-estadual prosseguida por instâncias administrativas não integradas na Administração direta do Estado e livres da orientação e da tutela estadual, sem, todavia, corresponderem à autoadministração de quaisquer interesses organizados", sendo "dotadas de poder autónomo de decisão ou influência sobre um determinado setor ou atividade"[35]. A amplitude desta noção deixa, desde já, entrever o polimorfismo deste tipo de autoridades, algumas delas dotadas de personalidade jurídico-pública (entidades, *proprio sensu*), outras assumindo-se como órgãos do Estado – «órgãos independentes», *hoc sensu*[36] (pese embora a alusão constitucional apenas a "*entidades* administrativas independentes"[37]).

[34] Sem prejuízo do relevo assumido pelo confronto com outras experiências jurídicas – cf., desenvolvidamente, José Lucas Cardoso, *Autoridades Administrativas Independentes e Constituição*, Coimbra Editora, Coimbra, 2002, pp. 39 e ss.. *V.* também Paulo Otero, *Legalidade...*, cit., pp. 318 e ss..

[35] Vital Moreira, *Administração...*, cit., p. 127, e Vital Moreira/Maria Fernanda Maçãs, *Autoridades...*, cit., p. 41, respetivamente. Cf. também a noção proposta por Blanco de Morais, «As Autoridades Administrativas Independentes na Ordem Jurídica Portuguesa», in: *Revista da Ordem dos Advogados*, n.º 1, ano 61.º, janeiro 2001, pp. 103, 122 e ss..

[36] Utilizando a expressão neste sentido, Freitas do Amaral, *Curso...*, vol. I, cit., pp. 269 e ss. (reservando a designação «autoridades administrativas independentes» para as entidades independentes dotadas de personalidade jurídico-pública).

[37] Contundente quanto à referência constitucional, cf. Blanco de Morais, «As Autoridades...», cit., p. 111; *v.* também pp. 151 e ss.. Atente-se, porém, que também o legislador alude a "*entidades* administrativas independentes, *destituídas de personalidade jurídica*" – cf. artigo 10.º, n.º 3, do CPTA.

Assim, não surpreenderá, pois, que, para lá da distinção entre *entidades* e órgãos[38] independentes, o interior da categoria em análise (na aceção enunciada) esteja longe de possuir uma homogeneidade, aí se encontrando figuras com funções, contornos e regime jurídico muito diversos. Neste horizonte, impõe-se, no mínimo, uma distinção entre, por um lado, *entidades com funções de regulação económica e social* (autoridades reguladoras) e, por outro lado, *entidades vocacionadas para a defesa dos direitos dos cidadãos* (com especial atenção para a relação entre Administração e particulares) *e para a fiscalização da legalidade administrativa.*

Atualmente, o ordenamento jurídico português conhece as seguintes entidades reguladoras, integradas na Administração independente:

- *Autoridade da Concorrência* (autoridade reguladora não sectorial ou transversal – Decreto-Lei n.º 125/2014, de 18 de agosto);
- *Banco de Portugal* (regulação das instituições de crédito e sociedades financeiras – artigo 102.º da Constituição, e Lei n.º 5/98, de 31 de janeiro, alterada pelos Decretos-Leis n.ºs 118/2001, de 17 de abril, 50/2004, de 10 de março, 39/2007, de 20 de fevereiro, 31 -A/2012, de 10 de fevereiro, e 142/2013, de 18 de outubro, que a republica, e pelas Lei n.ºs 23 -A/2015, de 26 de março, e 39/2015, de 25 de maio);
- *Comissão do Mercado de Valores Mobiliários* (regulação dos mercados de instrumentos financeiros – Decreto-Lei n.º 5/2015, de 8 de janeiro, alterado pela Lei n.º 148/2015, de 9 de setembro; artigos 353.º e seguintes do *Código dos Valores Mobiliários*);
- *Autoridade de Supervisão de Seguros e Fundos de Pensões* (regulação do mercado segurador e dos fundos de pensões – Decreto-Lei n.º 1/2015, de 6 de janeiro, alterado pelo Decreto-Lei n.º 59/2018, de 2 de agosto);
- *ANACOM – Autoridade de Comunicações de Portugal* (regulação do setor das comunicações, incluindo as comunicações eletrónicas e postais – Decreto-Lei n.º 39/2015, de 16 de março);

[38] À maneira francesa, as autoridades administrativas independentes careciam tradicionalmente de personalidade jurídica (cf., *v. g.*, Chapus, *Droit...*, tomo I, cit., p. 229). Trata-se, todavia, de aspeto que as novas figuras jurídicas vêm ultrapassando – pense-se no caso da *Autorité des Marchés Financiers*, qualificada pelo legislador como "autoridade pública independente dotada de personalidade moral". Acentuando esta novidade, cf. Costa, «L'Autorité des Marchés Financiers: Juridiction? Quasi-Juridiction? Pseudo-Juridiction?», in: *Revue Française de Droit Administratif*, n.º 6, 21.º ano, novembro/dezembro 2005, p. 1175.

- *Entidade Reguladora da Saúde* (regulação das atividades económicas na área da saúde – Decreto-Lei n.º 126/2014, de 22 de agosto);
- *Entidade Reguladora dos Serviços Energéticos* [dos setores da eletricidade, do gás natural e do gás de petróleo liquefeito (GPL) em todas as suas categorias, dos combustíveis derivados do petróleo e dos biocombustíveis, bem como da atividade de gestão de operações da rede de mobilidade elétrica – Decreto-Lei n.º 97/2002, de 12 de abril, alterado e republicado, por último, pelo Decreto-Lei n.º 57-A/2018, de 13 de julho, e com as alterações do Decreto-Lei n.º 76/2019, de 3 de junho);
- *Entidade Reguladora dos Serviços de Águas e Resíduos* (regulação dos setores dos serviços de abastecimento público de água, de saneamento de águas residuais urbanas e de gestão de resíduos urbanos – Lei n.º 10/2014, de 6 de março);
- *Autoridade Nacional da Aviação Civil* (regulação do setor da aviação civil – Decreto-Lei n.º 40/2015, de 16 de março);
- *Autoridade da Mobilidade e dos Transportes* (setor da mobilidade e dos transportes terrestres, fluviais, ferroviários, e respetivas infraestruturas, e da atividade económica dos portos comerciais e transportes marítimos – Decreto-Lei n.º 78/2014, de 14 de maio, alterado pelo Decreto-Lei n.º 18/2015, de 2 de fevereiro)[39].

As entidades vocacionadas para a tutela da legalidade do Estado e para a defesa dos direitos fundamentais encontram assento *constitucional* ou *legislativo*.

Encontram-se expressamente contemplados na Constituição o *Provedor de Justiça* (artigo 23.º), a *Entidade Reguladora da Comunicação Social* (artigo 39.º; cf. também Lei n.º 53/2005, de 8 de novembro), bem como o *Conselho Económico e Social* (artigo 92.º), o *Conselho Superior dos Tribunais Administrativos e Fiscais* (artigo 217.º, n.º 2), o *Conselho Superior da Magistratura* (artigo

[39] Diversamente, e embora constituam autoridades reguladoras, o *IMPIC – Instituto dos Mercados Públicos, do Imobiliário e da Construção* (regulação e fiscalização do setor da construção e do imobiliário, bem como a regulação dos contratos públicos – cf. Decreto-Lei n.º 232/2015, de 13 de outubro) e o *INFARMED – Autoridade Nacional do Medicamento e Produtos de Saúde, I. P.* (regulação dos setores dos medicamentos de uso humano e dos produtos de saúde – Decreto-Lei n.º 46/2012, de 24 de fevereiro, alterado pelo Decreto-Lei n.º 97/2015, de 1 de junho) são entidades da Administração indireta do Estado, sujeitas a superintendência e tutela (do ministro da saúde e do ministro da economia, respetivamente).

218.º), o *Procurador-Geral da República* e o *Conselho Superior do Ministério Público* (artigo 220.º) e o *Conselho Superior de Defesa Nacional* (artigo 274.º). Repare-se, porém, que a vocação de defesa de direitos fundamentais não se encontra inscrita em todas estas entidades, assumindo-se algumas como instâncias de consulta e decisão relativamente a atividades económicas e sociais ou de disciplina e controlo dos titulares de órgãos de soberania[40].

De criação legal, destacam-se a *Comissão Nacional de Eleições* (Lei n.º 71/78, de 27 de dezembro, alterada pela Lei n.º 4/2000, de 12 de abril), a *Comissão de Acesso aos Documentos Administrativos* (artigos 25.º e seguintes da Lei n.º 46/2007, de 24 de agosto, e Lei n.º 10/2012, de 29 de fevereiro), a *Comissão Nacional de Proteção de Dados*, ainda que, esta última, resulte da imposição constitucional constante do n.º 2 do artigo 35.º da CRP, e encontre acolhimento em regulamento europeu (artigos 21.º e seguintes da Lei n.º 67/98, de 26 de outubro, e Lei n.º 43/2004, de 18 de agosto; cf. ainda artigos 51.º e seguintes do *Regulamento Geral de Proteção de Dados* – RGPD[41], e artigos 3.º e seguintes da Lei n.º 58/2019, de 8 de agosto), o *Conselho Nacional de Ética para as Ciências da Vida* (Lei n.º 24/2009, de 29 de maio, alterada pela Lei n.º 19/2015, de 6 de março), ou o *Conselho de Fiscalização da Base de Dados de Perfis de ADN* (Lei n.º 40/2013, de 25 de junho)[42].

Com um propósito um pouco diverso, mas globalmente ainda integrado na defesa da República, foi criado pelo artigo 12.º-I da anterior *Lei de Enquadramento Orçamental*[43], o *Conselho das Finanças Públicas*, uma entidade administrativa independente que tem como missão proceder a uma avaliação independente sobre a consistência, cumprimento e sustentabilidade da

[40] Louvamo-nos na classificação avançada por Blanco de Morais, «As Autoridades...», cit., pp. 131 e s.

[41] Regulamento UE 2016/679 do Parlamento Europeu e do Conselho, de 27 de abril de 2016. A CNPD constitui a autoridade nacional de controlo com responsabilidade pela fiscalização da aplicação do RGPD, a fim de defender os direitos e liberdades fundamentais das pessoas singulares relativamente ao tratamento e facilitar a livre circulação desses dados na União.

[42] Para um elenco muito completo das entidades de defesa de direitos fundamentais criadas por lei, cf. Jorge Miranda, *Manual de Direito Constitucional*, tomo IV, 5.ª ed., Coimbra Editora, Coimbra, 2012, pp. 462 e ss..

[43] Lei n.º 91/2001, de 20 de agosto, alterada e republicada pela Lei n.º 41/2014, de 10 de julho (a criação daquela autoridade foi efetuada através da Lei n.º 22/2011, de 20 de maio), mas, entretanto, revogada. O Conselho das Finanças Públicas encontra-se igualmente previsto no artigo 7.º da atual *Lei de Enquadramento Orçamental* (Lei n.º 151/2015, de 11 de setembro, alterada pelas Leis n.os 2/2018, de 29 de janeiro, e 37/2018, de 7 de agosto).

política orçamental, promovendo ao mesmo tempo a sua transparência, de modo a contribuir para a qualidade da democracia e das decisões de política económica e para o reforço da credibilidade financeira do Estado (cf. artigo 4.º dos *Estatutos*, aprovados pela Lei n.º 54/2011, de 19 de outubro, alterada pela Lei n.º 82-B/2014, de 31 de dezembro).

A independência própria das autoridades reguladoras – a "independência orgânica, funcional e técnica", a que se refere a alínea *c)* do n.º 2 do artigo 3.º da LQER[44] – encontra-se ancorada na necessidade de separação da atividade de regulação face à esfera política (*stricto sensu*) e às conjunturais maiorias decorrentes dos ciclos eleitorais, no contexto mais amplo da separação entre a função de estabelecimento de regras de funcionamento do mercado e a intervenção direta do Estado no mesmo enquanto sujeito económico, tendo em vista a garantia de um mercado livre e concorrencial[45], sem simultaneamente descurar a correspetiva necessidade de criar espaços de menor rigidez, típicos das administrações tradicionais, cuja ausência de flexibilidade se adequa pouco às exigências económicas atuais[46]. Neste sentido, os vários poderes conferidos a estas entidades[47] possuem o duplo propósito de fixar normas para os regulados e assegurar o respetivo cumprimento, aplicando-as ou fiscalizando a sua

[44] Tal independência, ínsita ao conceito de entidade reguladora, constitui um requisito estatutário de qualificação e de criação/constituição das singulares agências reguladoras. Sobre o "nível de independência" das entidades reguladoras no âmbito da LQER, *v.* as apreciações de Blanco de Morais, «A Lei-Quadro das Entidades Reguladoras e o seu Estatuto de Independência», in: *Jurismat: Revista Jurídica*, n.º 7, 2015, pp. 161 e ss.. Cf. ainda João Nuno Calvão da Silva, «Poderes e Instrumentos Regulatórios das Entidades Reguladoras ao Abrigo da Lei-Quadro das Entidades Administrativas Independentes com Funções de Regulação da Actividade Económico dos Sectores Privado, Público e Cooperativo», in: Pedro Gonçalves (org.), *Estudos de Regulação Pública – II*, Coimbra Editora, Coimbra, 2015, pp. 389 e ss.. Marco Caldeira, «As Entidades Administrativas Independentes», in: Carla Amado Gomes/ Ana Fernanda Neves/Tiago Serrão (coord.), *Organização Administrativa: Novos Actores, Novos Modelos*, vol. I, AAFDL, Lisboa, 2018, pp. 464 e ss..

[45] Entre nós, cf., *v. g.*, Vital Moreira/Fernanda Maçãs, *Autoridades...*, cit., pp. 10 e ss.; Fernanda Maçãs, «O Controlo Jurisdicional das Autoridades Reguladoras Independentes», in: *Cadernos de Justiça Administrativa*, n.º 58, julho/agosto 2006, pp. 22 e s..

[46] Cf. Paula Costa e Silva, «As Autoridades Independentes. Alguns Aspetos da Regulação Económica numa Perspectiva Jurídica», in: *O Direito*, ano 138.º, vol. III, 2006, p. 545.

[47] Para uma análise sistemática dos poderes das autoridades reguladoras, cf., *v. g.*, João Nuno Calvão da Silva, *Mercado...*, cit., pp. 157 e ss., e «O Estado...», cit., pp. 183 e s..

observância, prosseguindo as responsabilidades estaduais em assegurar os interesses públicos do funcionamento eficiente do mercado e da iniciativa económica privada[48]. O desempenho destas funções postula, pois, que, genericamente, estas entidades se caracterizem pela não integração na Administração estadual e pela sua não sujeição ao controlo governamental [cf. artigos 9.º, n.º 1, e 45.º, n.ºs 1 e 2, da LQER)[49]. Neste plano, a independência caracteriza-se pela subtração a qualquer influência diretora ou orientadora do Governo (que não é posta em causa pela supervisão governamental de certos atos com incidência financeira – cf. artigo 45.º, n.ºs 3 a 8, da LQER) e pela sujeição da respetiva atividade exclusivamente ao controlo judicial[50]. Daí que, embora as autoridades reguladoras constituam (formal ou estruturalmente) institutos públicos, não se encontram

[48] Cf. Pedro Gonçalves, «Direito...», cit., p. 572.

[49] Cf. Vital Moreira, *Auto-Regulação...*, cit., p. 51. *V.* ainda João Nuno Calvão da Silva, «O Estado...», cit., pp. 182 e s..

[50] Para além do controlo exercido pelos tribunais administrativos sobre os atos da função administrativa e pelos tribunais comuns às matérias excluídas do âmbito da jurisdição administrativa, as entidades reguladoras encontram-se ainda sujeitas ao controlo do Tribunal da Concorrência, Regulação e Supervisão (TCRS), criado pela Lei n.º 46/2011, de 24 de junho, a quem compete o conhecimento das questões relativas a impugnação ("recurso" e "revisão") e execução das decisões, despachos e demais medidas em procedimentos de contraordenação adotados por todas as autoridades reguladoras incluídas no âmbito de aplicação da LQER, bem como pelo Banco de Portugal e pela Entidade Reguladora para a Comunicação Social, bem como o controlo das decisões da Autoridade da Concorrência proferidas em (todos os) procedimentos administrativos a que se refere o *Regime Jurídico da Concorrência*, assim como do ato administrativo do membro do Governo responsável pela área da economia (que, em "recurso extraordinário" autoriza – ou não – uma operação de concentração de empresas proibida por decisão da Autoridade da Concorrência), previsto no (atual) artigo 41.º dos *Estatutos* desta entidade (Decreto-Lei n.º 125/2014, de 18 de agosto).

A entrada em funcionamento do TCRS ficou dependente da data da sua instalação, a determinar por portaria do Governo responsável pela área da justiça (cf. artigo 4.º do Decreto-Lei n.º 67/2012). A Portaria n.º 84/2012, de 29 de março, declarou instalado o 1.º Juízo do TCRS, com efeitos a 30 de março de 2012. A reforma da organização judiciária operada em 2013 pela *Lei de Organização do Sistema Judiciário* manteve este tribunal, cuja criação resultou (novamente...) da alínea *h)* do artigo 65.º do *Regime Aplicável à Organização e Funcionamento dos Tribunais Judiciais* (cf. também Mapa IV dos Anexos).

Cf., sobre este tribunal, o nosso trabalho «Contencioso da Regulação», in: Tiago Serrão/José Duarte Coimbra, *Contencioso Administrativo Especial*, Almedina, Coimbra, 2019 (no prelo), ponto 3.1.; *v.* também Marta Vicente, *Comentário à Lei n.º 46/2011, de 24 de Junho, que Cria o Tribunal da Concorrência, Regulação e Supervisão*, Publicações Cedipre On-line, Coimbra, 2012, disponível em http://www.fd.uc.pt/cedipre/publicacoes/online/public_11.pdf.

subordinadas ao regime geral destas pessoas coletivas públicas, em especial no que tange à respetiva sujeição à superintendência do Governo.

Já a independência característica das entidades de tutela dos direitos fundamentais ou, mais amplamente, de defesa da Lei Fundamental está diretamente concatenada com o imperativo da subordinação direta à Constituição e ao legislador. O facto de tais autoridades funcionarem como «instâncias parajurisdicionais»[51] exige que estejam munidas de garantias de imparcialidade e sujeitas a um regime de incompatibilidades que as aproxima da disciplina jurídica dos tribunais. A independência surge, neste contexto, associada aos imperativos da objetividade, da exclusividade, da transparência, da isenção e da neutralidade[52], exigíveis a estas autoridades no desempenho das suas funções.

Abstraindo do respetivo fundamento, a independência típica das entidades que analisamos manifesta-se quer ao nível orgânico-estrutural, quer no plano funcional[53]. Em termos orgânicos, a independência afeta essencialmente o modo de designação dos titulares dos órgãos ou o regime jurídico dos respetivos mandatos: assim, *v. g.*, o legislador prevê, com frequência, no caso das entidades de tutela de direitos fundamentais, que os titulares dos órgãos sejam designados pela Assembleia da República[54], estabelecendo ainda um conjunto significativo de impedi-

[51] Vital Moreira, *Administração...*, cit., p. 135, n. 171.

[52] Sobre estas dimensões, enquanto corolários do princípio da imparcialidade, cf. Maria Teresa Ribeiro, *O Princípio da Imparcialidade da Administração Pública,* Almedina, Coimbra, 1996, pp. 161 e ss..

Sobre a neutralidade como critério caracterizador das autoridades reguladoras independentes, cf. Vital Moreira/Fernanda Maçãs, *Autoridades...*, cit., pp. 29 e s.. *V.* ainda, sobre as várias dimensões desta neutralidade, Blanco de Morais, «As Autoridades...», cit., pp. 118 e s..

[53] Sobre esta matéria, cf. Vital Moreira, *Administração...*, cit., pp. 127 e s., 132 e s.; Vital Moreira/Fernanda Maçãs, *Autoridades...*, cit., pp. 25 e ss..

[54] Pense-se, a título meramente exemplificativo, no Provedor de Justiça (artigo 23.º, n.º 3, da Constituição) ou na Entidade Reguladora da Comunicação Social (artigo 39.º, n.º 2, da Constituição). Mesmo quando a nomeação dos titulares dos órgãos pertença ao Governo não atuam em sua representação, nem se encontram sujeitos aos seus poderes de direção ou orientação: atente-se, *v. g.*, em alguns dos membros da Comissão Nacional de Proteção de Dados, que são designados pelo Governo, mas enquanto "personalidades de reconhecida competência" [artigo 25.º, n.º 2, alínea *b)*, da Lei n.º 67/98], ou nos membros do conselho de administração das entidades reguladoras, nomeados por resolução do Conselho de Ministros, sob proposta do membro do Governo responsável pelo setor em causa e no contexto de um procedimento de seleção especialmente exigente, de entre "indivíduos com idoneidade,

mentos e incompatibilidades com o exercício de outras atividades profissionais e/ou a qualidade de membros de órgãos de outras entidades (públicas e privadas)[55]; por sua vez, a estabilidade constitui característica comum aos mandatos de todas estas entidades[56], não consentindo a sua livre revogabilidade pelo Governo, nem coincidindo a respetiva duração com o período da legislatura e do mandato governamental.

É, todavia, a vertente funcional da independência, que mais releva neste domínio, pois que a atividade destas entidades não se encontra subordinada a qualquer poder de direção ou orientação do Governo, não competindo, de igual modo, à Administração estadual o respetivo controlo ou fiscalização.

2. Instituições de ensino superior públicas

As instituições de ensino superiores públicas apresentam, no contexto da organização administrativa, uma configuração específica.

Nos termos do artigo 3.º do *Regime Jurídico das Instituições de Ensino Superior* (RJIES)[57], o ensino superior articula-se segundo um sistema binário: o *ensino universitário* – dirigido para a "oferta de formações científicas sólidas, juntando esforços e competências de unidades de ensino e investigação" – e o *ensino politécnico* – concentrado em "formações vocacionais e formações técnicas avançadas, orientadas profissionalmente". Este sistema binário encontra uma projeção ao nível das entidades que se enquadram no conceito (mais amplo) de instituições de ensino superior públicas: as universidades e os institutos politécnicos.

competência técnica, aptidão, experiência profissional e formação adequadas ao exercício das respetivas funções" (cf. artigo 17.º da LQER).

[55] Considerem-se, *v. g.*, os impedimentos e incompatibilidades contemplados no artigo 19.º da LQER, relativos aos membros do conselho de administração das entidades reguladoras.

[56] Por exemplo, o artigo 5.º da Lei n.º 43/2004 consagra expressamente a inamovibilidade dos membros da Comissão Nacional de Proteção de Dados. No mesmo sentido, o n.º 3 do artigo 33.º da Lei n.º 5/98 estabelece como regra a inamovibilidade do governador e demais membros do conselho de administração do Banco de Portugal, admitindo a sua exoneração apenas nas hipóteses taxativamente fixadas pelo artigo 14.º-2 dos *Estatutos do SEBC/BCE* (cessação do preenchimento dos requisitos necessários ao exercício das funções ou comissão de falta grave), tendo o governador direito de recurso da decisão de demissão para o Tribunal de Justiça, com fundamento em violação dos Tratados ou de norma jurídica relativa à sua aplicação (artigo 33.º, n.º 5, da Lei n.º 5/98, articulado com o citado artigo 14.º-2, segunda parte, dos *Estatutos do SEBC/BCE*).

[57] Lei n.º 62/2007, de 10 de setembro.

Ambas estas entidades consubstanciam, no plano estrutural, institutos públicos[58], dirigindo-se à prossecução de interesses estaduais, em especial, do interesse em assegurar o ensino [cf. artigo 9.º, alínea *f)*, da CRP], subsequentemente concretizado na garantia do acesso de todos os cidadãos, segundo as suas capacidades, aos graus mais elevados de ensino e de investigação científica e na criação de uma rede de estabelecimentos públicos de ensino que cubra as necessidades de toda a população [cf. artigos 74.º, n.º 2, alínea *d)*, e 75.º, n.º 1, da CRP].

Todavia, o n.º 2 do artigo 76.º da CRP confere às universidades, nos termos da lei e sem prejuízo de adequada avaliação da qualidade de ensino, autonomia estatutária, científica, pedagógica, administrativa e financeira[59]. A garantia constitucional da autonomia universitária impõe-se ao próprio legislador, ao qual se encontra vedada a adoção de normas que cerceiem o núcleo essencial da mesma, eliminando-a[60]. A autonomia universitária – enquanto símbolo histórico e reconhecimento jurídico da independência face ao poder do Estado (condição do pluralismo cultural)[61] – encerra duas vertentes que se implicam mutuamente: um direito fundamental (direito, liberdade e garantia) dos membros da comunidade académica, que comporta a liberdade de ensinar e de criação, e um direito fundamental da própria universidade como instituição[62]. Daí que existam atuações das instituições de ensino superior público que se encontram, por força da lei e, no caso das universidades, da Constituição, subtraídas aos poderes típicos a que estão subordinadas as pessoas

[58] Sem prejuízo da especificidade assumida pelas instituições que se assumem como fundações públicas com regime de direito privado.

[59] Densificando os diversos aspetos constitucionais da autonomia universitária, cf. Gomes Canotilho/Vital Moreira, *Constituição...*, vol. I, cit., pp. 914 e ss., anotação V ao artigo 76.º; Paulo Otero, «Institutos Públicos», cit., pp. 268 e ss..

[60] Entendendo que existe aqui uma reserva de regulamento universitário («contra-reserva de normação autónoma», suscetível de implicar uma compressão da reserva de lei, *v.* L. Pereira Coutinho, *As Faculdades...*, cit., pp. 167 e ss.. Cf. ainda Paulo Otero, «Institutos Públicos», cit., p. 269.

[61] Carla Amado Gomes, *Três Estudos de Direito da Educação*, AAFDL, Lisboa, 2002, pp. 28 e s..

[62] Gomes Canotilho/Vital Moreira, *Constituição...*, vol. I, cit., pp. 913 e s., anotação IV ao artigo 76.º; Jorge Miranda, «Sobre o Governo das Universidades Públicas», in: *Revista da Faculdade de Direito da Universidade de Lisboa*, n.os 1 e 2, vol. LIII, 2012, pp. 208 e ss.; Luís Cabral de Moncada, *Lei...*, cit., p. 1124; Parecer do Conselho Consultivo da Procuradoria-Geral da República n.º 324/2000.

coletivas públicas constituídas para a satisfação de interesses próprios de outras entidades.

Por motivos históricos, a consagração *constitucional* da autonomia circunscreve-se às universidades; recorde-se que estas surgiram, desde o seu nascimento, como «corporações de mestres e escolares», com autonomia jurídica, desde logo, em face da Coroa[63]. Todavia, hoje o artigo 11.º do RJIES estabelece um mais abrangente princípio da autonomia (nas vertentes estatutária, pedagógica, científica, cultural, administrativa, financeira, patrimonial e disciplinar), que compreende *todas* as instituições de ensino superior públicas, incluindo os institutos politécnicos. Quer dizer, se as universidades gozam de um direito fundamental à autonomia com assento constitucional, os institutos politécnicos são titulares de um direito fundamental (de conteúdo análogo), mas de fonte legal[64].

No que respeita à autonomia, as maiores especificidades prendem-se agora com as instituições de ensino superior que constituem fundações públicas com regime privado. Deverá entender-se que estas gozam de uma garantia *semelhante* à constante da Lei Fundamental também entidades administrativas privadas – *semelhante, mas não igual*, visto que, nos termos do n.º 1 do artigo 132.º do RJIES, as dimensões da autonomia conferidas a estas instituições estão sujeitas às "devidas adaptações" decorrentes da sua natureza[65].

[63] Cf., por todos, Almeida Costa, *História do Direito Português*, Almedina, Coimbra, 2012, p. 221.

[64] Neste sentido, Gomes Canotilho/Vital Moreira (*Constituição...*, vol. I, cit., p. 917, anotação VIII ao artigo 76.º) enfatizavam já que do âmbito da garantia constitucional do n.º 2 do artigo 76.º se encontravam retiradas as escolas politécnicas, sem prejuízo da possibilidade de o legislador estender as estas últimas (às "demais instituições de ensino superior" a que se refere o n.º 2 do mesmo preceito) a autonomia universitária, autonomia essa que passa a configurar um direito fundamental de origem legal, que, embora sem a força da garantia constitucional direta, goza de uma certa proteção constitucional indireta, nos termos do artigo 16.º da Constituição. Cf., porém, L. Pereira Coutinho, *As Faculdades...*, cit., pp. 110 e s..

[65] Prescrições de conteúdo idêntico encontram-se incluídas nos estatutos das quatro instituições de ensino superior que, atualmente, consubstanciam fundações públicas com regime de direito privado – cf. artigos 3.º dos *Estatutos do ISCTE – Instituto Universitário de Lisboa* (aprovados pelo Decreto-Lei n.º 95/2009, de 27 de abril), 3.º dos *Estatutos da Universidade do Porto* (aprovados pelo Decreto-Lei n.º 96/2009, de 27 de abril), 3.º dos *Estatutos da Universidade de Aveiro* (aprovados pelo Decreto-Lei n.º 97/2009, de 27 de abril), e 3.º dos *Estatuto da Universidade Nova de Lisboa* (aprovados pelo Decreto-Lei n.º 20/2017, de 21 de fevereiro).

A ambivalência das instituições de ensino superior públicas aparece claramente expressa no RJIES: por um lado, o artigo 2.º prevê que as instituições de ensino superior públicas estão sujeitas ao regime aplicável às demais pessoas coletivas públicas, designadamente à LQIP[66], que vale como direito subsidiário, em tudo o que não contrariar o RJIES (n.º 2); por outro lado, e aprofundando a autonomia universitária constitucionalmente consagrada (na medida em que, como acentuámos, a estende também as instituições de ensino politécnico), o artigo 11.º prevê que as instituições de ensino superior públicas dispõem, sem prejuízo da submissão a tutela administrativa (n.º 5), de autonomia estatutária, pedagógica, científica, cultural, administrativa, financeira, patrimonial e disciplinar face ao Estado (n.º 1), dimensões essas concretizadas nos artigos 66.º e 71.º e seguintes. Repare-se ainda que os pressupostos para o exercício dos poderes mais intensos conferidos ao Governo – que implicam uma intervenção na vida do estabelecimento, mediante a adoção de todas as medidas adequadas, incluindo a nomeação de uma personalidade independente para a gestão da instituição (correspondendo a uma tutela substitutiva) – se cingem tão-só às «situações de crise» (cf. artigo 152.º do RJIES), destinando-se a repor a normalidade institucional e a reconstituir o autogoverno da instituição; trata-se, por conseguinte, de um caso especialmente previsto de estado de necessidade e que, em atenção à natureza estadual dos interesses prosseguidos, comete ao Governo um conjunto de prerrogativas *excecionais* (no cenário de um *direito excecional*) e que, sem prejuízo do preenchimento dos demais requisitos, não podem afetar a autonomia cultural, científica e pedagógica, a liberdade académica ou a liberdade de aprender e ensinar (cf. n.º 2 do mesmo preceito).

Esta duplicidade subjacente ao regime das instituições de ensino superior permite, pois, caracterizá-las como uma forma de «administração estadual indireta autónoma»[67], por, em simultâneo, prosseguirem fins nacionais a cargo do Estado e possuírem uma capacidade de autoadministração, que envolve poderes de autonomia normativa e autogoverno, acentuando a dimensão de democraticidade do respetivo funcionamento.

[66] Lei esta que expressamente acolhe a especificidade das universidades e das escolas de ensino superior politécnico, designando-os, a par de outros, como "institutos de regime especial" – cf. artigo 48.º, n.º 1, alínea *a*).

[67] Assim, Pedro Gonçalves, *O Novo Regime Jurídico da Tutela Administrativa sobre as Autarquias Locais*, CEFA, Coimbra, 1997, p. 8.

3. Administração autónoma

Integram a Administração autónoma as entidades às quais se encontram subjacentes coletividades territorialmente delimitadas ou, por outro motivo, diferenciadas da comunidade nacional global, dirigidas à prossecução de tarefas específicas ou próprias dessas mesmas coletividades, dotadas de autogoverno, autorresponsabilizando-se pela satisfação daqueles interesses, através de meios e instrumentos próprios da Administração Pública[68]. Os fundamentos (de natureza territorial ou outro) da diferenciação das comunidades que constituem o substrato das entidades administrativas aqui versadas levam-nos a destrinçar, respetivamente, entre a Administração autónoma *territorial* e a Administração autónoma *corporativa*.

3.1. Administração autónoma territorial

Como a própria designação já sugere, a autonomia característica deste setor organizativo da Administração recorta-se em função de um critério territorial, *i. e.*, as entidades aqui incluídas reconduzem-se a pessoas coletivas públicas de população e território, cuja constituição se apresenta determinada pela necessidade da prossecução dos interesses próprios e específicos das comunidades que habitam uma determinada circunscrição territorial: a região autónoma ou a autarquia local. Em qualquer das hipóteses, e como assinalámos logo no início do presente capítulo, o reconhecimento da autonomia regional e autárquica encontra-se constitucionalmente consagrado, em articulação com o princípio da unidade do Estado, e representa um limite material de revisão constitucional [cf. artigo 288.º, alíneas *n)* e *o)*, da CRP].

3.1.1. Regiões autónomas

O regime autonómico insular constitui um princípio determinante da caracterização do Estado português. Esta autonomia própria das regiões abrange, além de uma autonomia política, administrativa, económica e financeira, uma autonomia normativa que passa pela emissão de atos legislativos (os decretos legislativos regionais) e de regulamentos[69] –

[68] Sobre o conceito de Administração autónoma e respetivos elementos constitutivos, *v.*, por todos, Vital Moreira, *Administração...*, cit., pp. 78 e ss., conceito que aqui adotamos.
[69] Cf. Gomes Canotilho, *Direito...*, cit., p. 360.

aliás, é justamente nestes dois últimos pontos que se traduz a sua «autonomia» (em sentido etimológico).

Repare-se que, ao contrário do que veremos suceder noutros setores da Administração autónoma, não existe uma qualquer forma de tutela estadual sobre as regiões autónomas. Se a previsão constitucional da figura do Representante da República poderia sugerir uma conclusão contrária, a verdade é que este se configura como uma espécie – sem sentido – de representante da Presidência da República, cuja competência se reconduz à nomeação do presidente Governo Regional, tendo em conta os resultados eleitorais (artigo 231.º, n.º 3, da CRP), à nomeação e exoneração dos restantes membros do Governo Regional, sob proposta do respetivo presidente (artigo 231.º, n.º 4, da CRP), à assinatura ou veto dos decretos legislativos regionais e decretos regulamentares regionais (artigo 233.º da CRP), ao exercício das competências em matéria de fiscalização da constitucionalidade [artigos 278.º, n.º 2, 279.º, n.º 1, 281.º, n.º 2, alínea *g)*, da CRP]. Trata-se daquilo que a doutrina[70] já vinha designando como «representação constitucional indireta das funções presidenciais», aludindo ainda às «funções vicariantes do presidente», assentes numa ficção jurídico-constitucional, não implicando a representação um mandato infraconstitucional ou a possibilidade de poderes substitutivos por parte do Presidente da República.

a) Caracterização

O nível mais profundo de autonomia no direito português pertence às regiões autónomas, que gozam de uma «autonomia qualificada»[71] – a autonomia político-administrativa –, nível esse fundamentado nas respetivas características geográficas, económicas, sociais e culturais (cf. artigo 225.º, n.º 1, da Constituição). A autonomia administrativa regional constitui uma expressão da mais ampla autonomia político-administrativa, caracterizada por contender não apenas com o exercício da função administrativa (através do reconhecimento de um conjunto de interesses específicos e próprios da comunidade em causa), mas ainda por implicar uma atribuição

[70] Blanco de MORAIS, *O Ministro da República*, INCM, Lisboa, 1995, pp. 96 e ss., 167 e ss., 105 e ss., 170 e ss., respetivamente.

[71] Rui MEDEIROS, «Artigo 225.º», in: Jorge MIRANDA/Rui MEDEIROS, *Constituição...*, tomo III, cit., p. 273.

às regiões autónomas de parte da função *política* e da função *legislativa*[72] – cuja extensão e alcance assoma com particular nitidez no artigo 227.º da CRP, que versa precisamente sobre os poderes das regiões autónomas. Aliada a este grau de aprofundamento da autonomia regional está a consagração de poder executivo próprio, nos termos da alínea *g)* do n.º 1 do artigo 227.º da Constituição, determinante do reconhecimento de uma reserva (material) de competência administrativa regional[73].

Além de ter assento constitucional, o regime jurídico das regiões autónomas consta dos respetivos estatutos político-administrativos – o *Estatuto Político-Administrativo da Região Autónoma dos Açores* (EPAA)[74] e o *Estatuto Político-Administrativo da Região Autónoma da Madeira* (EPRAM)[75].

b) Missões e atribuições

Nos termos do n.º 1 do artigo 223.º da CRP, o regime político-administrativo próprio dos arquipélagos dos Açores e da Madeira fundamenta-se nas suas características geográficas, económicas, sociais e culturais e nas históricas aspirações autonomistas das populações insulares. Nesta medida, entendemos que, genericamente, o domínio das missões e atribuições das regiões autónomas se recorta em função do *interesse específico* que determinada matéria assume. E com a invocação do interesse específico das regiões não pretendemos ressuscitar categorias (mais ou menos[76]) peri-

[72] Contrapondo, nestes termos, os níveis de autonomia político-administrativa (regional) e de autonomia administrativa (territorial e institucional), cf. Casalta Nabais, «Considerações Sobre a Autonomia Financeira das Universidades Portuguesas», in: *Estudos em Homenagem ao Prof. Doutor A. Ferrer Correia*, vol. III, Boletim da Faculdade de Direito (número especial), Coimbra, 1991, pp. 335 e s.. *V.* também Margarida Salema, «Autonomia Regional», in: *Estudos de Direito Regional*, Lex, Lisboa, 1997, p. 53; Manuel Afonso Vaz, «Regionalização Total ou Descentralização Parcial?», in: *Direito e Justiça*, vol. X, tomo I, 1996, pp. 91 e s..

[73] Densificando esta reserva, *v.* Rui Medeiros, «Artigo 227.º», in: Jorge Miranda/Rui Medeiros, *Constituição...*, tomo III, cit., anotação VII.a)-ii) ao artigo 227.º. Entendendo que existe não uma reserva, mas uma «preferência constitucional da Administração regional», cf. L. Pereira Coutinho, «Existe uma Proibição de Retrocesso na Regionalização Efectuada?», in: *Direito e Justiça*, vol. X, tomo I, 1996, p. 106.

[74] Aprovado pela Lei n.º 39/80, de 5 de agosto, e alterado pelas Leis n.ºs 9/87, de 26 de março, e 61/98, de 27 de agosto, e 2/2009, de 12 de janeiro.

[75] Aprovado pela Lei n.º 13/91, de 5 de junho, e alterado pelas Leis n.ºs 130/99, de 21 de agosto, e 12/2000, de 21 de junho.

[76] A categoria «interesse específico» surge ainda na alínea *v)* do n.º 1 do artigo 227.º (para delimitar o âmbito dos poderes de pronúncia das regiões, quanto à definição das posições

midas com a revisão constitucional de 2004. Desde logo, o âmbito da autonomia administrativa das regiões não tem de coincidir (nem coincide) com o âmbito da autonomia legislativa, assumindo contornos necessariamente diversos, que pressupõem a transferência de um conjunto de atribuições para as regiões e postulam um confronto entre Estado e regiões, bem como entre estas e as autarquias situadas em território regional. No cenário em que nos movemos, o conceito de interesse específico não pretende camuflar qualquer tentativa de restrição dos poderes dos órgãos regionais, mas, pelo contrário, delinear o círculo (de interesses próprios) no interior do qual não se admitem ingerências suscetíveis de aniquilar ou descaracterizar o sentido da autonomia regional.

A densificação das matérias de interesse específico pode encontrar um arrimo interpretativo relevante nos respetivos estatutos político-administrativos. Ainda que os elencos estatutários não assumam natureza taxativa[77] e se não trate de normas pensadas para delinear o âmbito da autonomia administrativa regional (mas antes o alcance da autonomia *legislativa*), julgamos que os mesmos possuem a virtualidade de, pelo menos, *indiciar* quais as missões regionais.

O artigo 40.º do EPAM identifica, *v. g.*, como matérias de interesse específico: política demográfica, de emigração e estatuto dos residentes; infraestruturas e transportes marítimos e aéreos, incluindo escalas e tarifas; administração de portos e aeroportos; pescas e aquicultura; agricultura, silvicultura, pecuária; política de solos, ordenamento do território e equilíbrio ecológico; recursos hídricos, minerais e termais; energia de produção local; saúde de e segurança social; trabalho, emprego e formação profissional; educação pré-escolar, ensino básico, secundário, superior e especial; proteção e valorização do património cultural; museus, bibliotecas e arquivos;

do Estado português no contexto do processo de construção europeia) e no n.º 2 do artigo 232.º (para determinar as questões – questões de relevante interesse específico regional – suscetíveis de serem submetidas a referendo regional).

[77] O Tribunal Constitucional sempre concebeu os elencos estatutários das matérias de interesse específico como não vinculativos, defendendo, em jurisprudência constante, o caráter de presunção abstrata e ilidível de cada uma das categorias da enumeração estatutária, as quais importam sempre a averiguação, caso a caso, da existência (ou não) de interesse específico. Cf., *v. g.*, Acórdãos n.os 42/85, de 12 de março, 164/86, de 16 de março, 139/90, de 2 de maio, 235/94, de 15 de março, 246/2005, de 10 de maio, 258/2007, de 17 de abril, 187/2012, de 17 de abril, 55/2014, de 20 de janeiro.

espetáculos e divertimentos públicos; desporto; turismo e hotelaria; artesanato e folclore; obras públicas e equipamento social; habitação e urbanismo; comunicação social; comércio interno, externo e abastecimento; investimento direto estrangeiro e transferência de tecnologia; desenvolvimento industrial; estatística regional; florestas, parques e reservas naturais; vias de circulação, trânsito e transportes terrestres; valorização dos recursos humanos e qualidade de vida; defesa do ambiente e equilíbrio ecológico; proteção da natureza e dos recursos naturais, bem como da sanidade pública, animal e vegetal.

Já adaptados à revisão constitucional, o EPAA aludem agora a «matérias de competência legislativa própria» (artigos 49.º e seguintes), onde se incluem, designadamente, os seguintes setores: política agrícola; pescas e exploração de recursos marinhos; comércio, indústria e energia; turismo; infraestruturas, transportes e comunicações; ambiente e ordenamento do território; solidariedade e segurança social; saúde; famílias e migrações; trabalho e formação profissional; educação e juventude; cultura e comunicação social; investigação e inovação tecnológica; desporto; segurança pública e proteção civil.

Além destas tarefas da competência própria das regiões (tarefas regionais), é ainda possível identificar tarefas transferidas do Estado para as regiões, para que elas as exerçam a título e sob responsabilidade próprios (regionalização de tarefas originariamente estaduais)[78] e tarefas da competência do Estado exercidas, por delegação legislativa, pelas regiões[79]; somente as duas primeiras ainda correspondem ao exercício da autonomia administrativa regional, em cujo âmbito não se admitem ingerências governamentais. Na medida em que as regiões exerçam tarefas estaduais[80], encontram-se em situação análoga às demais entidades da Administração estadual indireta.

[78] Aquelas a que se reporta Maria da Assunção ESTEVES, «Fundamentos, Possibilidades e Limites de uma Regionalização dos Serviços de Justiça», in: *Estudos de Direito Constitucional*, Coimbra Editora, Coimbra, 2001, pp. 86 e s., 90 e s..

[79] Cf. também M. Afonso VAZ, «Regionalização Total ou Descentralização Parcial?», in: *Direito e Justiça*, vol. X, tomo I, 1996, pp. 95 e s..

[80] Pense-se, *v. g.*, na atribuição à região autónoma de poderes de gestão sobre o domínio público do Estado, como se encontra previsto no n.º 1 do artigo 8.º do *Estatuto Político-Administrativo da Região Autónoma dos Açores*.

c) Órgãos

A arquitetura organizatória das regiões revela-se especialmente complexa, em virtude da panóplia de poderes que se lhes encontra cometida. O n.º 1 do artigo 231.º da CRP prescreve que são órgãos de governo próprio de cada região autónoma a *Assembleia Legislativa* e o *Governo Regional*.

d) Administração regional direta

A Administração regional direta é integrada pelos serviços hierarquicamente dependentes do Governo regional. Tal como sucede com a Administração estadual, também neste horizonte existe uma destrinça entre serviços centrais e serviços periféricos (em função do âmbito da competência territorial) e entre serviços executivos, serviços de controlo, auditoria e fiscalização e serviços de coordenação.

Cf., *v. g.*, o Decreto Legislativo Regional n.º 17/2007/M, de 12 de novembro (alterado pelos Decretos Legislativos Regionais n.os 24/2012/M, de 30 de agosto, 2/2013/M, de 2 de janeiro, 42-A/2016/M, de 30 de dezembro), que estabelece os princípios e normas a que deve obedecer a organização da Administração direta e indireta da Região Autónoma da Madeira.

e) Administração regional indireta

A Administração regional indireta é integrada por entidades cuja configuração já encontrámos no âmbito da Administração estadual indireta.

Integram a Administração regional indireta pública quer os *institutos públicos regionais,* aí incluindo as fundações públicas (de direito público ou de direito privado), quer as *entidades empresariais regionais.* Por sua vez, e no âmbito da Administração regional indireta privada, destacam-se as *empresas regionais* e as *fundações privadas regionais.*

Na ausência de regime especial sobre a matéria (*hoc sensu,* de legislação regional), a disciplina jurídica destas entidades encontra-se sujeita, consoante os casos, à LQIP (cf. artigo 2.º, n.º 2) – que constitui o regime-regra dos institutos públicos regionais, sem prejuízo das adaptações estabelecidas por decreto legislativo regional –, ao RJSPE (cf. artigo 4.º) – cujas normas revestem natureza subsidiária quanto às empresas regionais e das entidades empresariais regionais[81] –, e à LQF – relativamente às fundações.

3.1.2. Autarquias locais

Assinalámos já que, nos termos do artigo 6.º da Constituição, Portugal é um Estado unitário, que convive, *inter alia*, com os princípios da autonomia das autarquias locais e da descentralização democrática da Administração Pública. Esta mesma ideia surge confirmada pelo n.º 1 do artigo 267.º da Constituição, que elege a descentralização em princípio retor da organização administrativa, e pelos artigos 235.º e seguintes, relativos ao Poder Local. Assim, na esteira do que (também) dispõe o artigo 2.º da *Carta Europeia da Autonomia Local* (CEAL), a autonomia das autarquias locais encontra-se constitucionalmente consagrada como referente do Estado unitário (artigo 6.º) e consubstancia um dos limites materiais de revisão constitucional [artigo 288.º, alínea *n)*, da CRP], assumindo-se ainda como uma manifestação do princípio da descentralização administrativa (artigos 237.º, n.º 1, e 267.º, n.º 1), do princípio da subsidiariedade[82] (artigo 267.º, n.º 1) e do princípio democrático[83], assim como uma dimensão constitutiva do princípio do Estado de direito[84].

a) Caracterização

O n.º 2 do artigo 235.º da Constituição caracteriza as autarquias locais como "pessoas coletivas territoriais dotadas de órgãos representativos, que visam a prossecução de interesses próprios das populações respetivas". Quer dizer, as autarquias dirigem-se à *prossecução de interesses próprios*

[81] Sobre o setor empresarial da Região Autónoma dos Açores, *v.* o Decreto Legislativo Regional n.º 7/2008/A, de 24 de março, alterado pelos Decretos Legislativos Regionais n.ºs 17/2009/A, de 14 de outubro, 7/2011/A, de 22 de março, 2/2014/A, de 29 de janeiro e 20/2014/A, de 30 de outubro. Sobre o setor regional da Região Autónoma da Madeira, *v.* Decreto Legislativo Regional n.º 13/2010/M, de 5 de agosto, alterado pelo Decreto Legislativo Regional n.º 2/2011/M, de 10 de janeiro.

[82] Cf. também Casalta Nabais, «O Regime das Finanças Locais em Portugal», in: *Boletim da Faculdade de Direito*, vol. LXXX, 2004, p. 19.

[83] Assim, Afonso Queiró, «A Descentralização Administrativa *Sub Specie Iuris*», in: *Estudos de Direito Público*, vol. II, tomo I, Ata Universitatis Conimbrigensis, Coimbra, 2000, p. 283; Gomes Canotilho, *Direito...*, cit., p. 253; Vieira de Andrade, «Autonomia...», cit., *passim*; A. Cândido de Oliveira, *Direito...*, cit., pp. 125 e ss.; Paulo Otero, *O Poder...*, cit., p. 677.

[84] *V.*, por todos, Gomes Canotilho, *Direito...*, cit., pp. 253 e s..

das populações respetivas, através dos respetivos órgãos; neste cenário, cabe ao legislador definir, com respeito pelos princípios da descentralização e da subsidiariedade (artigos 6.º, n.º 1, e 237.º, n.º 1, da CRP), as missões autárquicas.

Por sua vez, o n.º 1 do artigo 236.º da CRP prevê três categorias de unidades de Poder Local, *scilicet*, de autarquias locais: *i)* a região administrativa, *ii)* o município e *iii)* a freguesia.

i) As *regiões administrativas* constituem as autarquias locais de primeiro grau, que visam a prossecução de interesses próprios das populações respetivas, cuja realização pressupõe um nível intermédio entre os escalões nacional e municipal[85], e que têm atribuições em matéria de desenvolvimento económico e social, ordenamento do território, ambiente, conservação da natureza e recursos hídricos, equipamento social e vias de comunicação, educação e formação profissional, cultura e património histórico, juventude, desporto e tempos livres, turismo, abastecimento público, apoio às atividades produtivas e apoio à ação dos municípios (cf. artigos 1.º e 17.º da Lei n.º 56/91, de 13 de agosto – *Lei-quadro das regiões administrativas*).

Apesar de constituírem uma figura acolhida pelo nosso sistema jurídico, as regiões administrativas ainda não se encontram instituídas em concreto. Nos termos do artigo 256.º da CRP, a instituição, em concreto, das regiões administrativas, acompanhada da aprovação da lei de instituição de cada uma delas, depende de referendo, *i. e.*, do voto favorável expresso pela maioria dos cidadãos eleitores que se tenham pronunciado em consulta direta, de alcance regional e relativa a cada área regional. Cumpre aqui enfatizar um duplo esforço legislativo, resultante da citada Lei n.º 56/91, que estabeleceu os princípios gerais sobre a matéria, os termos da instituição em concreto, esclarecendo igualmente quais as respetivas atribuições e os órgãos, e da Lei n.º 16/98, de 28 de abril (*Lei de criação das regiões administrativas*).

Tal como prevê o citado artigo 256.º da CRP, a instituição, em concreto, das regiões administrativas foi submetida a referendo, cuja proposta constituiu objeto de fiscalização preventiva da constitucionalidade e da legalidade pelo Tribunal Constitucional, no Acórdão n.º 532/98, de 29 de julho[86], tendo aquela Alta Jurisdição decidido ter por verificada a constitu-

[85] Cf. também Freitas do AMARAL, *Curso...*, vol. I, cit., p. 422.
[86] Publicado em *Diário da República*, I Série-A, n.º 174, 30.07.1998, pp. 3660-(13) e ss..

cionalidade e a legalidade da mesma. Em 8 de novembro de 1998, realizou-se o referendo sobre a regionalização, onde se incluíram duas questões: pergunta 1 – "Concorda com a instituição em concreto das regiões administrativas?"; pergunta 2 – "Concorda com a instituição em concreto da região administrativa da sua área de recenseamento eleitoral?". Embora a abstenção haja ultrapassado 50% do eleitorado, 60,67% dos eleitores responderam negativamente à pergunta 1, e 60,62% responderam também negativamente à pergunta 2. Até ao momento não foi desencadeado outro procedimento de consulta referendária sobre a matéria[87].

ii) O *município* consubstancia uma autarquia local que visa a prossecução dos interesses próprios da comunidade da circunscrição concelhia que constitui o respetivo substrato sociológico.

iii) A *freguesia* constitui uma autarquia local submunicipal que, no interior do território do município, se dirige à prossecução dos interesses próprios da comunidade paroquial que constitui o respetivo substrato sociológico.

b) Missões e atribuições

As atribuições próprias das autarquias locais reconduzem-se à promoção e salvaguarda dos interesses próprios das respetivas populações, nos termos genericamente recortados pelo artigo 2.º do RJAL[88].

Em especial, o n.º 2 do artigo 7.º do RJAL define como atribuições das freguesias: equipamento rural e urbano, abastecimento público, educação, cultura, tempos livres e desporto, cuidados primários de saúde, ação social, proteção civil, ambiente e salubridade, desenvolvimento, ordenamento urbano e rural, e proteção da comunidade.

Nos termos do n.º 1 do artigo 23.º do RJAL, constituem atribuições dos municípios as seguintes matérias: equipamento rural e urbano, energia,

[87] Sobre o processo de regionalização em Portugal, cf. as várias reflexões de Freitas do Amaral, compiladas em *Estudos de Direito Público e Matérias Afins*, vol. I, Almedina, 2004, pp. 347 e ss..

[88] Lei n.º 75/2013, de 12 de setembro, que estabelece o regime jurídico das autarquias locais, aprova o estatuto das entidades intermunicipais, estabelece o regime jurídico da transferência de competências do Estado para as autarquias locais e para as entidades intermunicipais e aprova o regime jurídico do associativismo autárquico; alterada pelas Leis n.os 25/2015, de 30 de março, 69/2015, de 16 de julho, 7-A/2016, de 30 de março, 42/2016, de 28 de dezembro, e 50/2018, de 16 de agosto.

transportes e comunicações, educação, património, cultura e ciência, tempos livres e desporto, saúde, ação social, habitação, proteção civil, ambiente e saneamento básico, defesa do consumidor, promoção do desenvolvimento, ordenamento do território e urbanismo, polícia municipal e cooperação externa.

Cumpre, pois, assinalar que, não obstante o município e a freguesia visarem, em primeira linha, a satisfação dos interesses dos cidadãos que constituem o respetivo substrato sociológico, é possível que as mesmas prossigam também tarefas estaduais delegadas.

Daí que, no interior das atribuições *próprias* das autarquias locais, se deva distinguir entre vários tipos de tarefas, a saber:

1) As tarefas que lhes foram diretamente atribuídas e que correspondem ao *núcleo da autonomia local*. Estamos agora perante o "núcleo essencial" das missões autárquicas, insuscetível de ser posto em causa pelo legislador.
2) A estas acrescem aquelas hipóteses em que se verificou uma *transferência de tarefas* (originariamente) estaduais, exercidas agora pelas autarquias *a título e sob responsabilidade próprios*[89]. É neste sentido que os artigo 111.º e 113.º do RJAL preveem que a concretização do princípio da descentralização (iluminada pelos objetivos da aproximação das decisões aos cidadãos, da promoção da coesão territorial, pelo reforço da solidariedade inter-regional, pela melhoria da qualidade dos serviços prestados às populações e pela racionalização dos recursos disponíveis) consiste na transferência progressiva, contínua e sustentada de (atribuições e) competências *em todos os domínios que contendam precipuamente com interesses locais*.

   Tal significa que o princípio da descentralização assume uma dupla feição: uma dimensão *estática* (que exige o necessário reconhecimento legislativo de que *todas* as tarefas que relevem dos interesses locais pertencem às autarquias), e uma vertente *dinâmica* (que implica a transferência de novas atribuições àquelas entidades, sobretudo quando se conclua que *a satisfação, a nível*

[89] Sobre esta matéria, cf. Vital Moreira, *Administração Autónoma e Associações Públicas*, Almedina, Coimbra, 1997, pp. 219 e s., que seguimos de perto. Já antes, mas sem a utilização da mesma conceptologia, Baptista Machado, «Participação...», cit., p. 20.

local, dos interesses públicos em causa se revela mais adequada, eficiente e racional)[90].

Utilizando a terminologia cunhada pela doutrina alemã[91], estaremos agora diante (não necessariamente de uma *Selbstverwaltung*, mas antes) de uma forma (distinta) de *Dezentralisation*, concebida como autodeterminação ou como capacidade para a adoção de decisões próprias e autónomas – com todos os benefícios que tal implica da perspetiva da pluralização dos centros decisórios e da distribuição de tarefa pelos vários níveis de entidades públicas, *desonerando o Estado e viabilizando uma mais adequada separação vertical de poderes*. Esta compreensão permite ainda integrar estas tarefas num conceito amplo de autonomia local como capacidade de as autarquias locais gerirem, sob sua responsabilidade e no interesse das respetivas populações, parcelas relevantes dos assuntos públicos (numa aproximação nítida ao n.º 1 do artigo 3.º da CEAL).

É, pois, neste sentido que o legislador admite a possibilidade de transmissão, por via *legislativa* e a título *definitivo*, de competências de órgãos do Estado para os órgãos autárquicos, a qual deve ser precedida de estudos destinados a assegurar o não aumento da despesa pública global, o aumento da eficiência da gestão dos recursos pelas autarquias locais, os ganhos de eficácia do exercício das competências pelos órgãos das autarquias locais, o cumprimento dos objetivos enunciados no artigo 112.º[92].

[90] Cf. também Pacheco de Amorim/A. Cândido de Oliveira/Maria José Castanheira Neves/Pedro Cruz e Silva/Frédéric Teixeira/Rui Rocha/Joana Gomes, «Atribuições e Competências das Autarquias Locais», in: A. Cândido de Oliveira/Carlos José Batalhão (coord.), *Jornadas dos 40 Anos do Poder Local*, AEDRL, Braga, 2017, p. 65.

[91] Cf., *v. g.*, Dreier, *Hierarchische Verwaltung im Demokratischen Staat*, Mohr Siebeck, Tübingen, 1991, pp. 228 e ss.; Burgi, «Verwaltungsorganisationsrecht», in: Erichsen/Ehlers, *Allgemeines Verwaltungsrecht*, 14.ª ed., De Gruyter, Berlin/New York, 2010, pp. 278 e s..

[92] A Lei n.º 50/2018, de 16 de agosto (Lei-quadro da transferência de competências para as autarquias locais e para as entidades intermunicipais), parece abarcar algumas destas situações. Considere-se, *v. g.*, a competência para gerir, valorizar e conservar o património cultural que, sendo classificado, se considere de âmbito local [cf. artigo 15.º, alínea *a)*]; tratando-se de bens classificados como "de interesse municipal", compreende-se que as competências inerentes à "Administração do património cultural" se transfiram dos órgãos estaduais para os órgãos municipais, em consonância com a específica dimensão (local) do interesse público, cuja satisfação se revelará mais adequada e eficiente quando prosseguida a este

3) A estas hipóteses pode ainda associar-se uma outra: a das *atribuições concorrentes entre o Estado e as autarquias locais*[93]. Pense-se no caso paradigmático do urbanismo. Como acentuou o Tribunal Constitucional[94], justamente quanto a esta matéria, a circunstância de o núcleo irredutível (o "espaço incomprimível") da garantia institucional da autonomia local se reconduzir à satisfação das atribuições que correspondam ao conjunto de interesses próprios não inviabiliza o reconhecimento de que as autarquias possam ser chamadas a desempenhar, com um propósito de "harmonização desse espaço comum de actuação", um conjunto de tarefas, de forma *concorrente* com o Estado.

Estamos perante domínios da atividade administrativa, caracterizados por um «condomínio de interesses»[95] entre o Estado e as autarquias (*maxime*, os municípios) ou uma «miscigenação de interesses» entre Estado e coletividades locais, em consequência da «deslocalização» de interesses anteriormente considerados exclusivos destas últimas e que hoje, só com muita dificuldade, se poderiam compreender sem uma divisão de trabalho entre aquelas comunidades e o Estado[96].

nível. As mesmas observações se poderiam tecer, *mutatis mutandis*, a propósito da aprovação dos planos municipais de emergência da proteção civil [cf. artigo 14.º, alínea *a)*].

[93] *Ab initio* ou, em consequência de um fenómeno de «perda do carácter (exclusivo ou predominantemente) local» [José de Melo ALEXANDRINO, «Direito das Autarquias Locais», in: Paulo OTERO/Pedro GONÇALVES (org.), *Tratado de Direito Administrativo Especial*, vol. IV, Almedina, Coimbra, 2010, p. 127].

[94] Cf. Acórdãos n.os 432/93, de 13 de julho, § 1.2., 674/95, de 23 de novembro, § 4, e 379/96, de 6 de março, § 5.2..

[95] A expressão inspira-se em F. Alves CORREIA, *Estudos de Direito do Urbanismo*, Almedina, Coimbra, 1998, pp. 40 e s., 108 e s., «Problemas Atuais do Direito do Urbanismo em Portugal», in: *Revista do CEDOUA*, n.º 2, 1998, pp. 14 e s., e *Manual de Direito do Urbanismo*, vol. I, 4.ª ed., Almedina, Coimbra, 2008, pp. 142 e ss., a propósito do urbanismo, como um «condomínio de interesses estaduais, regionais e locais», que abre espaço para a intervenção concorrente e concertada do Estado, das regiões autónomas e das autarquias locais. Recuperando a mesma ideia («condomínio de atribuições») e estendendo-a a outros setores (como o ambiente e o património cultural), *v.* Maria da Glória GARCIA/André Folque, «Artigo 242.º», in: Jorge MIRANDA/Rui MEDEIROS, *Constituição Portuguesa Anotada*, tomo III, Coimbra Editora, Coimbra, 2007, p. 505, anotação XVII.

[96] Vieira de ANDRADE, «Distribuição pelos Municípios da Energia Eléctrica em Baixa Tensão», in: *Colectânea de Jurisprudência*, ano XIV, tomo I, 1989, p. 19.

Contornos distintos de qualquer uma destas situações reveste a possibilidade de transferência (*rectius*, de delegação) de competências de órgãos do Estado (por conseguinte, dirigidas à satisfação de interesses públicos ou atribuições estaduais) em órgãos autárquicos.

Representa um caso nítido desta hipótese a celebração de um contrato interadministrativo entre o Estado e a(s) autarquia(s) local(is), dirigido à delegação (intersubjetiva) de competências dos órgãos do primeiro nos órgãos da(s) segunda(s), e tendo como objeto matérias que *contendam* com os interesses autárquicos, em especial, no âmbito das funções económicas e sociais (cf. artigo 124.º e seguintes do RJAL). Estão agora em causa atribuições estaduais relativamente às quais os órgãos autárquicos exercem poderes que lhes foram transferidos pelo Estado para a satisfação das finalidades deste último. Encontram-se aqui incluídos os designados casos de «desconcentração autárquica»[97], em que se verificou apenas uma transferência do exercício de poderes, por delegação administrativa, entre o Estado e as autarquias locais[98], altura em que estas últimas se comportam como uma espécie (embora muito *sui generis*) de Administração estadual indireta, porquanto o Estado apenas delegou nas autarquias o *exercício* de poderes para a prossecução de finalidades próprias do primeiro.

Também este constitui um dos possíveis âmbitos de ação da Lei n.º 50/2018. Considere-se, paradigmaticamente, as competências em matéria de gestão praias marítimas, fluviais e lacustres integradas no domínio público *do Estado* (cf. artigo 19.º e Decreto-Lei n.º 97/2018, de 27 de novembro). Sem que se obliterem as vantagens advenientes da possibilidade de exploração destes bens do domínio público estadual pelas autarquias locais (como sucede noutros casos de separação entre titularidade dominial e gestão dominial, inclusive no horizonte do domínio hídrico[99]), não persistem dúvidas de que, neste momento, se encontram os órgãos autárquicos a exercer, por delegação, tarefas que correspondem a interesses públicos de dimensão nacional.

[97] Casalta Nabais, «A Autonomia Local...», cit., pp. 167 e s..

[98] Sobre esta situação, cf. Vital Moreira, *Administração...*, cit., p. 221.

[99] Cf., por último, o nosso trabalho «Os Direitos da Região Autónoma dos Açores sobre as Zonas Marítimas Portuguesas», in: Ana Raquel Moniz/Armando Rocha/Marta Chantal Ribeiro/Rui Medeiros, *Gestão Partilhada dos Espaços Marítimos*, Gestlegal, Coimbra, 2018, pp. 128 e ss., e bibliografia aí citada.

c) Órgãos

A realização das apontadas finalidades é desenvolvida por um conjunto de órgãos próprios, quer do município, quer da freguesia, no contexto dos quais assumem especial relevo os órgãos representativos[100]. Estes últimos assumem, aliás, no contexto da associação entre poder local e princípio democrático, um relevo determinante: por este motivo, a CRP adota a representação proporcional como sistema eleitoral obrigatório também para os órgãos deliberativos autárquicos ("assembleias"), previsão esta que, em virtude do seu relevo, se assume também como um dos limites materiais de revisão constitucional [cf. artigos 239.º, n.º 2, e 288.º, alínea *h)*, da CRP, respetivamente].

Assim, o 239.º da CRP esclarece que a organização das autarquias locais compreende uma assembleia dotada de poderes deliberativos e um órgão executivo colegial perante ela responsável: a referida assembleia é eleita por sufrágio universal, direto e secreto dos cidadãos recenseados na área da respetiva autarquia, enquanto o órgão executivo colegial é constituído por um número adequado de membros, sendo designado presidente o primeiro candidato da lista mais votada para a assembleia ou para o executivo, consoante a opção legislativa.

De acordo com o artigo 250.º da CRP, os órgãos representativos do município são a *assembleia municipal* (órgão deliberativo) e a *câmara municipal* (órgão executivo). A estes acresce ainda o *presidente da câmara*, enquanto órgão autónomo, de natureza executiva: apesar de a Constituição não lhe fazer referência como tal, entende-se que o presidente é um órgão municipal em si mesmo, ao qual a lei lhe confere competências próprias. Nos termos do artigo 244.º da CRP, a *assembleia de freguesia* e a *junta de freguesia* constituem os órgãos representativos da freguesia.

d) Administração autárquica direta

O regime da organização administrativa autárquica consta do Decreto-Lei n.º 305/2009, de 23 de outubro, que estabelece o regime da organização dos serviços das autarquias locais. Tal como sucede com as Administrações diretas estadual e regional), encontram-se compreendidos

[100] Sobre os órgãos da Administração autárquica, cf. A. Cândido de Oliveira, *A Democracia Local (Aspectos Jurídicos)*, Coimbra Editora, Coimbra, 2005, pp. 125 e ss.; José de Melo Alexandrino, «Direito...», cit., pp. 145 e ss.; Maria José Castanheira Neves, *Governo e Administração Local*, Coimbra Editora, Coimbra, 2004, pp. 60 e ss..

nesta categoria os serviços dependentes dos órgãos das autarquias locais, e aos quais cabe preparar e executar as decisões destes últimos[101]: os *serviços municipais* ou os *serviços da junta de freguesia*, consoante os casos, estruturados em unidades orgânicas e subunidades orgânicas (cf. artigo 4.º). Nos termos do artigo 9.º, os serviços municipais podem adotar o modelo da estrutura hierarquizada (artigo 10.º) ou da estrutura matricial (artigo 12.º), ou ainda um modelo misto.

Constituem um caso especial de serviços municipais (expressamente regulado) as *polícias municipais*, legalmente concebidas como "serviços municipais especialmente vocacionados para o exercício de funções de polícia administrativa, com as competências, poderes de autoridade e inserção hierárquica" estabelecidos pela Lei n.º 19/2004, de 20 de maio. Os direitos e deveres dos agentes de polícia municipal e as condições e modo de exercício das respetivas funções constam do Decreto-Lei n.º 239/2009, de 16 de setembro[102].

e) Administração autárquica indireta

A Administração autárquica indireta corresponde, em rigor, à Administração *municipal* indireta. Tal como vimos a propósito do Estado, encontram-se aqui incluídas quer pessoas coletivas públicas, quer pessoas coletivas privadas. Assim, no primeiro grupo, contam-se as fundações públicas (de direito público ou de direito privado) criadas pelos municípios, mediante deliberação da assembleia municipal, sob proposta da câmara, nos termos do artigo 50.º da LQF. A segunda categoria (Administração municipal indireta privada) pretende reportar-se ao recurso a esquemas formais organizativos privados para a satisfação de tarefas públicas – uma matéria que descobre a sua sede normativa privilegiada no RJAEL. Reportamo-nos agora a pessoas coletivas privadas criadas por entidades públicas em vista da prossecução, inclusivamente em primeira linha, de tarefas de interesse público correspondentes, *in casu*, às atribuições

[101] Assim, a propósito dos serviços municipais, Marcello CAETANO, *Manual...*, vol. I, cit., pp. 345 e ss.; Freitas do AMARAL, *Curso...*, vol. I, cit., pp. 505 e s..

[102] Sobre esta matéria, cf. Catarina Castro, *A Questão das Polícias Municipais*, Coimbra Editora, Coimbra, 2003. *V.* também o Parecer da Procuradoria-Geral da República n.º 28/2008, de 8 de maio.

municipais, verificando-se uma *relação de continuidade substancial*[103] entre os municípios e estas entidades administrativas privadas. Incluem-se nesta categoria as empresas locais, *i. e.*, sociedades constituídas ou participadas nos termos da lei comercial, nas quais os municípios podem exercer, direta ou indiretamente uma influência dominante, em virtude da detenção da maioria do capital ou dos direitos de voto, ou do direito de designar ou destituir a maioria dos membros do órgão de gestão, de administração ou de fiscalização, ou de qualquer outra forma de controlo da gestão (cf. artigo 19.º do RJAEL). A constituição destas sociedades (ou a aquisição de participações que confiram uma influência dominante) é efetuada por deliberação da assembleia municipal, sob proposta da câmara municipal (cf. artigos 22.º, n.º 1, do RJAEL)[104].

Embora incluídos na atividade empresarial local (cf. artigo 2.º do RJAEL), não constituem empresas locais os *serviços municipalizados*. Desde logo, estes distinguem-se daquelas por não deterem personalidade jurídica, encontrando-se antes integrados na estrutura organizacional do município (cf. artigo 8.º, n.º 2, do RJAEL) – aspeto que possui impacto no respetivo regime jurídico, em especial, no plano financeiro-orçamental (cf. artigo 16.º). Todavia, esta integração não obsta a que tenham uma organização autónoma no âmbito da administração municipal (cf. artigo 9.º, n.º 2, do RJAEL), sendo esta autonomia a característica que os distingue dos *serviços municipais*. Os serviços municipalizados aproximam-se das empresas locais (e, por este motivo, encontram-se compreendidos na atividade empresarial local), na medida em que são geridos sob a forma empresarial (cf. artigo 9.º, n.º 1, do RJAEL); por este motivo, o legislador só admite, em princípio, a constituição de serviços municipalizados quando estejam em causa determinadas atividades prestacionais (abastecimento público de água, saneamento de águas residuais urbanas, gestão de resíduos urbanos e limpeza

[103] Estamos a parafrasear Pedro Gonçalves, *Regime Jurídico das Empresas Municipais*, Almedina, Coimbra, 2007, p. 134.

[104] O artigo 4.º da Lei n.º 55/2011, de 15 de novembro, havia determinado a suspensão da possibilidade de os municípios (associações de municípios e áreas metropolitanas) criarem empresas ou adquirirem participações em sociedades comerciais (n.º 1), cominando com a nulidade os atos praticados ou os contratos celebrados com violação desta proibição (n.º 3). O novo RJAEL revogou aquele diploma e, consequentemente, a proibição dele constante (cf. artigo 71.º, n.º 3).

pública, transporte de passageiros, distribuição de energia elétrica em baixa tensão) ou a prossecução de *atribuições municipais que fundamentem a respetiva gestão sob a forma empresarial* (cf. artigo 10.º, n.os 1 e 3, do RJAEL)[105].

A singular configuração dos serviços municipalizados – dotados de autonomia e com órgãos próprios, ainda que integrados na administração municipal e desprovidos de personalidade jurídica – dificulta a sua recondução a um dos setores organizativos tradicionais, constituindo uma estrutura organizatória híbrida entre a Administração municipal direta e a Administração municipal indireta[106].

3.2. Administração autónoma corporativa

Diversamente do que sucede no âmbito da Administração autónoma territorial (integrada por pessoas coletivas públicas de população e território), a Administração autónoma corporativa inclui dois tipos distintos de entidades: as *associações públicas* e os *consórcios públicos.*

3.2.1. Associações públicas

Na noção analítica de Vital Moreira[107], a associação pública constitui "uma pessoa colectiva de direito público, de natureza associativa, criada como tal por acto do poder público, que desempenha tarefas administrativas próprias, relacionadas com os interesses dos seus próprios membros, e que, em princípio, se governa a si mesma mediante órgãos próprios que emanam da colectividade dos seus membros, sem dependência de ordens ou orientações governamentais, embora normalmente sujeitos a uma tutela estadual".

As associações públicas consubstanciam, pois, entidades públicas assentes num substrato pessoal que pretendem assegurar o objetivo constitucional de permitir aos interessados a participação na gestão efetiva

[105] Sobre o objeto dos serviços municipalizados, cf., desenvolvidamente, Pedro Gonçalves, *Regime Jurídico da Atividade...*, cit., pp. 78 e s..

[106] Acentuando esta nota, cf. Pedro Gonçalves, *Regime Jurídico da Atividade...*, cit., pp. 77 e s., embora propendo para a sua inclusão na Administração municipal direta. Não é, pois, de estranhar que, no quadro do Código Administrativo, onde já se encontravam previstos os serviços municipalizados, Marcello Caetano (*Manual...*, vol. I, cit., p. 348) os concebesse como "empresas públicas" que, não tendo personalidade jurídica, eram, simultaneamente, autónomas e integradas no concelho.

[107] Vital Moreira, *Administração...*, cit., p. 382.

dos interesses públicos (cf. artigo 267.º, n.º 1, da CRP)[108], em obediência ao imperativo descentralizador[109]. O tratamento constitucional destas entidades, embora perfunctório, esclarece ainda que a criação das mesmas obedece à satisfação de necessidades específicas, que as associações públicas não podem desempenhar funções próprias das associações sindicais e que dispõem de uma organização interna baseada no respeito dos direitos dos seus membros e na formação democrática dos seus órgãos.

Até ao momento, o legislador teve apenas a preocupação de desenhar um regime geral a propósito das associações públicas profissionais, o qual consta do RJAPP). Nos termos deste diploma, as associações públicas profissionais assumem-se como "entidades públicas de estrutura associativa representativas de profissões que devam ser sujeitas, cumulativamente, ao controlo do respetivo acesso e exercício, à elaboração de normas técnicas e de princípios e regras deontológicos específicos e a um regime disciplinar autónomo, por imperativo de tutela do interesse público prosseguido" (cf. artigo 2.º).

No interior das associações públicas, registam-se, desde logo, as entidades sujeitas à tutela de legalidade idêntica à exercida pelo Governo sobre a Administração autónoma territorial (local) – a esta hipótese reporta-se, *expressis verbis*, o n.º 2 do artigo 45.º do RJAPP.

Existem, porém, associações públicas que, nos termos resultantes da redação da lei, parecem aproximar-se das entidades administrativas independentes[110]. Assim sucede, não obstante a disposição citada, quanto, *v. g.*, à Ordem dos Advogados, cujo Estatuto (aprovado pela Lei n.º 145/2015, de 9 de setembro) refere que desempenha as suas funções "de forma independente dos órgãos do Estado", sendo "livre e autónoma na sua atividade" (cf. artigo 1.º, n.º 2), sem prejuízo de o artigo 227.º

[108] Jorge Miranda («As Associações Públicas no Direito Português», in: *Revista da Faculdade de Direito da Universidade de Lisboa*, vol. XXVII, 1986, p. 80) concebe a Administração autónoma por intermédio de associações públicas como uma manifestação de auto-administração social: "auto-administração pública de interesses sociais específicos compenetrados com interesses públicos".

[109] Rogério Soares, «A Ordem dos Advogados: Uma Corporação Pública», in: *Revista de Legislação e de Jurisprudência*, n.º 3809, ano 124.º, dezembro 1991, p. 225.

[110] Acentuando já este aspeto, *v.* Vital Moreira, *Administração...*, cit., pp. 216 e s., refletindo ainda sobre a questão da admissibilidade da existência de uma Administração autónoma sem tutela governamental, embora à luz do regime anterior ao da nova legislação.

aludir aos poderes de tutela da legalidade conferidos ao membro do Governo responsável pela área da justiça.

3.2.2. Consórcios públicos ou corporações interadministrativas

No sentido aqui perfilhado – *i. e.*, enquanto entidade da Administração autónoma –, os consórcios públicos constituem pessoas coletivas públicas formadas pela associação entre outras pessoas coletivas públicas, com o propósito de satisfazer interesses comuns[111]. Sem prejuízo da existência de outras figuras, os consórcios públicos mais relevantes concernem ao fenómeno da cooperação autárquica.

Neste contexto, o artigo 253.º da CRP admite expressamente a constituição de associações e federações de municípios para a administração de interesses comuns, admitindo que a lei lhes confira atribuições e competências próprias. Embora disposição idêntica não exista quanto às freguesias, deve entender-se pela admissibilidade das mesmas; em sentido similar milita também o artigo 10.º da CEAL, a qual reconhece o direito de associação de *quaisquer* autarquias.

Uma das formas de cooperação autárquica reconduz-se à constituição de *associações representativas dos municípios e freguesias* (com ou sem natureza pública), destinadas, como a própria designação sugere, a permitir a respetiva representação institucional junto dos órgãos de soberania e da Administração central e da cooperação com esta na participação em organizações internacionais (cf. Lei n.º 54/98, de 18 de agosto). Estas associações, quando assumam caráter nacional nos termos do artigo 3.º da citada Lei n.º 54/98, adquirem o estatuto de parceiro relativamente ao Estado, sendo-lhes conferidos os direitos de consulta prévia, pelos órgãos de soberania, em todas as iniciativas legislativas respeitantes a matéria da sua competência, de participação no Conselho Económico e Social, e de participação na gestão e direção do Centro de Estudos e Formação Autárquica e dos demais organismos especificamente vocacionados para as matérias respeitantes às autarquias locais. Na atualidade, existem duas associações que consubstanciam associações representativas nacionais

[111] *V.* também João Caupers/Vera Eiró, *Introdução ao Direito Administrativo*, 12.ª ed., Âncora Editora, Lisboa, 2016, p. 137. Por vezes, a doutrina apresenta uma noção mais ampla de consórcio público, envolvendo também a associação entre entidades públicas e privadas – cf. Vital Moreira, *Administração...*, cit., pp. 393 e ss..

para este efeito: a *Associação Nacional de Municípios Portugueses* (ANMP) e a *Associação Nacional de Freguesias* (ANAFRE).

Além destas formas de cooperação, o legislador consagra ainda outras modalidades de associativismo autárquico, corporizadas em associações públicas de autarquias locais para a prossecução conjunta das respetivas atribuições (cf. artigo 63.º, n.º 1, do RJAL). Nos termos dos n.os 2 e 3 do artigo 63.º do RJAL as associações de autarquias locais podem ser de dois tipos: *entidades intermunicipais* (que compreendem as áreas metropolitanas e as comunidades intermunicipais) e *associações (de municípios ou de freguesias) de fins específicos.*

As áreas metropolitanas, identificadas pelo anexo II da lei que aprova o RJAL, são apenas duas: a área metropolitana de Lisboa e a área metropolitana do Porto. Como decorre das atribuições previstas no artigo 67.º do RJAL, estas entidades dirigem-se à satisfação de um conjunto alargado de fins públicos: participação na elaboração dos planos e programas de investimentos públicos com incidência na área metropolitana; promoção do planeamento e a gestão da estratégia de desenvolvimento económico, social e ambiental; articulação dos investimentos municipais de caráter metropolitano; participação na gestão de programas de apoio ao desenvolvimento regional, designadamente no âmbito do Quadro de Referência Estratégico Nacional (QREN); participação, nos termos da lei, na definição de redes de serviços e equipamentos de âmbito metropolitano; participação em entidades públicas de âmbito metropolitano, designadamente no domínio dos transportes, águas, energia e tratamento de resíduos sólidos; e planeamento da atuação de entidades públicas de caráter metropolitano. As áreas metropolitanas dispõem de órgãos próprios, de natureza deliberativa (o conselho metropolitano – artigos 69.º e seguintes), executiva (a comissão executiva metropolitana – artigos 73.º e seguintes), e consultiva (o conselho estratégico para o desenvolvimento metropolitano – artigos 78.º e seguinte).

As *comunidades intermunicipais* são associações de municípios, destinadas à prossecução de interesses relativos à promoção do planeamento e da gestão da estratégia de desenvolvimento económico, social e ambiental, à articulação dos investimentos municipais de interesse intermunicipal e à participação na gestão de programas de apoio ao desenvolvimento regional, designadamente no âmbito do QREN, e, em geral, ao planeamento das atuações das entidades públicas, de caráter supramunicipal (cf. artigo 81.º do RJAL). Diferentemente das áreas metropolitanas (cuja constituição resulta *ex lege*), as comunidades intermunicipais são livremente constituídas pelos municípios integrantes das áreas geográficas definidas no Anexo II (cf. artigo 66.º, n.º 2), mediante a outorga de um contrato (acordo constitutivo) pelos presidentes da câmara dos municípios envolvidos, cuja eficácia depende da aprovação das respetivas assembleias municipais (cf. artigos 80.º, n.os 1 e 2). Também as comunidades intermunicipais estão dotadas de órgãos próprios (cf. artigo 82.º): assembleia intermunicipal (artigos 83.º e seguintes), conselho intermunicipal (artigos 88.º e seguintes), secretariado executivo intermunicipal (artigos 93.º e seguintes) e conselho estratégico para o desenvolvimento intermunicipal (artigos 98.º e seguinte).

As *associações de fins específicos* (cf. artigos 108.º e seguintes do RJAL) envolvem quer associações de municípios, quer associações de freguesias e dirigem-se à realização em comum de determinados interesses dos municípios ou das freguesias que as integram[112]. A constituição destas associações é efetuada mediante a outorga de um contrato pelos presidentes dos órgãos executivos dos municípios ou das freguesias envolvidos, cuja eficácia fica condicionada à aprovação pelos respetivos órgãos deliberativos.

As associações de municípios (sejam comunidades intermunicipais ou associações de municípios de fins específicos) e as áreas metropolitanas podem ainda deter um setor empresarial (que integra a sua administração indireta). Eis o que decorre do disposto no artigo 2.º do RJAEL, no qual se prevê a possibilidade de criação de empresas intermunicipais ou metropolitanas (cf. também artigo 19.º, n.º 4, do RJAEL), respetivamente. A complexidade das tarefas cometidas a estas entidades justifica, em certos casos, uma disciplina normativa autónoma, como sucede, *v. g.*, com o regime das empresas locais de natureza metropolitana de mobilidade e transportes nas áreas metropolitanas de Lisboa e do Porto, consagrado no Decreto-Lei n.º 121/2019, de 22 de agosto.

[112] Ao contrário do que acontecia na legislação anterior, estas associações constituem pessoas coletivas públicas, e não pessoas coletivas de direito privado [cf. artigo 2.º, n.º 4, da Lei n.º 45/2008, de 27 de agosto, revogada pelo artigo 3.º, n.º 1, alínea *f*), da Lei n.º 75/2013, que aprovou o RJAL] – aspeto que se repercute igualmente no regime jurídico aplicável (*v.*, em particular, artigo 110.º do RJAL, em confronto com o artigo 37.º da Lei n.º 45/2008).

4. Organização administrativa em tempos de (superação? da) crise

A tradicional doutrina jus-administrativa nem sempre se encontra preparada para dar respostas (correntes) aos desafios inerentes às crises, na medida em que ainda se encontra, muitas vezes, arreigada a modelos burocráticos (weberianos) ou, mais recentemente, preocupada com a garantia da continuidade da ação do Estado, convivendo mal com uma certa maleabilidade ou «adhocracia» (*adhocracy*) pressuposta pelos momentos mais críticos, que acabam por atacar as próprias fundações da Administração Pública[113].

Ora, também a matéria da organização administrativa sentiu as repercussões com a crise, direcionadas, em primeira linha, para a diminuição da despesa pública e, como tal, para a redução do peso orçamental da Administração Pública. Eis o que resultou, desde logo, do n.º 1.7. do *Memorando de Entendimento sobre as Condicionalidades de Política Económica*, acordado entre o Estado português e o Fundo Monetário Internacional, o Banco Central Europeu e a Comissão Europeia, em 17 de maio de 2011[114], onde se previa a necessidade de "melhorar a Administração central, eliminando duplicações, aumentando a eficiência, reduzindo e extinguindo serviços que não representem uma utilização eficaz de fundos públicos". Assim, especificavam-se ainda, como objetivos das medidas orçamentais estruturais (cf. n.º 3, *in principio*): a melhoria da eficiência da administração pública pela eliminação de redundâncias, simplificando procedimentos e reorganizando serviços, e a disciplina da criação e do funcionamento de todas as entidades públicas – objetivos estes concretizados nas medidas enunciadas nos n.ºs 3.39 e seguintes.

Neste sentido, foi também aprovado o *Plano de Redução e Melhoria da Administração Central do Estado* (PREMAC)[115], o qual se destinou a satisfazer os objetivos do Programa do XIX Governo Constitucional, relativos precisamente à redução dos custos da Administração estadual e à implementação de modelos mais eficientes para o seu funcionamento.

[113] Cf. ROSENTHAL, «September 11: Public Administration and the Study of Crisis and Crisis Management», in: *Administration & Society*, vol. 35, 2003, pp. 129 e s..

[114] Cf. a tradução, da responsabilidade do Governo português, in: http://www.min-financas.pt/informacao-economica/programa-de-ajustamento-economico-e-financeiro/memorando-de-entendimento-sobre-as-condicionalidades-de-politica-economica.

[115] Disponível em http://www.portugal.gov.pt/pt/GC19/Documentos/MF/PREMAC_Rel.pdf.

O PREMAC apontou para a extinção e racionalização dos serviços do Estado, traduzida numa redução em certa de 40% das estruturas de nível superior da Administração direta e indireta, bem como na extinção ou na fusão de um conjunto significativo de entidades administrativas.

Como decorria do próprio PREMAC, as medidas anticrise em matéria de organização administrativa não se esgotavam neste *Plano*, mas pressupunham ainda a reestruturação do setor empresarial do Estado, a reforma da Administração autárquica, a realização de censo e análise custo-benefício de todas as fundações, a reorganização dos serviços desconcentrados da Administração estadual e o reforço da utilização dos serviços partilhados na Administração Pública. Estas medidas foram concretizadas em diversos diplomas legislativos: considere-se, *v. g.*, a realização de um censo dirigido às fundações, nacionais ou estrangeiras, que prossigam os seus fins em território nacional, com vista a avaliar o respetivo custo/benefício e viabilidade financeira e decidir sobre a sua manutenção ou extinção, sobre a continuação, redução ou cessação dos apoios financeiros concedidos, bem como sobre a manutenção ou cancelamento do estatuto de utilidade pública (cf. Lei n.º 1/2012, de 3 de janeiro; Resolução do Conselho de Ministros n.º 79-A/2012, de 25 de setembro)[116]; a impossibilidade de as entidades públicas criarem ou participarem em novas fundações públicas de direito privado (cf. artigo 57.º, n.º 1, da LQF); a reorganização administrativa territorial autárquica (cf. Leis n.os 22/2012, de 30 maio, e 11-A/2013, de 28 de janeiro); a aprovação da nova legislação relativa ao setor público empresarial, às entidades reguladoras independentes, às associações públicas profissionais ou às autarquias locais e setor empresarial local.

Também as exigências de controlo orçamental afetaram o sistema plural e descentralizado de Administração Pública, acentuando as notas centralizadoras e, sobretudo, reforçando a posição do Ministro das Finanças. Mesmo após o fim do programa de assistência, a tendência centralizadora continua a manifestar-se e atinge todos os setores da Administração Pública, ainda que em áreas paulatinamente subtraídas à influência governamental. Na verdade, a crise financeira colocou muitas autarquias (endividadas) numa certa dependência do Ministério das Finanças:

[116] O *Relatório de Avaliação das Fundações*, elaborado nos termos da citada Lei n.º 1/2012, ficou concluído em julho de 2012 e encontra-se disponível em http://www.portugal.gov.pt/media/673521/relat_rio_de_avalia__o.pdf (julho 2012).

passa-se com a autonomia administrativa autárquica algo semelhante ao que ocorre com a perda da soberania dos Estados endividados.

A questão que emerge no horizonte atual consiste em avaliar se a reforma da organização administrativa – e, em especial, a reforma da Administração local autárquica – se traduziu num efetivo reforço das exigências de sentido dos princípios jurídico-constitucionais que estiveram na base da institucionalização de um poder local, nos termos pressupostos pela Constituição de 1976. Os problemas adensam-se em resultado do relevo conferido aos resultados e à eficiência. Se a ultrapassagem dos momentos mais agudos da crise determinou uma reestruturação mais acelerada, o quotidiano da atividade administrativa demonstrará se os aspetos mais inovadores (em especial, os relativos à transferência e delegação de competências de órgãos do Estado para os órgãos autárquicos, ou os atinentes ao setor empresarial) representarão um contributo real para o cumprimento das exigências subjacentes à descentralização e à desconcentração, à subsidiariedade e à racionalização do *agere* administrativo.

5. A organização administrativa entre a internacionalização e a europeização

A *internacionalização* e a *europeização* constituem fenómenos que provocam uma interferência a vários níveis (formais e materiais[117]) no Direito Administrativo. Ora, a complexificação da estrutura organizatória da Administração Pública nacional não dispensa uma referência ao cruzamento com as administrações internacional e, sobretudo, europeia.

Desde logo, esta abertura proporciona o *dédoublement fonctionnel/role splitting*[118], cometendo aos órgãos administrativos nacionais (em especial, aos governos) o papel de "entidades delegatárias" de entidades supranacionais (como acontece, paradigmaticamente, no contexto da Adminis-

[117] Cf. também AUBY, «Die Transformation der Verwaltung und des Verwaltungsrechts», in: BOGDANDY/CASSESE/HUBER, *Handbuch Ius Publicum Europaeum*, vol. III, C. F. Müller, Heidelberg, 2010, pp. 588 e ss..

[118] Uma conceptualização emergente na primeira metade do século XX, devida à elaboração dogmática de SCELLE (*Précis de Droit des Gens: Principes et Systématique*, vol. I, Sirey, Paris, 1932, pp. 43 e ss.), e que hoje (mais então que nessa época) se mostra de uma atualidade fulgurante. *V.* CASSESE, «Remarks on Scelle's Theory of "Role Splitting" (*Dédoublement Fonctionnel*) in International Law», in: *European Journal of International Law*, vol. 1, 1990, pp. 210 e ss., esp.[te] pp. 225 e ss.; cf ainda CASSESE, «New Paths for Administrative Law: A Manifesto», in: *International Journal of Constitutional Law*, n.º 3, vol. 10, 2012, p. 605.

tração Pública europeia), e demanda a construção de esquemas regulativos que permitam uma adequada articulação também com os órgãos de cúpula daquelas entidades (considerem-se as questões relacionadas, no âmbito do Direito Administrativo da União Europeia, com as relações entre a Comissão, as agências europeias, os governos nacionais e os reguladores nacionais)[119].

À circunstância de as Administrações nacionais constituírem a base da *Verwaltungsverbund* (união de administrações) europeia não é alheio o facto de a União Europeia não se encontrar dotada de um aparelho administrativo que lhe permita executar (*proprio sensu*), em cada um dos Estados membros; por este motivo, uma parte importante da execução das decisões tomadas a nível europeu fica necessariamente devolvida às administrações nacionais (quer por uma questão de praticabilidade, quer por obediência ao princípio da subsidiariedade, como resulta, aliás, da Declaração 43 adotada pela Conferência Intergovernamental para o Tratado de Amesterdão[120]); além disso, é ainda possível encontrar o exercício de tarefas em regime de *coadministração*[121] ou *gestão partilhada ou cooperativa*[122], em que a execução da política comunitária pressupõe uma intervenção articulada das instâncias europeias e das administrações nacionais (ou, parafraseando o Tribunal de Justiça[123], quando a regulamentação

[119] Cf. já Paulo Otero, «Organização...», cit., p. 62.

[120] Nos termos da *Declaração respeitante ao Protocolo relativo à aplicação dos princípios da subsidiariedade e da proporcionalidade*, "as Altas Partes Contratantes confirmam (...) as conclusões do Conselho Europeu de Essen segundo as quais a aplicação do direito comunitário no plano administrativo cabe em princípio aos Estados-Membros, nos termos do respetivo ordenamento constitucional".

[121] Entre nós, Gomes Canotilho/Suzana Tavares da Silva, «Metódica Multinível: *Spill-Over Effects* e Interpretação Conforme o Direito da União Europeia», in: *Revista de Legislação e de Jurisprudência*, n.º 3955, ano 138.º, março/abril 2009 pp. 183 e ss., referindo-se a um regulamento administrativo – a Resolução do Conselho de Ministros n.º 86/2007, de 3 de julho, que aprova o QREN (Quadro de Referência Estratégico Nacional) –, emitido ao abrigo de regulamentos da União, com o objetivo de concretizar a política europeia de coesão económica, social e territorial.

[122] Cf. Maria Luísa Duarte, *Direito Administrativo da União Europeia*, Coimbra Editora, Coimbra, 2008, p. 73.

[123] Acórdãos «Emerald Meats Ltd./Comissão das Comunidades Europeias», de 20.01.1993, Ps. C-106/90, C-317/90 E C-129/91, in: *Coletânea da Jurisprudência*, 1993, pp. I-209 e ss. (ponto 36), e «Reino dos Países Baixos/Comissão das Comunidades Europeias», de 17.10.1995, P. 478/93, in: *Coletânea da Jurisprudência*, 1995, pp. I-3081 e ss. (§ 39).

europeia institui um regime de gestão descentralizado baseado numa repartição das tarefas e das competências entre os Estados-Membros e as instituições europeias). A doutrina encontra, neste ponto, um princípio geral do Direito da União: o *princípio da execução indireta da legalidade europeia*[124].

Mas a permeabilidade da organização administrativa à influência da europeização e da internacionalização possui recortes mais amplos, quando cruzada com as questões relacionadas com a captação de investimento estrangeiro. A aquisição do capital social de empresas privatizadas por parte de pessoas coletivas estrangeiras controladas pelo respetivo Estado (na medida em que dotado de um sistema político-económico de direção central – como sucede com a República Popular da China) acaba por metamorfosear as primeiras numa espécie de prolongamento da Administração externa daquele Estado[125].

[124] Assim, Paulo OTERO, «A Administração Pública Nacional como Administração Comunitária: Os Efeitos Internos da Execução Administrativa pelos Estados-Membros do Direito Comunitário», in: *Estudos em Homenagem à Professora Doutora Isabel de Magalhães Collaço*, Almedina, Coimbra, 2002, cit., p. 821, princípio que importa mutações importantes nas administrações públicas dos Estados membros (*Op.* cit., pp. 821 e ss.). O Autor distingue quatro formas de execução do direito comunitário: execução pelos Estados membros, execução pelo Conselho, execução pela Comissão ou execução através de "agências" criadas para o desempenho da (de uma) função executiva (*Op.* cit., pp. 818 e s.).

[125] Paulo OTERO, «Organização...» cit., pp. 61 e s., ilustrando com a situação da EDP e da REN, e referindo-se, neste contexto, a uma "«satelitização» do setor privado nacional a interesses estrangeiros, convertido que fica em parte integrante da Administração indireta de um Estado estrangeiro" (*Op.* cit., p. 62).

Texto VII
Relações Jurídicas dentro da Administração Pública

1. Relações interorgânicas ou internas

A complexidade da organização no interior de cada pessoa coletiva pública permite a identificação de tipos de relações diferenciadas entre os respetivos órgãos. Impõe-se, agora, analisar a anatomia desses fenómenos relacionais.

1.1. Hierarquia

a) Noção

A hierarquia constitui uma relação de *supra-infraordenação* entre dois órgãos administrativos, em que um deles – o subalterno – se encontra sujeito ao poder de *direção* do outro – o superior –, devendo-lhe *obediência.*

b) Figuras próximas

Da hierarquia enquanto relação interorgânica (ou *hierarquia externa*) distingue-se a *hierarquia interna* (ou a "chefia"), que representa uma forma de organização dos serviços e, por conseguinte, uma relação entre órgãos e agentes ou apenas entre agentes. É neste sentido que o artigo 20.º da Lei n.º 4/2004 (aplicável à Administração central do Estado) distingue, no âmbito da organização interna dos serviços, dois modelos (sem prejuízo da adoção de um modelo misto): a estrutura *hierarquizada* e a estrutura *matricial.* Deste diploma resulta que a estrutura hierarquizada constituirá a regra (ainda que ductilizada pela possibilidade de criação de unidades orgânicas flexíveis – cf. artigo 21.º), na medida em que a estrutura matricial se adequa apenas aos casos em que as áreas operativas do serviço se possam desenvolver essencialmente por projetos, devendo agrupar-se por centros de competências ou de produto bem identificados, visando assegurar a constituição de equipas multidisciplinares com base na mobilidade funcional (cf. artigo 22.º, n.º 1).

c) Poder de direção e dever de obediência

Como decorre da noção apresentada, a hierarquia administrativa apresenta como elemento integrante da respetiva caracterização o exercício do *poder de direção* por parte do superior, a que corresponde o *dever de obediência* do subalterno. O poder de direção permite ao superior dirigir comandos ao subalterno, quanto ao desempenho das respetivas competências, a cujo cumprimento este último se encontra vinculado. Tais comandos assumem-se como *ordens*, quando sejam individuais e concretos, ou como *instruções*, quando gerais e abstratos.

A amplitude desta afirmação exige, porém, uma reflexão sobre os condicionalismos de que depende a legalidade do exercício do poder de direção e, correspetivamente, a emergência do dever de obediência.

Em geral, a afirmação do dever de obediência depende do cumprimento de pressupostos de índole *formal* e *material*[1]. Quanto aos primeiros (também designados como requisitos de «legalidade extrínseca»[2]), e talqualmente decorre do n.º 2 do artigo 271.º da Constituição e do n.º 8 do artigo 73.º da LGTFP, poderemos destrinçá-los entre pressupostos de natureza *subjetiva* e *objetiva*, a saber: por um lado, a existência de uma relação de hierarquia entre dois órgãos; por outro lado, a emanação, sob a forma legalmente prevista, de uma ordem ou instrução incidente sobre matéria de serviço.

Afirmar que, nas hipóteses em que falhem os pressupostos formais, inexiste um dever de obediência implica cometer ao subordinado o poder de verificar, perante cada comando, se provém do respetivo superior, se incide sobre matéria de serviço e se reveste a forma legalmente prevista.

[1] Subentendendo já a destrinça entre pressupostos de legitimidade formal e material das ordens e instruções, cf. Rui Medeiros/Tiago Macieirinha, «Artigo 271.º», in: Jorge Miranda/Rui Medeiros, *Constituição...*, tomo III, cit., p. 644.

[2] Freitas do Amaral, *Curso...*, cit., vol. I, p. 681.

Contudo, a emergência da obrigação de o subalterno acatar o comando hierárquico encontra-se ainda dependente de aquele se revelar *materialmente* válido, de forma a não implicar que, em seu cumprimento, o subalterno pratique um ato ilegal – está em causa a designada «legalidade intrínseca»[3] da ordem ou instrução. Em consonância com a superação da perspetiva, perfilhada pelo Código Administrativo, que estreitava as causas de ilegalidade das ordens para efeitos do seu cumprimento pelo subalterno[4], concebemos a validade do comando como uma condição da *emergência* ou da *existência* do dever de obediência e não como um mero motivo para permitir ao subordinado que deixe de obedecer ao comando[5].

Não se encontrando cumpridos tais pressupostos (formais e materiais), deparamo-nos com uma situação de *obediência indevida* – categoria legalmente acolhida, desde logo, pela alínea *e)* do n.º 2 do artigo 190.º da LGTFP, quando qualifica como uma circunstância atenuante especial da infração disciplinar o acatamento, bem-intencionado, de ordem ou instrução de superior hierárquico, nos casos em que *não fosse devida obediência*.

Atenta a disparidade de hipóteses incluídas no conceito de obediência indevida, as respetivas consequências variam também em função da gravidade dos pressupostos não cumpridos. Daí que o sistema jurídico oscile entre *1)* a possibilidade de o subalterno desrespeitar, de imediato, o comando hierárquico e *2)* exercer a *respeitosa representação* (*remonstratio*) perante o superior. Analisemos cada uma das situações.

1) O facto de quer a Constituição (no artigo 271.º, n.º 2), quer a lei (no artigo 73.º, n.º 8, da LGTFP) associarem constitutivamente a observância dos assinalados pressupostos formais ao dever de obediência leva a que se considere que o respetivo incumprimento permite uma imediata "desobediência". Com efeito, da conceção constitucional e legal resulta, com nitidez, que o incumprimento dos pressupostos formais determina o não surgimento, na esfera do subalterno, do dever de obediência, que, como tal, não se encontra vinculado pelos comandos assim viciados.

[3] Freitas do Amaral, *Curso...*, vol. I, cit., p. 681.

[4] O artigo 503.º do Código Administrativo apenas considerava ordens ilegais aquelas que emanassem de autoridade incompetente, bem como as *manifestamente* contrárias à letra da lei.

[5] Assim, *v. g.*, Ana Fernanda Neves, *O Direito Disciplinar da Função Pública*, Tese de Doutoramento em Ciências Jurídico-Políticas, vol. II, polic., Lisboa, 2007, p. 227.

Idêntica solução é seguida sempre que o cumprimento do comando emitido pelo superior hierárquico conduz à prática de um *ilícito-típico penal*[6]: eis o que decorre, *expressis verbis*, do n.º 3 do artigo 271.º da Constituição, prescrição repetida pelo n.º 2 do artigo 36.º do Código Penal e pelo n.º 5 do artigo 177.º da LGTFP. A consideração destes dispositivos permite sedimentar uma primeira conclusão: no mínimo, o subordinado encontra-se sempre vinculado a avaliar se a adoção de uma conduta em obediência a uma ordem ou instrução origina ou não a prática de um ilícito-típico e, caso a resposta assuma um pendor positivo, não os deve seguir. A realização de tal avaliação deve estar ainda ao alcance do titular (médio) do órgão em causa: daí que o artigo 37.º do Código Penal reconheça, sob a epígrafe «obediência indevida desculpante», que "age sem culpa o funcionário que cumpre uma ordem sem conhecer que ela conduz à prática de um crime, não sendo isso evidente no quadro das circunstâncias por ele representadas"; este preceito prevê, pois, uma causa de exclusão da culpa para as hipóteses em que o subalterno cumpre o comando, precisamente por desconhecer que tal cumprimento o fará incorrer na prática de um crime[7].

Resta saber se, relativamente à possibilidade de afastamento imediato da observância do comando hierárquico, se poderá ir mais longe e assimilar à prática de crime todos os casos em que o acatamento dos regulamentos do superior conduza à prática de atos nulos ou atentatórios de direitos, liberdades e garantias. Quanto a este problema, alguma doutrina aponta para a assimilação à exceção constitucionalmente prevista das situações de execução de comando que implique a violação ostensiva e dificilmente reparável do núcleo essencial de direitos, liberdades e garantias, ou origine, com probabilidade e evidência, um caso de nulidade[8],

[6] Assim, Nuno Brandão, *Justificação e Desculpa por Obediência em Direito Penal*, Coimbra Editora, Coimbra, 2006, pp. 251 e s., na linha de Figueiredo Dias, *Direito Penal – Parte Geral*, tomo I, 2.ª ed., Coimbra Editora, Coimbra, 2007, p. 646.

[7] Sobre este preceito, respetivos fundamentos e questões dogmáticas subjacentes, cf., desenvolvidamente, Nuno Brandão, *Justificação...*, cit., pp. 284 e ss., esp.te pp. 299 e ss., adotando, porém, uma perspetiva diversa da de Figueiredo Dias, *Direito...*, cit., pp. 645 e ss. (*v.* p. 651).

[8] Cf. Paulo Otero, *Conceito e Fundamento da Hierarquia Administrativa*, Coimbra Editora, Coimbra, 1992, pp. 179 e ss., e *O Poder...*, vol. II, cit., p. 436; relativamente apenas à cessação do dever de obediência por força da nulidade do ato a que conduzirá o respetivo cumprimento, *v.* Marcello Caetano, *Manual...*, vol. II, cit., p. 736; M. Rebelo de Sousa, *O Valor...*, cit., p. 226. *V.* também Freitas do Amaral, *Curso...*, vol. I, cit., p. 684, e, numa posição pon-

bem como quando as ordens e instruções padeçam de inconstitucionalidade[9]. No máximo, poderá admitir-se, neste horizonte, uma solução idêntica à contemplada no n.º 2 do §63 da *Bundesbeamtengesetz* de 2009 (embora presente em diplomas anteriores), onde se prevê a inexistência de dever de obediência se a conduta adotada em seu cumprimento se revelar lesiva da dignidade humana. Uma posição mais ampla estenderia de forma incomportável os casos de cessação do dever de obediência, em termos que conferem ao subalterno uma faculdade latíssima de inobservância imediata das ordens e instruções dos superiores hierárquicos[10].

2) Todavia, importa agora observar que do n.º 3 do artigo 271.º da CRP não decorre, *a contrario*, que, encontrando-se verificados os requisitos formais da legitimidade do comando hierárquico, em todos os restantes casos deve o subordinado cumprir inquestionavelmente os comandos ilegais, numa exceção (pelo menos, relativa) ao princípio da legalidade administrativa[11]. Mesmo para além das situações-limite associadas à comissão de um facto ilícito criminal, a Constituição permite fundamentar um "sistema de obediência hierárquica num quadro de base legalista"[12], que impede a rejeição, sem mais, dos comandos do superior[13], mas que também inviabiliza a defesa de qualquer conceção que postule uma obediência cega do subalterno ao superior hierárquico.

derada, Vieira de ANDRADE, «A Nulidade Administrativa, Essa Desconhecida», in: *Revista de Legislação e de Jurisprudência*, n.º 3957, ano 138.º, julho/agosto 2009, p. 348.

[9] Magalhães COLLAÇO, «A Desobediência dos Funcionários Administrativos e a sua Responsabilidade Criminal», in: *Boletim da Faculdade de Direito*, n.os 22 e 23, vol. III, novembro/dezembro 1916, pp. 99 e s..

[10] Excluímos, assim, a possibilidade de inobservância *imediata* aos comandos hierárquicos quando estes determinem a prática de atos nulos.

Neste sentido, Sérvulo CORREIA, *Noções...*, cit., pp. 363 e s.. *V.* também M. Esteves de OLIVEIRA/Pedro GONÇALVES/Pacheco de AMORIM, *Código...*, cit., p. 652. Atente-se, porém, que estes Autores se debruçam sobre um problema não inteiramente coincidente com o que versamos; *in concreto*, equacionam a questão da obediência a ordens contidas em atos nulos.

[11] *V.* Freitas do AMARAL, *Curso...*, vol. I, cit., p. 684. Recusando tal conceção, cf. Paulo OTERO, *Legalidade...*, cit., pp. 404, 1001 e ss., e *Conceito...*, cit., pp. 184 e ss.. *V.* também a análise crítica de A. Salgado de MATOS, *A Fiscalização...*, cit., pp. 422 e s..

[12] Rui MEDEIROS/Tiago MACIEIRINHA, «Artigo 271.º», cit., p. 642.

[13] Para uma explanação crítica desta perspetiva (cunhada por Duguit), cf. Cunha VALENTE, *A Hierarquia Administrativa*, Coimbra Editora, Coimbra, 1939, pp. 161 e ss..

Neste sentido milita o n.º 2 do artigo 271.º da Lei Fundamental, que exclui a responsabilidade do funcionário ou agente que atue no cumprimento de ordens ou instruções *se previamente delas tiver reclamado ou tiver exigido a sua transmissão ou confirmação por escrito*: eis em que consiste o *sistema de respeitosa representação*. No plano infraconstitucional, a disciplina deste sistema encontra-se prevista no artigo 177.º da LGTFP, a propósito da exclusão da responsabilidade disciplinar. Aí se contempla um conjunto de hipóteses, desenhado em função da urgência na execução da ordem ou instrução para a resolução do caso concreto: em situações normais, admite-se que o trabalhador reclame ou exija a transmissão/confirmação do comando por escrito e aguarde a decisão do superior (n.ºs 1 e 2); todavia, se esta decisão não ocorrer dentro do tempo em que, sem prejuízo, o cumprimento destas possa ser demorado, o trabalhador comunica, também por escrito, ao seu imediato superior hierárquico, os termos exatos da ordem ou instrução recebidas e da reclamação ou do pedido formulados, bem como a não satisfação destes, executando seguidamente a ordem ou instrução (n.º 3). A urgência pode ainda decorrer do facto de a ordem ou instrução serem dadas, de forma expressa, com menção de cumprimento imediato ou sem prejuízo do disposto nos n.ºs 1 e 2 do artigo 177.º da LGTFP; somente nestas hipóteses, o subalterno se encontra vinculado à execução imediata do comando hierárquico, devendo, em seguida, efetuar a comunicação prevista no n.º 3 (cf. n.º 4).

Subjacente a este regime, desenhado em função da urgência na execução do comando hierárquico, encontra-se a distinção, presente em Marcello Caetano, entre *ordens normais ou correntes* (aquelas cujo cumprimento não permite delongas e que, portanto, exigem uma execução imediata e pontual), *ordens excecionais dadas por escrito* (aquelas relativamente às quais se pode exercer a respeitosa representação, mas cuja obediência não pode ser demorada para além de um lapso temporal razoável, visto que a forma da ordem já reflete uma especial ponderação do superior hierárquico e pressupõe que se suscitem menos dúvidas ao subalterno) e *ordens excecionais dadas verbalmente* (aquelas que admitem o exercício da respeitosa representação em termos mais latos)[14].

[14] Marcello CAETANO, *Manual...*, cit., vol. II, p. 735.

A previsão constitucional e legal do designado *sistema de respeitosa representação* que acabámos de traçar possui consequências decisivas quanto à delimitação do dever de obediência. Desde logo, comete aos trabalhadores da Administração pública e aos titulares dos órgãos administrativos, o poder de, em certos termos, examinar a juridicidade dos comandos que lhe são dirigidos[15]. Com efeito, o subordinado só beneficiará da causa de exclusão da ilicitude, que o exime de responsabilidade (civil ou disciplinar) pela prática de atos ilícitos impostos por ordens ou instruções do superior hierárquico, se previamente reclamar destas últimas – juízo que postula a análise da respetiva validade.

d) Outros poderes

Além do poder de direção, a relação de hierarquia pode envolver outros poderes típicos do superior:

i) Poder disciplinar – Está agora em causa a competência para apreciar a prática de infrações disciplinares e de cominar as respetivas sanções. A sujeição do subalterno ao poder disciplinar do superior hierárquico encontra-se expressamente prevista no n.º 1 do artigo 176.º da LGTFP (cf. também artigo 76.º do mesmo diploma). Nos termos do artigo 183.º da LGTFP, consubstancia infração disciplinar o comportamento do trabalhador, que, por ação ou omissão, viole culposamente os deveres gerais (prossecução do interesse público, isenção, imparcialidade, informação, zelo, obediência, lealdade, correção, assiduidade e pontualidade) ou os deveres especiais inerentes à função que exerce; a avaliação da prática de uma infração disciplinar, no término de um procedimento disciplinar especialmente exigente (cf. artigos 194.º e seguintes da LGTFP), pode originar a aplicação das sanções contempladas nos artigos 180.º e 181.º da LGTFP (repreensão escrita, multa, suspensão, despedimento disciplinar ou demissão, e, no caso de titulares de cargos dirigentes e equiparados, cessação da comissão de serviço, a título principal ou acessório).

ii) Poder de anulação e revogação – Os atos praticados pelos subalternos podem ser revogados (com fundamento em inconveniência para o interesse público) ou anulados (com fundamento em invalidade) pelo superior hierárquico: eis o que decorre dos n.ᵒˢ 2 e 3 do artigo 169.º do CPA.

[15] Assim, também já Rui Medeiros, *A Decisão de Inconstitucionalidade*, Universidade Católica Editora, Lisboa, 1999, p. 238.

Repare-se, porém, que, quando estiver em causa a revogação, a parte final do n.º 2 exceciona os casos em que o ato é da exclusiva competência do subalterno. Esta ressalva prende-se com a distinção entre as figuras da revogação e da anulação e, sobretudo, de distinguir que as mesmas correspondem ao exercício de poderes diferentes: a anulação pressupõe o exercício de uma função de controlo; a revogação identifica-se com o exercício de uma competência de Administração ativa. Assim, se o subalterno estiver a atuar ao abrigo de uma competência exclusiva, o fenómeno de desconcentração que lhe encontra associado impede que o superior o possa revogar, mas não inviabiliza a possibilidade de anulação[16].

iii) Poder de substituição – De acordo com a noção proposta por Paulo Otero[17], a substituição consiste na "permissão conferida pela ordem jurídica de um órgão da Administração (substituto) agir em vez de outro órgão administrativo (substituído), praticando atos sobre matérias cuja competência primária ou normal pertence a este último". Como logo se compreende, a possibilidade de substituição depende da forma como estão distribuídas as competências entre superior e subalterno, apenas se admitindo que aquele exerça poderes de Administração ativa (*i. e.*, substituindo pelos seus os atos praticados pelo subordinado) relativamente a atuações administrativas que não se incluam no círculo de competências exclusivas do subalterno.

iv) Poder de decisão de conflitos de competência – O poder de decidir conflitos de competência entre órgãos da mesma pessoa coletiva pública encontra-se previsto no n.º 2 do artigo 51.º do CPA, nos termos do qual "os conflitos de competência são resolvidos pelo órgão de menor categoria hierárquica que exercer poderes de supervisão sobre os órgãos envolvidos". Quer dizer, em caso de conflito (positivo ou negativo) de competências, a competência para o dirimir encontra-se cometida ao imediato superior hierárquico de ambos os órgãos envolvidos.

1.2. Independência

A independência reporta-se às situações de coabitação, no interior de uma pessoa coletiva pública, de órgãos entre os quais se não verifica

[16] Cf. já no CPA antes da reforma, Vieira de ANDRADE, «A "Revisão" dos Actos Administrativos no Direito Português», in: *Procedimiento Administrativo*, Escola Galega de Administración Pública, Separata, s.l., s.d., pp. 148 e s..

[17] Paulo OTERO, *O Poder...*, cit., vol. II, p. 391.

uma qualquer relação interorgânica de natureza hierárquica e que, não sendo embora nenhum deles assimilável ao conceito de «autoridade administrativa independente», possuem uma certa independência entre si.

Tal sucederá em pessoas coletivas públicas horizontal ou verticalmente desconcentradas (como as associações públicas, no âmbito das relações entre os órgãos estatutários, e as autarquias locais, quanto às relações entre presidente da câmara municipal e assembleia municipal, ou como as universidades, no que tange às relações dos órgãos de gestão das unidades orgânicas, entre si ou perante o reitor), ou no interior de órgãos complexos, nas hipóteses de pluralismo funcional (como sucede com os ministros, entre si, ou com o Primeiro Ministro) ou de coadjuvação (nas relações entre os secretários de Estado e os ministros)[18]. Neste sentido, encontramo-nos diante de «órgãos independentes»[19], que funcionam, dentro da Administração, "como se tivessem individualidade própria"[20], sendo legítimo reportar-nos, exclusivamente nesta aceção, de uma *independência interorgânica*[21].

Esta perspetivação do relacionamento interorgânico encontra também manifestações no ordenamento jurídico nacional. Eis-nos diante de uma problemática que se entrelaça com a norma do ETAF que inclui no âmbito da jurisdição administrativa a apreciação dos litígios que tenham por objeto relações entre órgãos públicos [artigo 4.º, n.º 1, alínea *j)*, do ETAF]. Esta norma surge complementada por outras duas, do CPTA: por um lado, o n.º 8 do artigo 10.º, estabelecendo que, nos casos de litígios interorgânicos, a ação é proposta contra o órgão cuja conduta deu origem ao litígio, em exceção ao princípio geral, constante do n.º 2, segundo o qual a legitimidade passiva pertence à entidade pública ou ao ministério; por outro lado, a alínea *d)* do n.º 1 do artigo 55.º, concretizando que têm legitimidade para impugnar um ato administrativo os órgãos admi-

[18] Vieira de Andrade, *Lições...*, cit., p. 85.

[19] Utilizando já o conceito de órgão autónomo ou independente, no sentido de "instância deslocada de uma cadeia hierárquica", *v.* Pedro Gonçalves, «A Justiciabilidade dos Litígios entre Órgãos da Mesma Pessoa Colectiva Pública», in: *Cadernos de Justiça Administrativa*, n.º 35, setembro/outubro 2002, p. 21.

[20] Vital Moreira, *Administração...*, cit., p. 351 (referindo-se aos organismos públicos representativos sem personalidade).

[21] Trata-se de um conceito que avançámos já em *A Recusa...*, cit., p. 767.

nistrativos, relativamente a atos praticados por outros órgãos da mesma pessoa coletiva pública (que alegadamente comprometam as condições do exercício de competências legalmente conferidas aos primeiros para a prossecução de interesses pelos quais esses órgãos sejam diretamente responsáveis).

A circunstância de estarem em causa litígios interorgânicos – em regra, não justiciáveis, por não emergirem de uma relação intersubjetiva – conduziu a doutrina nacional a uma reflexão que parte da ultrapassagem da «teoria da impermeabilidade das pessoas coletivas públicas» (de acordo com a qual não existiam quaisquer relações jurídicas no interior das entidades públicas, em consonância com a ideia de que os atos com eficácia restrita ao interior da Administração Pública não possuíam natureza jurídica, na medida em que atingiam apenas de forma indireta ou reflexa os direitos dos cidadãos[22]) para a consideração da «subjetividade jurídica»[23] dos órgãos administrativos e para a titularidade, por parte destes, de um «círculo de direitos próprios do órgão» (*organschaftlicher Rechtskreis*)[24], *i. e.*, de «interesses públicos particulares»[25] (ou mesmo de direitos subjetivos) no exercício das respetivas competências, os quais podem ser afetados pela atuação de outros órgãos[26].

[22] Cf. Hufen, *Verwaltungsprozessrecht*, cit., pp. 14 e s., 383 e s.; Lorenz, «Zur Problematik des Verwaltungsrechtlichen Insichprozesses», in: *Archiv des Öffentlichen Rechts*, vol. 93.º, 1968, p. 314, com uma explanação sintética da teoria da impermeabilidade das pessoas coletivas, talqualmente a mesma foi configura por Laband e Georg Jellinek. Entre nós, esta teoria subjaz à posição de Marcello Caetano, *Manual...*, vol. I, cit., p. 204, para quem os órgãos pertencem ao ser da pessoa coletiva (tal como acontece com os órgãos da pessoa humana) e não têm existência distinta para além daquela.

[23] Maurer/Waldhoff (*Allgemeines Verwaltungsrecht*, cit., § 21, n.º de margem 26) alude aos órgãos como «sujeitos jurídicos de direito interno» (*Rechtssubjekten des Innenrechts, innenrechtliche Rechtssubjekten*). Também Lorenz («Zur Problematik...», cit., pp. 316 e ss.) equaciona a possibilidade de os órgãos serem titulares de direitos subjetivos, tendo o cuidado de especificar que, a admitir-se, a subjetividade jurídica dos órgãos é relativa, desde logo, porque a sua afirmação vale tão-só no interior da entidade pública onde se integram os órgãos.

[24] Hufen, *Verwaltungsprozessrecht*, cit., p. 388.

[25] Roth, *Verwaltungsrechtliche Organstreitigkeiten*, Duncker & Humblot, Berlin, 2001, pp. 474 e ss..

[26] Sobre esta matéria, cf., por todos, Pedro Gonçalves, «A Justiciabilidade...», cit., *passim*.

2. Relações intersubjetivas ou externas

Existem ainda relações que se desenvolvem entre órgãos de entidades públicas distintas e que, por esse motivo, se designam como relações intersubjetivas (*i. e.*, relações que envolvem mais do que um sujeito de direito público). Eis-nos diante de uma consequência da pluralidade e do carácter multiforme da organização administrativa, com que nos deparámos no capítulo anterior, que envolve uma administração estadual indireta, uma tipologia diversificada de administrações autónomas, elas próprias dotadas de administrações indiretas. Ora, a multiplicidade de pessoas coletivas públicas não pode comprometer a unidade de ação administrativa, assegurada, em última análise, pelo Governo enquanto órgão superior da Administração Pública, nos termos constitucionais (cf. artigo 182.º da CRP).

2.1. Superintendência

a) Noção

A *superintendência* designa a relação que existe entre o órgão de uma pessoa coletiva pública e os órgãos dos sujeitos que constituem a respetiva Administração indireta, que atribui ao primeiro o poder de orientar a atuação dos segundos. A superintendência traduz-se, pois, na *orientação* que uma pessoa coletiva pública exerce sobre outra, à qual, por força de uma operação de desconcentração personalizada, está cometida a satisfação, em nome próprio, de finalidades incluídas no leque de atribuições da primeira.

Tipicamente, a relação de superintendência existe entre o Governo e as pessoas coletivas públicas da Administração estadual indireta. Esta mesma ideia decorre da alínea *d)* do artigo 199.º da CRP. Atente-se, porém, em que este preceito alude, conjugadamente, à relação de superintendência *e tutela* sobre a Administração indireta – o que, em abstrato, poderia dificultar a compreensão da destrinça entre as duas figuras. O facto de a superintendência constituir um *plus* relativamente à tutela não impede que, relativamente a determinadas entidades (cuja qualificação como Administração indireta se mostra, por vezes, duvidosa), a Constituição tenha pretendido introduzir um elemento diferenciador, para aludir às relações estabelecidas entre o Governo e tais entidades que, satisfazendo fins estaduais, se encontram dotadas de maior autonomia e capacidade de auto-organização, como sucede, por excelência, quanto às *universidades* (e agora também com os institutos politécnicos), identificadas como uma forma de «administração estadual indireta autónoma» (por, em simultâneo, prosseguirem fins do Estado e possuírem uma capacidade de autoadministração, que envolve, como vimos, poderes de autonomia normativa)[27]. Neste ponto, porém, reportar-nos-emos apenas às situações em que a relação intersubjetiva submete uma entidade à orientação e controlo de outra, afastando os casos (entre os quais se enquadram as universidades e os institutos politécnicos públicos) em que existem *somente* poderes de tutela *stricto sensu*, não coenvolvendo poderes de orientação.

A associação entre administração indireta e tutela e superintendência encontra também acolhimento no plano legislativo, visto que a LQIP distingue entre tutela (artigo 41.º) e superintendência (artigo 42.º), consagrando preceitos diferenciados para cada uma delas.

b) Poderes típicos

Os entes das administrações indiretas, que dão corpo ao fenómeno da «desconcentração personalizada», encontram-se submetidos aos *poderes de orientação e controlo do superintendente*; no caso do Estado, o ministro que, em razão da matéria, exerce a superintendência sobre um ente da Administração indireta designa-se como *ministro da tutela*.

A matéria atinente ao conteúdo dos poderes exercidos pelo superintendente encontra um desenvolvimento privilegiado no regime jurídico aplicável aos institutos públicos. Assim, e nos termos definidos pela LQIP, tais poderes envolvem, em geral, o poder do ministro da tutela de *dirigir orientações*, *emitir diretivas* ou *solicitar informações* aos órgãos dirigentes dos institutos públicos sobre os objetivos a atingir na gestão do instituto e sobre as prioridades a adotar na respetiva prossecução[28]. A estes acresce ainda o poder de controlar o desempenho da sua atuação, que pressupõe,

[27] Exatamente nestes termos, Pedro Gonçalves, *O Novo Regime...*, cit., p. 8.
Esta diversidade terminológica surge na própria doutrina: assim, *v. g.*, adotando um sentido muito amplo de tutela (que compreende a superintendência e a tutela sobre os entes autónomos), cf. Baptista Machado, «Participação...», cit., pp. 9, 13 e ss. (aludindo a duas formas de tutela).

[28] Sem prejuízo da sujeição às orientações governamentais estabelecidas pelo Ministro das Finanças e pelo membro do Governo responsável pela Administração Pública, respetivamente em matéria de finanças e pessoal (artigo 42.º, n.º 2).

em especial, a submissão de determinadas atuações a *autorização* ou *aprovação* (cuja falta é, *em ambos os casos*, cominada com a ineficácia), o exercício de poder disciplinar sobre membros de órgãos dirigentes, a fiscalização (através da realização de inquéritos e sindicâncias) e a possibilidade de substituição na prática de atos legalmente devidos, em caso de inércia grave do órgão responsável (artigo 41.º).

c) Outros poderes

Além do poder de orientação, a relação de superintendência pode englobar outros poderes:

i) Poder disciplinar – A previsão do poder disciplinar (que se traduz, como vimos, na apreciação da prática de infrações disciplinares e aplicação das «penas» correspondentes) do superintendente encontra acolhimento no n.º 2 do artigo 176.º da LGTFP, nos termos do qual "os titulares dos órgãos dirigentes dos serviços da administração (...) indireta do Estado são disciplinarmente responsáveis perante o membro do Governo que exerça a respetiva superintendência ou tutela". No mesmo sentido, o n.º 8 do artigo 41.º da LQIP estabelece que, no domínio disciplinar, compete ao ministro da tutela exercer ação disciplinar sobre os membros dos órgãos dirigentes e ordenar inquéritos e sindicâncias aos serviços dos institutos públicos.

ii) Poder de revogação e anulação – A possibilidade de o superintendente revogar ou anular os atos do superintendido foi explicitamente equacionada pelo CPA. De acordo com o regime jurídico aplicável, os atos administrativos praticados pelos órgãos sujeitos a superintendência só podem ser objeto de revogação ou de anulação administrativa pelos órgãos com poderes de superintendência *nos casos expressamente permitidos por lei* (cf. artigo 169.º, n.º 5, do CPA). Além disso, e a propósito dos recursos administrativos especiais [*in casu*, artigo 199.º, n.º 1, alínea *c)*], o legislador estabelece qual o alcance dos poderes do superintendente: por um lado, o recurso só poderá ter como fundamento a inconveniência ou inoportunidade do ato (e, por conseguinte, conduzir à respetiva revogação) nos casos em que a lei estabeleça uma tutela de mérito (artigo 200.º, n.º 3); por outro lado, só se admite a modificação ou substituição do ato recorrido quando a lei conferir poderes de tutela substitutiva e no âmbito destes (artigo 200.º, n.º 4).

iii) Poder de substituição – De acordo com o n.º 9 do artigo 41.º da LQIP, o ministro da tutela goza do poder de, em caso de inércia grave dos órgãos responsáveis do instituto público, se substituir a estes na prática de atos legalmente devidos. Em consonância, o já referido n.º 4 do artigo 200.º do CPA permite ao superintendente a substituição do ato omitido (desde que a lei lhe confira poderes de tutela substitutiva).

2.2. Tutela

a) Noção

A *tutela* consiste na relação jurídica administrativa intersubjetiva ou externa, que se traduz no *controlo* da legalidade ou do mérito da atuação das entidades que, nos termos da Constituição e/ou da lei, se encontram dotadas de capacidade de auto-administração de interesses próprios.

Compreende-se, de imediato, a conexão existente entre a tutela e a Administração autónoma – como, aliás, decorre expressamente da parte final da alínea *d)* do artigo 199.º (que se refere à tutela do Governo sobre a Administração autónoma) e da alínea *m)* do n.º 1 do artigo 227.º (que alude à tutela das regiões autónomas sobre as autarquias locais), ambos da CRP. O facto de estarmos diante de entidades integradas na Administração autónoma determina que as mesmas tenham a seu cargo a satisfação dos interesses públicos próprios das comunidades que constituem o substrato (sociológico) das entidades administrativas. Estão agora em cena os princípios da descentralização administrativa, da unidade do Estado e da prossecução (dos vários níveis ou dimensões) do(s) interesse(s) público(s), no quadro de uma «dialética independência-controlo», entre a força centrífuga do autogoverno, da autodeterminação e da responsabilidade própria e a força centrípeta da prevalência do interesse nacional e da responsabilidade política do Estado pela condução dos negócios públicos[29]. Atente-se em que a base da autonomia deste setor de Administração não reside na mera atribuição de personalidade jurídica de direito público a uma dada organização, mas no reconhecimento de que ela prossegue interesses próprios ou exclusivos, "diferentes" daqueles que cabe ao Estado prosseguir. É esse carácter *diferenciado* dos interesses prosseguidos que está na origem do poder designado *poder de autoadministração* ou *poder autárquico, i. e.*, no poder de os membros da organização

[29] Vital Moreira, *Administração...*, cit., p. 206.

(através dos órgãos que os representam) administrarem com autonomia os seus interesses comuns.

Todavia, esta capacidade de auto-organização não se pode traduzir num poder incondicionado: os princípios da unidade do Estado, da prossecução do interesse público e da necessária eficácia e unidade da ação da Administração (cf. artigos 6.º, n.º 1, 266.º, n.º 1, 267.º, n.º 2, da CRP, respetivamente) fundamentam e exigem uma intervenção supraordenada de uma organização central sobre as organizações autónomas, que acaba por representar um verdadeiro limite à sua autonomia: essa intervenção consiste precisamente na *tutela administrativa*, que constitui a intervenção externa (de controlo ou de fiscalização da legalidade e/ou do mérito) a que fica sujeita a organização autónoma.

A associação entre tutela e Administração autónoma encontra um desvio no que tange às relações entre o Estado e as *regiões autónomas*: a autonomia constitucionalmente conferida a estas entidades administrativas envolve também uma autonomia nos planos *político* e *legislativo*, que se não compadece com a suscetibilidade da respetiva sujeição a um poder de controlo ou fiscalização do Governo.

Tal não sucedia, nem mesmo perante a configuração originária do Ministro da República, ao qual pertencia, nos termos do artigo 232.º da redação de 1976, a representação da soberania da República nas regiões (competindo-lhe a coordenação da atividade dos serviços centrais do Estado, no tocante aos interesses da região, dispondo de competência ministerial para esse efeito) e a superintendência nas funções administrativas exercidas pelo Estado na região, coordenando-as com as exercidas pela própria região. Apesar de, por um lado, deterem competência ministerial e possuírem assento no Conselho de Ministros, e, por outro lado, assegurarem o governo da região, em caso de dissolução ou suspensão dos órgãos regionais (artigo 234.º, n.º 4, na redação de 1976), os Ministros da República assumiam-se como órgãos constitucionais autónomos[30].

[30] Cf. Gomes Canotilho/Vital Moreira, *Constituição da República Portuguesa*, 3.ª ed., Coimbra Editora, Coimbra, 1993, p. 890, anotação II ao artigo 232.º, sem deixarem de aludir às dificuldades de definição dos contornos deste órgão). *V.* também Blanco de Morais, *O Ministro...*, cit., esp.te a partir das pp. 89 e ss.; Jorge Miranda, «Ministro da República», in: *Estudos de Direito Regional*, Lex, Lisboa, 1997, pp. 325 e ss..

As revisões da CRP ocorridas em 1997 e 2004 – de pendor reforçante da autonomia regional – esvaziaram sucessivamente a figura do (atual) Representante da República (transformando-o como que numa espécie – sem sentido – de representante da Presidência da República), cuja competência se reconduz à nomeação do presidente Governo Regional, tendo em conta os resultados eleitorais (artigo 231.º, n.º 3), à nomeação e exoneração dos restantes membros do Governo Regional, sob proposta do respetivo presidente (artigo 231.º, n.º 4), à assinatura ou veto dos decretos legislativos regionais e decretos regulamentares regionais (artigo 233.º), ao exercício das competências em matéria de fiscalização da constitucionalidade [artigos 278.º, n.º 2, 279.º, n.º 1, 281.º, n.º 2, alínea *g)*][31].

b) Tipos de tutela

Associados a um poder jurídico de verificação ou controlo da legalidade ou do mérito da atuação de uma entidade descentralizada, os tipos de tutela variam em função do concreto *conteúdo* daquela verificação ou controlo. A lei poderá estabelecer um, algum ou todos os seguintes tipos de tutela:

i) Tutela integrativa – O órgão de tutela exerce, através de um parecer vinculante, de uma autorização ou de uma aprovação, um controlo sobre a legalidade ou o mérito de um ato do órgão tutelado;

ii) Tutela inspetiva – O órgão tutelar tem o poder de realizar ações de fiscalização nos órgãos e serviços do ente tutelado;

iii) Tutela sancionatória – Ao órgão de tutela está cometido o poder de aplicação de sanções administrativas à entidade tutelada;

iv) Tutela revogatória ou anulatória – O órgão tutelar dispõe do poder de revogar (com fundamento em inconveniência para o interesse público) ou anular (com fundamento em invalidade) os atos praticados pelos órgãos da entidade tutelada. Por este motivo, o n.º 5 do artigo 169.º do CPA estabelece que os atos praticados pelos órgãos sujeitos a tutela administrativa só podem ser anulados ou revogados pelos órgãos tutelares nos casos expressamente permitidos por lei. No mesmo sentido, o n.º 1 do

[31] Trata-se daquilo que Blanco de Morais (*O Ministro...*, cit., pp. 96 e ss., 167 e ss.) designava como «representação constitucional indireta das funções presidenciais», aludindo ainda às «funções vicariantes do presidente» (*Op.* cit., pp. 105 e ss., 170 e ss.), assentes numa ficção jurídico-constitucional, não implicando a representação um mandato infraconstitucional ou a possibilidade de poderes substitutivos por parte do Presidente da República.

artigo 199.º do CPA esclarece que o recurso tutelar – *i. e.*, o recurso administrativo especial que tem por objeto os atos administrativos praticados por órgãos de pessoas coletivas públicas sujeitas a tutela (ou superintendência) – *só existe nos casos expressamente previstos por lei*[32]. A conclusão a retirar destes dispositivos consiste em fazer depender a competência para a revogação da concreta configuração da relação de tutela estabelecida entre órgão tutelar e entidade tutelada;

v) Tutela substitutiva – A entidade tutelar pratica, em vez e por conta da entidade tutelada, atos que esta se encontrava vinculada a praticar, suprindo, pois, as respetivas omissões ilegais.

c) Em especial, notas atinentes à tutela sobre as autarquias locais

A matéria da tutela administrativa sobre as autarquias locais encontra a sua âncora constitucional no artigo 242.º, onde se prevê que a mesma "consiste na verificação do cumprimento da lei por parte dos órgãos autárquicos e é exercida nos casos e segundo as formas previstas na lei". Se deste preceito decorre que em causa está uma tutela de legalidade, destinada a aferir da juridicidade das atuações da entidade tutelada[33], a definição das medidas tutelares não se encontra prevista ao nível constitucional, mas remetida para o legislador ordinário, sendo configurada como matéria sujeita a reserva de lei [cf. ainda artigo 165.º, n.º 1, alínea *q)*, da CRP]. Quer dizer,

[32] Numa perspetiva diversa, Paulo Otero (*O Poder...*, vol. II, cit., pp. 812 e ss.) concebe o recurso tutelar como expressão de um direito de petição *lato sensu* e questiona a conformidade constitucional da norma constante do (então) n.º 2 do artigo 177.º do CPA (que limitava o recurso tutelar às hipóteses expressamente previstas na lei, correspondente, nesta parte, ao atual n.º 1 do artigo 199.º), com fundamento na aplicabilidade direta do direito, liberdade e garantia consagrado artigo 52.º da Constituição, na incompatibilidade da configuração excecional da tutela revogatória com o estatuto constitucional do Governo [ao qual se encontra cometida a defesa da legalidade democrática – artigo 199.º, alínea *f)*] e na concomitante diminuição dos respetivos meios de intervenção intra-administrativa, com a consequente redução da competência de fiscalização política da Assembleia da República.

[33] Recorde-se que o artigo 8.º da CEAL prevê que "a tutela administrativa dos atos das autarquias locais só deve *normalmente* visar que seja assegurado o respeito pela legalidade e pelos princípios constitucionais", embora admita, em segunda linha, que a mesma possa "compreender um juízo de oportunidade exercido por autoridades de grau superior relativamente a atribuições cuja execução seja delegada nas autarquias locais".

Numa perspetiva jus-comparística, relativamente à tutela exercida sobre entidades descentralizadas, cf. Gallego Anabitarte, *Conceptos y Principios Fundamentales del Derecho de Organización*, Marcial Pons, Madrid, 2000, pp. 70 e ss..

se a Lei Fundamental determina que as autarquias se encontram sujeitas a um controlo de legalidade por parte do órgão tutelar, não especifica – mas encaminha para o legislador – a concreta configuração das formas desse controlo, estabelecendo apenas dois limites: um, de natureza procedimental, a impor a precedência de parecer do órgão autárquico quando as medidas tutelares se relevem restritivas da autonomia local (artigo 242.º, n.os 2 e 3, respetivamente), e outro, de índole material, a exigir que a sanção mais extrema (a dissolução dos órgãos autárquicos) tenha como causa ações ou omissões ilegais graves.

O legislador vem, no regime jurídico da tutela administrativa sobre as autarquias locais[34], adotando um figurino correspondente à tutela inspetiva – sendo, por isso, objeto de críticas por parte da doutrina[35]. Para efeitos deste diploma, a tutela administrativa reconduz-se à "verificação do cumprimento das leis e regulamentos por parte dos órgãos e dos serviços das autarquias locais e entidades equiparadas" (cf. artigo 2.º), efetuada através da realização de inspeções, inquéritos e sindicância (cf. artigo 3.º, n.º 1).

Atente-se, aliás, em que este regime aponta ainda para uma completa jurisdicionalização das medidas tutelares, visto que remete para os tribunais a aplicação das sanções de perda de mandato e dissolução de órgão (cf. artigo 11.º), não decorrendo esta aplicação de uma decisão do órgão tutelar. Assim, para além de a intervenção tutelar se reconduzir a uma simples fiscalização (*ex post*) da atuação autárquica, a aplicação das sanções é efetuada não pelo órgão tutelar, mas pelos tribunais (sem prejuízo da capacidade de iniciativa pré-processual cometida a este último, no sentido de decidir, na sequência de um procedimento contraditório, se deve haver lugar à propositura da ação judicial[36]).

[34] Constante da Lei n.º 27/96, de 1 de agosto (alterada pela Lei Orgânica n.º 1/2011, de 30 de novembro), pontualmente adaptado, para a Região Autónoma da Madeira, pelo Decreto Legislativo Regional n.º 6/98/M, de 27 de abril.

[35] Sobre esta questão, cf. Casalta Nabais, «A Autonomia Local...», cit., p. 173, n. 135; Pedro Gonçalves, *O Novo Regime...*, cit., pp. 11 e s.; André Folque, *A Tutela Administrativa nas Relações entre o Estado e os Municípios*, Coimbra Editora, Coimbra, 2004, pp. 242 e ss. (advogando a inconstitucionalidade do regime jurídico, em virtude do esvaziamento da tutela sancionatória do Governo e na debilitação do instituto da tutela administrativa); Freitas do Amaral, *Curso...*, vol. I, cit., pp. 735 e s.; Maria da Glória Garcia/André Folque, «Artigo 242.º», cit., p. 503.

[36] Nestes termos, Pedro Gonçalves, *O Novo Regime...*, cit., p. 20

Não se afigurando legítimo defender que, *ex constitutione*, a tutela sobre as autarquias locais assuma, de forma imperativa, um pendor meramente inspetivo, padeceria de inconstitucionalidade, por ofensa do princípio da autonomia local, o estabelecimento de quaisquer medidas que implicassem uma tutela substitutiva[37], suscitando dúvidas a possibilidade da previsão legislativa de uma tutela revogatória[38]. Não se revelando constitucional-

[37] Sobre o conceito de substituição em Direito Administrativo (enquanto resultado da conjugação dos elementos estrutural, funcional e legitimador), *v.* Paulo OTERO, *O Poder...*, vol. II, cit., p. 391.
Admitindo, porém, a substituição como medida tutelar, ainda que em casos excecionais, cf. André FOLQUE, *A Tutela...*, cit., pp. 378 e ss.. Defendendo que uma leitura completa da Constituição não consente uma interpretação do n.º 1 do artigo 243.º que implique a inadmissibilidade da consagração legal de uma tutela substitutiva, cf. A. Cândido de OLIVEIRA, «A EDP, os Municípios e o Governo: Tutela Administrativa – Reserva de Jurisdição», in: *Cadernos de Justiça Administrativa*, n.º 9, maio/junho 1998, pp. 22 e s..

[38] Não existe unanimidade na doutrina quanto à admissibilidade constitucional da tutela revogatória-anulatória. Propugnando pela inadmissibilidade da tutela revogatória, cf. Paulo OTERO, *O Poder...*, vol. II, cit., p. 806. Diversamente, Pedro GONÇALVES (*O Novo Regime...*, cit., p. 15) defende não existir uma proibição constitucional de atribuição ao Governo de poderes anulatórios de atos administrativos ilegais das autarquias locais, no âmbito de um recurso tutelar, sujeito, como prevê o CPA, ao princípio da tipicidade. Já Freitas do AMARAL (*Curso...*, vol. I, 4.ª ed., cit., p. 735), embora com dúvidas, defende que, nestas situações, a verificação de uma ilegalidade por parte dos órgãos competentes deve dar lugar à comunicação ao Ministério Público, para efeitos de propositura da ação dirigida à anulação do ato administrativo praticado pelos órgãos autárquicos. Também Maria da Glória GARCIA/ André FOLQUE («Artigo 242.º», cit., pp. 504 e s., anotações XIV e XV) entendem que, *de iure condendo*, faria sentido o recurso tutelar dos atos dos órgãos autárquicos para os órgãos tutelares, contanto que circunscrito ao conhecimento de nulidades (embora mobilizando o regime da nulidade constante, à época, do artigo 134.º do CPA, que admitia a sua declaração por qualquer autoridade administrativa, em termos distintos do que hoje dispõe o n.º 2 do artigo 162.º do CPA, que contempla o *conhecimento* da nulidade por qualquer autoridade administrativa, mas atribui o poder de a *declarar* apenas aos órgãos administrativos competentes para a anulação e, naturalmente, aos tribunais administrativos); todavia, os mesmos Autores afastam, em geral, das medidas tutelares constitucionalmente admissíveis o poder de revogação, por invadir o reduto da autonomia local, materializado na discricionariedade da revogação dos atos, ainda que com fundamento em ilegalidade. Neste sentido se inclina também André FOLQUE (*A Tutela...*, cit., pp. 365, 373 e ss.), quando defende que, sem prejuízo da inadmissibilidade da revogação anulatória, o órgão tutelar, na medida em que detém poderes de controlo, possui a competência para a declaração da nulidade de atos administrativos; tratando-se, porém, de medida restritiva da autonomia local, deve a mesma ser precedida de audição do órgão que praticou o ato, em cumprimento do disposto no n.º 2 do artigo 242.º da Constituição; assim, este Autor (últ. *Op.* cit., pp. 375 e ss.), louvando-se parcialmente na posição elaborada por Paulo OTERO a propósito do recurso tutelar, em geral (*O*

mente viável a atribuição ao órgão tutelar do poder de se substituir à autarquia, suprindo as omissões ilegais, e não tendo o legislador contemplado a possibilidade de o órgão tutelar revogar os atos praticados pelos órgãos autárquicos, não persistirão muitas dúvidas quanto à inadmissibilidade, no atual sistema jurídico positivo, da existência de um recurso tutelar, que envolva a reapreciação de um ato de um órgão de uma autarquia.

3. Delegação de poderes

a) Noção

Em sentido amplo, a delegação administrativa consiste na *transferência, por ato da Administração (mas com base na lei), do exercício de um determinado poder público para um sujeito, órgão ou agente diferente do respetivo titular*[39]. Tal significa que se encontram aqui incluídas figuras como a delegação de poderes públicos *no seio da Administração Pública* (que origina uma relação intra-administrativa, de natureza interorgânica ou intersubjetiva, consoante os casos) e a delegação de poderes públicos em entidades privadas (que está na base de uma relação extra-administrativa).

Numa aceção estrita, e no contexto de uma relação intra-administrativa, a delegação constitui o *ato administrativo pelo qual, com base numa previsão legal, um órgão administrativo transfere para outro órgão ou agente (integrado ou não na mesma pessoa coletiva pública) o exercício da sua competência.* Neste sentido, a delegação pode conceber-se, desde logo, como delegação de competências entre dois órgãos ou entre um órgão e um agente da mesma pessoa coletiva pública (*delegação interorgânica*) ou como uma delegação de poderes entre órgãos de duas entidades públicas distintas (*delegação intersubjetiva*, em regra, impropriamente designada como delegação de atribuições). Em qualquer das hipóteses, a figura serve um propósito desconcentrador, consubstanciando uma forma de *desconcentração derivada*[40] de poderes.

Poder..., vol. II, cit., pp. 812 e ss.; *v.* também *supra*, em nota), considera admissível o recurso tutelar, pelo menos, de atos nulos e de atos atingidos pela caducidade.

[39] Cf. também os nossos trabalhos «A Delegação Administrativa do Poder Regulamentar em Entidades Privadas (Algumas Questões)», in: *Boletim da Faculdade de Direito*, vol. LXXXVI, 2010, pp. 212 e s., 235, e «A Delegação Administrativa de Poderes Públicos», in: Carla Amado Gomes/Ana Fernanda Neves/Tiago Serrão (coord.), *Organização...*, cit., vol. II, p. 640.

[40] Para a distinção entre desconcentração originária e desconcentração derivada, cf. Freitas do Amaral, *Curso...*, vol. I, cit., p. 693. Associando-a não só ao princípio da desconcentra-

A *delegação interorgânica* viabiliza que o titular das competências, orientado pelos imperativos da racionalização, eficácia e celeridade da ação administrativa, as disperse pelos demais órgãos, designadamente pelos respetivos subalternos imediatos, adjuntos ou substitutos e, no caso dos órgãos colegiais, pelo presidente (cf. artigo 34.º, n.ºs 3 e 4, do CPA).

No interior da *delegação intersubjetiva* podem recortar-se figuras com intencionalidades muito distintas. Sem prejuízo de esta possibilidade se encontrar hoje contemplada, *ex professo*, pelo n.º 1 do artigo 44.º do CPA, existem ainda importantes normas especiais que a preveem, as quais se podem limitar, genericamente, a consagrar a figura no âmbito de específicas relações ou a fixar já uma disciplina jurídica própria para determinadas relações intersubjetivas. Atente-se, por um lado, e reconduzindo-se à primeira hipótese mencionada, no n.º 2 do artigo 38.º da LQIP, que admite, em matéria de autorização de despesas, a delegação de competências no conselho diretivo de um instituto público, efetuada pelo membro do Governo da tutela. Nesta hipótese, não obstante estarem em causa órgãos de pessoas coletivas públicas distintas, importa atender a que o órgão delegado se insere numa entidade destinada a prosseguir, em nome próprio e com autonomia administrativa (e, em regra, com autonomia financeira), determinados fins públicos da entidade pública do órgão delegante – a «Administração-mãe»[41] (*in casu*, do Estado) –, a cuja tutela e superintendência se encontram, nos termos gerais, adstritas. Quer dizer, entre a pessoa coletiva a que pertence o delegado e o delegante já existia, em momento prévio à delegação, uma relação de supra/infra-ordenação (decorrente da circunstância de o instituto público se encontrar funcionalmente vinculado à satisfação de interesses estaduais), e que possibilita, por exemplo, que esta se venha a efetivar através de um ato administrativo[42].

ção, mas também aos princípios da desburocratização e da aproximação da Administração às populações, *v.* A. Salgado de Matos, «A Natureza Jurídica da Delegação: Uma Reapreciação», in: *Estudos em Homenagem ao Prof. Doutor Sérvulo Correia*, vol. II, Faculdade de Direito de Lisboa/Coimbra Editora, Coimbra, 2010, pp. 119 e 155.

[41] Vital Moreira, *Administração...*, cit., p. 328.

[42] Neste sentido, cf. já A. Salgado de Matos, «A Delegação de Poderes», in: Carla Amado Gomes/Ana Fernanda Neves/Tiago Serrão (coord.), *Comentários ao Novo Código do Procedimento Administrativo*, 4.ª ed., vol. I, AAFDL, Lisboa, 2018, pp. 425 e ss., pp. 425 e ss..

Considere-se, por outro lado, o disposto nos artigos 116.º e seguintes do RJAL, onde se prevê que o Estado delegue competências nos órgãos das autarquias locais (e das entidades intermunicipais). Nesta hipótese, permite-se a uma entidade pública exercer competências que se incluem no âmbito das atribuições de outra pessoa coletiva pública; as autarquias (em regra, os municípios) encontram-se agora a exercer, *sob responsabilidade própria*, funções ou tarefas do Estado e por este delegadas (mediante lei ou com autorização desta), por razões de conveniência ou oportunidade, no âmbito da designada «Administração delegada do Estado»[43]. Como logo se compreende, esta delegação goza de um regime específico (distinto do recortado pelos artigos 44.º e seguintes do CPA), do qual ressaltam duas notas principais: por um lado, as competências cujo exercício se delega hão de estar ainda associadas a atribuições que, apesar de *estaduais*, contendam com *domínios dos interesses próprios das populações das autarquias locais* (cf. artigo 199.º do RJAL); por outro lado, esta delegação apenas se poderá efetivar mediante contrato (por conseguinte, apenas com o consentimento da autarquia e nunca através de ato unilateral), sob pena de ofensa ao conteúdo essencial da autonomia local[44] (cf. artigo 120.º do RJAL)[45].

[43] Sobre esta matéria, cf. Vital Moreira, *Administração...*, cit., pp. 219 e s., que seguimos de perto, quanto à definição e caracterização da Administração estadual delegada. Já antes, mas sem a utilização daqueles conceitos, Baptista Machado, «Participação e Descentralização», in: *Revista de Direito e de Estudos Sociais*, n.os 1-2-3-4, ano XXII, janeiro/dezembro 1975, p. 20.

[44] Neste sentido, já Casalta Nabais, «A Autonomia Local (Alguns Aspectos Gerais)», in: *Estudos em Homenagem ao Prof. Doutor Afonso Rodrigues Queiró*, vol. II, Boletim da Faculdade de Direito (número especial), Coimbra, 1993, p. 167, n. 122; Vital Moreira, *Administração...*, cit., p. 221.

[45] Num ponto intermédio entre as duas situações mencionadas no texto estará a delegação de competências prevista no artigo 151.º do *Regime Jurídico das Instituições de Ensino Superior* (RJIES, Lei n.º 62/2007, de 10 de setembro) – preceito que admite a possibilidade de o ministro com atribuições no setor do ensino superior delegar (ou subdelegar) competências nos reitores das universidades ou nos presidentes dos institutos politécnicos. Cf., *v. g.*, Despacho n.os 5268/2016 e 5269/2016, do Ministro da Ciência, Tecnologia e Ensino Superior (in: *Diário da República*, II Série, n.º 76, 19.04.2016), que delegam diversos poderes (em matéria de realização de despesas, de contratação pública, de relação de emprego público), respetivamente, nos reitores das universidades (com faculdade de subdelegação nos vice-reitores, nos diretores das suas unidades orgânicas ou em determinados dirigentes) e nos presidentes dos institutos politécnicos públicos e das escolas politécnicas públicas não integradas (com faculdade de delegação nos vice-presidentes e nos órgãos de governo dos institutos politécnicos e das escolas, ou das unidades orgânicas, caso existam).

b) Figuras próximas

Em qualquer das suas formas, a delegação implica a transferência do exercício de um poder público, cuja titularidade se mantém, contudo, na esfera do delegante[46]. O assinalamento desta nota permite, desde já, densificar este instituto como um mecanismo em que, por decisão do titular de um poder público (e sem prejuízo das exigências do princípio da legalidade) e, se possibilita a um terceiro o desempenho do poder que pertence (e continua a pertencer) à esfera do delegante. Assim, por exemplo, porque se trata de uma transferência do exercício de um poder, nunca correspondem a verdadeiras delegações as transmissões *definitivas* de competências operadas no interior da Administração: atente-se, *v. g.*, nas transferências (de atribuições e) competências do Estado para as autarquias efetuadas nos termos dos artigos 111.º e seguintes do RJAL, que nunca se assumiriam como delegações, mesmo quando eram efetuadas por ato da Administração (e não, como hoje se prevê, por diploma legislativo – cf. artigo 111.º).

Como o próprio adjetivo sugere, a delegação *administrativa* pressupõe um ato da Administração nesse sentido. Esta referência permite, desde logo, afastar do instituto da delegação as hipóteses em que a transferência (do exercício de poderes) se deve a um ato *legislativo*. Assim acontece, desde logo, com a (impropriamente) designada «delegação tácita», correspondente aos casos em que a lei, conferindo a competência a determinado órgão, a considera delegada noutro, enquanto o primeiro nada disser em contrário[47]. Embora se aproximem aos casos de delegação intra-administrativa, deles se distinguem pelo facto de o exercício das competências se encontrar, *ex vi legis*, cometido a um órgão (dito "delegado") diferente do seu titular (apelidado de "delegante")[48]. Assim, *v. g.*,

[46] *V.*, neste sentido, quanto à delegação de poderes, Rogério Soares, *Direito...*, cit., p. 258; M. Esteves de Oliveira/Pedro Gonçalves/Pacheco de Amorim, *Código...*, cit., p. 210. Cf. ainda o conceito amplo de delegação propugnado por Pedro Gonçalves, *Entidades...*, cit., p. 683.

[47] Cf. Freitas do Amaral, *Curso...*, vol. I, cit., p. 698; Ravi Afonso Pereira, *Contributo para o Estudo da Delegação Dita Tácita de Competências*, FDUNL n.º 9, 2002, http://www.fd.unl.pt/Anexos/Downloads/238.pdf (março 2017). *V.* ainda M. Esteves de Oliveira/Pedro Gonçalves/Pacheco de Amorim, *Código...*, cit., pp. 212 e ss..

[48] Adotando uma conceção diversa, João Caupers/Vera Eiró (*Introdução...*, cit., p. 158) defendem que não constitui elemento (do conceito) da delegação o ato de delegação propriamente dito, mas a relevância da vontade do delegante, o que permite aos Autores considerar a «delegação tácita» como uma verdadeira delegação administrativa.

e na linha de tradição legislativa consolidada, o n.º 4 do artigo 6.º da *Lei Orgânica do XXI Governo Constitucional* determina que "a competência atribuída por lei ao Conselho de Ministros, no âmbito dos assuntos correntes da Administração Pública, considera-se delegada no Primeiro-Ministro"[49]; ainda maior nitidez assume, quanto a este aspeto, o n.º 3 do artigo 38.º da LQIP, de acordo com o qual "[se considera] delegada nos conselhos directivos dos institutos públicos dotados de autonomia financeira a competência para autorização de despesas que, nos termos da lei, só possam ser autorizadas pelo membro do Governo da tutela, sem prejuízo de este poder, a qualquer momento, revogar ou limitar tal delegação de poderes".

Do mesmo modo, não constitui igualmente uma delegação *administrativa* a habilitação para o exercício de poderes públicos por entidades privadas constante de ato *legislativo*. Estas situações não correspondem a uma delegação (*hoc sensu*), mas antes à atribuição *legal* de um poder público. Considere-se, por exemplo, o disposto nas alíneas *c)* e *d)* do n.º 2 do artigo 12.º dos *Estatutos da Administração do Porto da Figueira da Foz, S. A.*[50], que outorgam ao respetivo conselho de administração a competência para elaborar os regulamentos necessários à exploração dos portos, bem como os regulamentos relativos às atividades portuárias ou às atividades com estas diretamente relacionadas, respeitantes a movimento de navios e de mercadorias, a armazenagem e outras prestações de serviços, como fornecimento de água, energia elétrica, combustíveis e aluguer de equipamentos.

Também não corresponde a uma delegação no sentido apontado a denominada *delegação de assinatura (ou de firma)*. Nestas hipóteses, o impropriamente designado "delegante" não transfere o exercício da competência para outro órgão, limitando-se o subalterno ou coadjutor a *assinar, em nome e em representação* do primeiro, os atos que lhe são imputados de forma exclusiva. Esta "delegação" encontra lastro no texto do ato, onde aparece, em regra, a alusão à circunstância de o "delegado" estar a assinar "pelo" titular da competência. Pode questionar-se a admissibilidade

[49] O preceito acrescenta ainda "com faculdade de subdelegação em qualquer membro do Governo" – diferentemente do segmento citado em texto, este último inciso normativo reporta-se a uma verdadeira delegação de competências.

[50] Aprovados pelo Decreto-Lei n.º 210/2008, de 3 de novembro.

desta situação fora dos casos em que se encontre prevista por lei, na medida em que a alínea *g)* do n.º 1 do artigo 151.º do CPA expressamente exige, como menção obrigatória constante dos atos administrativos, a assinatura do autor do ato ou do presidente do órgão colegial de que emane[51]. O legislador já tem consagrado a figura da delegação de assinatura em situações específicas: assim, *v. g.*, o n.º 3 do artigo 9.º do *Estatuto do Pessoal Dirigente* prevê a possibilidade de "delegação de assinatura da correspondência ou de expediente necessário à mera instrução dos processos" em qualquer trabalhador em funções públicas.

c) Efeitos e natureza jurídica da delegação

Embora se afigure inegável a natureza externa da delegação (na medida em que contende, embora ao abrigo de uma habilitação legal, com a distribuição e o exercício de poderes públicos *com eficácia externa*), não existe uma unanimidade doutrinal quanto aos efeitos da delegação, oscilando entre as compreensões como *(i)* ato de autorização para o exercício de uma competência que já existe, por atribuição legal, na titularidade do delegado, carecendo apenas de autorização para a exercer, que funciona como condição suspensiva desse exercício[52]; *(ii)* como ato de transferência da competência do delegante para o delegado[53]; ou *(iii)* como ato de transferência do exercício da competência[54]. Como resulta da noção de delegação que avançámos logo no início deste número, entendemo-la como uma figura destinada a transferir para o delegado o exercício de uma competência, que se mantém na titularidade do delegante; ou, dizendo de outro modo, como ato que possibilita que o delegado exerça,

[51] Cf. M. Esteves de Oliveira/Pedro Gonçalves/Pacheco de Amorim, *Código...*, cit., p. 214.

[52] Cf. A. Gonçalves Pereira, *Da Delegação de Poderes em Direito Administrativo*, Coimbra Editora, Coimbra, 1960, pp. 23 e ss.; Marcello Caetano, *Manual de Direito Administrativo*, 10.ª ed. (reimp.), tomo. I, Almedina, Coimbra, 2001, p. 226; Sérvulo Correia, *Noções de Direito Administrativo*, Editora Danúbio, Lisboa, 1982, p. 223; João Caupers/Vera Eiró, *Introdução...*, cit., pp. 162 e s. (em coerência com a conceção defendida pelos Autores de que, no horizonte do recorte de um conceito de delegação, o relevo incide na vontade do delegante e não no ato de delegação); e, de certo modo, Paulo Otero, *A Competência Delegada no Direito Administrativo Português: Conceito, Natureza e Regime*, AAFDL, Lisboa, 1987, esp.te pp. 677 e ss..

[53] M. Esteves de Oliveira/Pedro Gonçalves/Pacheco de Amorim, *Código...*, cit., p. 210.

[54] Rogério Soares, *Direito...*, cit., p. 258; Vieira de Andrade, *Lições...*, cit., pp. 101 e s.; Freitas do Amaral, *Curso...*, vol. I, cit., pp. 714 e ss..

em nome próprio, uma competência alheia. Estamos, pois, diante da figura da concessão constitutiva[55].

Quando efetuada por ato unilateral, tem-se revelado controvertida a natureza jurídica da delegação como ato normativo[56]. Trata-se de uma questão de algum modo entrelaçada com a anterior. Assim, *v. g.*, quando se entenda que a delegação constitui uma forma de transferir a competência do delegante para o delegado, compreende-se a conceção da mesma como ato de natureza normativa ou paranormativa, *i. e.*, enquanto ato destinado a operar uma redistribuição de competências (também normativamente) pré-fixadas[57]. Ora, a delegação não interfere na arquitetura de poderes legalmente estabelecida, constituindo antes um mecanismo que permite aos órgãos flexibilizar o funcionamento da Administração; neste sentido, a transferência do exercício de competências assume-se, no mínimo, como ato individual, encontrando-se identificado o respetivo destinatário (o delegado). Não ignoramos, porém, que é afetado pela delegação de competências um número indeterminado de situações (em regra, especificado apenas tipologicamente), salvo quando a delegação respeita apenas à prática de uma concreta ou de um conjunto delimitado de medidas administrativas[58]. Considerando ambos os aspetos, apontamos no sentido de que a delegação configura, em regra, um *ato de natureza híbrida* (individual e abstrato), reconduzível à categoria dos «atos abstratos», com todas as dificuldades de qualificação a ela inerentes[59].

Quando a delegação se concretiza através de um ato unilateral (e não através de um contrato) suscitam-se ainda questões adicionais relacio-

[55] Vieira de ANDRADE, *Lições...*, cit., p. 102.

[56] Sobre as diversas posições doutrinais nesta matéria, *v.* Paulo OTERO, *A Competência...*, cit., pp. 160 e ss..

[57] Assim, M. Esteves de OLIVEIRA/Pedro GONÇALVES/Pacheco de AMORIM, *Código...*, cit., p. 215.

[58] *V.* também A. Salgado de MATOS, «A Natureza...», cit., p. 150, que, por este motivo, concebe a delegação como um ato de duplo efeito (interno e externo), assumindo-se, no plano externo, como um regulamento administrativo (*Op. cit.*, p. 151).

[59] Não é por acaso que, no direito francês, a delegação integra a categoria (ambígua) das *décisions d'espèce*, embora a jurisprudência as aproxime das normas regulamentares por razões de proteção dos administrados: por um lado, garantir que a eficácia da delegação ficava dependente da publicação; por outro lado, permitir a invocação a todo o tempo dos vícios que eventualmente a afetem. Cf. CHAPUS, *Droit Administratif Général*, tomo 1, 15.ª ed., Montchrestien, Paris, 2001, p. 533.

nadas com o facto de o órgão delegado não intervir na decisão de delegar – o que conduz, desde logo, a refletir se este se encontra vinculado a exercer a competência delegada. Se esta vinculação surge como natural quando a delegação ocorre no interior de uma relação de hierarquia (em que o superior hierárquico delega competências no subalterno), não se revelará tão evidente quando entre os órgãos interceda uma relação de independência ou nos casos de delegação intersubjetiva.

d) Regime jurídico da delegação

Importa agora recortar o regime jurídico da delegação. O facto de, como apontámos, o regime jurídico constante do CPA se reportar à delegação de competências interorgânica vai determinar que as nossas preocupações incidam agora precipuamente sobre esta figura.

1) Sujeitos da delegação – Os polos subjetivos da delegação enquanto relação jurídica administrativa são constituídos por dois órgãos administrativos ou por um órgão e um agente[60] estruturalmente incluídos na mesma pessoa coletiva pública ou ainda por dois órgãos[61] de diferentes pessoas coletivas (cf. artigo 44.º, n.º 1, do CPA), ou por um órgão colegial e o respetivo presidente (cf. artigo 44.º, n.º 4, do CPA), ou também por um órgão colegial num dos seus membros ou em agentes dele dependentes, no caso das delegações para assunção de poderes deliberativos no âmbito de uma conferência procedimental (cf. artigo 79.º, n.º 5, do CPA)[62].

[60] Para este efeito, o n.º 2 do artigo 44.º apresenta agora uma noção de agente, suficientemente lata para abranger todos os colaboradores da Administração Pública que, a qualquer título, exerçam funções públicas ao serviço da pessoa coletiva em que se inserem, em regime de subordinação jurídica. Assim, *v. g.*, o artigo 21.º dos *Estatutos da Autoridade da Concorrência* (aprovados pelo Decreto-Lei n.º 115/2014, de 18 de agosto) preveem que o conselho de administração pode delegar poderes em um ou mais dos seus membros, acrescentando que estes têm a possibilidade de *subdelegar em titulares de cargos de direção ou equiparados e em trabalhadores.*

[61] Mas já não um órgão *e um agente* de *outra* pessoa coletiva pública: pretende-se com esta restrição obviar ao desequilíbrio das relações hierárquicas dentro da entidade pública a que pertence o delegado (assim, Sérvulo Correia, «Artigo 44.º», cit., p. 93.

[62] Criticando esta solução, por a considerar "excessivamente pesada e burocrática", na medida em que pressupõe a observância dos vários pressupostos da delegação contemplados nos artigos 44.º e seguintes (desde logo, a publicidade), *v.* João Tiago Silveira, «A Simplificação...», cit., p. 219.

Independentemente da relação que existia entre delegado e delegante antes do ato de delegação (ou mesmo da ausência dessa relação), este último institui entre ambos uma relação jurídica nova e diferente da anterior (caso existisse), que prevalece, *no âmbito dos poderes delegados* (e só neste), sobre ela e está dotada de um regime jurídico próprio. Todavia, tal não significa o integral apagamento da relação anterior, não se subvertendo, neste sentido, a arquitetura organizatória da Administração Pública: eis um dos motivos pelos quais as alíneas *a)* e *b)* do artigo 45.º do CPA incluem no rol dos poderes de indelegáveis quer "a globalidade dos poderes do delegante", quer "os poderes suscetíveis de serem exercidos sobre o próprio delegado". Assim, *v. g.*, se entre o delegante e o delegado existir uma relação de hierarquia, não pode o superior delegar no subalterno o poder disciplinar que sobre este exercer, sob pena de, numa *reductio ad absurdum*, o subalterno ter de exercer tal poder sobre si próprio.

O delegado pode, mediante autorização do delegante, subdelegar as competências em causa, exceto se solução diferente resultar da lei (cf. artigo 46.º, n.º 1, do CPA); por sua vez, o n.º 2 do artigo 46.º do CPA autoriza ainda uma segunda subdelegação, que tem como limites a existência de disposição legal em contrário ou a reserva expressa do delegante ou subdelegante. Em qualquer destas hipóteses – primeira e segunda subdelegações –, constrói-se entre todos os sujeitos envolvidos (delegante, delegado/subdelegante e subdelegado) uma relação jurídica complexa, em cujo conteúdo se localiza uma teia de poderes e deveres recíprocos e cruzados.

2) Habilitação normativa – A possibilidade de delegação de competências depende de uma habilitação legal nesse sentido, que indique qual o círculo de poderes delegáveis, acrescentando, em regra, qual o órgão ou agente em que os mesmos podem ser delegados. Assim, *v. g.*, o n.º 4 do artigo 92.º do RJIES estabelece que o reitor ou presidente das instituições de ensino superior podem delegar (apenas) nos vice-reitores ou vice-presidentes e nos órgãos de gestão da instituição ou das suas unidades orgânicas as competências que se revelem necessárias a uma gestão mais eficiente[63]. No que tange à delegação de poderes no horizonte das

[63] Todavia, e embora a regra consista na identificação, pela lei habilitante, dos órgãos em que determinada competência se pode delegar (ou subdelegar), hipóteses existem em que se

regiões autónomas e das autarquias locais, o próprio texto constitucional estabelece que a mesma apenas pode ocorrer *"nos casos e nos termos expressamente previstos na Constituição e na lei"* (cf. artigo 111.º, n.º 2, da CRP)[64].

A exigência de habilitação legal para a delegação constitui uma consequência do princípio da *indisponibilidade (irrenunciabilidade e inalienabilidade) das competências* (cf. artigo 36.º do CPA) e do facto de a atribuição de poderes aos órgãos administrativos equivaler à outorga de *poderes-deveres* ou *poderes funcionais*, que o órgão deve exercer sempre que o interesse público assim o exija. Quer dizer, as vantagens comportadas pela delegação sob a ótica da divisão de poderes no horizonte da organização administrativa justificam que, não obstante aquela interferir na repartição (do exercício) de competências[65], o princípio da indisponibilidade ainda a consinta, desde que respeitados os requisitos legais, tal como ressalva, *ex professo*, o n.º 2 do artigo 36.º do CPA.

O requisito da habilitação legal não significa, porém, a necessidade de existir uma disposição legislativa que preveja uma específica delegação de certas competências em determinados órgãos, admitindo-se as designadas «habilitações genéricas»[66]. Assim, e desde logo, o n.º 3 do artigo 44.º do CPA consagra uma habilitação, com contornos bastante amplos, para a delegação da competência (nos imediatos inferiores hierárquicos,

prescinda desta identificação: o próprio n.º 2 do artigo 46.º do CPA parece apontar neste sentido, efetuando uma referência genérica à possibilidade de o subdelegado subdelegar as competências que lhe tenham sido delegadas, não mencionando os órgãos ou agentes relativamente aos quais esta subdelegação operará.

[64] Ainda que o termo «delegação» revista, neste preceito, um alcance bem mais amplo que o conceito com que estamos a operar: *v.* Jorge MIRANDA, «Artigo 111.º», in: Jorge MIRANDA/ Rui MEDEIROS, *Constituição Portuguesa Anotada*, tomo II, Coimbra Editora, Coimbra, 2006, p. 254. Ademais (mas também por este motivo), se estiver em causa uma competência prevista pela Constituição, apenas a Lei Fundamental poderá assumir a função de norma habilitante para a delegação (cf. Gomes CANOTILHO/Vital MOREIRA, *Constituição da República Portuguesa Anotada*, 4.ª ed., vol. II, Coimbra Editora, Coimbra, 2010, p. 48; Jorge MIRANDA, «Artigo 111.º», cit., loc. cit.).

No ordenamento francês, existem situações de delegação administrativa previstas na *Constitution*: assim acontece no § 2 do artigo 21, onde que permite a delegação de poderes do primeiro-ministro nos ministros (diferente deste é o § 4 do artigo 13, quando estabelece a possibilidade de delegação do poder presidencial de provimento, mas remete a definição das respetivas condições para lei orgânica). Cf. CHAPUS, *Droit...*, cit., pp. 208 e s., 218.

[65] A doutrina alemã trata a delegação como um caso de *Zuständigkeitsverlagerung* – cf. JESTAEDT, «Grundbegriff...», cit., p. 991.

[66] Freitas do AMARAL, *Curso...*, vol. I, cit., p. 699.

adjuntos ou substitutos) para a prática de *atos de administração ordinária relativamente a determinadas matérias*; assim, mesmo na ausência de outra norma legislativa, pode um órgão, ao abrigo do n.º 4 do artigo 44.º do CPA, delegar no imediato inferior hierárquico, adjunto ou substituto (suplente) o exercício de uma «competência ordinária», onde se incluem os atos instrumentais e de execução da «competência decisória»[67] (se não estivesse expressamente consagrada – e hoje como um dever de delegação –, caberia nesta previsão normativa a delegação da competência para a direção do procedimento – cf. artigo 55.º, n.º 2, do CPA). Idêntica solução vigora, nos termos do n.º 5 do artigo 44.º do CPA, para a delegação de poderes dos órgãos colegiais nos respetivos presidentes.

Por fim, o artigo 46.º do CPA permite concluir que a existência de uma habilitação legal de delegação traz implícita a permissão de duas subdelegações – para as quais, por conseguinte, se não revela imprescindível uma previsão expressa.

Considerando que, nos termos do n.º 1 do artigo 36.º do CPA, a competência é definida por lei ou *por regulamento*, nada impedirá que a norma habilitante para a delegação tenha natureza regulamentar; todavia, e por consequência, tal apenas se revelará admissível se a norma atributiva da competência constar também de regulamento administrativo (fundado, evidentemente, na lei). Por esse motivo, aludimos, na sequência da doutrina[68], à imprescindibilidade de uma habilitação *normativa*, e não necessariamente de uma habilitação legal.

A circunstância de a delegação pressupor uma habilitação legal prévia implica, nesta matéria, uma perspetivação dos diferentes planos normativos. Quer dizer, os parâmetros de vinculação (cuja observância condiciona a

[67] *V.* M. Esteves de Oliveira/Pedro Gonçalves/Pacheco de Amorim, *Código...*, cit., pp. 217 e s.. Já nos afastamos de Freitas do Amaral (*Curso...*, vol. I, cit., p. 845), quando inclui no conceito os atos vinculados ou "cuja discricionariedade não tenha significado ou alcance inovador na orientação geral da entidade pública a que pertence o órgão"; efetivamente, a tónica da noção de «atos de administração extraordinária» (por oposição ao de «atos de administração ordinária») reside na titularidade da «força ou poder constitutivo» da decisão (utilizando esta expressão, ainda que a outro propósito, cf. Sandulli, «In Tema di Provvedimenti Ministeriale su Delibera del Consiglio dei Ministri» e «Appunti per un Studio sui Piani Regolatori», *apud* Scoca, «La Teoria del Provvedimento dalla sua Formulazione alla Legge sul Procedimento», in: *Diritto Amministrativo*, 1995, p. 33, n. 76).

[68] M. Esteves de Oliveira/Pedro Gonçalves/Pacheco de Amorim, *Código...*, cit., p. 215.

validade) do ato de delegação no nível legislativo não se restringem ao CPA, como regime geral, ou às disposições especiais que preveem a possibilidade de delegação, mas incluem igualmente a norma habilitante (da delegação), que funciona como "centro normativo da delegabilidade concreta"[69]. Certas delegações de poderes pressupõem ainda a intermediação de outras atuações (*v. g.*, um contrato) entre a habilitação normativa e o ato de delegação: eis o que sucede com as delegações de órgão colegial nos seus membros, ou em agentes dele dependente, dos poderes necessários ao funcionamento de conferências procedimentais, as quais hão de estar previstas no ato que institui a possibilidade de realização de conferências procedimentais no âmbito de cada tipo de procedimento – ato esse que pode revestir a forma de contrato interadministrativo [cf. artigo 78.º, n.º 3, alínea *c)*, conjugado com o n.º 1, do CPA].

A ausência de norma habilitante para a delegação torna-a inválida, atentando contra o princípio da irrenunciabilidade e inalienabilidade da competência. Em concreto, por envolver a renúncia ao exercício da competência, padece de nulidade a delegação efetuada sem habilitação legal (cf. artigo 36.º, n.º 2, do CPA). Por sua vez, os atos praticados ao abrigo de uma delegação nula estão igualmente afetados por uma causa de invalidade – agora associada ao sujeito: a incompetência –, encontrando-se feridos de anulabilidade, nos termos gerais do n.º 1 do artigo 163.º do CPA.

3) *Poderes delegáveis* – Importa agora atentar no universo dos poderes cujo exercício se revela *delegável*. Em parte, o conceito consagrado no n.º 1 do artigo 44.º já opera uma delineação desses poderes, quando, na sua parte final, considera que a delegação se destina a permitir que o delegado pratique atos administrativos sobre a matéria normalmente incluída nas competências do delegante. Atente-se, porém, na exclusão do *Tatbestand* dos artigos 44.º e seguintes da delegação da competência regulamentar: trata-se de uma consequência da dupla configuração do regulamento como fonte de direito e forma de ação administrativa, a qual

[69] Sérvulo Correia, «Artigo 45.º», in: Fausto de Quadros/Sérvulo Correia/Rui Machete/Vieira de Andrade, Maria da Glória Garcia/M. Aroso de Almeida/Políbio Henriques/José Miguel Sardinha, *Comentários à Revisão do Código do Procedimento Administrativo*, Almedina, Coimbra, 2016, p. 98.

importa um regime diferenciado e com requisitos diversos dos constantes deste capítulo do CPA[70].

Cristalizando algumas dos contributos doutrinais nesta matéria, do artigo 45.º do CPA, sob a epígrafe "poderes indelegáveis", decorrem três limites ao objeto da delegação[71]. Por um lado, não se admite a transferência do exercício da globalidade dos poderes de delegante: não só se trata de enfatizar que a delegação não extingue a relação anteriormente existente entre delegante e delegado (cf., *supra*, neste ponto, 1), como também de impedir o esvaziamento total das competências de um órgão no interior da arquitetura ou estrutura organizatória da pessoa coletiva em que se insere[72].

Por outro lado, também se revelam indelegáveis (por natureza[73]) os poderes suscetíveis de serem exercidos *sobre o próprio delegado*. Subjacente a este limite encontra-se a necessidade de preservar quer a relação interorgânica existente antes da delegação relativamente a dimensões em que esta não pode tocar (*v. g.*, se entre o delegante e o delegado existir uma relação de hierarquia, não pode o superior delegar no subalterno o poder disciplinar que sobre este exerce), quer os próprios poderes do delegante inerentes à relação de delegação constantes do artigo 49.º. Uma solução diversa implicaria, numa *reductio ad absurdum*, que o órgão delegado tivesse de exercer tais poderes sobre si próprio.

[70] Talqualmente salientámos noutro lugar (cf. o nosso trabalho «A Delegação...», cit., pp. 219 e ss.), a compreensão da delegação do poder regulamentar envolve dificuldades acrescidas, em virtude da ausência de uniformidade terminológica no direito comparado (que dificulta o confronto entre institutos congéneres com *nomines* diversos e o distanciamento entre institutos distintos, mas com designações similares) – tornando imprescindível a autonomização do conceito de delegação (administrativa) do poder regulamentar em face de outras realidades: atribuição (constitucional) do poder regulamentar; atribuição (legislativa) do poder regulamentar; e reconhecimento e condicionamentos (legislativos) do poder regulamentar.

[71] Criticando, de modo contundente, este preceito, *v.* A. Salgado de Matos, «A Delegação...», cit., pp. 432 e ss.. Cf. ainda A. Sousa Pinheiro/Tiago Serrão/Marco Caldeira/José Duarte Coimbra, *Questões Fundamentais para a Aplicação do CPA*, Almedina, Coimbra, 2015, pp. 112 e s..

[72] Cf. Fazio, *La Delega Amministrativa e i Rapporti di Delegazioni*, Giuffrè, Milano, 1964, p. 88; entre nós, louvando-se também neste Autor, Sérvulo Correia, «Artigo 45.º», cit., p. 96. *V.*, porém, as objeções de A. Salgado de Matos, «A Natureza...», cit., pp. 144 e ss., e «A Delegação...», cit., pp. 432 e s..

[73] Sérvulo Correia, «Artigo 45.º», cit., p. 99.

Por último, impede-se que sejam delegados poderes que, quando exercidos pelo delegado, extravasem o âmbito da respetiva competência territorial. Trata-se de inviabilizar que, por força da delegação de poderes entre dois órgãos, fique afetada a competência territorial de um terceiro órgão ou agente, perturbando a repartição de competências entre órgãos cujo âmbito de ação se circunscreve a uma determinada parcela do território nacional[74].

O ato através do qual se pretendam delegar poderes indelegáveis padece de invalidade: apresentando um conteúdo impossível (na medida em que contrariam uma proibição legal imperativa[75]), tal delegação estará ferida de nulidade, nos termos da alínea *b)* do n.º 2 do artigo 161.º do CPA.

4) Ato de delegação – A disciplina do ato de delegação de competências obedece aos requisitos especiais contemplados no artigo 47.º do CPA, os quais se reportam ao conteúdo e à forma do ato, todos eles informados pelos imperativos da transparência e da *accountability*[76], facilitando o controlo da sua legalidade.

De acordo com o n.º 1, do ato de delegação devem constar, de modo especificado e por via positiva[77], os poderes delegados ou subdelegados, ou quais os atos que o delegado ou subdelegado pode praticar, assim como a norma atributiva do poder delegado e aquela que habilita o órgão a delegar. A necessidade de especificação dos poderes a delegar encontra ainda lastro na circunstância de, nos termos da já mencionada alínea *a)* do artigo 45.º, se proibir a delegação da globalidade dos poderes do delegante[78]. Pode questionar-se se a ausência de uma das menções exigidas pelo n.º 1 do artigo 47.º implica, de plano, a invalidade do ato de delegação. Considerando que os requisitos constantes do preceito em análise

[74] Cf. já A. Gonçalves Pereira, «A Delegação...», cit., p. 31; M. Esteves de Oliveira/Pedro Gonçalves/Pacheco de Amorim, *Código...*, cit., p. 220.

[75] Considerando que o conteúdo do ato é impossível quando os efeitos visados contrariam uma proibição legal imperativa, *v.* Vieira de Andrade, *Lições...*, cit., p. 210.

[76] Sérvulo Correia, «Artigo 47.º», in: Fausto de Quadros/Sérvulo Correia/Rui Machete/Vieira de Andrade, Maria da Glória Garcia/M. Aroso de Almeida/Políbio Henriques/José Miguel Sardinha, *Comentários...*, cit., p. 101.

[77] Assim, Freitas do Amaral, *Curso...*, vol. I, cit., p. 701.

[78] Neste sentido, já A. Salgado de Matos, «A Delegação...», cit., p. 433. *V.*, porém, Sérvulo Correia, «Artigo 45.º», cit., p. 97.

assumem naturezas distintas (formal e material), a resposta àquela questão variará em função dos elementos omitidos: se a falta de referência à norma atributiva do poder delegado e/ou à norma que habilita o órgão a delegar (que constitui uma exigência meramente formal) não deverá determinar a invalidade da delegação[79], mas apenas a sua irregularidade (desde que, evidentemente, ambas as normas existam), já a ausência da especificação dos poderes delegados, na medida em que consubstancia um requisito de caráter material, relativo ao conteúdo do ato, merecerá outra solução. Com efeito, a opção por uma fórmula genérica, que não explicite o verdadeiro alcance da delegação, estará vulnerada por um vício de conteúdo, numa das suas dimensões mais graves (conteúdo ininteligível), que origina a nulidade do ato [cf. artigo 161.º, n.º 2, alínea *c)*, do CPA][80].

A eficácia da delegação depende da sua publicitação (cf. também artigo 158.º, n.º 2, do CPA). O n.º 2 do artigo 44.º do CPA prevê a publicação do ato nos termos gerais do artigo 159.º, *i. e.*, a publicação no *Diário da República* ou na publicação oficial da entidade pública (quando exista), e na Internet, no sítio institucional da entidade em causa.

5) Poderes do delegante (ou subdelegante) e do delegado (ou subdelegado) – O facto de o delegante transferir o exercício da sua competência para o delegado, criando, entre ambos, uma relação jurídica nova impõe uma referência aos poderes de que, *no contexto desta relação*, ambos são titulares.

5.1) Poderes do delegante (ou subedelegante) – Em geral, os poderes conferidos ao delegante podem enquadrar-se na categoria ampla de poderes de supervisão. Encontrando-se a competência conferida ao órgão delegante (e inexistindo uma transferência da mesma para a esfera do delegado) exige que aquele detenha um conjunto de poderes dirigidos

[79] Repare-se, porém, na diferença que se verifica entre a falta de menção da norma habilitante para a delegação de competências (ilegalidade, determinante de uma irregularidade) e a falta de menção da norma habilitante para a emissão de regulamentos (inconstitucionalidade, originadora de uma nulidade.

[80] Embora sem aludirem ao problema da invalidade (e respetiva consequência jurídica) do ato que proceda a uma delegação genérica de competências, M. Esteves de Oliveira/Pedro Gonçalves/Pacheco de Amorim (*Código...*, cit., p. 223) defendem que a mesma é "ilegal e impotente para sustentar actos ao abrigo de delegações de competência".

a monitorizar o exercício da competência por este. Marcello Caetano[81] aludia, inclusivamente, a um poder de *vigiar* o uso dos poderes delegados, cuja existência se assume como imprescindível, sob pena de a delegação implicar uma alienação de poderes. Entre os poderes do delegante contam-se:

i) Emissão de diretrizes e instruções – O n.º 1 do artigo 49.º do CPA prevê que o delegante (ou subdelegante) possa emitir diretivas ou instruções vinculativas relativas ao modo como devem ser exercidos os poderes delegados (ou subdelegados). Tal significa que o exercício da competência delegada se encontra sujeito à orientação do delegante: por um lado, existe um espaço decisório próprio do delegado quanto à adoção (ou não) de determinada medida; por outro lado, encontra-se sujeito a tomar em consideração as orientações do delegante, cumprindo os objetivos e as finalidades por este fixados.

O incumprimento das diretrizes e instruções emanadas pelo delegante origina consequências de diversos tipos, que passam, *v. g.*, pela cessação da relação de delegação ou pela revogação dos atos praticados pelo delegado. Pode questionar-se se a inobservância destas orientações pode conduzir à invalidade dos atos administrativos; as dificuldades resultam do facto de aquelas constituírem elementos *interiores* ao funcionamento da Administração e cuja existência é determinada pela garantia da articulação entre delegante e delegado, especialmente importante quando se perfilha a tese (que adotámos) segundo a qual a delegação consubstancia um instrumento dirigido à transferência do exercício da competência, que se mantém na titularidade do delegante. Neste sentido, a emissão de diretrizes e instruções representa uma manifestação da titularidade competencial do delegante, eventualmente até um elemento coadjuvante da interpretação das cláusulas dos atos praticados pelo delegado[82], mas não um parâmetro de validade dos atos do delegado.

[81] Marcello CAETANO, *Manual...*, vol. I, cit., p. 550.

[82] Estas diretivas e instruções, por traduzirem uma orientação do delegante relativamente aos atos a praticar pelo delegado, podem configurar-se como "orientações que comportem enquadramento estratégico da atividade administrativa", para efeitos da *Lei de Acesso aos Documentos Administrativos* (Lei n.º 26/2016, de 22 de agosto). Ora, nos termos da alínea *c)* do n.º 1 do artigo 10.º deste diploma, na medida em que tais orientações constituam "informação cujo conhecimento seja relevante para garantir a transparência da atividade relacionada com o funcionamento [da entidade administrativa]" [cf. subalínea *iii)*] e, como qualidade,

ii) Avocação – A avocação destina-se a permitir ao delegante exercer um poder cujo exercício havia transferido, relativamente a procedimento(s) ou ato(s) determinado(s)., encontrando-se prevista na primeira parte do n.º 2 do artigo 49.º do CPA. Associar a delegação à transferência do exercício do poder determina que, enquanto a delegação estiver em vigor, e salvo decisão em contrário do delegante (manifestável em qualquer momento), não coexiste uma dupla possibilidade de exercício (pelo delegante e pelo delegado) da competência delegada. Trata-se de uma consideração que permanece plena de sentido, quer quando se trate de uma delegação no interior da Administração, quer ao nível da delegação de poderes públicos numa entidade privada. Uma solução contrária afigurar-se-nos-ia contrária aos princípios da racionalidade do *agere* administrativo e da boa administração.

A figura da *avocação*, embora permita ao delegante exercer um poder cujo exercício transferiu, possui uma natureza constitutiva (e não meramente declarativa); quer dizer, o exercício da competência delegada pressupõe um ato formal (expresso) de avocação[83], sem o qual o delegante (que possui a titularidade da competência) não detém *legitimação* para agir[84], encontrando-se o ato praticado pelo delegante ferido de *invalidade*.

deverão ser publicitadas publicitam nos sítios institucionais na Internet, de forma periódica e atualizada, no mínimo semestralmente (cf. n.º 1, proémio) nos termos técnicos previstos nos n.ᵒˢ 2 e 3, permanecendo disponíveis durante dois anos ou, no caso das autarquias locais, pelo período correspondente à duração de cada mandato, excluindo o período de vigência, quando seja o caso, ou durante o tempo adequado à divulgação satisfatória dos seus conteúdos, se superior (cf. n.º 4).

[83] O qual, sob pena de ofensa aos princípios da transparência e da boa fé, há de constituir objeto de alguma publicidade, para que os interessados no(s) procedimento(s) administrativo(s) afetados tenham conhecimento (*v. g.*, mediante notificação) de que o exercício da competência em causa passou para o seu titular original. Trata-se de uma consequência do facto de que, tendo a delegação interferido na repartição (do exercício) de poderes e, como tal, havendo constituído objeto de publicidade, também a "recuperação" pontual do exercício da competência pelo delegante deverá ser dada a conhecer.
V. também M. Esteves de OLIVEIRA/Pedro GONÇALVES/Pacheco de AMORIM, *Código...*, cit., p. 231. Em sentido diferente, considerando que a avocação pode ser feita por escrito, oralmente ou mediante retenção do processo pelo delegante, cf. Freitas do AMARAL, *Curso...*, vol. I, cit., p. 703, n. 701.

[84] Rejeitamos, pois, a ideia de que o ato praticado pelo delegante se encontre ferido de *incompetência* (cf., *v. g.*, quanto à delegação interorgânica, M. Esteves de OLIVEIRA/Pedro GONÇALVES/Pacheco de AMORIM, *Código...*, cit., p. 230, comentário V ao artigo 39.º), justamente por termos considerado que o delegante não transfere para o delegado a *competência*.

E não se estranhe esta solução quando confrontada com a propugnada no ponto anterior, relativamente à validade dos atos praticados pelo delegado, desconsiderando as diretrizes e as instruções do delegante. Reconhecemos que a avocação constitui *também* um ato que ocorre no contexto interno da relação de delegação – à semelhança do que sucede com aquelas. Todavia, e ao contrário das orientações do delegante, a delegação de competências possui simultaneamente uma natureza externa (recorde-se que a mesma constitui um ato administrativo), interferindo na repartição (do exercício) de poderes e, como tal, constituindo objeto de publicidade.

Problema diverso consiste em saber se a prática do ato correspondente ao exercício da competência delegada pode conter em si o ato de avocação, altura em que nos depararíamos com uma *avocação tácita*[85]. Sem escamotearmos as dificuldades suscitadas, da ótica da organização administrativa e da relação com o delegado, pelo facto de o delegante não avocar expressamente o exercício da competência, inclinamo-nos a admitir tal possibilidade, fazendo-a preceder, no procedimento administrativo, da ponderação da existência de uma relação de delegação, dos interesses públicos subjacentes à respetiva constituição e das necessidades que determinam a decisão de avocação; a estas exigências adicionamos, porém, mais uma: a da verificação de uma situação de *urgência*, que impeça uma avocação expressa ou torne incomportável a sua adoção para os interesses (públicos e privados) em presença.

iii) Anulação, revogação e substituição dos atos praticados pelo delegado – Talqualmente resulta do n.º 2 do artigo 49.º do CPA, o delegante tem o poder para revogar[86] e anular os atos praticados pelo delegado, ao abrigo

Esta posição permite igualmente superar as críticas de A. Salgado de Matos, «A Natureza...», cit., p. 140.

[85] Relativamente ao conceito de ato tácito, cf. Rogério Soares, *Direito...*, cit., p. 310. Sobre esta situação também se debruçou A. Salgado de Matos, «A Natureza...», cit., pp. 158 e ss., sob a designação de «avocação implícita», cuja solução seguimos em parte.

[86] Vieira de Andrade («A "Revisão" dos Actos Administrativos no Direito Português», in: *Procedimiento Administrativo*, Escola Galega de Administración Pública, s. l., s. d., p. 149) aventou já se não se ensaiaria um modelo mais efetivo de desconcentração administrativa caso se limitassem os poderes de revogação do delegante, mantendo como regra apenas poderes irrestritos de anulação.

da delegação de competências [cf. ainda artigo 169.º, n.º 4, do CPA], por iniciativa própria ou a instâncias do interessado, desde logo, mediante a interposição do recurso administrativo especial nos termos do n.º 2 do artigo 199.º do CPA (cf., *infra*, 4.9.). A anulação e a revogação podem vir acompanhadas da substituição do ato praticado pelo delegado.

Embora a alteração e a substituição se encontrem tratadas conjugadamente no artigo 173.º do CPA, o artigo 49.º não contempla, propositadamente, o poder do delegante para alterar os atos do delegado. Explicita Sérvulo Correia[87] que inerente a esta solução se encontra a ideia segundo a qual a admissibilidade da alteração do ato do delegado pelo delegante envolveria o exercício conjunto (ou o co-exercício) da competência dispositiva (delegada) por ambos os órgãos, diversamente do que sucede com a substituição que, pressupondo sempre (no mínimo, de forma implícita) a revogação ou anulação do ato, traduz o exercício de uma competência de controlo, própria do delegante. Subsistem, contudo, dúvidas sobre este entendimento. Na verdade, quer a substituição, quer a modificação implicam que o órgão tenha competência dispositiva sobre a matéria[88], exigindo mais que uma competência de controlo. Ademais, a modificação determinará sempre a prática de um novo ato pelo delegante, cujo conteúdo recupera (alguns) elementos do ato do delegado. Quer quando a modificação se traduza na simples amputação de uma parcela do conteúdo do ato do delegado (subsistindo o resto do ato)[89], quer quando associe uma parte do conteúdo do ato inicial com cláusulas novas, o delegante não estará a exercer a competência dispositiva *em conjunto com o delegado*, mas antes a exercer a sua competência dispositiva (que nunca perdeu) no âmbito de um procedimento de segundo grau, eliminando ou destruindo, total ou parcialmente, o ato do delegado, e, simultaneamente, definindo, de forma autoritária, o direito aplicável ao caso jurídico que se encontrava subjacente ao ato primário – uma consideração que não será posta em causa pela circunstância de o

[87] Sérvulo Correia, «Artigo 49.º», cit., pp. 103 e s..

[88] Cf. M. Esteves de Oliveira/Pedro Gonçalves/Pacheco de Amorim, *Código...*, cit., p. 695, comentário I ao artigo 147.º; M. Rebelo de Sousa/A. Salgado de Matos, *Direito Administrativo Geral*, tomo III, 2.ª ed., D. Quixote, Alfragide, 2009, pp. 199 e 210.

[89] O que se revelará admissível em atos de conteúdo divisível.

delegante não praticar um ato com um conteúdo totalmente distinto do ato do delegado[90].

iv) Revogação da delegação – O delegante pode, a qualquer momento, fazer cessar a delegação através da respetiva revogação [cf. artigo 50.º, alínea *a)*, do CPA]. Retornaremos a este poder já a seguir, no contexto das causas de extinção da delegação (cf., *infra*, 6).

5.2) Poderes do delegado – Em primeiro lugar, sobre este impende poder-dever de exercer a competência delegada[91]; por este motivo, o n.º 2 do artigo 67.º do CPTA, não esquece de incluir, no recorte dos pressupostos da ação de condenação à prática de ato devido, a situação de falta de resposta a requerimento dirigido a delegante (ou subdelegante), a qual é imputada ao delegado (ou subdelegado).

O delegado tem ainda, nos termos da parte final do n.º 4 do artigo 169.º do CPA, o poder para, enquanto vigorar a delegação, anular e revogar os seus atos. Mas a conceção da delegação enquanto ato dirigido à transferência do exercício da competência do delegante para o delegado exige ainda que a anulação e a revogação operadas pelo delegado possam incidir sobre atos do delegante, desde logo quando estes foram praticados antes[92] da relação de delegação[93].

4) Atos praticados ao abrigo da delegação – Nos termos do n.º 5 do artigo 44.º, os atos praticados ao abrigo da delegação (ou da subdelegação)

[90] Admitindo, expressamente, a modificação de atos do delegado pelo delegante, *v.* M. Rebelo de Sousa/A. Salgado de Matos, *Direito...*, tomo III, cit., p. 212, com a particularidade de não conceber a modificação como resultado do exercício do poder de supervisão. No quadro do novo CPA, cf. também A. Sousa Pinheiro/Tiago Serrão/Marco Caldeira/José Duarte Coimbra, *Questões...*, cit., p. 304.

[91] Rogério Soares, *Direito...*, cit., p. 261. *V.*, já à luz do regime atual (que não infirmou o anterior), A. Salgado de Matos, «A Delegação...», cit., p. 426.

[92] Assim, M. Esteves de Oliveira/Pedro Gonçalves/Pacheco de Amorim, *Código...*, cit., pp. 228, 232 e 687; e, *a contrario*, Freitas do Amaral, *Curso...*, vol. II, cit., p. 401.

[93] Em sentido diverso, considerando esta possibilidade uma "perversão da relação de supra-infraordenação subjacente à delegação", *v.* M. Rebelo de Sousa/A. Salgado de Matos, *Direito...*, tomo III, cit., p. 203. Parece-nos, porém, que, pelo se circunscreveremos os poderes de revogação ou anulação do delegado a atos praticados em momento anterior à relação de delegação, esta não ficará verdadeiramente afetada; no fundo, está apenas a retirar-se todas as consequências de, *neste momento*, o exercício daquela competência estar separado da sua titularidade.

"valem como se tivessem sido praticados" pelo delegante (ou subdelegante). Trata-se de uma prescrição que tem gerado algumas perplexidades, em virtude da equivocidade gerada pelo seu teor literal[94]. Com efeito, não se pretende afirmar que se imputem ao delegante os atos do delegado (pois tal implicaria assimilar a delegação à representação), mas antes salientar que estes beneficiam do mesmo regime jurídico (substantivo e adjetivo) de que gozariam se tivessem sido praticados pelo delegante; ou, nas palavras elegantes de Rogério Soares[95], a delegação "[funda-se] na suposição duma equivalência entre a actuação do delegado e a que teria sido realizada pelo delegante. Se os actos a praticar não têm carácter vinculado, o segundo órgão goza duma total discricionariedade. E devem entender-se como manifestação da competência reconhecida ao delegante e, se era caso disso, apresentarem a mesma definitividade dos que ele praticaria"[96].

Quanto aos requisitos dos atos praticados ao abrigo da delegação, a única exigência que o CPA impõe aos atos praticados ao abrigo da delegação reveste natureza formal e traduz-se na menção da qualidade de delegado no uso da delegação [cf. artigos 48.º, n.º 1, e 151.º, n.º 1, alínea *a)*]. Esta previsão desempenha o papel de permitir aos destinatários do ato conhecer que o mesmo foi praticado ao abrigo de uma competência delegada.

A inobservância (ou a observância defeituosa) desta exigência formal não conduz, porém, à invalidade do ato administrativo, embora tenha consequências. Desde logo, nos termos da parte final do n.º 4 do artigo 60.º do CPTA, a omissão ou eventuais erros quanto à existência de delegação ou subdelegação de poderes não são oponíveis aos interessados,

[94] Cf. A. Salgado de Matos, «O Projecto...», cit., pp. 29 e 44, e «A Delegação...», cit., pp. 438 e s.. *V.* também A. Sousa Pinheiro/Tiago Serrão/Marco Caldeira/José Duarte Coimbra, *Questões...*, cit., pp. 111 e s..

[95] Rogério Soares, *Direito...*, cit., p. 261.

[96] Era, sobretudo, este ponto (definitividade vertical) o que mais preocupava a doutrina, antes da eliminação, como regra, do recurso hierárquico necessário: assim, M. Esteves de Oliveira/Pedro Gonçalves/Pacheco de Amorim, *Código...*, cit., p. 232.

Assim interpretado, o n.º 5 do artigo 44.º corresponde à doutrina consolidada: *v.* também Marcello Caetano, *Manual...*, vol. I, cit., p. 228; Freitas do Amaral, *Curso...*, vol. I, cit., p. 706; Sérvulo Correia, «Artigo 44.º», cit., p. 94; Paulo Otero, *Conceito e Fundamento da Hierarquia Administrativa*, Coimbra Editora, Coimbra, 1992, p. 249.

os quais não podem, em homenagem ao princípio da boa fé[97], ser *processualmente prejudicados* por tal omissão ou erros[98]. Neste sentido, se o interessado tiver impugnado o ato administrativo talqualmente o mesmo resultou da notificação, abre-se-lhe a possibilidade de corrigir ou substituir a petição; se ainda não houver deduzido impugnação, pode o particular, a partir do conhecimento da delegação, impugnar agora o ato, iniciando-se a contagem do prazo para intentar a ação administrativa. Atualmente, e considerando, em especial, que a boa fé integra os princípios gerais da atividade administrativa, associando-o o Código, no que tange ao regime do procedimento administrativo, aos imperativos de cooperação e boa fé procedimental (cf. artigos 10.º e 60.º do CPA) o n.º 2 do artigo 48.º do CPA surge infundido por idêntica axiologia[99]. Este preceito prevê consequências mais amplas (que não se restringem a aspetos processuais), esclarecendo que, em geral, a falta de menção ou a menção incorreta da existência e do conteúdo da delegação não pode prejudicar os interessados no exercício dos seus direitos pelo desconhecimento da existência da delegação.

6) Extinção da delegação – O artigo 50.º do CPA prevê três formas de extinção da delegação: a revogação, a anulação e a caducidade.

i) O delegante detém, evidentemente, o poder de, a qualquer momento, fazer cessar a delegação através da respetiva revogação [cf. artigo 50.º, alínea *a)*, do CPA]. Não escamoteamos que, em certos momentos, a revogação da delegação possa representar ainda o exercício dos poderes de supervisão: na verdade, um dos fatores determinantes para a prática daquele ato pode consistir no sancionamento da conduta do delegado, resultante da inobservância das diretivas ou instruções (revogação san-

[97] Neste sentido, também Freitas do Amaral, *Curso...*, vol. I, cit., p. 705.

[98] Cf. M. Esteves de Oliveira/Pedro Gonçalves/Pacheco de Amorim, *Código...*, cit., pp. 398 e s., cujas soluções adotamos. *V.* ainda M. Aroso de Almeida/Carlos Cadilha, *Comentário...*, cit., p. 409.

[99] Cf. Sérvulo Correia, «Artigo 48.º», in: Fausto de Quadros/Sérvulo Correia/Rui Machete/Vieira de Andrade, Maria da Glória Garcia/M. Aroso de Almeida/Políbio Henriques/José Miguel Sardinha, *Comentários...*, cit., p. 102. Trata-se de uma disposição consonante com o sentido que inspira a norma mais genérica do artigo 41.º (recuperado também pelo n.º 2 do artigo 109.º), que alivia os particulares do ónus do conhecimento da complexa arquitetura orgânica da Administração Pública.

cionatória). Todavia, os motivos que levam o delegante a revogar a delegação podem assumir as feições mais variadas – desde a reorganização de tarefas à reformulação do juízo de conveniência para o interesse público. Precisamente porque estamos diante de uma delegação *administrativa* – operada, como salientámos, através de um ato da Administração praticado por um órgão administrativo –, este último conserva sempre o poder de delegar, que coenvolve o poder de não delegar ou deixar de delegar[100]. A manutenção da competência na titularidade do delegante constitui a *ratio* que subjaz a esta possibilidade, podendo mesmo afirmar-se que a delegação constitui um ato livremente revogável[101], atenta a sua natureza precária[102]. Por se tratar do *contrarius actus* da delegação (*hoc sensu*), e em obediência ao princípio do paralelismo das formas, deverá a respetiva revogação ser publicitada, nos termos exigidos para a primeira, sob pena de ineficácia. Porque estamos diante de uma revogação, os respetivos efeitos produzem-se, e regra, *ex nunc* (cf. artigo 171.º, n.º 1, do CPA), não afetando, naturalmente, os atos praticados na vigência da relação de delegação.

ii) A anulação diz respeito aos casos em que a delegação foi praticada com um qualquer vício invalidante (determinante da sua anulabilidade)[103] e visa a destruição, *ex tunc*, dos efeitos dessa delegação (cf. artigo 165.º, n.º 2, do CPA). Em virtude da sua eficácia retroativa, esta causa de extinção implica reflexões adicionais sobre o destino dos atos praticados ao abrigo da delegação anulada.

A resposta mais imediata aponta no sentido de que, quando a delegação é destruída retroativamente por força da anulação, os atos praticados pelo "delegado" padecerão de um vício do sujeito: se estiver em causa uma delegação interorgânica, tratar-se-á de uma incompetência,

[100] Cf. também Fazio, *La Delega...*, cit., pp. 32 e ss..

[101] Neste sentido, M. Esteves de Oliveira/Pedro Gonçalves/Pacheco de Amorim (*Código...*, cit., p. 233) afirmam que a revogação da delegação não tem que ser fundamentada.

[102] Assim, Freitas do Amaral, *Curso...*, vol. I, cit., pp. 696 e 707. Se quisermos invocar a terminologia alemã, esta delegação assume-se como uma *unechte Delegation, i. e.*, como uma delegação em que o delegante mantém o poder de recuperação (do exercício) da competência (cf. Stelkens/Bonk/Sachs, *Verwaltungsverfahrensgesetz*, cit., § 4, número de margem 41).

[103] Por motivos óbvios, o artigo 50.º não contempla a declaração de nulidade como uma das causas de extinção da delegação: a nulidade determina a improdutividade jurídica do ato *ab initio*, independentemente da declaração de nulidade (cf. artigo 162.º, n.º 1, do CPA).

determinante da anulabilidade dos atos; nos casos de delegação intersubjetiva, deparar-nos-emos com um vício de falta de atribuições, cuja consequência se reconduz à nulidade [cf. artigo 161.º, n.º 2, alínea *b)*, do CPA]. Na primeira hipótese revelar-se-á viável a sanação por *ratificação* dos atos. Com efeito, e como decorre do artigo 164.º do CPA, a ratificação apresenta-se como o instituto adequado para sanar o vício de incompetência de um ato; basta, para tanto, que o órgão competente para a sua adoção (cf. artigo 164.º, n.º 3, do CPA) o ratifique, *i. e.*, pratique, dentro do prazo para anulação administrativa [cf. artigo 168.º, *ex vi* artigo 164.º, n.º 1, do CPA], um ato secundário, confirmando o primeiro ato.

Todavia, poder-se-á questionar se não será aplicável, neste horizonte, o regime dos atos consequentes (cf. também, *infra*, sobre a invalidade derivada, Texto XI, 2.3.1.2.), e se entre a delegação e os atos praticados à sua sombra existirá uma relação de prejudicialidade, assumindo-se a primeira como ato prejudicial ou pressuposto dos segundos, na medida em que lógico-juridicamente anterior a eles. Sublinha-se, em geral, que o ato pressuposto deve reunir um conjunto de características: *(i)* além de ser dotado de *autonomia substantiva ou funcional* face ao ato prejudicado[104], *(ii)* tem de se assumir como um ato no qual se funda o ato prejudicado[105] (*necessidade ou anterioridade lógico-jurídica*[106]), *(iii)* implicando os efeitos da sua invalidade uma *afetação, autónoma e direta, da consistência do ato prejudicado*. Esta relação de prejudicialidade pressupõe, em regra, uma conexão material entre os atos.

Entre a delegação e os atos praticados pelo delegado não parece existir verdadeiramente uma ligação substancial deste tipo, que permita afirmar que a prática do primeiro tenha influenciado o conteúdo dos segundos. Contudo, é interessante verificar que, no direito italiano, em matéria de invalidade derivada dos atos administrativos, se esboça uma distinção entre *ilegitimidade caducante* – a qual opera quando o primeiro ato consubstancia o pressuposto necessário e único de outros atos, constituindo a exclusiva razão da sua existência – e *ilegitimidade meramente invalidante* (a

[104] Cf. Alberto Xavier, *Conceito e Natureza do Acto Tributário*, Almedina, Coimbra, 1972, pp. 255, p. 255. Parece também inclinar-se neste sentido Alessi, *Sistema Istituzionale del Diritto Amministrativo Italiano*, 3.ª ed., Giuffrè Editore, Milano, 1960, p. 359.

[105] Nestes termos, Santi Romano, *Corso di Diritto Amministrativo*, 2.ª ed., Cedam, Padova, 1932, p. 274.

[106] Alberto Xavier, *Conceito...*, cit., p. 255.

regra, aliás, em matéria de invalidade derivada), reservada para os demais casos em que existe uma relação entre ato pressuposto e ato consequencial[107]. O ato de delegação parece incluir-se nesta última categoria, sendo, para alguma doutrina, qualificado como ato pressuposto que se reflete num dos momentos estruturais do ato administrativo: o sujeito[108]. Embora dotado de autonomia funcional relativamente aos atos praticados à sua sombra (revestindo, por isso mesmo, também a natureza de ato administrativo), a delegação "determina atributos essenciais inerentes à qualificação do sujeito", exercendo uma "influência essencial e direta sobre o ato que o pressupõe"[109]. A defender-se esta perspetiva, o problema dos atos emanados ao abrigo de uma delegação anulada poderia receber solução à luz do artigo 172.º do CPA, conjugado com o artigo 173.º do CPTA. De ambos os preceitos (em especial, dos respetivos n.os 2 e 3) conclui-se, em primeiro lugar, que a Administração terá o dever de anular os atos consequentes e, por conseguinte, os atos praticados pelo delegado apenas padecerão de invalidade se a sua manutenção for incompatível com a reconstituição da situação atual hipotética – a permitir a subsistência de alguns desses atos, como sucederia, desde logo, com os atos estritamente vinculados cuja prática também se imporia, *ex vi legis*, ao delegante. O n.º 3 do artigo 172.º permite, ademais, salvaguardar a situação jurídica dos beneficiários de boa fé[110] de atos consequentes praticados há mais de um

[107] Trata-se de uma destrinça com efeitos práticos relevantes: enquanto os atos feridos de ilegitimidade caducante caem (perdem a sua eficácia) automaticamente (*i.e.*, sem necessidade de impugnação) – daí aludir-se a um *efeito caducante* –, os atos afetados por uma ilegitimidade meramente invalidante necessitam de ser objeto de impugnação – a determinar a referência a um *efeito simplesmente viciante*. Sobre esta matéria, cf. MATTARELA, «Il Provvedimento», in: CASSESE (dir.), *Trattato di Diritto Amministrativo*, tomo I, Giuffrè Editore, Milão, 2000, pp. 739 e s. (equacionando a transposição desta perspetiva para a relação entre regulamento e ato administrativo a pp. 891 e s.); BELLOMO, *Manuale di Diritto Amministrativo*, vol. 2, CEDAM, Padova, 2009, p. 426.

[108] Assim, SANDULLI, *Il Procedimento Amministrativo*, reimp., Giuffrè Editore, Milano, 1964, pp 60 e ss., e, mencionando expressamente, a delegação de poderes, p. 65 (demonstrando, *inter alia*, que, tratando-se este tipo de atos como pressupostos, não constituem, porém, atos instrumentais).

[109] SANDULLI, *Il Procedimento...*, cit., pp. 63 e 64, respetivamente.

[110] Cf., sobre estes beneficiários de boa fé, M. Aroso de ALMEIDA, *Teoria Geral do Direito Administrativo*, 5.ª ed., Almedina, Coimbra, 2018, pp. 322 e ss.. Hão de estar em causa terceiros "alheios à disputa sobre o acto principal" (M. Esteves de OLIVEIRA/Pedro GONÇALVES/Pacheco de AMORIM, *Código...*, cit., p. 651). Em qualquer caso, estamos diante de um

ano, cuja anulação produziria danos de difícil ou impossível reparação e revelaria uma desproporção entre o interesse (daqueles beneficiários de boa fé) na manutenção da situação real e o interesse na concretização dos efeitos da anulação: nesta hipótese, ultrapassado o prazo de um ano (contado, nos termos do n.º 2 do artigo 168.º, da data da respetiva emissão), os atos praticados pelo delegado já não poderiam ser anulados, nem mesmo como consequência da anulação da delegação.

iii) A última causa de extinção surge enunciada na alínea *b)* do artigo 50.º do CPA, quando estabelece que a delegação *caduca* em consequência de se terem esgotados os seus efeitos (pense-se, *v. g.*, numa delegação sujeita a termo final ou a condição resolutiva) ou em virtude da mudança de titulares dos órgãos delegante (subdelegante) ou delegado (subdelegado) – trata-se, quanto a este último aspeto, de um corolário do caráter *intuitu personæ* da delegação, bem como do princípio da indisponibilidade da competência[111].

«conceito funcional-material» que reclama uma "ponderação dos interesses presentes nas situações da vida cuja reconstituição é determinada pela anulação de um acto administrativo" [Vieira de ANDRADE, «Actos Consequentes e Execução de Sentença Anulatória (Um Caso Exemplar em Matéria de Funcionalismo Público)», in: *Revista Jurídica da Universidade Moderna*, ano I, n.º 1, 1998, p. 37].

[111] Vieira de ANDRADE, *Lições...*, cit., p. 101.

Texto VIII
Procedimento Administrativo

1. Noção de procedimento administrativo

Consubstancia um dado mais ou menos empírico que o «fenómeno do vir a ser de qualquer efeito jurídico»[1] é precedido de uma coleção articulada de factos. A ação da Administração Pública constitui um *resultado*. Esta conceção pressupõe que toda a ação administrativa seja precedida de um conjunto de atos, lógica e sequencialmente ordenados segundo uma tramitação, em ordem à produção de um determinado resultado – designadamente, um regulamento administrativo, um ato administrativo ou um contrato administrativo –, dando corpo ao *procedimento administrativo*. Num sentido similar, o legislador define procedimento administrativo como "a sucessão ordenada de atos e formalidades tendentes à formação, manifestação e execução da vontade dos órgãos da Administração Pública" (cf. artigo 1.º, n.º 1, do CPA).

A necessária conjugação entre ação e procedimento emerge por três motivos fundamentais: por um lado, decorre do facto de os sujeitos públicos da relação jurídica administrativa constituírem pessoas *coletivas* (e não pessoas singulares), fator que implica a dispersão (inclusive no interior da mesma entidade) de centros de imputação e de responsabilidades pela prossecução de interesses e, por conseguinte, exige que a ação administrativa – enquanto cristalização regulativa de determinado

[1] Cf. Sandulli, *Il Procedimento Administrativo*, reimp., Giuffrè Editore, Milano, 1964, p. 4.

aspeto da vida social – traduza a confluência das manifestações de todos eles; por outro lado, resulta do imperativo da racionalização da atividade administrativa, que intima à ordenação temporal e materialmente sequenciada dos diversos atos que precedem uma ação administrativa; por último, advém das exigências (pressupostas, em simultâneo, pelo princípio do Estado de direito e pelo princípio democrático) de participação dos particulares no desenvolvimento da atividade administrativa.

A diversidade e a pluralidade de atuações e de atores presentes no procedimento administrativo permitem, pois, elegê-lo como palco para a aquisição e tratamento da informação imprescindível à ação administrativa, alcançável através do estabelecimento de contactos entre Administração e particulares e entre entes administrativos[2].

O procedimento assume-se, pois, como o «vir-a-ser» da ação administrativa. Neste horizonte, as noções apresentadas permitem identificar os três *topoi* essenciais para a compreensão do sentido do procedimento:

a) A existência de um *conjunto de atos*: a referência à sucessão de formalidades implica que, no respetivo desenvolvimento, o procedimento contenha atos *provenientes de entidades diversas* e dotados de *diferente natureza jurídica*. A tramitação procedimental alberga atos dos particulares [*v. g.*, requerimento (cf. artigo 102.º do CPA), prestação de informações no âmbito da instrução (cf. artigo 118.º do CPA)] e atos da Administração, os quais podem revestir natureza jurídica diferenciada: ato administrativo (*v. g.*, autorizações constitutivas de legitimação, aprovações), contrato administrativo (*v. g.*, os acordos endoprocedimentais a que se referem os artigos 57.º e 98.º, n.º 2), outros atos jurídicos (*v. g.*, pareceres – cf. artigos 91.º e seguinte), operações materiais (*v. g.*, realização de certas diligências instrutórias: inspeções, vistorias);

b) A *conexão complementar-finalística entre atos procedimentais*: os vários atos procedimentais encontram-se teleogicamente relacionados e sequencialmente previstos em função de um escopo ou uma finalidade comum – o resultado consubstanciado na prática de um ato jurídico (ou na realização de uma operação material). Ainda que independentes, tais atos estabelecem relações de complementari-

[2] Cf. SCHMIDT-ASSMANN, *Das Allgemeines Verwaltungsrecht...*, cit., p. 305; WALLERATH, *Allgemeines Verwaltungsrecht*, cit., pp. 417 e s..

dade, por se encontrarem interligados em vista da função comum que, em conjunto, desempenham. Esta conexão apresenta-se fisicamente (*lato sensu*, abrangendo também o suporte informático) traduzida no *processo administrativo*, enquanto conjunto de documentos, devidamente ordenados, que corporizam os vários atos e formalidades integrados no procedimento administrativo (cf. artigo 1.º, n.º 2, do CPA).

c) A produção de um *resultado unitário*: a circunstância de os atos procedimentais visarem um determinado resultado jurídico (uma ação administrativa) conhece reflexos nas relações que aqueles estabelecem com este. Nesta medida, a relação entre atos procedimentais e a ação final do procedimento possui repercussões em sede de *perfeição*, *validade* e *eficácia* desta última:

i. a perfeição da ação administrativa depende do cumprimento dos trâmites necessários à formação da respetiva *fattispecie* constitutiva, *i.e.*, pressupõe que se tenha concluído a fase constitutiva do procedimento;

ii. a validade da ação administrativa encontra-se, *inter alia*, sujeita à observância da tramitação procedimental e à legalidade dos atos procedimentais praticados (ainda que nem todas as hipóteses em que se verifiquem ilegalidades durante o procedimento impliquem a invalidade da ação administrativa final);

iii. a eficácia da ação administrativa carece, em alguns casos, da prática de atos procedimentais posteriores ao momento constitutivo [*v. g.*, aprovações; publicação, quando legalmente exigida (cf. artigo 158.º, n.º 2, do CPA)].

2. A procedimentalização da atividade administrativa e o lugar dos regimes procedimentais nas «fontes do Direito Administrativo»

A submissão a regras jurídicas de processo ou de procedimento da atividade pública constitui uma das mais antigas decorrências do princípio da submissão do poder ao direito. Ao contrário dos particulares – relativamente aos quais se não pode assacar, em geral, uma «responsabilidade procedimental»[3] –, a ação dos poderes públicos encontra-se subordi-

[3] Cf., sobre a ideia da ausência de uma específica *Verfahrensverantwortung Privater*, Appel, «Privatverfahren», in: Hoffmann-Riem/Schmidt-Assmann/Vosskuhle, *Grundlagen des Verwaltungsrechts*, 2.ª ed., vol. II, Beck, München, 2012, p. 861.

nada a normas de processo ou procedimento, como forma de tutela dos direitos (*individual rights, freedoms/liberties, civil rights, droit fondamentaux*) dos cidadãos[4]. Se, cronologicamente, as primeiras afirmações desta ideia se reportavam ao exercício do poder judicial (em especial, aos processos criminais), as exigências de sentido deste princípio já reclamavam a sua extensão a todas as formas de atuação pública, incluindo de natureza legislativa e administrativa.

O princípio da procedimentalização de toda a atividade administrativa assume uma posição fulcral no âmbito do Direito Administrativo. Neste sentido, o n.º 5 do artigo 267.º da Constituição vincula o legislador a elaborar um diploma sobre o processamento da atividade administrativa, tendo como coordenadas a racionalização dos meios e a participação dos cidadãos. Efetivamente, a procedimentalização da atividade administrativa explica-se pela associação ao princípio democrático e ao princípio do Estado de direito («função democrática» e «função de Estado de direito»[5]).

A previsão de um procedimento dirigido à adoção de qualquer ação administrativa consubstancia (ela própria) não só uma garantia dos administrados, como também uma garantia da juridicidade e da otimização da ação da Administração[6]. Embora a relevância do procedimento seja, sobretudo, focada pela perspetiva do ato administrativo, o mesmo assume importância capital no domínio dos regulamentos administrativos (como o demonstrou recentemente a reforma do CPA), em consonância com a ideia de que não existe apenas um procedimento administrativo, mas *vários* procedimento*s* administrativo*s*[7].

[4] Cf., *v. g.*, ZOLO, «The Rule of Law: A Critical Reappraisal», in: COSTA/ZOLO (eds.), *The Rule of Law – History, Theory and Criticism*, Springer, Dordrecht, 2007, pp. 3 e ss..

[5] Cf. Gomes CANOTILHO, «Procedimento Administrativo e Defesa do Ambiente», in: *Revista de Legislação e Jurisprudência*, ano 123.º, 1990, p. 135. Densificando também a função democrática do procedimento administrativo, cf. SCHMIDT-ASSMANN, «Verwaltungsverfahren», in: ISENSEE/KIRCHOF, *Handbuch des Staatsrechts*, 3.ª ed., vol. V, C. F. Müller, Heidelberg/München/Landsberg/Berlin, 2007, pp. 540 e ss..

[6] Cf. OSSENBÜHL, «Verwaltungsverfahren zwischen Verwaltungseffizienz und Rechtsschutzauftrag», in: *Neue Zeitschrift für Verwaltungsrecht*, fasc. 9, ano 1.º, setembro 1982, pp. 465 e s..

[7] *V.* também BARNES, «Sobre el Procedimiento Administrativo: Evolución y Perspectivas», in: J. BARNES (ed.), *Innovación y Reforma en el Derecho Administrativo*, Global Law Press, Sevilla, 2006, pp. 295 e s..

Como principiámos por esclarecer, toda a ação administrativa é precedida de um procedimento. Trata-se de uma ideia que se deve considerar acolhida no n.º 3 do artigo 2.º do CPA, que determina a aplicação dos "princípios gerais da atividade administrativa" (onde se incluem, como veremos, princípios relativos ao procedimento), bem como das normas que concretizam preceitos constitucionais (nas quais se contam as normas disciplinadoras do procedimento, enquanto densificação do citado n.º 5 do artigo 267.º da CRP), *a toda e qualquer atuação da Administração Pública*.

Existem, contudo, exceções à procedimentalização[8], entre as quais se destaca o estado de necessidade («estado de necessidade procedimental»[9]). Neste sentido, o n.º 2 do artigo 3.º do CPA estabelece a convalidação dos atos administrativos praticados em estado de necessidade, com preterição das normas estabelecidas no Código, desde que os seus resultados não pudessem ter sido alcançados de outro modo e garantida que fique a indemnização dos lesados.

Atente-se, porém, em que nem todas as regras do procedimento podem ser preteridas: ainda quando não se defenda uma hierarquização das regras do CPA, poder-se-ão considerar inafastáveis, mesmo em estado de necessidade, disposições que constituem uma expressão de princípios normativos fundamentais da ação administrativa e que concretizam preceitos constitucionais, sem prejuízo das exceções expressamente contempladas pelo legislador[10].

3. O valor jurídico próprio do procedimento: as funções do procedimento administrativo

O procedimento administrativo tem um valor jurídico próprio ou autónomo (*Eigenwert*)[11]. A conceção do procedimento administrativo como

[8] Entre nós, cf. também M. Rebelo de Sousa/A. Salgado de Matos, *Direito...*, tomo III, cit., p. 53.

[9] Paulo Otero, *Direito do Procedimento Administrativo*, vol. I, Almedina, Coimbra, 2016, p. 131.

[10] Cf. Paulo Otero, *Direito...*, cit., p. 378. Cf. ainda, num sentido não inteiramente coincidente, *v.* Paulo Otero, *Legalidade...*, cit., pp. 999 e s..

[11] Neste sentido se orienta a doutrina alemã mais recente: como atestam os contributos de Gurlit e Fehling na sessão de 2010 da *Vereinigung der Deutschen Staatsrechtslehrer*, ambos subordinados ao tema «Eigenwert des Verfahrens im Verwaltungsrecht» («Valor Próprio do Procedimento no Direito Administrativo»), in: *Der Schutzauftrag des Rechts – Veröffentlichungen der Vereinigung der Deutschen Staatsrechtslehrer*, n.º 70, De Gruyter, Berlin/Boston, 2011,

dotado de um valor jurídico próprio traz ínsita a ideia de que aquele desempenha um conjunto de funções, no contexto do exercício da ação administrativa.

a) *Prestabilidade dogmática* – O procedimento administrativo constitui um dos "padrões de ordenação" (*Ordnungsmuster*)[12] do Direito Administrativo (a par da teoria das formas, da teoria da relação jurídica administrativa ou da teoria dos parâmetros). É neste sentido que se norteia a referência à «função servidora» (*dienende Funktion, serving function*) do procedimento administrativo.

b) *Racionalização e método* – Cabe à ordenação sequencial dos atos que antecedem a ação administrativa – ordenação essa pressuposta pelo procedimento – uma importante tarefa de racionalização do desenvolvimento da atividade administrativa[13].

c) *Garantia* – A tutela dos particulares associada ao procedimento assume um carácter dual. Por um lado, a introdução de trâmites procedimentais (atente-se, paradigmaticamente, nos momentos de participação dos interessados – cf. artigos 100.º e seguinte, 121.º e seguintes, do CPA) serve a defesa dos particulares; no mesmo sentido milita igualmente a circunstância de a preparação da ação administrativa final exigir os contributos dos cidadãos. Por outro lado, existem procedimentos especificamente dirigidos à reapreciação (em termos de legalidade e mérito) das ações da Administração (cf. as garantias administrativas constantes dos artigos 184.º e seguintes do CPA)[14];

d) *Comunicação entre os sujeitos* – O procedimento assume-se hoje como um «paradigma da comunicação» (*Kommunikationsparadigma*[15]) ou como um «sistema de interacção»[16] e, como tal, permite que sejam levados ao conhecimento da entidade responsável pela ação administrativa em causa todos os elementos imprescin-

pp. 227 ss. e pp. 278 e ss., respetivamente. Cf. também Wallerath, *Allgemeines Verwaltungsrecht*, cit., p. 417.

[12] Schmidt-Assmann, «Der Verfahrensgedanke...», cit., p. 491. Cf. também Schmidt-Assmann, *Das Allgemeine Verwaltungsrecht...*, cit., pp. 297 e ss., esp.te pp. 305 e ss..

[13] Gomes Canotilho («Procedimento...», cit., p. 267) alude a uma «função metódica».

[14] Cf. Schmidt-Assmann, *Das Allgemeine Verwaltungsrecht...*, cit., p. 307.

[15] Schmidt-Assmann, «Verfahrensbegriff...», cit., p. 492.

[16] Gomes Canotilho, «Procedimento...», cit., p. 265.

díveis à respetiva adoção. Esta comunicação projeta-se quer no interior da Administração (como o demonstra a figura do auxílio administrativo, prevista no artigo 66.º do CPA), quer na relação desta com os particulares, prosseguindo, neste último domínio, as associadas funções de participação e transparência;

e) *Coordenação (de interesses públicos e privados)* – Ao propiciar a intervenção de vários entes administrativos, bem como a participação dos particulares, o procedimento destina-se a viabilizar a conciliação, na ação administrativa final, dos interesses polarizados por aqueles sujeitos;

f) *Justeza* – O procedimento administrativo tem como propósito assegurar que o *iter* tendente à adoção de determinada ação administrativa obedece à ideia de *due process*, enquanto cláusula de garantia da regularidade procedimental[17]. Com reminiscências na célebre máxima latina (atribuída a Júlio César) – *"Mulier Cæsaris non fit suspecta etiam suspicione vacare debet"* –, a disciplina normativa do procedimento destina-se a garantir não apenas a adoção de uma ação com um conteúdo justo, mas também a existência de uma ação adotada de modo justo. É neste sentido que se pode aludir a um princípio de justeza procedimental (*Verfahrensfairness*)[18] e associá-lo à ideia de criação de um ambiente de confiança que não ignora a existência de uma relação jurídica (administrativa) procedimental[19].

g) *Pacificação* – A intervenção dos titulares dos vários interesses em jogo no procedimento e, em especial, dos destinatários da ação administrativa em causa promove a aceitação ou a adesão e, como tal, tem como propósito a redução da conflitualidade ulterior e, como tal, do recurso aos tribunais administrativos para a resolução de litígios jurídico-administrativos. Esta função é plenamente

[17] Aqui reside o sentido originário da garantia do *due process of law*, no contexto dos processos jurisdicionais – cf., *v. g.*, Graglia, «Originalism and the Constitution: Does Originalism Always Provide the Answer?», in: *Harvard Journal of Law & Public Policy*, n.º 1, vol. 34, inverno 2011, p. 77, contrapondo esta aceção à que decorre da doutrina do *"substantive due process"*.

[18] Cf. Schneider, «Strukturen und Typen von Verwaltungsverfahren», in: Hoffmann-Riem/Schmidt-Assmann/Vosskuhle, *Grundlagen des Verwaltungsrechts*, 2.ª ed., vol. II, Beck, München, 2012, p. 579.

[19] Cf. Ipsen, *Allgemeines Verwaltungsverfahren*, cit., p. 231.

alcançada nos procedimentos que conhecem a figura da *mediação*, caracterizada pela presença de um mediador que, durante o procedimento, organiza, assegura e modera o debate entre as autoridades administrativas e entre estas e os particulares, efetuando propostas de solução, com o objetivo de atingir o consenso entre todos os intervenientes[20].

Contribui ainda para alcançar o desiderato pacificador a existência de mecanismos de controlo endoprocedimentais (autocontrolo da Administração), destinados a evitar a adoção ou a vigência de uma ação administrativa ilegal: considerem-se as hipóteses em que a eficácia de um ato jurídico se encontra dependente de aprovação ou em que a tramitação procedimental pressupõe a emissão de um parecer dos serviços jurídicos de determinada entidade.

3.1. Tipos de procedimentos administrativos

À assinalada multifuncionalidade do procedimento não se revela alheia a pluralidade da tipologia procedimental. Podem ilustrar-se os tipos de procedimentos administrativos segundo vários critérios:

a) Regime jurídico aplicável – Este critério permite estabelecer uma dicotomia entre *procedimento comum* e *procedimentos singulares*[21]. O primeiro conceito identifica a tramitação procedimental de que comunga toda a ação administrativa (e cujos traços essenciais delinearemos no ponto 4), permitindo a referência a um "procedimento *standard* da Administração executiva" (*Standardverfahren des gesetzesvollziehenden Verwaltung*)[22], desenhado em função de uma tramitação organizada em três fases: fase preparatória, fase constitutiva e fase integrativa de eficácia. Os procedimentos singulares respeitam à tramitação procedimental específica das formas de ação administrativa em causa.

[20] Sobre este instituto, cf. Pitschas, «Mediation als Methode und Instrument der Konfliktmittlung im Öffentlichen Sektor», in: *Neue Zeitschrift für Verwaltungsrecht*, 2004, pp. 396 e ss.; Schneider, «Strukturen...», cit., pp. 604 e s.; Appel, «Privatverfahren», cit., pp. 862 e ss.; Pünder, «Verwaltungsverfahren», Pünder, «Verwaltungsverfahren», in: Erichsen/Ehlers (org.), *Allgemeines Verwaltungsrecht*, 14.ª ed., De Gruyter, Berlin/New York, 2010, pp. 568 e ss..

[21] Cf., sobre esta terminologia, García Rubio, *Procedimiento Administrativo Común y Procedimientos Singulares*, La Ley/El Consultor de los Ayuntamientos, Madrid, 2010.

[22] Schmidt-Assmann, «Der Verfahrensgedanke...», cit., p. 493.

O critério em análise traduz ainda a distinção entre os *procedimentos gerais (ou tipo)*[23] e os *procedimentos especiais*. No interior dos processos singulares, é possível destrinçar entre os procedimentos gerais, mobilizáveis para todas as atuações administrativas reconduzíveis a uma *forma* de ação, e os procedimentos especiais, decorrentes da previsão de uma tramitação especial para a produção de certos tipos de efeitos ou no âmbito de determinadas matérias. Assim, *v. g.*, de acordo com este critério, o procedimento delineado nos artigos 102.º e seguintes do CPA constitui o procedimento geral tendente à prática de atos administrativos, em contraposição ao procedimento especial relativo à atribuição de «licenças» (atos administrativos) de uso privativo de recursos hídricos, previstos no Decreto-Lei n.º 226-A/2007, de 31 de maio, ou aos procedimentos disciplinares, contemplado nos artigos 194.º e seguintes da LGTFP. Por sua vez, o procedimento previsto nos artigos 97.º e seguintes do CPA consubstancia o procedimento geral dirigido à emanação de regulamentos administrativos, por oposição ao procedimento de emissão dos regulamentos das entidades reguladoras contemplado no artigo 41.º da LQER.

b) Grau de vinculação administrativa – Nem sempre o procedimento administrativo tem de se encontrar totalmente fixado pelo legislador, havendo, em alguns casos, espaço para a atribuição de *discricionariedade procedimental*. Torna-se, por isso, viável uma distinção entre *procedimentos formalizados* e *procedimentos não formalizados*[24]: nos primeiros, o rito procedimental está pré-determinado pela lei, nas suas especificidades ou, com maior abertura, nas suas grandes fases; nos segundos, o legislador, estabelecendo apenas qual a ação a adotar e qual o órgão competente, permite que a Administração conforme o *iter* procedimental, conferindo-lhe uma margem de autonomia para definir e organizar os trâmites a seguir com o objetivo de alcançar a adoção da ação que melhor se adeque à prossecução do interesse público.

Compreende-se que a tramitação de alguns procedimentos se deva encontrar pré-determinada pelo legislador – assim sucederá nos casos em que a construção da decisão dependa do material adquirido durante o procedimento ou em que este último represente uma expressão de

[23] Cf. Parejo Alfonso, *Lecciones de Derecho Administrativo*, 9.ª ed., Tirant lo Blanch, Valencia, 2018, p. 688.
[24] Cf. também Ipsen, *Allgemeines Verwaltungsrecht*, cit., p. 226.

garantias dos cidadãos: considerem-se, exemplificativamente, os procedimentos sancionatórios e os procedimentos de resolução de litígios. Nas demais hipóteses, e sem prejuízo de um desenho geral do procedimento constante do CPA, afigura-se transponível para o direito português a ideia subjacente ao §10 da *Verwaltungsverfahrensgesetz*, segundo o qual o procedimento não se encontra vinculado à tramitação de um conjunto de formalidades específicas, devendo ser desenvolvido de forma simples, adequada aos fins e célere. Ou, se o quisermos dizer na formulação proposta por Paulo Otero[25], "cada tipo de decisão deve sempre encontrar um modelo estrutural de procedimento que se mostre adaptável e flexibilizável aos propósitos visados" – em plena consonância com a garantia de um procedimento justo e equitativo. Uma manifestação desta orientação encontra-se hoje no princípio da adequação procedimental, previsto no artigo 56.º do CPA, nos termos do qual o responsável pela direção do procedimento goza de discricionariedade na respetiva estruturação, a qual, no respeito pelos princípios gerais da atividade administrativa, se há de orientar à luz dos interesses públicos da participação, da eficiência, da economicidade e da celeridade na preparação da decisão[26].

A distinção entre procedimentos formalizados e não formalizados tem em vista a dicotomia entre vinculação procedimental e discricionariedade procedimental, não se sobrepondo à oposição entre atuações formais e atuações informais da Administração. Na verdade, não só o legislador pode prever procedimentos não formalizados para a prática de atos administrativos, como é legítimo que prescreva a observância de procedimentos formalizados para a adoção de certas atuações administrativas informais (*v. g.*, advertências agressivas[27]).

c) Função – Consoante a função que desempenham no contexto do sistema jurídico, os procedimentos podem classificar-se em *declarativos* e *executivos*: os primeiros introduzem uma modificação no ordenamento jurídico, designadamente, certificando, criando, modificando ou extin-

[25] Paulo Otero, *Direito do Procedimento...*, cit., p. 83.

[26] Sobre este princípio, *v.* Elizabeth Fernandez, «O Procedimento Administrativo como Realidade Flexível (Breves Notas sobre o Princípio da Adequação Procedimental)», in: Carla Amado Gomes/Ana Fernanda Neves/Tiago Serrão (coord.), *Comentários ao Novo Código...*, cit., pp. 341 e ss..

[27] Cf. Pedro Gonçalves, «Advertências da Administração Pública», in: *Estudos em Homenagem ao Prof. Doutor Rogério Soares*, Studia Iuridica 61, pp. 790 e ss..

guindo uma relação jurídica administrativa; os segundos destinam-se a concretizar ou a implementar, na prática, os efeitos jurídicos emergentes das ações administrativas produzidas no âmbito dos procedimentos declarativos.

Independentemente dos demais, importa singularizar, no interior dos procedimentos declarativos os *procedimentos de defesa do direito* (*Rechtsverteidigung*)[28] e os *procedimentos sancionatórios*. Os procedimentos de defesa do direito envolvem todos os procedimentos dirigidos a reagir contra a ilegalidade de ações da Administração: estão compreendidos nesta categoria os procedimentos tendentes à sanação, reforma e conversão de atos administrativos, bem como de anulação ou declaração de nulidade de regulamentos e atos administrativos. Os procedimentos sancionatórios destinam-se a aplicar sanções administrativas; à sua referência neste momento preside a acentuação das garantias acrescidas de que se encontram rodeados, em especial no que tange aos direitos de audiência e defesa dos arguidos (os quais consubstanciam, nos termos do n.º 10 do artigo 32.º da Constituição, direitos, liberdades e garantias).

d) Iniciativa – O ato propulsor[29] do procedimento administrativo pode provir do particular ou da Administração e, dentro desta, do órgão com competência para a adoção da ação principal ou de órgão distinto (pense-se, *v. g.*, nos casos em que as deliberações da assembleia municipal são precedidas de proposta da câmara municipal – cf., *v. g.*, artigo 25.º, n.º 1, do RJAL). Esta ideia permite, pois, distinguir entre *procedimentos de iniciativa privada* (cujo ato propulsor se reconduz ao requerimento do interessado) e *procedimentos de iniciativa pública* (cujo ato propulsor compete ao órgão com competência para a adoção da ação principal – *procedimento de iniciativa oficiosa* – ou a outro órgão – *procedimento de iniciativa não oficiosa*). Mesmo nos procedimentos de iniciativa pública, os particulares não se encontram impedidos de fazer sentir à Administração a necessidade jurídica ou a oportunidade de determinada ação administrativa: considerem-se, por exemplo, as *petições*, a que se refere o artigo 97.º do CPA, as quais, não determinando o início do procedimento regulamentar (de iniciativa pública), se podem revelar determinantes para a formação da posição do

[28] SCHMIDT-ASSMANN, «Der Verfahrensgedanke...», cit., p. 497.

[29] O «ato que exprime uma ação propulsiva», na terminologia de SANDULLI, *Il Procedimento...*, cit., p. 134 (*atti che esplicano un'azione propulsiva*).

órgão competente no sentido de iniciar um procedimento tendente à aprovação, modificação ou revogação de um regulamento administrativo.

e) Tramitação: A primeira refração do critério da tramitação na tipologia procedimental consiste na distinção entre *procedimentos simples* e *procedimentos complexos*. Os primeiros reportam-se aos casos em que o desenvolvimento dos trâmites procedimentais ocorre, fundamentalmente, no seio da mesma autoridade administrativa. Os procedimentos complexos exigem a pronúncia de autoridades administrativas diversas, cada uma chamada a manifestar-se sobre um aspeto compreendido no círculo de interesses que polariza, podendo tal pronúncia consubstanciar (ou não) um ato com autonomia funcional[30] Tal significa que os procedimentos complexos incluem *subprocedimentos*, suscetíveis de assumir configurações diversas, em virtude da função que desempenham no contexto do procedimento (complexo) principal e/ou da natureza dos atos que lhes põem termo. Assim, encontramos procedimentos em que a ação final surge precedida de *atos consultivos* (pareceres) provenientes de autoridades diversas, de *pré-decisões* ou de *decisões administrativas parciais*, ou em que à ação final se segue uma ulterior *decisão administrativa de controlo*. Os procedimentos administrativos complexos constituem o palco privilegiado para a realização das *conferências procedimentais* a que se referem os artigos 77.º e seguintes do CPA.

No horizonte do critério da tramitação, mas agora em função da articulação dos trâmites exigidos com duração do procedimento, revelam-se ainda identificáveis os procedimentos *ordinários*, *abreviados* e *urgentes*. Se o procedimento ordinário contém, como a própria designação sugere, os trâmites exigidos, em condições de normalidade, para determinada ação administrativa, o procedimento abreviado reporta-se às hipóteses em que a menor complexidade da questão implica uma simplificação da tramitação e o procedimento urgente respeita aos casos em que se exige uma aceleração procedimental (dada não apenas pela simplificação de trâmites, mas também pela redução de prazos), em virtude da pre-

[30] Embora revista uma elevada especificidade e, por conseguinte, escape à noção (estrita) apresentada de procedimento complexo, pode ainda considerar-se como *species* deste último *genus* o *procedimento de formação de contratos públicos*, na medida em que a outorga de um contrato público é precedida de um procedimento de adjudicação e de um procedimento de celebração do contrato (cf. artigos 34.º e seguintes do CCP).

mência reclamada pela realização do interesse público[31]. Encontramos uma tradução desta ideia nos procedimentos expropriativos: o Código das Expropriações prevê um "procedimento administrativo normal da expropriação"[32] (cf. artigos 10.º e seguintes), contempla o que podemos designar como um procedimento abreviado no caso da expropriação de bens móveis (denotando o n.º 1 do artigo 91.º um nítido aligeiramento da tramitação) e consagra ainda dois tipos de procedimentos urgentes: a "expropriação urgente" (necessária, nos termos do artigo 15.º, para a realização de obras de interesse público) e a "expropriação urgentíssima" (quando, de acordo com o artigo 16.º, a necessidade da expropriação decorra de calamidade pública ou de exigências de segurança interna ou de defesa nacional).

f) Posição relativa dos sujeitos do procedimento – Este critério viabiliza a identificação das várias posições possíveis em que a Administração e os particulares podem surgir no contexto relacional-procedimental.

O procedimento assume carácter *dialógico*, quando propicia uma relação bipolar entre os sujeitos envolvidos, em regra, entre a Administração e o particular: as hipóteses aqui configuráveis reconduzem-se aos casos (mais frequentes) em que o particular se dirige à Administração com o objetivo de ver satisfeita uma determinada pretensão sua (o deferimento de uma licença, a outorga de uma autorização, a atribuição de uma subvenção); nestas situações, a própria tramitação procedimental espelha um diálogo entre Administração e particular.

Diversa configuração revestem os procedimentos em que estão envolvidos vários sujeitos (em regra, particulares) com pretensões concorrentes, conflituantes ou opostas e que, como tal, revestem natureza *poligonal*. Aqui se incluem, desde logo, os *procedimentos concorrenciais* em que a Administração estabelece uma relação com vários particulares em simultâneo, tendo em vista a escolha de um deles para determinado efeito: eis, o que sucede, *v. g.*, com o procedimento tendente à adjudicação de um contrato público e, em geral, com todos os procedimentos em que se pretenda fomentar uma "competição" entre os interessados na obtenção de um certo efeito produzido por uma atuação administrativa (pense-se, por

[31] Sobre esta distinção, cf. Parejo Alfonso, *Lecciones...*, cit., p. 692.
[32] Cf., por todos, F. Alves Correia, *Manual...*, vol. II, cit., pp. 375 e ss..

exemplo, no procedimento de outorga de «licenças» de uso privativo de recursos hídricos, regulado no artigo 21.º do Decreto-Lei n.º 226-A/2007, de 31 de maio).

Encontram-se ainda compreendidos nos procedimentos poligonais os procedimentos *triangulares*, em que Administração surge numa posição *supra partes*: preenchem, por excelência, este tipo procedimental os procedimentos de resolução de conflitos, em que cabem às entidades administrativas funções arbitrais ou parajurisdicionais, dando origem à prolação de *decisões arbitrais* ou à prática de *atos administrativos de resolução de litígios* (*streitentscheidende Verwaltungsakte*).

g) Resultado unitário do procedimento e respetiva natureza jurídica – Este critério exprime o facto de que a ação administrativa constitui o resultado de um procedimento, pelo que os tipos procedimentais variam em função da natureza jurídica daquele resultado. Torna-se, de imediato, possível individualizar os procedimentos tendentes à prática de um ato administrativo, à emissão de um regulamento administrativo ou à celebração de um contrato público. De igual modo, encontramos procedimentos dirigidos à adoção de uma ação material e mesmo de uma atuação administrativa informal.

Ao lado destes, encontramos ainda procedimentos que não terminam com qualquer ação administrativa, como sucede tipicamente com os designados *procedimentos sem decisão*, aos quais se podem reconduzir, em certo sentido, os procedimentos de comunicação prévia com prazo (cf. artigo 134.º, n.º 3, do CPA).

4. Estrutura típica do procedimento administrativo

A multiplicidade de tipos de procedimentos administrativos deixa entrever a existência de uma correlativa pluralidade de estruturas e tramitações procedimentais. Daí as dificuldades na identificação de um faseamento de que partilhem todas as formas de ação administrativa. Assim, o objetivo essencial deste ponto não consiste na exposição de uma tramitação procedimental espartilhada (suscetível de aplicação, *qua tale*, à formação de toda e qualquer ação administrativa), mas na esquematização típica das fases do procedimento administrativo estatisticamente mais comum: o procedimento administrativo declarativo (decisório ou regulamentar).

O procedimento administrativo declarativo (decisório ou regulamentar) conhece uma estrutura típica organizada em três fases:

a) Fase preparatória

i. Iniciativa: pode pertencer aos particulares (procedimento de iniciativa particular) ou à Administração (procedimento de iniciativa pública, oficiosa ou não oficiosa), nos termos apontados. O ato propulsor do procedimento traduz o momento constitutivo da relação jurídica administrativa procedimental entre os sujeitos do procedimento.

ii. Instrução: representa o momento em que a Administração se inteira do circunstancialismo de facto e de direito imprescindível à adoção da ação administrativa em causa, ou, dizendo de outra forma, em que a Administração aprecia se estão verificados os pressupostos que legitimam determinada atuação. O momento instrutório reúne atos de natureza consultiva (pareceres) e atos que se destinam a certificar, a verificar ou a constatar a existência de circunstâncias (atos certificativos preparatórios)[33].

iii. Participação: audiência dos interessados (dos destinatários das ações administrativas, quando determinados ou determináveis, ou das entidades representativas dos interesses afetados); nos demais casos, e, sobretudo, em *procedimentos de massa*, a audição dos cidadãos é efetuada mediante consulta/apreciação pública [cf., *v.g.*, artigos 103.º, n.º 1, alínea *c)*, e 118.º, do CPA].

iv. Elaboração do projeto final do ato ou regulamento administrativos: A realização de uma fase de audição dos cidadãos apenas tem interesse se a Administração se encontrar vinculada a apreciar as posições dos interessados. Independentemente de estas poderem dar lugar à realização de novas diligências, é neste momento que se elabora o documento final a sujeitar à fase constitutiva, acolhendo ou não as sugestões, as críticas ou as reivindicações dos particulares.

b) Fase constitutiva: traduz o momento da *perfeição* da atuação administrativa em causa; é agora que se produz o resultado consubstanciado na ação da Administração. Registam-se algumas especi-

[33] Cf. SANDULLI, *Il Procedimento...*, cit., p. 134.

ficidades (relativamente à formação da opinião interna do órgão e ao modo de deliberação) quando a atuação em causa integre a competência de um órgão colegial[34]: encontram-se aqui compreendidos os requisitos atinentes à convocação das reuniões, ao *quorum*, à votação, às maiorias deliberativas e à redação e aprovação da ata.

c) Fase integrativa de eficácia: é constituída pelas atuações dirigidas a desencadear os efeitos jurídicos associados à ação produzida na fase constitutiva. Esta fase caracteriza-se pela heterogeneidade das atuações libertadoras da eficácia, as quais se podem reconduzir, *v. g.*, à publicitação ou a atos que constituam o resultado de procedimentos de controlo.

Este momento não ocorre em todos os procedimentos administrativos: embora assuma natureza obrigatória no procedimento regulamentar (visto que os regulamentos administrativos apenas produzem efeitos após a respetiva publicitação), a fase integrativa de eficácia pode não existir em procedimentos dirigidos à prática de atos administrativos, que, nessa altura, produzem efeitos a partir da fase constitutiva (sem prejuízo da necessária articulação entre os conceitos de eficácia/ineficácia, oponibilidade/inoponibilidade).

5. Figuras procedimentais particulares: acordos endoprocedimentais e conferências procedimentais

A revisão do CPA veio introduzir, na disciplina normativa geral do procedimento administrativo, novidades significativas no que respeita às possibilidades da sua conformação. Destacamos agora duas figuras particulares: os acordos endoprocedimentais e as conferências procedimentais – sem prejuízo de as mesmas se encontrarem já contempladas noutros diplomas legislativos, previstas quer em termos mais gerais (como sucede com os acordos endoprocedimentais, na medida em que já resultantes do CCP), quer em termos mais específicos (como acontece com as conferências procedimentais consagradas em regimes especiais). Em ambos os casos, estamos diante de institutos que visam

[34] Em atenção a estas especificidades, alguma doutrina alemã refere-se à existência de um «direito procedimental colegial» (*Kollegialverfahrensrechts*) – cf. Schneider, «Strukturen...», cit., pp. 626 e ss..

responder à complexidade que marca os atuais procedimentos administrativos, envolvidos por uma enredada teia de interesses públicos e privados.

5.1. Acordos endoprocedimentais

À consagração dos acordos endoprocedimentais subjaz uma determinada compreensão sobre a atual perspetivação da Administração como catalisadora ou mediadora de conflitos de interesses: a ação administrativa surge agora associada à negociação, ao inter-relacionamento entre Estado (*lato sensu*) e sociedade, que permite a configuração do primeiro como um *kooperativer Staat*[35] ou um *corporate bargaining state*[36], onde se torna profícua a consideração de que a eficácia das decisões releva muito mais do consenso e do acordo, que da autoridade e da sanção[37].

A figura do contrato sobre o exercício de poderes públicos encontra-se tradicionalmente associada à forma «ato administrativo», aplicando-se quer aos casos em que a celebração do contrato ocorre em momento anterior ou durante um procedimento tendente à prática de um ato administrativo, comprometendo-se a Administração a praticar ou não o ato, quer às hipóteses em que o contrato se destina a substituir, no final do procedimento, um ato administrativo. Esta dicotomia permite à doutrina (por influência alemã[38]) distinguir, no seio desta categoria, entre os *contratos obrigacionais* (*Verpflichtungsverträge*), enquanto promessas bilaterais da prática de atos administrativos[39], e os *contratos decisórios* (*Verfügungsverträge*), respetivamente[40]. É, aliás, neste sentido que os artigos 336.º e 337.º

[35] Cf., *v.g.*, SCHMIDT-ASSMANN, *Das Allgemeine Verwaltungsrecht...*, cit., pp. 175 e ss..

[36] Cf. SCHUPPERT, «The Ensuring State», cit., p. 63; neste contexto, o Autor refere-se a um *cooperative law-making*, resultante, desde logo, da existência de leis negociadas, *i.e.*, adotadas em conformidade com acordos entre Estado e interessados (*Op.* cit., p. 64); relativamente à operacionalização prática deste último fenómeno, cf., *v. g.*, MAOR, «Private Legislation as a Strategy of Political Negotiation», in: *Public Administration*, n.º 4, vol. 87, 2009, pp. 750 e ss., abordando o problema da ótica do sistema jurídico israelita.

[37] Nestes termos, Vieira de ANDRADE, *Grupos...*, cit., p. 27. Sobre o relevo da concertação ao nível da ação pública, cf. Barbosa de MELO, «Introdução...», cit., *passim*, esp.te pp. 86 e ss..

[38] *V.*, por exemplo, MAURER/WALDHOFF, *Allgemeines Verwaltungsrecht*, cit., § 14, n.º de margem 14.

[39] *V.* Taborda da GAMA, *Promessas Administrativas*, Coimbra Editora, Coimbra, 2008, pp. 25 e ss..

[40] Cf., entre nós, Sérvulo CORREIA, *Legalidade...*, cit., pp. 752 e s.; Pedro GONÇALVES, *O Contrato...*, cit., p. 78, *Entidades...*, cit., pp. 686 e ss., e *Direito dos Contratos Públicos*, Almedina,

do CCP se referem a contratos sobre o exercício de poderes públicos, aludindo a contratos com objeto passível de ato administrativo (artigos 336.º e 337.º, n.º 1) e a contratos pelos quais o contraente público se vincula a praticar ou não praticar um ato administrativo com certo conteúdo (artigo 337.º, n.º 2)[41].

Em regra, os óbices colocados à celebração dos contratos sobre o exercício dos poderes públicos[42] prendem-se com o respeito pelos princípios da irrenunciabilidade e inalienabilidade das competências administrativas, da igualdade e da imparcialidade, da procedimentalização da atividade administrativa e da audiência prévia dos interessados. Tais obstáculos acabam por ser superados quando se considera: que a realização destes contratos não se dirige a contratualizar o exercício do poder público (ao qual o ente público não renuncia[43]), mas o *modo* desse exercício; que a sujeição ao princípio da igualdade e aos demais princípios normativos[44] ocorre também no seio da atividade contratual da Administração;

Coimbra, 2015, pp. 467 e ss.; Paulo OTERO, *Legalidade...*, cit., pp. 855 e s.; Filipa CALVÃO, «Contratos...», cit., p. 334, e *Cláusulas Acessórias em Direito Administrativo*, polic., Coimbra, 2008, pp. 14 e ss.. Cf. também Vieira de ANDRADE, *Lições...*, cit., p. 270. *V.* ainda M. Esteves de OLIVEIRA/Pedro GONÇALVES/Pacheco de AMORIM, *Código...*, cit., p. 817, anotação I ao artigo 179.º, que aludem aos contratos substitutivos e integrativos de atos administrativos; Mark KIRKBY, *Contratos Administrativos de Subordinação*, AAFDL, Lisboa, 2002, pp. 91 e s. (onde destrinça entre acordos endoprocedimentais, acordos de trâmite procedimental, acordos integrativos de atos administrativos e contratos através dos quais a Administração se compromete a praticar um ou mais atos administrativos) e *Contratos sobre o Exercício de Poderes Públicos*, Coimbra Editora, Coimbra, 2011, pp. 279 e ss. (adotando taxonomias variadas em função de critérios diferenciados – um deles, precisamente, a destrinçar entre contratos geradores de obrigações e contratos decisórios – *Op.* cit., pp. 289 e s.); M. Rebelo de SOUSA/A. Salgado de MATOS, *Contratos...*, cit., pp. 41 e ss., que distinguem entre contratos substitutivos de atos administrativos e contratos com efeitos promissórios (cujo conteúdo assimilam ao dos contratos-promessa do direito civil).

[41] Em rigor, a classificação de decisório ou obrigacional respeitará, por princípio, não a um contrato, mas a uma (ou mais) cláusula(s) contratual(is), visto que se afigura possível que o conteúdo do contrato vá para além da determinação do exercício de poderes públicos, podendo inclusivamente cumular cláusulas decisórias e cláusulas obrigacionais.

[42] Para uma síntese destes obstáculos, *v.* Pedro GONÇALVES, *Entidades...*, cit., pp. 686 e ss.; Filipa CALVÃO, «Contratos...», cit., pp. 339 e ss..

[43] HUERGO LORA (*Los Contratos...*, cit., p. 268) afirma expressivamente que os contratos sobre o exercício de poderes públicos não constituem atos de disposição do poder ou da competência, mas antes de exercício ou de administração desse poder.

[44] Na linha de HUERGO LORA (*Los Contratos...*, cit., p. 276), também entendemos que a forma de garantir a observância de tais princípios não tem de se reconduzir à proibição dos contra-

e que é possível equacionar soluções para, também neste cenário, ponderar (e não descurar) os interesses de terceiros não intervenientes no contrato. Assim se compreende que, no horizonte do direito comparado, se encontrasse já expressamente consagrada esta possibilidade, no quadro da legislação sobre procedimento administrativo[45], e esta categoria esteja hoje acolhida no CCP [cf. artigos 5.º-B, n.º 2, 280.º, n.º 1, alínea *b)*, 285.º, n.º 1, 290.º, n.º 2, 313.º, n.º 4, 336.º e seguinte].

O artigo 57.º do CPA vem também agora referir-se aos acordos endoprocedimentais, em especial no contexto do procedimento dirigido à prática de um ato administrativo. Associando a figura ao princípio da adequação procedimental e, por conseguinte, à discricionariedade conferida ao responsável do procedimento no âmbito da respetiva estruturação, o citado preceito principia por admitir os contratos administrativos pelos quais a Administração e os particulares concertam posições quanto aos termos do procedimento, cujo objeto se pode reconduzir, em especial no contexto de relações poligonais, na organização de audiências orais para exercício do contraditório entre os interessados que pretendam uma certa decisão e aqueles que se lhe oponham (cf. artigo 57.º, n.os 1 e 2). Todavia, e em consonância com o que vimos já resultar do CCP, o n.º 3

tos sobre o exercício dos poderes públicos, exigindo-se, no máximo, a consideração da sua ofensa como causa de invalidade do contrato (*v.* também *Op.* cit., pp. 292 e ss.).

[45] Em Espanha, nos termos do n.º 1 do artigo 88 do Régimen Jurídico de las Administraciones Públicas y del Procedimiento Administrativo Común (incluído no título que se reporta às disposições gerais sobre o procedimento administrativo), admite-se a celebração de contratos que podem ter como efeito a finalização de um procedimento administrativo (como sucede com os contratos sobre o exercício de poderes públicos substitutivos de atos administrativos) ou de contratos que, enxertados num procedimento administrativo, assumam caráter prévio (vinculante ou não) da decisão que lhes ponha fim.
Em sentido similar, em Itália, o artigo 11 da *Legge* n. 241, de 7 de agosto de 1990 (*Nuove Norme sul Procedimento Amministrativo*, por diversas vezes alterada) alude à possibilidade de a Administração celebrar acordos com os interessados com o fim de determinar o conteúdo discricionário de um ato administrativo (*provvedimento*) final ou em substituição deste último (acordos integrativos ou substitutivos do ato administrativo, respetivamente). Sobre este preceito, cf., *v. g.*, Sala, «Accordi...», cit., *passim*.
Na Alemanha, o §54 da *Verwaltungsverfahrensgesetz*, depois de estabelecer que uma relação jurídica administrativa pode ser constituída, modificada ou extinta por um contrato, desde que a lei o não proíba, prevê expressamente que, em vez de praticar um ato administrativo, a autoridade administrativa pode celebrar um contrato de direito público com aquele que seria destinatário daquele ato. Sobre esta disposição, cf., *v. g.*, Stelkens/Bonk/Sachs, *Verwaltungsverfahrensgesetz*, cit., §54, n.os de margem 115 e seguintes.

do artigo 57.º permite igualmente que, através da celebração de um contrato, os interessados e o órgão competente para a decisão, no todo ou em parte, o conteúdo do ato discricionário a praticar no termo do procedimento[46].

Embora o CPA não consagre, neste preceito, a figura do contrato decisório (substitutivo da prática do ato administrativo), esta ausência não tem, naturalmente, um significado excludente. Desde logo, e como acentuámos, o CCP alude, em termos hoje considerados pacíficos, aos contratos com objeto passível de ato administrativo. Além disso, não só o CPA aponta, em geral, para uma verdadeira intercambialidade entre ato e contrato administrativos (cf. artigo 200.º, n.º 3), como ainda esta ideia resulta com clareza do disposto no n.º 4 do artigo 77.º, onde se admite que, em casos de procedimentos complexos ou conexos, as conferências deliberativa ou de coordenação (cf., já a seguir, 5.2.) podem terminar pela celebração de um contrato entre os órgãos participantes e o interessado, em substituição do ato ou atos cuja preparação se visava.

No horizonte específico do procedimento regulamentar, o legislador volta a aludir à possibilidade de celebração de acordos endoprocedimentais, celebrados com as associações e fundações representativas dos interesses envolvidos e com as autarquias locais, destinados a estabelecer os termos de acompanhamento regular do procedimento (cf. artigo 98.º, n.º 2, do CPA). A esta matéria regressaremos quando versarmos o procedimento regulamentar (cf. *infra*).

5.2. Conferências procedimentais

As conferências procedimentais incluem-se no âmbito das medidas dirigidas à simplificação administrativa, no contexto de procedimentos complexos e de procedimentos em cadeia. Neste domínio, é possível distinguir dois modelos de simplificação procedimental: o modelo de *concentração* e o modelo de *coordenação*[47].

[46] Incluindo os acordos prévios à tramitação do procedimento e os acordos endoprocedimentais (*stricto sensu*), na terminologia de Mark Kirkby, *Contratos sobre o Exercício de Poderes Públicos*, Coimbra Editora, Coimbra, 2011, pp. 279 e ss..

[47] Sobre estes modelos, cf., entre nós, Marta Portocarrero, *Modelos de Simplificação Administrativa*, Publicações Universidade Católica, Porto, 2002, *passim*, esp.te pp. 57 e ss., 193 e ss.; Filipa Calvão, «O Procedimento Administrativo como Instrumento de Coordenação

O modelo de concentração, de influência germânica, concerne às hipóteses em que a satisfação da pretensão do particular exige a prática de vários atos administrativos provenientes de autoridades administrativas distintas, praticadas no termo de procedimentos autónomos (procedimentos em cadeia). A concentração permite a substituição dos diversos atos por uma única decisão.

O modelo de coordenação – que agora nos interessa especialmente – encontra-se associado à figura da *conferência procedimental*. Eis-nos perante um modelo, de inspiração italiana, que se permite dar respostas às situações em que uma determinada ação administrativa pressupõe uma colaboração entre vários órgãos, integrados ou não na mesma pessoa coletiva pública. Assim, a conferência procedimental destina-se a reunir as várias autoridades administrativas envolvidas no procedimento, quer para permitir uma apreciação conjunta de todos os atos instrutórios, sem prejuízo da tomada de decisão final pelo órgão competente, quer para substituir, pela deliberação da conferência, as pronúncias que caberiam a cada uma das autoridades administrativas reunidas[48].

O CPA dedica agora, no contexto do procedimento administrativo, um capítulo autónomo à conferência procedimental, dotada de diversas modalidades (cf. artigos 77.º e seguintes)[49]. Orientando-se pelos valores da eficiência, economicidade e celeridade, a conferência permite o exercício em comum ou conjugado das competências dos órgãos da Administração Pública (cf. artigo 77.º, n.º 1). Estamos diante de um instituto que concerne às hipóteses em que a satisfação de determinada pretensão

de Competências», in: *Cadernos de Justiça Administrativa*, n.º 32, março/abril 2002, pp. 41 e ss. (46 e ss.).

[48] O direito positivo português consagra formas de simplificação administrativa que articulam estes dois modelos, aplicáveis a projetos especialmente complexos, como sucede com os projetos de investimento que assumam uma importância relevante para a dinamização da economia nacional, incluindo os projetos reconhecidos como *projetos de Potencial Interesse Nacional* (PIN) – cf. o regime procedimental especial constante dos artigos 7.º e seguintes e 14.º e seguintes do Decreto-Lei n.º 154/2013, de 5 de novembro.

[49] Cf., sobre esta matéria, M. Aroso de ALMEIDA, *Teoria...*, cit., pp. 135 e ss.; Marta PORTOCARRERO, «Procedimento Administrativo – Aspetos Estruturais», in: *Cadernos de Justiça Administrativa*, n.º 100, julho/agosto 2013, pp. 80 e ss.; Tiago SERRÃO, «A Conferência Procedimental no Novo Código do Procedimento Administrativo: Primeira Aproximação», in: Carla Amado GOMES/Ana Fernanda NEVES/Tiago SERRÃO (coord.), *Comentários...*, cit., pp. 343 e ss..

do particular (em regra, o exercício de uma atividade) depende de vários procedimentos conexos (procedimentos em cadeia) ou de um único procedimento complexo, em que há lugar à tomada de diferentes decisões por órgãos distintos, podendo destinar-se quer ao exercício individualizado e simultâneo das competências dos órgãos participantes, terminando com a prática de várias decisões autónomas, mas conjugadas (*conferência de coordenação*), quer ao exercício conjunto das competências decisórias dos órgãos participantes, terminando com a prática de um único ato administrativo de conteúdo complexo, que substitui a adoção, por cada um daqueles órgãos, de atos administrativos autónomos (*conferência deliberativa*) – cf. artigo 77.º, n.os 2 e 3[50].

O regime das conferências procedimentais surge delineado nos artigos 78.º e seguintes. Nos termos do artigo 78.º, a possibilidade de realização de conferências procedimentais exige uma previsão específica em regulamento (considerem-se, porém, as exigências adicionais do n.º 2) ou em contrato interadministrativo a celebrar entre entidades autónomas. Tal significa, pois, que o artigo 78.º constitui norma habilitante para a emanação de regulamentos ou celebração de contratos administrativos instituidores de conferências procedimentais, cujo conteúdo se encontra limitado quer pelas indicações constantes do n.º 3, quer pelos preceitos seguintes, que moldam a tramitação do procedimento (cf. artigos 79.º a 81.º). Naturalmente, e como decorre também do n.º 1 do artigo 78.º, também o legislador pode, em diploma especial, estabelecer a possibilidade de realização de conferências procedimentais, disciplinando-as *ex professo* ou remetendo para o disposto no CPA; todavia, quando estejam em causa conferências instituídas por lei, não se encontra a respetiva previsão adstrita às prescrições normativas do Código, as quais, de acordo com o princípio da equiparação entre atos legislativos (cf. artigo 112.º, n.º 1, da CRP), não assumem valor paramétrico relativamente àquela.

6. Princípios fundamentais do procedimento administrativo

Neste contexto, a referência aos princípios pretende reportar-se apenas aos fundamentos normativos com refrações exclusiva ou especifi-

[50] Em qualquer das hipóteses, e como acentuámos, as conferências podem terminar pela celebração de um contrato entre os órgãos participantes e o interessado, em substituição do ato ou dos atos cuja preparação se visava (cf. artigo 77.º, n.º 4) – em total consonância com a concepção do contrato administrativo como figura de utilização geral.

camente procedimentais. Por outro lado, e porque, neste momento, refletimos sobre o procedimento administrativo independentemente da sua análise combinada com uma certa forma de ação administrativa, circunscrevemos o elenco de princípios àqueles que são aplicáveis a todos os procedimentos.

6.1. Princípio da participação

A participação, enquanto expressão do reconhecimento de várias autonomias sociais[51] e da «democracia de proximidade»[52], e enquanto elemento imprescindível ao combate contra o «défice de cidadania» (*citizenship deficit*)[53], constitui um elemento fundamental da compreensão do próprio Estado de direito, tutelando os direitos e interesses dos cidadãos que assim também podem ser conhecidos pela Administração, reforçando ou conferindo legitimidade democrática das/às normas, e melhorando as respetivas legalidade, eficácia e qualidade. Em causa está a garantia da *deliberative democracy* e da *public accountability*, que implica o envolvimento dos cidadãos e da sociedade na adoção das decisões normativas[54] e que permite conferir à participação a dignidade de um valor jurídico próprio (*Rechtswert an sich*)[55].

A Constituição exige que a Administração Pública seja estruturada de modo a assegurar a participação dos interessados na sua gestão efetiva: o n.º 1 do artigo 267.º consagra um direito de participação dos interessados; por sua vez, o n.º 1 do artigo 268.º garante o direito de os cidadãos serem informados sobre o andamento dos processos em que sejam diretamente interessados (direito à informação procedimental) – preceito que, em consonância com a intencionalidade subjacente à participação dos interessados no procedimento administrativo, deve ser interpretado

[51] Baptista MACHADO, «Participação...», cit., p. 64.

[52] Cf. a *Loi* n.º 2002-272, de 27 de Fevereiro de 2002, intitulada como reportando-se à «democracia de proximidade» (*relative à la démocratie de proximité*).

[53] Sobre o conceito, cf., por todos, NABATCHI, «Addressing the Citizenship and Democratic Deficits: The Potential of Deliberative Democracy for Public Administration», in: *The American Review of Public Administration*, n.º 4, vol. 40, julho 2010, p. 378.

[54] Cf. também Gomes CANOTILHO, «Entre os Humores de Hipócrates e a *Governance* da Saúde», in: *Admirar os outros*, Almedina/Coimbra Editora, Coimbra, 2010, p. 257; NABATCHI, «Addressing the Citizenship...», cit., p. 385.

[55] OSSENBÜHL, «Verwaltungsverfahren...», cit., p. 466.

no sentido de que os cidadãos têm não apenas o direito de trazer os seus conhecimentos à Administração, mas ainda o direito de se oporem às pretensões normativas daquela, com o objetivo de defenderem os direitos ou interesses legalmente protegidos[56]. A emergência da «sociedade de informação» veio insuflar um novo relevo à imposição constitucional da participação dos interessados, constituindo uma refração expressa da acentuada ideia de que, na maioria das vezes, não estão os órgãos administrativos dotados de meios para conhecer todos os elementos necessários à sua atuação e introduzindo novas formas de comunicação entre Administração e particulares[57].

Em sentido idêntico, o CPA consagra, como princípio geral da atividade administrativa, o *princípio de participação*, nos termos do qual "os órgãos da Administração Pública devem assegurar a participação dos particulares, bem como das associações que tenham por objeto a defesa dos seus interesses, na formação das decisões que lhes disserem respeito" (cf. artigo 12.º). O artigo 68.º determina genericamente que têm legitimidade para iniciar o procedimento e para nele se constituírem como interessados os titulares de direitos subjetivos, interesses legalmente protegidos, deveres, sujeições, encargos ou ónus, bem como as associações para defesa de interesses coletivos ou para defesa coletiva de interesses individuais (n.º 1); este círculo de entidades é aumentado quando está em causa a tutela dos bens do Estado, regiões autónomas e autarquias locais (n.º 3) ou a proteção de interesses difusos (n.º 2). A tutela destes últimos interesses encontra uma projeção especial na Lei n.º 83/95, de 31 de agosto (Direito de participação procedimental e ação popular), que concebe como titulares do direito procedimental de participação popular, independentemente de terem ou não interesse direto no caso, quaisquer cidadãos no gozo dos seus direitos civis e políticos e as associações e fundações defensoras de interesses públicos como o ambiente, a qualidade de vida, a saúde pública, a proteção do consumo de bens e serviços, o património cultural e o domínio público.

Como decorre das considerações tecidas, a participação dos cidadãos no procedimento reveste formas diversificadas:

[56] Assim também, no contexto da experiência urbanística italiana, COGNETTI, *La Tutela...*, cit. p. 62.

[57] Cf. BARNES, «Sobre el Procedimiento...», cit., pp. 305 e ss..

a) *Participação preventiva* e *participação sucessiva*: participação antes da elaboração de um projeto de ação e participação depois da existência desse projeto;
b) *Participação individual ou direta* e *participação coletiva ou indireta*: a participação pode ser aberta aos interessados ou aos cidadãos[58] – caso em que estamos diante de uma participação individual ou direta (realizada através de audiência) –, ou restringir-se a entidades (institucionalmente) representativas dos vários interesses em presença ou a representantes *ad hoc* desses mesmos interesses – hipótese em que nos deparamos com uma participação coletiva ou indireta (concretizada na apreciação pública);
c) *Participação-colaboração* e *participação-acordo*: o confronto entre o procedimento tradicional e o *negotiated procedure*. A forma mais radical da participação-acordo reside na celebração de contratos sobre o exercício de poderes públicos (acordos endoprocedimentais).

6.2. Princípio da adequação procedimental e princípio do inquisitório

O princípio da adequação procedimental e o princípio do inquisitório estão relacionados com o andamento ou a marcha do procedimento, podendo conceber-se o segundo como uma particular manifestação do primeiro.

Com um alcance amplo, o princípio da adequação procedimental (artigo 56.º do CPA) confere ao responsável pela direção do procedimento discricionariedade na respetiva estruturação, permitindo-lhe (embora com os limites decorrentes dos princípios normativos, como sucede, em geral, no exercício de poderes discricionários) moldar a tramitação procedimental à luz da satisfação dos interesses públicos da participação, da eficiência, da economicidade e da celeridade.

O princípio do inquisitório (artigo 58.º do CPA) constitui uma tradução da ideia de modelação da tramitação procedimental no horizonte

[58] Sérvulo Correia («O Direito à Informação e os Direitos de Participação dos Particulares no Procedimento», in: *Legislação. Cadernos de Ciência de Legislação*, n.os 9/10, janeiro/junho 1994, p. 152) qualifica as formas de participação destinadas a proporcionar a intervenção no procedimento administrativo a todos os cidadãos como «participação desinteressada» ou «participação puramente cívica» (participação *uti cives*).

da fase instrutória, atribuindo ao responsável pela direção do procedimento e aos demais órgãos que participam na instrução o poder de proceder a quaisquer diligências que considerem adequadas e necessárias para a preparação de uma decisão legal e justa, ainda que sobre matérias não mencionadas nos requerimentos ou nas respostas dos interessados. O princípio do inquisitório é reclamado, além do mais, pelo facto de a Administração ter de orientar o procedimento em vista da realização de um interesse que lhe cabe institucionalmente prosseguir (interesse público), exigindo, por isso, o artigo 115.º do CPA que o órgão instrutor averigue todos os factos cujo conhecimento seja adequação e necessário à adoção de uma decisão legal e justa.

Subjacente a ambos os princípios encontra-se a designada «discricionariedade procedimental» *(Verfahrensermessen)*[59], que traduz, *inter alia*, o poder de que a instância competente dispõe para levar a cabo todas as diligências que considere relevantes para praticar o ato principal. Mesmo nos casos de procedimentos muito regulados – e com uma extensão larga do princípio da legalidade procedimental –, a Administração mantém uma reserva de decisão própria sobre a realização de outros trâmites ou diligências que a lei não prevê, desde que, claro, também os não proíba: assim sucede, *v. g.*, com o procedimento disciplinar, um procedimento especialmente regulado, onde o legislador abre espaço para a escolha das diligências procedimentais probatórias a realizar (cf. artigo 212.º da LGTFP) ou para decisão em matéria de prazos (cf. artigo 214.º, n.º 4, da LGTFP).

Naturalmente, o princípio do inquisitório não oblitera o dever de os particulares colaborarem com a Administração na obtenção de prova (cf. artigos 117.º e 119.º do CPA).

6.3. Princípio da cooperação: no interior da Administração e entre a Administração e os particulares

Em primeira linha, alude-se ao princípio da cooperação para exprimir a colaboração recíproca entre Administração e particulares[60], traduzindo

[59] Cf., *v. g.*, sobre as dimensões desta «discricionariedade procedimental», Stelkens/Bonk/Sachs, *Verwaltungsverfahrensgesetz*, cit., §10, n.ºs de margem 16 e ss..

[60] Cf., *v. g.*, M. Rebelo de Sousa/A. Salgado de Matos, *Direito...*, tomo I, cit., pp. 153 e ss. (concebendo a colaboração da Administração com os particulares como dimensão do princípio constitucional da participação dos particulares na gestão da Administração Pública);

quer os deveres procedimentais da Administração na sua relação com os particulares, quer as obrigações dos particulares para com os órgãos administrativos, cuja conduta procedimental deve concorrer para a célere e adequada adoção das decisões, nos termos articulados dos artigos 11.º e 60.º do CPA. Esta colaboração dos particulares com a Administração traduz-se, designadamente, nos deveres de prestação de informações, apresentação de documentos ou coisas, sujeição a inspeção e colaboração noutros meios de prova (artigo 117.º), cujo incumprimento importa consequências para os particulares (artigo 119.º). Nesta aceção, o princípio da cooperação encontra-se estreitamente ligado às exigências de participação, promovendo um "procedimento administrativo comunicativo, discursivo e interativo"[61].

Noutro plano, o princípio da cooperação tece as relações entre órgãos e entes administrativos, enquanto mecanismo dirigido à harmonia e unidade da ação administrativa[62], e impondo obrigações de colaboração recíproca no exercício das funções administrativas – a implicar partilha de informações, comunicações em rede, auxílio interorgânico e intersubjetivo, de molde a proporcionar que as decisões sejam adotadas pelos órgãos com maior preparação técnica e experiência[63]. Além desta vertente, o princípio assume relevo enquanto promove a lealdade no dia-a-dia da atuação administrativa e do desenvolvimento das relações no interior da Administração Pública, como sucederá precipuamente quando um órgão administrativo recusa a aplicação de uma norma jurídica emanada por outro.

Reconduz-se a este sentido o «princípio da lealdade institucional», previsto no n.º 1 do artigo 4 do *Régimen Juridico de las Administraciones Públicas y del Procedimento Administrativo Común*, que tem como decorrência o dever interadministrativo de prestar cooperação e assistência ativas[64],

M. Esteves de Oliveira/Pedro Gonçalves/Pacheco de Amorim, *Código...*, cit., pp. 117 e ss., comentários ao artigo 7.º.

[61] Cf., Rossen-Stadtfeld, «Beteiligung, Partizipation und Öffentlichkeit», in: Hoffmann-Riem/Schmidt-Assmann/Vosskuhle, *Grundlagen des Verwaltungsrechts*, vol. II, cit., pp. 675, 637 e ss..

[62] Gallego Anabitarte, *Concepto...*, cit., p. 135 (cf, porém, a distinção do Autor entre cooperação e coordenação – *Op.* cit., pp. 135 e ss..).

[63] Cf. Cerulli Irelli, *Lineamenti...*, cit., p. 60.

[64] Cf., *v. g.*, Gallego Anabitarte, *Concepto...*, cit., pp. 144 e s., aludindo a este dever como a dimensão positiva do princípio da cooperação.

diretamente inspirado no «dever de ajuda dos serviços administrativos» (*Amtshilfepflicht*), um instrumento de cooperação contemplado (na sequência do artigo 35, n.º 1, da *Grundgesetz*, que consagra o princípio da entreajuda ou ajuda recíproca nos domínios judicial e administrativo) nos §§4 e seguintes da *Verwaltungsverfahrensgesetz*, onde se enquadra a possibilidade de os órgãos solicitarem informações a outros órgãos que se encontrem, jurídica ou praticamente, mais apetrechados quanto às matérias em causa[65]. A reforma do CPA introduziu um preceito que acolhe estas orientações, transpondo para o direito nacional a figura do *auxílio administrativo*. Assim, nos termos do artigo 66.º do CPA, devem os órgãos administrativos promover a intervenção no procedimento de outros órgãos, solicitando o respetivo auxílio, quando a decisão exija uma investigação da matéria para a qual estes disponham de competência exclusiva ou de conhecimentos aprofundados, quando tenham em seu poder documentos ou dados necessários à preparação da decisão, ou quando a instrução requeira a intervenção de pessoal ou o emprego de meios técnicos de que só os segundos dispõem[66].

6.4. Princípio da eficiência

Sem prejuízo da multiplicidade de conteúdos imputados ao conceito de eficiência na Administração[67], em todos eles está essencialmente em causa um pensamento orientado para as consequências e para os efeitos da ação e, sobretudo, para a obtenção de determinados resultados e objetivos; neste contexto, a eficiência, como programa normativo e parâmetro *exclusivo* de decisão[68], corresponde à adequação dos meios aos fins postulados, no quadro de uma decisão (*rectius*, uma escolha) entre várias alternativas apresentadas[69], adotando uma perspetiva axiologicamente neutra (ainda que, em alguns casos, norteada pela bússola do mercado), onde o que releva é *se* determinada finalidade foi alcançada e não *como* foi alcançada. Todavia, a intervenção da eficiência na

[65] Cf., *v. g.*, Stelkens/Bonk/Sachs, *Verwaltungsverfahrensgesetz*, §4.

[66] Cf. também Rui Lanceiro, «O Auxílio Administrativo», in: Carla Amado Gomes/Ana Fernanda Neves/Tiago Serrão (coord.), *Comentários ao Novo Código do Procedimento Administrativo*, AAFDL, Lisboa, 2015, pp. 324 e ss..

[67] Cf., *v. g.*, o elenco elaborado por Rutgers/Meer, «The Origins...», cit., p. 758.

[68] Eidenmüller, *Effizienz...*, cit., pp. 169 e s..

[69] Cf. Pitschas, «Maßstäbe...», cit., pp. 1625 e 1626.

Administração não se pode reconduzir a esta conceção: como, precursoramente, já acentuava Rogério Soares[70], a permeabilidade sentida pelos novos sectores da Administração às considerações económicas e de eficiência não pode suprimir os «ingredientes éticos» da atuação administrativa. Daí que a eficiência só deva ser considerada a título de princípio *jurídico*.

Embora não constitua um princípio exclusivo do procedimento administrativo, a eficiência assume um relevo não despiciendo neste contexto, aludindo-se mesmo a um princípio de *efetividade procedimental* (*Verfahrenseffektivität*)[71]. No procedimento administrativo, a eficiência encontra-se associada aos seguintes vetores que atuam conjugadamente:

a) *Otimização da ação administrativa*: A Administração deve escolher os meios procedimentais que se revelem mais eficientes e mais adequados para permitir a adoção da melhor solução possível ou, no mínimo, da solução justa ou juridicamente correta;

b) *Desburocratização*: Esta dimensão permite associar a nota da informalidade e da importância de evitar rotinas (procedimentais) da Administração que embaraçam a desenvoltura e a eficácia da atividade administrativa;

c) *Racionalização económica*: A Administração deve orientar a tramitação procedimental no sentido da programação de custos e do não desperdício de recursos;

d) *Utilização de novas tecnologias*: A utilização de meios eletrónicos ou, mais amplamente, a informatização da Administração Pública[72] (filha direta do *e-Government* e da *e-Governance*) possui refrações imediatas no âmbito do procedimento, na medida em que disponibiliza mecanismos suscetíveis de otimizar a organização administrativa, acelerar a tramitação, permitir a intervenção

[70] Rogério Soares, *Direito Público*..., cit., pp. 150 e s..

[71] Cf. Schmidt-Assmann, «Der Verfahrensgedanke...», cit., pp. 509 e ss..

[72] Sobre as diversas fases da informatização da Administração Pública (*Verwaltungsinformatisierung*), cf. Wind, «IT in der Verwaltung – Lange Historie, Neue Perspektiven», in: Wind/Kröger, *Handbuch IT in der Verwaltung*, Springer, Berlin, 2006, pp. 5 e ss.. Atente-se em que a utilização dos meios eletrónicos obteve os seus primeiros sucessos, nos anos '50 do século XX, justamente no setor público administrativo, em especial, nos serviços de finanças e segurança social (cf. também Gordon, «Die Bedeutung von E-Governance für die Öffentliche Verwaltung», in: Wind/Kröger, *Handbuch IT*..., cit., p. 738).

dos interessados à distância, e melhorar a qualidade das ações da Administração. Por este motivo, o artigo 14.º do CPA estabelece, *inter alia*, a eficiência administrativa como princípio aplicável à administração eletrónica. Em consonância, o n.º 1 do artigo 61.º do CPA elege como objetivos da utilização de meios eletrónicos a facilitação do exercício de direitos e do cumprimento de deveres, a simplificação e celeridade no acesso ao procedimento e à informação, e a simplificação da tramitação e a redução dos tempos procedimentais, promovendo a rapidez das decisões; neste contexto, assume particular destaque o sistema de *balcão único eletrónico*[73], consagrado, em geral, no artigo 62.º do CPA. Naturalmente, a eficiência associada às novas tecnologias só existirá se a utilização destas se encontrar rodeada das cautelas associadas às garantias dos cidadãos, assegurando, designadamente, condições de não discriminação, proteção de dados pessoais, fiabilidade da informação, acesso a todos os meios de tutela [cf. artigos 14.º, n.os 2, 3 e 5; 61.º, n.º 1, alínea *c), in fine*, 63.º, n.º 1, do CPA].

e) *Temporalidade procedimental*[74]: a ação administrativa deve ser atempada, de forma a constituir resposta para os interesses públicos atuais; neste sentido, pode aludir-se a uma "duração justa" dos procedimentos administrativos. Por este motivo, o legislador impõe à Administração um dever de celeridade, exigindo que os órgãos administrativos providenciem no sentido de um andamento rápido e eficaz da tramitação, quer recusando e evitando tudo o que seja impertinente e dilatório, quer ordenando e promovendo tudo o que se revele necessário a um seguimento diligente e à tomada de uma decisão dentro de um prazo razoável (cf.

[73] O modelo do «balcão único» já estava consagrado no diploma que efetuou a transposição da «Diretiva Serviços», enquanto manifestação da desburocratização e simplificação administrativas: cf. artigo 5.º do Decreto-Lei n.º 92/2010, de 26 de julho (em articulação com os artigos 6.º e 8.º da Diretiva 2006/23/CE, do Parlamento Europeu e do Conselho, de 12 de dezembro de 2006, relativa aos serviços no mercado interno). Outra legislação nacional foi seguindo o mesmo modelo: considere-se, *v. g.*, o «Balcão do Empreendedor», do regime do sistema de indústria responsável [cf. artigo 2.º, alínea *e)*, do *Sistema de Indústria Responsável*, aprovado pelo Decreto-Lei n.º 169/2012, de 1 de agosto, alterado pelo Decreto-Lei n.º 73/2015, de 11 de maio].

[74] Gomes Canotilho, «Constituição e "Tempo Ambiental"», in: *Revista do CEDOUA*, n.º 2, ano II, 1999, pp. 9 e ss..

artigo 59.º do CPA). Por sua vez, exige-se também aos particulares que colaborem com a Administração na consecução deste objetivo, contribuindo para a economia de meios na realização de diligências instrutórias e na adoção da decisão num prazo razoável, não requerendo diligências inúteis, nem recorrendo a expedientes dilatórios (cf. artigo 60.º, n.º 2, do CPA).

6.5. Princípio da imparcialidade

O princípio da imparcialidade (tal como sucede com alguns dos princípios analisados) tem um alcance mais amplo que a sua relevância procedimental. A sua referência neste momento prende-se com o seu sentido *subjetivo* e as imediatas projeções que o mesmo apresenta no plano do procedimento administrativo – as quais se reconduzem ao regime das *garantias de imparcialidade* previstas nos artigos 69.º e seguintes do CPA.

Estes preceitos preveem dois institutos diferenciados: os *impedimentos* (artigos 69.º a 72.º e 76.º) e a *escusa e suspeição* (artigos 73.º a 75.º).

Decorre do artigo 69.º do CPA que os titulares de órgãos e agentes não podem intervir num procedimento administrativo ou em qualquer ato ou contrato de direito público ou privado da Administração se, relativamente a eles, se verificar qualquer das situações contempladas nas diversas alíneas do n.º 1 e no n.º 3. A *ratio* subjacente ao estabelecimento de impedimentos (proibindo o titular do órgão de intervir nos casos em que tenha um interesse pessoal, direto ou indireto) prende-se não apenas com a tutela do *princípio da imparcialidade,* enquanto princípio constitucional da atuação administrativa (cf. artigo 266.º, n.º 2, da Constituição), mas também com o princípio da *prossecução do interesse público*[75], procurando obstar-se a que o mesmo surja prejudicado pela sobreposição dos interesses pessoais dos titulares dos órgãos administrativos e visando concomitantemente uma atuação isenta e objetiva por parte dos mesmos. Daí que, quando, no procedimento, tenham intervindo titulares de órgãos ou agentes da Administração Pública que se encontrem impedidos, as ações administrativas (jurídicas) em causa padecem de invalidade (cf. artigo 76.º, n.º 1).

Considerando a *ratio* subjacente à previsão de impedimentos, o n.º 2 do artigo 69.º estabelece algumas exceções em que não se verificam os

[75] Cf. M. Esteves de Oliveira/Pedro Gonçalves/Pacheco de Amorim, *Código...*, cit., p. 243.

riscos para a imparcialidade. Por um lado, a alínea *a)* permite a intervenção do titular do órgão em atos – meramente *certificativos* ou *executivos* – cujo sentido ou conteúdo não pode influenciar, porque vinculado ou devido[76]: nestas hipóteses, o órgão está vinculado à prática da deliberação no sentido e com o conteúdo estabelecido na lei.

A dúvida pode colocar-se nos casos em que o ato certificativo seja ilegal. Ora, a propugnar-se que existiria impedimento nas situações em que o órgão não adotasse uma deliberação em conformidade com o prescrito na lei, nunca se mobilizaria a norma constante do n.º 2 do artigo 69.º, visto que, embora, em abstrato, os atos certificativos não coloquem problemas em sede de imparcialidade e objetividade do *agere* administrativo – por o titular do órgão só poder atuar *legalmente* num sentido –, em concreto, este último tem sempre a possibilidade *fáctica* de agir contra a lei, prosseguindo interesses próprios, em detrimento do interesse público.

Em qualquer circunstância, não existe uma situação de impedimento sempre que esteja em causa a prática de um ato certificativo. E contra isto não se argumente que esta posição equivale a afirmar a indiferença da ordem jurídica perante a adoção de um ato, que se pressupunha certificativo, atestando ou constatando falsamente verificarem-se na situação concreta os factos previstos na lei. Quando o conteúdo do ato certificativo não obedece ao preceituado a lei, o ordenamento jurídico reage, em termos de o considerar ilegal. Neste horizonte particular, e mesmo que o ato seja adotado por um órgão cujo titular se encontre numa situação de impedimento, o que repugna à ordem jurídica, em primeiro nível, consiste na violação do princípio da legalidade, que, de qualquer modo, se encontra salvaguardado pela invalidade de tal deliberação. Em termos *objetivos*, a questão fica solucionada pela ilegalidade da deliberação ou decisão administrativa em causa.

A alínea *b)* respeita aos casos em que o órgão (em princípio, impedido) se limita a emitir parecer, na qualidade de membro do órgão colegial competente para a decisão final. Pense-se, *v. g.*, no (anterior) procedimento de equivalência/reconhecimento de diplomas com base numa reavaliação científica do trabalho realizado com vista à obtenção do grau estrangeiro, previsto no (já revogado) Decreto-Lei n.º 283/83, de 21 de

[76] Cf. M. Esteves de Oliveira/Pedro Gonçalves/Pacheco de Amorim, *Código...*, cit., p. 246.

junho[77]: a atribuição da equivalência era da competência do Conselho Científico, cuja deliberação devia ser proferida sob parecer de um ou mais professores da especialidade em que se inserisse o grau, designados para tal pelo Conselho Científico, de entre os seus membros (cf. artigo 11.º, n.os 2 e 3); ora, nos termos daquele preceito, o membro que havia elaborado o parecer não estava impedido de votar a deliberação.

Finalmente, a alínea *c)* permite a intervenção do titular do órgão ou do agente que traduza a pronúncia do autor do ato recorrido, quando contra esta tenha sido deduzido recurso hierárquico, nos termos do n.º 2 do artigo 195.º. Em abstrato, esta hipótese enquadrar-se-ia na alínea *f)* do n.º 1, que proíbe a intervenção de um titular de órgão ou agente no procedimento "quando se trate de recurso de decisão proferida por si"; todavia, a mera circunstância de a pronúncia do autor do ato se encontrar prevista noutro preceito do CPA (o citado n.º 2 do artigo 195.º) já autorizaria, por si só e enquanto disposição especial, esta situação. Repare-se ainda que a pronúncia do autor tem um escopo mais ou menos limitado: ou incide tão-só sobre a admissibilidade do recurso (cf. artigo 195.º, n.º 2); ou, quando verse sobre o mérito da questão, só autoriza o autor a revogar, anular, modificar ou substituir o ato, não podendo, nos dois últimos casos, modificá-lo ou substituí-lo em sentido menos favorável ao recorrente (cf. artigo 195.º, n.os 3 e 4).

Diferentes destes são os casos de escusa e suspeição contemplados no artigo 73.º.

Assim, e por um lado, o *pedido de escusa (ou dispensa)* é efetuado pelo titular do órgão ou pelo agente interveniente no procedimento, cabendo a qualquer interessado no procedimento a *oposição de suspeição* (cf. as diferentes redações do proémio do n.º 1 do artigo 73.º e do n.º 2 do mesmo dispositivo).

Por outro lado, e ao invés do que sucede nos impedimentos – em que se pode afirmar a existência de uma presunção *iuris et de iure* de que as situações cobertas pelo n.º 1 do artigo 69.º implicam, em qualquer circunstância, a ofensa do princípio da imparcialidade –, o recurso aos institutos da escusa e suspeição ocorre quando se verifique qualquer "circunstância pela qual se possa com razoabilidade duvidar seriamente da imparcia-

[77] Atualmente, o regime consta do Decreto-Lei n.º 66/2018, de 16 de agosto, encontrando-se o reconhecimento de nível e o reconhecimento específico sujeitos à decisão de um júri.

lidade da conduta [do titular do órgão ou agente]", prevendo o n.º 1 do artigo 73.º um conjunto de "circunstâncias" exemplificativas. Esta diferença projeta-se ao nível do regime jurídico dos atos praticados por titulares de órgãos colocados em situações suscetíveis de desencadear um pedido de escusa ou a oposição de suspeição: ao contrário do que sucede nos impedimentos, nestas hipóteses, a ação em causa não se encontra automaticamente afetada por um vício invalidante referente ao *sujeito* ou *autor* da ação; a existir alguma situação de invalidade (decorrente, *v. g.*, da interferência de interesses pessoais do autor), a mesma será detetada ao nível do *conteúdo* da ação (atentatória, *v. g.*, do princípio da imparcialidade).

6.6. Princípio da gratuitidade

A referência à *gratuitidade* no item dos princípios do procedimento é uma decorrência da sistematização legislativa (cf. artigo 15.º do CPA). Todavia, as inúmeras situações em que a legislação estabelece a exigência do pagamento de taxas ou de despesas procedimentais infirmam a regra da gratuitidade que, na verdade, se aparenta mais com uma exceção. Encontram-se aqui compreendidas as taxas exigidas pela instauração e tramitação do procedimento, pela realização de diligências instrutórias, pela emissão de decisões, pela passagem de atos de execução (*v. g.*, alvará), pela emissão de certidões.

Os n.ºs 2 e 3 do artigo 15.º acrescentam, por isso, que, em caso de comprovada insuficiência económica (demonstrada nos termos da lei sobre o apoio judiciário – atualmente, a Lei n.º 34/2004, de 29 de julho[78]), a Administração isentará, total ou parcialmente, o interessado do pagamento das taxas ou das despesas procedimentais.

[78] Alterada pelas Leis n.ºs 47/2007, de 28 de agosto, 40/2018, de 8 de agosto, e pelo Decreto-Lei n.º 120/2018, de 27 de dezembro.

Texto IX
Regulamento Administrativo

1. Noção e caracterização

A perspetivação do regulamento sob duas coordenadas – como *fonte de direito* (fonte autovinculativa[1]) e enquanto *forma de atuação administrativa de autoridade* – permite sedimentar um ponto de partida para a compreensão desta figura: o de que o regulamento constitui uma forma de agir da Administração que não só obriga os seus destinatários, como também vincula a futura atuação administrativa.

I. Tradicionalmente, assinalam-se ao regulamento algumas notas caracterizadoras, tornando-se possível defini-lo como *ato normativo, emanado por entidades administrativas, no exercício da função administrativa, com um valor infralegal («força de regulamento»).*

α) Em primeiro lugar, os regulamentos administrativos consubstanciam *normas jurídicas* e, enquanto tais, revestem a natureza de critérios de decisão e padrão de comportamento; nesta medida, e seguindo Larenz[2],

[1] Cf. Paulo Otero, *Legalidade...*, cit., *passim*, esp.[te] pp. 397 e ss.. Como salienta este Autor, a acentuação do carácter auto- ou heterovinculativo de uma fonte de direito depende da perspetiva: a natureza autovinculativa da juridicidade administrativa apenas se afirma como tal perante a estrutura decisória que foi sua autora (*Op.* cit., pp. 402 e s.).

[2] Larenz, *Metodologia da Ciência do Direito,* 3.ª ed., Fundação Calouste Gulbenkian, Lisboa, 1997, p. 349, que seguimos de perto.

são-lhe características inerentes a sua pretensão de validade – assumindo-se como uma exigência vinculante de comportamento ou como uma pauta vinculante de julgamento – e a sua pretensão de possuir validade para todos os casos da mesma espécie, dentro do respetivo âmbito espacial e temporal de validade.

É, desde logo, enquanto norma jurídica (critério de decisão e padrão de comportamento) que o regulamento se assume como fonte do direito, *i. e.*, como modo de constituição, manifestação e objectivação do direito positivamente vigente numa comunidade histórica concreta[3]. Embora o grau de inovação introduzido na ordem jurídica varie consoante a relação que têm com a lei, sendo significativamente mais amplo, *v. g.*, nos regulamentos independentes (que contêm disciplina inicial sobre certa matéria) que nos regulamentos executivos, a verdade é que, estabelecendo uma regulação jurídica num domínio onde esta não existia ou revestia contornos diversos, os regulamentos são produto de um processo de criação de direito: não se limitam a aplicar normas jurídicas, mas criam-nas[4].

Importa, contudo, avaliar se os regulamentos assumem sempre esta função criadora de direito ou se, em determinadas circunstâncias, não se podem considerar fontes de direito (por ausência deste pendor «criativo»). O problema coloca-se com especial acuidade perante normas regulamentares que repetem integralmente o texto da lei[5]. Com efeito, nas situações apontadas, o regulamento não constitui uma resposta (axiológico-)normativa para os problemas da realidade histórico-social[6], visto tal resposta já resultar de uma fonte de direito anterior (a lei), e assumir, em termos hierárquicos, o valor dela. Resta saber se, em rigor, estaremos nestas hipóteses perante verdadeiras normas regulamentares, ou antes diante de um abuso da forma de regulamento. Emergindo do

[3] Cf. Castanheira NEVES, «Fontes do Direito», in: *Digesta. Escritos acerca do Direito, do Pensamento Jurídico, da sua Metodologia e Outros*, vol. 2.º, Coimbra Editora, Coimbra, 1995, pp. 7, 12 e ss..

[4] MATTARELLA, «L'Attività», in: CASSESE (dir.), *Trattato di Diritto Amministrativo*, tomo I, Giuffrè Editore, Milão, 2000, p. 663.

[5] Colocando também esta questão, *v.* Freitas do AMARAL, *Manual de Introdução ao Direito*, vol. I, Coimbra, 2004, p. 517, para quem os regulamentos de execução ou complementares que se limitem a repetir normas legais não são fontes de direito, na medida em que não trazem um *quid novum* para o ordenamento jurídico.

[6] Aqui reside o momento material da experiência jurídica constituinte – cf. Castanheira NEVES, «Fontes...», pp. 90 e ss..

n.º 5 do artigo 112.º da CRP um princípio de separação entre o «direito da lei» e o «direito dos regulamentos»[7], deverá entender-se que mesmo os regulamentos executivos – onde mais se sente o grau de dependência em relação à lei – terão um conteúdo distinto desta (ainda que por ela pré-determinado[8]), concretizando, estabelecendo uma pormenorização ou consagrando as condições práticas para aplicação da disciplina consagrada pela lei. Tal não significa seguramente que a responsabilidade pela construção *ex novo* de um regime jurídico caiba na sua integralidade ao regulamento, sobretudo quando se trata de matéria de reserva legislativa (inclusivamente, relativa a direitos, liberdades e garantias); todavia, e ainda nas situações em que se exige ao legislador uma densidade normativa acrescida, o regulamento executivo apresenta um momento de novidade[9] – pelo menos, no que tange às formas possíveis de aplicação da disciplina legalmente prevista –, sob pena de perder sentido a sua emissão.

β) A segunda característica do conceito aponta no sentido de que os regulamentos consubstanciam normas jurídicas emanadas por órgãos de entidades administrativas. Tal é o problema da titularidade do poder regulamentar. Repare-se, contudo, que por entidades administrativas não poderá entender-se apenas sujeitos dotados de personalidade jurídico-pública (pessoas coletivas públicas), uma vez que cada vez mais encontramos sujeitos privados incumbidos do exercício da função administrativa; aliás, hodiernamente vem-se assistindo à inclusão destas entidades num conceito amplo de Administração Pública em sentido organizatório, ficando as mesmas equiparadas a pessoas coletivas públicas. A esta noção

[7] Seguimos a posição de Gomes Canotilho (*Direito...*, cit., p. 842) que concebe este princípio como uma decorrência do princípio da tipicidade das leis, que proíbe a existência de atos legislativos «apócrifos» ou «concorrenciais» (Gomes Canotilho/Vital Moreira, *Constituição da República Portuguesa Anotada*, 4.ª ed., vol. II, Coimbra Editora, Coimbra, 2010, p. 67, anotação XXII ao artigo 112.º).

[8] Cf. Sérvulo Correia, *Legalidade...*, cit., p. 253; tal como salienta o Autor, para que exista um nexo substancial entre a lei e o regulamento executivo, impõe-se que este se mantenha no campo material e no modo de disciplina da lei regulamentada,

[9] Apelando também a inovação como uma característica inerente aos atos normativos, *v.* Mattarella, «L'Attività», cit., p. 666, na esteira de Giannini. Cf. também Zanobini, «Sul Fondamento Giuridico della Potestà Regolamentare», in: *Archivio Giuridico "Filippo Serafini"*, 4.ª série, vol. III (vol. LXXXVII), 1922, p. 21. Cf., porém, Marcello Caetano, *Manual de Direito Administrativo*, vol. I, 10.ª ed. (7.ª reimp.), Almedina, Coimbra, 2001, p. 97.

abrangente de Administração não é, aliás, alheio o CPA cujo âmbito de aplicação atinge a "conduta de quaisquer entidades, independentemente da sua natureza, adotada no exercício de poderes públicos ou regulada de modo específico por disposições de direito administrativo" (cf. artigo 2.º, n.º 1) – o que, da nossa perspetiva interessada, abrange os regulamentos emitidos por entidades privadas no exercício de poderes públicos[10].

γ) Em terceiro lugar, os regulamentos consubstanciam normas emitidas no exercício da *função administrativa*. Não obstante a dificuldade de distinção material entre as funções do Estado, pode afirmar-se, seguindo o critério tipológico proposto por Afonso Queiró[11], que a função administrativa se caracteriza pela prossecução, com uma intenção de realização concreta, de fins coletivos (de uma comunidade histórico-social determinada) heteronomamente definidos (função secundária), fins esses que decorrem do interesse último (interesse público primário) de qualquer comunidade politicamente organizada: a realização da paz segundo uma ideia de justiça[12].

Ora, o desenvolvimento da função administrativa pressupõe que os órgãos da Administração Pública sejam titulares de um poder de definição unilateral de efeitos jurídicos (poder administrativo ou poder público de autoridade). Perimida que está a concepção do princípio da divisão de poderes que associava o poder normativo à função legislativa, poderemos afirmar que o poder regulamentar corresponde ao exercício de um poder administrativo que, em termos de conteúdo, reveste um carácter normativo[13]. Sem que se perfilhe, como sucedeu em França no período da Restauração, a existência de um poder regulamentar geral, independente de uma habilitação legal, ou a técnica anglo-saxónica da *delegated legislation* como forma de arbitrar um poder normativo ao executivo, a

[10] Sobre o âmbito de aplicação subjetiva no CPA revisto, cf., Pedro Gonçalves, «Âmbito de Aplicação do Código do Procedimento Administrativo (Na Versão do Anteprojeto de Revisão)», in: *Cadernos de Justiça Administrativa*, n.º 100, julho/agosto 2013, pp. 9 e ss.; Jorge Pereira da Silva, «Âmbito de Aplicação e Princípios Gerais no Projeto de Revisão do CPA», in: Rui Machete/Luís Fábrica/A. Salgado de Matos (dir.), *Projeto de Revisão do Código do Procedimento Administrativo*, Universidade Católica Editora, Lisboa, 2013, pp. 46 e ss..

[11] Afonso Queiró, «A Função Administrativa», cit., pp. 75 e ss..

[12] Rogério Soares, *Direito Administrativo*, polic., s.d., p. 3. Cf. ainda Sérvulo Correia, *Legalidade...*, cit., pp. 188 e ss.; Paulo Otero, *Legalidade...*, cit., p. 381.

[13] *V.* também Mattera, «L'Attività», cit., pp. 667 e s., 681 e s..

verdade é que o poder regulamentar se assume como um poder indispensável para o exercício da função administrativa (um «meio funcional da Administração»[14]). A celeridade exigida à construção do ordenamento jurídico e a complexidade técnica dos problemas cuja resolução é solicitada às normas jurídicas raro se compadecem com as demoras do procedimento legislativo ou com a falta de especialização do Parlamento[15]. A acentuação desta característica afigura-se relevante num sistema jurídico como o nosso que atribui funções legislativas normais ao Governo, o qual constitui também o órgão superior da Administração Pública (artigo 182.º da Constituição). Se parece mais ou menos líquido que a diferenciação entre atos legislativos do Governo e regulamentos governamentais tende a efetuar-se mediante o recurso a um critério formal, não poderíamos ignorar o problema do sentido do poder regulamentar governamental neste contexto.

δ) A última nota caracterizadora do regulamento relaciona-se com o seu *valor infralegal* («força de regulamento»). Este ponto encontra-se intimamente conexionado quer com o lugar dos regulamentos no plano das fontes de direito, quer com o próprio sentido da função administrativa de que constituem forma de atuação: não sendo cometida à Administração a decisão sobre certo tipo de fins (definidos por lei), também os atos normativos por ela emitidos dispõem de uma força jurídica inferior[16].

A acentuação desta ideia não deve, contudo, obliterar a possibilidade de os regulamentos de certas entidades se assumirem como *normação primária* sobre certas matérias – eis o que sucede com os regulamentos das entidades dotadas de autonomia normativa e desprovidas de competência legislativa e, por excelência, com os regulamentos das autarquias

[14] Wolff/Bachof/Stober/Kluth, *Verwaltungsrecht*, vol. I, cit., p. 285.

[15] *V.*, por exemplo, Wolff/Bachof/Stober/Kluth, *Verwaltungsrecht*, vol. I, cit., p. 282. A afirmação presente no texto não impede que se estabeleçam limites jurídicos ao exercício do poder regulamentar, limites esses diretamente decorrentes do respetivo fundamento constitucional e legal. O poder regulamentar não constitui um poder técnico ou um poder dotado de uma «superioridade incondicionada e tirânica» (García de Enterría/Tomás-Ramón Fernández, *Curso...*, cit., p. 183), mas um poder jurídico, necessariamente fundado na Constituição e na lei.

[16] Assim também Vieira de Andrade, «O Ordenamento Jurídico Administrativo Português», in: *Contencioso Administrativo*, Livraria Cruz, Braga, 1986, p. 59.

locais (regulamentos autónomos)[17]. A defesa desta solução não contende, de forma alguma, com o princípio da legalidade da Administração e com o necessário fundamento constitucional ou legal do poder regulamentar: pense-se, uma vez mais, no caso das autarquias locais, cuja autonomia regulamentar aparece reconhecida a nível constitucional, cabendo tão-só à lei a definição dos órgãos com competência para a emissão de regulamentos e o leque de atribuições daquelas entidades.

II. À semelhança do que sucede com o ato administrativo, o CPA apresenta agora uma noção de regulamento administrativo, definindo-o, no plural, como "as normas jurídicas gerais e abstratas que no exercício de poderes jurídico-administrativos visem produzir efeitos jurídicos externos" (cf. artigo 135.º). Não se trata de um conceito muito diferente do exposto e avançado tradicionalmente pela doutrina.

O disposto no artigo 135.º carece de duas observações complementares.

Primo, a consideração do caráter normativo do regulamento (que acentua a sua predisposição de permanência e de «decisão sobre futuras decisões»[18]) permite, como tradicionalmente, contrapô-lo ao ato administrativo, enquanto atuação que produz efeitos numa situação individual e concreta (cf. artigo 148.º). Contudo, ao apresentar a definição de ambas as formas autoritárias de ação administrativa, o CPA inviabiliza qualquer tentativa de reconduzir, *de modo imediato*, a cada uma delas as categorias (intermédias) de *atos gerais* e de *atos abstratos*. Não constitui esta uma solução necessariamente perniciosa. Pelo contrário, o intérprete não fica espartilhado, possuindo agora maior elasticidade para afeiçoar a disciplina normativa a estas situações híbridas, aplicando, *por analogia*, o regime jurídico do regulamento ou do ato administrativo, guiando-se por considerações metodológicas. Assim, estando ausente dos atos gerais a vocação de execução permanente, os mesmos deveriam ser assimilados aos atos administrativos: com efeito, se a execução de um regulamento não o consome, os atos administrativos gerais esgotam-se no momento em que

[17] Neste sentido, cf. Vital Moreira, «Formas de Acção Administrativa», in: *Direito Administrativo (2002-2003)*, polic., Coimbra, 2003, pp. 4 e s..

[18] Vieira de Andrade, «O Ordenamento...», cit., p. 60; J. Ferreira de Almeida, «Regulamento Administrativo», in: *Dicionário Jurídico da Administração Pública*, vol. VII, s.n., Lisboa, 1996, p. 195, que, na senda de Forsthoff, se refere à pretensão imanente de duração inerente ao regulamento.

estabelecem o comando para aquela situação determinada[19]. Já os atos administrativos que, dirigindo-se a um número determinável de sujeitos, se aplicam a um número indeterminado de situações, estão mais próximos do regulamento que do ato administrativo. Desde logo, quanto a eles não vale o argumento do carácter permanente do comando (próprio do regulamento e inexistente no ato), visto que também estes se aplicam cada vez que as circunstâncias abstratamente definidas na sua previsão se verificarem em concreto[20].

Secundo, ao introduzir a eficácia externa no conceito de regulamento, o artigo 135.º está, concomitantemente, a apartar da noção os regulamentos internos. Atente-se, porém, em que a disposição em causa não pretende (evidentemente!) negar a natureza de *regulamento* às normas internas, nem muito menos afastar a respetiva natureza *jurídica* (perimida há muito que se encontra a conceção de raiz germânica, que rejeitava o caráter jurídico aos regulamentos internos). Simplesmente, tal significa que o *Tatbestand* do regime estabelecido no CPA não abrange os regulamentos internos, apenas se aplicando aos regulamentos externos[21]. Quer dizer, a prestabilidade da noção de regulamento administrativo desenhada pelo Código dirige-se tão-só à *delimitação do respetivo âmbito de aplicação, não*

[19] No mesmo sentido, Afonso Queiró, «Teoria dos Regulamentos», in: *Estudos de Direito Público*, vol. II, tomo I, Acta Universitatis Conimbrigensis, Coimbra, 2000, pp. 215 e s.; Rogério Soares, *Direito Administrativo*, polic., Coimbra, 1978, pp. 80 e ss.; Vieira de Andrade, «O Ordenamento...», cit., p. 59.

[20] Cf., porém, M. Esteves de Oliveira/Pedro Gonçalves/Pacheco de Amorim, *Código...*, cit., p. 566, que, embora entendendo que a configuração deste tipo de decisões como atos normativos se revela, do ponto de vista teórico, como preferível, acabam por concluir pela possibilidade de as subsumir à categoria de «actos administrativos de prática automaticamente renovada»; trata-se, porém, de uma asserção que os próprios Autores alicerçam na necessidade de, nestas hipóteses, assegurar aos destinatários uma tutela jurisdicional efetiva, colocando ao seu dispor meios processuais cuja utilização não era então admitida quando estivessem em causa regulamentos (pense-se, *v.g.*, na suspensão da eficácia).

[21] E com esta observação não intentamos afirmar que, para efeitos do CPA, os regulamentos internos se assumem como "uma outra realidade jurídica que não normas regulamentares" – como parece concluir Pedro Moniz Lopes («O Regime Substantivo dos Regulamentos no Projecto de Revisão do Código do Procedimento Administrativo: Algumas Considerações Estruturantes», in: *EPública – Revista Eletrónica de Direito Público*, n.º 1, janeiro 2014, p. 7, e n. 12), a partir de uma leitura dos nossos estudos. Cf., já a seguir, em texto.
Criticando também a opção do CPA no sentido da exclusão dos regulamentos internos, *v.* Colaço Antunes, «Dificuldades do Projeto de Revisão do Código do Procedimento Administrativo», in: *Direito & Política*, n.º 4, julho/outubro 2013, p. 148.

visando responder à natureza jurídica das normas internas emanadas pela Administração Pública as quais, na nossa perspetiva, constituem igualmente regulamentos administrativos – e esta conclusão impõe-se sem que, em simultâneo, se subtraiam os regulamentos internos aos princípios vinculadores da atividade administrativa, cuja consagração no CPA corresponde a uma mera concretização positiva de fundamentos de direito dotados de caráter supralegal. Eis o que sempre sucederia com a vinculação das normas internas, enquanto modos de atuação administrativa, ao princípio da legalidade (em especial, na sua dimensão de primazia da lei).

Ainda assim, o legislador acabou por impor que determinados regulamentos internos obedeçam a certos traços do regime próprio dos regulamentos externos. Aponta nesta direção o n.º 4 do artigo 136.º, que submete ao princípio da precedência da lei as "comunicações dos órgãos da Administração Pública que enunciem de modo orientador padrões de conduta na vida em sociedade", independentemente da respetiva designação (diretivas, recomendações, código de conduta, manual de boas práticas ou outra). Não ignoramos que, neste preceito, se encontram abrangidas atuações que não possuem natureza interna, assumindo-se antes como instrumentos de *soft law*; até por este motivo, escapa-nos o sentido para a exigência, no tipo de situações elencadas, de um fundamento legal para a respetiva emanação.

2. Tipologias de regulamentos

São vários os critérios em função dos quais se elabora uma tipologia dos regulamentos administrativos. Em qualquer das hipóteses, não está em causa a construção de uma taxonomia com propósitos exclusivamente dogmático-expositivos, tratando-se antes de identificar um conjunto de tipos regulamentares com repercussões práticas em termos de regime jurídico aplicável.

a) Regulamentos internos e regulamentos externos – A diferença entre regulamento interno e regulamento externo reside na *projeção* da sua eficácia[22] ou no *círculo dos respetivos destinatários ou obrigados*[23]: enquanto os primeiros se dirigem a órgãos integrados na mesma pessoa coletiva pública

[22] Freitas do Amaral, *Curso de Direito Administrativo*, vol. II, cit., p. 155.
[23] Afonso Queiró, «Teoria...», cit., p. 218.

do órgão-autor do regulamento, produzindo, nessa medida, efeitos internos, os segundos destinam-se a produzir efeitos na esfera de terceiros (quer particulares, quer outras entidades públicas), possuindo eficácia externa. Face a esta explanação, impõem-se três observações, motivadas pelas dificuldades comportadas por uma tentativa de delineação das fronteiras entre regulamentos internos e externos.

Primo, importa salientar que o regulamento, enquanto *ato* (normativo), pode conter normas internas e normas externas. Nesta aceção é possível referirmo-nos a «regulamentos mistos»[24], sublinhando que mais relevante que a qualificação de um regulamento no todo é a consideração singular das normas do regulamento, sem prejuízo da existência de regulamentos integralmente constituídos por normas externas (regulamentos externos) ou por normas internas (regulamentos internos). Ainda que, por comodidade de exposição, continuemos aludir a regulamentos internos e externos, deverá entender-se que as diversas referências, com repercussões em sede de regime jurídico, se reportam essencialmente às *normas* regulamentares.

Secundo, o critério enunciado implica dificuldades acrescidas quando atentamos que os regulamentos internos podem produzir efeitos na esfera dos particulares ainda que *indiretamente*. Tal sucederá sempre que o regulamento interno inclua normas cuja execução careça da prática de um ato administrativo produtor de efeitos jurídicos para os particulares. A delimitação das normas internas e externas mediante o critério da eficácia tem que ser complementada com o critério dos *destinatários diretos* da norma, sob pena de pouco ficar para as primeiras[25].

[24] *V., v. g.*, Acórdão do Tribunal Constitucional n.º 319/94, de 12 de Abril, cit., p. 946, na sequência de Coutinho de Abreu, *Sobre os Regulamentos Administrativos e o Princípio da Legalidade*, Almedina, Coimbra, 1987, p. 99 (embora com um sentido ligeiramente diferente do seguido no texto). Cf. também M. Aroso de Almeida, «Os Regulamentos no Ordenamento Jurídico Português», in: *Estudos Comemorativos dos 10 Anos da Faculdade de Direito da Universidade Nova de Lisboa*, vol. I, Almedina, Coimbra, 2008, p. 510.

[25] Discordamos, pois, do STA (Acórdão de 03.11.2005, P. 239/05), quando qualifica um regulamento como externo por aquele conter normas que "acabam por operar efeitos em situações individuais e concretas exteriores à Administração, repercutindo-se concretamente na esfera jurídica dos interessados". Cf. também o nosso trabalho «Regulamentos e Autovinculação Administrativa», in: *Cadernos de Justiça Administrativa*, n.º 59, Setembro/Outubro 2006, p. 36.

Revela-se problemática a conformação eminentemente formal do critério da distinção entre regulamento interno e externo: para aferir da natureza interna ou externa de uma norma, apenas se teria de verificar se os seus efeitos ou os seus destinatários diretos se circunscrevem ao interior da pessoa coletiva pública emitente ou se atingem outra entidade. Se não subsistem grandes dúvidas quanto à natureza externa das normas regulamentares que afetem a esfera jurídica dos particulares, urge sopesar se, no plano da eficácia intra-administrativa, a dicotomia deverá obedecer àquele critério formal – a afetação da esfera de um sujeito diferente do emissor – ou se ainda poderão considerar-se como regulamentos internos aqueles que se dirijam ao interior da Administração, embora a pessoa coletiva diferente daquela em que se integrava o órgão que emanou o regulamento.

Esta última opção poderá fazer sentido, desde logo, no que tange aos regulamentos emanados no âmbito de uma relação de superintendência, quando esta relação esteja modelada de forma a conferir ao superintendente poderes de emitir diretrizes de conteúdo específico (que se não cifrem apenas em orientações muito genéricas sobre o exercício da atividade administrativa), e quando não sejam postos em causa interesses próprios da entidade superentendida (interesses assegurados pela outorga de personalidade jurídica ou que contendam, *v. g.*, com a autonomia patrimonial). No fundo, trata-se de verificar, relativamente a cada uma das normas, se o seu eventual caráter externo apenas resulta do facto de, em termos de organização administrativa, a prossecução de um círculo de interesses ser efetuada não através de um órgão integrado na própria entidade pública, mas mediante um outro ente, dotado de uma personalidade jurídica instrumental. Não devemos olvidar que, no âmbito das administrações indiretas, correspondentes ao fenómeno da «desconcentração personalizada»[26], os entes públicos superentendidos não espelham um substrato com interesses próprios oponíveis ao superintendente, mas constituem uma resposta à complexificação crescente das funções das pessoas coletivas de fins múltiplos, como o Estado ou as autarquias locais[27].

Esta conclusão conduz-nos ao ponto de partida e permite unificar os regulamentos externos em torno de um vetor comum: *a afetação de um cír-*

[26] Assim, entre nós, Casalta Nabais, «Considerações...», cit., pp. 336 e s., n. 11. Cf. também Casalta Nabais, «A Autonomia Financeira das Autarquias Locais», in: *Boletim da Faculdade de Direito*, vol. LXXXII, 2006, pp. 20 e ss..

[27] Cf. a posição ainda mais ampla de Paulo Otero, *Legalidade...*, cit., pp. 384 e s..

culo de interesses próprios do destinatário. Foi por se entender que existia sempre um (potencial) conflito entre Administração e particulares (em geral) que se conceberam as normas destinadas a estes últimos como normas jurídicas (*Rechtsverordnungen*, na terminologia alemã). Raciocínio idêntico vale para as relações entre Governo e Administração autónoma: a circunstância de estarem em causa duas entidades cujos substratos possuem interesses próprios diversos – interesses esses que justificam a autonomia administrativa – conduz a que os regulamentos emanados no âmbito daquelas relações possuam natureza externa.

A distinção entre regulamentos externos e internos assume uma importância não despiciendа por duas ordens de razões.

Por um lado, afirma-se que o denominado *princípio da inderrogabilidade singular*, segundo o qual um órgão administrativo não pode afastar a aplicação de (*derrogar*, *hoc sensu*) um regulamento na decisão de um caso concreto (daí o adjetivo *singular*), vale apenas para os *regulamentos externos*. Este princípio aparece hoje expressamente formulado no n.º 2 do artigo 142.º do CPA, nos termos do qual "os regulamentos não podem ser derrogados por atos administrativos de caráter individual e concreto". Embora entendamos que, em certas situações e verificado um conjunto de condições objetivas e subjetivas, se deva permitir (*rectius*, impor) a recusa de aplicação de regulamentos[28], também nos parece que não caberia ao legislador oferecer soluções para esta delicada questão, a qual fica adequadamente remetida para as ponderações do intérprete.

Tal não significa, porém, que se afigure irrelevante a preterição de um regulamento interno, a qual, ainda que não determine, por si só, a invalidade do ato que o afastou no caso concreto, poderá indiciar a existência de uma violação dos princípios da imparcialidade e da igualdade. Além disso, mesmo que não consideremos os regulamentos internos como «praxes administrativas antecipadas»[29], dever-se-á entender que a res-

[28] Cf. o nosso trabalho *A Recusa...*, cit., *passim*, esp.^{te} pp. 593 e ss..

[29] A consideração de que as *Vorschriften* equivalem a «praxes administrativas antecipadas» (*antizipierte Verwaltungspraxen*) constitui objecto de crítica por parte de alguma doutrina, que as concebe antes como fatores autónomos de vinculação (*selbständige Bindungsfaktoren*) – cf., *v. g.*, Ossenbühl, *Verwaltungsvorschriften und Grundgesetz*, Verlag Gehlen – Bad Homburg v.d.H., Berlin/Zürich, 1968, pp. 518 e s.; «Rechtsquellen und Rechtsbindungen der Verwaltung», in: Erichsen/Ehlers (dir.), *Allgemeines Verwaltungsrecht*, 12.ª ed., Walter de

petiva inobservância no caso concreto pelos órgãos administrativos decisores gera um dever acrescido de fundamentação, à luz de uma aplicação (direta ou analógica) da alínea *d)* do n.º 1 do artigo 152.º do CPA.

Por outro lado, em regra, apenas os regulamentos externos são suscetíveis de *impugnação judicial*. Trata-se de uma consequência de apenas se encontrarem sujeitas à Justiça Administrativa relações jurídicas administrativas externas ou intersubjetivas e, por conseguinte, que têm por sujeitos um ente da Administração e um particular ou entre pessoas coletivas públicas. A esta asserção não se opõe o facto de, em certas hipóteses, o legislador admitir a justiciabilidade de litígios interorgânicos, correspondentes, nos termos da alínea *j)* do n.º 1 do artigo 4.º do ETAF, a relações jurídicas entre órgãos públicos, no âmbito dos interesses que lhes cumpre proteger: ponto é que estejam em causa situações em que o órgão se assuma como órgão representativo no contexto da pessoa coletiva em que se integra, representando um conjunto de interesses específicos de determinados sujeitos (ou de determinada categoria de sujeitos)[30], interesses esses postos em causa por um regulamento (externo ou *interno*) emanado por outro órgão da mesma entidade[31]. Atente-se, porém, ém que os regulamentos internos, embora não sujeitos, em geral, à impugnabilidade judicial são suscetíveis de impugnação *administrativa*. E parece dever continuar-se a defender este ponto de vista, mesmo quando o CPA circunscreve o seu *Tatbestand* aos regulamentos externos e, nessa medida, restringe também o âmbito de aplicação da declaração administrativa de invalidade prevista no artigo 144.º: a impugnação administrativa de

Gruyter, Berlin, 2002, p. 161; Rogmann, *Die Bindungswirkung von Verwaltungsvorschriften*, Carl Heymanns Verlag, Köln/Berlin/Bonn/München, 1998, pp. 38 e ss.; Möstl, «Normative Handlungsformen», in: Erichsen/Ehlers (org.), *Allgemeines Verwaltungsrecht*, 14.ª ed., De Gruyter, 2010, pp. 663 e s.; Arnauld, *Rechtssicherheit*, Mohr Siebeck, Tübingen, 2006, pp. 432 e s..

[30] Assim, Pedro Gonçalves, «A Justiciabilidade...», cit., pp. 21 e s.. Adotando a mesma posição, cf. M. Esteves de Oliveira/R. Esteves de Oliveira, *Código de Processo nos Tribunais Administrativos*, vol. I, Almedina, Coimbra, 2004, p. 368, anotação VII ao artigo 55.º; Cláudia Saavedra Pinto, «Os Litígios Emergentes no Âmbito dos Órgãos Colegiais – Anotação ao Ac. do TCA Sul, de 14.11.2007, P. 2879/07», in: *Cadernos de Justiça Administrativa*, n.º 79, janeiro/fevereiro 2010, pp. 56 e s..

[31] *V.* Pedro Gonçalves, «A Justiciabilidade...», cit., pp. 13 e s. (14); cf. também o nosso trabalho «O Controlo Judicial do Exercício do Poder Regulamentar», in: *Boletim da Faculdade de Direito*, vol. LXXXII, 2006, pp. 444 e s., n. 67.

quaisquer atos *internos* representa uma possibilidade genérica decorrente do princípio da juridicidade, de acordo com o qual impendem sobre os órgãos administrativos quer o dever de respeitar as normas (constitucionais e legais) a que se encontram submetidos, adotando soluções que se compatibilizem com a ordem jurídica considerada no seu conjunto, quer a correspetiva obrigação de garantia e fiscalização da juridicidade da respetiva atuação (dever de autocontrolo da juridicidade).

b) Regulamentos gerais e regulamentos especiais – A distinção entre regulamentos gerais e regulamentos especiais é efetuada mediante o critério do respetivo âmbito de aplicação subj*etiva*. A questão mais delicada desta destrinça reside na identificação dos regulamentos *especiais* (cuja autonomização dogmática se deve à doutrina alemã[32]), já que os regulamentos *gerais* se definem de forma negativa: enquanto os primeiros se dirigem a sujeitos que se encontram numa «relação especial de Direito Administrativo», assumem-se como regulamentos gerais todos os demais. O *punctum crucis* consiste agora na densificação do conceito de «relação especial de Direito Administrativo» (*Sonderechtsverhältnis*). Esta noção reporta-se às hipóteses em que os particulares possuem uma ligação ou uma conexão mais estreita (*engere Beziehung*) com a Administração, distinta da que intercede entre esta e os demais cidadãos (configurada como a «relação geral de Direito Administrativo»): tal a situação do preso, do trabalhador no âmbito de uma relação de emprego público, do aluno de uma escola pública, do doente de um estabelecimento público de saúde (ou, em geral, do utente de um serviço público) ou do membro de uma associação pública[33].

Se quisermos cruzar esta distinção com a realizada na alínea anterior, concluímos que os regulamentos gerais revestem sempre natureza externa, podendo os regulamentos especiais assumir-se como internos ou externos, consoante se reportem à relação orgânica (ou funcional) ou à relação fundamental (ou de serviço), respetivamente. Na verdade, ainda

[32] *V.*, sobre os *Sonderverordnungen*, MAURER/WALDHOFF, *Allgemeines Verwaltungsrecht*, cit., p. § 4, n.º de margem 36; WOLFF/BACHOF/STOBER, *Verwaltungsrecht*, vol. I, cit., pp. 285 e s.; WALLERATH, *Allgemeines Verwaltungsrecht*, cit., pp. 132 e ss..

[33] Cf., por todos, MAURER/WALDHOFF, *Allgemeines Verwaltungsrecht*, cit., § 6, n.os de margem 17 e ss., § 8, n.os de margem 26 e ss.; WOLFF/BACHOF/STOBER/KLUTH, *Verwaltungsrecht*, vol. I, cit., pp. 370 e ss..

quando se encontram numa relação especial de Direito Administrativo com uma entidade pública, os particulares não deixam de se considerar como pessoas, pelo que importa destrinçar entre os regulamentos (especiais) atinentes à organização do serviço em causa e que, como tal se dirigem aos funcionários, aos alunos, aos utentes, nessa qualidade (pense-se, *v.g.*, no regulamento de utilização dos livros de uma biblioteca pública), e os regulamentos que atingem (concretizando, ampliando ou limitando) os direitos ou interesses legalmente protegidos daqueles particulares enquanto cidadãos ou pessoas: os primeiros consubstanciam regulamentos internos e os segundos constituem regulamentos externos.

Esta distinção poderá conhecer uma projeção, *v. g.*, nos mecanismos de participação procedimental contemplados nos artigos 100.º e 101.º do CPA (audiência dos interessados e consulta pública). Enquanto os regulamentos gerais se revelarão mais propícios à inclusão na hipótese normativa do n.º 1 do artigo 101.º, quando este alude à natureza da matéria justificativa da realização de uma consulta pública, os regulamentos especiais afeiçoar-se-ão mais à participação através da audiência dos interessados.

c) Regulamentos executivos, regulamentos complementares, regulamentos independentes e regulamentos autónomos – A taxonomia agora sob escrutínio atinge tão-só os regulamentos gerais externos e norteia-se pelo critério da *relação com a lei* ou, como preferimos, pelas *funções* desempenhadas pelo regulamento no contexto do sistema jurídico[34].

Os regulamentos podem cumprir quatro funções distintas:

1) Função de execução – Ao poder regulamentar sempre foi assacada a função de constituir um instrumento normativo imprescindível para atuar uma disciplina jurídica elaborada pelo legislador[35], concebendo-se como mecanismo jurídico que desenvolve e completa a lei. Trata-se de uma tarefa de ineliminável relevância a prosseguida pelos *regulamentos de execução* ou *regulamentos executivos*, que, enquanto tal, cumprem a função *primeira* dos regulamentos, em estreita cumplicidade com a lei,

[34] *V.*, desenvolvidamente, sobre as funções dos regulamentos administrativos, o nosso trabalho *A Recusa...*, cit., pp. 94 e ss..

[35] Neste sentido, cf. também Di Cosimo, *I Regolamenti nel Sistema delle Fonti*, Giuffrè Editore, Milano, 2005, p. 172.

esclarecendo ou pormenorizando disposições legais. Considere-se, *v. g.*, a Portaria n.º 1450/2007, de 12 de novembro, que, aprovada ao abrigo do diploma que estabelece o regime jurídico da utilização dos recursos hídricos (o Decreto-Lei n.º 226-A/2007, de 31 de maio), consagra disposições sobre os documentos que devem instruir os pedidos de emissão de títulos de utilização de recursos hídricos, as menções a incluir nos anúncios, bem como os elementos que hão constar daqueles títulos.

2) *Função de interpretação* – O reconhecimento de uma função autónoma de interpretação aos regulamentos administrativos exige a sua adequada delineação, por força da proibição constante do n.º 5 do artigo 112.º da Constituição, o qual veda a lei de conferir a atos de outra natureza o poder de, com eficácia externa, interpretar (ou integrar) qualquer dos seus preceitos. Repare-se, porém, que não se encontram rejeitados, mesmo ao abrigo daquela disposição constitucional, todos e quaisquer regulamentos interpretativos. Não se excluindo (nem se podendo, numa perspetiva metodológica, excluir) a interpretação administrativa das leis, atualmente afigura-se pacífico[36] que a *ratio* do n.º 5 do artigo 112.º aponta para a proibição da interpretação *autêntica* de normas legais através de regulamentos (o que redundaria numa deslegalização, ou, se se preferir, numa degradação do valor hierárquico da lei), suscetíveis de obrigarem os tribunais – os quais, sem prejuízo da tarefa interpretativa que lhes está cometida, enquanto momento inseparável da realização do direito no caso concreto, controlarão sempre a (validade da) interpretação efetuada pela Administração através de regulamentos[37].

Ressalvadas as hipóteses (constitucionalmente vedadas) de regulamentos interpretativos *com valor equiparável à lei*, não se exclui a emissão de *quaisquer regulamentos* destinados a precisar o sentido de determinado preceito legal. Por outras palavras, o n.º 5 do artigo 112.º apenas proíbe a existência de normas regulamentares às quais, para efeito de interpre-

[36] Cf., por todos, Gomes Canotilho/Vital Moreira, *Constituição...*, vol. II, cit., p. 68, anotação XXIII ao artigo 112.º, e Jorge Miranda, «Artigo 112.º», in: Jorge Miranda/Rui Medeiros, *Constituição Portuguesa Anotada*, tomo II, Coimbra Editora, Coimbra, 2006, p. 262, anotação VI, que seguimos neste momento.

[37] Cf. também Afonso Queiró, *Lições de Direito Administrativo*, vol. I, polic., Coimbra, 1976, p. 552. Na senda deste nosso Professor, adotamos aqui um conceito de eficácia interna não exatamente coincidente com o subjacente quando se alude a atos internos da Administração (propugnando uma concepção diversa, cf. Paulo Otero, *Legalidade...*, cit., p. 1002).

tação da lei, se atribua um valor idêntico ao do ato (legislativo) interpretado, não se impedindo, portanto, que a Administração procure fixar antecipadamente – *i. e.*, antes de mobilizar a norma legal para resolução de um caso concreto – o sentido que lhe pretende atribuir. Sem prejuízo das dificuldades metodológicas emergentes dos regulamentos interpretativos (por pretenderem realizar uma tarefa hermenêutica descontextualizada da realização do direito no caso concreto), em causa estará agora o que Afonso Queiró[38] designa como «interpretação regulamentar», *i. e.*, a interpretação de normas legais (ou mesmo regulamentares) efetuada através de regulamentos emanados pelos órgãos administrativos. Estará em causa uma das subfunções próprias dos *regulamentos executivos*[39], favorecendo uma relação particularmente íntima entre lei e regulamento. Por este motivo, o n.º 2 do artigo 142.º do CPA esclarece hoje que os regulamentos podem ser interpretados pelos órgãos competentes para a sua emissão.

3) Função de dinamização da lei – Mais longe que a estreita conexão com a lei proporcionada pelos regulamentos executivos alcança o reenvio normativo, onde a parceria lei/regulamento conhece um alcance mais equilibrado, contribuindo para definir este último como um instrumento (não de estrita execução, mas) de *dinamização* legislativa ou, na locução de Schmidt-Aßmann[40], de «desenvolvimento criativo de previsões legais». Nesta hipótese, a lei admite a uma fonte jurídica hierarquicamente inferior que se assuma como um seu *complemento*, não estando em causa uma invasão (legislativamente autorizada) pelo regulamento de matérias previstas em lei. Trata-se de uma possibilidade correspondente ao «direito

[38] Afonso Queiró, *Lições...*, cit., pp. 555 e ss..

[39] Assim, Sérvulo Correia, «Interpretação Administrativa das Leis», in: *A Feitura das Leis*, vol. II, INA, Lisboa, 1986, p. 336. Cf. ainda Cruz Vilaça, «Regulamentação e Acompanhamento da Execução pelo Governo», in: *A Feitura das Leis*, vol. II, INA, Lisboa, 1986, p. 312. Quando estejam em causa regulamentos emitidos no âmbito de uma relação hierárquica, a doutrina sublinha que uma das reconhecidas manifestações do poder de direção reside na função do superior hierárquico como «agente de interpretação administrativa das leis». Cf. Sérvulo Correia, «Interpretação...», cit., p. 335; Paulo Otero, *Conceito e Fundamento da Hierarquia Administrativa*, Coimbra Editora, Coimbra, 1992, p. 115.

[40] Schmidt-Assmann, «Cuestiones Fundamentales sobre la Reforma de la Teoria General del Derecho Administrativo. Necessidad de la Innovación y Presupuestos Metodológicos», in: J. Barnes (ed.), *Innovación y Reforma en el Derecho Administrativo*, Global Law Press, Sevilla, 2006, p. 35.

administrativo de complemento» (*administratives Ergänzungsrecht*) de que fala a doutrina alemã[41]. Considere-se, *v. g.*, a Portaria n.º 2/2013, de 2 de janeiro, que estabelece o regime e o procedimento aplicáveis ao reconhecimento das entidades que integram a rede extrajudicial de apoio a clientes bancários: nesta hipótese, o regulamento consagra mais que meros pormenores de execução da lei, na medida em que contém normas que desenham um procedimento administrativo, a disciplina especial da respetiva reapreciação e impõem obrigações de reporte de dados.

4) Função de dinamização da ordem jurídica – Maiores questões poderão suscitar as hipóteses em que a habilitação para a emissão regulamentar seja efetuada mediante uma lei que se limite a enunciar os princípios gerais e a dispor quais as normas fundamentais sobre a disciplina jurídica de uma matéria, deixando para o regulamento o seu desenvolvimento (quase) completo, tendo como pano de fundo toda a ordem jurídica (e não apenas a lei habilitante). Claro está que o reconhecimento desta função – que pressupõe uma rede de colaboração mais profunda entre legislação e regulamento – não prescinde do respeito pelo princípio da legalidade (*stricto sensu*), não apenas na vertente da precedência de lei (ainda que esta tenha apenas um conteúdo mínimo), mas também da reserva de lei e da preeminência da lei (concebida como parâmetro de vinculação dos regulamentos administrativos).

Assim, em primeiro plano, está em causa a possibilidade de adoção de *regulamentos independentes*, no duplo sentido de regulamentos diretamente fundados na Constituição [*in casu*, na alínea *g)* do artigo 199.º, e, portanto, regulamentos governamentais, emitidos sob a forma de decretos regulamentares] e de regulamentos relativamente aos quais a lei ordinária define a competência objetiva e subjetiva para a sua emissão[42].

[41] Cf. Scheuing, «Selbstbindungen der Verwaltung», in: *Veröffentlichungen der Vereinigung der Deutschen Staatsrechtslehrer*, n.º 40, Gruyter, Berlin/New York, 1982, pp. 158 e ss.; Rogmann, *Die Bindungswirkung...*, cit., p. 48; Ossenbühl, «Vorrang und Vorbehalt des Gesetzes», in: Isensee/Kirchhof (Hrsg.), *Handbuch des Staatsrechts*, 3.ª ed., tomo V, C. F. Müller, Heidelberg, 2007, p. 217 (aludindo igualmente a um *Komplementärgewalt*, incluído dentro das «reservas da Administração»), e «Rechtsquellen...», cit., pp. 155, 162 e s..

[42] Adotamos o conceito de regulamento independente perfilhado por Sérvulo Correia, *Legalidade...*, cit., pp. 198 e ss., *passim*. Concordamos também com o Autor (*Op.* cit., pp. 234 e s.) quando deixa subentendido que a qualificação «independente» pode aplicar-se apenas a certa(s) norma(s) de um regulamento que, tendo em vista a maioria das normas que o compõem, se configura globalmente como executivo ou complementar.

No plano substancial, e em total consonância com a taxonomia das funções do regulamento apresentadas, o legislador define hoje regulamentos independentes como aqueles que "visam introduzir uma disciplina inovadora no âmbito das atribuições das entidades que os emitam" (cf. artigo 136.º, n.º 3, do CPA).

O reconhecimento de uma função de dinamização da ordem jurídica constitui um sintoma de um fenómeno que atinge a própria compreensão da Administração Pública e do Direito Administrativo. Tem aqui pleno valimento a ideia de que à responsabilização da Administração pelo desempenho de tarefas cada vez mais exigentes e da obtenção de determinados resultados tem de corresponder a outorga de meios (designadamente, formas jurídicas de ação administrativa) adequados para tal. Além disso, a perspetivação do poder regulamentar num sistema jurídico multinível, que conjuga o degrau nacional com o plano europeu (e mesmo, embora em menor escala, com o plano internacional), constitui um fator determinante para o aprofundamento da governamentalização da forma de governo e da intensificação da atividade normativa das entidades administrativas sectoriais, permitindo tornar dispensável a intervenção legislativa (*maxime*, parlamentar) para a densificação das políticas públicas, em geral, e das políticas europeias, em especial[43].

Esta possibilidade encontra uma tradução particularmente intensa quando estão em causa *regulamentos autónomos, i. e.*, regulamentos independentes adotados por entidades da Administração autónoma, normas que estabelecem uma disciplina inicial sobre determinada matéria que integra o conjunto de interesses próprios cuja prossecução está a cargo da entidade pública integrada na Administração autónoma, constituindo o resultado de um poder de produção normativa primário[44]. A admissibilidade dos regulamentos autónomos constitui uma decorrência da razão de ser, o cerne, das próprias entidades administrativas autónomas e, em

Aliar a função de dinamização da ordem jurídica à emissão de regulamentos independentes nos termos apontados não a identifica totalmente com a referência efetuada por Vieira de Andrade, «O Ordenamento...», cit., p. 66.

[43] Cf. Gomes Canotilho/Suzana Tavares da Silva, «Metódica Multinível: *Spill-Over Effects* e Interpretação Conforme o Direito da União Europeia», in: *Revista de Legislação e de Jurisprudência*, n.º 3955, ano 138.º, março/abril 2009, p. 191.

[44] Para um conceito diverso de regulamento autónomo, cf. Vital Moreira, *Administração Autónoma e Associações Públicas*, Almedina, Coimbra, 1997, p. 186.

especial, do princípio da autonomia local[45]. O reconhecimento de poder regulamentar às entidades da Administração autónoma – enquanto uma das formas da sua autonomia normativa – representa uma expressão da «descentralização regulativa»[46] que marca o nosso sistema jurídico. Neste contexto, o poder regulamentar assume a função de "[dar] voz a interesses parcelares a que a representação parlamentar é por vezes surda"[47].

d) Regulamentos imediatamente operativos e regulamentos mediatamente operativos – Como a própria designação sugere, a destrinça agora analisada radica na *operatividade* do regulamento: os regulamentos imediatamente operativos prescindem de qualquer ato administrativo de aplicação, produzindo os seus efeitos (constituindo, modificando ou extinguindo estatutos, posições jurídicas substantivas ou obrigações) na esfera jurídica dos destinatários sem dependência de um ato (administrativo ou judicial) de aplicação; os regulamentos mediatamente operativos, pelo contrário,

[45] Neste sentido, Vieira de ANDRADE, «Autonomia Regulamentar e Reserva de Lei», in: *Estudos em Homenagem ao Prof. Doutor Afonso Rodrigues Queiró*, Boletim da Faculdade de Direito, Coimbra, 1984, *passim*, esp.te pp. 27 e ss., *O Dever...*, cit., pp. 307, 368 e ss.; Casalta NABAIS, «A Autonomia Local...», cit., pp. 185 e s., n. 167 (cf. também pp. 197 e ss.; sobre os níveis de autonomia normativa, cf. pp. 116 e s); F. Alves CORREIA, *O Plano Urbanístico e o Princípio da Igualdade*, Almedina, Coimbra, 1989, pp. 340 e s.; Sérvulo CORREIA, *Legalidade...*, cit., pp. 270 e ss.; Rui MEDEIROS, «Artigo 241.º», in: Jorge MIRANDA/Rui MEDEIROS, *Constituição...*, tomo III, cit., p. 486, anotação II.b)ii).
No âmbito específico dos regulamentos emanados no exercício da autonomia universitária, cf. Luís Pereira COUTINHO, *As Faculdades...*, cit. pp. 148 e ss.. Também na Alemanha se recorta uma categoria regulamentar, enquanto expressão da autonomia da Administração autónoma: reportamo-nos, evidentemente, às *Satzungen*, enquanto regulamentos alicerçados na autonomia normativa daquelas entidades (cf., *v. g.*, BADURA, «Das Normative Ermessen beim Erlaß von Rechtsverordnungen und Satzungen», in: *Gedächtnisschrift für Wolfgang Martens*, Walter de Gruyter, Berlin/New York, 1987, p. 27 e s.; RUFFERT, «Rechtsquellen und Rechtsschichten des Verwaltungsrechts», in: HOFFMANN-RIEM/SCHMIDT-ASSMANN/VOSSKUHLE, *Grundlagen des Verwaltungsrechts*, 2.ª ed., vol. I, Beck, München, 2012, pp. 1198 e ss.; HILL/MARTINI, «Normsetzung und Andere Formen Exekutivischer Selbstprogrammierung», in: HOFFMANN-RIEM/SCHMIDT-ASSMANN/VOSSKUHLE, *Grundlagen...*, vol. II, cit., pp. 1052 e ss.).
Diversamente, AFONSO QUEIRÓ, «Teoria...», cit., pp. 229 e s.; Vital MOREIRA, *Administração...*, cit., pp. 188 e ss..

[46] Gomes CANOTILHO, *Direito...*, cit., p. 704 (cf. ainda p. 843). *V.* também Sérvulo CORREIA, *Legalidade...*, cit., p. 272.

[47] L. Cabral de MONCADA, *Lei e Regulamento*, Coimbra Editora, Coimbra, 2002, p. 1089.

apenas produzem os seus efeitos relativamente aos destinatários através de um ato (administrativo ou judicial) de aplicação[48]. Assim, *v. g.*, configuram normas imediatamente operativas as normas que estabelecem proibições, mas já se assumem como normas mediatamente operativas aquelas que preveem quais as sanções a aplicar pelos órgãos administrativos para as infrações decorrentes da inobservância daquelas proibições.

Esta distinção encontra-se subjacente à configuração legislativa dos meios de defesa jurisdicionais contra a invalidade dos regulamentos, como decorre do artigo 73.º do CPTA. *Como regra*, a fiscalização, *a título principal*, da validade dos regulamentos encontra-se circunscrita aos regulamentos imediatamente operativos. Trata-se de uma solução que já se encontrava prevista para a anterior declaração com efeitos circunscritos ao caso concreto e que o legislador estendeu, na revisão de 2015, à declaração com força obrigatória geral[49]. A revisão de 2019 veio prever que, estando em causa um regulamento mediatamente operativo, pode ainda o Ministério Público (oficiosamente ou requerimento de qualquer entidade mencionada no n.º 2 do artigo 9.º, e com a faculdade de estas se constituírem como assistentes) requerer a declaração de ilegalidade com força obrigatória geral.

3. Titularidade

Um dos problemas cruciais da teoria do poder regulamentar é hoje o da identificação dos respetivos titulares: a complexidade inerente à estrutura de uma Administração proteiforme[50], a emergência de uma plêiade de novos entes administrativos e o movimento de atribuição de poderes

[48] Para uma distinção entre estes dois tipos de normas regulamentares, *v.*, por todos, M. Esteves de OLIVEIRA, «A Impugnação e Anulação Contenciosas dos Regulamentos», in: *Revista do Ministério Público*, n.º 2, ano I, Maio 1986, pp. 34 e ss.. Cf., precursoramente, Magalhães COLLAÇO, «Anotação ao Decreto sob Consulta do Supremo Tribunal Administrativo, de 26 de Novembro de 1917», in: *Boletim da Faculdade de Direito*, n.os 31-40, ano IV, 1917/1918, pp. 405 e ss.. *V.* a diferente proposta de Wladimir BRITO, «Impugnação de Normas: A Urgência de um Novo Paradigma Processual», in: *Cadernos de Justiça Administrativa*, n.º 56, Março/Abril 2006, pp. 60 e s. (que não adotamos).

[49] Sobre esta matéria, cf. o nosso trabalho «O Controlo Judicial do Exercício do Poder Regulamentar no Código de Processo nos Tribunais Administrativos Revisto», in: Carla Amado GOMES/Ana Fernanda NEVES/Tiago SERRÃO (coord.), *Comentários à Revisão do ETAF e do CPTA*, 3.ª ed., AAFDL, Lisboa, 2017, pp. 697 e ss..

[50] Rogério SOARES, *Direito Público e Sociedade Técnica*, Coimbra, 1969, p. 169.

de autoridade a entidades privadas com funções administrativas implicam especial cuidado na abordagem desta temática.

O primeiro titular do poder regulamentar é o *Governo*, enquanto órgão superior da Administração Pública e ao qual está cometido o núcleo essencial da função administrativa[51]. Assim, nos termos da alínea *c)* do artigo 199.º da Constituição, "compete ao Governo, no exercício de funções administrativas, fazer os regulamentos necessários à boa execução das leis". Enquanto órgão situado no topo da Administração Pública, e atenta a circunstância de o Estado constituir uma entidade pública de fins múltiplos, o Governo (em Conselho de Ministros ou através dos Ministérios) tem uma competência generalizada para a emissão de regulamentos externos, assumam eles natureza executiva, complementar ou independente.

Uma das controvérsias que perpassa a doutrina nacional consiste em saber se são constitucionalmente admissíveis os regulamentos governamentais fundados diretamente na Constituição, *maxime*, quando estão em causa regulamentos independentes. Tomando partindo na discussão, inclinamo-nos para a admissibilidade de regulamentos independentes com fundamento (direto) na alínea *g)* do artigo 199.º da CRP. Efetivamente, a fundamentação jurídica do poder regulamentar exige que a emissão de regulamentos assente numa base legal *ou constitucional*; além disso, a osmose legalidade/constitucionalidade, causada pela superação do princípio da legalidade em resultado da assunção do princípio da juridicidade (onde a constitucionalidade necessariamente se integra), permite, salvo nas situações em que a própria Lei Fundamental exige (ou não dispensa) uma *interpositio legislatoris*, a emanação de regulamentos fundados na Constituição, conferindo um novo sentido ao disposto no n.º 2 do artigo 266.º (quando determina a subordinação da Administração à Constituição e à lei)[52]. Sublinhe-se ainda que a compressão da exigência de lei prévia é compensada pela forma especial exigida – decreto regulamentar –, que implica a sujeição

[51] Acórdão do Tribunal Constitucional n.º 1/97, in: *Acórdãos do Tribunal Constitucional*, vol. 36.º, 1997, p. 17.

[52] *V.* Paulo OTERO, *O Poder de Substituição em Direito Administrativo*, Lex, Lisboa, 1995, pp. 568 e 573. Sobre o princípio da juridicidade, cf., por todos, Vieira de ANDRADE, «O Ordenamento...», cit., pp. 37 e ss.; Freitas do AMARAL, «O Princípio da Legalidade», in: *Estudos de Direito Público e Matérias Afins*, vol. I, Coimbra, 2004, pp. 77 e ss..

do diploma a promulgação do Presidente da República e a referenda ministerial [cf. artigos 134.º, alínea *b)*, e 140.º, n.º 1, da Constituição].

Também os órgãos estaduais hierarquicamente dependentes do Governo espalhados pelo território nacional e com poderes limitados a uma certa circunscrição administrativa podem emitir regulamentos. O imperativo desconcentrador (constante do n.º 2 do artigo 267.º da Lei Fundamental), na medida em que leva implícita, neste horizonte, uma repartição (descongestionamento) das competências administrativas por diversos órgãos dentro da pessoa coletiva Estado, permite também a distribuição do poder regulamentar entre os vários centros decisórios, não se circunscrevendo a possibilidade da sua emissão ao Governo. Os órgãos de *Administração central periférica* terão, assim, o poder regulamentar que lhes for atribuído por lei, com todos os limites atrás apontados, designadamente no que tange às matérias de reserva de lei.

Especialmente relevantes são também os regulamentos emanados pelos órgãos dos entes integrados na *Administração estadual indireta*. Mediante a referência ao poder regulamentar neste horizonte, pretendemos reportar-nos precipuamente à possibilidade de emissão de regulamentos pelos órgãos de institutos públicos, enquanto entidades que desempenham tarefas estaduais sob a superintendência e a tutela do Governo e que, nessa medida, constituem, em regra, a Administração estadual indireta. No que respeita ao poder regulamentar dos institutos públicos (em geral), deve entender-se que, em obediência ao princípio da legalidade, o mesmo existe na medida e nos termos fixados pelo legislador – desde logo, na lei que cria esses mesmos institutos, e nos respetivos estatutos. Face a este considerando, urge compreender a referência efetuada na alínea *h)* do n.º 1 do artigo 21.º da LQIP, nos termos da qual compete ao conselho diretivo do instituto "aprovar os projectos dos *regulamentos previstos nos estatutos* e os que *sejam necessários ao desempenho das atribuições do instituto*". Independentemente da estranheza da redação do preceito (que suscita especiais dificuldades interpretativas[53]), entendemos que constitui esta uma norma genérica habilitante para a emissão de regulamentos pelos órgãos dos institutos (cuja eficácia se encontra,

[53] Cf. o nosso trabalho «A Titularidade do Poder Regulamentar no Direito Administrativo Português (Algumas Questões)», in: *Boletim da Faculdade de Direito*, vol. LXXX, 2004, pp. 514 e ss..

contudo, submetida à aprovação dos Ministros das Finanças e da tutela, nos termos do n.º 7 do artigo 41.º).

Ainda no quadro da Administração estadual assumem hoje relevo as *autoridades reguladoras* enquanto entidades administrativas independentes, *i. e.*, pessoas coletivas públicas que prosseguem interesses do Estado, mas sem sujeição a qualquer poder de superintendência ou tutela de mérito. O exercício de poderes regulatórios sectoriais postula, na maioria das hipóteses, que as autoridades reguladoras disponham, *inter alia*, de poderes de regulamentação [cf. artigos 2.º, n.º 2, alínea *e)*, e 40.º, n.º 2, da LQER].

Impõe-se, contudo, avaliar da imprescindibilidade de que essa competência se volva na emissão de regulamentos independentes. Na verdade, a *Lei-quadro das entidades reguladoras* prevê que os respetivos conselhos de administração tenham o poder de elaborar *os regulamentos necessários ao desempenho das suas atribuições* [cf. artigo 21.º, n.º 1, alínea *i)*]. Nesse sentido, *v. g.*, a alínea *a)* do n.º 2 do artigo 9.º dos *Estatutos da ANACOM* (aprovados pelo Decreto-Lei n.º 39/2015, de 16 de março), que confere a esta entidade poder para elaborar regulamentos nos casos previstos na lei, mas também *quando estes se mostrem indispensáveis ao exercício das suas atribuições*. É evidente que a circunstância de se conferir a uma entidade o poder de elaborar os regulamentos indispensáveis à prossecução das suas atribuições não implica sempre a emissão de regulamentos independentes, mas pressupõe essa possibilidade; com efeito, ao lado destes, também os regulamentos executivos ou complementares podem assumir-se, no caso concreto, como necessários ao desempenho das tarefas cometidas às autoridades reguladoras[54].

Tradicionalmente, o argumento mobilizado para justificar a amplitude destes poderes normativos primários ou iniciais reside na extrema tecnicidade subjacente aos regulamentos das entidades reguladoras que, por esse motivo, estariam em melhores condições para as elaborar. Todavia, não se admite qualquer confusão entre normas técnicas ou *leges artis* (enquanto regras adotadas no âmbito de uma ciência, arte ou ofício, e formuladas com base em dados fornecidos pela ciência, tecnologia e experiência, acerca do modo correto de proceder para, com qualidade, produzir bens, prestar

[54] Neste sentido, *v.*, quanto aos regulamentos do ICP-ANACOM, Pedro Gonçalves, *Regulação...*, cit., pp. 225 e ss..

serviços ou atuar sem provocar acidentes[55]) e normas jurídicas com linguagem técnica[56]: ora, quando se trata da elaboração de regulamentos independentes, é justamente esta última categoria que está em causa. Ora, desta conclusão decorre, no máximo, a obrigatoriedade da participação destas entidades no procedimento legislativo.

Não pode, porém, desconsiderar-se um aspeto fundamental: em momento algum se está a conferir aos órgãos destas entidades um poder de execução imediata da Constituição, tal como vimos suceder com os decretos regulamentares; a independência destes regulamentos resulta de a lei prévia apenas determinar a competência objetiva e subjetiva para a sua emissão, sem efetuar uma referência ao respetivo conteúdo ou sentido. Por outro lado, a emanação deste tipo de regulamentos revela-se, em certos momentos, indispensável ao funcionamento do Estado regulador, emanação essa que conhecerá sempre como limite a impossibilidade de subversão do Estado de direito, corporizado, desde logo, no princípio da reserva de lei e de função legislativa[57].

Diversamente do que sucede no âmbito dos regulamentos emitidos pelos órgãos da Administração estadual (direta ou indireta) – concebidos como instrumentos auxiliares da lei –, os regulamentos da *Administração autónoma* caracterizam-se como uma forma de autodeterminação democraticamente legitimada, como o «poder de dar-se um ordenamento»[58]: daí que conheçam sempre limitações relativas ao *objeto* (apenas podem incidir sobre matéria incluída nas atribuições da pessoa coletiva pública em causa e, por conseguinte, são uma expressão do núcleo de funções

[55] *V.* Freitas do AMARAL, *Manual...*, cit., pp. 140 e 534; Pedro GONÇALVES, *Exercício...*, cit., p. 530.

[56] Efetuando também esta distinção com as consequências referidas em texto, *v.* Pedro GONÇALVES, *Regulação...*, cit., p. 75, e *Exercício...*, cit., pp. 529 e s..

[57] Desta forma, afigura-se admissível que, *v. g.*, a Entidade Reguladora da Saúde emita, apenas com base na disposição citada, regulamentos sobre definição de tempos de espera ou de prioridades das doenças. Trata-se de uma matéria que não tem de ser objeto de lei e, provavelmente, não se afiguraria conveniente que o fosse – em rigor, não está em causa o exercício da função legislativa. Já idêntico raciocínio não valeria, por exemplo, para um regulamento da mesma entidade que tocasse direitos fundamentais (*v. g.*, acesso a fichas clínicas).

[58] Almeno de SÁ, *Administração do Estado, Administração Local e Princípio da Igualdade no Âmbito do Estatuto do Funcionário*, Faculdade de Direito de Coimbra, Coimbra, 1985, p. 22. Em sentido idêntico, a propósito da autonomia universitária, DEMURO, *Le Delegificazioni: Modelli e Casi*, G. Giappichelli Editore, Torino, 1995, p. 108.

que lhe estão cometidas) e aos *destinatários* (membros da coletividade que constituem o substrato pessoal da entidade pública)[59]. Estão aqui incluídos, desde logo, os regulamentos das entidades dotadas de autonomia normativa pela própria Constituição: as *regiões autónomas* [que gozam de autonomia político-administrativa, nos termos do artigo 225.º, e cujos órgãos emitem regulamentos relativos às leis e aos decretos-leis emanados pela Assembleia da República e pelo Governo, e regulamentos relativos a decretos legislativos regionais, talqualmente decorre da alínea *d)* do n.º 1 do artigo 227.º]; as autarquias locais (a favor da qual se encontra contemplado a cláusula de autonomia do artigo 241.º); e as universidades públicas (que, de acordo com o n.º 2 do artigo 76.º, possuem autonomia estatutária). Tal não significa, porém, que o poder regulamentar da Administração autónoma se circunscreva a estas pessoas coletivas públicas: assim, *v. g.*, a atual *Lei das Associações Públicas Profissionais* consagra de forma expressa o poder regulamentar daqueles entes, concebendo-o como uma das dimensões da sua autonomia administrativa (cf. artigos 9.º e 17.º). Se, ao contrário das situações que anteriores, as associações públicas não veem a sua autonomia regulamentar assegurada no texto da Constituição, deverá defender-se, porém, que o respetivo reconhecimento constitucional como instrumento de descentralização administrativa e de garantia de participação dos interessados na gestão efetiva dos interesses públicos (cf. artigo 267.º, n.ºs 1 e 2) implica uma autonomia natural que passará (não apenas pela edição de regulamentos executivos ou complementares, mas) seguramente pela emissão de regulamentos autónomos.

Num contexto de privatização da Administração Pública, encontramos ainda situações em que se assiste à devolução do poder regulamentar a particulares. Assim sucede, desde logo, com as pessoas coletivas privadas criadas e formadas por entidades públicas, onde avultam as sociedades de participação pública, cuja conceptualização como «entidades

[59] *V.* Vital Moreira, *Administração...*, cit., p. 182; Wolff/Bachof/Stober/Kluth, *Verwaltungsrecht*, vol. I, cit., p. 286. Atente-se, porém, em que os regulamentos da Administração autónoma podem, em certas circunstâncias, possuir um âmbito subjetivo que vá para além dos membros da coletividade. Pense-se, *v. g.*, nos regulamentos autárquicos que vinculam qualquer um que se encontre na circunscrição territorial respetiva, mesmo que ocasionalmente (e, por conseguinte, não esteja representado nos órgãos que adotaram as normas).

administrativas privadas»[60] não oblitera a sua consideração como sujeitos privados (embora só em sentido formal-organizatório). Além disso, no horizonte da devolução de tarefas públicas a privados, encontramos ainda os concessionários, as entidades privadas que exercem uma atividade cujo objeto se traduz no desempenho de uma função administrativa, assim como as instituições particulares de solidariedade social e as pessoas coletivas de utilidade pública. Aliás, a admissibilidade do exercício do poder regulamentar encontra acolhimento expresso na alínea *d)* do n.º 1 do artigo 4.º do ETAF, no que respeita a sujeitos privados, designadamente concessionários, no exercício de poderes administrativos[61]. Por outro lado, e como já sublinhámos, e adotando igualmente um conceito amplo de Administração Pública em sentido organizatório, o âmbito subjetivo de aplicação do CPA (incluindo, evidentemente, as normas atinentes aos regulamentos administrativos) é recortado de forma ampla, abrangendo os atos (também gerais e abstratos) praticados por entidades de natureza privada no exercício de poderes públicos ou regulados de modo específico por disposições de Direito Administrativo (artigo 2.º, n.º 1).

A titularidade do poder regulamentar por entidades privadas pode resultar de uma *atribuição legislativa* ou de uma *delegação administrativa*.

Assim, o exercício do poder regulamentar por uma entidade privada pode resultar diretamente da lei: considere-se, *v. g.*, as alíneas *c)* e *d)* do artigo 10.º dos *Estatutos da APL – Administração do Porto de Lisboa, S. A.*[62], que comete ao conselho de administração a competência para elaborar os regulamentos necessários à exploração dos portos e para regulamentar as atividades portuárias ou as atividades com estas diretamente relacionadas. Ainda que decorra da lei, a atribuição do poder regulamentar a uma entidade privada não dispensa a observância pelo princípio da legalidade,

[60] Vital Moreira, *Administração...*, cit., pp. 285 e s.; *v.* ainda pp. 280 e ss., 541 e ss.; Paulo Otero, *Legalidade...*, cit., pp. 304 e ss..

[61] Cf. também M. Esteves de Oliveira/R. Esteves de Oliveira, *Código...*, cit. pp. 46 e ss., anotações XV e s. ao artigo 4.º; Pedro Gonçalves, *Entidades...*, cit., pp. 737 e s., 1053, n. 367. Aliás, a doutrina nacional não tem colocado grandes dúvidas quanto à admissibilidade de emissão de regulamentos por parte de entidades privadas com funções administrativas – cf., *v. g.*, Afonso Queiró, «Teoria...», cit., p. 247; Freitas do Amaral, *Curso...*, vol. II, cit., pp. 149 e s.; Vital Moreira, *Administração...*, cit., p. 547.

[62] Aprovados pelo Decreto-Lei n.º 336/98, de 3 de novembro, alterado pelos Decretos-Leis n.ºs 334/2001, de 24 de dezembro, 46/2002, de 2 de março, e 15/2016, de 9 de março.

exigindo-se, por isso, a existência de uma habilitação legal prévia. Por outro lado, estas entidades só poderão emitir regulamentos no âmbito do exercício das funções administrativas que lhes estão cometidas. Ora, estes dois pressupostos não podem ser compreendidos separadamente, mas devem conceber-se nas suas cumplicidades: a devolução de uma competência normativa pública a uma entidade privada apenas ocorre se existir um ato de natureza pública (*in casu*, um ato legislativo) a efetuá-la direta e iniludivelmente[63], conferindo-lhe o poder de emitir normas jurídico-públicas (e não apenas de propor a sua emissão) em virtude e para o desempenho das funções administrativas que aquela entidade prossegue e pelas quais é responsável[64].

No cenário de privatização da Administração Pública, assiste-se igualmente à *delegação* de poderes públicos (em especial, da nossa perspetiva teleologicamente interessada, do poder regulamentar) a entidades privadas, operada por *ato ou contrato administrativos*, com fundamento legal[65]. Neste contexto, pode suceder que um ato ou um contrato administrativos constituam os antecedentes mais próximos da emanação de regulamentos administrativos. Tal sucede quando o ato ou o contrato se destinam a delegar a competência normativa no respetivo destinatário ou no cocontratante, assumindo-se como *atos ou contratos de delegação do poder regulamentar*[66]. Pense-se, *v. g.*, nos regulamentos de tarifas emanados pelos concessionários do serviço público de movimentação de cargas em áreas portuárias (cf. a Base IX das *Bases da Concessão*, aprovadas pelo Decreto-Lei n.º 324/94, de 30 de dezembro). Nas hipóteses em que existe um contrato ou um ato de

[63] Neste sentido se inclinam as reflexões do Tribunal Constitucional, quando se trata de avaliar se as normas de regulamentos de federações desportivas se integram no conceito de norma para efeitos de controlo da constitucionalidade (cf. Acórdãos do Tribunal Constitucional n.os 472/89 e 730/95, in: *Acórdãos do Tribunal Constitucional*, 14.º vol., pp. 7 e ss., e vol. 32.º, pp. 255 e ss., respetivamente).

[64] Em sentido idêntico, e apontando também a referida biunivocidade, cf. Pedro Gonçalves, *Entidades...*, cit., p. 739; *v.* ainda Vital Moreira, *Administração...*, cit., p. 547.

[65] Sobre a forma que pode revestir o ato de delegação, em especial, a delegação administrativa, cf. Pedro Gonçalves, *Entidades...*, cit., pp. 1029 e ss..

[66] Sobre este conceito, cf. o nosso trabalho *A Recusa...*, cit., quer com o objetivo de problematizar o sentido do princípio da precedência de lei (pp. 60 e ss.), quer com o propósito de refletir sobre a vinculação do regulamento a outras formas de ação administrativa (pp. 510 e s.). Cf. ainda «A Delegação Administrativa do Poder Regulamentar em Entidades Privadas (Algumas Questões)», in: *Boletim da Faculdade de Direito*, vol. LXXXVI, 2010, pp. 209 e ss..

delegação do poder regulamentar, este último surge como um dos elementos de uma *fattispecie* habilitante complexa, que inclui a disposição legal que permite a delegação do poder para a emissão do regulamento e a cláusula contratual que delega a competência normativa. Recuperemos o exemplo já abordado dos regulamentos emanados pelo concessionário do serviço público de movimentação de cargas em áreas portuárias: a emissão destas normas fundamenta-se, em simultâneo, na Base IX das *Bases da Concessão*, aprovadas pelo Decreto-Lei n.º 324/94, de 30 de Dezembro, e na cláusula do contrato de concessão que, concretamente, delega o exercício do poder normativo numa determinada concessionária.

4. Procedimento

Não obstante os regulamentos administrativos terem assento constitucional, não existem, na CRP, disposições atinentes ao procedimento regulamentar. Claro está que, quando esteja em causa a emissão de regulamentos independentes pelo Governo, sempre estes assumirão, de acordo com o n.º 6 do artigo 112.º, a forma de decreto regulamentar, o que os submete a um procedimento mais exigente que o previsto para os demais actos normativos da Administração, carecendo, nos termos constitucionais expressos, de referenda ministerial e de promulgação presidencial, o que os subordina, no mínimo, ao controlo político do Presidente da República[67].

No plano legal, e até à sua revisão, o CPA, ao invés do que sucedia com o procedimento tendente à prática de um ato administrativo, dedicava poucas disposições ao procedimento dirigido à emissão de regulamentos[68] – sintoma de que, não obstante a acentuação constitucional

[67] Esta exigência procedimental leva alguma doutrina (cf. A. Sousa Pinheiro, «Artigo 112.º», in: Paulo Otero (coord.), *Comentário à Constituição Portuguesa*, vol. III, tomo 1.º, Almedina, Coimbra, 2008, pp. 224 e s.) a defender que os decretos regulamentares constituem «regulamentos de valor reforçado».

[68] A ausência de disposições relativas ao procedimento regulamentar devia-se ao facto de haver sido eliminada, pelo Governo, a parte do articulado relativa aos regulamentos, que constava do Projeto do CPA elaborado pela Comissão de 1991, passando a remeter-se a matéria para legislação especial. Cf. Freitas do Amaral, «Breves Notas sobre o Projecto de Revisão do Código do Procedimento Administrativo», in: *Direito & Política*, n.º 4, julho/outubro 2013, p. 150.

A contenção revelada pelo Governo prendia-se com razões históricas: não se encontrando, do ponto de vista do legislador, ainda solidificado o constitucionalismo democrático em

do princípio da procedimentalização da atividade administrativa, a maior elaboração dogmática e legislativa pertencia ainda ao procedimento dirigido à prática de ato administrativo, logo seguida, mercê das exigências europeias, do procedimento contratual (*lato sensu*). A reforma do CPA ocorrida em 2015 acabou com esta diferença de tratamento, estabelecendo um regime geral do procedimento regulamentar, à semelhança do que sucede com sistemas jurídicos paralelos.

Não obstante esta aproximação do procedimento regulamentar aos procedimentos dirigidos à adoção das demais formas de atuação administrativa (muito particularmente, o procedimento do ato administrativo), importa acentuar que a tramitação dirigida à emissão de um regulamento constitui um intermédio entre o procedimento legislativo e o procedimento do ato – tal é a consequência da já acentuada dupla configuração do regulamento como forma de atividade administrativa e como fonte do direito (incluído, no sistema jurídico, no interior do estrato das normas), estando subjacente a esta última dimensão uma específica função de conformação política (*politische Gestaltungsfunktion*)[69]. A especificidade do procedimento regulamentar que o coloca a meio caminho entre o procedimento legislativo e o procedimento do ato administrativo possui, aliás, consequências em sede de regime jurídico: não se estranhará, pois, que a delineação das fases procedimentais se aproxime muito da teoria tradicional do procedimento administrativo (dirigido à prática de um ato administrativo), mas que o momento constitutivo (especialmente, quando

Portugal e vigorando até então um regime desprocedimentalizado no que toca à emissão de regulamentos, os preceitos em causa assumiriam uma natureza intermédia entre o mínimo (ausência de participação dos interessados) e o máximo (imposição, em todos os casos, de uma audiência dos interessados ou uma apreciação pública), de forma a proporcionar uma consolidação no agir quotidiano da Administração dos princípios constitucionais do Direito Administrativo. Se, no contexto da redação original do CPA, se compreendia uma certa prudência do legislador na adoção de uma procedimentalização aberta no âmbito da adoção dos regulamentos administrativos, a evolução subsequente verificada ao nível de procedimentos regulamentares especiais vinha demandando nova perspetiva sobre a matéria. Neste sentido se inclinavam já M. Esteves de Oliveira/Pedro Gonçalves/Pacheco de Amorim, *Código...*, cit., pp. 510 e s., comentário I aos preliminares do Capítulo I, estranhando a permanência da situação normativa após a revisão do CPA operada em 1996.

[69] Schmidt-Assmann, *Das Allgemeine Verwaltungsrecht...*, cit., p. 327, acentuando que o reconhecimento desta função e a perspetivação dogmática do regulamento no quadro das fontes de direito tem dificultado a construção de um direito (*hoc sensu*, ordenamento) procedimental nesta matéria.

a competência regulamentar pertence a um órgão colegial) revele uma maior proximidade com o procedimento legislativo.

4.1. A marcha do procedimento

Os artigos 97.º e seguintes deixam já entrever um conjunto de trâmites que nos permitem desenhar, hoje com alguma segurança, as fases do procedimento.

À semelhança das propostas organizativas previstas para o procedimento do ato administrativo, parece-nos possível identificar uma estrutura típica organizada em três fases: *fase preparatória*, *fase constitutiva* e *fase integrativa de eficácia*.

I. A fase preparatória que envolve igualmente, embora com especificidades próprias, os momentos de iniciativa, instrução, participação e elaboração do projeto final do regulamento.

α) **Iniciativa** – A iniciativa do procedimento regulamentar reveste caráter oficioso, sem prejuízo de o n.º 1 do artigo 97.º prever a existência de um verdadeiro *direito de petição* em matéria regulamentar (o qual garante, a qualquer cidadão, o direito de solicitar às entidades administrativas a elaboração, a modificação ou a revogação de regulamentos). Ainda que o n.º 1 do artigo 97.º se refira aos «interessados», parece-nos que tal expressão se deverá interpretar em sentido amplo (qualquer cidadão), e não na acepção estrita (decorrente do n.º 1 do artigo 68.º) que os identifica com "os titulares de direitos, interesses legalmente protegidos, deveres, encargos, ónus ou sujeições no âmbito das decisões que nele forem ou possam ser tomadas". Na verdade, concebendo esta possibilidade de os particulares se apresentarem enquanto propulsores do início do procedimento (*hoc sensu*, e, por conseguinte, desprovidos de legitimidade procedimental) como uma concretização especial do direito de petição (cf. artigo 52.º da CRP), os respetivos titulares hão de ser aferidos nos termos do princípio da universalidade (cf. artigo 12.º da CRP), estendendo-se muito para além dos titulares de posições jurídicas substantivas. Trata-se de uma interpretação que não implica um alargamento intolerável (para a eficiência e eficácia da ação administrativa) do círculo de pessoas abrangido pelo n.º 1 do artigo 97.º: ao contrário do que sucede no n.º 1 do artigo 68.º (e, como veremos, no artigo 100.º), estes «interessados» não assumem qualquer posição procedimental (*hoc sensu*, não são sujeitos da relação jurídica procedimental, nos termos e para os efeitos do artigo 65.º) [70].

A previsão deste direito de petição implica, pois, para a Administração o dever de ponderar se se justifica a abertura de um procedimento regulamentar[71] e o dever de informar os interessados acerca do destino dado às petições, bem como das posições que tome sobre elas (artigo 97.º, n.º 2). Tal significa, pois, que o procedimento só se iniciará através de um ato do órgão competente, embora este último possa desencadeá-lo por ter recebido uma petição dos interessados, os quais se encontram – reforçamos – desprovidos de legitimidade procedimental.

Em qualquer das hipóteses, e nos termos do n.º 1 artigo 98.º, o início do procedimento constitui objeto de publicitação na *Internet*, no sítio institucional da entidade pública emissora, com a indicação do órgão que decidiu desencadear o procedimento, da data em que o mesmo se iniciou, do seu objeto e da forma como se pode processar a constituição como interessados e a apresentação de contributos para a elaboração do regulamento – informações estas (sobretudo as duas últimas) que se revestem de primordial importância no momento da participação. Estamos diante de uma concretização do princípio da transparência, a qual, neste caso, assume também a função instrumental de viabilizar uma posterior participação informada de todos os interessados no procedimento regulamentar.

β) **Instrução** – Neste momento, que envolve os diversos atos destinados à identificação e comparação dos vários interesses afetados e ao es-

[70] Distinguindo já entre o direito fundamental de petição e a legitimidade procedimental, cf. M. Esteves de Oliveira/Pedro Gonçalves/Pacheco de Amorim, *Código...*, cit., p. 270, comentário II ao artigo 53.º.
É este o motivo pelo qual a redação deste n.º 1 do artigo 97.º não está em contradição com o disposto no artigo 147.º, que atribui (também) aos interessados a iniciativa do procedimento de impugnação de regulamentos, o qual se dirige, *inter alia*, à respetiva modificação e revogação. Todavia, o círculo de interessados a que se reporta ao artigo 147.º tem uma *extensio* mais restrita (e, por conseguinte, uma *comprehensio* mais exigente): estão em causa os titulares de direitos ou interesses legalmente protegidos afetados pelos regulamentos (cf., *infra*).
[71] Assim, Políbio Henriques, «Artigo 97.º», in: Fausto de Quadros/Sérvulo Correia/Rui Machete/Vieira de Andrade/Maria da Glória Garcia/M. Aroso de Almeida/Políbio Henriques/José Miguel Sardinha, *Comentários...*, cit., p. 211, comentário 2.

tudo das questões em causa, tem lugar a elaboração o projeto de regulamento (correspondente ao articulado) e a respetiva nota justificativa, que contém a fundamentação jurídica das posições adotadas (cf. artigo 99.º).

A nota justificativa conterá, por princípio, a *fundamentação administrativa* – que compreende a alusão aos interesses públicos coenvolvidos, e que implica a formulação de um necessário juízo finalístico de ponderação entre custos e benefícios – e a *fundamentação jurídica* das medidas constantes do diploma, a qual obriga, desde logo, à referência das normas legais que servem de base à emissão do regulamento[72]. Se a fundamentação administrativa, além do relevo que possui em termos interpretativos, assume uma importância determinante em sede de controlo do mérito e da oportunidade das normas emanadas pelo órgão[73], a fundamentação jurídica permite, no mínimo, o controlo da habilitação.

O CPA contém hoje uma exigência relativamente ao conteúdo desta nota justificativa: a inclusão da análise custos-benefícios[74] (cf. artigo 99.º, *in fine*). A previsão da *cost-benefit analysis* na elaboração de normas administrativas representa, neste domínio, mais uma manifestação da influência do direito anglo-saxónico que, paulatinamente, tem penetrado nos ordenamentos jurídicos europeus continentais[75].

[72] Cf. também M. Esteves de Oliveira/Pedro Gonçalves/Pacheco de Amorim, *Código...*, cit., p. 521, comentário IV ao artigo 116.º.

[73] No mesmo sentido, também Bassols Coma («El Control de la Elaboración de los Reglamentos: Nuevas Perspectivas desde la Técnica Normativa y de la Evaluación de la Simplificación y Calidad de las Normas», in: *Revista Aragonesa de Administración Pública*, n.º 33, 2008, p. 48) entende deterem a motivação e a fundamentação do poder regulamentar um importante papel no adequado controlo do exercício da discricionariedade regulamentar.

[74] Para a qual já propendíamos em *A Recusa...*, cit., p. 156.

[75] Assim, *v. g.*, o *Regulatory Flexibility Act* norte-americano (de 1980, mas revisto em 1996) impõe que, aquando da disponibilização de projetos de regulamentos no quadro de certos procedimentos normativos das agências reguladoras, seja igualmente incorporado na proposta um relatório de análise da flexibilidade regulatória (*regulatory flexibility analysis*), destinada a apreciar qual o impacto do regulamento proposto em pequenas empresas, apreciando ainda as alternativas em função do cumprimento dos objetivos do regulamento e da minimização do impacto económico nas pequenas empresas (cf. §§ 603 e seguinte). Sobre este diploma, *v.* Verkuil, «A Critical Guide to the Regulatory Flexibility Act», in: *Duke Law Journal*, n.º 2, vol. 1982, abril 1982, pp. 213 e ss..
No mesmo sentido se orientam os ordenamentos alemão e britânico: embora na ausência de qualquer disposição (desde logo, de natureza constitucional) que imponha a fundamentação das *Verordungen* e dos *statutory instruments*, defende-se, em ambos os casos, a existência

Com especial relevo no âmbito da atuação das agências reguladoras, a análise custos-benefícios constitui um instrumento de controlo do exercício do poder administrativo, em geral, e do poder regulamentar em especial[76]. Não será, por isso, de estranhar que, de entre os diversos mecanismos de *regulatory review* da ação dos reguladores[77], assuma especial importância a instituição deste instrumento, sobretudo em matérias de natureza económica e financeira[78]. Naturalmente, a análise custos-benefícios não permite avaliar benefícios não monetizáveis ou não quantificáveis (como a dignidade humana ou a segurança), os quais devem constituir igualmente objeto de ponderação na emanação dos regulamentos administrativos[79]. Nestas hipóteses, a análise custos-benefícios haverá de ser substituída ou complementada pela análise custo-efetividade (*cost--effectiveness analysis*)[80], a qual implica a comparação das diversas medidas adequadas à satisfação de um determinado fim e identifica como os mais efetivos aqueles meios que implicam menos sacrifícios (menos custos, não apenas económico-financeiros)[81] – um mecanismo que se reveste de importância não despicienda sempre que a atuação administrativa (em especial, regulatória) não se destina (ou não se destina tão-só) a corrigir

de um dever de fundamentação dos diplomas – cf. VAGT, *Rechtsverordnung und Statutory Instrument*, Nomos, Baden-Baden, 2006, pp. 184 e s., 187 e s..

Cf., entre nós, Marta Nunes VICENTE, *A Quebra da Legalidade Material na Actividade Normativa de Regulação Pública*, Coimbra Editora, Coimbra, 2012, pp. 135 e ss..

[76] Assim, POSNER, «Controlling Agencies with Cost-Benefit Analysis: A Positive Political Theory Perspective», in: *University of Chicago Law Review*, vol. 68, 2001, p. 1140.

[77] Para uma perspetiva geral sobre o instituto da *regulatory review* e enfrentando a possibilidade de transposição para os ordenamentos jurídicos europeus, *v.* as reflexões que tecemos em *The Rulemaking Power...*, cit., pp. 40 e ss..

[78] Sobre esta matéria (e respetiva evolução), cf. SHAPIRO, «The Evolution of Cost-Benefit Analysis in US Regulatory Decisionmaking», in: LEVI-FAUR (ed.), *Handbook on the Politics of Regulation*, Edward Elgar, Cheltenham, 2011, pp. 385 e ss.. *V.* também SUNSTEIN, «The Real World of Cost-Benefit Analysis: Thirty-Six Questions (and Almost as Many Answers)», in: *Columbia Law Review*, vol. 114, 2014, pp. 167 e ss..

[79] Cf. SUNSTEIN, «The Office of Information and Regulatory Affair: Myths and Realities», in: *Harvard Law Review*, vol. 126, 2013, pp. 1866 e s..

[80] A *cost-effectiveness analisys* encontra acolhimento na Secção 1(b)(5) da *Executive Order* N.º 12, 866.

[81] Cf. POSNER, «Transfer Regulations and Cost-Effectiveness Analysis», in: *Duke Law Journal*, vol. 53, 2003, p. 1069.

falhas de mercado, mas possui também um propósito de redistribuição da riqueza[82].

A análise custos-benefícios não constitui (nem poderia constituir) a única ponderação exteriorizada na fundamentação, pois que existem outros fatores a ponderar aquando da emissão de um regulamento. Na verdade, e mesmo na sua versão corrigida custo-efetividade, aquela análise não permite uma consideração dos impactos ambientais ou relativos à coesão social, além de nem sempre assegurar uma adequada ponderação dos impactos a longo prazo (em virtude da dificuldade de cálculo dos proveitos futuros líquidos a abater nos investimentos presentes); nesta ordem de ideias, a avaliação do impacto de atos normativos exigirá uma abordagem interdisciplinar e u colaboração com várias entidades públicas e privadas especializadas[83].

O texto final do regulamento não tem, todavia, de comportar necessariamente toda a fundamentação constante da nota justificativa. Tal não preclude, porém, a consideração de que a não elaboração dessa nota justificativa destinada a acompanhar o projeto gera a invalidade do diploma final, por vício de procedimento. Estamos diante de uma formalidade essencial para o adequado desenrolar da fase de participação dos cidadãos, pelo menos quando a inexistência de fundamentação torna inviável uma esclarecida intervenção dos particulares no procedimento regulamentar (e, sobretudo, quando tal participação representa o exercício de um direito fundamental), atingindo ainda o interesse público da clarificação do exercício do poder regulamentar[84].

γ) **Participação** – Os artigos 100.º e 101.º do CPA preveem duas modalidades fundamentais de participação: a audiência dos interessados ou a consulta pública.

[82] *V.* Posner, «Transfer Regulations...», cit., 1074, distinguindo entre duas categorias de regulamentos (*prescriptive regulations* e *transfer regulations*), em função da respetiva finalidade.

[83] Assim o entendeu já a OCDE, no relatório sobre a avaliação de impacto: *Sustainability in Impact Assessments: A Review of Impact Assessment Systems in Selected OECD Countries and the European Commission*, SG/SD(2011)6/FINAL, 12.02.2012, cf. p. 34.

[84] Defendendo a ilegalidade do regulamento em virtude da ausência de nota justificativa, cf. M. Esteves de Oliveira/Pedro Gonçalves/Pacheco de Amorim, *Código...*, cit., p. 522, comentário V ao artigo 116.º. Diferentemente, *v.* M. Rebelo de Sousa/A. Salgado de Matos, *Direito...*, tomo III, cit., p. 258, que defendem a sanção da irregularidade para os casos de falta da nota justificativa prevista pelo (anterior) artigo 116.º, em atenção ao caráter meramente interno da formalidade preterida.

As novidades atingem o círculo de titulares deste direito de participação. Recorde-se que os anteriores artigos 117.º e 118.º consagravam, respetivamente, o procedimento de audiência dos interessados (que estabelecia um dever de audição das *entidades representativas* dos interesses afetados por regulamento que imponha deveres, sujeições ou encargos, ou, mais genericamente, quando atinja de forma inovadora direitos ou interesses legalmente protegidos dos administrados[85])[86] e o procedimento de apreciação pública (que implicava a publicidade do projeto de regulamento, a fim de que *os interessados* apresentassem, dentro de um prazo de trinta dias, as suas sugestões ou críticas). Tal significava, pois, que a participação individual ou direta apenas ocorria em sede de apreciação pública, encontrando-se o âmbito da audiência circunscrito à participação coletiva ou indireta.

Diversamente, o atual n.º 1 do artigo 100.º consagra a possibilidade de participarem na audiência os "interessados que como tal se tenham constituído no procedimento"[87]. Trata-se de uma norma que surge em consonância com a ideia (manifestada logo no início do dispositivo) de que esta forma de participação respeita aos regulamentos que contenham "disposições que afetem de modo direto e imediato direitos ou interesses legalmente protegidos dos cidadãos" – a implicar que cons-

[85] Propugnando já esta interpretação, cf. M. Esteves de Oliveira/Pedro Gonçalves/Pacheco de Amorim, *Código*..., cit., p. 524, comentário II ao artigo 117.º.

[86] Em sentido idêntico, o artigo 2.º da Lei n.º 23/96, de 26 de julho (alterada pelas Leis n.os 12/2008, de 26 de fevereiro, 24/2008, de 02 de junho, 6/2011, de 10 de março, 44/2011, de 22 de junho, e 10/2013, de 28 de janeiro) consagra a favor das organizações representativas dos utentes de serviços públicos essenciais um direito de participação na elaboração de normas (regulamentares) relativas ao enquadramento jurídico daqueles serviços.

[87] A forma como se pode processar a constituição como interessados não se encontra prevista no CPA, que remete essa regulação para o aviso de publicitação do início do procedimento (cf. artigo 98.º). Deverá entender-se que essa constituição implicará que os interessados se assumam ou personifiquem durante o procedimento administrativo, tornando perceptível que pretendem a adoção de uma determinada solução normativa em detrimento de outra (neste sentido, a propósito dos interessados secundários ou facultativos no âmbito do procedimento relativo à prática de atos administrativos, cf. M. Esteves de Oliveira/Pedro Gonçalves/Pacheco de Amorim, *Código*..., cit., pp. 273 e s., comentário VI ao artigo 53.º; não se estranhe o paralelismo entre os interessados no procedimento regulamentar e estes interessados secundários ou facultativos: ainda que aqueles possam ser titulares de posições jurídicas substantivas, a natureza normativa – e, por conseguinte, geral – da atuação administrativa em causa impede uma abertura procedimental genérica à participação, mediante audiência, de todos os titulares de direitos ou interesses legalmente protegidos.

tituem destinatários privilegiados da audiência os titulares de posições jurídicas substantivas afetadas por regulamentos com normas imediatamente operativas. Do n.º 1 do artigo 100.º não se pode, contudo, extrair a eliminação da audição de entidades representativas dos interesses em causa: com efeito, o n.º 1 do artigo 68.º abrange, no conceito de interessados, as associações, quando atuem para defender interesses coletivos ou proceder à defesa coletiva de interesses individuais dos seus associados que caibam no âmbito dos respetivos fins. Assim, o n.º 1 do artigo 100.º possui um escopo nitidamente ampliativo: podem hoje ser ouvidos em audiência não apenas as associações representativas de interesses, mas também os cidadãos.

O n.º 3 do artigo 100.º estabelece as hipóteses em que o responsável pela direção do procedimento pode não realizar a audiência, estando aqui compreendidas as situações em que: a emissão do regulamento seja urgente, se preveja razoavelmente que a diligência possa comprometer a execução ou a utilidade do regulamento, o número de interessados seja de tal forma elevado que a realização da audiência se torne incompatível com duração normal e útil do procedimento (devendo nesse caso proceder-se a consulta pública), ou os interessados já se tenham pronunciado no procedimento sobre as questões que importam à decisão. Este preceito apresenta-se, pois, como norma habilitante para uma dispensa administrativa de audiência dos interessados: na verdade, a dispensa, enquanto modalidade da derrogação administrativa[88], concebe-se como uma forma de conferir discricionariedade (de decisão) à Administração, na medida em que permite ao órgão administrativo desviar-se da concretização de certos efeitos legalmente fixados (*in casu*, a realização da audiência), em situações atípicas cuja configuração se encontra deli-

[88] Enquanto instrumento flexibilizador da legalidade, a derrogação implica a atribuição legislativa do poder de o órgão se desviar da solução-regra prevista pelo legislador (a qual assume, por consequência, uma natureza supletiva) e criar uma solução para o caso concreto. Sobre a derrogação administrativa, cf. Paulo Otero, *Legalidade...*, cit., pp. 904 e ss. (que a compreende como uma manifestação da «flexibilização da legalidade» e da «erosão da legalidade heterovinculativa da atuação administrativa»; no que tange à relação entre derrogação administrativa e discricionariedade, *v.* p. 905, n. 514), e *Direito Administrativo*, polic., Lisboa, 1998, pp. 341 e s.; David Duarte, *A Norma de Legalidade Procedimental Administrativa*, Almedina, Coimbra, 2006, pp. 516 e ss. (enquadrando a derrogação administrativa no cenário das normas de conduta impositivas atributivas de discricionariedade, na medida em que estabelece várias alternativas; cf. também pp. 517 e s., n. 18).

neada pelo próprio legislador[89]. Daí a importância que, para o controlo de eventuais vícios procedimentais resultantes da eliminação deste trâmite, reveste a fundamentação da decisão de não realização da audiência, a que se refere o n.º 4 do artigo 100.º. Trata-se de uma fundamentação que, de resto, se revelará, em certos casos, difícil de efetuar: considere-se, *v. g.*, a complexidade da determinação do número demasiado elevado de interessados que torne a audiência inviável, num horizonte, como o do procedimento regulamentar, em que os destinatários serão, *ex definitione*, indeterminados ou indetermináveis (como pressupõe a generalidade, enquanto característica dos regulamentos administrativos)[90] – aspeto a que nem mesmo a restrição da audiência aos "interessados que se tenham constituído como tal no procedimento" poderá conseguir obviar.

A consulta pública[91] encontra-se pensada quer para os casos de dispensa de audiência em virtude do elevado número de interessados, quer para as hipóteses em que "a natureza da matéria o justifique" (cf. artigo 101.º, n.º 1). Neste horizonte, estarão em causa quer regulamentos não sectoriais [com um elevado número de destinatários, que terá justificado a dispensa nos termos da alínea *c)* do n.º 3 do artigo 100.º], quer regula-

[89] Cf. Wolff/Bachof/Stober/Kluth, *Verwaltungsrecht*, cit., pp. 351 e s.. Posição similar no sentido de que o controlo da legalidade da dispensa se reconduz à verificação da ocorrência da situação de facto pressuposta e à fundamentação, *v.* M. Esteves de Oliveira/Pedro Gonçalves/Pacheco de Amorim, *Código...*, cit., p. 465, comentário VIII ao artigo 103.º (a propósito da dispensa administrativa de audiência dos interessados, no procedimento da prática de atos administrativos).

[90] Assim também João Raposo, «Algumas Brevíssimas Notas Acerca do Regulamento Administrativo no Projeto de Revisão do Código do Procedimento Administrativo», in: *Direito & Política*, n.º 4, julho/outubro 2013, p. 160. Atente-se, porém, em que, diversamente do que sucedia no Projeto (sobre o qual o Autor se pronuncia), a alternatividade entre audiência e consulta não verifica relativamente a todas as hipóteses de dispensa da primeira, mas tão-só, como assinalámos no texto, nos casos de dispensa fundamentados no número elevado de interessados (compare-se a redação do n.º 1 do artigo 96.º do Projeto com a redação do n.º 1 do artigo 101.º do CPA).

[91] Diversamente do que sucedia em momento anterior à revisão (em que o n.º 1 do artigo 118.º, referente à apreciação pública, iniciava com a fórmula "[s]em prejuízo do número anterior e quando a natureza da matéria o permita..."], a atual redação do artigo 101.º parece não admitir, por princípio, a realização cumulativa de audiência dos interessados e de consulta pública.

mentos cujas prescrições beneficiem de uma mais ampla participação dos cidadãos[92].

δ) **Elaboração do projeto final do regulamento administrativo** – A realização de uma fase de participação apenas tem interesse se a Administração se encontrar vinculada a apreciar as posições dos interessados. Independentemente de estas poderem dar lugar à realização de novas diligências, é neste momento que se elabora o documento final a sujeitar à fase constitutiva, acolhendo ou não as sugestões, as críticas ou as reivindicações dos particulares.

II. A fase constitutiva culmina com o ato de *aprovação* do regulamento (*Normsetzungsakt*) pelo órgão com competência regulamentar[93].

Um dos principais problemas que se suscita nesta fase reporta-se à determinação da natureza jurídica do ato de aprovação do regulamento, sobretudo quando se tem em conta que a jurisprudência administrativa o qualificou já como ato administrativo[94].

A conceção da aprovação como requisito de perfeição do regulamento (e que ocorre na fase constitutiva) deixa já entrever uma ideia fundamental: antes da aprovação não existe um *regulamento administrativo*, mas antes

[92] Atente-se na diferença que intercede entre a fórmula agora adotada ("quando a natureza da matéria o justifique") e a expressão constante do anterior n.º 1 do artigo 118.º ("quando a natureza da matéria o permita"): se a atual redação se destina a fundamentar o recurso à consulta pública, a anterior constituía um limite à realização da participação por esta via.

[93] Para a compreensão do ato de aprovação do regulamento como *momento constitutivo* do procedimento regulamentar parecem inclinar-se quer a legislação [cf., *v. g.*, artigos 9.º, n.º 1, alínea *f)*, 25.º, n.º 1, alínea *g)*, 71.º, n.º 1, alínea *m)*, e 90.º, n.º 1, alínea *q)*, do *Regime Jurídico das Autarquias Locais* – aludindo à competência da assembleia de freguesia, da assembleia municipal, do conselho metropolitano e do conselho intermunicipal, respetivamente, para aprovar regulamentos – e artigo 72.º, n.º 1, do CPTA – que se refere ao procedimento de aprovação de normas administrativas], quer alguma doutrina nacional (*v.* Pedro Gonçalves, *Entidades...*, cit., p. 739; não se referindo explicitamente à aprovação, Afonso Queiró, «Teoria...», cit., p. 251, indicia a existência de um momento formal da perfeição do regulamento, corporizado, no caso de regulamentos emanados por órgãos individuais, numa decisão e, tratando-se de órgãos coletivos, numa deliberação).

[94] Sobre esta questão, *v.*, para mais desenvolvimentos, o nosso trabalho «A Aprovação de um Regulamento é um Acto Administrativo? – Ac. do STA de 11.3.2010, P. 1172/09», in: *Cadernos de Justiça Administrativa*, n.º 85, Janeiro/Fevereiro 2011, pp. 28 e ss..

um *projeto de regulamento*. A identificação da *aprovação do regulamento* no seio do procedimento regulamentar tem a virtualidade de acentuar a relevância dos vícios ocorridos em determinado momento procedimental: pense-se, *v. g.*, nos requisitos necessários à aprovação de regulamentos em órgãos colegiais. Tal não significa, porém, que se revele necessária ou correta a respetiva configuração como ato administrativo.

Julgamos de afastar esta ideia. A aprovação do regulamento, por si só, não introduz qualquer modificação no sistema jurídico, exprimindo, como acertadamente enfatiza a doutrina alemã, o facto de que uma norma jurídica foi emitida. A nova regulação de situações jurídicas decorre não da aprovação, mas antes do regulamento administrativo aprovado. Com esta afirmação não pretendemos escamotear a relevância da aprovação, sem a qual, como principiámos por salientar, o regulamento não existe como tal, por lhe faltar um requisito da sua perfeição.

Uma posição contrária implica ainda a introdução de um dispensável elemento de complexidade na teoria do procedimento regulamentar: quando um regulamento é emitido, absorve a aprovação como um trâmite do procedimento, *in casu*, do momento constitutivo, não se sentindo qualquer imperativo (substantivo) ou necessidade (processual) de autonomização funcional de um *acto administrativo* de aprovação do regulamento.

E contra esta perspetiva não se argumente com a existência de vícios suscetíveis de afetar *exclusivamente* este "ato" de aprovação (como sucederia, por excelência, no âmbito de órgãos colegiais: pense-se, *v. g.*, em vícios relativos à maioria deliberativa, à falta de *quorum*, à menção na convocatória); a verificarem-se, tais vícios correspondem a ilegalidades ocorridas no procedimento tendente à emissão do regulamento. Eis-nos diante de uma hipótese paralela à do procedimento legislativo (e das inconstitucionalidades das leis), onde também não se apresenta uma autonomização do ato de aprovação face ao diploma aprovado, pelo que as eventuais inconstitucionalidades ocorridas nesse momento implicam a inconstitucionalidade (procedimental) da lei[95].

[95] Cf., *v. g.*, Gomes Canotilho, *Direito...*, cit., pp. 875 e ss., 959 e s. (nestas últimas, destrinçando entre «vícios do acto» e «vícios das disposições»); Jorge Miranda, *Fiscalização da Constitucionalidade*, Almedina, Coimbra, 2017, p. 38; Blanco de Morais, *Justiça Constitucional*, tomo I, 2.ª ed., Coimbra Editora, Coimbra, 2006, pp. 152 e s.; Bacelar Gouveia, *Manual...*, cit., vol. II, pp. 1202 e s..

III. A fase integrativa de eficácia é constituída pelas atuações dirigidas a desencadear os efeitos jurídicos associados à ação produzida na fase constitutiva – *in casu*, o regulamento administrativo. Esta fase caracteriza-se pela heterogeneidade das atuações libertadoras da eficácia, as quais se podem reconduzir, *v. g.*, à publicitação ou a atos que constituam o resultado de procedimentos de controlo. Corresponde a esta última hipótese a aprovação que, distinguindo-se da aprovação como momento constitutivo do procedimento regulamentar, traduz uma sanção hierárquica ou tutelar[96]: considere-se como exemplo o n.º 2 do artigo 9.º da *Lei das Associações Públicas Profissionais*, que admite a hipótese de normas especiais sujeitarem os regulamentos das associações públicas profissionais a aprovação governamental.

No âmbito do procedimento regulamentar, a fase integrativa de eficácia reveste-se de importância primordial, em virtude da imperatividade assumida pela publicidade do regulamento, enquanto condição da sua eficácia (cf. artigo 139.º, *in principio*; *v.* também artigo 119.º, n.º 2, da CRP, relativamente aos regulamentos compreendidos no n.º 1). Por este motivo, e diversamente do que sucede no contexto do procedimento dirigido à prática de atos administrativos, a fase que agora analisamos tem natureza obrigatória no procedimento regulamentar. Pela primeira vez, o CPA consagra uma disposição geral em matéria de publicidade de regulamentos (o já mencionado artigo 139.º), acentuando a dimensão de fonte do direito de que estes também gozam: sem prejuízo de disposições especiais, e a par da publicação em *Diário da República*, encontram-se expressamente previstas a publicação no boletim oficial da entidade pública e no respetivo sítio institucional na Internet[97].

4.2. A conformação do procedimento por contrato

A possibilidade de celebração de acordos endoprocedimentais encontra-se genericamente prevista no artigo 57.º, que habilita os órgãos admi-

[96] cf. Afonso Queiró, «Teoria...», cit., pp. 251 e s..

[97] Recuperam-se, em parte, soluções que o legislador vinha contemplando em disposições especiais. Cf. o levantamento que fizemos em *A Recusa...*, cit., pp. 176 e s., ns. 504 a 510. *V.* também, *infra*, 4.3..
A redação final deste preceito removeu a referência inicial à afixação na entrada da sede da entidade local (cf. a parte final do artigo 137.º do Projeto); supomos que tal se terá devido apenas à circunstância de esta solução se encontrar consagrada no *Regime Jurídico das Autarquias Locais*, o que, provavelmente, levou o legislador a não duplicar a alusão...

nistrativos a, no âmbito da respetiva discricionariedade procedimental (ou, para utilizarmos a terminologia do artigo 56.º, ao abrigo do princípio da adequação procedimental), acordar os termos da tramitação do procedimento (designadamente, a organização de audiências orais para exercício do contraditório entre os interessados que pretendam uma certa decisão e aqueles que se lhe oponham), bem como a contratualizar, no todo ou em parte, o conteúdo discricionário do ato administrativo a praticar. Em qualquer uma das modalidades, estamos diante de contratos sobre o exercício do poder administrativo[98]: na primeira hipótese, trata-se de um acordo integrativo do procedimento, celebrado com o objetivo de dilucidar uma questão procedimental, sem que tal implique um reflexo direto na atuação administrativa final (os designados "acordos de trâmite procedimental" ou "acordos integrativos do procedimento"); na segunda situação, o contrato destina-se já a conformar a prática da atuação administrativa, definindo, por acordo, o respetivo o sentido e conteúdo[99].

O n.º 2 do artigo 98.º representa uma concretização específica da celebração de acordos endoprocedimentais, no contexto da emanação de regulamentos administrativos. Estamos diante de uma expressão do princípio da cooperação, enquanto imperativo determinante da colaboração entre Administração e particulares na prossecução de tarefas públicas[100], colaboração essa que se projeta também na «teoria das fontes»[101]. Atente-se, porém, em que este preceito possui um âmbito mais limitado que o artigo 57.º, porquanto prevê tão-só a celebração de "acordos de trâmite procedimental", de molde a permitir o acompanhamento regular pelas associações e fundações representativas dos interesses envolvidos e pelas

[98] O que terá por efeito a aplicação do regime dos contratos sobre o exercício de poderes públicos, constante do CCP, em especial, nos artigos 336.º e seguinte; ainda que o elemento literal de ambos preceitos aponte apenas para os contratos com objeto passível de ato administrativo, a razoabilidade e a pertinência das soluções consagradas permite a respetiva extensão, *mutatis mutantis*, aos demais contratos sobre o exercício do poder administrativo.

[99] Cf., por todos, Mark Kirkby, *Contratos...*, cit., pp. 280 e s., cuja posição adotamos.

[100] Schuppert, «Die Öffentliche Verwaltung im Kooperationsspektrum Staatlicher und Privater Aufgabenerfüllung: Zum Denken in Verantwortungsstufen», in: *Die Verwaltung*, fasc. 4, vol. 31, 1998, p. 436 [o Autor refere-se inclusivamente à necessidade de desenvolvimento de um direito da cooperação administrativa (*Verwaltungskooperationsrecht*), erigido à sombra daquele princípio – *Op.* cit., pp. 442 e ss.].

[101] Cf. Ruffert, «Rechtsquellen...», cit., p. 1176.

autarquias locais em relação à proteção de interesses nas áreas das respetivas circunscrições. Neste horizonte, o propósito consiste em facilitar a cooperação, no interior do procedimento regulamentar entre entidades públicas e entidades privadas relativamente à satisfação dos interesses coenvolvidos.

O âmbito – mais limitado – do n.º 2 artigo 98.º não deve ser interpretado no sentido de excluir outras hipóteses de contratação no âmbito dos regulamentos administrativos. Como temos defendido noutras ocasiões[102], a possibilidade de estabelecer contratualmente critérios destinados a obrigar o *an* e/ou o *quomodo* do exercício do poder regulamentar coloca-se nas hipóteses em que, por contrato, a Administração se vincula a adotar um regulamento ou a emitir normas regulamentares com um certo conteúdo. Eis o que sucede no âmbito dos *contratos sobre o exercício do poder regulamentar* – ou, segundo outra terminologia (corrente na doutrina germânica), *contratos relativos a normas* (*Normbezogene Verträge*) ou *contratos de normação* (*Normsetzungsverträge*)[103] –, concebidos como uma das formas dos contratos sobre o exercício de poderes públicos ou, se se preferir, dos «contratos sobre o exercício do poder administrativo»[104] (a par dos contratos relacionados com a prática de atos administrativos).

Consagrando o artigo 278.º do CCP o princípio da autonomia pública contratual, não existem objeções, *prima facie*, à celebração de contratos administrativos sobre o exercício do poder regulamentar – *i.e.*, contratos administrativos endoprocedimentais (*lato sensu*[105]) celebrados entre a Administração e os particulares (ou, em certos casos, entre entidades administrativas), com o objetivo de concertar posições quanto à emissão

[102] Cf. *A Recusa...*, cit., pp. 507 e ss., e «Aproximações a um Conceito de *"Norma Devida"* para Efeitos do Artigo 77.º do CPTA», in: *Cadernos de Justiça Administrativa*, n.º 87, maio/junho 2011, pp. 12 e ss..

[103] Dos contratos referidos no texto (*contratos sobre o exercício do poder regulamentar*) distinguem-se os *contratos de delegação do poder regulamentar* [contratos que, com base na lei, conferem aos contraentes (em regra, privados no exercício de funções públicas) o poder para emitir normas regulamentares sobre determinada matéria (atinente à função pública delegada)]. *V.* a conceptualização que elaborámos em *A Recusa...*, cit., pp. 510 e ss..

[104] Mark Kirkby, *Contratos...*, cit., p. 19 e, desenvolvidamente, pp. 38 e ss., 191 e ss..

[105] Abrangendo os contratos celebrados antes do início do procedimento regulamentar ou durante a respetiva tramitação (*i. e.*, incluindo os acordos prévios à tramitação do procedimento e os acordos endoprocedimentais, na terminologia de Mark Kirkby, *Contratos...*, cit., pp. 279 e ss., que temos estado a seguir).

futura de um regulamento administrativo. Os contratos sobre o exercício do poder regulamentar assumem-se como instrumentos de autovinculação administrativa, na medida em que condicionam a atuação futura da Administração, no que à emissão normativa tange[106]. Por outro lado, e quando o cocontratante é um particular, o contrato assume-se como uma forma de promover uma participação mais intensa dos privados no exercício da função normativa da Administração, elevando ao expoente máximo o princípio da colaboração – uma oportunidade para atingir o melhor *contemperamento* entre o interesse público concreto e o interesse privado, na ótica do menor sacrifício e/ou da maior vantagem possível para o privado, no horizonte do exercício de uma competência administrativa que o atingirá[107].

5. Forma

Quanto à forma do regulamento, importa sublinhar, desde logo, o *dever de citação da lei habilitante*, constante do n.º 7 do artigo 112.º da Constituição (recuperado pelo n.º 2 do artigo 136.º do CPA), o qual exige, como corolário do princípio da precedência de lei, que o próprio texto do regulamento indique expressamente a(s) lei(s) que visa regulamentar ou que define(m) a competência subjetiva ou objetiva para a sua emissão. Como salienta o Tribunal Constitucional[108], o dever de citação da lei habilitante pretende garantir a subordinação do regulamento à lei, na sua vertente de precedência de lei, e daí a necessidade de a mesma ser expressa ou ostensiva, considerando inconstitucional qualquer referência implícita; aquela Alta Jurisdição não vai, porém, ao ponto de exigir que a indicação da lei habilitante (nomeadamente da lei definidora da competência objetiva e subjetiva) conste de um trecho determinado do regulamento, podendo, *v.g.*, integrar o respetivo preâmbulo[109]. Por outro

[106] Aludindo ao contrato administrativo como forma de autovinculação administrativa, *v.* Raschauer, «Selbstbindungen der Verwaltung», in: *Veröffentlichungen der Vereinigung der Deutschen Staatsrechtslehrer*, n.º 40, Gruyter, Berlin/New York, 1982, p. 245; Maunz, «Selbstbindungen der Verwaltung», in: *Die Öffentliche Verwaltung*, n.os 13/14, ano 34, julho 1981, pp. 502 e s.; Arnauld, *Rechtssicherheit*, cit., p. 434.

[107] Assim, a propósito da negociação da discricionariedade, Franco, *Manuale del Nuovo Diritto Amministrativo*, IPSOA/Wolters Kluwer, Vicenza, 2007, p. 186.

[108] Acórdão n.º 375/94, de 11 de Maio, cit..

[109] Cf. Acórdão do Tribunal Constitucional n.º 357/99, de 15 de Junho, in: *Diário da República*, II Série, n.º 52, 02.03.2000, p. 4256.

lado, está em causa a necessidade de disciplinar o exercício do poder regulamentar pela Administração, obrigando-a a demonstrar exteriormente o controlo sobre a emissão de determinado regulamento, e, por conseguinte, promover a garantia da segurança e transparência jurídicas, dando a conhecer aos destinatários o fundamento (jurídico) do poder regulamentar[110].

O n.º 3 do artigo 101.º do CPA impõe agora um outro requisito formal: a menção de que o projeto do regulamento foi objeto de consulta pública, quando tal se verificar.

Independentemente deste dever, os regulamentos administrativos podem revestir formas diversas, entre as quais cumpre destacar:

a) Regulamentos do Governo: a forma mais solene destes atos normativos reconduz-se ao *decreto regulamentar*, enquanto regulamento, aprovado em Conselho de Ministros e sujeito a promulgação do Presidente da República e a referenda ministerial; o artigo 112.º, n.º 6, da Constituição obriga a adoção desta forma quanto aos regulamentos independentes. Embora também constitua objeto de aprovação em Conselho de Ministros, a *resolução do Conselho de Ministros* dotada de caráter normativo representa também uma forma de regulamento do Governo, que se distingue do decreto regulamentar por não seguir o referido procedimento mais solene. Os demais regulamentos do Governo são emanados (não pelo colégio, mas) por um ou mais Ministros; estamos agora diante das *portarias* e dos *despachos normativos*: enquanto as primeiras dimanam de um ou mais Ministros que atuam *em nome do Governo*, os segundos são adotados pelo(s) Ministro(s) *em nome do(s) respetivo(s) Ministério(s)*[111].

b) Regulamentos regionais: no interior destes, torna-se possível destrinçar entre o *decreto legislativo regional* (regulamento de leis ou decretos-leis, emanado pela Assembleia Legislativa da respetiva região autónoma) e o *decreto regulamentar regional* (regulamento emanado pelo Governo Regional).

c) Regulamentos municipais: dentro destes, assumem especial relevância as *posturas*, que consubstanciam regulamentos de polícia.

[110] Assim, Acórdão do Tribunal Constitucional n.º 345/2001, de 10 de Julho.

[111] Cf. Freitas do Amaral, *Curso...*, vol. II, cit., p. 176.

6. Início e cessação da eficácia do regulamento

Debrucemo-nos agora sobre as normas que regem sobre a produção (início e cessação) dos efeitos do regulamento.

Privilegiando a dimensão de fonte do direito, o artigo 139.º impõe, como vimos, a publicidade dos regulamentos, cujo procedimento conhece sempre, como tal, uma fase integrativa de eficácia

Existe uma nítida associação entre publicidade e início da vigência do regulamento. Assim, o artigo 140.º recupera o disposto no artigo 2.º da Lei n.º 74/98, de 11 de novembro[112], do qual decorre que os atos de conteúdo genérico entram em vigor no dia neles fixado e, na falta de qualquer indicação nesse sentido, no quinto dia após a publicação. O artigo 140.º tem agora a virtualidade de estender aquela prescrição a todos os regulamentos administrativos.

O artigo 141.º consagra o princípio da proibição da retroatividade das normas regulamentares desfavoráveis (*hoc sensu*, que imponham deveres, encargos, ónus ou sujeições, apliquem sanções, causem prejuízos ou restrinjam direitos ou interesses legalmente protegidos)[113]. Trata-se de uma prescrição que deve ser lida em articulação com o princípio da proteção da confiança e da segurança jurídica quanto a atos normativos, ínsito no princípio do Estado de direito[114]. Por esse motivo, parece-nos que o n.º 1 do artigo 141.º não pretende proibir, *v. g.*, a retroatividade de regulamentos de leis retroativas (não inconstitucionais); repare-se, porém, que, neste caso, a eficácia retroativa decorre da própria lei e não de uma opção do autor do regulamento nesse sentido: não é por acaso que o preceito determina que "*[n]ão pode ser atribuída* eficácia retroativa...".

Igualmente clarificador se revela o n.º 2 do artigo 141.º, na medida que se impede que os efeitos dos regulamentos se reportem a data anterior ao início da vigência da lei regulamentada: eis-nos diante de uma consequência da dependência do regulamento relativamente à lei regulamentada – consequência essa que se verifica também no que tange aos regulamentos independentes. Estes, apesar de não visarem a execução de uma lei específica, prosseguindo antes uma função de dinamização da

[112] Alterada pelas Leis n.os 2/2005, de 24 de janeiro, 26/2006, de 30 de junho, 42/2007, de 24 de agosto, e 43/2014, de 11 de junho.

[113] Na linha do que defendia já Vieira de Andrade, *Lições de Direito Administrativo*, 3.ª ed., Imprensa da Universidade de Coimbra, Coimbra, 2013, p. 138.

[114] Cf., por todos, Gomes Canotilho, *Direito...*, cit., pp. 257 e ss..

ordem jurídica, não poderão reportar os seus efeitos a momento anterior ao da vigência da lei que fixa a competência objetiva ou subjetiva para a sua emissão.

Atendendo à cessação dos efeitos do regulamento, o CPA apresenta-nos duas situações: a caducidade (por verificação de termo final ou condição resolutiva e por revogação da lei exequenda)[115] e a revogação pela Administração.

Merece-nos uma atenção detida o n.º 2 do artigo 145.º, que se refere ao destino dos regulamentos após a revogação da lei que regulamentam, prescrevendo, nesta hipótese, a regra da caducidade dos regulamentos de execução, apenas se admitindo a manutenção da vigência das normas regulamentares compatíveis com a lei nova, se e enquanto não for emitida regulamentação para esta. Esta disposição suscita-nos duas interrogações interligadas: por que motivo a previsão do n.º 2 do artigo 145.º se circunscreve aos regulamentos de execução?; e, assim sendo, o que acontece aos demais regulamentos perante a revogação da lei habilitante?

A caducidade dos regulamentos em virtude da revogação da lei habilitante fundamenta-se não apenas numa adequada compreensão do sentido do princípio da legalidade – a supor que, uma vez eliminado o fundamento do exercício do poder regulamentar, o regulamento não pode subsistir –, mas ainda na circunstância de a revogação (ou a modificação substancial[116]) da lei importar uma alteração no ordenamento jurídico que não consente a vigência de normas de segundo grau contraditórias ou, pelo menos, incompatíveis com as novas disposições legais.

A articulação destes dois motivos permite igualmente compreender que se não possa restringir a caducidade por força da revogação da lei apenas aos regulamentos de execução, não a estendendo, da mesma forma, a todos os tipos de regulamentos[117].

A conclusão no sentido da subsistência ou da caducidade dos regulamentos (enquanto diplomas) em consequência da revogação da lei

[115] Neste horizonte, a caducidade, enquanto forma de cessação formal da vigência do regulamento, emerge da superveniência de qualquer facto do qual dependa a vigência (formal) do regulamento, facto esse independente da vontade do titular do poder regulamentar e cujo efeito extintivo decorre *ope legis* (*rectius*, *ope iuris*).

[116] Assim, Afonso Queiró, «Teoria...», cit., p. 256.

[117] Como se poderia concluir das palavras de Afonso Queiró, «Teoria...», cit., p. 256; cf. também Afonso Queiró, *Lições...*, cit., p. 483.

habilitante, independentemente da relação que mantenham com esta última, não se compadece com juízos formulados em abstrato[118] – conclusão que se afigura de toda a importância nos casos em que se não procedeu apenas à revogação da lei anterior, mas emitiu-se legislação substitutiva desta última. Nesta altura, não se pode inferir, sem mais, que os regulamentos independentes e os regulamentos autónomos não tenham caducado, mas, pelo contrário, e como sucederá também com os regulamentos de execução, impor-se-á sempre uma apreciação caso a caso, dirigida a avaliar a conformidade entre os regulamentos emitidos ao abrigo da lei anterior e a nova legislação.

Em suma, e após a revogação da lei habilitante, a subsistência ou a caducidade dos respetivos regulamentos pressupõe sempre uma consideração concreta do conteúdo regulamentar e da sua compatibilidade com o novo conteúdo legal substitutivo. Se a lei habilitante for pura e simplesmente revogada, o princípio é o de que os respetivos regulamentos (executivos, complementares ou independente) caducam por lhes faltar o fundamento; quando a lei habilitante (ou as leis regulamentadas) é (são) revogada(s) *e substituída(s) por outra(s)*, os regulamentos caducam se se manifestar uma contrariedade normativa-material entre estes e a lei nova[119], podendo manter-se (até à emissão de novas normas regulamentares) na medida em que tal incompatibilidade não se verifique.

[118] Cf., *v. g.*, a argumentação do Supremo Tribunal Administrativo que, embora partindo da posição doutrinal no sentido de que os regulamentos independentes não caducam por força da revogação da lei habilitante, só concluiu pela vigência de um regulamento independente, após a análise das especificidades materiais do regulamento e da lei nova, em termos destinados a aferir da necessidade e da compatibilidade do primeiro relativamente à segunda – Acórdão do STA, de 19.01.2005, P. 1086/04.

[119] Cf. Afonso Queiró, *Lições...*, cit., p. 483, e «Teoria...», cit., p. 256; Marcello Caetano, *Manual...*, cit., p. 111; Freitas do Amaral, *Curso...*, vol. II, cit., pp. 186 e s.; Sérvulo Correia, *Noções...*, cit., p. 113. A solução deverá ser a mesma, ainda quando a nova lei preveja a obrigação de emitir regulamentos dentro de um determinado prazo e a Administração o não faça (cf. Cruz Vilaça, «Regulamentação e Acompanhamento da Execução pelo Governo», in: *A Feitura das Leis*, vol. II, INA, Lisboa, 1986, p. 315) – sem prejuízo, obviamente, de estar em causa uma omissão ilegal de regulamentos, para efeitos do artigo 77.º do CPTA. *V.* ainda Acórdão do STA, de 03.03.1994, P. 30 906, in: *Boletim do Ministério da Justiça*, n.º 435, 1994, p. 564; Pareceres do Conselho Consultivo da PGR n.os 38/96, e 9/96-B/Complementar, cit., p. 1962.

Eis-nos diante quer de consequência do princípio da eficiência administrativa[120] e do princípio do aproveitamento dos atos (*hoc sensu*), quer uma forma de evitar um vazio no sistema jurídico, suscetível de entravar a aplicação da nova legislação. Aliás, a manutenção em vigor de regulamentos emitidos ao abrigo da lei revogada mas compatíveis com as disposições da lei que a substitui pode revelar-se determinante quando estejamos perante os casos (a que se reportam o n.º 1 do artigo 77.º do CPTA e agora também o artigo 137.º do CPA) em que as normas administrativas sejam necessárias para dar exequibilidade a atos legislativos carentes de regulamentação: admitir que os regulamentos emanados ao abrigo da legislação revogada permaneçam em vigor pode representar, em frequentes hipóteses, uma forma de obviar aos efeitos perniciosos da omissão ilegal da emissão de normas regulamentares, sobretudo em matérias que toquem direitos fundamentais[121].

No que tange à revogação (o *contrarius actus* da emissão de regulamentos), a figura surge agora versada com muito desenvolvimento. É de saudar, desde imediato, que, no n.º 2 do artigo 146.º, o legislador estenda a proibição de revogação global aos regulamentos necessários à execução de atos de Direito da União Europeia, reforçando, neste ponto, que a base para a emissão de regulamentos já não se restringe à lei nacional. Além disso, sempre que a ausência de normas administrativas inviabilizasse a aplicação de normas europeias, ficaria o Estado português em situação de incumprimento da obrigação constante do n.º 3 do artigo 4.º do TUE, que fundamenta o princípio da cooperação ou lealdade, bem como a «cláusula de fidelidade», que constituem o arrimo da intervenção das Administrações nacionais na execução do direito europeu[122].

[120] Assim já Freitas do AMARAL, *Curso...*, vol. II, cit., p. 187.

[121] Sem que tal signifique, necessariamente, que o funcionamento das regras relativas à subsistência de regulamentos apesar da violação da lei habilitante impeça a formação de uma situação de incumprimento da lei nova por omissão do dever de regulamentar: pense-se, *v. g.*, na hipótese de a nova lei prever (impor) a emissão de um regulamento administrativo dentro de determinado prazo.

[122] Cf., *v. g.*, MORENO MOLINA, *La Ejecución Administrativa del Derecho Comunitario*, Marcial Pons, Madrid, 1998, p. 45. Eis o que, com base no artigo 10.º do Tratado de Roma (correspondente ao atual n.º 4 do artigo 3.º do TUE), emergia já de jurisprudência do Tribunal de Justiça: *v.* Acórdão «Deutsche Milchkontor GmbH *et alii*/República Federal da Alemanha», de 21.09.1983, Ps. 205 a 215/82, esp.^{te} ponto 17.

Por seu lado, o n.º 3 estabelece qual a consequência para a inobservância do dever de revogação por substituição: a manutenção em vigor, até ao início da vigência do novo regulamento, das normas constantes do diploma regulamentar revogado de que dependa a aplicação da lei ou (acrescentamos nós[123]) das normas europeias carentes de execução[124].

7. Validade e invalidade do regulamento

Um dos aspetos mais relevantes da revisão do CPA em matéria de regulamentos administrativos reconduz-se à disciplina da (in)validade – até ao momento totalmente ausente da legislação substantiva.

7.1. O regulamento no quadro das fontes de direito e os respetivos parâmetros de vinculação

A compreensão dos problemas jurídicos atinentes à invalidade do regulamento administrativo postula a prévia consideração de que aquele constitui uma «fonte de direito» num complexo extremamente vasto de normas (internacionais, europeias, estaduais e infraestaduais) que povoa os atuais sistemas jurídicos.

7.1.1. Relações entre o regulamento e as demais fontes do direito

A disquisição das situações de invalidade do regulamento exige que, direta ou indiretamente, o legislador afronte a questão dos respetivos parâmetros de vinculação. Daí que o n.º 1 do artigo 143.º do CPA principie por afirmar a invalidade dos regulamentos que violem os princípios normativos[125], a Constituição e a lei, bem como o direito internacional e o direito da União Europeia.

Se a referência à Constituição e à lei não oferece quaisquer dúvidas, não se pode considerar isenta de escolhos a alusão ao direito internacional

[123] Estranhamente, a formulação do n.º 3 do artigo 146.º do Projeto esquece as normas europeias, apesar da referência constante do n.º 2. Julgamos, porém, tratar-se de mero lapso, pelo que ambos os preceitos se devem ler conjugadamente.

[124] Assim, cf. M. Esteves de Oliveira/Pedro Gonçalves/Pacheco de Amorim, *Código...*, cit., p. 536. Trata-se de solução para a qual, na linha destes Autores, também já havíamos propendido em *A Recusa...*, cit., pp. 247 e s..

[125] Expressão que preferimos a princípios gerais de direito administrativo. Sobre esta matéria, cf. o nosso trabalho «Os Princípios Normativos são Parâmetro de Vinculação dos Regulamentos?», in: *Cadernos de Justiça Administrativa*, n.º 80, março/abril 2010, pp. 50 e ss..

e ao direito da União Europeia. Com efeito, nem sempre a contrariedade entre as normas internas (*in casu*, regulamentares) e as normas de direito internacional ou de direito da União Europeia originará a invalidade do regulamento – para tanto, necessário é que entre os regulamentos nacionais e o direito internacional/direito da União Europeia interceda uma relação de *hierarquia*. Ora, tal apenas sucederá quando estejamos diante da emissão de regulamentos *com fundamento em atos de direito europeu ou de direito internacional*, os quais assumem, para este efeito, as vestes de normas habilitantes[126].

Da perspetiva do direito europeu, a questão colocar-se-á sobretudo a propósito dos *regulamentos da União Europeia*. Constitui uma obrigação dos Estados membros complementar as prescrições de um regulamento (ainda quando este o não exija expressamente), de modo a permitir a sua execução, através da emissão dos atos (designadamente, normativos) necessários – trata-se de uma obrigação decorrente, em geral, do n.º 3 do artigo 4.º do *Tratado da União Europeia*, que estabelece o dever de os Estados tomarem as medidas gerais ou específicas adequadas para garantir a execução das obrigações decorrentes dos Tratados ou resultantes dos atos das instituições da União, e, em particular, do artigo 249.º-C do *Tratado sobre o Funcionamento da União Europeia*, que impõe aos Estados membros a adoção das medidas de direito interno (de natureza geral ou especial) necessárias à execução dos atos juridicamente vinculativos da União[127].

Relativamente às normas de direito internacional, também estas apenas se encontrarão numa relação de hierarquia com os regulamentos quando assumam a natureza de *normas de direito internacional dotadas de aplicabilidade direta*. Por definição, a característica da aplicabilidade direta refere-se tão-só às normas internacionais cuja relevância jurídica interna dispensa qualquer tipo de mediatização efetuada pelos órgãos estaduais nacionais, aplicando-se imediatamente ao Estado e aos indivíduos,

[126] Nos demais casos, as relações entre o direito nacional e o direito da União Europeia/direito internacional são perspetivadas à luz do critério da preferência aplicativa. Sobre esta questão, cf. as considerações que tecemos em *A Recusa...*, cit., pp. 310 e ss., 466 e ss..

[127] Cf., por exemplo, Acórdão «Comissão das Comunidades Europeias/República Helénica», de 21.09.1989, P. 68/88, pontos 23 e 2+4; Acórdão **«Anklagemyndigheden/Hansen & Soen I/S», de 10.07.1990, P. C-326/88, pp. I-2911 e ss.,** ponto 17; Acórdão «Milchwerke Köln/Wuppertal E. G./Hauptzollamt Köln-Rheinau», de 14.07.1994, P. C-352/92, pp. I-3385 e ss., ponto 23; Acórdão **«Maria Amélia Nunes e Evangelina de Matos», de 08.07.1999, P. C-186/98,** pontos 9 e 10.

independentemente de qualquer ato de mediação (como a aprovação, a ratificação ou a publicação)[128]. Atenta esta noção, e para além das normas emanadas por órgãos de organizações internacionais que vigoram diretamente na ordem interna, quando tal se encontre estabelecido nos respetivos tratados constitutivos (cf. artigo 8.º, n.º 3, da CRP), apenas as normas de direito internacional geral ou comum gozam, nos termos do n.º 1 do artigo 8.º da CRP, de aplicabilidade direta, aqui incluindo os casos em que as mesmas se encontram codificadas em instrumentos normativos internacionais (como os tratados universais). Ora, se, em abstrato, se torna pensável que tais normas internacionais possam fundamentar o exercício do poder regulamentar nacional, a prática revela que tais casos serão raros, em virtude da tendencial generalidade e do caráter principiológico que as caracteriza.

7.1.2. Relações inter-regulamentares

A proliferação de regulamentos provenientes de entidades públicas diversas e de órgãos administrativos distintos da mesma pessoa coletiva pública obriga a que o legislador discipline as respetivas relações, em termos que possibilitem avaliar em que medida a contrariedade entre as várias normas administrativas acarreta a sua invalidade.

O CPA versa sobre as relações inter-regulamentares no artigo 138.º e no n.º 2 do artigo 143.º. A este propósito, permitimo-nos efetuar algumas observações de caráter sistemático e de índole substantiva.

Relativamente ao primeiro aspeto, afigurar-se-nos-ia preferível concentrar as normas que, direta ou indiretamente, se ocupam das relações entre os regulamentos, não as dispersando por dois preceitos que, inclusivamente, se integram em secções distintas.

No plano substantivo, urge sublinhar que constitui tarefa especialmente árdua a delineação das várias relações entre os regulamentos a propósito do regime da *invalidade*, uma vez que se impõe identificar *tão-só* as situações em que *um regulamento é inválido por contrariar outro regulamento*. A acentuação desta nota pretende realçar que, em muitas circunstâncias, a contrariedade entre dois regulamentos acaba por ser consumida pela

[128] Nestes termos, Francisco Ferreira de ALMEIDA, *Direito Internacional Público*, 2.ª ed., Coimbra Editora, Coimbra, 2003, p. 77; *v.* ainda Azevedo SOARES, *Lições de Direito Internacional Público*, 4.ª ed. (reimp.), Coimbra Editora, Coimbra, 1996. Cf. também Gomes CANOTILHO/Vital MOREIRA, *Constituição...*, vol. I, cit., pp. 263 e s., anotação XIII ao artigo 8.º.

violação de outros parâmetros de vinculação (o que sucede quando as relações entre os regulamentos se pautam pelo princípio da competência) ou recebe resposta através do instituto da preferência aplicativa ou prevalência (o que acontece, *v.g.*, quando os regulamentos se relacionam nos termos do princípio da especialidade).

Por esse motivo, impõe-se sempre uma interpretação muito cuidadosa dos preceitos atinentes às relações inter-regulamentares. Assim, por exemplo, embora genericamente se possa afirmar a superioridade hierárquica dos regulamentos dos órgãos dotados de poderes de superintendência face aos emanados pelos superintendidos – considerando estes últimos inválidos quando contrariem os primeiros [nos termos da alínea *a)* do n.º 2 do artigo 143.º] –, pode suceder que, em concreto, esta solução não seja correta: basta pensar em situações em que o conflito normativo se resolva mediante o critério *lex specialis generali derogat*. Naturalmente, não caberá ao legislador especificar todas estas situações; competirá já ao intérprete aferir, perante um caso decidendo, qual o critério de resolução de conflitos normativos a mobilizar.

Os preceitos agora em análise tratam o problema da hierarquia dos regulamentos essencialmente em função de três critérios (utilizados isolada ou conjugadamente): o *autor*, a *forma* e o *conteúdo*.

Em regra, os regulamentos do Governo têm primazia sobre os demais, talqualmente decorre do n.º 1 do artigo 138.º e da segunda parte da alínea *a)* do n.º 2 do artigo 143.º (quando implicitamente se refere à superioridade dos regulamentos emanados dos órgãos dotados de poderes de superintendência). Eis-nos perante a consequência de ao Estado se encontrar cometida a prossecução dos interesses nacionais e de o Governo estar configurado como o órgão superior da Administração Pública.

Ainda assim, no interior dos regulamentos governamentais, não existe uma uniformidade hierárquica, estabelecendo o n.º 3 do artigo 138.º uma ordenação de ordem decrescente entre eles, em função do autor e da forma: decretos regulamentares, resoluções do Conselho de Ministros (com conteúdo normativo), portarias e despachos. Fundadas razões levaram ao estabelecimento desta hierarquia. Em primeiro lugar, e em caso de conflito entre regulamentos do Conselho de Ministros (decretos regulamentares e resoluções do Conselho de Ministros) e regulamentos emanados pelos ministros e não pelo colégio (portarias e despachos normativos), a coerência da atuação governativa e a circunstância de o Governo se assumir como um órgão colegial (a individualização dos Ministérios e a individualização de atribuições conferidas a estes últimos revestem natureza meramente instrumental) exigem uma supremacia dos primeiros face aos segundos. No interior dos regulamentos emanados pelo Conselho de Ministros, é viável a defesa de uma hierarquia em razão da forma: considerando que o decreto regulamentar pressupõe um procedimento constitucionalmente configurado como mais solene (a exigir a promulgação presidencial, ponto determinante porque associado ao direito de veto, enquanto forma de controlo do mérito político pelo Presidente da República), encontra-se dotado de uma posição superior face às resoluções do Conselho de Ministros. Seguem-se sucessivamente as portarias e os despachos normativos, cuja ordem decorre de as primeiras serem adotadas pelos Ministros em nome do Governo, enquanto os segundos dimanam dos Ministros quando estes atuam em nome dos respetivos Ministérios.

A supremacia dos regulamentos do Governo verifica-se relativamente aos regulamentos emanados pelas restantes entidades públicas, destacando o n.º 1 do artigo 138.º a primazia relativamente aos regulamentos das Administrações autónomas, desde que verificadas duas condições: por um lado, as normas governamentais incidem sobre as atribuições concorrentes do Estado com as entidades autónomas – o que exclui, naturalmente, a primazia dos regulamentos do Governo nas zonas de autonomia regulamentar daquelas entidades, por, neste horizonte, as relações internormativas se pautarem pelo princípio da competência; por outro lado, e ainda que em matérias de atribuições concorrentes, as normas das Administrações autónomas não constituam normas especiais face aos regulamentos governamentais – na medida em que, nesta hipótese, entraria em campo o princípio da especialidade.

Parece-nos existir ainda uma situação de primazia dos regulamentos governamentais que não está coberta pelo texto do artigo 138.º: a superioridade hierárquica dos regulamentos emanado pelo Governo enquanto autoridade com poder tutelar, a que se refere o artigo 241.º da CRP. Esta superioridade apenas se poderá reportar às hipóteses em que a matéria intercede com questões de interesse nacional que não dispensem também uma disciplina a esse nível – e, por conseguinte, questões fora da reserva do regulamento autónomo, sob pena de atentar contra a garantia da autonomia local; ou em que regulamento incide sobre a relação tutelar, *i. e.* quando se destinar a executar as leis que constituem instrumento do exercício do poder tutelar[129] ou quando respeitar ao exercício de competências tutelares.

O n.º 2 do artigo 138.º prevê ainda uma relação de hierarquia entre os regulamentos autárquicos, concretizando o que já resultava do artigo 241.º da CRP, que estabelece os limites aos regulamentos das autarquias locais, subordinando-os também aos regulamentos emanados das autarquias de grau superior. Tal significa, nos termos do citado n.º 2 do artigo 138.º, que os regulamentos das freguesias devem respeitar os regulamentos municipais (assim como estes últimos estariam vinculados à observância dos regulamentos das regiões administrativas, se e quando estas fossem em concreto instituídas[130]). Entre os regulamentos autónomos de autarquias locais do mesmo tipo mas territorialmente distintas (*v. g.*, regulamentos de municípios diferentes ou regulamentos de freguesias diversas, ainda que integradas no mesmo município) não existe qualquer tipo de relação normativa, mas uma indiferença mútua ou separação[131].

No âmbito de entidades administrativas compostas por várias estruturas, todas elas detendo uma parcela do poder regulamentar, existe ainda lugar à relação de hierarquia prevista na alínea *c)* do n.º 2 do artigo 143.º. Assim, *v. g.*,

[129] Adotando posição similar, cf. Rui MEDEIROS, «Artigo 241.º», cit., pp. 496 e s., anotação V.c)i). Entendendo que apenas os regulamentos governamentais de leis relativas à relação tutelar primam sobre os regulamentos autárquicos, cf. Sérvulo CORREIA, *Legalidade...*, cit., p. 279. Parecendo inclinar-se para perspetiva idêntica, M. Aroso de ALMEIDA, «Os Regulamentos...», cit., p. 525, defendendo que os regulamentos governamentais prevalecentes sobre os regulamentos das autarquias locais se destinam à estrita execução da legislação sobre as autarquias locais, prevista no n.º 1 do artigo 237.º da CRP. Recorde-se, aliás, que os regulamentos incidentes sobre a relação tutelar desempenham sempre uma função de execução da lei – destinando-se a permitir a execução das medidas tutelares já definidas pelo legislador –, excluindo-se a possibilidade de regulamentos independentes nesta matéria [cf. artigos 165.º, n.º 1, alínea *q)*, e 242.º, n.º 1, *in fine*, da Constituição]; sublinhando o princípio da tipicidade das formas de tutela, que inviabiliza a sua criação *extra legem*, nomeadamente por via regulamentar, *v.* Maria da Glória GARCIA/André FOLQUE, «Artigo 242.º», in: Jorge MIRANDA/Rui MEDEIROS, *Constituição...*, tomo III, cit., p. 506. Diversamente, cf. André FOLQUE, *A Tutela...*, cit., pp. 138 e ss..

[130] Adotando expressamente a nossa posição, cf. Rui MEDEIROS, «Artigo 241.º», cit., p. 498.

[131] Idêntica observação se pode dirigir aos regulamentos da Região Autónoma da Madeira relativamente aos da Região Autónoma dos Açores e vice-versa.

no espaço regulamentar universitário, torna-se ainda possível identificar uma relação de hierarquia entre os estatutos das universidades e os regulamentos emanados correntemente pelos órgãos competentes da universidade ou emitidos por cada uma das suas escolas e unidades orgânicas de investigação, normas regulamentares correspondentes à distinção, no seio da autonomia normativa, entre a autonomia constituinte (estatutária) e a autonomia corrente (de normação corrente)[132]. Aliás, a superioridade dos estatutos da universidade face aos regulamentos aprovados pelas respetivas escolas e unidades orgânicas de investigação (ainda que estes assumam – também eles – a designação de estatutos) resulta expressamente do n.º 1 do artigo 96.º do *Regime Jurídico das Instituições de Ensino Superior* (RJIES), aprovado pela Lei n.º 62/2007, de 10 de setembro.

7.2. O regime da invalidade do regulamento no CPA

Há, pelo menos, duas fontes do regime da invalidade do regulamento, em função do parâmetro de vinculação violado: a Constituição (para as situações de inconstitucionalidade) e a lei (para os demais casos). Também agora esta lei não se identifica apenas com a lei adjetiva (o CPTA), porquanto o CPA contém hoje normas sobre a matéria. É sobre este regime que nos vamos debruçar agora *ex professo*. Todavia, e diversamente do que sucede quanto ao ato administrativo[133], o legislador continua a preferir tratar (pelo menos, em parte) o problema do regime da invalidade não de forma autónoma, mas antes a propósito dos efeitos de uma atuação regulamentar de segundo grau: a declaração administrativa de invalidade.

O artigo 144.º assume uma importância decisiva no contexto dos regulamentos administrativos, desde logo pela novidade que representa a introdução de um regime substantivo da invalidade, cujos traços fundamentais consistem na *invocabilidade a todo o tempo* e na possibilidade[134]

[132] Distinção traçada por Casalta Nabais, «Considerações...», cit., p. 354.

[133] Os regimes da nulidade e, em especial, da anulabilidade dos atos administrativos são versados, *a se*, nos artigos 162.º e 163.º, respetivamente – por conseguinte, em preceito autónomo face aos efeitos da anulação, regulados no artigo 172.º.

[134] E não *obrigação* ou *dever*, como sucede noutros sistemas jurídicos. Assim, *v. g.*, em França, na senda de posição já adotada pelo *Conseil d'Etat*, o artigo 16-A da *Loi* n.º 2000-321, de 12 de abril de 2000, relativa aos direitos dos cidadãos, nas suas relações com as administrações (introduzido pela *Loi* n.º 2007-1787, de 20 de dezembro de 2007) determina que "a autoridade administrativa deve, oficiosamente ou a pedido de uma pessoa interessada, revogar

de *declaração pelos órgãos administrativos competentes* (cf. n.º 1)[135]. Cabe ao n.os 2 e seguintes fixar o regime jurídico da declaração administrativa de invalidade.

Pela primeira vez, o legislador estabelece, no quadro do regime da invalidade dos regulamentos, uma distinção entre *invalidade formal* (*lato sensu*) e *invalidade material*. Com efeito, o n.º 2 do artigo 144.º prevê a existência de um prazo de *seis meses* para a impugnação ou para a declaração de invalidade de um regulamento que padeça apenas de *ilegalidade* formal ou procedimental. O estabelecimento de um prazo para a arguição da ilegalidade formal ou procedimental – que só terá sentido se estendido à declaração *judicial* de ilegalidade de regulamentos – reforça a defesa (que temos empreendido) no sentido da existência de regimes distintos de invalidade, moldados em função do tipo de vício que afeta o regulamento e da natureza do parâmetro de vinculação violado, admitindo-se a existência de invalidades mistas.

Repare-se, contudo, a previsão do prazo de impugnação se aplica tão-só às situações de invalidade resultante de ilegalidade, *i. e.*, por violação de disposições *legais* ou *regulamentares* atinentes a aspetos de forma ou procedimento, não valendo, pois, para os casos de *inconstitucionalidade* formal ou procedimental do regulamento. Além disso, o n.º 2 do artigo 144.º exclui do âmbito da limitação do prazo os vícios de carência absoluta de forma legal e de preterição de consulta pública exigida por lei. Sem prejuízo de concedermos que, provavelmente, a *ratio* da referência à preterição de consulta pública exigida por lei se pretende abranger as hipóteses em que existe uma norma especial que submete a emanação de certos regulamentos a esta formalidade [como sucede, *v. g.*, relativamente

(*abroger*) expressamente todo o regulamentos ilegal ou sem objeto, quer esta situação exista desde a publicação do regulamento, quer resulte de circunstâncias de direito ou de facto posteriores a esta data" (cf. Chapus, *Droit...*, tomo 1, pp. 690 e ss.). Também em Espanha, a partir do prescrito no n.º 2 do artigo 102 do *Régimen Jurídico de las Administraciones Públicas y del Procedimiento Administrativo Común*, retira-se um dever de a Administração declarar a nulidade das *disposiciones administrativas*, a partir do momento em que os órgãos competentes tenham conhecimento do vício (cf., por todos, Melero Alonso, *Reglamentos...*, cit., pp. 412 e ss.).

[135] Ainda que esta última possibilidade já fosse aventada desde Afonso Queiró («Teoria...», cit., pp. 254 e s.), sob a designação de anulação de regulamentos, com efeitos *ab initio*, sem prejuízo do respeito pelos direitos adquiridos ou, numa outra formulação, da ressalva dos regulamentos constitutivos de direitos (*Op.* cit., pp. 233 e 255, respetivamente).

ao procedimento regulamentar das entidades reguladoras – cf. artigos 4.º, n.º 1, alínea *e)*, e 41.º da *Lei-quadro das entidades reguladoras*], entendemos que o intérprete deve ir mais longe, acrescentando a preterição de *quaisquer* formalidades destinadas ao cumprimento das exigências de sentido do princípio da participação, incluindo a audiência dos interessados. Além de se tratar da interpretação que mais se afeiçoa às exigências de sentido do princípio constitucional da participar, esta solução decorre também de uma certa articulação entre a audiência e a consulta pública, pressuposta pelos artigos 100.º e 101.º. Basta considerar que uma das hipóteses de consulta pública se reconduz justamente aos casos de dispensa de audiência, quando a realização desta se tornou inviável em virtude do elevado número de interessados. Ademais, não admitir a extensão interpretativa da parte final do n.º 2 do artigo 144.º a todas as situações de violação do princípio da participação implicaria uma desvalorização de mecanismos que demandam um maior envolvimento dos interessados.

A declaração administrativa de invalidade só poderá ser emitida pelos órgãos administrativos competentes, e não por *quaisquer* órgãos administrativos: na verdade, além do autor, só pode declarar a invalidade do regulamento o órgão que exerça funções de controlo sobre o primeiro. Destarte, a norma habilitante para o exercício do poder regulamentar em que a declaração administrativa de invalidade se consubstancia consiste na norma que confere a competência para a emissão do regulamento, articulada com o artigo 144.º do CPA e, quando a declaração provém do órgão com poder de controlo, com a norma que lhe atribui tal poder.

O n.º 3 estabelece que a declaração administrativa de invalidade produz efeitos retroativos; ao invés, porém, de fazer retroagir a eficácia da declaração à data da *entrada em vigor* do regulamento, continua (estranhamente) a reportar os efeitos à data da sua *emissão*, repetindo o que já (anteriormente) constava do n.º 1 do artigo 76.º do CPTA[136]. A revisão

[136] A propósito desta disposição, a doutrina já vinha entendendo que a declaração de ilegalidade com força obrigatória geral reverte os seus efeitos à data da entrada em vigor da norma em causa (e não à data da sua emissão) – cf. M. Esteves de Oliveira/R. Esteves de Oliveira, *Código...*, cit., p. 450; M. Aroso de Almeida/Carlos Cadilha, *Comentário ao Código de Processo nos Tribunais Administrativos*, 3.ª ed., Almedina, Coimbra, 2010, pp. 499 e s.; Pedro Moniz Lopes, «Objeto, Condições e Consequências da Invalidade Regulamentar no Novo Código do Procedimento Administrativo», in: Carla Amado Gomes/Ana Fernanda Neves/Tiago Serrão (coord.), *Comentários...*, cit., p. 544.

de 2015 operada no CPTA retificou este aspeto, passando a reportar os efeitos da declaração judicial da ilegalidade de regulamentos à respetiva entrada em vigor (cf. artigo 76.º, n.º 1, do CPTA[137].

A retroatividade dos efeitos da declaração de invalidade de um regulamento tem associada a repristinação das normas por aquele revogadas. Trata-se de uma solução pertinente e especialmente importante nos casos em que o regulamento inválido constitui um diploma imprescindível à aplicação de uma norma legislativa (ou de uma norma de direito da União Europeia) carente de regulamentação: nestes casos, a declaração de invalidade desacompanhada da emanação de um novo regulamento poderia conduzir à emergência de uma situação de omissão ilegal. Compreensivelmente, não haverá lugar à repristinação quando as normas a repristinar forem, elas próprias, ilegais ou tenham deixado, por outro motivo, de vigorar (pense-se, *v. g.*, numa hipótese em que a norma em causa houvesse sido objeto de uma declaração de ilegalidade com força obrigatória geral, proferida por um tribunal administrativo); nestes casos, a parte final do n.º 3 do artigo 144.º determina que o órgão competente deve *reconhecer* o afastamento efeito repristinatório. Se este reconhecimento parece adequado quando o fundamento da não repristinação residir nas situações em que a norma tenha deixado de vigorar por outro motivo, já quando aquela padece de uma causa de invalidade, seria pensável que, oficiosamente, o órgão declarasse a respetiva invalidade.

A primeira parte do n.º 4 contém uma exceção aos efeitos retroativos da declaração de invalidade: os casos julgados e os casos decididos administrativos. Algumas hesitações preliminares poderá originar a salvaguarda dos casos decididos. Se se compreende a exceção aos efeitos retroativos dos casos julgados, poder-se-á afirmar que a extensão daquela também aos casos decididos (aos "atos administrativos que entretanto se tenham tornado inimpugnáveis") acabaria também por diminuir o alcance da eficácia *ex tunc* da declaração de ilegalidade. A favor desta solução encontra-se a promoção da segurança jurídica, que assume agora especial relevância, quer em virtude de estarmos diante de *normas* jurídicas e, por conseguinte, de atos dotados de generalidade e abstração, quer pela circunstância de estar em causa uma declaração *administrativa* de

[137] Cf. também M. Aroso de Almeida/Carlos Cadilha, *Comentário ao Código de Processo nos Tribunais Administrativos*, 4.ª ed., Almedina, Coimbra, 2017, p. 540.

invalidade. Além disso, o n.º 4 evidencia uma diferença significativa face aos efeitos da declaração de ilegalidade com força obrigatória geral atualmente consagrados na lei processual: a manutenção dos efeitos retroativos quando se trate de atos desfavoráveis para os destinatários – o que impõe uma restrição muito relevante à exceção da primeira parte (e, por conseguinte, uma maior extensão dos efeitos retroativos), porquanto já não envolve apenas as decisões baseadas em normas referentes a matéria sancionatória, de conteúdo menos favorável ao arguido. Em suma, uma leitura articulada da primeira e da segunda partes do n.º 4 determina que, além dos casos julgados, apenas se encontram salvaguardadas as situações cobertas por efeitos favoráveis de atos inimpugnáveis, suscetíveis de haver gerado, no máximo, legítimas expectativas na esfera jurídica dos cidadãos[138] [139].

7.3. Nulidade, anulabilidade ou invalidade atípica?

Face ao regime da invalidade do regulamento que hoje consta do CPA (tendencialmente recortado a partir do CPTA), cumpre esclarecer qual a qualificação a conferir à consequência jurídica emergente dessa invalidade: nulidade, anulabilidade ou invalidade atípica?

Em matéria de invalidade de normas, tem prevalecido o que a doutrina vem designando como o «dogma da nulidade»[140] a apontar, estando

[138] Solução para a qual propendíamos em «O Controlo Judicial do Exercício do Poder Regulamentar», in: *Boletim da Faculdade de Direito*, vol. LXXXII, 2006, p. 449.

[139] O CPA não contempla o poder de fixação de efeitos mais restritos, talqualmente surge consagrada para os tribunais no n.º 2 do artigo 76.º do CPTA. Não nos parecia existir qualquer obstáculo, de princípio, a esta possibilidade; de qualquer modo, tratar-se-ia sempre de uma decisão (autónoma), totalmente vinculada e, como tal, suscetível de reexame pelos tribunais administrativos. Todavia, a ausência de uma disposição análoga permite concluir pela respetiva exclusão, no que à declaração administrativa de ilegalidade tange.

[140] Sobre os argumentos que têm sustentado o dogma da nulidade das normas (também infra-legislativas) inválidas, cf. Ossenbühl, «Eine Fehlerlehre für untergesetzliche Normen», in: *Neue Juristische Wochenschrift*, n.º 45, ano 39, novembro 1986, pp. 2806 e ss.. Cf. também Wehr, *Inzidente Normverwerfung durch die Exekutive*, Duncker & Humblot, Berlin, 1998, p. 37; ainda hoje avançando dúvidas sob esta perspectiva, *v.* Danwitz, *Die Gestaltungsfreiheit des Verordnungsgebers*, Duncker & Humblot, Berlin, 1989, p. 160. *V.* ainda Ipsen, *Rechtsfolgen der Verfassungswidrigkeiten von Norm und Einzelakt*, Nomos, Baden-Baden, 1980, 23 e ss. (associando a nulidade à fiscalização judicial da constitucionalidade das leis), e pp. 39 e ss. (a propósito da nulidade das atuações administrativas inválidas).

em causa regulamentos, inequívoca e primacialmente, no sentido da nulidade.

Contra a vigência à outrance do «dogma da nulidade», a doutrina vem defendendo a respetiva «matização»[141], que passa não só pela perceção de que a violação dos parâmetros de vinculação nem sempre acarreta a invalidade da norma (como vimos a propósito da irregularidade dos regulamentos), mas ainda pela consideração de que os vícios invalidantes também não têm de importar, em qualquer caso, a nulidade das normas afetadas. Por conseguinte, a progressiva fragilização deste dogma vai resultar quer da modificação do regime de que tradicionalmente gozava a nulidade (operando, *v. g.*, em tópicos como a total improdutividade *ab initio* do ato afetado ou a invocabilidade a todo o tempo), quer da limitação dos casos em que a invalidade das normas gera a sua nulidade (ou porque se reconhece a existência de vícios irrelevantes e não invalidantes, ou por se admitirem consequências alternativas à nulidade).

Cumpre salientar, numa paráfrase a Ossenbühl[142], que a alternativa entre nulidade ou validade – à luz da qual se vem entendendo a questão da invalidade normativa – é demasiado rigorosa para resolver todos os problemas que se lhe encontram subjacentes. Nesta medida, revela-se determinante evitar a adopção de soluções automáticas e estritas que, absolutizando os valores da certeza e da segurança, ignorem a justeza das soluções e o impacto que as mesmas possuem no sistema jurídico e na prossecução do interesse público. Sobretudo por estar em causa uma teorização sobre a temática da invalidade de *normas* jurídicas – as quais, por definição, tocam um número indeterminado de destinatários e de situações jurídicas –, urge perspetivar o problema, em busca de soluções razoáveis, sob a ótica de uma "dogmática sensata", que almeje o equilíbrio entre os princípios da segurança jurídica, da tutela da juridicidade administrativa, da eficiência da Administração e da defesa dos direitos e inte-

[141] Melero Alonso, *Reglamentos...*, cit., p. 431.

[142] Ossenbühl, «Eine Fehlerlehre...», cit., p. 2808.
Em sentido diverso, defendendo, entre nós, a inadequação da teoria dos desvalores mistos ou atípicos no plano da invalidade do ato, cf. A. Salgado de Matos, «Algumas Observações Críticas Acerca dos Actuais Quadros Legais e Doutrinais da Invalidade do Acto Administrativo», in: *Cadernos de Justiça Administrativa*, n.º 82, julho/agosto 2010, p. 67, n. 38, em consequência da crítica contundente que tece em relação aos regimes da nulidade e da anulabilidade.

resses legalmente protegidos dos cidadãos[143], sem perder de vista os interesses subjacentes ao parâmetro de vinculação concretamente ofendido.

Simplificando (em muito) a complexidade, dir-se-á que o ordenamento reconhece uma gradação de sanções da invalidade do regulamento, que oscila entre a radicalidade da *nulidade* e a flexibilidade da *invalidade atípica.*

A nulidade consubstancia uma consequência a associar às situações mais graves de violação dos parâmetros de vinculação apontados, devendo reservar-se para os vícios de conteúdo que inviabilizem o exercício de direitos fundamentais (*maxime,* de direitos, liberdades e garantias) e que atentem contra princípios ou normas de *ius cogens* internacional ou que (estando em causa uma mera ilegalidade) impeçam o exercício de direitos constitucional e legalmente protegidos de cidadãos ou entidades públicas, e ainda para as hipóteses em que a violação de normas de competência acarrete a ofensa do princípio da separação de poderes ou de autonomias normativas constitucional ou legalmente consagradas. Nestes casos, vigorará o regime regra da nulidade, determinante da improdutividade jurídica dos regulamentos afetados (ressalvado o respeito pelo princípio da intangibilidade do caso julgado e, quando esteja em causa uma ilegalidade, do caso decidido[144]), da invocabilidade a todo o tempo e por qualquer interessado, *sem possibilidade de modelação de efeitos,* ao abrigo do n.º 4 do artigo 282.º da CRP ou do n.º 2 do artigo 76.º do CPTA, consoante os casos; por outro lado, também constituirão estas as situações em que se poderá admitir o afastamento das normas regulamentares pelos órgãos administrativos.

[143] Em sentido próximo, Ossenbühl, «Eine Fehlerlehre...», cit., p. 2812; *v.* também, do mesmo Autor, «Verwaltungsverfahren zwischen Verwaltungseffizienz und Rechtsschutzauftrag», in: *Neue Zeitschrift für Verwaltungsrecht,* fasc. 9, ano 1.º, setembro 1982, pp. 465 e ss., esp.te pp. 468 e ss., sobre a comparação e os métodos de equilíbrio entre proteção jurídica e eficiência.

[144] Apenas incluímos a ressalva dos casos decididos no regime da nulidade por aquela salvaguarda se encontrar acolhida como regra no n.º 3 do artigo 76.º do CPTA; somos, contudo, de opinião que deve a mesma ser habilmente interpretada consoante as situações de nulidade. Caso se verifique a eliminação da referência legislativa numa futura reforma do Código, entendemos que a intangibilidade dos casos decididos passará a constitui uma nota do regime da invalidade atípica, funcionando se, *in concreto,* a proteção da confiança dos cidadãos sobrelevar a tutela da juridicidade administrativa e do interesse público subjacente ao parâmetro violado (em suma, os valores que sustentam a eficácia retroativa associada às consequências da invalidade do regulamento).

Nos casos que se não enquadrem nas hipóteses referidas anteriormente, a invalidade do regulamento originará o que designámos como invalidade atípica, cujo regime se caracteriza pela previsão de efeitos menos rigorosos, suscetíveis de plasticização pelo juízo judicial, admitindo-se, *v. g.*, a sanação dos vícios e, por conseguinte, a preclusão da sua invocabilidade, a eficácia *ex nunc* (reconhecendo-se valor jurídico aos efeitos produzidos até ao momento da declaração da inconstitucionalidade ou da ilegalidade[145]) e a tendencial inadmissibilidade de recusa de aplicação pelos órgãos administrativos. Na síntese lapidar de Manuel de Andrade[146], "será um regime assimétrico, pouco harmonioso e elegante, sob o aspecto lógico ou formal; mas pode ser útil e acomodado às exigências da justiça".

8. Omissão regulamentar

O artigo 137.º contém uma disposição inovadora quanto à omissão de regulamento. Assegura-se agora aos particulares um mecanismo de reação administrativa contra a inércia regulamentar, a par da declaração judicial de ilegalidade por omissão constante do artigo 77.º do CPTA. Parece-nos, pois, defensável que a identificação das situações de inércia ilegal quanto à emissão de regulamentos administrativos beneficie dos subsídios doutrinais e jurisprudenciais decantados a partir da previsão daquele meio judicial, agora complementados pela fixação de um prazo supletivo para o exercício do poder regulamentar (90 dias, nos termos do n.º 1)[147]. Todavia, o preceito deverá constituir objeto de uma inter-

[145] Não obstante as observações críticas de A. Salgado de Matos (*A Fiscalização Administrativa da Constitucionalidade*, Almedina, Coimbra, 2004, pp. 243 e s., 250 e ss.), entendemos que a possibilidade de salvaguarda de efeitos da declaração de inconstitucionalidade (e também da declaração de ilegalidade) equivale ao reconhecimento da produção de efeitos pela norma inconstitucional (ou ilegal).

[146] Manuel de Andrade, *Teoria Geral da Relação Jurídica*, vol. II, Almedina, Coimbra, 1966, p. 416, a propósito do regime das nulidades mistas.

[147] Embora a redação do preceito não se afigure, pelo menos numa primeira leitura, totalmente inequívoca. Na verdade, a primeira parte do n.º 1 parece sugerir uma interpretação diversa, ao reportar-se apenas às situações em que já decorreu o prazo (*fixado pelo legislador*) para a emanação do regulamento e, por conseguinte, apontando para uma relação exclusivamente biunívoca entre estas hipóteses e as de omissão ilegal. Todavia, deve articular-se o n.º 1 com o n.º 4, pelo que a referência ao prazo não pretende contribuir para a explicitação da existência de um dever de regulamentar, mas para esclarecer quando está a Adminis-

pretação extensiva, devendo ampliar o conceito de omissão ilegal aos casos em que o regulamento é imprescindível à aplicação de uma norma de direito da União Europeia.

A garantia constante do artigo 137.º constitui uma verdadeira alternativa à declaração de ilegalidade por omissão prevista no artigo 77.º do CPA. Não foi, portanto, adotada uma solução semelhante à do ordenamento francês, em que o incumprimento da obrigação de exercer o poder regulamentar é sancionado apenas perante uma *recusa* (expressa ou implícita) da emissão do regulamento necessário à execução de uma lei, recusa essa considerada anulável e objeto de um *recours pour excès de pouvoir*, dando origem à reparação dos danos causados[148]. A solução da alternatividade revela-se muito mais saudável, quer de uma perspetiva de tutela da legalidade administrativa (*hoc sensu*, de combate à inércia regulamentar e, consequentemente, de garantia de uma adequada execução de leis carentes de regulamentação), quer de uma ótica subjetiva (na medida em que assegura aos eventuais lesados pela ausência do regulamento um leque mais amplo de vias de reação).

9. Garantias administrativas

Esta matéria encontra a sua sede no artigo 147.º, o qual incide sobre os mecanismos, ao dispor dos titulares das posições jurídicas substantivas afetadas, destinados a reagir contra a invalidade ou a omissão ilegal de regulamentos, aparecendo, pois, dotado de um conteúdo mais amplo do que sugere a mencionada epígrafe da Secção V (que, em rigor, não abrangeria as garantias contra a inércia administrativa na emissão de regulamentos).

9.1. A suspensão, modificação, revogação e declaração de invalidade de regulamentos como exercício do poder regulamentar

A ideia de que a modificação, a suspensão, a revogação ou a declaração de ilegalidade de regulamentos correspondem ao exercício do poder regulamentar não constitui uma novidade no panorama jurídico

tração a incumprir esse dever; quer dizer, nos casos em que se afirme a existência de um dever de regulamentar, a Administração encontra-se em mora depois de ultrapassado o prazo estabelecido na lei ou, na falta deste, após o decurso de 90 dias sobre a data da entrada em vigor do diploma legal.

[148] Cf., *v. g.*, CHAPUS, *Droit...*, cit., pp. 684 e ss..

nacional, sendo já defendida desde Afonso Queiró[149]; implicitamente, a mesma ideia ressalta do n.º 1 do artigo 142.º do CPA, quando prevê que são competentes para a modificação e suspensão dos regulamentos os órgãos emitentes para a sua emissão.

Se, em virtude da sua consagração mais ou menos corrente na prática administraiva, a suspensão, a modificação e a revogação não suscitam dificuldades de maior, o mesmo não sucede com a declaração administrativa de invalidade – sobretudo, pela aproximação que tem com a declaração jurisdicional de ilegalidade de regulamentos. Eis o motivo que nos leva a deter-nos um pouco mais nesta figura.

Recorde-se que a anulação administrativa de regulamentos não constitui uma originalidade no panorama jurídico europeu, sendo admitida, desde logo, nos ordenamentos espanhol e francês. Por outro lado, no direito nacional, e como já salientámos, a figura da anulação administrativa de regulamentos com eficácia *ab initio* era já admitida desde Afonso Queiró[150].

O fundamento da declaração de invalidade assenta na ilegalidade de um regulamento ou de uma norma regulamentar, assenta num desvalor do ato. Tendo a invalidade da norma como fundamento e destinando-se a eliminar do ordenamento jurídico todo o diploma ou apenas alguma(s) da(s) sua(s) norma(s), esta declaração de ilegalidade surge identificada como uma forma da cessação da vigência (*rectius*, de destruição) dos regulamentos que constituem o seu objeto. Tal como a suspensão, a modificação e a revogação de regulamentos, a declaração administrativa de invalidade representa uma das formas do *exercício do poder regulamentar*, orientando-se por um imperativo de unidade do sistema jurídico e tutela da legalidade administrativa. Dizendo de outro modo, a possibilidade de declaração de invalidade constitui uma faculdade ínsita no poder regu-

[149] Afonso Queiró, «Teoria...», cit., pp. 253 e ss.; aderimos à mesma posição em *A Recusa...*, cit., pp. 236 e ss..

[150] Afonso Queiró, «Teoria...», cit., p. 254. M. Esteves de Oliveira/Pedro Gonçalves/Pacheco de Amorim, *Código...*, cit., p. 535, comentário II ao artigo 119.º, aludiam também a uma revogação por ilegalidade (por oposição à revogação por demérito), mas não densificavam quais os seus efeitos (designadamente se tinham natureza retroativa). Também em *A Recusa...*, cit., pp. 250 e ss., admitimos, independentemente da sua consagração expressa, a existência da figura que então designámos como declaração administrativa da ilegalidade de regulamentos ou normas regulamentares.

lamentar[151]: o ato que declara a invalidade consubstancia materialmente um regulamento, podendo afirmar-se que o órgão administrativo exerce uma espécie de regulamentação de sentido negativo[152]. Assim, poderá afirmar-se que, nestas circunstâncias, está ainda em causa um ato de criação impositiva do direito.

Não olvidamos que uma das notas do regime dos regulamentos administrativos, inspirada pelo princípio da proteção da confiança, reside na proibição da retroatividade[153], tal como está hoje expressamente acolhido no artigo 141.º do CPA – o que, numa leitura mais apressada, poderia dificultar a inclusão da declaração de invalidade no exercício do poder regulamentar. Atente-se, porém, em que quer a doutrina, quer o próprio legislador não excluem a existência de regulamentos dotados de eficácia retroativa, desde que aqueles não imponham deveres, encargos, ónus, sujeições ou sanções, não causem prejuízos, não restrinjam posições jurídicas substantivas, e não afetem as condições do seu exercício. Ora, e sem prejuízo da necessidade de uma leitura conjugada do n.º 1 do artigo 141.º do CPA com os n.ºˢ 3 e 4 do artigo 144.º do CPA, parece-nos que aqueles requisitos estão plenamente cumpridos, a partir do momento em que se assegura a estabilidade dos atos administrativos praticados ao abrigo do regulamento anulado, a menos que aqueles sejam desfavoráveis.

A conceção da declaração de invalidade como modo do exercício do poder regulamentar importa, desde logo, uma consequência determinante no que tange ao regime jurídico daquela figura: a vigência do princípio do paralelismo das formas – a exigir que, em regra, a declaração de invalidade de regulamentos (total ou parcial) adote o mesmo procedimento e a mesma forma (ou forma hierarquicamente superior) seguidos na emissão do regulamento objeto daquelas atuações[154].

[151] Ainda que não exclusivamente: com efeito, a declaração de ilegalidade administrativa pode representar também o exercício de uma competência de *controlo*.

[152] Doménech Pascual, *La Invalidez de los Reglamentos*, Tirant lo Blanch, Valencia, 2002, p. 394.

[153] Cf., *v. g.*, Afonso Queiró, «Teoria...», cit., pp. 233 e s.; Vieira de Andrade, *Lições...*, cit., p. 152.

[154] Assim sucede quando a declaração de invalidade dimanarem do órgão que emitiu o regulamento. Tratando-se do respetivo superior hierárquico ou de órgão com poderes de superintendência ou de tutela compatíveis com esta competência, seguir-se-ão as regras

A compreensão que adotamos impõe também consequências no plano da competência. Daí que o n.º 1 do artigo 144.º afirme (com cautela, mas também com rigor) que a invalidade do regulamento "pode (...) ser declarada *pelos órgãos administrativos competentes*". Quer dizer, e em consonância com as considerações já tecidas, a competência para a declaração de invalidade há de pertencer apenas ao autor do regulamento, titular da competência regulamentar de primeiro grau, e ao órgão que sobre ele exerça poderes de controlo.

Se a declaração de invalidade constitui um regulamento administrativo, também ela pode padecer de uma causa de invalidade. Quando assim acontecer, a respetiva impugnação ocorre nos termos gerais previstos pelo sistema jurídico para a reação contra normas administrativas ilegais, designadamente, a declaração de ilegalidade pelos tribunais administrativos. Tal significa, pois, que diversamente do que sucede com a sentença judicial que declara a invalidade de um regulamento com força obrigatória geral, a anulação administrativa não assume a mesma "definitividade"[155], podendo ser invertida por uma decisão jurisdicional de sentido contrário, com fundamento na sua própria invalidade.

9.2. Regime das garantias administrativas

Talqualmente decorre do n.º 1 do artigo 147.º, a iniciativa do procedimento de impugnação de regulamentos não pertence apenas aos órgãos administrativos (não constituindo necessariamente, como o procedimento de emanação dos regulamentos, um procedimento de iniciativa pública), estendendo-se, de igual modo, aos titulares dos direitos e interesses legalmente protegidos afetados pelo regulamento. O confronto entre este preceito e o n.º 1 do artigo 97.º permite retirar uma conclusão determinante no que toca ao desencadeamento

relativas ao exercício de tais poderes (Afonso Queiró, «Teoria...», cit., p. 255). Em qualquer hipótese, haverá sempre aspetos formais (*lato sensu*) relativos à emissão do regulamento declarado inválido que não poderão deixar de ser observados: considere-se, paradigmaticamente, a publicação da declaração de invalidade, nos termos do artigo 139.º do CPA (assim sucede, *v. g.*, no direito espanhol, onde a *revisión de oficio* de regulamentos é publicada no jornal oficial; cf. Melero Alonso, *Reglamentos...*, cit., p. 414).

[155] Cf. também Doménech Pascual, *La Invalidez...*, cit., p. 393.

dos procedimentos tendentes à modificação, revogação e declaração de invalidade[156] de regulamentos: enquanto os titulares de posições jurídicas substantivas têm um direito de iniciativa procedimental (dando origem a um procedimento de iniciativa privada), os demais interessados (*lato sensu*) dispõem apenas de um direito de petição (a determinar que, em tais hipóteses, o procedimento de modificação, revogação ou declaração de invalidade regulamentar pressupõe uma iniciativa pública).

Em consequência da compreensão da suspensão, modificação, revogação e declaração de nulidade como decorrentes do exercício do poder regulamentar, o n.º 2 do artigo 147.º esclarece que as garantias dirigidas a operar aqueles efeitos são decididas pelo autor (efetivo ou, nas situações de omissão, pelo órgão com competência para emitir o regulamento) ou pelo órgão administrativo que tenha poderes para emanar, modificar, suspender, revogar ou declarar a invalidade, por deter (também) competência regulamentar na matéria ou por exercer funções de controlo sobre o primeiro (cf. também artigo 142.º, n.º 1).

Impõe-se ainda apreciar o sentido da remissão, constante do n.º 3 do artigo 147.º, para os artigos 189.º e 190.º, na parte em que se referem à impugnação facultativa de atos administrativos. Assume aqui especial importância, desde logo, a possibilidade de suspensão administrativa da eficácia de regulamentos nas condições previstas nos n.os 2 a 5 do artigo 189.º (*i. e., mutatis mutandis*, nos casos em que a aplicação do regulamento cause prejuízos irreparáveis ou de difícil reparação para o interessado e a suspensão não cause prejuízo de maior gravidade para o interesse público – *periculum in mora*, temperado pela ponderação entre interesses públicos e privados – e exista uma probabilidade séria da invalidade do regulamento – *fumus boni iuris*). Tal significa que, em

[156] Não ignoramos que o artigo 97.º não se refere, *ex professo*, à possibilidade de os interessados (*lato sensu*) apresentarem petições em que solicitem a declaração de invalidade de regulamentos. Todavia, e estando em causa uma concretização legislativa do direito de petição, não vemos como, numa interpretação em conformidade com os direitos fundamentais (à luz do artigo 52.º da CRP – que permite a apresentação de quaisquer petições para defesa, *inter alia*, da Constituição e das leis) se possa recusar a admissibilidade de uma petição com este objeto.

articulação com o procedimento de impugnação, correrá também uma espécie de procedimento cautelar, com caráter acessório face àquele[157].

[157] Essa acessoriedade implica que as vicissitudes do procedimento de impugnação se reflitam no procedimento de suspensão da eficácia. Neste contexto, a suspensão da eficácia das normas regulamentares representa a adoção de medidas provisórias, na acepção dos artigos 89.º e 90.º do CPA – motivo pelo qual entendemos que o disposto nos n.os 2 a 5 do artigo 189.º deve ser integrado por estas duas disposições relativas às medidas provisórias. Decorre dos artigos 89.º e 90.º que, em qualquer momento do procedimento administrativo (embora, com maior frequência, tal suceda durante a instrução), pode revelar-se necessária a adoção de medidas que previnam ou façam face a um justo receio de se produzir lesão grave ou de difícil reparação dos interesses públicos em causa. Destarte, as medidas provisórias assumem uma natureza cautelar, permitindo que a decisão final do procedimento em que surgem tenha alguma utilidade. O Código não estabelece um elenco de medidas provisórias admissíveis, pelo que vigora nesta matéria um *princípio de atipicidade*; integrar-se-ão certamente neste conceito os atos de suspensão da eficácia de atos administrativos (no decurso de um procedimento de revogação) ou de suspensão da eficácia de normas regulamentares (no âmbito de um procedimento de impugnação de regulamentos).
A natureza acessória da suspensão da eficácia de regulamentos enquanto medida provisória manifesta-se, desde logo, na circunstância de apenas poder ser decretada no decurso de um procedimento administrativo principal (*in casu*, a impugnação de regulamentos): o objetivo da adoção das medidas provisórias consiste justamente em tentar assegurar as finalidades ou o efeito útil de uma decisão final de um procedimento, assumindo-se como «atos situados», que não constituem fins em si mesmos (M. Esteves de Oliveira/Pedro Gonçalves/Pacheco de Amorim, *Código*..., cit., p. 403, comentário VI ao artigo 84.º). Além disso, a íntima conexão entre o procedimento principal e a suspensão exprime-se nas causas de caducidade das medidas provisórias, entre as quais se incluem a prolação da decisão definitiva do procedimento (*in casu*, modificação, revogação ou declaração de invalidade do regulamento), o decurso do prazo para a prolação da decisão final ou a ausência de decisão no prazo dos 180 dias seguintes à instauração do procedimento [cf. artigo 90.º, alíneas *a*), *c*) e *d*)].

Texto X
Conceito e Tipologias de Atos Administrativos

Sem prejuízo do relevo assumido pelas demais formas de atuação da Administração Pública, o ato administrativo constitui *a* forma de ação administrativa por excelência.

1. Noção e caracterização do ato administrativo

Qualifica-se como ato administrativo toda a declaração de autoridade emitida por um órgão administrativo no uso de poderes de Direito Administrativo, para regular um caso concreto e individual, no âmbito de uma relação jurídica externa, dotada de efeitos jurídicos, positivos ou negativos. Trata-se de uma noção paralela ao conceito de ato administrativo presente no artigo 148.º do CPA, nos termos do qual "consideram-se atos administrativos as decisões que, no exercício de poderes jurídico-administrativas, visem produzir efeitos jurídicos externos numa situação individual e concreta".

Mais analítica e, portanto, mais precisa (embora não inteiramente coincidente) é a definição proposta por Rogério Soares e Vieira de Andrade: o ato administrativo constitui uma "estatuição autoritária, relativa a um caso individual, manifestada por um agente da Administração no uso de poderes de Direito Administrativo, pela qual se produzem efeitos jurídicos externos, positivos ou negativos"[1].

[1] Rogério SOARES, *Direito...*, cit., pp. 76 e ss.; Vieira de ANDRADE, *Lições...*, cit., pp. 171 e ss..

A caracterização do ato através da noção exposta exige uma consideração pormenorizada dos respetivos segmentos, visto que, se não estiverem verificados todos os requisitos da noção de ato administrativo, este *não existe* como tal.

1.1. Estatuição de autoridade: a decisão

O ato administrativo constitui uma expressão do exercício de um *poder público de autoridade* (*imperium* ou *ius imperii*) por parte da Administração Pública[2]. A acentuação desta nota associa o ato administrativo à realização de decisão, *i. e.*, de uma atuação autoritária que determinada instância pode desenvolver (competência pública), numa situação de superioridade, supraordenação ou supremacia jurídica sobre o destinatário. A autoridade pressupõe a *unilateralidade*, no duplo sentido de que o efeito jurídico produzido na esfera *de terceiros* depende *exclusivamente* do titular do poder. Tal não significa, porém, que os atos administrativos se dirijam sempre à constituição, modificação ou extinção de relações jurídicas pautadas pela autoridade, existindo atos administrativos conformadores de relações de direito privado (*privatrechtsgestaltender Akt*)[3], como sucede, *v. g.*, com o ato de reconhecimento de uma fundação (cf. artigos 185.º e 188.º do Código Civil).

A caracterização do ato administrativo como uma *declaração de autoridade* permite distingui-lo de atuações *paritárias* e *bilaterais* (ou plurilaterais) da Administração, desenvolvidas ao abrigo do Direito Administrativo, num contexto em que aquela se encontra despojada de poderes públicos. Eis o que sucede paradigmaticamente com a celebração do contrato administrativo.

Esta diferença entre ato e contrato administrativos não se desvanece ainda quando aquele é precedido de um procedimento altamente participado, onde a cooperação dos destinatários se revela de importância capital (estando em causa o que a doutrina alemã designa como ato administrativo carecido de participação ou de colaboração – *mitwirkun-*

[2] Sobre a caracterização do conceito de poder público de autoridade, cf. Pedro Gonçalves, *Entidades...*, cit., pp. 590 e ss. (que aqui seguimos de perto).

[3] Cf. Ipsen, *Allgemeines Verwaltungsrecht*, cit., pp. 333, 390 e ss.. Trata-se de uma das hipóteses em que o Direito Administrativo surge como «determinador do Direito Civil» (*Vorgabe für Zivilrecht*) – *v.* Wolff/Bachof/Stober/Kluth, *Verwaltungsrecht*, vol. I, cit., pp. 223 e ss..

gsbedürftigter Verwaltungsakt[4], ou mesmo um ato administrativo consensual; cf. *infra*): ainda nestas hipóteses, o efeito resultante do ato depende apenas da vontade da Administração, e não também da concorrência da vontade dos destinatários, aos quais o ato se impõe.

1.2. Emissão por um órgão administrativo (*lato sensu*)

O *sujeito ou autor* do ato consiste, desde logo, no órgão competente que se encontra integrado numa entidade da Administração, com atribuições na matéria em causa e com capacidade para a prática de atos administrativos, órgão esse que se apresenta, em concreto, dotado de legitimação para atuar.

A noção de órgão administrativo pressuposta pelo conceito de ato administrativo que avançámos assume contornos muito amplos, não se circunscrevendo aos órgãos das pessoas coletivas públicas. Devem considerar-se igualmente incluídos os órgãos das entidades privadas que, por delegação legislativa ou por ato ou contrato administrativos de delegação (com base em lei), exercem poderes públicos de autoridade; neste sentido (mais extenso) deverá também interpretar-se a referência constante do n.º 1 do artigo 2.º do CPA, quando determina a aplicação do Código à "conduta de quaisquer entidades, independentemente da sua natureza, adotada no exercício de poderes públicos ou regulada de modo específico por disposições de direito administrativo".

Além destes entes (que ainda se podem considerar incluídos num conceito amplo de Administração Pública em sentido funcional), coloca-se a questão de saber se também podem conceber-se como sujeitos da prática de atos administrativos os órgãos estaduais que desenvolvam, ainda que não a título principal [o que os exclui da alínea *a)* do n.º 4 do artigo 2.º], funções materialmente administrativas. Ainda que, em rigor, não integrem o conceito de ato administrativo, as atuações que correspondam, as atuações em causa designam-se como *atos em matéria administrativa* e recebem, designadamente para efeitos contenciosos, um tratamento equiparável aos atos administrativos. Trata-se da solução adotada pela alínea *a)* do n.º 1 do artigo 24.º do ETAF, onde expressamente se prevê o conhecimento pelo STA dos processos *em matéria administrativa* relativos (*inter alia*) a atos do Presidente

[4] Cf. Wallerath, *Allgemeines Verwaltungsrecht*, cit., pp. 275 e 293.

da República, da Assembleia da República e do seu Presidente, do Tribunal Constitucional e seu Presidente, do Presidente do STA, do Tribunal de Contas e seu Presidente, do Presidente do Supremo Tribunal Militar, do Conselho Superior dos Tribunais Administrativos e Fiscais e seu Presidente.

1.3. Uso de poderes de Direito Administrativo

Associar o exercício de poderes de Direito Administrativo ao conceito de ato administrativo viabiliza a acentuação de que este ramo jurídico-dogmático regula, em termos específicos, o agir administrativo.

1.3.1. Ato praticado no âmbito da função administrativa, independentemente da sua forma

O ato administrativo corresponde ao *exercício da função administrativa*. Trata-se de uma observação não despicienda, sobretudo quando se perceciona que o Governo – constitucionalmente concebido como o "órgão superior da Administração Pública" – detém também poderes legislativos, podendo, por conseguinte, emanar declarações de autoridade destinadas a regular um caso concreto e individual, no âmbito de uma relação externa, e dotadas de efeitos positivos ou negativos, mas *no uso de poderes de Direito Constitucional*: eis o que acontece com os *decretos-leis medida*.

A adequada destrinça entre ato administrativo e *decreto-lei medida* – que passa pela (difícil, porque apenas tendencial) distinção entre função legislativa (e uso de poderes de Direito Constitucional) e função administrativa (e uso de poderes de Direito Administrativo) adquire uma repercussão determinante no âmbito do fenómeno (patológico) dos «atos administrativos encapotados»[5] ou *atos administrativos praticados sob a forma de decreto-lei*, fenómeno com refrações também no plano adjetivo: enquanto os últimos podem ser contenciosamente impugnados no âmbito da Justiça Administrativa (como impõe, aliás, o n.º 4 do artigo 268.º da CRP), os decretos-leis medida (correspondentes, como acentuámos, ao exercício da função legislativa) apenas podem constituir objeto de apreciação jurisdicional no âmbito da Justiça Constitucional.

[5] Cf., neste sentido, Acórdão n.º 416/99, de 29 de junho, in: *Diário da República*, II Série, n.º 61, 13.03.2000, p. 4847.

A patologia acentua-se quando encontramos atos administrativos praticados sob a forma de *lei* da Assembleia da República: pense-se, *v. g.*, no diploma que esteve na base do Acórdão do Tribunal Constitucional n.º 1/97, de 8 de janeiro, onde, em termos substanciais, a Assembleia da República previa a criação de vagas adicionais nos estabelecimentos de ensino superior públicos para os estudantes candidatos ao ingresso no ensino superior que, na sequência dos exames de Setembro de 1996, tivessem obtido nota de candidatura superior, em cada par curso/estabelecimento, ao último colocado, para o mesmo par curso/estabelecimento, na primeira fase. Além dos problemas subjetivos suscitados (o que associa a questão à figura da usurpação de poderes), este diploma implicou uma interferência legislativa no procedimento administrativo de acesso ao ensino superior, assumindo-se como um ato administrativo sob a forma de lei[6].

O critério de distinção entre um decreto-lei medida e um ato administrativo praticado sob a forma de decreto-lei reside na pressuposição (ou não) de valorações políticas, típicas de órgãos dotados de competência política[7]. Assim, *v. g.*, um decreto-lei criador de pensões de sobrevivência para viúvas de bombeiros falecidos num incêndio individualmente determinadas dever-se-á considerar como um decreto-lei individual e não como um ato administrativo em forma de decreto-lei[8]. Diversamente, o decreto-lei de reconhecimento de interesse público de um

[6] Apesar de o Tribunal Constitucional, numa decisão muito controvertida (como atestam as diversas Declarações de Voto) não se ter pronunciado pela inconstitucionalidade do diploma, com fundamento na violação do princípio da separação de poderes. Sobre este Acórdão, cf., criticamente, Gomes CANOTILHO, «Anotação ao Acórdão do Tribunal Constitucional n.º 1/97 – Processo n.º 845/96», in: *Revista de Legislação e de Jurisprudência*, n.os 3875/3876, ano 130.º, junho/julho 1997, pp. 80 e ss., que se refere, a este propósito, a um «desvio de forma»; J. Reis NOVAIS, *Separação...*, cit., *passim*.

[7] Assim, Gomes CANOTILHO, *Direito...*, cit., p. 505, n. 17. Parece ir neste sentido também o Acórdão n.º 26/85, de 15 de fevereiro, in: *Acórdãos do Tribunal Constitucional*, vol. 5.º, 1985, p. 18.
Defendendo a ilegitimidade de um recorte de conceito material de lei e, nessa medida, recusando qualquer tese substancialista (nomeadamente que passe por associar à lei, como sua característica material autónoma, uma dimensão política), cf. Maria Lúcia AMARAL, *Responsabilidade do Estado e Dever de Indemnizar do Legislador*, Coimbra Editora, Coimbra, 1998, pp. 229 e ss..

[8] Cf., porém, Acórdão n.º 80/86, de 11 de março, in: *Acórdãos do Tribunal Constitucional*, vol. 7.º, I, p. 83.

estabelecimento de ensino superior privado (cf. artigos 33.º e seguintes, do RJIES) corresponde a um ato administrativo praticado sob a forma de decreto-lei, o mesmo sucedendo quanto a um decreto-lei que extingue uma concessão (cf., *v. g.*, Decreto-Lei n.º 173/84, de 24 de maio)[9].

A categoria ora em análise, para além de se encontrar inscrita na legislação ordinária (cf. artigo 52.º do CPTA), tem assento constitucional no n.º 4 do artigo 268.º da CRP, que consagra a possibilidade de impugnação de quaisquer atos administrativos *independentemente da sua forma*[10]. Trata-se de um ponto de relevância extrema, cuja finalidade consiste em acentuar a suscetibilidade de serem submetidos à apreciação jurisdicional (mais concretamente, à Justiça Administrativa), *enquanto atos administrativos*, aquelas atuações que, do ponto de vista material, efetivamente revistam a natureza de atos administrativos, embora, numa perspetiva formal, possam estar integrados num diploma de caráter legal (ou regulamentar).

Não pode, todavia, deixar de ser acentuado que os atos administrativos contidos em diploma legal, além da sujeição à Justiça Administrativa (na medida apontada), constituem objeto de fiscalização da constitucionalidade, desde que se possam considerar incluídos dentro do «conceito funcional» (que não material) de *norma* forjado pela jurisprudência constitucional. A Justiça Administrativa analisará da validade do ato administrativo, com abstração da sua forma, enquanto a fiscalização da constitucionalidade incidirá sobre o preceito legislativo, com independência do seu conteúdo materialmente administrativo[11]. E contra esta posição, acrescenta significativamente o Tribunal Constitucional, "não se objecte que, incorporando-se actos administrativos em tais preceitos legislativos concretos, contra eles já

[9] Sobre a complexa questão de facto subjacente a este diploma, *v.* Acórdãos do STA, de 31.05.2000, P. 027375; cf. também Acórdãos do STA, de 02.07.2003, P. 025749, e 14.07.2008, Rec. 29319-12.

[10] Trata-se de ponto nem sempre isento de controvérsia – entendendo que um ato administrativo contido em diploma legal não se deveria encontrar sujeito ao contencioso administrativo, cf., *v. g.*, Marcello Caetano, *Manual...*, vol. II, cit., pp. 1341 e s., e Afonso Queiró, «Anotação ao Acórdão do Supremo Tribunal Administrativo de 22 de Maio de 1980», cit., p. 96.

[11] Assim, Gomes Canotilho/Vital Moreira, *Constituição...*, vol. II, p. 832, anotação XXIV ao artigo 268.º. *V.* também F. Alves Correia, *Justiça Constitucional*, 2.ª ed., Almedina, Coimbra, 2019, p. 217.

está aberta a garantia (...) do recurso contencioso. É que (...) os dois tipos de meios processuais em causa (...) situam-se em planos diferentes (um visa a «norma», o outro o «acto»), divergem quanto aos seus pressupostos de admissibilidade (*v. g.*, em matéria de legitimidade) e não só não têm de excluir-se mutuamente, como podem mesmo ter necessariamente de combinar-se (recurso para o Tribunal Constitucional, em controlo concreto, da decisão que julgou ilegal-inconstitucional, em impugnação contenciosa administrativa, um acto administrativo em forma de lei)"[12].

Aliás, a solução de, a par da sujeição ao contencioso administrativo, não furtar estas "leis" em sentido formal ao controlo da constitucionalidade revela-se a mais idónea, sobretudo se atentarmos que, de outra forma, se tornava possível que as mesmas não fossem afastadas da ordem jurídica, uma vez que o regime regra de invalidade do ato administrativo aponta para a anulabilidade [desde que não esteja em causa um ato ofensivo do conteúdo essencial de um direito fundamental, que padece de nulidade, nos termos da alínea *d)* do n.º 2 do artigo 161.º do CPA], ao contrário da sanção da inconstitucionalidade (de normas) que é, segundo aponta a maioria da doutrina, a da nulidade[13].

1.3.2. Exclusão de outros atos públicos

Por não corresponderem ao exercício de poderes de Direito Administrativo encontram-se afastados da noção de ato administrativo outros atos da Administração que, contudo, revestem as demais notas integradoras da *intensio* do conceito.

Assim acontece, desde logo, com os atos emitidos *no exercício de poderes de direito internacional*, onde se destaca a atividade dos órgãos diplomáticos e consulares, *maxime*, no que concerne à execução da política externa [cf., *v. g.*, artigo 8.º, n.º 2, alínea *a)*, do *Regulamento Consular*, aprovado pelo Decreto-Lei n.º 71/2009, de 31 de março[14]].

Também os atos praticados *no âmbito da hierarquia militar* não consubstanciam atos administrativos. Contudo, tal não significa que inexistam atos administrativos praticados por órgãos militares – cf., *v. g.*, arti-

[12] Acórdão n.º 157/88, de 7 de Julho, cit., p. 119. Colocando já a questão *v.* Parecer n.º 13/82, in: *Pareceres*, vol. 19.º, pp. 158 e ss.

[13] Argumentando também neste sentido e salientando a importância prática do problema, *v.* Maria Lúcia Amaral, *Responsabilidade...*, cit., pp. 300 e ss. (esp.te n. 215).

[14] Alterado pelos Decretos-Leis n.os 47/2013, de 5 de abril, e 14/2018, de 28 de fevereiro.

gos 107.º e seguintes do *Estatuto dos Militares das Forças Armadas*[15], que se reportam às garantias administrativas contra a prática de atos administrativos ilegais praticados por órgãos militares; considere-se, por exemplo, o ato de indeferimento de uma licença por falecimento de familiar ou de uma licença de casamento; ou, noutro plano, o ato de homologação da lista de ordenação para promoção por escolha ao posto de capitão de mar-e-guerra, elaborada pelo Conselho de Classes de Oficiais da Armada[16]; ou ainda a aplicação de sanções disciplinares previstas no *Regulamento de Disciplina Militar*[17].

Igualmente se excluem do conceito de ato administrativo, por não implicarem sequer o exercício de poderes de direito público, os atos de "autoridade" da Administração que correspondem ao exercício de *direitos potestativos privados*: eis o que acontece quando uma entidade pública é proprietária de um prédio arrendado e, na qualidade de senhorio, exerce o direito à resolução do contrato de arrendamento, nos termos do artigo 1083.º do Código Civil.

1.4. Regulação jurídica de uma situação: conteúdo regulatório

O ato administrativo possui um conteúdo de *regulação* (*Regelungsgehalt*, *Regelungsinhalt*) de uma situação jurídica, pelo que a sua prática implica uma alteração no ordenamento jurídico[18]. Neste sentido, o ato assume-se como um momento de definição (autoritária) do direito aplicável à situação. Esta nota permite uma correta diferenciação entre as hipóteses em que a Administração se encontra investida de uma *competência pública de decisão* (e, por conseguinte, a afetação da situação jurídica

[15] Aprovado pelo Decreto-Lei n.º 90/2015, de 29 de maio, alterado pela Lei n.º 10/2018, de 02 de março.

[16] Cf. Acórdão do STA, de 29.04.2009, P. 1075/08.

[17] Cf. Acórdão do STA, de 06.03.2008, P. 960/07.

[18] Trata-se de uma ideia enfatizada pela doutrina alemã a partir da referência expressa constante do §35 da *Verwaltungsverfahrensgesetz*, que define justamente como ato administrativo a medida destinada a regular um caso concreto. Cf. Stelkens/Bonk/Sachs, *Verwaltungsverfahrensgesetz*, cit., §35, n.ºs de margem 76 e ss.; Erichsen, «Das Verwaltungshandeln», in: Erichsen/Ehlers, *Allgemeines Verwaltungsrecht*, 12.ª ed., De Gruyter, Berlin, 2002, pp. 283 e ss.; Ruffert, «Verwaltungsakt», cit., pp. 680 e ss.; Ipsen, *Allgemeines Verwaltungsrecht*, cit., pp. 89 e ss.; Wallerath, *Allgemeines Verwaltungsrecht*, cit., pp. 276 e ss.. Com um olhar diferente, cf. Bumke, «Verwaltungsakt», cit., pp. 1056 e s., 1062 e s.. Cf. ainda Wolff/Bachof/Stober/Kluth, *Verwaltungsrecht*, vol. I, cit., pp. 528 e ss..

decorre do ato administrativo, ainda que este seja estritamente vinculado) e os casos em que aquela se encontra adstrita ao *cumprimento de uma obrigação* – direta ou indiretamente – *decorrente de uma norma de Direito Administrativo* (altura em que a modificação do ordenamento jurídico decorre da norma, e não da eventualmente necessária atuação da Administração destinada a concretizá-la). Por conseguinte, é esta ideia de *regulação* que vai permitir a distinção entre atos administrativos declarativos e atos meramente declarativos da Administração (cf. *infra*).

A alusão à natureza reguladora do ato administrativo viabiliza igualmente apartar da noção de ato administrativo o designado *ato confirmativo*. Caracterizando-se este último por se limitar a *repetir* o conteúdo de um ato administrativo anterior, facilmente se compreende que a definição da situação jurídica decorre da primeira e não da segunda atuação da Administração.

O conteúdo regulatório consiste no «elemento substancial»[19] do ato administrativo, *i. e.*, nas cláusulas que definem a regulação jurídica da situação a que o ato se reporta; é a partir do conteúdo do ato administrativo que se percepcionam as alterações que aquele introduz no ordenamento. No interior do conteúdo, torna-se possível diferenciar entre *conteúdo principal* e *conteúdo acessório*.

O conteúdo principal do ato respeita aos efeitos jurídicos que este produz *tipicamente*. A regulação das situações jurídicas individuais e concretas em que se consubstancia o ato administrativo encontra-se, em regra, delineada, em traços mais ou menos largos, pelo legislador ordinário. Por exemplo, a licença de construção tem por efeito habilitar o destinatário a efetuar uma obra de construção num prédio; a declaração de impacte ambiental favorável dirige-se a viabilizar a execução de um projeto suscetível de produzir efeitos significativos no ambiente; a afetação de uma coisa destina-se a integrá-la no domínio público.

Os atos administrativos gozam, pois, da característica da *tipicidade*: os *tipos* de atos administrativos são aqueles que se encontram previstos pelo ordenamento jurídico, que, por conseguinte, fixa os respetivos efeitos em função do interesse público que se destinam a prosseguir. Trata-se de uma consequência quer do princípio da legalidade da Administração, quer (em especial no que concerne aos atos favoráveis) dos princípios da

[19] SANDULLI, *Diritto...*, vol. 1, cit., p. 682.

imparcialidade e da boa administração. Atente-se na distância que separa os atos administrativos dos negócios jurídicos privados dos particulares, já que estes, ao abrigo do princípio da autonomia da vontade (e com singular expressão nos negócios jurídicos bilaterais e, dentro destes, nos contratos obrigacionais), não se encontram limitados, nem relativamente à configuração de um tipo de negócio a celebrar, nem quanto às cláusulas a incluir neste último, como expressamente decorre do artigo 405.º do Código Civil[20].

Esta tipicidade encontra uma tradução no próprio *nomen iuris* do ato administrativo: alude-se, a este propósito, a uma *nominatividade* do ato. Quer dizer, a cada interesse público (ou conjunto de interesses públicos) corresponde um tipo de ato administrativo, cujo nome identifica já um conteúdo típico[21]. Assim, *v. g.*, quando se alude a uma concessão, pretende-se reportar ao ato administrativo cujos efeitos se reconduzem em, a partir de uma posição jurídica da Administração, transferir ou criar *ex novo* na esfera de um particular um direito que até então não existia.

A regulação jurídica instituída pelo ato administrativo nem sempre se compadece com o conteúdo típico previsto, carecendo antes de uma maleabilidade que permita um maior afeiçoamento ao caso concreto, bem como à evolução dos interesses públicos e privados em presença – daí a necessidade de, em certas hipóteses, o conteúdo principal ser complementado pelo conteúdo acessório.

O conteúdo acessório resulta da aposição ao ato de *cláusulas acessórias*, *i.e.*, de disposições inseridas no ato administrativo destinadas a moldar os efeitos jurídicos a que este tendia de acordo com a sua tipificação legal, com o objetivo de permitir uma maior plasticidade na regulação instituída pelo ato e a respetiva adequação, em simultâneo, às exigências do caso concreto e à satisfação do interesse público[22]. Esta noção ampla de cláusulas acessórias deixa entrever a diversidade de efeitos que as mesmas produzem, podendo contender com a eficácia do ato administrativo a que são apostas ou alterar aspetos da relação entre a Administração e o

[20] Cf., *v. g.*, Carlos da Mota Pinto, *Teoria...*, cit., pp. 104 e s., 117.

[21] Cf. Sandulli, *Manuale...*, vol. 1, cit., pp. 616 e s., cuja conceção (que parte da dicotomia *tipicità* e *nominatività* dos atos administrativos) seguimos de perto.

[22] Trata-se de uma noção próxima da proposta por Filipa Calvão, *Cláusulas Acessórias em Direito Administrativo (Da Sua Aposição aos Actos Administrativos e Contratos Administrativos sobre o Exercício de Poderes Públicos)*, polic., Coimbra, 2008, pp. 39 e s..

destinatário do ato, sem, em qualquer dos casos, comprometer o equilíbrio resultante da tipicidade dos efeitos do conteúdo principal (cf. artigo 149.º do CPA)[23].

Das cláusulas acessórias distinguem-se as cláusulas que auxiliam na determinação conteúdo principal do ato – o que a doutrina alemã designa como *Inhaltsbestimmungen*[24] e Rogério Soares denomina *cláusulas particulares*[25] –, e que, como tal, integram ainda o conteúdo principal e não o conteúdo acessório. Considere-se, por exemplo, uma concessão («licença», na terminologia legal) de uso privativo de um bem do domínio público: as cláusulas que estabelecem a obrigatoriedade do pagamento da taxa ou que vinculam o destinatário ao tipo de materiais a utilizar em construções sobre a parcela dominial concedida não constituem cláusulas acessórias (modos, designadamente), mas, pelo contrário, integram o conteúdo principal, em cujo desenho auxiliam.

1.5. Disciplina de um caso concreto e individual

A referência à nota da regulação de *uma situação individual e concreta*, embora pressuponha que, em princípio, o ato administrativo tenha um destinatário, não o exige: a par dos *atos administrativos transitivos* (precisamente, aqueles que têm um destinatário), existem atos administrativos que, incidindo sobre uma situação individual e concreta, não têm um destinatário – estamos diante dos designados *atos administrativos intransitivos*, entre os quais se incluem, *v. g.*, a afetação/desafetação de um bem como domínio público (cf. artigos 16.º e 17.º do RJPIP).

A alusão à natureza *individual* e *concreta* implica também o afastamento do ato administrativo relativamente a outra forma de ação autoritária: o regulamento. A caracterização do regulamento como norma (ato normativo) – dirigida a um número indeterminado ou indeterminável de sujeitos para disciplinar um número indeterminado ou indeterminável de situações – distingue-o do ato administrativo, tendo em vista, desde logo, a sua predisposição de permanência e de «decisão sobre futuras decisões»[26].

[23] Cf. também Rogério Soares, *Direito...*, cit., p. 287.

[24] Ipsen, *Allgemeines Verwaltungsrecht*, cit., p. 137.

[25] Rogério Soares, *Direito...*, cit., p. 283.

[26] Vieira de Andrade, «O Ordenamento...», cit., p. 60; Ferreira de Almeida, «Regulamento Administrativo», cit., p. 195, que, na senda de Forsthoff, se refere à pretensão imanente de duração inerente ao regulamento.

1.6. Relação jurídica externa

O ato administrativo dirige-se a regular as relações que a Administração estabelece com os particulares ou que ocorrem entre sujeitos administrativos diferentes. Embora aparentemente simples, a diferença entre *direito externo* e *direito interno* (que se encontra subjacente a esta dimensão do conceito de ato administrativo) revela-se problemática em qualquer dos sentidos.

Por um lado, e quanto às relações entre Administração e particulares, a identificação das situações em que determinada atuação administrativa goza de efeitos externos pode ser dificultada pelo facto de os atos internos afetarem igualmente a esfera dos cidadãos: pense-se, *v. g.*, numa ordem dada pelo superior hierárquico ao subalterno, no sentido de este decidir de certo modo um caso concreto. Atente-se, porém, em que, nesta hipótese, o ato em causa (a ordem) só *indiretamente* atinge a esfera jurídica do destinatário do ato; apenas a decisão do caso concreto vai produzir efeitos *diretamente* para o particular. Não é por acaso que o §35 da *Verwaltungsverfahrensgesetz* define o ato administrativo como atuação dirigida à produção *direta* de efeitos jurídicos externos.

Por outro lado, e no que concerne às relações no interior da Administração, importa ter em conta um aspeto adicional. Está ultrapassada qualquer conceção que não reconheça a juridicidade dos atos cuja eficácia se projeta apenas no interior da pessoa coletiva em que é emanada: os atos internos não deixam de consubstanciar atos jurídicos; apenas não constituem atos administrativos.

1.7. Produção de efeitos jurídicos positivos ou negativos

Enquanto forma de atuação jurídica da Administração, o ato administrativo introduz uma alteração no ordenamento jurídico (aplica uma sanção, confere um direito, viabiliza um comportamento, certifica uma situação, escolhe um cocontratante, proíbe uma conduta, resolve um litígio). As dificuldades suscitam-se, porém, quando o ato administrativo produz efeitos negativos, limitando-se a recusar a produção de um efeito pretendido pelo requerente (*indeferimento*) – o que, à primeira vista, pareceria não implicar qualquer modificação da ordem jurídica. Trata-se, porém, de uma conclusão incorreta. Por um lado, estamos diante de casos em que a lei concedeu à Administração o monopólio de uma decisão que condiciona o exercício de uma atividade do particular, decisão essa que, quando proferida em sentido denegatório, traduz uma posição administrativa relativamente à juridicidade e/ou à conveniência do comportamento do particular. Por outro lado, mesmo nestas hipóteses, o ato constitui uma resposta para a tensão, presente no caso concreto, entre os vários interesses públicos e entre estes e os interesses privados, e, nessa medida, define um entendimento (da Administração) quanto ao equilíbrio teleológico manifestado pelo caso concreto, sendo que o sistema não conhecia tal definição antes da prática do ato. Neste sentido, o ordenamento jurídico não fica incólume com a prática de um ato negativo, o qual manifesta, no mínimo, uma exteriorização da posição da Administração relativamente a uma concreta questão. Além disso, a própria situação jurídica do particular sofre uma alteração, visto que, neste momento, e para além de eventuais danos que a paralisação provocada pelo indeferimento possa ocasionar, a viabilidade jurídica do exercício da atividade pretendida depende, no mínimo, da propositura de uma ação de condenação à prática de ato devido.

2. Funções do ato administrativo

O ato administrativo assim caracterizado desempenha um conjunto de relevantes funções no ordenamento jurídico[27], as quais se dirigem a enfatizar certas características do ato e determinados aspetos do respetivo regime jurídico:

a) Função reguladora – O ato administrativo constitui uma decisão pública que *define autoritariamente o direito aplicável a uma dada situação.* Consoante os casos, a prática de um ato administrativo determina que comportamento um cidadão pode exercer (construir, conduzir um veículo automóvel, captar águas), qual o estatuto jurídico de uma coisa (afetação de um bem ao domínio público) ou de uma pessoa (nomeação), que

[27] Trata-se de um aspeto sublinhado pela doutrina alemã desde LÖWER, «Funktion und Begriff des Verwaltungsaktes», in: *Juristische Schulung*, 1980, pp. 805 e ss.. São ainda pensáveis outros modos de organização das funções do ato: cf., *v. g.*, BUMKE, «Verwaltungsakt», cit., pp. 1074 e ss., que destrinça entre funções do ato administrativo relativamente à Administração, ao cidadão e ao ordenamento jurídico.
Entre nós, referindo-se às funções do ato administrativo, cf. Vieira de ANDRADE, «Algumas Reflexões a Propósito da Sobrevivência do Conceito de "Acto Administrativo" no Nosso Tempo», in: *Estudos em Homenagem ao Prof. Doutor Rogério Soares*, Studia Iuridica 61, Boletim da Faculdade de Direito/Coimbra Editora, Coimbra, 2001, p. 1220, e *Lições...*, cit., pp. 165 e s..

sanção (disciplinar ou contraordenacional) é aplicável a uma conduta infratora, etc..

b) Função autovinculativa – O ato administrativo constitui um elemento de autovinculação (*Selbstbindung, autolimite*) da Administração Pública. Com a mobilização do conceito de autovinculação administrativa pretendemos aludir às situações em que a Administração, através de qualquer forma de atuação, cria um conjunto de disposições ou determinações, às quais fica juridicamente adstrita no seu agir futuro, independentemente de o órgão emitente ser ou não destinatário (vinculado) das mesmas ou de os destinatários (diretos) constituírem órgãos da Administração. Alicerçada nos princípios da igualdade, da segurança jurídica e da proteção da confiança, a função autovinculativa repercute-se nas relações no interior da Administração (intra- e intersubjetivas), bem como nas relações entre esta e os cidadãos. Uma das formas de atuação privilegiadas através da qual se verifica uma autovinculação consiste precisamente no ato administrativo: ao definir uma situação jurídica, o ato estabelece uma orientação decisória, permitindo quer a garantia da continuidade da ação administrativa (*kontinuitätswährende Selbstbindung*), quer a limitação da possibilidade de correção de atuações anteriores (*korrektureinschränkende Bindung*)[28]. Esta função autovinculativa apresenta-se mais nítida em certos tipos de atos administrativos, como sucede, por excelência, com os atos prévios ou com as promessas administrativas.

c) Função procedimental – Se o procedimento administrativo consiste no caminho seguido pela Administração para a obtenção de um determinado resultado, o ato administrativo constitui precisamente um dos resultados a que se pode dirigir um procedimento. Neste sentido, o ato administrativo assume-se como o *ato final de um procedimento*, o *resultado unitário* por esta visado e em função do qual foram praticados todos os actos procedimentais.

d) Função tituladora ou executiva – O ato administrativo consiste num *título* que, independentemente de qualquer outra atuação, habilita a respetiva execução pelos tribunais ou pelos meios próprios da Administração.

[28] Cf. Burmeister, «Selbstbindungen der Verwaltung», in: *Die Öffentliche Verwaltung*, n.os 13/14, ano 34, Julho 1981, pp. 508 e s.; Blanke, *Vertrauensschutz im Deutschen und Europäischen Verwaltungsrecht*, Mohr Siebeck, Tübingen, 2000, p. 116.

e) Função estabilizadora – Quando não padeça de nulidade, o ato administrativo tem uma *capacidade de resistência, consolida-se* no ordenamento jurídico, uma vez ultrapassado um determinado lapso temporal. Tendo como pano de fundo os princípios da segurança jurídica e da proteção da confiança, a estabilização ou consolidação do ato significa que, ainda quando seja inválido (anulável), o ato administrativo vincula a Administração e os particulares, tornando-se inatacável ao fim de um determinado período – afirma-se, então, que o ato administrativo formou *caso decidido*. Tradicionalmente, fazia-se coincidir a consolidação do ato administrativo com a preclusão do prazo de impugnação jurisdicional [fixado em um ano – cf. artigo 58.º, n.º 1, alínea *a)*, do CPTA]; a atual redação do artigo 168.º do CPA admite regimes diferenciados de estabilização, em função dos efeitos produzidos pelo ato (favoráveis ou desfavoráveis), da causa de invalidade e do parâmetro de vinculação ofendido.

f) Função processual ou impugnatória – A qualificação de uma atuação da Administração como ato administrativo vinha permitindo identificar uma *forma processual específica* de reação contra eventuais ilegalidades: primeiro, o recurso contencioso de anulação; com a reforma do contencioso administrativo de 2002, a ação administrativa especial. Atualmente, o processo administrativo encontra-se unificado em torno do conceito de ação administrativa, a qual tem por objeto *todas* as pretensões emergentes de relações jurídicas administrativas, incluindo (evidentemente) também a impugnação dos atos administrativos e a condenação à prática de ato devido (a forma processualmente adequada de reação contra os atos negativos) [cf. artigo 37.º, n.º 1, em especial, alíneas *a)* e *b)*, do CPTA]. Por esse motivo, revela-se mais ajustada a referência a uma função impugnatória, para aludir ao facto de a prática de um ato administrativo viabilizar a abertura, quer das garantias administrativas de reação contra as ilegalidades, quer a garantia (consagrada constitucionalmente) de controlo jurisdicional[29].

3. Tipos de atos administrativos

É muito vasta a *extensio* do conceito de ato administrativo. Por este motivo, e com base em critérios diversificados, torna-se viável a identificação de tipos distintos de atos administrativos. Um dos critérios mais

[29] Assim, Vieira de ANDRADE, *Lições...*, cit., p. 166.

utilizados corresponde à classificação dos atos administrativos em função do respetivo *conteúdo*[30]. Sem abdicar do relevo assumido por este, exploraremos agora outras taxonomias alternativas.

3.1. Decisões e deliberações

A diferenciação entre decisões e deliberações atende ao critério do órgão-autor do ato administrativo.

Assim, constituem *decisões* os atos administrativos praticados por órgãos singulares, consubstanciando *deliberações* os atos administrativos praticados por órgãos colegiais[31]. Entre outras virtualidades, esta destrinça permite chamar a atenção para os especiais problemas que encerra a adoção de atos administrativos por órgãos colegiais: como assinalámos já na matéria atinente ao procedimento administrativo, o momento constitutivo das deliberações pressupõe o cumprimento de trâmites procedimentais específicos (relacionados com a convocação das reuniões, o *quorum*, as maiorias deliberativas, a redação e aprovação da acta) que influem sobre a validade do ato [em algumas hipóteses, até drasticamente –a alínea *h)* do n.º 2 do artigo 161.º do CPA comina com a nulidade as deliberações tomadas tumultuosamente ou com inobservância do *quorum* ou da maioria legalmente exigidos].

Esta distinção não pretende negar o caráter decisório às deliberações: a decisão (a declaração de autoridade) constitui uma nota característica da *intensio* do conceito de ato administrativo, comum quer aos atos de órgãos singulares, quer aos atos de órgãos colegiais. Simplesmente, as decisões (*hoc sensu*, declarações de autoridade que revestem os demais caracteres da noção de ato administrativo) provenientes de órgãos colegiais designam-se como deliberações.

3.2. Atos administrativos simples e atos administrativos complexos

A distinção entre ato administrativo simples e ato administrativo complexo tem subjacentes, em simultâneo, os critérios relativos ao autor do ato e ao número de pronúncias que deste constam[32].

[30] Cf. Rogério Soares, *Direito...*, cit., pp. 101 e ss.; Vieira de Andrade, *Lições...*, cit., pp. 176 e ss.

[31] Rogério Soares (*Direito...*, cit., p. 167) designa as deliberações como «actos colegiais».

[32] Trata-se de uma classificação corrente na doutrina italiana: cf., *v. g.*, Sandulli, *Il Procedimento...*, cit., pp. 230 e ss., e *Manuale...*, tomo 1, cit., pp. 659 e ss.; Giannini, *Diritto...*, vol.

Um *ato simples* é praticado por um órgão administrativo (singular ou colegial) e constituído por apenas uma pronúncia.

No interior dos atos complexos, torna-se possível identificar:

a) Ato complexo propriamente dito – ato constituído por várias pronúncias *homogéneas* (todas do mesmo tipo) e interdependentes, exprimindo a colaboração de órgãos ou sujeitos diversos. O exemplo típico deste ato reconduz-se ao despacho conjunto, emanado, *v. g.*, pelo Ministro das Finanças e pelo Ministro com atribuições na matéria em causa.

b) Ato composto – ato constituído por uma fusão de pronúncias *heterogéneas*, proferidas por autores diferentes, em que uma delas se assume como *principal* e outra como *servente*. Tradicionalmente, aponta-se como ato composto aquele que, não sendo praticado sob a forma escrita, exige a presença documentante de outro órgão. Um pouco nesta linha, também se poderá considerar como ato composto um ato administrativo ministerial praticado sob a forma de decreto, que está sujeito a promulgação presidencial e a referenda do Primeiro-Ministro [cf. artigos 134.º, alínea *b)*, e 140.º, n.º 1, da CRP]: nesta hipótese, o *autor* do ato identifica-se com o Ministro; a intervenção do Presidente da República e do Primeiro-Ministro – condição de existência do ato – reveste uma natureza meramente auxiliar (exprime uma corresponsabilização política) e formal[33].

c) Ato continuado – ato constituído por várias pronúncias, provenientes do mesmo autor, faseadas no tempo. O direito italiano oferece um exemplo especialmente interessante: a lei prevê que o ato de dispersão de reuniões em lugar público ou aberto ao público pressupõe a emissão de três intimações distintas, pelo que somente a terceira pronúncia, em conjugação com as duas anteriores, implica o surgimento, na esfera jurídica dos particulares, do dever de dispersar[34].

Em qualquer destas hipóteses, os atos complexos não se confundem com os atos contextuais, porquanto o critério que permite a autonomização destes reveste natureza formal. Quando, num mesmo documento ou

II, cit., p. 546; Caringella/Delpino/Giudice, *Diritto...*, cit., p. 403. *V.*, entre nós, Rogério Soares, *Direito...*, cit., pp. 162 e ss..

[33] Freitas do Amaral (*Curso...*, vol. II, cit., pp. 254 e s.) elege esta situação como exemplo de ato complexo.

[34] Cf. Sandulli, *Manuale...*, tomo 1, cit., p. 659.

título, estão contidos *vários atos administrativos* (e não apenas um, como sucede no ato composto[35]), estes dizem-se *atos contextuais*: pense-se, *v. g.*, numa pauta onde se encontram lançadas as notas de vários alunos. Os atos contextuais classificam-se como *plurais/múltiplos* ou *simultâneos*, consoante sejam praticados pelo mesmo autor ou provenham de autores diversos, respetivamente. Por consubstanciarem feixes de atos administrativos, estes atos (contextuais) também se apartam do *ato coletivo* (cf. *infra*).

3.3. Atos administrativos singulares, atos administrativos coletivos e atos administrativos gerais

A destrinça agora em análise apela ao critério dos destinatários do ato administrativo.

Os atos *singulares* têm como destinatário somente um sujeito (pessoa singular ou coletiva). Constituem atos singulares quer a nomeação de um funcionário, quer a adjudicação de um contrato a uma sociedade.

Quando delineámos o conceito de ato administrativo, concluímos que uma das respetivas características constitutivas reside na natureza individual: afirmámos, então, que o ato administrativo se dirige a um número determinado ou determinável de destinatários. Concluímos já que os atos *gerais* – enquanto atos que, respeitando uma situação concreta, têm como destinatários um número indeterminável de sujeitos – não constituem, para efeitos da legislação em vigor, atos administrativos, não se assimilando também aos regulamentos administrativos. Todavia, e atenta a respetiva configuração, os atos gerais podem aproximar-se, em termos de regime, dos atos administrativos.

O ato *coletivo* é constituído por uma pronúncia unitária que afeta, em simultâneo, a esfera jurídica de um conjunto de destinatários determinados ou determináveis (*v. g.*, a dissolução de um órgão colegial; a expropriação de um prédio que pertence, em compropriedade, a dois ou mais sujeitos).

[35] Aliás, nada impede que um mesmo documento contenha vários atos compostos: tratar-se-á, então, de atos compostos contextuais.

3.4. Atos administrativos reais e atos administrativos pessoais

Esta distinção[36] relaciona-se com o facto de a regulação jurídica em que o ato administrativo se consubstancia afetar o estado de uma coisa (atos *reais*) ou atingir o comportamento ou a posição jurídica de uma pessoa (atos *pessoais*). Nesta ordem de ideias, a classificação de uma coisa como bem cultural qualifica-se como ato real, enquanto a atribuição de um subsídio por doença se assume como ato pessoal.

Esta distinção não se encontra isenta de algumas dificuldades. Por um lado, sempre se afirmará que todos os atos administrativos afetam a esfera jurídica de (pelo menos) um sujeito: já assinalámos anteriormente, que o ato administrativo se dirige à regulação de uma situação *individual*. Ainda assim, a diferenciação ensaiada mantém o seu sentido, visto que, enquanto os atos pessoais atingem *diretamente* o comportamento ou a posição jurídica de uma pessoa, os atos reais só *indiretamente* afetam a pessoa do destinatário, dirigindo-se, em primeira linha, a qualificar ou a certificar qualidades de coisas[37].

Por outro lado, trata-se de uma classificação que, ao contrário das que vimos apreciando, não permite uma divisão dicotómica entre atos administrativos; quer dizer, encontramos atos que se não podem considerar nem como pessoais, nem como reais: considere-se a atribuição de um subsídio para o desenvolvimento de determinada cultura agrícola num terreno.

Embora próxima, a distinção entre atos reais e atos pessoais não se sobrepõe à destrinça entre atos com valor patrimonial e atos sem valor patrimonial; o máximo que se poderá afirmar é que há atos administrativos reais e atos administrativos não qualificáveis como reais ou pessoais que, a partir do momento da sua prática, passam a integrar (enriquecendo) o património do destinatário. Assim acontece, *v. g.*, com as licenças de emissão de gases com efeito de estufa[38], as quais são transferíveis

[36] Trata-se de uma distinção corrente (embora controvertida) na doutrina alemã, que destrinça precisamente entre *dingliche Verwaltungsakte* e *personliche Verwaltungsakte*. Cf., *v. g.*, Maurer/Waldhoff, *Allgemeines Verwaltungsrecht*, cit., § 9, n.os de margem 56 e s.; Wolff/Bachof/Stober/Kluth, *Verwaltungsrecht*, vol. I, cit., p. 554.

[37] Assim, Wolff/Bachof/Stober/Kluth, *Verwaltungsrecht*, vol. I, cit., p. 554.

[38] Em virtude da patrimonialidade inerente a estes atos, Suzana Tavares da Silva (*Um Novo Direito Administrativo?*, Imprensa da Universidade de Coimbra, Coimbra, 2010, pp. 73 e ss.) recusa-lhes a natureza de atos administrativos.

(comercializáveis), nos termos do artigo 19.º do Decreto-Lei n.º 38/2013, de 15 de março; também os títulos de utilização privativa do domínio público se revelam suscetíveis de transmissões onerosas *inter vivos*, ainda que necessitando, para o efeito da autorização da Administração para esse efeito (cf., por exemplo, artigos 72.º da Lei da Água e 26.º e seguinte do Decreto-Lei n.º 226-A/2007, de 31 de maio, sobre a comercialidade de títulos de utilização de recursos hídricos).

3.5. Atos administrativos carecidos de colaboração, atos administrativos consensuais e atos administrativos precedidos de contratos sobre o exercício de poderes públicos

Esta classificação atende à qualificação do grau de participação ou de interferência dos destinatários ou interessados na decisão.

Embora os atos administrativos se configurem como declarações de autoridade, não se encontra excluída a possibilidade de, durante o procedimento tendente à sua adoção, a intervenção dos particulares assumir uma intensidade que ultrapasse a simples auscultação dos interessados na fase de audiência prévia.

Num primeiro plano, encontramos os designados *atos carecidos de colaboração* (*mitwirkungsbedürftige Verwaltungsakte*), que, sendo típicos da «Administração cooperativa»[39], envolvem quer as atuações que exigem uma participação qualificada dos cidadãos (*v.g.*, que preveem a possibilidade de os particulares, ainda que não diretamente interessados no ato, apresentem sugestões – pense-se, por exemplo, em atos administrativos que toquem interesses como a saúde pública, o ambiente, a qualidade de vida, a proteção do consumo de bens e serviços, o património cultural e o domínio público, cujo regime de participação segue a Lei n.º 83/95, de 31 de agosto), quer os atos carecidos de aceitação. Atente-se, porém, nas consequências diversas que a ausência das diferentes formas de colaboração dos particulares importa para os atos administrativos: a falta de participação importará a invalidade do ato, resultante de um vício de procedimento; a não aceitação do interessado acarreta a ineficácia do ato.

Já os *atos consensuais* correspondem às hipóteses em que a atuação unilateral e autoritária da Administração é precedida pela negociação (em regra, informal) entre esta e os particulares interessados, com o objetivo

[39] RUFFERT, «Verwaltungsakt», cit., p. 694.

de alcançar um equilíbrio entre as pretensões privadas e os interesses públicos; por este motivo, a negociação procedimental que antecede a prática destes atos e as soluções daí advenientes constituem, com frequência, uma alternativa a uma decisão de indeferimento ou de proibição[40]. Pode inclusivamente suceder que o ato contenha cláusulas dirigidas à garantia dos compromissos assumidos pelo particular: assim acontece, *v. g.*, com os compromissos apresentados pelos interessados na realização de uma operação de concentração de empresas, com vista a assegurar a manutenção da concorrência efetiva; a decisão de não oposição da Autoridade da Concorrência pode ser acompanhada da imposição de condições ou obrigações destinadas a garantir o cumprimento dos compromissos assumidos pela empresa com vista a assegurar a manutenção da concorrência efetiva (cf. artigos 51.º, 50.º, n.º 2, e 53.º, n.º 3, do *Regime Jurídico da Concorrência*).

Por último, a participação dos interessados reveste um grau máximo de interferência no conteúdo da pronúncia a emitir, como sucede quando são celebrados contratos sobre o exercício de poderes públicos, *in casu*, contratos através dos quais a Administração se compromete a praticar um ato administrativo futuro e/ou a praticar um ato administrativo com determinado conteúdo: os designados *contratos obrigacionais* (cf. artigo 337.º, n.º 2, do CCP), enquanto promessas bilaterais da prática de atos administrativos[41]. Nestes casos, o objeto do acordo entre o órgão competente para a emissão do ato e o interessado consiste quer na definição do *an* da prática do ato, quer no desenho do respetivo conteúdo. A celebração destes contratos pode ocorrer em momento anterior ao início do procedimento ou no âmbito de um procedimento já em curso (denominando-se estes últimos como contratos endoprocedimentais ou intraprocedimentais)[42]. Se, neste cenário, a vontade do particular é

[40] Sobre o ato administrativo consensual, cf., *v. g.*, Pedro GONÇALVES, «Direito Administrativo da Regulação», cit., p. 561. Este ato consensual é diferente do ato administrativo contratual ou consensual a que se refere Paulo OTERO (*Direito Administrativo – Relatório*, cit., pp. 347 e 370), o qual se identifica com o que designámos como ato administrativo precedido de contrato sobre o exercício de poderes públicos.

[41] *V.* Taborda da GAMA, *Promessas Administrativas*, Coimbra Editora, Coimbra, 2008, pp. 25 e ss..

[42] Cf., *v. g.*, Sérvulo CORREIA, *Legalidade...*, cit., pp. 752 e s.; Pedro GONÇALVES, *O Contrato Administrativo*, Almedina, Coimbra, 2003, p. 78, e *Entidades...*, cit., pp. 686 e ss.; Paulo OTERO, *Legalidade...*, cit., pp. 855 e s.; Filipa CALVÃO, «Contratos sobre o Exercício de Pode-

coconstitutiva da decisão administrativa de praticar um ato ou de o praticar com um certo conteúdo, tal não afeta a autoridade e a unilateralidade características do ato administrativo, visto que a produção do efeito jurídico continua a depender da manifestação (futura e *isolada*) da vontade da Administração. Aliás, se, em *incumprimento* do contrato, o autor não chegar a emitir qualquer ato (ou não o emitir nos termos ajustados), os efeitos a que este se dirigia nunca atingiram (nem atingirão) a esfera jurídica do particular.

3.6. Atos administrativos positivos e atos administrativos negativos

No plano dos efeitos, torna-se possível efetuar uma primeira distinção entre atos administrativos positivos e negativos. Os atos administrativos qualificam-se como *positivos* ou *negativos*, consoante produzam ou não um efeito pretendido pelo requerente. Não se trata, porém, de uma divisão dicotómica absoluta, admitindo-se a existência de atos parcialmente positivos ou parcialmente negativos: assim acontecerá, *v. g.*, quanto a um ato que atribui uma bolsa de estudo em montante inferior ao pretendido pelo requerente, e, em geral, perante pretensões complexas, em relação às quais a Administração decida, apenas numa parte, em sentido coincidente com o requerido pelo particular.

São os atos negativos aqueles que carecem de maior detenção analítica. Tradicionalmente, a doutrina aponta três exemplos típicos de atos negativos: a omissão de um comportamento devido, o silêncio voluntário perante um pedido do particular e o indeferimento expresso de uma pretensão[43]. Como decorre das considerações tecidas a propósito do conceito de ato administrativo, designadamente quanto à nota que apela para a regulação autoritária de uma situação, afastamos do conceito de ato administrativo as meras omissões da Administração, *exceto nos casos em que o legislador lhes atribua efeitos jurídicos* – altura em que as mesmas relevarão como *atos administrativos fictícios* (cf. *infra*). Constituem, pois, atos administrativos negativos os indeferimentos expressos e as omissões da Administração a que a lei confira o valor de um ato administrativo fictício de indeferimento. Apenas nestas hipóteses, se pode afirmar o carácter

res Públicos», in: Pedro Gonçalves (org.), *Estudos de Contratação Pública – I*, Coimbra Editora, Coimbra, 2008, p. 334; Mark Kirkby, *Contratos...*, cit., p. 290.

[43] Assim, Freitas do Amaral, *Curso...*, vol. II, cit., p. 258.

regulador do ato, que introduz na ordem jurídica uma definição na situação em causa.

Uma das questões mais relevantes relacionada com os atos negativos respeita ao modo como estes são tratados pela legislação processual administrativa[44]. Atualmente, e tal como resulta da alínea *b)* do n.º 1 do artigo 67.º do CPTA, a reação contra um indeferimento inválido ocorre no âmbito da *ação de condenação à prática de ato devido* (e não no horizonte da ação de impugnação do ato administrativo de indeferimento). Aliás, o n.º 4 do artigo 51.º do CPTA esclarece que "se contra um ato de indeferimento for deduzido um pedido de estrita anulação, o tribunal convida o autor a substituir a petição, para o efeito de formular o adequado pedido de condenação à prática do ato devido". E compreende-se com facilidade a *ratio* inerente à opção legislativa: perante a invalidade de um indeferimento, a posição jurídica do sujeito afetado por este ato não ficaria integralmente satisfeita com uma decisão judicial que anulasse ou declarasse nulo o ato administrativo; na verdade, quem ataca um ato negativo pretenderá, em regra, que a Administração venha a emitir o (*contrarius actus*) de deferimento da pretensão em causa. Daí que o n.º 2 do artigo 66.º do CPTA explicite que, mesmo nas situações em que a prática do ato devido foi expressamente recusada (*i. e.*, nos casos em que existe um ato de indeferimento expresso), o objeto do processo consiste na pretensão do interessado, e não no ato cuja eliminação da ordem jurídica resulta diretamente da sentença condenatória. Trata-se de uma solução que possui reflexos cruciais quando o indeferimento se encontra atingido *apenas* por vícios *formais*, e, por conseguinte, da apreciação da pretensão do autor decorre que este não tem materialmente direito à prática do ato administrativo – nestas hipóteses, o tribunal proferirá uma decisão de absolvição do réu do pedido, o que torna, ao cabo e ao resto, irrelevantes as invalidades formais dos atos negativos[45].

[44] E que leva alguma doutrina a negar-lhes a natureza de atos administrativos – cf., neste sentido (do qual nos apartamos), Sérvulo Correia, «O Incumprimento do Dever de Decidir», in: *Cadernos de Justiça Administrativa*, n.º 54, novembro/dezembro 2005, pp. 23 e ss., concebendo os atos negativos (não como atos administrativos, mas antes) como meros pressupostos processuais da ação condenatória.

[45] Uma solução paralela se seguirá quanto aos atos parcialmente negativos, apenas com uma precisão: tendo em conta a dimensão (parcialmente) positiva dos efeitos do ato, o pedido condenatório deverá cumular-se com o pedido de impugnatório. O CPTA chega, aliás, a prever esta cumulação de pedidos, quando, na pendência de uma ação de condenação à

3.7. Atos administrativos constitutivos e atos administrativos declarativos

A distinção entre atos administrativos constitutivos e atos administrativos declarativos reporta-se igualmente aos efeitos por estes produzidos[46]: enquanto os atos *constitutivos* se destinam a alterar *diretamente* uma situação jurídica (quer prescrevendo um comando ou estabelecendo uma proibição, quer constituindo, modificando ou extinguindo uma relação jurídica)[47], os atos *declarativos* dirigem-se a *certificar* ou *constatar* uma situação jurídica. Assim, *v. g.*, consubstanciam atos administrativos constitutivos a proibição de realização de uma manifestação, a licença para o exercício de uma atividade privada ou a atribuição da nacionalidade portuguesa por naturalização (cf. artigos 6.º e seguinte da *Lei da Nacionalidade*, e artigos 18.º e seguintes do *Regulamento da Nacionalidade Portuguesa*); já se assumem como atos administrativos declarativos os atos notariais ou registais [enquanto se destinam a conferir certeza ou fé pública a atos jurídicos que constituem, modificam ou extinguem relações jurídicas (privadas)][48] ou os atos tributários de liquidação (que exprimem a verificação – constitutiva – da existência da obrigação fiscal)[49].

A dificuldade consiste em destrinçar um ato administrativo declarativo de um *ato meramente declarativo da Administração*. A admissibilidade da figura do ato administrativo declarativo implica a presença de uma decisão de autoridade que regule diretamente o caso concreto, com efeitos

prática de ato devido, seja proferido um ato administrativo que não satisfaça integralmente a pretensão do interessado (cf. artigo 70.º, n.º 3); trata-se apenas de recuperar a teleologia desta norma para o momento inicial do processo.

[46] WOLFF/BACHOF/STOBER/KLUTH (*Verwaltungsrecht*, vol. I, cit., pp. 546 e ss.) enquadram a diferenciação entre atos constitutivos (*Gestaltende Verwaltungsakte*) e atos declarativos (*feststellende Verwaltungsakte*) na classificação segundo o conteúdo. Ambos critérios conjugados (conteúdo e efeitos) afiguram-se pertinentes para justificar a distinção.

[47] Neste sentido, a doutrina alemã autonomiza, dentro dos atos constitutivos, os *gestaltende Verwaltungsakte* em sentido amplo (WOLFF/BACHOF/STOBER/KLUTH, *Verwaltungsrecht*, vol. I, cit., p. 549) – também designados como *befehlende Verwaltungsakte* (cf. MAURER/WALDHOFF, *Allgemeines Verwaltungsrecht*, cit., § 9, n.º de margem 44) – e os *gestaltende Verwaltungsakte* em sentido estrito, respetivamente.

[48] Cf. M. Esteves de OLIVEIRA, «A Publicidade, o Notariado e o Registo *Público* de Direitos *Privados*», in: *Estudos em Homenagem ao Prof. Doutor Rogério Soares*, Studia Iuridica – 61, Boletim da Faculdade de Direito/Coimbra Editora, Coimbra, 2001, pp. 520 e ss..

[49] Assim, M. Esteves de OLIVEIRA/Pedro GONÇALVES/Pacheco de AMORIM, *Código...*, cit., p. 554.

externos, configurando, em termos constitutivos, uma relação jurídica externa, pelo menos enquanto fator de certeza jurídica ou enquanto lhe estiver associado um efeito de direito que crie, modifique ou extinga relações jurídicas administrativas individuais e concretas[50]. Por outro lado, e agora na perspetiva das funções cometidas aos atos administrativos, tais pronúncias, para configurarem atos administrativos, hão de definir uma situação jurídica, conformando-a em termos imperativos (funções reguladora/definitória e tituladora) – no caso dos atos administrativos declarativos, isso impede uma qualificação diversa da situação objeto desse ato (*efeito preclusivo*)[51] e produz um *efeito «reforçativo»* ou de *incontrovertibilidade*[52]. Neste âmbito, está em causa, de forma decisiva, a questão de saber se ao órgão administrativo competente cabe, pelo menos, a «força ou poder constitutivo» da decisão (o «vir a ser» – *venire in essere* – do efeito jurídico), hipótese em que nos deparamos com um ato administrativo declarativo, apenas se encontrando subtraída ao decisor a «força ou poder determinante» do conteúdo, *i. e.*, o "poder de determinar de modo imodificável o conteúdo do ato destinado a operar no mundo externo"[53]. Ainda que a atividade da Administração se limite a conferir uma determinada situação de facto (conteúdo declarativo), para a respetiva qualificação jurídica como ato administrativo afigura-se determinante a indispensabilidade do ato para a disciplina dos interesses se tornar juridicamente vinculante[54]. É neste sentido que se pode considerar que teremos um ato administrativo se à declaração da Administração se associar uma modificação inovadora da ordem jurídica – nesta hipótese, a situação jurídica não se encontra totalmente definida pela lei, mas, pelo contrário, a sua definição depende *também* do ato da entidade administrativa[55].

[50] Cf. Vieira de Andrade, «Algumas Reflexões... », cit., p. 1215, e M. Esteves de Oliveira/ Pedro Gonçalves/Pacheco de Amorim (*Código...*, cit., pp. 553 e s.), respetivamente.

[51] Assim também Giannini, «Accertamento», in: *Enciclopedia del Diritto*, vol. I, Giuffrè Editore, Milano, 1958, pp. 222 e s., e 225, e *Diritto...*, vol. II, cit., p. 537; Tonoletti, *L'Accertamento Amministrativo*, Cedam, Padova, 2001, pp. 246 e ss..

[52] Cf. Tonoletti, *L'Accertamento...*, cit., p. 242.

[53] Sandulli, «In Tema di Provvedimenti Ministeriale su Delibera del Consiglio dei Ministri» e «Appunti per un Studio sui Piani Regolatori», *apud* Scoca, «La Teoria del Provvedimento dalla sua Formulazione alla Legge sul Procedimento», in: *Diritto Amministrativo*, 1995, p. 33, n. 76.

[54] Scoca, «La Teoria...», cit., p. 34; Tonoletti, *L'Accertamento...*, cit., pp. 216 e ss..

[55] Cf. M. Aroso de Almeida, *Anulação de Actos Administrativos e Relações Jurídicas Emergentes*, Almedina, Coimbra, 2002, p. 102 [repare-se, porém, que não seguimos na íntegra a posi-

Pelo contrário, um *ato meramente declarativo* esgota-se na verificação ou declaração da existência (ou inexistência) de um facto (uma qualidade ou uma situação jurídica), à qual confere uma certeza pública – certeza essa tributária de uma especial consistência por provir de uma entidade administrativa[56] – e que, por esse motivo, *não* constitui um ato administrativo. Enquadram-se nesta categoria os atos de natureza certificativa ou recognitiva, que se caracterizam por se limitarem a verificar factos ou avaliar situações, correspondendo a manifestações de ciência com relevância jurídica. Estão aqui em causa, por exemplo, os relatórios de vistorias ou perícias realizadas durante a fase instrutória do procedimento ou no contexto da atividade administrativa de inspeção; as certidões de atos públicos (*v. g.*, certidão da titularidade de um grau académico – cf. artigo 49.º do Decreto-Lei n.º 74/2006, de 24 de março[57]); os autos de ocorrência (cf., *v. g.* artigo 4.º, n.º 1, da Lei n.º 30/2000, de 29 de novembro[58], relativo à elaboração de auto que descreve a atuação das autoridades policiais em operações de identificação e revista de consumidores de estupefacientes e substâncias psicotrópicas, e apreensão de plantas, substâncias ou preparações encontradas na posse daqueles; *v.* também, na mesma matéria, o artigo 9.º, n.º 1, do Decreto-Lei n.º 130-A/2001, de 23 de abril[59], relacionado com o auto de ocorrência a elaborar pela autoridade policial que tome conhecimento da prática de contraordenação por determinados consumidores das citadas substâncias).

Claro que, em termos *existenciais*, todo o ato produtor de efeitos jurídicos (numa palavra, todo o ato jurídico) tem um *quid* inovador, acrescenta algo ao ordenamento jurídico, sob pena de se tratar de um facto juridicamente irrelevante; todavia – e aqui reside o «paradoxo da eficácia

ção deste Autor, quando admite que se fale de um ato administrativo (em sentido amplo), mesmo quando a situação se encontra definida pela lei, sem necessidade de qualquer intervenção administrativa – cf. *Op.* cit., p. 105]. Neste sentido, M. Esteves de Oliveira/Pedro Gonçalves/Pacheco de Amorim (*Código...*, cit., p. 554, comentário VIII ao artigo 120.º) entendem que "nos actos [meramente] declarativos, não há nem decisão nem inovação jurídica: declaram o que existe (ou não existe) já. Nessa perspectiva, não são actos administrativos, que o seu conteúdo não cria, não modifica ou extingue o que quer que seja".

[56] Cf. M. Esteves de Oliveira/Pedro Gonçalves/Pacheco de Amorim, *Código...*, cit., p. 554.

[57] Alterado, por último, e republicado em anexo ao Decreto-Lei n.º 65/2018, de 16 de agosto.

[58] Alterado pelo Decreto-Lei n.º 114/2011, de 30 de novembro.

[59] Alterado pelo Decreto-Lei n.º 114/2011, de 30 de novembro.

declarativa»[60] –, esse *quid novum* adicionado pelo ato meramente declarativo não se reconduz à constituição, a modificação ou a extinção de uma relação jurídica administrativa, faltando-lhe a nota da *regulação de um caso concreto e individual* que caracteriza o ato administrativo e lhe confere a função reguladora. É que o ato meramente declarativo possui um carácter recognitivo de uma situação jurídica que não constituiu, modifica ou extingue, mas já decorre da lei[61].

3.8. Atos administrativos de eficácia instantânea e atos administrativos de eficácia duradoura ou continuada

Por referência à duração ou aos efeitos temporais, distinguem-se os *atos de eficácia instantânea* – os atos que esgotam a sua operatividade no momento em que se tornam eficazes (por exemplo, a declaração da utilidade pública de um prédio para efeitos de expropriação, a revogação e a anulação administrativas, os atos negativos, os atos administrativos declarativos) e os *atos de eficácia duradoura ou continuada* – os atos que fundam relações jurídicas administrativas cujos efeitos se vão prolongar no tempo (*v. g.*, a concessão-«licença» de uso privativo de um bem do domínio público, a autorização de laboração de uma empresa, a licença para a abertura de uma farmácia).

Embora assente em bases objetivas, a correta qualificação da eficácia de um ato administrativo afigura-se, por vezes, complexa: eis o que sucede com os atos administrativos que determinam a produção instantânea de um certo efeito (criação imediata de um *status* ou de uma qualquer posição jurídica vantajosa), embora originem uma relação jurídica duradoura – *v. g.*, a inscrição de um advogado na respetiva Ordem. De qualquer modo, parece que, enquanto se puder afirmar que o exercício de uma certa atividade é legítimo por estar fundado num ato administrativo, a eficácia deste se mantém.

Por vezes, e, a nosso ver, de forma algo equívoca, a dicotomia agora apresentada surge, na doutrina, configurada como a destrinça entre atos de *execução* instantânea[62] e atos de *execução* continuada[63]. A referência ao

[60] Alberto Xavier, *Conceito e Natureza do Acto Tributário*, Almedina, Coimbra, 1972, p. 406.

[61] Gotti, *Gli Atti Amministrativi Dichiarativi*, Giuffrè Editore, Milano, 1996, p. 72.

[62] Criticando, igualmente, o artificialismo subjacente ao conceito de ato de execução instantânea, cf. Rogério Soares, *Direito...*, cit., pp. 195 e s..

[63] *V.*, por exemplo, Freitas do Amaral, *Curso...*, vol. II, cit., pp. 257 e s..

carácter instantâneo ou continuado da execução parece induzir que certos atos se executam imediatamente, bastando-se com a respetiva prática, enquanto outros carecem de uma atividade de execução prolongada no tempo; ora, como decorre das considerações tecidas, não é este o critério que se encontra subjacente à distinção proposta. Repare-se que não só existem atos de efeitos instantâneos que carecem de execução (pense-se, *v. g.*, num ato de liquidação ou numa ordem de demolição), como também os atos de efeitos continuados se podem revelar atos inexequíveis (*i. e.*, insuscetíveis de basear uma execução): assim sucede, *v. g.*, com a maioria dos atos permissivos; pense-se, por exemplo, numa licença para o exercício de uma determinada atividade, a qual, não impondo qualquer dever ao particular, não determina o surgimento de uma situação de incumprimento, e, como tal, não desencadeará qualquer problema de execução. Como sublinha o TCAN[64], não existe uma coincidência entre o conceito de «execução do acto» e a adoção de comportamentos pelos particulares ao abrigo de um ato administrativo.

A distinção agora proposta assume um relevo prático em matéria de revogação, pois que, em regra, o uso dos poderes revogatórios fica circunscrito aos atos que têm uma eficácia duradoura, enquanto eficazes, e aos atos de eficácia instantânea, enquanto não sejam executados.

3.9. Atos administrativos prévios e atos administrativos parciais

O tratamento dogmático dos atos administrativos prévios e dos atos administrativos parciais deve-se à elaboração da doutrina alemã, que inclui ambas as categorias no conceito mais amplo de *pré-decisões*

[64] Cf. Acórdão de 01.04.2011, P. 01910/09.BEPRT-A-B: relativamente ao ato de licenciamento de uma construção, o Tribunal afirma, de forma explícita, que se excluem do conceito de execução (*in casu*, para efeitos do n.º 2 do artigo 128.º do CPTA), "os actos de execução que se traduzem na prática de actos de natureza jurídica privada, na realização de interesses particulares, como a construção de um edifício no exercício do um direito privado de propriedade", acrescentando que "o licenciamento define que o projecto apresentado cumpre os ditames legais e estabelece, desse modo, em termos autoritários e inovatórios, os parâmetros legais do direito a construir", pelo que "a construção do edifício levado a cabo [pelo particular] representa o exercício do seu direito de propriedade". *V.* também Pedro Gonçalves/Bernardo Azevedo, «Impugnabilidade dos Actos Praticados ao Abrigo do Artigo 128.º, N.º 2, do CPTA e a Inconstitucionalidade da Norma Habilitante», in: *Cadernos de Justiça Administrativa*, n.º 90, novembro/dezembro 2011, p. 4.

(*Vorbescheide*)[65], aludindo às mesmas no contexto dos atos permissivos, ou das «decisões sequenciais» (*sequentielle Entscheidungen*)[66]. Estamos diante de atos que traduzem uma nova configuração do exercício do *agere* administrativo que, quando dirigido à autorização (*lato sensu*) de atividades privadas, se caracteriza por uma intervenção faseada da Administração: daí que, a propósito dos procedimentos que tocam matéria com conexões ambientais, Gomes Canotilho[67] se refira a "procedimentos administrativos rasgadamente gradativos".

Os *atos prévios* caracterizam-se por constituírem atos administrativos que decidem determinadas questões ou certos aspetos autónomos relativamente a uma pretensão apresentada pelo particular. Um dos exemplos típicos destes atos consiste na *informação prévia*, consagrada na legislação urbanística. Assim, de acordo com o artigo 14.º do RJUE, qualquer interessado pode pedir à câmara municipal uma informação sobre a viabilidade de realizar determinada operação urbanística ou conjunto de operações urbanísticas diretamente relacionadas, bem como sobre os respetivos condicionamentos legais ou regulamentares. Caso a câmara delibere favoravelmente (adotando uma *informação prévia favorável*), ficam as entidades competentes vinculadas a esta decisão, em termos, *v. g.*, de um eventual pedido de licenciamento relativamente à operação urbanística em causa, quando apresentado no prazo de um ano, ter de ser decidido em conformidade (cf. artigo 17.º do RJUE)[68].

Os *atos parciais* consubstanciam atos que decidem, em termos finais, um aspeto parcelar da questão jurídica que é objeto do ato principal. Ao contrário dos atos prévios – que apenas conferem ao destinatário o direito a que a Administração decida, a final, a pretensão apresentada em conformidade com o disposto nesse ato –, os atos parciais já contêm um efeito permissivo, embora circunscrito à *parte* do projeto que foi apreciada, neste momento, pela Administração. Atente-se agora na hipótese

[65] Cf., *v. g.*, Maurer/Waldhoff, *Allgemeines Verwaltungsrecht*, cit., § 9, n.º de margem 63. Entre nós, monograficamente, cf. Filipa Calvão, *Os Actos Precários e os Actos Provisórios no Direito Administrativo*, Universidade Católica Portuguesa, Porto, 1998.

[66] Ruffert, «Verwaltungsakt», cit., pp. 692 e s..

[67] Gomes Canotilho, «Actos Autorizativos Jurídico-Públicos e Responsabilidade por Danos Ambientais», in: *Boletim da Faculdade de Direito*, vol. LXIX, 1993, p. 58.

[68] Cf., *v. g.*, F. Alves Correia, *Manual...*, vol. I, cit., p. 771 (sobre a informação prévia favorável como ato constitutivo de direitos).

prevista pelos n.os 6 e 7 do artigo 23.º do RJUE, onde se contempla a possibilidade de emissão de uma *licença parcial* para a construção da *estrutura* do edifício (titulada por alvará), imediatamente após a entrega de todos os projetos das especialidades e outros estudos, e desde que se mostrem aprovado o projeto de arquitetura e prestada caução para demolição da estrutura até ao piso de menor cota em caso de indeferimento[69].

3.10. Promessas administrativas

As promessas administrativas constituem atos administrativos pelos quais a Administração se (auto)vincula a praticar ou a não praticar, no futuro, um determinado ato administrativo[70]. Trata-se de uma noção próxima da constante do §38 da *Verwaltungsverfahrensgesetz*, que expressamente prevê um regime jurídico especial para estes atos.

Nem sempre se afigura fácil a distinção da figura das promessas administrativas face à dos atos prévios: não é por acaso que se chegou a advogar um conceito amplíssimo de ato administrativo de prévio (*Verwaltungsvorakt*), que envolvia os atos prévios (*stricto sensu*), os atos parciais e as promessas administrativas[71]. Independentemente desta posição, deverá entender-se que a promessa se distingue do ato prévio em razão da *consistência* da posição jurídica do destinatário: enquanto o ato prévio decide *definitivamente* determinada questão ou aspeto de uma pretensão do particular (a implicar que qualquer necessidade de alteração posterior se sujeite às regras exigentes da revogação administrativa), a promessa apenas confere ao destinatário o direito a, *dentro de certos limites*, exigir a ulterior prática do ato prometido, ao qual cabe regular definitivamente a situação em causa.

As promessas colocam questões delicadas no plano procedimental e gozam de um regime específico no que tange à respetiva subsistência na ordem jurídica. Ao nível do procedimento, os problemas relacionam-

[69] Sobre este preceito, cf., *v. g.*, Fernanda Paula Oliveira/Maria José Castanheira Neves/Dulce Lopes/Fernanda Maçãs, *Regime Jurídico da Urbanização e Edificação*, 3.ª ed., Almedina, Coimbra, 2011, pp. 303 e s..

[70] Entre nós, sobre as promessas administrativas, cf. J. Taborda da Gama, *Promessas...*, cit., *passim*.

[71] Cf. Achterberg, «Der Verwaltungsvorakt», in: *Die Öffentliche Verwaltung*, 1971, pp. 397 e ss..

-se com a abertura à participação dos interessados, que se não poderá ver diminuída em consequência de o ato administrativo a praticar constituir o cumprimento de uma promessa anterior; quer dizer, a tramitação procedimental conducente à emissão da promessa não deverá inviabilizar o cumprimento das garantias de transparência que o legislador considerou necessárias para a prática do ato prometido.

No que tange ao problema da subsistência da promessa, considere-se, por exemplo, o que determina a cláusula *rebus (et legibus) sic stantibus*, constante do n.º 3 do §38 da *Verwaltungsverfahrensgesetz*; de acordo com este dispositivo, se, após a emissão da promessa, se alterarem as circunstâncias de facto e de direito, de tal forma que se possa afirmar que o autor não haveria emitido a promessa e tivesse conhecimento de tal alteração, ou não a poderia ter emitido por razões jurídicas, considera-se que o autor deixa de estar vinculado às obrigações assumidas.

3.11. Atos administrativos implícitos, atos administrativos tácitos, atos administrativos concludentes e atos administrativos fictícios

A presente classificação elege a forma como critério retor, e, distinguindo entre os *atos administrativos expressos sob uma forma normal* e as *declarações anómalas*[72], permite efetuar, no interior destas últimas, uma autonomização entre atos administrativos implícitos, tácitos, concludentes e fictícios.

O *ato administrativo implícito* constitui uma ação material que contém em si uma estatuição[73]. Este comportamento material há de revestir especiais características que funcionarão como índices: por um lado, o comportamento, além de (tendencialmente) inequívoco, será positivo, não bastando uma simples atitude passiva da Administração; além disso, esse comportamento, praticado no exercício da função administrativa, tem que estar enquadrado no âmbito das atribuições da pessoa coletiva pública que o adota[74].

[72] Cf. Rogério Soares, *Direito...*, cit., pp. 309 e ss., ainda que, como veremos, no sentido em que a utilizamos, a expressão abrange um leque mais amplo de atos.

[73] Assim, Rogério Soares, *Direito...*, cit., p. 77.

[74] Cf. Tucci, *L'Atto Amministrativo Implicito. Profili Dottrinali e Giurisprudenziale*, Giuffrè Editore, Milano, 1990, pp. 25 e ss.. Explicitando as conclusões emergentes de alguma jurisprudência, o Autor acrescenta a este par de exigências uma outra: a impossibilidade de os

Em termos semelhantes ao que sucede nos atos implícitos, também nos *atos tácitos* há lugar a um comportamento exteriorizado da Administração; todavia, estes últimos caracterizam-se por consistirem em atos não abertamente declarados, mas que devem ser considerados como praticados em virtude de constituírem o pressuposto lógico necessário de outro ato expressado na via normal[75]. Considere-se, *v. g.*, que um município autoriza, expressamente, um particular a construir um estacionamento sob uma praça pública; tal significa que, *tacitamente*, atribuiu àquele sujeito o direito de uso privativo da parcela dominial em causa. A validade dos atos tácitos depende, porém, da titularidade da competência para produzir o respetivo efeito típico, assim como de, no procedimento que conduziu à prática do ato expresso, haverem sido observadas as formalidades (essenciais) necessárias à adoção do ato tácito.

Diversos destes são ainda os *atos concludentes*, os quais surgem sempre que de um ato administrativo expresso se puder inferir que a Administração só pode ter dado uma decisão com certo conteúdo a outro procedimento, ainda que tal se não tenha verificado na via direta[76]. Os atos concludentes colocam problemas delicados da ótica da eventual violação do dever de decisão pela Administração Pública e do correspetivo direito a uma decisão por parte dos cidadãos. Prosseguindo o exemplo anterior, deparamo-nos com a possibilidade de equacionar a formação de um ato concludente se, perante dois pedidos de construção de um estacionamento no subsolo da referida praça pública, a Administração responder ao requerente A, autorizando a construção, o que, perante a ausência de qualquer resposta ao pedido do requerente B, o levará a concluir pelo respetivo indeferimento (o ato concludente), pois que, sob a mesma praça se revelará fisicamente impossível construir dois estacionamentos.

Contornos diferentes revestem ainda os atos administrativos fictícios. Em sentido estrito, os atos administrativos *fictícios* (na terminologia

facta concludentia contrariarem um ato administrativo expresso anterior. Relativamente a esta última, não admitir que a atividade material que contém em si um ato administrativo pudesse contrariar um outro ato administrativo anterior equivaleria a negar a própria natureza de ato administrativo imputada como incluída no comportamento concludente (ou, pelo menos, a perspetivá-lo como um ato administrativo dotado de uma imperatividade diversa).

[75] Assim, Rogério Soares, *Direito...*, cit., p. 310.

[76] Rogério Soares, *Direito...*, cit., p. 311.

alemã, *fingierte Verwaltungsakte*) ou atos administrativos *presumidos* (na terminologia castelhana, *actos administrativos presuntos*)[77] caracterizam-se pela ausência de qualquer atuação da Administração, abrangendo as hipóteses de silêncio em que o legislador atribui o valor de ato administrativo à inércia administrativa; estão aqui agora em causa os atos que Rogério Soares designava como «actos silentes». Historicamente, o surgimento dos atos fictícios – cuja origem remonta ao Decreto Imperial de 2 de Novembro de 1864, emitido em vista do designado *Rapport Quentino-Beauchard* – decorreu da necessidade de reagir contra a inércia da Administração, com o objetivo de abrir caminho para o acesso ao *Conseil d'Etat*[78].

Sem prejuízo da existência de disposições especiais que, nos vários sub-ramos jurídico-dogmáticos do Direito Administrativo[79], versam sobre a matéria do silêncio da Administração, esta constitui objeto de tratamento no artigo 130.º do CPA («atos tácitos»)[80]. Este preceito pretende

[77] Cf. também em Espanha a *Ley de Régimen Jurídico de las Administraciones Públicas y del Procedimiento Administrativo Común* utiliza em alguns dos seus preceitos a locução «actos presuntos» – *v.*, por todos, MORILLO-VELARDE PÉREZ, *Los Actos Presuntos*, Marcial Pons, Madrid, 1995, pp. 33 e ss..

[78] Cf. PAREJO ALFONSO, «El Silencio Administrativo, Especialmente el de Sentido Estimatório, como Aporia. Apuntes su una Posible Vía de Superación», in: PAREJO ALFONSO (dir.), *El Silencio en la Actividad de la Administración Pública*, Tirant lo Blanch, Valencia, 2011, p. 12.

[79] Cf., *v. g.*, no âmbito do direito do urbanismo, artigo 111.º, alínea *c)*, bem como os artigos 112.º, n.º 9, e 113.º do RJUE: o primeiro preceito concerne às hipóteses em que, decorrido o prazo previsto na lei, se ficciona a existência de um ato administrativo de deferimento; as restantes duas normas respeitam aos casos em que o silêncio da Administração subsiste após uma sentença de condenação à prática de ato devido, decorrente da propositura de uma ação já destinada a reagir contra a anterior inércia administrativa. Sobre o silêncio da Administração no Direito do Urbanismo, cf. F. Alves CORREIA, «O Silêncio da Administração no Direito do Urbanismo Português: Sinopse de uma Reforma», in: *Ars Iudicandi – Estudos em Homenagem ao Prof. Doutor António Castanheira Neves*, vol. III, Studia Iuridica 92, Boletim da Faculdade de Direito/Coimbra Editora, Coimbra, 2008, pp. 125 e ss., e *Manual de Direito de Urbanismo*, vol. III, Almedina, Coimbra, 2010, pp. 321 e ss..
A diversidade de tratamento do silêncio em função do ramo jurídico-dogmático em causa está claramente patente na obra coletiva dirigida por PAREJO ALFONSO, *El Silencio en la Actividad de la Administración Pública*, Tirant lo Blanch, Valencia, 2011.

[80] Sobre o regime jurídico do silêncio na redação anterior do CPA, cf. Margarida CORTEZ, «A Inactividade Formal da Administração como Causa Extintiva do Procedimento e as suas Consequências», in: *Estudos em Homenagem ao Prof. Doutor Rogério Soares*, Studia Iuridica 61, Boletim da Faculdade de Direito/Coimbra Editora, Coimbra, 2001, pp. 381 e ss.; M. Esteves de OLIVEIRA/Pedro GONÇALVES/Pacheco de AMORIM, *Código do Procedimento Administrativo*

alcançar dois tipos diferentes de situações, prescrevendo as consequências da inércia da Administração quer nas relações interadministrativas ou interorgânicas, em que a prática de um ato administrativo depende de autorização ou a produção dos respetivos efeitos carece de aprovação, quer nas relações entre a Administração e os particulares.

Assim, no n.º 1 do artigo 130.º, o legislador identifica as hipóteses em que, nas relações entre Administração e cidadãos se forma um ato fictício de efeito positivo (ato silente positivo): "quando a lei ou o regulamento determine que a ausência de notificação da decisão final sobre pretensão dirigida a órgão competente dentro do prazo legal tem o valor de deferimento". Quer dizer, o silêncio da Administração equivale à prática de um ato administrativo de deferimento apenas nos casos em que a lei ou o regulamento o prevejam expressamente.

O n.º 3 contempla já outro tipo de solução para as hipóteses de inércia nas relações interadministrativas ou interorgânicas. Nestes casos, ao invés de ficcionar a existência de um ato de deferimento, o legislador prescinde da autorização ou da aprovação, desde que o órgão que as solicitou tenha interpelado o órgão competente para decidir. Justifica-se a diferença de tratamento em face do disposto no n.º 1: é que, quando estão em causa as relações com os particulares, só o deferimento constituirá o título que lhes permite obter o efeito favorável pretendido na sua esfera jurídica, pelo que, na sua ausência, se cria, *ex vi legis*, esse título.

Contornos diferentes deste preceito sempre reveste o artigo 129.º – disposição que, de algum modo, vem pôr termo às dificuldades suscitadas pelo anterior artigo 109.º, o qual previa que "a falta, no prazo fixado para a sua emissão, de decisão final sobre pretensão dirigida a órgão administrativo competente confere ao interessado, salvo disposição legal em contrário, *a faculdade de presumir indeferida essa pretensão, para poder exercer o respectivo meio legal de impugnação*". Recorde-se que, a partir do momento em que o CPTA veio consagrar mecanismos de reação jurisdicional contra o silêncio administrativo, o sentido do artigo 109.º já havia desaparecido. Sempre se entendeu que a redação deste preceito não se revelava particularmente feliz: a própria referência a uma *presunção* constituía uma incorreção, na medida em que se não tratava de inferir a partir de factos

Comentado, 2.ª ed., Almedina, Coimbra, 1997, pp. 475 e ss.; Sérvulo Correia, «O Incumprimento do Dever de Decidir», in: *Cadernos de Justiça Administrativa*, n.º 54, novembro/dezembro 2005, pp. 12 e ss..

conhecidos outros factos que se apresentam como incertos[81]. Pelo contrário, o artigo 109.º reportava-se uma situação em que se atribuem à inatividade da Administração *alguns* efeitos próprios do ato administrativo, *in casu*, a possibilidade de reação jurisdicional contra a inércia através do meio processual dirigido à impugnação de atos administrativos inválidos. Neste sentido, também o artigo 109.º *não* associava ao silêncio a formação de um ato fictício de sentido negativo.

Como principiámos por afirmar, a utilidade desta disposição ficou prejudicada em consequência das alterações ao processo administrativo ocorridas em 2002[82]. Na verdade, a "faculdade de presumir indeferida a pretensão" constituía uma solução vocacionada para abrir a via contenciosa em sistemas de administração executiva intrinsecamente marcados pelo dogma da decisão administrativa prévia, como forma de o particular reagir contra a inércia da Administração. Com este propósito, o CPTA prevê a possibilidade de o interessado recorrer à ação administrativa de condenação à prática de ato devido, sempre que "tendo sido apresentado requerimento que constitua o órgão competente no dever de decidir, não tenha sido proferida decisão dentro do prazo legalmente estabelecido" [artigo 67.º, n.º 1, alínea *a)*], tornando desnecessária a assimilação – ainda que parcial – da inatividade administrativa à prática de um ato administrativo (fictício) de indeferimento e permitindo reconduzir a omissão ou inércia da Administração a mero facto constitutivo do interesse em agir, enquanto pressuposto da referida ação condenatória[83].

Por isso mesmo, o atual artigo 129.º possui um intuito nitidamente clarificador, indo ao encontro das preocupações e das críticas da doutrina. Neste sentido, dispõe que a falta de decisão dentro dos prazos legalmente previstos representa o incumprimento do dever de decisão e *confere ao interessado a possibilidade de utilização os meios de tutela administrativa e jurisdicional adequados.*

Por sua vez, o n.º 4 do artigo 198.º do CPA prevê as consequências do silêncio da Administração em procedimentos (secundários) de im-

[81] Assim, Margarida CORTEZ, «A Inactividade...», cit., p. 376, n. 24. No mesmo sentido, para o ordenamento jurídico espanhol, preferindo, nestes casos, a expressão *atos fictícios* a atos administrativos presumidos, *v.* MORILLO-VELARDE PÉREZ, *Los Actos Presuntos*, cit., p. 46.

[82] Sem prejuízo de subsistirem em vigor algumas das normas constantes do artigo 109.º do CPA: cf. M. Aroso de ALMEIDA, *Manual...*, cit., pp. 323 e s..

[83] Neste sentido, cf. M. Aroso de ALMEIDA, *Manual...*, cit, pp. 322 e 324.

pugnação administrativa. Diversamente do que sucedia no anterior n.º 3 do artigo 175.º (em que o legislador consagrava um verdadeiro ato fictício, embora, *in casu*, estabelecesse uma ficção de ato negativo), o atual preceito, em total consonância com o disposto na lei processual administrativa, esclarece que o interessado tem a possibilidade de fazer valer o seu direito ao cumprimento do dever de decisão. Do ponto de vista processual, esta solução afigura-se *quase* indiferente, já que, como vimos, o modo de reação contra os atos negativos se reconduz também à ação de condenação à prática de ato devido; a única diferença consiste no prazo: de acordo com o artigo 69.º do CPTA, o direito de propor a ação em situações de inércia caduca ao fim de um ano, contado desde o termo do prazo legal estabelecido para a emissão do ato ilegalmente omitido (n.º 1); tendo havido indeferimento, o prazo de propositura é de três meses (n.º 2), contado nos termos do artigo 59.º (sem prejuízo dos prazos específicos quando esteja em causa um ato nulo, talqualmente decorre do n.º 3 do artigo 69.º).

3.12. Atos administrativos nacionais, europeus e transnacionais

Em função da projeção dos efeitos do ato no espaço, torna-se possível distinguir entre *atos nacionais* (cujos efeitos se produzem apenas no território estadual a que pertence o autor) e *atos transnacionais*[84], consubstanciando os *atos europeus* um tipo específico destes últimos (atos transnacionais cuja eficácia se circunscreve ao território da União Europeia).

A autonomização dos atos europeus e transnacionais deve-se à progressiva «desnacionalização» do Direito Administrativo[85] e à ultrapassagem da nota da nacionalidade como característica deste ramo jurídico, em direção à respetiva europeização e internacionalização[86]. Estas tendências permitem, desde já, compreender que as especificidades suscitadas pelos atos transnacionais não se restringem apenas ao âmbito de eficácia

[84] Sobre estes atos, *v.*, entre nós, Suzana Tavares da SILVA, *Um Novo Direito...*, cit., pp. 78 e s., e «A Nova Dogmática do Direito Administrativo: O Caso da Administração por Compromissos», in: Pedro GONÇALVES (dir.), *Estudos de Contratação Pública – I*, Coimbra Editora, Coimbra, 2008, pp. 928 e s..

[85] CASSESE, «Tendenze e Problemi del Diritto Amministrativo», in: *Rivista Trimestrale di Diritto Pubblico*, n.º 4, 2004, p. 902.

[86] Para a contraposição entre nacionalidade e europeização/internacionalização, cf. CASSESE, «Le Trasformazioni del Diritto Amministrativo dal XIX al XXI Secolo», in: *Rivista Trimestrale di Diritto Pubblico*, n.º 1, 2002, ,pp. 31 e 34.

espacial do ato administrativo, mas atingem a própria colaboração entre entidades administrativas de Estados diferentes e/ou entre entidades administrativas de um Estado e órgãos de organizações internacionais.

Atente-se no exemplo fornecido pelo recente *Regime Jurídico da Distribuição de Seguros* (aprovado pela Lei n.º 7/2019, de 6 de janeiro), no que tange ao registo como mediador de seguros, o qual constitui precisamente uma atuação administrativa dotada de efeito transnacional-europeu. Na verdade, o registo no Estado-Membro de origem permite que os mediadores exerçam a sua atividade noutros Estados-Membros, desde que tenham seguido os procedimentos de notificação adequados entre as autoridades competentes. Eis o motivo pelo qual o artigo 81.º do *Regime* estabelece como condição do início da atividade, em território português, ao abrigo da livre prestação de serviços, a simples *comunicação* (e não a um novo procedimento de registo) entre a entidade reguladora do Estado de origem e a Autoridade de Supervisão de Seguros e de Fundos de Pensões (ASF), comunicação essa depois notificada ao interessado. O mesmo se diga, *mutatis mutandis*, quando o mediador pretenda exercer a sua atividade através de sucursal, ao abrigo da liberdade de estabelecimento. Um regime espelhado, embora com as necessárias especificações, quanto à atuação da ASF, está consagrado para os casos em que os mediadores registados em Portugal pretendam exercer a atividade noutro Estado membro (cf. artigo 83.º).

Como decorrência do princípio da transparência e com o propósito de assegurar o conhecimento (e a garantia) de todos os interessados, o n.º 2 deste artigo 81.º impõe à ASF que divulgue, no sítio oficial na Internet, os mediadores de seguros, de resseguros e de seguros a título acessório registados em outro Estado-Membro da União Europeia que comunicarem a intenção de exercer a atividade no território português.

Texto XI
Algumas Questões sobre a Validade e a Eficácia do Ato Administrativo

1. Validade do ato administrativo

De acordo com Vieira de Andrade[1], a noção de validade do ato administrativo reconduz-se à "qualidade do acto que se constitui em conformidade com normas jurídicas fundamentais que, em função do interesse público, regulam essa actuação de autoridade, sendo, por isso, apto à produção estável de efeitos jurídicos próprios".

1.1. Validade, interesse público e legalidade

A legalidade (*rectius*, a juridicidade) do ato administrativo – e, por conseguinte, a produção estável de efeitos jurídicos conformes ao direito – depende da observância das exigências formais e materiais que o ordenamento jurídico coloca à prática do ato.

Atente-se, porém, em que o facto de toda a atividade administrativa estar orientada para a prossecução do interesse público (cf. artigo 266.º, n.º 1 da CRP e artigo 4.º do CPA) possui consequências também no plano em análise. É facilmente compreensível que a ofensa do interesse público desencadeie determinadas reações no ordenamento jurídico, *i. e.*, origine

[1] Vieira de ANDRADE, «Validade», in: *Dicionário Jurídico da Administração Pública*, Coimbra Editora, Coimbra, 1996, p. 581.

uma ilegalidade (entendida esta expressão em sentido amplo, não só como violação da lei, mas enquanto ofensa a todo o direito). Um ato administrativo válido corresponderá sempre à melhor solução dada por certo órgão administrativo para a realização, em concreto, do fim (*rectius*, do interesse público) legalmente protegido.

Assim, a intensidade da lesão do interesse público vai graduar as diferentes consequências que reveste a ilegalidade; é por este motivo que o conceito de ilegalidade aparece com um âmbito mais vasto que o de invalidade: de facto, uma ilegalidade dá origem quer a uma invalidade (vícios invalidantes), quer a uma mera irregularidade (vícios não invalidantes). Se "todo o clima do moderno Estado de Direito impõe que os actos *substancialmente* lesivos do interesse público sejam inválidos"[2], não é, porém, despicienda a consideração de irregularidades, quando a agressão ao interesse público se revista de menor gravidade (cf. *infra*).

1.2. Validade e momentos estruturais do ato administrativo

A fim de avaliar sistematicamente o cumprimento dos requisitos a que o direito subordina os atos administrativos (e, concomitantemente, determinar a existência de algum vício), a doutrina procurou construir modelos teóricos que permitam uma correspondência (ainda que tendencial) de certos vícios a determinadas invalidades.

Para a doutrina tradicional, a tipologia dos requisitos de legalidade do ato administrativo e, concomitantemente, a deteção dos respetivos vícios reconduzia-se a uma adaptação da homóloga francesa que previa quatro espécies de vícios: usurpação de poder, incompetência, vício de forma, desvio de poder e, para tudo o que não se incluísse em qualquer das categorias anteriores, violação de lei[3]. Por outro lado, estes vícios resultavam ainda do elenco previsto no n.º 1.º do artigo 15.º da *Lei Orgânica do Supremo Tribunal Administrativo* (Decreto-Lei n.º 40 768, de 8 de Setembro de 1956), os quais correspondiam às designadas «aberturas» (*ouvertures*) a que aludia Hauriou[4].

Criticando a doutrina tradicional no que respeita à identificação dos vícios do ato administrativo e à importação direta do modelo francês (transformando em categorias abstratas o que foi sendo, sucessivamen-

[2] Rogério SOARES, *Interesse...*, cit., p. 294.

[3] Cf., por todos, Marcello CAETANO, cf. *Manual...*, vol. I, cit., pp. 495 e ss..

[4] HAURIOU, *Précis...*, cit., pp. 437 e ss..

te, pensado para a resolução de casos concretos e, portanto, produto da elaboração jurisprudencial do *Conseil d'Etat*), Rogério Soares[5] e Vieira de Andrade[6] propõem, na linha de Sandulli[7], a distinção de três momentos estruturais (sujeito, objeto e estatuição, subdividindo-se esta em forma, procedimento, fim e conteúdo), em referência aos quais se podem localizar os diversos vícios e invalidades da pronúncia. Este modelo prático e teleológico[8] tem ainda a virtualidade de contribuir para a descrição e para a identificação analítica dos requisitos de legalidade dos atos administrativos.

2. Invalidade do ato administrativo

A inobservância das exigências (formais e materiais) da juridicidade do ato administrativo dá lugar a uma patologia do ato administrativo, sancionada, na maioria dos casos, com a sua invalidade. A teoria das invalidades administrativas está, porém, longe de se revelar pacífica e inequívoca, não só em virtude de nem todas as antijuridicidades do ato originarem uma invalidade (equacionando-se aqui soluções diversas, como a inexistência e a irregularidade), como também em resultado do modo como se encontram legalmente configuradas as consequências associadas ao ato inválido.

2.1. Antijuridicidade, ilegitimidade, inexistência, invalidade e irregularidade

A validade do ato administrativo depende da sua *legitimidade*, *i. e.*, da sua conformidade com as normas e princípios jurídicos, tendo em vista a proteção de determinados interesses públicos. Como sublinha Rogério Soares[9], com recurso à ideia de legitimidade se quer explanar uma "situação *estática* de adequação a um certo tipo de preceitos"; a invocação do conceito de *validade* pretende pôr em evidência uma "consideração *dinâmica* do acto, assinalar a produção de efeitos jurídicos normais".

Num Estado de direito, verifica-se com mais acuidade a necessidade de a atuação administrativa estar em conformidade com todo o direito

[5] Rogério SOARES, *Direito...*, pp. 229 e ss..

[6] Vieira de ANDRADE, *Lições...*, cit., pp. 206 e ss., e «Validade...», cit., *passim*.

[7] SANDULLI, *Manuale...*, vol. 1, cit., pp. 689 e ss..

[8] Vieira de ANDRADE, *Lições...*, cit., p. 206.

[9] Rogério SOARES, *Interesse...*, cit., p. 276.

(e não só a lei), avultando como sua característica primordial a juridicidade – cujo antónimo corresponde à *antijuridicidade* (*Unrechtmäßigkeit*). De facto, o próprio CPA afirma que "os órgãos da Administração Pública devem atuar em obediência à lei e ao direito, dentro dos limites dos poderes que lhe estejam atribuídos e em conformidade com os respetivos fins" (artigo 3.º, n.º 1).

Todo o ato administrativo que viole as normas e os princípios jurídicos relativos ao exercício do poder de que é expressão – *i. e.*, todo o ato antijurídico – resulta necessariamente ilegítimo, traduzindo a ilegitimidade a "situação resultante de um comportamento da Administração em face das normas que o tutelam com vista à protecção do interesse público"[10]. Tal não obvia, porém, à existência de *causas de exclusão da antijuridicidade do ato*, como sucede com o estado de necessidade e a urgência (esta última, quando prevista na lei). A causa mais comum de antijuridicidade reside na *ilegalidade* (contrariedade com a lei ou com fontes normativas infraconstitucionais, ou ainda, numa noção mais ampla, com fontes europeias ou internacionais, quando estas assumem valor paramétrico dos atos nacionais), mas não se exclui, dada a plenitude da vinculação jurídica da Administração, a existência de atos administrativos inconstitucionais.

Todavia, *nem todos os atos ilegítimos (antijurídicos) são inválidos*. Efetivamente, vícios há que não desencadeiam por parte da ordem jurídica uma reação que implique a invalidade do ato, mas a sua mera *irregularidade*, que não impede o ato de produzir os seus efeitos típicos (sem prejuízo de eventuais refrações em matéria de responsabilidade civil ou disciplinar). Efetivamente, em alguns casos, a divergência entre determinado ato e as normas e princípios jurídicos que o regem não vai afetar a sua consistência, mas tão-só determinar-lhe uma qualificação específica enquanto mera irregularidade, visto que a relação entre o princípio da prossecução do interesse público e o princípio da juridicidade apenas impõe a invalidade das atuações *substancialmente* lesivas do interesse público[11]. Poderá, neste contexto, fazer-se apelo ao princípio da proporcionalidade: considerando que a opção pela validade ou pela invalidade de um ato coloca frente a frente, por um lado, os princípios da segurança jurídica e da conservação dos atos, e por outro lado, o princípio da legalidade, caberá ao

[10] Rogério Soares, *Interesse...*, cit., p. 270.

[11] Assim, Rogério Soares, *Interesse...*, cit., p. 294.

princípio da proporcionalidade efetuar o balanceamento entre ambos e, nessa medida, permitir optar pela irregularidade ou a invalidade, em função dos interesses afetados e das consequências que tal opção importa para o ordenamento jurídico[12].

A opção pela irregularidade funda-se, pois, em razões de caráter teleológico-funcional (e não de pura lógica), segundo as quais, perante determinadas circunstâncias, é preferível que atos administrativos feridos de vícios determinantes de uma pequena lesão para o interesse público produzam normalmente os efeitos a que tendem, encontrando-nos diante de «zonas de legalidade menos exigentes ou juridicamente imperfeitas» e de condutas administrativas *contra legem* aceites pelo ordenamento jurídico[13]. Nestas hipóteses, como afirma Rogério Soares[14], "a garantia que [certo] preceito procurava oferecer ao interesse público era de tal modo insignificante, que este será melhor satisfeito com a perduração do acto impecável sob outros pontos de vista do que com o tolher-se-lhe os efeitos só por causa do vício". Nesta medida, e louvando-nos na terminologia cunhada por Marcelo Rebelo de Sousa[15], a irregularidade constitui um valor negativo não fundamental do ato (inconstitucional ou ilegal *lato sensu*), da qual resulta um juízo jurídico negativo reconduzível a uma mera depreciação; o que, apesar da clivagem qualitativa que o separa da invalidade, não prejudica a possibilidade de o ato produzir os seus efeitos primários ou principais[16], por lhe falecerem apenas os "requisitos de adequação" a determinadas normas, que se encontram "à margem da produção dos seus efeitos"[17].

Neste cenário, a invalidade constitui a sanção associada a lesões mais gravosas do ordenamento jurídico, *hoc sensu*, a ofensas jurídicas que

[12] Sublinhando já, em termos similares, a relevância do princípio da proporcionalidade no quadro da teoria da invalidade do regulamento, cf. Doménech Pascual, *La Invalidez de los Reglamentos*, Tirant lo Blanch, Valencia, 2002, pp. 244 e s.. Mobilizando também este princípio no âmbito do confronto entre invalidade e irregularidade, *v.* Mário Lemos Pinto, *Impugnação de Normas e Ilegalidade por Omissão*, Coimbra Editora, Coimbra, 2008, pp. 346 e ss..

[13] Paulo Otero, *Legalidade...*, cit., p. 971.

[14] Rogério Soares, *Interesse...*, cit., p. 273.

[15] M. Rebelo de Sousa, *O Valor Jurídico Negativo do Acto Inconstitucional*, s. n., Lisboa, 1988, p. 152.

[16] Cf. Blanco de Morais, *Justiça...*, tomo I, cit., p. 188.

[17] Jorge Miranda, *Fiscalização...*, cit., p. 100. Cf. também Paulo Otero, *Direito do Procedimento...*, vol. I, cit., p. 617.

importam um desvalor qualitativo acrescido. Como a caracteriza Rogério Soares[18] a invalidade compreende "todas aquelas hipóteses em que um acto (...), em virtude de uma divergência com as normas que o disciplinam com vista à protecção do interesse público, não pode produzir os efeitos a que se destinava ou não pode produzi-los com carácter estável", traduzindo-se, portanto numa "incapacidade de desencadear a título permanente os efeitos típicos do esquema legal"; ou, se quisermos dizê-lo com M. Esteves de Oliveira, Pedro Gonçalves e Pacheco de Amorim[19], "a invalidade (...) é um mal, uma «doença», resultante da sua desconformidade com as leis aplicáveis à respectiva prática e efeitos – mesmo se se trata de «doença» não conhecida da ciência médica de então, que só se revela face ao ordenamento jurídico superveniente".

Resta, contudo, determinar se a invalidade consubstancia o desvalor jurídico mais intenso que atinge as antijuridicidades. Na verdade, a teoria dos valores negativos dos atos jurídicos conhece ainda a figura da *inexistência*. Se a doutrina tradicional considerava a inexistência como uma forma de invalidade (*rectius*, a forma mais grave de invalidade), entendemos que tal conceção se deve repudiar: como acentua já Rogério Soares, o conceito de inexistência assume uma feição claramente naturalística, insuscetível de suportar qualquer imputação normativa[20], enquanto sanção da antijuridicidade do ato administrativo.

Tal não significa, porém, que eliminemos as virtualidades que o conceito de inexistência pode encerrar, embora *não como uma forma de invalidade*. Um ato administrativo, para ser inválido, tem que existir (juridicamente) enquanto tal, *rectius*, tem que necessariamente existir algo que a ordem jurídica reconheça como ato administrativo e, por conseguinte, que reúna as notas da *intensio* do respetivo conceito ou, dizendo de outra

[18] Rogério Soares, *Interesse...*, cit., pp. 271 e 298, respetivamente.

[19] M. Esteves de Oliveira/Pedro Gonçalves/Pacheco de Amorim, *Código...*, cit., p. 637.

[20] Rogério Soares, *Interesse Público...*, cit., p. 289. De qualquer modo, o mesmo Autor não deixa de alertar para o facto de a inexistência ser uma categoria forjada no direito civil, tendo por base uma ficção no contexto do Código Napoleónico. Efetivamente, dado vigorar o princípio *pas de nullités sans texte*, e o referido Código não ter mencionado qualquer solução para o casamento entre pessoas do mesmo sexo, considerou-se que, neste caso, nem sequer estaríamos perante um negócio inválido, mas inexistente, dado faltar-lhe um dos elementos essenciais. A partir daqui, a figura transitou para o direito público (Rogério Soares, *Direito...*, cit., p. 235).

forma, que preencha o "tipo jurídico" de ato administrativo. A inexistência não configura, pois, uma sanção para a antijuridicidade que afeta uma atuação; traduz antes a ausência, em determinado ato, dos carateres que permitiriam reconduzi-lo ao tipo jurídico de ato pelo qual ele se pretende fazer passar[21]. Por este motivo, o n.º 2 do artigo 155.º do CPA identifica hoje quais as *condições de existência* do ato administrativo: uma decisão imputável a um autor (sujeito) identificado, dirigido a um destinatário e incidente sobre determinado objeto ao qual se refere o conteúdo. Quer dizer, uma atuação à qual faleça um destes elementos não constitui um ato administrativo[22].

2.2. Tipos de vícios; em especial, as repercussões da distinção entre vícios formais e vícios substanciais

Os vícios do ato administrativo permitem identificar as suas antijuridicidades, por referência à ofensa e violação das exigências que o sistema jurídico lhes coloca. É para este efeito que se afigura relevante a convocação dos momentos estruturais do ato administrativo, para que, a partir deles, se encontrem as "deficiências" eventualmente geradoras de invalidades.

Igualmente determinante, neste plano, se afigura, dentro dos vícios relativas à estatuição, a destrinça entre *vícios substanciais* – decorrentes inobservância de exigências substanciais ou materiais atinentes ao fim e ao conteúdo – e os *vícios formais* – nos quais estão compreendidos, paradigmaticamente, nesta categoria os vícios de procedimento, decorrentes da inobservância de trâmites procedimentais, e os vícios de forma (ou vícios formais *stricto sensu*), emergentes da preterição das disposições que regem o modo de exteriorização do ato[23].

[21] *V.* também Paulo OTERO, *Direito do Procedimento...*, vol. I, cit., p. 652. Cf., a propósito da inexistência, as considerações que expendemos em *A Recusa...*, cit., pp. 554 e ss..

[22] Assim, M. Aroso de ALMEIDA, *Teoria...*, cit., pp. 292 e ss.. *V.*, porém, a posição distinta, quanto a este preceito, de Licínio Lopes MARTINS, «A Invalidade do Acto Administrativo no Novo Código do Procedimento Administrativo: As Alterações Mais Relevantes», in: Carla Amado GOMES/Ana Fernanda NEVES/Tiago SERRÃO, *Comentários...*, cit., p. 551. Cf. ainda A. Salgado de MATOS, «A Invalidade do Acto Administrativo no Projecto de Revisão do Código do Procedimento Administrativo», in: *Cadernos de Justiça Administrativa*, n.º 100, julho/agosto 2013, pp. 49 e s..

[23] Cf. também Vieira de ANDRADE, *Lições...*, cit., pp. 225 e ss..

A identificação dos vícios formais determina a aplicação de um regime jurídico próprio. O primeiro traço desta disciplina reconduz-se à suscetibilidade de sanação por *ratificação* dos atos administrativos formalmente viciados (e que não padeçam de nulidade). Desde logo, e como decorre do artigo 164.º do CPA, a ratificação apresenta-se como o instituto adequado para sanar o vício de incompetência de um ato; basta, para tanto, que o órgão competente para a sua adoção (cf. artigo 164.º, n.º 3, do CPA) o ratifique, *i. e.*, pratique, dentro do prazo para anulação administrativa [cf. artigo 168.º, *ex vi* artigo 164.º, n.º 1, do CPA], um ato secundário, confirmando o primeiro ato. Deverá entender-se que o âmbito objetivo do instituto da ratificação não se circunscreve aos vícios de incompetência, admitindo-se também a sanação por esta via dos vícios procedimentais e dos vícios de forma que sejam superáveis em momento ulterior à fase constitutiva do ato (exigências formais supríveis[24]): pense-se, *v. g.*, na falta de fundamentação, sanável através da ratificação (posterior) do ato agora fundamentado[25].

O segundo aspeto a ressaltar relativamente aos vícios formais respeita ao desvalor que lhes anda associado, porquanto a verificação dos mesmos nem sempre gera a invalidade do ato, podendo restringir-se à mera irregularidade. À questão de saber quais, de entre estes vícios, originam a irregularidade vem a doutrina respondendo com a *teoria das formalidades não essenciais*. Recorde-se, neste horizonte, a proposta do direito espanhol, que considera como não essenciais as formalidades cuja inobservância não tenha privado o ato de requisitos indispensáveis para alcançar o seu fim e, cumulativamente, não ponha em causa os direitos de defesa dos interessados[26]. Entre nós, o CPA consagra uma solução similar, ainda que menos explícita: apesar se, no mesmo preceito, o legislador tratar situações de irregularidade por vícios formais e de aproveitamento de atos feridos por invalidades formais, parece-nos ainda reconduzível à categoria que agora analisamos a hipótese prevista na alínea *b)* do n.º 5 do artigo 163.º; neste sentido, "não se produz o efeito anulatório" (ou, como

[24] Em sentido próximo, cf. Freitas do Amaral, *Curso...*, vol. II, cit., p. 387.

[25] Cf. M. Esteves de Oliveira/Pedro Gonçalves/Pacheco de Amorim, *Código...*, cit., p. 664.

[26] Nos termos do artigo 63 do *Régimen Jurídico de las Administraciones Públicas y del Procedimiento Administrativo Común*, "o vício de forma só determinará a anulabilidade quando o ato careça dos requisitos formais indispensáveis para alcançar o seu fim ou dê lugar à ausência de defesa do interessado".

preferimos, estaremos diante de uma irregularidade[27]) quando o fim visado pela exigência formal preterida houver sido alcançado por outra via.

A convocação deste preceito apenas se revela necessária quando o próprio legislador não tenha previsto outra solução: pense-se, *v. g.*, na ilegalidade decorrente da não convocação de um membro de um órgão colegial para a reunião, membro esse que acabou por comparecer; trata-se de uma ilegalidade que poderíamos reconduzir à irregularidade (nos termos *gerais* assinalados), não fora a solução diversa (*especial*) constante do artigo 28.º do CPA, sobre a sanação das ilegalidades resultantes das disposições sobre a convocação das reuniões.

2.3. Tipos de invalidade

Podem classificar-se as invalidades em função de critérios diferenciados: *i)* natureza do vício do ato gerador da invalidade (invalidade formal e invalidade substancial); *ii)* momento da vida do ato em que a invalidade surge (invalidade originária e invalidade superveniente); *iii)* natureza (direta ou indireta) da invalidade que atinge o ato (invalidade própria e invalidade derivada); *iv)* extensão ou grau de afetação do ato pela invalidade (invalidade total e invalidade parcial).

2.3.1. Invalidade formal e invalidade substancial

Decorre das considerações anteriores que a invalidade formal constitui o desvalor associado a certos vícios formais (aqueles que não geram a irregularidade do ato); por sua vez, a invalidade material resulta da presença de vícios substanciais do ato. Eis-nos diante de uma destrinça a que corresponde uma tendencial dicotomia entre regimes jurídicos.

A autonomização da invalidade formal possui refrações determinantes em dois aspetos distintos, mas interligados: a renovação e o aproveitamento do ato. Observemos em que consistem estas duas possibilidades.

Os atos que padecem *apenas* de uma invalidade formal podem ser renovados após a respetiva invalidação (administrativa ou jurisdicional). Quer dizer, após a invalidação de um ato com fundamento numa invalidade formal, pode o órgão competente praticar um *novo ato administrativo, com o mesmo conteúdo* do ato anterior, sem reincidir no vício determinante na invalidação. Considere-se, *v. g.*, uma licença anulada por preterição de

[27] Parece-nos inclinar-se também neste sentido Vieira de Andrade, *Lições...*, cit., p. 220.

um trâmite procedimental; em sede de execução da decisão anulatória (administrativa ou jurisdicional), o órgão competente pode, respeitando a disposição procedimental anteriormente violada, voltar a outorgar a licença exatamente com o conteúdo da licença anterior.

A renovabilidade dos atos feridos por invalidades formais permite avançar mais um passo e refletir sobre a possibilidade de os tribunais *aproveitarem* os atos afetados tão-só por um vício formal. A ideia de aproveitamento do ato administrativo encontra-se plasmada no §46 da *Verwaltungsverfahrensgesetz*[28], surgindo ainda decantada pela jurisprudência francesa[29] e acolhida pelo direito italiano[30]. Entre nós[31], esta doutrina é

[28] Sob a epígrafe "Vícios de procedimento e de forma", dispõe este preceito que "não se pode exigir a anulação de um ato administrativo, que não seja nulo nos termos do §44, apenas com fundamento numa ofensa a disposições sobre procedimento forma ou competência territorial, quando seja notório que aquela ofensa não influenciou a decisão". Sobre o sentido e as dúvidas causadas pelo §46 da *Verwaltungsverfahrensgesetz*, cf., *v. g.*, STELKENS/BONK/SACHS, *Verwaltungsverfahrensgesetz*, cit., §46; BADURA, «Das Verwaltungsverfahren», cit., pp. 549 e ss.; MAURER/WALDHOFF, *Allgemeines Verwaltungsrecht*, cit., §10, n.º de margem 42; PÜNDER, «Verwaltungsverfahren», cit., pp. 509 e ss.; OSSENBÜHL, «Verwaltungsverfahren...», cit., pp. 471 e s.; BUMKE, *Relative Rechtswidrigkeit*, cit., pp. 208 e ss..

[29] Revestem caráter heterogéneo as situações em que o *Conseil d'Etat* não anula um ato por vício de forma quando: o vício se reporta a «formalidades acessórias», as formalidades foram impostas no interesse da Administração, o vício não se repercute sobre o conteúdo da decisão, a decisão assumia natureza vinculada, o vício ficou "coberto" pelo cumprimento tardio da formalidade, verifica-se uma situação de impossibilidade da observância das formalidades pela Administração. Cf., *v. g.*, LAUBADERE/VENEZIA/GAUDEMET, *Droit...*, tomo 1, cit., pp. 537 e s.; CHAPUS, *Droit...*, tomo 1, cit., p. 1035, com amplas citações jurisprudenciais.

[30] No direito italiano, na sequência da sedimentação jurisprudencial do princípio da instrumentalidade das formas, a primeira parte do n.º 2 do artigo 21-*octies* das *Nuove Norme sul Procedimento Amministrativo* (introduzido em 2005) prescreveu que "não é anulável o ato adotado em violação das normas sobre procedimento ou forma dos atos, no caso em que, em virtude da natureza vinculada do ato, seja manifesto que o seu conteúdo dispositivo não poderia ser diferente do concretamente adotado" – como explicitou a doutrina, a não anulabilidade do ato por vícios formais (e, por conseguinte, a sua mera irregularidade) ficou confinada a *"fattispecie provvedimentale «senza alternativa»"*. Cf., *v. g.*, Cerulli IRELLI, *Lineamenti...*, cit., pp. 492 e ss. (493), e «Osservazioni Generali Sulla Legge di Modifica della L. N. 241/90 – 5. Puntata», *Giustizia Amministrativa*, n.º 2, 2005, http://www.giustamm.it/new_2005/Cerulli_Irelli5.pdf, pp. 7 e ss.; GALLETTA, «Notazione Critiche sul Nuovo Art. 21-*Octies* della Legge N. 241/90», in: *Giustizia Amministrativa*, n.º 2, 2005, http://www.giustamm.it/new_2005/Galetta.pdf.

[31] Sobre esta matéria, cf. as reflexões pormenorizadas de Vieira de ANDRADE, *O Dever...*, cit., pp. 307 e ss., esp.te pp. 315 e ss.. *V.* também David DUARTE, *Procedimentalização...*, cit., pp. 220

amiúde convocada perante atos *anuláveis* que padeçam de vícios de *procedimento* ou de *forma* (o aproveitamento de uma decisão ferida de nulidade já é mais discutível), e, simultaneamente, se apresentem como atos estritamente devidos, em que a Administração não tem um poder de escolha: se os vícios não afetam o conteúdo da pronúncia, os efeitos (vinculados) foram produzidos, e não houver interesse relevante na anulação, exclui-se a anulação do ato (bem como o direito do particular a obter tal anulação). Está, pois, em causa o reconhecimento da faculdade de o juiz se abster de anular um ato, por vício de procedimento ou de forma, sempre que aquele conclua que o conteúdo da decisão administrativa não tenha outra alternativa juridicamente admissível e desde que não se vulnerem interesses ou valores fundamentais no caso concreto – como acentua a doutrina germânica, esta disposição ilustra a «função servidora do direito procedimental relativamente ao direito material» (*dem materiellen Recht dienende Funktion des Verfahrensrecht*)[32].

Esta conceção encontra-se hoje acolhida pelas alíneas *a)* e *c)* do n.º 5 do artigo 163.º do CPA, onde expressamente se prevê o afastamento do efeito anulatório nas hipóteses em que o conteúdo do ato não pode ser outro (por se tratar de ato de conteúdo vinculado ou de uma situação de redução de discricionariedade a zero), bem como nos casos em que se comprove, sem margem para dúvidas, que, mesmo sem o vício, o ato teria sido praticado com o mesmo conteúdo.

Estas duas singularidades dos atos vulnerados por uma invalidade formal não significam uma desconsideração da relevância deste tipo de invalidades – aspeto que se encontra bem patente no facto de existirem invalidades formais que têm a nulidade como consequência jurídica, como sucede com as hipóteses previstas nas alíneas *f)*, *g)*, *h)* e *i)* do n.º 2 do artigo 161.º do CPA. As possibilidades de renovação e aproveitamento do ato resultam da repercussão (*rectius*, da ausência de repercussão) que um vício formal pode ter no conteúdo de um determinado ato administrativo e no fim que este intende prosseguir.

e ss., 332 e s. (associando a desvalorização das formas ao princípio da materialidade subjacente, enquanto dimensão do princípio da boa fé e este, por sua vez, ao princípio da justiça).

[32] Cf., *v. g.*, OSSENBÜHL, «Verwaltungsverfahren...», cit., p. 471; BADURA, «Das Verwaltungsverfahren», cit., p. 547.

2.3.1.1. Invalidade originária e invalidade superveniente

A *invalidade originária* verifica-se quando, no momento da perfeição do ato (*i. e.*, desde a fase constitutiva), o ato se encontra afetado por um qualquer vício invalidante: nestas hipóteses, e em virtude de um vício formal ou em consequência de um vício material, o ato é inválido desde que nasceu, desde o momento da sua prática. Tratando-se de *atos de eficácia duradoura*, pode acontecer que um deles não padeça de qualquer invalidade no momento da sua prática, mas, posteriormente, durante a respetiva vigência, passe a contrariar o direito, em resultado de uma alteração no ordenamento jurídico (*v. g.*, de uma modificação da legislação em vigor); diz-se, então, que este ato está tocado por uma *invalidade superveniente*.

As questões mais delicadas colocam-se a propósito deste último tipo de invalidade, que pressupõe a resolução do problema mais complexo relativo à aplicação da "lei administrativa" no tempo[33].

Por um lado, e além de, como principiámos por salientar, a invalidade superveniente afetar apenas atos de eficácia duradoura, deve o mesmo compatibilizar-se com o princípio *tempus regit actum*, *i. e.*, com o princípio segundo o qual um ato jurídico tem de se conformar com as normas jurídicas vigentes no momento da sua prática; a observância deste princípio fica salvaguardada com a manutenção ou preservação dos efeitos produzidos pelo ato até ao momento da alteração do ordenamento determinante da invalidade do ato. Por outro lado, a invalidade superveniente opera tão-só perante *vícios materiais*, *i. e.*, perante uma desconformidade com o direito do conteúdo e dos efeitos que um ato pretende produzir – assim, *v. g.*, a reorganização legislativa do Governo (com a criação e a extinção de ministérios e órgãos), que ocorre aquando da tomada de posse de um novo Executivo, não implica a invalidade (por vício de falta de atribuições ou de incompetência, consoante os casos) dos atos praticados pelos anteriores ministros ou órgãos da Administração estadual; do mesmo modo, um ato *não* padece de invalidade superveniente se, entretanto, o legislador veio prever novas diligências procedimentais necessárias para a prática de atos daquele tipo.

[33] Cf., entre nós, mais desenvolvidamente, Afonso Queiró, *Lições...*, cit., pp. 516 e ss.; Marcello Caetano, *Manual...*, vol. I, cit., pp. 137 e ss..

2.3.1.2. Invalidade derivada e invalidade própria

Um ato administrativo padece de *invalidade própria* quando os vícios que o afetam resultam de não terem sido cumpridas as exigências formais e substanciais respeitantes ao ato administrativo. Repare-se que, embora, num sentido muito amplo, os vícios procedimentais possam envolver a invalidade derivada (quando àqueles se façam corresponder todas as invalidades decorrentes de antijuridicidades ocorridas durante a formação do ato), não existe entre ambos uma relação de identidade.

A *invalidade derivada* (reflexa, consequente ou consequencial) caracteriza-se pela irradiação da invalidade de um determinado ato para outro ato deste dependente. A tónica reside na relação de prejudiciabilidade entre os atos envolvidos: nestas hipóteses, a invalidade do ato prejudicial ou pressuposto[34] – enquanto ato necessário e lógico-juridicamente anterior ao ato prejudicado ou consequencial – implica a invalidade deste último[35].

A questão coloca-se, em especial, no que concerne aos atos consequentes de atos judicial ou administrativamente anulados. A doutrina tem entendido que só deverão considerar-se feridos de invalidade os atos cuja manutenção se revele incompatível com a decisão administrativa de anulação ou sentença anulatória; quer dizer, os atos que se encontrem numa relação de pressuposição ou prejudicialidade com o ato agora anulado. Contam-se entre estes os atos, incluídos no mesmo procedimento ou subprocedimento, quando a prática dos atos pressupostos está pré-ordenada à adoção dos atos subsequentes, cuja existência ou conteúdo foram determinados pelo primeiro[36]. Por outro lado, só se devem manter os atos na estrita medida do interesse dos contrainteressados, apenas se revelando suscetíveis de tutela os interesses de terceiros de boa fé, desde que não tenham sido contrainteressados no processo (ou no procedimento, no caso da anulação administrativa) que conduziu à anulação

[34] O "acto no qual se funda", na terminologia de Santi Romano, *Corso di Diritto Amministrativo*, 2.ª ed., CEDAM, Padova, 1932, p. 274.

[35] Assim, Alberto Xavier, *Conceito...*, cit., pp. 255 e ss.; na jurisprudência, seguindo explicitamente este Autor, cf. Acórdãos do STA, de 13.07.2005, P. 1735/03, e de 16.06.2010, P. 205/10. Cf. também Sandulli, *Il Procedimento...*, cit., p. 332.

[36] Cf. M. Aroso de Almeida, *Sobre a Autoridade do Caso Julgado nas Sentenças de Anulação de Actos Administrativos*, Almedina, Coimbra, 1994, pp. 335 e s.

do ato, mas antes "alheios à disputa sobre o acto principal"[37]. Está, assim, em causa um «conceito funcional-material» que reclama uma "ponderação dos interesses presentes nas situações da vida cuja reconstituição é determinada pela anulação de um acto administrativo"[38]. De destacar ainda que, quando o ato antecedente é anulado por vício de forma, a Administração, em sede de execução da sentença ou da decisão, pode vir a praticar um ato com o mesmo conteúdo, sem reincidir no vício, e, por conseguinte, não invalidando os atos consequentes[39].

Nesta matéria, o CPA deve ser lido em articulação com o CPTA, razão pela qual se verifica hoje uma estreita simbiose entre o artigo 172.º do CPA (sobre as consequências da anulação administrativa) e o artigo 173.º do CPTA (relativo ao conteúdo do dever de executar as sentenças anulatórias)[40]. Importa, todavia, acentuar que estas disposições – como, aliás resulta das respetivas epígrafes e inserção sistemática – não pretendem dar diretamente uma resposta à questão da (in)validade dos atos consequentes de atos anulados administrativa ou jurisdicionalmente, mas antes explicitar quais os deveres que impendem sobre a Administração após a anulação (administrativa ou jurisdicional) de um ato administrativo. De ambos os preceitos (em especial, dos respetivos n.os 2 e 3[41]) conclui-se, em primeiro lugar, que a Administração só terá o dever de anular os atos consequentes e, por conseguinte, os atos consequentes apenas padecerão de invalidade se a sua manutenção for incompatível com a reconstituição da situação atual hipotética. E julgamos que, verificado este circunstancialismo, os atos consequentes encontrar-se-ão inquinados – ainda quando se verifiquem os pressupostos do n.º 3 do artigo 172.º do CPA (ou do n.º 3 do artigo 172.º do CPTA). Este último preceito pretende salvaguardar a situação jurídica dos beneficiários de boa fé[42] de

[37] M. Esteves de Oliveira/Pedro Gonçalves/Pacheco de Amorim, *Código...*, cit., p. 651.

[38] Vieira de Andrade, «Actos Consequentes e Execução de Sentença Anulatória (Um Caso Exemplar em Matéria de Funcionalismo Público)», in: *Revista Jurídica da Universidade Moderna*, ano I, n.º 1, 1998, p. 37.

[39] Cf., neste sentido, Pedro Gonçalves, *A Concessão de Serviços Públicos*, Almedina, Coimbra, 1999, p. 220, n. 176.

[40] Cf. já M. Aroso de Almeida, *Teoria...*, cit., pp. 341 e ss..

[41] Os n.os 4 dos artigos 172.º do CPA e 173.º do CPTA encontram-se especialmente pensados para as situações em que estão em causa atos em matéria de funcionalismo público, e onde se verifica a necessidade de uma maior estabilização.

[42] Cf., sobre estes beneficiários de boa fé, M. Aroso de Almeida, *Teoria...*, cit., pp. 344 e s..

atos consequentes praticados há mais de um ano, cuja anulação produziria danos de difícil ou impossível reparação e revelaria uma desproporção entre o interesse (daqueles beneficiários de boa fé) na manutenção da situação real e o interesse na concretização dos efeitos da anulação. Ora, daqui não resulta que, nestas hipóteses, os atos consequentes em causa não sejam inválidos, mas simplesmente que, ultrapassado o prazo de um ano (contado, nos termos do n.º 2 do artigo 168.º, da data da respetiva emissão), aqueles já não podem ser anulados, nem mesmo como consequência da anulação do ato pressuposto.

Estas normas permitem ainda retirar uma conclusão determinante: a invalidade derivada dos atos consequentes não decorre da simples anulabilidade do ato pressuposto, mas constitui antes uma consequência da sua anulação – em total consonância com a teoria da anulabilidade, que se caracteriza pela produtividade provisória do ato (pressuposto), o qual, *se* e *enquanto* não for anulado[43], produz os seus efeitos no ordenamento jurídico. Nas palavras de M. Aroso de Almeida[44], até à anulação do ato pressuposto, o ato consequente encontra-se numa situação de validade precária (ou invalidade suspensa ou pendente).

Nos casos em que se admite a invalidade derivada dos atos consequentes, parece ficar por apurar, numa primeira leitura, qual a consequência jurídica associada a essa invalidade (nulidade ou anulabilidade). Na verdade, embora o artigo 172.º do CPA se refira ao dever de *anular* os atos consequentes – o que pareceria indiciar uma anulabilidade –, acrescenta, de imediato, *sem dependência de prazo* – o que apontaria no sentido da nulidade. Não persistem dúvidas de que se pretendeu afastar o regime da nulidade dos atos consequentes que se encontrava anteriormente consagrada na alínea *i)* do n.º 2 do artigo 136.º do CPA. Pese a deficiência de redação, a referência ao "dever de anular sem dependência de prazo" deverá ser interpretada no sentido de que, quando padeçam de invalidade, os atos consequentes se encontram feridos de anulabilidade, embora a anulação administrativa efetuada ao abrigo da disciplina especial constante deste n.º 2 do artigo 172.º do CPA (ou do n.º 2 do artigo 173.º

[43] Tal não obvia a que, em termos processuais, se possam cumular os pedidos de impugnação do ato pressuposto e do ato consequente – precisamente porque os pedidos se encontram numa relação de prejudicialidade [cf. artigo 4.º, n.º 1, alínea *a)*, do CPTA].

[44] M. Aroso de Almeida, *Teoria...*, cit., p. 343.

do CPTA) não esteja adstrita aos prazos de impugnação *contenciosa* (sem prejuízo de dever ser efetuada na sequência da anulação do ato pressuposto e de, em qualquer caso, ter de respeitar os prazos do artigo 168.º do CPA)[45].

2.3.1.3. Invalidade total e invalidade parcial

A *invalidade total* do ato ocorre quando o vício afeta a subsistência do ato no seu todo; diversamente, a *invalidade parcial* existe quando o vício atinge apenas uma parcela do ato, que, sem prejuízo para os efeitos típicos, se poderá manter, despojado da parte viciada.

Como logo se compreende, as questões mais prementes formulam-se a propósito da admissibilidade da invalidade parcial. A identificação de uma invalidade deste último tipo não constitui apenas uma questão teórica – daqui decorrem consequências para a resposta às possibilidades de anulação (ou declaração de nulidade) parcial e de redução ou reforma do ato.

A este propósito, pode efetuar-se uma diferenciação entre *atos divisíveis* e *atos indivisíveis*: divisíveis qualificam-se os atos cujo conteúdo seja fracionável ou cindível em partes distintas[46], suscetíveis de, isolada ou autonomamente, manterem um sentido autónomo[47]; os restantes atos, que não possuam estas características, designam-se como indivisíveis. O exemplo típico dos atos divisíveis respeita àqueles que têm um conteúdo acessório. Mas também, *v. g.*, de acordo com a jurisprudência administrativa, o despacho que homologa a lista de classificação e ordenação

[45] Assim, Vieira de ANDRADE, *Lições...*, cit., p. 242, considerando que a locução em causa se deve ler no sentido de que a anulação é admitida "mesmo que [o ato] se tenha tornado inimpugnável". Cf. também Vieira de ANDRADE, «Artigo 161.º», in: Fausto de QUADROS/Sérvulo CORREIA/Rui Machete/Vieira de ANDRADE/Maria da Glória Garcia/M. Aroso de Almeida/Políbio HENRIQUES/José Miguel SARDINHA, *Comentários...*, cit., p. 326, comentário 2.3., propugnando uma restrição teleológica da expressão "sem dependência de prazo", e entendendo que não há razão para que o dever de anular contemplado no n.º 2 do artigo 172.º do CPA não esteja sujeita aos mesmos prazos da anulação administrativa.
Cf. também M. Aroso de ALMEIDA, *Teoria...*, cit., pp. 341 e s., «Artigo 172.º», in: Fausto de QUADROS/Sérvulo CORREIA/Rui Machete/Vieira de ANDRADE/Maria da Glória Garcia/M. Aroso de Almeida/Políbio HENRIQUES/José Miguel SARDINHA, *Comentários...*, cit., pp. 376 e ss., comentário 3; M. Aroso de ALMEIDA/Carlos CADILHA, *Comentário ao Código de Processo nos Tribunais Administrativos*, 4.ª ed., Almedina, Coimbra, 2017, p. 1286, comentário 3.

[46] Cf. Acórdão do STA, de 29.11.2001, P. 3192/99.

[47] Cf. MAURER/WALDHOFF, *Allgemeines Verwaltungsrecht*, cit., § 11, n.os de margem 12 e ss..

de candidatos a um concurso é divisível, por encerrar dois juízos distintos: numa parte, homologa as classificações obtidas nas provas; na outra parte, homologa a ordenação em mérito relativo dos candidatos, atribuindo-lhe uma posição relativa na lista classificativa[48]; é também divisível o ato tributário de liquidação (e, em geral, atos que imponham o pagamento de quantias pecuniárias[49]), quando se torne apenas necessária uma operação aritmética para repor a legalidade[50].

Sob a égide da máxima *utile per inutile non vitiatur* e dos princípios da economia de meios e do aproveitamento dos atos jurídicos, e com o objetivo de restringir os efeitos da invalidade, vem-se afirmando que padecem de invalidade parcial os atos divisíveis afetados por uma causa de invalidade apenas numa das suas partes. Julgamos, porém, que, não obstante as invalidades parciais poderem atingir apenas atos divisíveis, nem todos os atos divisíveis parcialmente viciados padecem de uma invalidade parcial – tal apenas sucederá se a parcela afetada não representar, no contexto do equilíbrio do ato administrativo, uma parte *essencial à produção dos efeitos típicos do ato*. Pense-se, *v. g.*, que a Administração apenas decidiu deferir uma licença para instalação de um estabelecimento industrial, porque vinculou o respetivo destinatário a construir uma estação de tratamento dos resíduos provenientes da laboração normal da empresa; se a imposição deste encargo – que corporiza um modo (cláusula acessória) – se encontrar afetada por uma causa de invalidade, entendemos que o ato se *não pode considerar apenas parcialmente inválido*, em termos que legitimem apenas uma anulação parcial ou consintam uma redução ou reforma do ato, expurgando-o da parte viciada[51].

3. Eficácia e ineficácia do ato administrativo

Nos termos do n.º 1 do artigo 155.º do CPA, "o ato administrativo produz os seus efeitos desde a data em que é praticado", correspondendo esta última – em total consonância com as considerações já tecidas em maté-

[48] Acórdão de 12.04.2007, P. 901/2006

[49] Maurer/Waldhoff, *Allgemeines Verwaltungsrecht*, cit., § 11, n.º de margem 13.

[50] Acórdãos do STA, de 27.09.2005, P. 287/05, e de 12.01.2011, P. 583/10.

[51] Paulo Otero (*Direito do Procedimento...*, vol. I, cit., p. 607) entende que a invalidade que atinge cláusulas acessórias que funcionam como condição *sine qua non* da decisão principal pode determinar a caducidade desta última ou o reconhecimento de um fundamento para a cessação da vigência ou modificação do conteúdo principal.

ria procedimental – ao culminar do procedimento na fase constitutiva, o qual traduz igualmente o momento da perfeição do ato. Da conjugação deste preceito com a noção de ato administrativo resulta que: *i)* a eficácia do ato não coincide com a respetiva validade; *ii)* em regra, o ato produz, simultaneamente, efeitos internos e externos; *iii)* em princípio, os efeitos do ato revestem caráter imediato e prospetivo.

3.1. Eficácia e validade

Diferentemente do que sucede no direito privado (*maxime*, no direito civil), em que os conceitos de validade e eficácia confluem numa noção ampla de eficácia[52], no horizonte do Direito Administrativo, impõe-se efetuar uma distinção nítida entre eles: assim, enquanto a validade tem a ver com momentos intrínsecos do ato, com elementos constitutivos da pronúncia, a segunda refere-se a elementos extrínsecos à decisão administrativa (casos em que os atos dependem de controlos, de comunicação aos interessados, de aceitação dos destinatários e atos que contenham cláusulas que imponham uma condição suspensiva ou um termo inicial)[53]. A eficácia diz respeito à *operatividade* do ato administrativo, ao passo que a validade está intimamente conexionada com a existência ou não de vícios que comprometam a *integridade* do ato.

Por um lado, um ato administrativo pode ser plenamente válido e não produzir os efeitos a que tende, *v. g.*, por lhe faltar um determinado ato pertencente à fase integrativa de eficácia ou por os seus efeitos se encontrarem dependentes da verificação de um termo inicial ou de uma condição suspensiva (cf. artigo 157.º do CPA), ou ainda ou por ter a eficácia suspensa em consequência de uma decisão administrativa (por exemplo, ao abrigo do artigo 89.º do CPA) ou jurisdicional [cf. artigo 112.º, n.º 2, alínea *a)*, e artigos 128.º e 129.º, todos do CPTA]. Por outro lado, também um ato inválido pode produzir os seus efeitos: um ato anulável (inválido, portanto) é eficaz (embora estejamos apenas perante efeitos provisórios) até ao momento em que não constitui objeto de uma decisão (administrativa ou judicial) que lhe suspenda os efeitos ou o anule, e, decorrido o

[52] Efetivamente, as próprias invalidades são consideradas como uma forma de ineficácia: cf., *v. g.*, Manuel de ANDRADE, *Teoria...*, vol. II, cit., p. 411; Carlos da Mota PINTO, *Teoria...*, cit., p. 615.

[53] Cf. Vieira de ANDRADE, *Lições...*, cit., p. 193.

prazo de impugnação, passará a produzir os seus efeitos normais, ainda que permaneça inválido.

Deste modo, quando falamos em ineficácia, temos em vista atos válidos ou atos cuja validade não foi posta em causa[54]. Claro que uma das causas de ineficácia pode consistir na invalidade do ato: eis o que sucede com os atos nulos, que se caracterizam precisamente pela improdutividade jurídica total (cf. artigo 162.º, n.º 1, do CPA). Mas, mesmo nesta hipótese, o ordenamento admite, em homenagem a princípios normativos (como a boa fé, a proteção da confiança e a proporcionalidade), a produção de certos efeitos (de facto) – os designados *efeitos putativos* (cf. artigo 162.º, n.º 3, do CPA). Dir-se-á, com maior propriedade, que a nulidade do ato acarreta a respetiva ineficácia interna, embora viabilize a subsistência da eficácia externa (cf. *infra*)[55].

Tendo em atenção a diferença entre validade e eficácia, poderemos, assim, com Rogério Soares, afirmar que se reserva o conceito de eficácia para os atos que estão aptos a produzir os seus efeitos, sem nos preocuparmos em conhecer da sua possibilidade de sobrevivência definitiva ("actos que são capazes de imediatamente produzir os efeitos a que tendem, sem se curar de saber da sua aptidão duradoura para sobreviver"[56]).

3.2. Eficácia interna e eficácia externa

Deve-se ao labor dogmático da doutrina germânica a distinção entre eficácia externa (äußere Wirksamkeit) e eficácia interna (*innere Wirksamkeit*) do ato administrativo.

A *eficácia externa* traduz o surgimento do ato administrativo como ato jurídico-estadual, como realidade jurídica, independentemente do seu conteúdo[57]. Tendo em conta a possibilidade de haver uma disparidade temporal entre a produção dos efeitos de um ato em função dos destinatários – pense-se, *v. g.*, num ato plural recetício, cujos efeitos dependem, relativamente a cada um dos destinatários, da data da notificação –, a doutrina esclarece que o conceito de eficácia externa assume um caráter relativo.

[54] Cf., no mesmo sentido, Rogério Soares, *Interesse ...*, cit., p. 299.

[55] Sem prejuízo de tal subsistência se encontrar limitada por "referências constitucionais limitativas", pelo que nunca poderá revestir caráter absoluto: assim, Paulo Otero, *Direito do Procedimento...*, vol. I, cit., pp. 615 e s..

[56] Rogério Soares, *Direito...*, cit., p. 182.

[57] Cf. Stelkens/Bonk/Sachs, *Verwaltungsverfahrensgesetz*, cit., § 43, n.os de margem 164 e s..

A *eficácia interna* consiste no desencadeamento das vinculações jurídicas decorrentes da regulação jurídica que o (conteúdo do) ato corporiza. Assim, *v. g.*, um ato administrativo sujeito a um termo inicial ou a uma condição suspensiva é internamente ineficaz: a regulação do caso individual e concreto contida no ato só opera depois de verificado o acontecimento certo ou o evento condicionante.

A diferenciação entre eficácia externa e eficácia interna permite compreender que o desencadeamento da eficácia não significa exatamente o mesmo que entrada em vigor do ato administrativo[58]. Retomemos, conjugadamente, os dois exemplos mobilizados, considerando o problema da eficácia de um ato receptício sujeito a uma condição suspensiva: a partir do momento da notificação, o ato "existe" como realidade jurídica, mas os respetivos efeitos típicos apenas se libertam após a ocorrência do evento condicionante. Nesta hipótese, é a eficácia externa do ato que justifica, por exemplo, que, *pendente conditione*, nem a Administração, nem o destinatário do ato possam adotar comportamentos que frustrem a verificação do evento condicionante.

3.3. Eficácia imediata e eficácia diferida; eficácia prospetiva e eficácia retroativa

Se, em princípio, os efeitos do ato se produzem para o futuro (*eficácia prospetiva* ou *ex nunc*) e a partir do momento da sua prática (*eficácia imediata*), não significa que não existam compressões a esta regra; quer dizer, o sistema jurídico admite a existência de atos com *eficácia retroativa* (ou *ex tunc*) – que se *projetam* para um momento anterior ao da sua perfeição – e de atos com *eficácia diferida* – cujos efeitos se *libertam* em momento posterior à fase constitutiva. As situações em que tal pode acontecer decorrem da convocação dos artigos 156.º e 157.º do CPA.

a) O artigo 156.º do CPA pretende consagrar os casos em que se admite a retroatividade, aí incluindo três tipos diversos de atos administrativos: *i)* os atos cuja natureza exige uma projeção de efeitos para momento anterior ao da sua prática (eis o que sucede com os atos interpretativos); *ii)* os atos cuja eficácia retroativa decorre da lei; e *iii)* os atos aos quais a Administração pretende conferir eficácia retroativa.

[58] Assim, também já Colaço Antunes, «Anulação Administrativa ou *Nulla Anullatio Sine Juditio?*», in: *Cadernos de Justiça Administrativa*, n.º 79, janeiro/fevereiro 2010, p. 5.

O conteúdo do preceito carece, porém, de um afinamento conceitual, para o qual a doutrina (pela mão de Rogério Soares[59]) tem alertado, destrinçando a retroatividade de noções paralelas como pseudo-retroatividade, retrotração e retrodatação.

A necessidade de precisão terminológica decorre, desde logo, do exame da alínea *a)* do n.º 1 do artigo 156.º do CPA, quando considera os atos interpretativos como atos com eficácia retroativa. A verdadeira retroatividade exige que a projeção dos efeitos para o passado (*hoc sensu*, para momento anterior à prática do ato) decorra de previsão legal ou da vontade do órgão administrativo, e não da específica natureza do ato administrativo; nesta última hipótese, está apenas em causa uma situação de *pseudo-retroatividade*. Por faltar igualmente uma vontade administrativa autónoma da produção de efeitos *ex tunc*, apartadas da noção (e do regime) da retroatividade estão as situações de *retrodatação*, em que a Administração se encontrava obrigada *por lei* a adotar um ato administrativo em determinado momento (ato vinculado quanto ao *an* e ao *quando*), mas, tendo-o praticado posteriormente, vai determinar que os respetivos efeitos se contem desde a data em que o ato se tornou legalmente devido.

Também não se enquadram no conceito de retroatividade os casos em que, como decorrência de o procedimento incorporar uma fase integrativa de eficácia, existe uma disparidade temporal entre o momento da perfeição do ato e o momento da libertação dos respetivos efeitos: pense-se, *v. g.*, num ato sujeito a aprovação; nestas hipóteses, os efeitos do ato – desencadeados apenas aquando da aprovação – produzem-se desde a fase constitutiva. Alude-se, agora, não à retroatividade (pois que esta noção pressupõe que os efeitos de um ato se projetem para um momento anterior à fase constitutiva), mas à *retrotração* do ato administrativo.

A retroatividade (em sentido próprio, se quisermos) dos atos jurídicos reconduz-se à produção de efeitos para o passado, *i. e.*, para um momento anterior à constituição do ato em causa. A este propósito, sói ainda distinguir-se entre *retroatividade autêntica* e *retroatividade inautêntica*: a primeira refere-se à afetação de situações que se constituíram e cujos efeitos se exauriram antes que o ato estivesse perfeito, pelo que o ato pretende ter efeitos apenas sobre o passado; a segunda reporta-se às hipóteses em que, pre-

[59] Cf. Rogério Soares, *Direito...*, cit., pp. 184 e ss.. *V.* também Vieira de Andrade, *Lições...*, cit., pp. 194 e s..

tendendo o ato projetar efeitos para o futuro, toca situações duradouras, constituídas em momento prévio ao da sua prática e que ainda subsistem.

A admissibilidade de atos retroativos (em sentido próprio) encontra-se cerceada pelo condicionalismo previsto no n.º 2 do artigo 156.º do CPA que, para além dos casos de autorização (ou imposição) legal [onde se podem, de algum modo, incluir, como casos especiais, as hipóteses de anulação administrativa ou jurisdicional, nos termos previstos no n.º 2 do artigo 172.º do CPA e no artigo 173.º do CPTA, respetivamente], admite a retroatividade de decisões revogatórias praticadas pelos autores do ato revogado, na sequência da sua impugnação administrativa[60], assim como a retroatividade favorável aos interessados, respeitadora dos direitos e interesses legalmente protegidos de terceiros, desde que, à data a que se pretende remontar a eficácia do ato, já existissem os pressupostos justificativos da retroatividade.

b) O artigo 157.º do CPA estabelece os casos de *eficácia diferida* do ato administrativo. Podemos organizar as hipóteses previstas em dois grupos: por um lado, a dos atos administrativos cujo procedimento pressupõe uma fase integrativa de eficácia, onde se podem incluir atos administrativos (*v. g.*, a aprovação), atos de execução (*v. g.*, alvará), atos de natureza certificativa (*v. g.*, a aprovação e assinatura da ata, no caso das deliberações dos órgãos colegiais – cf. artigo 34.º, n.º 6, do CPA), atos de natureza comunicativa (*v. g.*, a notificação ou a publicação), e outros atos jurídicos (*v. g.*, referendo – cf. Lei Orgânica n.º 4/2000, de 24 de Agosto, sobre o regime jurídico do referendo local); por outro lado, os atos que contêm cláusulas acessórias destinadas a protelar a "explosão"[61] dos efeitos do ato (a condição suspensiva e o termo inicial).

Se quisermos cruzar a eficácia diferida com o binómio eficácia interna/eficácia externa, verificamos que o diferimento consentido pelo legislador tanto pode atingir os efeitos internos como os efeitos externos do ato: assim, enquanto, nos casos de aprovação, o adiamento da produção de efeitos refere-se à eficácia externa (e, eventualmente, também à interna), a aposição de um termo inicial contende tão-só com a protelação da eficácia interna.

[60] Não se afigura isenta de dúvidas a interpretação da alínea *b)* do n.º 2 do artigo 156.º, na medida em que prevê, em simultâneo, que podem ter eficácia retroativa as decisões revogatórias adotadas pelos *autores* do ato primitivo, na sequência de *reclamação* ou *recurso hierárquico*.

[61] M. Esteves de Oliveira/Pedro Gonçalves/Pacheco de Amorim, *Código...*, cit., p. 625.

Parte II
Casos práticos resolvidos

CASO 1

Asilo e Desorganização Administrativa

Em consonância com o previsto no n.º 8 do artigo 33.º da CRP, o artigo 3.º da Lei n.º 27/2008, de 30 de junho (alterada pela Lei n.º 26/2014, de 5 de maio), vem estabelecer, para efeitos de concessão do direito de asilo, cuja competência assiste (nos termos do artigo 20.º do mesmo diploma) ao Diretor Nacional do Serviço de Estrangeiros e Fronteiras (SEF), o seguinte:

1 – É garantido o direito de asilo aos estrangeiros e aos apátridas perseguidos ou gravemente ameaçados de perseguição, em consequência de atividade exercida no Estado da sua nacionalidade ou da sua residência habitual em favor da democracia, da libertação social e nacional, da paz entre os povos, da liberdade e dos direitos da pessoa humana.

2 – Têm ainda direito à concessão de asilo os estrangeiros e os apátridas que, receando com fundamento ser perseguidos em virtude da sua raça, religião, nacionalidade, opiniões políticas ou integração em certo grupo social, não possam ou, por esse receio, não queiram voltar ao Estado da sua nacionalidade ou da sua residência habitual.

Fundado nesta lei, Antoine requereu a concessão de direito de asilo ao órgão competente, alegando e provando que é militante de um partido de oposição à maioria governamental do Estado X e que tinha participado numa grande manifestação contra o Governo, na sequência da qual viria a ser preso. Sucede que, aquando da transferência para outra prisão, conseguiu fugir.

O Diretor Nacional do SEF recusou a concessão do asilo por entender não estar verificado um pressuposto da lei: o receio, com fundamento, de ser perseguido em virtude de opiniões políticas.

1. Avalie, fundamentadamente, se se pode entender que as disposições transcritas concedem uma competência discricionária ao diretor nacional do SEF.

2. Imagine que, em consequência da recusa de asilo, Antoine foi notificado de uma decisão de expulsão do território nacional, adotada pelo diretor nacional-adjunto do SEF, ao abrigo de uma delegação de competências do diretor nacional. Sob o prisma das relações jurídicas no interior da Administração, poderia o diretor nacional-adjunto ter adotado esta decisão?

Tenha em atenção que a competência para proferir decisões de expulsão administrativa se encontra conferida ao diretor nacional do SEF na alínea *h)* do n.º 2 do artigo 13.º do Decreto-Lei n.º 252/2000, de 16 de outubro (alterado, por último, pelo Decreto-Lei n.º 240/2012, de 6 de novembro) e que os n.os 3 e 4 deste artigo dispõem o seguinte:

"3 – O diretor nacional pode delegar em qualquer dos diretores nacionais-adjuntos as competências previstas no número anterior.

4 – A competência prevista na alínea h) do n.º 2 é própria reservada, cabendo, dos respetivos ctos, recurso hierárquico facultativo, sem prejuízo dos atos poderem ser praticados em substituição nos termos do n.º 2 do artigo 14.º".

Por sua vez, o n.º 2 do artigo 14.º dispõe que *"o diretor nacional designará o diretor nacional-adjunto, que o substituirá nas suas faltas e impedimentos"*.

3. Suponha agora que, ao abrigo de uma delegação de competências válida, o diretor nacional-adjunto proferiu uma decisão de inscrição de Antoine na lista nacional de pessoas não admissíveis. Poderia Antoine impugnar esta decisão junto do diretor nacional do SEF? E do diretor nacional-adjunto?

RESOLUÇÃO:

1. A noção e caracterização da discricionariedade administrativa constituem uma das mais complexas questões do Direito Administrativo, tocando problemas delicados como os da compreensão da decisão jurídica administrativa, da autonomia da função administrativa face às demais funções estaduais e da subordinação de todas as atuações da Administração ao direito. É à luz destas três coordenadas que se poderá considerar a discricionariedade como a dimensão das decisões administrativas (*lato sensu*) que se orienta por considerações de oportunidade e mérito e que exprime um espaço decisório próprio da responsabilidade da Administração.

Efetivamente, ainda que subordinadas ao direito, nem sempre as decisões jurídicas administrativas se encontram totalmente pré-determinadas ou pré-fixadas pelo legislador – em congruência com a ideia de que o princípio da legalidade se não confunde (porque mais estrito) com o princípio da juridicidade. Na verdade, decisões existem que carecem da formulação de juízos que, sem abdicarem dos limites impostos pela subordinação administrativa ao direito, se não reconduzem *apenas* à valoração de uma situação concreta à luz de critérios jurídicos. Neste sentido, o poder discricionário equivale ao poder de decidir à luz de critérios de oportunidade e conveniência, escolhendo *a melhor* solução para o interesse público. Ora, é esta tarefa de seleção da melhor solução para o interesse público que constitui o núcleo da função administrativa e, como tal, insuscetível de fixação antecipada pelo legislador e de reexame pelo tribunal, mas passível de reapreciação administrativa (do mérito).

Como está implícito nas considerações anteriores, o poder discricionário não configura hoje, em termos diversos do entendimento vigente no período liberal, um poder fora ou livre do direito. Por um lado, a atribuição da discricionariedade à Administração tem como fonte a lei: neste sentido, diz-se que a discricionariedade é uma concessão legislativa. Por outro lado, o exercício de poderes discricionários está limitado pelo direito: com este alcance, pode afirmar-se que não há decisões administrativas totalmente discricionárias, porquanto o princípio da juridicidade assegura sempre a sua vinculação jurídica, nem que tal ocorra apenas ao nível do estrato menos denso do sistema jurídico, *i. e.*, no plano dos princípios.

Na situação em análise, trata-se de saber se a disposição legal transcrita confere ou não um poder discricionário ao diretor nacional do SEF, no que se refere à concessão de asilo.

O princípio do qual devemos partir deverá consubstanciar-se no seguinte: estaremos perante uma atribuição de poderes discricionários se se puder concluir, a partir da *interpretação* da base legal habilitante da ação administrativa em causa, que o legislador abriu espaço para ponderações a realizar à luz de considerações de mérito, oportunidade e conveniência, tendo por referência a função do interesse público que determina o ato administrativo.

Em regra, a concessão legislativa de discricionariedade decorre da existência de uma indeterminação estrutural (resultante, por exemplo, da utilização do elemento deôntico "pode" – que exprime uma faculdade de ação – ou da previsão de várias alternativas decisórias) ou de uma indeterminação conceitual (decorrente da utilização de conceitos imprecisos de tipo ou conceitos imprecisos de tipo).

As citadas normas legais contêm indeterminações conceituais: assim acontece com os conceitos subjacentes, respetivamente, aos n.os 1 e 2, de ameaça grave de perseguição e de receio fundamentado de ser perseguido. Resta saber se estas indeterminações conferem ou não discricionariedade na decisão de concessão de asilo.

Para sabermos se estamos diante de um conceito impreciso de tipo (aqueles que, como salientámos, concedem discricionariedade), teremos que determinar se, por interpretação, o legislador pretendeu conferir ao órgão administrativo a possibilidade de realização de uma ponderação à luz de princípios jurídicos (caso em que os conceitos não traduzem a concessão de poderes discricionários) ou, pelo contrário, se a norma legal habilitante contém conceitos das quais decorre um espaço de conformação decisória a preencher por juízos próprios do exercício da função administrativa, de modo a adotar a melhor decisão para o interesse público.

No caso concreto, a interpretação da lei não pode ignorar o facto de o direito de asilo constituir um direito, liberdade e garantia, consagrado no n.º 8 do artigo 33.º da CRP. Esta circunstância impõe uma articulação do problema da discricionariedade com as exigências de sentido do princípio da reserva de lei, enquanto subprincípio do princípio da legalidade da Administração. Sem prejuízo da ultrapassagem da compreensão tripartida da reserva (material, funcional e orgânica), típica da época liberal, o princípio da reserva de lei tem, no quadro da atuação administrativa, uma relevante manifestação no princípio da determinidade do conteúdo, o qual exige, nas matérias contempladas nos artigos 164.º e 165.º da CRP, uma densidade normativa acrescida por parte do legislador. Tal significa, pois, que, nas matérias de reserva de lei, sobretudo em questões atinentes aos direitos fundamentais (o "domínio legislativo por natureza"), existe uma vinculação mais intensa da atuação administrativa à lei. Trata-se de um aspeto com repercussões na interpretação das eventuais indeterminações normativas constantes das disposições legais: o princípio da determinidade vai, pois, conduzir a que, em regra, aquelas não correspondam à outorga de poderes discricionários, mas antes à realização de ponderações jurídicas, suscetíveis de reapreciação judicial.

2. Esta questão prende-se com o regime jurídico da delegação de poderes, figura consagrada, em geral, nos artigos 44.º e seguintes do CPA.

A delegação consiste no ato pelo qual um órgão administrativo (no caso, o diretor nacional do SEF) permite que outro órgão administrativo (no caso, o diretor nacional-adjunto) exerça a sua competência para a prática de determinadas atuações administrativas. Talqualmente resulta do regime legal, a delegação tem a natureza de uma concessão constitutiva: por um lado, o delegado não detém, antes da delegação, a competência delegada; por outro lado, o delegante não perde, em consequência da delegação, a sua competência, mas, pelo contrário, mantém a respetiva titularidade.

Em virtude das exigências de sentido decorrentes do princípio da indisponibilidade das competências (cf. artigo 36.º do CPA) e do facto de a atribuição de poderes aos órgãos administrativos equivaler à outorga de poderes-deveres ou poderes funcionais, que o órgão deve exercer sempre que o interesse público assim o exija, a possibilidade de delegação de competências depende de uma habilitação legal nesse sentido. No caso concreto, as disposições legais citadas admitem a delegação de várias competências do diretor nacional no diretor nacional-adjunto. Todavia, o n.º 4 exclui expressamente do elenco das competências delegáveis a decisão de expulsão do território nacional. Considerando, nos termos apontados, que a habilitação legal para a delegação de competências não significa a atribuição da titularidade daquela ao órgão delegado, o diretor nacional-adjunto não tinha poderes para praticar a decisão de expulsão do território nacional.

Por fim, importa salientar que a remissão para o n.º 2 do artigo 14.º se revela, a este propósito, inócua. Este preceito não se reporta às situações de delegação de poderes, mas antes às de suplência (cf. artigo 42.º do CPA): estamos perante hipóteses em que o titular (efetivo) do órgão (*in casu*, o diretor nacional) não pode exercer os seus poderes (por estar ausente ou se encontrar impedido), sendo aqueles exercidos, transitoriamente, pelo suplente (o diretor nacional-adjunto).

3. A última questão respeita aos poderes do delegado e do delegante na vigência da delegação. Em especial, trata-se de saber quais os meios ao dispor de Antoine para reagir contra a decisão na inscrição da lista nacional de pessoas não admissíveis.

Desde logo, pode Antoine reclamar para o diretor nacional-adjunto. A reclamação constitui a garantia administrativa que se destina a permitir a reação contra um ato junto do respetivo autor (cf. artigo 191.º, n.º 1, do CPA). Na qualidade de autor do ato, pode o diretor nacional-adjunto revogar, anular, modificar ou substituir a sua decisão [cf. artigos 184.º, n.º 1, alínea *a*), e 169.º, n.ºs 2 e 3, do CPA].

Além disso, Antoine tem ainda a possibilidade de impugnar o ato junto do diretor nacional, através de um recurso especial, nos termos do 2 do artigo 199.º do CPA, que faz, todavia, depender esta possibilidade da existência de expressa disposição legal. No contexto deste recurso, e porque o diretor nacional mantém a titularidade da competência, são-lhe reconhecidos os poderes de anular, de revogar ou substituir o ato praticado pelo delegado (cf. artigos 49.º, n.º 2, e 169.º, n.º 4, do CPA).

CASO 2

Palacetes e Infantes

Nos termos do artigo 18.º da Lei n.º 107/2001, de 8 de setembro (Lei de Bases do Património Cultural), a classificação consiste no "ato final do procedimento administrativo mediante o qual se determina que certo bem possui um inestimável valor cultural". Os bens culturais (legalmente definidos como bens móveis ou imóveis que representem testemunho material com valor de civilização ou de cultura) podem ser objeto de classificação como bens de interesse nacional – o que acontece, nos termos da lei, "quando a respetiva proteção e valorização, no todo ou em parte, represente um valor cultural de significado para a Nação".

1. Diga, justificando, se o ato de classificação de um bem como bem cultural corresponde ao exercício de um poder discricionário.

2. Imagine que Martim, proprietário de uma casa senhorial que data do século XIV, viu o seu imóvel classificado como bem de interesse nacional, com os seguintes fundamentos: "o valor científico, patrimonial e cultural do imóvel classificado articula-se segundo critérios como autenticidade, originalidade, raridade, singularidade e exemplaridade, que se revelam expressivamente na relevância simbólica que adquiriram como lugar da memória histórica e política, na medida em que aí passou a sua infância a Ínclita Geração".

Descontente com a decisão (que o impede de utilizar livremente o seu palacete), Martim pretende reagir nos tribunais administrativos. Para tanto invoca que, ao contrário do que resulta da instrução do procedimento, naquela casa nunca viveu qualquer Infante de Portugal. Se fosse juiz do processo, como se pronunciaria?

3. Nos termos da lei, a decisão final de classificação de um bem imóvel cabe ao Governo, sob a forma de decreto, mediante proposta do membro do Governo responsável pela área da cultura. Imagine que a "lei orgânica" do Governo determina o seguinte: "consideram-se delegadas no Secretário de Estado da Cultura as competências de definição e execução de políticas de desenvolvimento cultural, de incentivo à criação artística e à difusão e internacionalização da cultura e da língua portuguesa".

3.1. Dentro das classificações de órgãos que estudou, como qualificaria o Governo?

3.2. Qualifique, da perspetiva das relações no interior da Administração, a relação pressuposta pela citada disposição da "lei orgânica" do Governo.

3.3. Caracterize a relação que existe entre o Secretário de Estado da Cultura e o Primeiro-Ministro.

3.4. Imagine que, no momento da reunião do Conselho de Ministros em que foi decidida a classificação do palacete de Martim como bem de interesse nacional, apenas estavam presentes o Ministro das Finanças e o Ministro da Economia. Vislumbraria algum problema?

RESOLUÇÃO:

1. A subordinação da Administração ao direito, em geral, e ao princípio da legalidade, em especial não desvanece o facto de que existe um núcleo material em que as decisões administrativas se reconduzem a juízos de mérito e de oportunidade: eis o que acontece com as decisões discricionárias. Adotando um conceito estrito, a discricionariedade caracteriza-se como um espaço próprio da avaliação e valoração da Administração Pública, cujo reconhecimento assenta no princípio da separação de poderes e, sobretudo, na autonomia da função administrativa. Quer dizer, a autonomia da função administrativa e a sua consideração no contexto do princípio da separação de poderes pressupõem (exigem) que aos órgãos da Administração se viabilize a possibilidade de realização de juízos que, desenvolvidos embora no quadro do direito, permitam a consideração do mérito e da oportunidade das medidas, sob a ótica da prossecução do interesse público.

Tal não significa, porém, remeter o conteúdo e os efeitos decisórios para vontade subjetiva do titular do órgão que escolherá uma de entre várias opções todas elas igualmente possíveis e equivalentes. Pelo contrário, o órgão administrativo deve adotar, em qualquer circunstância, *a melhor solução para o interesse público* – a tanto obriga o princípio da prossecução do interesse público enquanto princípio jurídico a que a Administração se encontra subordinada (cf. artigos 266.º, n.º 1, da CRP, e 4.º do CPA).

Ainda que hoje se multipliquem os novos fenómenos de discricionariedade (por exemplo, a discricionariedade regulamentar, a discricionariedade regulatória, a discricionariedade de planeamento), no caso concreto, está em causa a apreciação da atribuição de poderes discricionários para a prática de um ato administrativo: a classificação de um bem como bem cultural.

Ao contrário do que se entendia no período liberal, a discricionariedade não corresponde a uma liberdade total de atuação ou a um resquício do Estado de polícia, mas antes constitui um poder fundado na lei, uma concessão legislativa. Deste modo, para averiguar quando se pode afirmar que uma decisão administrativa comporta dimensões ou momentos de discricionariedade, o princípio do qual devemos partir deverá consubstanciar-se no seguinte: estaremos perante uma atribuição de poderes discricionários se se puder concluir, a partir da *interpretação* da base legal habilitante da ação administrativa em causa, que o legislador abriu espaço para ponderações realizadas à luz do mérito.

A atribuição legal de poderes discricionários decorre de indeterminações estruturais ou de indeterminações normativas. Dizendo de outra forma, o legislador confere discricionariedade à Administração mediante a consagração de faculdades de ação, a atribuição de prerrogativas de avaliação ou a utilização de conceitos imprecisos de tipo. É precisamente esta última a hipótese que corresponde ao caso em análise.

As normas transcritas utilizam conceitos – como "inestimável valor cultural", "testemunho material com valor de civilização ou de cultura", "valor cultural de significado para a Nação" – que remetem para a realização de juízos de mérito pelo órgão administrativo competente. O legislador remete para ponderações administrativas e para juízos de prognose relativos ao modo como a atribuição do estatuto de bem cultural vai permitir tutelar aqueles valores; por esse motivo, pode afirmar-se que, da interpretação da lei, emerge que a decisão, em concreto, sobre a necessidade de tutela de certos bens integra o espaço próprio de avaliação administrativa. Repare-se que existiriam sempre outras soluções possíveis para a tutela de bens culturais: assim, *v. g.*, já se não reconheceriam poderes discricionários à Administração se a lei houvesse determinado que todos os bens com dois séculos de existência seriam objeto de classificação como bem cultural. Ora, no caso concreto, ao invés de pré-determinar a decisão administrativa, a lei cometeu à Administração uma responsabilidade na definição, relativamente a cada bem, daqueles que merecem a proteção garantida pelo estatuto de bem cultural.

2. Esta questão respeita ao âmbito do controlo judicial quando a Administração exerce poderes discricionários.

A vinculação jurídica do exercício dos poderes discricionários aos princípios abre a possibilidade de uma *fiscalização* – mas não um *reexame* – jurisdicional das atuações administrativas em causa (controlo atenuado). Se, quando controla uma ação totalmente vinculada, o juiz deve avaliar se a mesma corresponde à ação prevista e pré-conformada pelo legislador (controlo positivo), nas hipóteses em que existe discricionariedade, cabe ao tribunal verificar se, nesse domínio, a decisão se não revela contrária a qualquer norma e, sobretudo, princípio jurídico (controlo negativo), não podendo substituir o juízo administrativo pelo seu. Nas dimensões decisórias norteadas pelos critérios de oportunidade e conveniência, não se encontram os tribunais autorizados a intervir, sob pena de violação do princípio da separação de poderes, pois que aquelas dimensões correspondem ao reduto próprio da função administrativa.

Esta ideia encontra, em geral, uma tradução quer no n.º 2 do artigo 71.º, quer no n.º 5 do artigo 95.º, ambos do CPTA: o primeiro esclarece, quanto à definição dos poderes de pronúncia do tribunal na ação de condenação à prática de ato devido, que "quando a emissão do ato pretendido envolva a formulação de valorações próprias do exercício da função administrativo e a apreciação do caso concreto não permita identificar apenas uma solução como legalmente possível, o tribunal não pode determinar o conteúdo do ato a praticar, mas deve explicitar as vinculações a observar pela Administração na emissão do ato devido"; o segundo – dotado de um âmbito mais alargado – determina que, sendo solicitada, em cumulação com um pedido impugnatório de um ato administrativo, a reconstituição da situação atual hipotética, e envolvendo a adoção da conduta devida a formulação de valorações próprias do exercício da função administrativa, sem que a apreciação do caso concreto permita identificar apenas uma atuação como legalmente possível, não pode o tribunal determinar o conteúdo da conduta a adotar, mas deve explicitar as vinculações a observar pela Administração.

Assim, e transpondo para o caso concreto, não cabe ao tribunal repetir o juízo da Administração, subjacente à classificação do imóvel como bem cultural, na parte em que este pondera o valor científico, patrimonial e cultural do imóvel classificado, articulado segundo critérios como autenticidade, originalidade, raridade, singularidade e exemplaridade. Mas tal não significa, por outro lado, que a decisão de classificação esteja imune do controlo jurisdicional, na medida em que, como decorre das considerações já tecidas, nunca as decisões administrativas são totalmente discricionárias, estando, no mínimo, vinculadas pelos princípios jurídicos.

Por este motivo, e sendo pacífica a possibilidade de controlo jurisdicional das decisões discricionárias, a jurisprudência e a doutrina explicitam alguns dos vícios típicos da discricionariedade. Entre eles, conta-se o designado *erro de facto*; trata-se de um vício de fim, que ocorre quando a situação concreta invocada (para permitir o exercício dos poderes da Administração) não existe na realidade. Eis o que, a demonstrar-se a alegação de Martim, se verificou no caso em análise: tendo-se a classificação do imóvel baseado na circunstância de terem habilitado o palacete em causa os filhos de D. João I, e revelando-se que este facto é falso, a classificação padece de um erro de facto.

Ao erro de facto está a associada a sanção-regra da anulabilidade. De acordo com o n.º 1 do artigo 163.º do CPA, "são anuláveis os atos administrativos praticados com ofensa dos princípios ou outras normas jurídicas aplicáveis, para cuja violação se não preveja outra sanção". O regime da anulabilidade encontra-se previsto nos números subsequentes do mesmo preceito, manifestando-se na produção provisória de efeitos jurídicos e na inimpugnabilidade jurisdicional do ato, após o decurso do prazo da ação.

Nesta medida, poderia o juiz anular o ato administrativo em causa.

3.1. De acordo com o artigo 182.º da CRP, o Governo é o órgão superior da Administração Pública. A circunstância de, nos termos constitucionais, o Governo não desempenhar apenas a função administrativa (estando-lhe igualmente cometidas a função legislativa e a função política), bem como de configurar um órgão de soberania determina as especificidades que reveste no contexto dos demais órgãos administrativos.

Sob o critério da composição do órgão, o Governo caracteriza-se por ser um órgão colegial, composto por mais que um membro, sendo constituído pelo Primeiro-Ministro, pelos Ministros, pelos Secretários e Subsecretários de Estado, sem prejuízo da possibilidade de incluir um ou mais

Vice-Primeiros-Ministros (cf. artigo 183.º da CRP). A composição, em concreto, de determinado Governo constitucional decorre da respetiva "lei orgânica" (*improprio sensu*, decreto-lei sobre a organização e funcionamento do Governo, nos termos do n.º 2 do artigo 198.º da CRP).

Relativamente ao modo de funcionamento, o Governo é um órgão complexo, na medida em que atua em várias formações: em Conselho de Ministros (cf. artigo 184.º da CRP) e através de cada um dos Ministros.

Por outro lado, o Governo não é um órgão eleito e, neste sentido, pode entender-se como um órgão não representativo. Todavia, importa não ignorar que, embora os respetivos membros sejam nomeados pelo Presidente da República, este deve ter em conta os resultados das eleições legislativas (cf. artigo 187.º da CRP).

O Governo configura também um órgão primário de Administração ativa, detendo, a título próprio e principal, competências deliberativas, e, na enquanto exerce a sua competência sobre todo o território nacional, central.

Finalmente, o Governo é um órgão permanente, constituído, pela Lei Fundamental, para funcionar indefinidamente. Não se confunda a natureza permanente ou temporária do órgão, com a limitação temporal dos mandatos dos titulares/membros do órgão.

3.2. O citado dispositivo legal prevê uma hipótese de *delegação tácita*. Trata-se de uma figura que se aparta da delegação de poderes (regulada, em geral, nos artigos 44.º e seguintes do CPA), por resultar da lei, não dependendo da vontade da Administração. Por outras palavras, se a delegação de poderes se caracteriza como o ato de um órgão administrativo que permite a outro o exercício da sua competência, estão afastada as hipóteses em que a transferência (do exercício de poderes) se deve a um ato *legislativo*. Assim acontece, desde logo, com a (impropriamente) designada delegação tácita, correspondente aos casos em que a lei, conferindo a competência a determinado órgão, a considera delegada noutro, enquanto o primeiro nada disser em contrário.

Eis o que sucede precisamente no caso em análise, visto que o exercício das competências de definição e execução de políticas de desenvolvimento cultural, de incentivo à criação artística e à difusão e internacionalização da cultura e da língua portuguesa se encontrar, *ex vi legis*, cometido ao Secretário de Estado da Cultura (dito "delegado").

3.3. A complexidade que caracteriza a composição e o funcionamento do Governo espelha-se nas relações entre os respetivos membros.

Não obstante o Primeiro-Ministro surgir configurado como "chefe do Governo", não existe qualquer relação de hierarquia entre os membros deste órgão. Estamos, pois, perante uma hipótese de *independência interorgânica*, a qual, genericamente, se identifica com as situações de coabitação, no interior de uma pessoa coletiva pública, de órgãos entre os quais se não verifica uma qualquer relação interorgânica de natureza hierárquica e que, não sendo embora nenhum deles assimilável ao conceito de «autoridade administrativa independente», possuem uma certa independência entre si.

Tal sucede quer em pessoas coletivas públicas horizontal ou verticalmente desconcentradas, quer no interior de órgãos complexos. Vimos já que esta é justamente a configuração do Governo. No seio deste órgão, a independência manifesta-se no âmbito das relações dos Ministros, entre si, ou com o Primeiro-Ministro, bem como nas relações entre os Secretários de Estado e os respetivos Ministros. Em particular, a relação entre um Ministro (no caso, o Primeiro-Ministro) e o respetivo Secretário de Estado (no caso, o Secretário de Estado da Cultura) caracteriza-se como uma relação de *coadjuvação*.

3.4. O Conselho de Ministros corresponde a uma das formações (colégio) em que o Governo pode atuar. Nos termos do n.º 1 do artigo 184.º da CRP, compõem o Conselho de Ministros o Primeiro-Ministro, os Vice-Primeiros-Ministros (se os houver) e os Ministros. Os Secretários e os Subsecretários de Estado podem ser igualmente convocados para participar nas reuniões do Conselho de Ministros (cf. artigo 184.º, n.º 3, da CRP), mas, quando tal sucede, aqueles não dispõem de direito de voto.

No caso concreto, a classificação do imóvel como bem cultural foi efetuada num momento da reunião do Conselho de Ministros em que estavam presentes apenas dois Ministros. Importa salientar que o facto de o Secretário de Estado da Cultura não se encontrar na reunião não implica qualquer vício: nesta matéria, a sua competência esgota-se na apresentação da proposta de classificação ao Governo; cabe, pois, ao Conselho de Ministros (do qual não faz parte, sem prejuízo de poder ser convidado a participar, embora sem direito a voto) adotar a decisão de classificação.

Todavia, no momento da prática do ato, o Conselho de Ministros estava desprovido de *quorum*. O conceito de *quorum* pode ser compreendido numa aceção estrutural (enquanto número de membros presentes necessário para que o órgão esteja em condições de deliberar) ou numa aceção funcional (número de votos favoráveis imprescindível à adoção de uma deliberação).

Independentemente da existência de disposições especiais quanto ao funcionamento do Conselho de Ministros, o artigo 29.º do CPA dispõe que, em princípio, os órgãos colegiais só podem deliberar quando esteja presente a maioria do número legal dos seus membros com direito a voto – o que não sucedia no caso concreto, pelo que não estava cumprido o *quorum* estrutural (ou *quorum* em sentido estrito). Por este motivo, a deliberação de classificação padecia de um vício no sujeito por falta de legitimação, *i. e.*, da qualificação para o exercício em concreto de uma determinada competência. De acordo com a alínea *h)* do n.º 2 do artigo 161.º do CPA, as deliberações tomadas com inobservância de *quorum* estão inquinadas por uma causa de nulidade – a consequência jurídica mais gravosa para os vícios dos atos administrativos, que se caracteriza, nos termos do artigo 162.º do CPA, pela improdutividade jurídica total e pela possibilidade de arguição a todo o tempo.

A doutrina – designadamente, Vieira de Andrade – tem entendido que a cominação da nulidade resultante da inobservância do *quorum* (ou da maioria) exigidos pela lei se revela, em certos casos, excessiva: basta examinar as soluções – mais ou menos flexíveis – previstas pelo próprio CPA, a propósito da deliberação sem o *quorum* exigido e a ultrapassagem da maioria absoluta (artigos 29.º, n.ºs 2 e 3, e 32.º, n.º 2, do CPA); neste sentido, defende que talvez fosse apenas de considerar nulo um ato cuja falta de *quorum* se equiparasse à falta de colegialidade, assimilando a esta as hipóteses de pretensas deliberações minoritárias.

Repare-se, porém, que o vício de falta de legitimação por inobservância do *quorum* estrutural é independente do vício no *quorum* funcional (*i. e.*, na maioria deliberativa exigida). Na verdade, e sem prejuízo da existência de normas especiais constantes do Regimento do Conselho de Ministros, a regra geral constante do n.º 1 do artigo 32.º do CPA determina que as deliberações são tomadas por maioria absoluta dos membros *presentes* na reunião. Assim, em abstrato, tornar-se-ia possível que a exigência procedimental quanto à maioria deliberativa estivesse, no caso concreto, cumprida – o que teria acontecido, por exemplo, se a deliberação houvesse obtido os votos favoráveis de todos os Ministros presentes (unanimidade).

CASO 3

O SEGREDO É A ALMA... DA FICHA CLÍNICA

O Governo emanou uma Resolução do Conselho de Ministros com o seguinte conteúdo:

Resolução do Conselho de Ministros n.º __

Sendo a preocupação com a saúde e a segurança no trabalho um dos eixos do Programa do __ Governo Constitucional, impõe-se estabelecer um conjunto de normas jurídicas sobre a matéria, em especial quanto aos trabalhadores da Administração Pública.

Nos termos da alínea g) do artigo 199.º da Constituição, o Conselho de Ministros resolve:

1 – Determinar que a entidade empregadora promova a realização regular de exames de saúde aos trabalhadores.

2 – Autorizar os órgãos e os trabalhadores da entidade pública empregadora a disponibilizar as fichas clínicas dos trabalhadores às demais entidades públicas que as solicitem.

3 – Determinar que o disposto no número anterior produz efeitos relativamente a todos os sujeitos que sejam ou tenham sido trabalhadores da Administração Pública e, quanto a estes, independentemente da causa de cessação da relação jurídica de emprego público.

Presidência do Conselho de Ministros, (data)
O Primeiro Ministro, (assinatura)

1. António, trabalhador da Câmara Municipal de X entre 1980 e 2015, teve conhecimento de que a sua ficha clínica, resultante das consultas de Medicina do Trabalho a que se submeteu durante o período em que exerceu funções, foi recentemente disponibilizada ao INFARMED, ao abrigo da Resolução de Ministros transcrita. António afirma agora que "vai defender os seus direitos" e argumenta que:

a) Não foi ouvido antes da emanação da Resolução do Conselho de Ministros;

b) O diploma em causa não reveste a forma constitucionalmente exigida e não indica qualquer lei habilitante;

c) De qualquer modo, não se deveria aplicar a sujeitos que já não são trabalhadores da Administração Pública.

Considerando a natureza jurídica e o tipo do diploma em causa, pronuncie-se criticamente sobre a argumentação de António.

2. O Ministério do Ensino Superior solicitou a Beatriz, médica do trabalho na Universidade de Coimbra, que disponibilizasse as fichas clínicas dos seus doentes. Partilhando também de dúvidas quanto à validade do regulamento em causa, a médica recusa-se a fornecer quaisquer informações constantes das suas fichas. Será juridicamente admissível a conduta de Beatriz?

RESOLUÇÃO:

1. O Governo pode emitir normas jurídicas enquanto órgão da Administração Pública. Estão em causa os regulamentos administrativos, *i. e.*, os atos normativos, emanados por órgãos da Administração Pública, no exercício da função administrativa e dotados de valor infralegal. Trata-se de uma fonte de Direito Administrativo que, em simultâneo, constitui uma forma de ação administrativa. Por este motivo, a respetiva emissão e o seu conteúdo normativo encontram-se submetidos a um conjunto de exigências de direito que, no caso concreto, nem sempre foram respeitadas. Importa, pois, analisar os argumentos aduzidos por António, a fim de verificar se todos eles se revelam procedentes.

a) António principia por argumentar que não foi ouvido durante o procedimento regulamentar. Se o princípio da participação representa um princípio fundamental do procedimento administrativo – com assento constitucional (cf. artigo 267.º, n.ºs 1 e 5, da CRP) e legislativo (cf. artigo 12.º do CPA) –, tal não significa necessariamente que a respetiva observância implique a audição dos destinatários da ação administrativa em causa. No horizonte do procedimento regulamentar, os artigos 100.º e 101.º do CPA consagram dois modos de participação: a audiência e a consulta pública. Na primeira hipótese (audiência), o órgão responsável pela direção do procedimento submete o projeto de regulamento a audiência dos interessados que como tal se tenham constituído no procedimento; note-se que, no caso, são afetados interesses de trabalhadores, o que imporia, desde logo, *ex vi constitutionis*, a audição das comissões de trabalhadores [cf. artigo 54.º, n.º 4, alínea *d)*, da CRP] e das associações sindicais [artigo 56.º, n.º 2, alínea *a)*, da CRP] – em ambas as situações, interpretando-se em sentido amplo o conceito de "legislação do trabalho". Na segunda hipótese (consulta pública), a Administração publicita o projeto de regulamento, para a recolha de sugestões a apresentar por qualquer interessado.

Tal significa que, diversamente do que sucede quando está em causa a prática de um ato administrativo, António não teria de ser, na qualidade de destinatário do regulamento, necessariamente notificado para se pronunciar sobre o projeto de regulamento. Por um lado, nos termos do artigo 100.º, apenas têm o direito a ser ouvidos em audiência os titulares de posições jurídicas substantivas afetadas, de modo direto e imediato, pelas normas regulamentares. Por outro lado, no interior deste universo, a audiência apenas abrange os interessados que como tal se tenham constituído no procedimento, *i. e.*, obedecendo às exigências que, nos termos do n.º 1 do artigo 98.º do CPA, a Administração publicitou em conjunto com o anúncio do início do procedimento regulamentar. Finalmente, e atento o conteúdo do regulamento em causa (a "natureza da matéria"), a emanação do diploma teria estado sujeita a consulta pública, de acordo com o artigo 101.º do CPA; havendo-se verificado esta última hipótese, António deteria a faculdade de, naquela consulta, apresentar propostas, sugestões ou críticas.

b) O segundo argumento aponta no sentido de que o regulamento padece de deficiências formais.

Por um lado, importa apreciar se a forma "resolução do Conselho de Ministros" se adequa ao regulamento em causa. Relativamente aos regulamentos governamentais, a Constituição prevê que devem revestir a forma de decreto regulamentar "quando tal seja determinado pela lei que regulamentam, bem como no caso de regulamentos independentes" (cf. artigo 112.º, n.º 6, da CRP). Não dispondo de dados que permitam aferir se se verifica a primeira parte do preceito, impõe-se aferir se o regulamento apresentado constitui um regulamento independente.

Os regulamentos independentes caracterizam-se por conterem a disciplina inicial ou primária sobre certa matéria, pelo que a respetiva lei habilitante se limita a definir a competência objetiva e subjetiva para a sua emissão; ou, como dispõe hoje o n.º 3 do artigo 136.º do CPA, "consideram-se independentes os regulamentos que visam introduzir uma disciplina jurídica inovadora no âmbito das atribuições das entidades que os emitam". Por este motivo, diz-se que os regulamentos independentes desempenham uma função de dinamização da ordem jurídica: a habilitação para a emissão regulamentar é efetuada mediante uma lei que se limita a enunciar os princípios gerais e a dispor quais as normas fundamentais sobre a disciplina jurídica de uma matéria, deixando para o regulamento o seu desenvolvimento (quase) completo, tendo como pano de fundo toda a ordem jurídica (e não apenas a lei habilitante).

Do texto do regulamento apresentado decorre que se trata, efetivamente, de um regulamento independente do Governo. Desde logo, o ato normativo pretende constituir a fonte (primária) do dever de disponibilização das fichas clínicas dos trabalhadores a quaisquer entidades públicas.

Constituindo um regulamento independente do Governo, teria o mesmo que revestir a forma de decreto regulamentar (e não de resolução do Conselho de Ministros). Esta opção constitucional não é despicienda, visto que o procedimento para a adoção de decretos regulamentares do Governo possui mais uma fase (fase de controlo), subsequente à fase constitutiva: após a aprovação em Conselho de Ministros, o decreto é submetido a promulgação presidencial (podendo o Presidente da República exercer o direito de veto) e a referenda ministerial [cf. artigos 134.º, alínea *b)*, e 141.º, n.º 1, da CRP] – atos estes cuja ausência determina a inexistência jurídica do diploma (cf. artigos 137.º e 141.º, n.º 2, da CRP).

António assinala ainda que o regulamento não menciona qualquer lei habilitante. O dever de citação da lei habilitante constitui uma exigência do n.º 7 do artigo 112.º da CRP e do n.º 2 do artigo 136.º do CPA; no caso dos regulamentos independentes, a sua observância traduz-se na citação da lei que define a competência objetiva e subjetiva para a sua emissão. A imposição deste dever explica-se pela necessidade de assegurar o controlo da observância do princípio da precedência de lei, subprincípio do princípio da legalidade a que a atividade regulamentar também se encontra sujeita. Salienta, a este propósito, o Tribunal Constitucional (muito rigoroso no que tange ao cumprimento do n.º 7 do artigo 112.º) que o dever de citação da lei habilitante pretende garantir a subordinação do regulamento à lei, na sua vertente de precedência de lei, e daí a necessidade de a mesma ser expressa ou ostensiva, considerando-se inconstitucional qualquer referência implícita.

A questão que, no caso concreto, se poderia formular consiste em saber se a referência à alínea *g)* do artigo 199.º da CRP não se revelaria suficiente para dar por cumprida a exigência constitucional; ou, dizendo de outra forma, impõe-se determinar se a "lei que define a competência subjetiva e objetiva" para a emissão dos regulamentos governamentais independentes pode ser uma norma constitucional. A possibilidade de emissão de regulamentos diretamente fundados na Constituição é uma temática que tem dividido os autores: se uma parte da doutrina considera que o princípio da precedência de lei exige, em qualquer caso, uma lei ordinária habilitante (assim entendem, por exemplo, Gomes Canotilho e Vital Moreira), já outros setores doutrinais consideram que, no caso do Governo, a habilitação para a emissão do regulamento pode constar, no caso do Governo, de uma norma constitucional – no caso, da alínea *g)* do artigo 199.º da CRP, que confere ao Governo competência para "praticar todos os atos e tomar todas as providências necessárias à promoção do desenvolvimento económico-social e à satisfação das necessidades coletivas" e, portanto, para a adoção de quaisquer medidas, tomadas sob qualquer das formas de atuação administrativa admissíveis, que sejam consideradas idóneas e imprescindíveis à satisfação daquelas finalidades, entre as quais se inclui a emissão de normas administrativas (posição defendida por Afonso Queiró, Vieira de Andrade e Sérvulo Correia). A seguir-se esta última conceção, o dever de citação da lei habilitante encontrar-se-ia cumprido na situação em análise.

c) O último argumento de António reporta-se aos efeitos temporais do regulamento. O facto de o regulamento em causa se aplicar a sujeitos que, embora tenham sido, já não são, no momento da entrada em vigor do diploma, trabalhadores da Administração Pública faz despontar a questão da admissibilidade da eficácia retroativa dos regulamentos.

Em matéria de regulamentos, vigora a regra da irretroatividade (cf. artigo 141.º do CPA), como uma consequência do princípio da segurança jurídica e da proteção da confiança dos cidadãos, enquanto subprincípio do princípio do Estado de direito. Trata-se, contudo, de uma regra, que conhece compressões e exceções: contam-se entre as primeiras, por exemplo, os regulamentos de leis retroativas ou necessários à execução das leis, e, entre as segundas, regulamentos integralmente favoráveis (a estes últimos se refere, *a contrario*, o n.º 1 do artigo 141.º do CPA).

Ora, no caso concreto, não se verifica qualquer destas situações. Pelo contrário, estamos diante de um regulamento restritivo de direitos, liberdades e garantias: além da questão formal [que sempre se colocaria, visto que, nos termos constitucionais, esta matéria constitui objeto de reserva de lei – cf. artigos 18.º, n.º 1, e 165.º, n.º 1, alínea *b)*, da CRP – implicando este regulamento uma ofensa do princípio da reserva de lei], encontram-se proibidas normas restritivas dotadas de eficácia retroativa.

2. O caso coloca agora o problema da possibilidade de afastamento da aplicação de um regulamento numa situação concreta. Esta matéria relaciona-se com o âmbito e o sentido do princípio da inderrogabilidade singular dos regulamentos (ou da sua força jurídica autovinculativa), consagrado no artigo 142.º do CPA.

O princípio da inderrogabilidade singular concerne aos regulamentos externos, aos regulamentos que, de acordo com o critério da projeção da sua eficácia ou do círculo dos respetivos destinatários ou obrigados, produzem efeitos para fora da pessoa coletiva a que pertence o órgão que os emana, atingindo quer particulares, quer outras entidades públicas. De acordo com este princípio, a Administração não pode afastar a aplicação de (*derrogar, hoc sensu*) um regulamento externo na decisão de um caso concreto (daí o adjetivo *singular*). Embora tal não signifique que a inobservância de um regulamento interno é irrelevante, no caso dos regulamentos externos, o desrespeito pelas suas normas conduz à invalidade da atuação administrativa em causa. O princípio da inderrogabilidade singular constitui, pois, uma expressão da força jurídica autovinculativa do regulamento e manifesta o seu caráter de fonte do direito.

No caso em análise, o regulamento em causa afeta a esfera jurídica dos trabalhadores da Administração Pública e, como tal, pode configurar-se como um regulamento especial, aplicável a uma relação especial de Direito Administrativo. Estes regulamentos assumem natureza externa ou interna, consoante atinjam ou não a relação de serviço ou fundamental. Ora, ao contender com direitos fundamentais destes sujeitos, o regulamento em causa não se circunscreve à relação orgânica ou de funcionamento, mas atinge a relação de serviço ou fundamental, em que os trabalhadores surgem, como pessoas e cidadãos, dotados de posições jurídicas substantivas oponíveis à Administração. Além disso, atente-se em que são igualmente afetados pelo regulamento sujeitos que já não são trabalhadores da Administração Pública, pelo que, por maioria de razão também relativamente a estes, o regulamento reveste natureza externa.

A força jurídica autovinculativa do regulamento externo impede, em princípio, que a sua aplicação seja afastada no caso concreto: é esta regra que consta, como principiámos por salientar, do n.º 2 do artigo 142.º do CPA. Trata-se, porém, de um princípio que deve comportar exceções (que, de resto, não caberia ao legislador delinear), admitindo-se, embora em situações muito restritas e verificadas que estejam determinadas condições (objetivas e subjetivas), a recusa de aplicação de regulamentos externos. No caso concreto, o facto de estar em causa um regulamento ostensivamente atentatório de direitos, liberdades e garantias (designadamente, o direito à reserva da intimidade da vida privada e o direito à autodeterminação informativa) apontará no sentido da recusa de aplicação do regulamento (condição objetiva). Maiores dúvidas suscitará, do ponto de vista do cumprimento das condições subjetivas, a circunstância de o sujeito que recusa a aplicação do regulamento ser um médico e, pelo menos, aparentemente não ser titular de qualquer órgão administrativo decisor; todavia, atenta a especificidade da matéria (que se refere diretamente a um aspeto essencial da formação deontológica dos profissionais de saúde – o sigilo médico), poder-se-ia considerar admissível que Beatriz, enquanto trabalhadora da Administração Pública, se recusasse a fornecer quaisquer informações constantes das fichas clínicas dos seus doentes, desrespeitando o regulamento.

CASO 4

Quem quer ser Advogado?

Imagine que uma norma do Regulamento Nacional de Estágio, aprovado pelo Conselho Geral da Ordem dos Advogados, dispõe que "a inscrição preparatória dos candidatos que tenham obtido a sua licenciatura após o Processo de Bolonha será antecedida de um exame de acesso ao estágio".

1. Considerando que a lei habilitante não continha qualquer norma que estabelecesse, como requisito da inscrição preparatória, a realização prévia de um exame de acesso ao estágio, como qualificaria esta norma regulamentar segundo o critério da sua relação com a lei? Que repercussões possui essa qualificação em termos de regime jurídico e no plano da validade da norma regulamentar apresentada?

2. Zélia, que iniciou e concluiu a licenciatura em Direito na vigência do plano curricular decorrente do Processo de Bolonha, viu a sua inscrição preparatória rejeitada, ao abrigo da citada disposição regulamentar, por não ter realizado o exame de acesso ao estágio.

2.1. Considerando que a norma regulamentar transcrita é inválida, o ato que indeferiu o pedido de inscrição padecerá de alguma causa de invalidade?

2.2. Inconformada com a decisão, Zélia discute com alguns colegas (que ainda não concluíram a licenciatura) as possibilidades de reação judicial. Xavier entende que, tratando-se de um indeferimento, esta atuação administrativa não é um ato administrativo, não vigorando relativamente a ela o direito fundamental de impugnação de atos administrativos. Umbelino, pelo contrário, entende que o indeferimento é um ato administrativo, ainda que a reação jurisdicional contra a sua invalidade não passe pela impugnação. Tome partido na discussão e tente encontrar uma solução para Zélia.

RESOLUÇÃO:

1. Atento o critério da sua relação com a lei, distingue-se habitualmente (no universo dos regulamentos externos) entre regulamentos executivos, regulamentos complementares, regulamentos autorizados, regulamentos delegados e regulamentos independentes. Uma outra alternativa classificatória consiste em reconduzir cada um dos tipos apontados a uma função desempenhada pelos regulamentos, destrinçando-se, assim, entre uma função de execução da lei (aí incluindo a função interpretativa), uma função de dinamização da lei e uma função de dinamização da ordem jurídica. Importa, todavia, sublinhar que, no mesmo diploma regulamentar, podem coexistir normas que, sob esta perspetiva, assumam naturezas diversas: tudo dependerá da análise, relativamente a cada uma delas, da função que exercem quanto a uma determinada lei ou quanto ao ordenamento jurídico globalmente considerado.

Na situação em análise, deparamo-nos com uma norma que, face à lei habilitante, assume natureza inovadora. Trata-se de uma característica relevante, embora não decisiva na análise da relação que a norma regulamentar tem com a lei: na verdade, todos os regulamentos administrativos assumem uma nota de novidade, que os caracteriza como normas jurídicas, não devendo limitar-se a repetir a lei. Embora o grau de inovação introduzido na ordem jurídica varie consoante a relação que têm com a lei, sendo significativamente mais amplo nos regulamentos independentes que nos regulamentos executivos, a verdade é que, estabelecendo uma regulação jurídica num domínio onde esta não existia ou revestia contornos diversos, os regulamentos são produto de um processo de criação de direito: não se limitam a aplicar normas jurídicas, mas criam-nas.

Ora, no caso concreto, a inovação introduzida pelo regulamento representa a previsão de uma disciplina inicial sobre certa matéria: o condicionamento do acesso a uma ordem profissional – requisito indispensável para o exercício da profissão de advogado – à realização de um exame prévio. Assim sendo, a norma regulamentar em causa pretende exercer uma função de dinamização da ordem jurídica e, como tal, assume-se como norma regulamentar independente, introduzindo uma disciplina jurídica inovadora no âmbito das atribuições da entidade (Ordem dos Advogados) onde se integra o órgão que a emite (cf. artigo 136.º, n.º 2, do CPA).

Importa, contudo, salientar que, no interior dos regulamentos independentes, revestem uma relevância específica os designados regulamentos autónomos, isto é, os regulamentos independentes emanados pelos órgãos dos entes da Administração autónoma. A admissibilidade dos regulamentos autónomos constitui uma decorrência da razão de ser, o cerne, das próprias entidades administrativas autónomas, enquanto manifestação do princípio da descentralização. A descentralização administrativa pressupõe a existência de uma realidade sociológica (sócio-económica) marcada pela solidariedade dos membros de uma coletividade com interesses próprios e distintos dos interesses nacionais gerais, interesses esses geridos por órgãos eleitos diretamente por aquela comunidade e, nessa medida, portadores de uma vontade e um poder de decisão próprios. O reconhecimento de um círculo de interesses específicos (distintos dos polarizados pelo Estado) implica a constituição de pessoas coletivas públicas também distintas, dotadas de órgãos representativos e democraticamente eleitos, aos quais estão conferidas competências próprias e exclusivas, entre as quais o poder de "dar normas a si próprias". Neste sentido, os regulamentos autónomos da Administração autónoma caracterizam-se como uma forma de autodeterminação democraticamente legitimada; daí que conheçam sempre limitações relativas ao objeto, apenas podendo incidir sobre matéria incluída nas atribuições que correspondam à prossecução dos interesses próprios da pessoa coletiva pública em causa, enquanto expressão do núcleo de funções próprias que lhe estão cometidas.

Em virtude de o poder regulamentar autónomo ainda constituir uma manifestação do princípio da descentralização (constitucionalmente consagrado no n.º 2 do artigo 267.º da CRP), torna-se possível equacionar o sentido dos limites (necessariamente condicionantes da validade do regulamento) que o princípio da reserva de lei coloca relativamente à emissão de normas regulamentares iniciais ou primárias, como a apresentada no caso prático.

Quando esteja em causa ainda a emissão de normas no âmbito das competências próprias ou específicas dos entes em causa – ou até nos casos em que a lei estabeleça competências normativas concorrentes –, deverá entender-se, na senda de posição já propugnada por Afonso Queiró, que tal previsão constitui uma compressão ao princípio da reserva de lei na sua dimensão de proibição de remissão normativa, impondo uma sua «leitura mais flexível». Nesta hipótese, e no quadro dos poderes legalmente atribuídos para a prossecução de interesses próprios, afigura-se premente a adoção de uma concepção que privilegie a concordância prática entre as normas constitucionais consagradoras da reserva e as que conferem poderes de autonomia normativa.

Mas se esta solução surge mais ou menos pacífica perante regulamentos emanados pelas autarquias locais, por exemplo, cuja autonomia normativa tem assento constitucional (cf. artigo 241.º da CRP), já se revela mais delicada perante regulamentos emanados pelas associações públicas.

Repare-se, porém, que a atual *Lei das Associações Públicas Profissionais* (Lei n.º 2/2013, de 10 de janeiro) consagra, de forma expressa, o poder regulamentar daqueles entes, concebendo-o como uma das dimensões da sua autonomia administrativa (cf. artigos 9.º e 17.º). Se as associações públicas não veem a sua autonomia regulamentar assegurada no texto da Constituição, deverá entender-se que o respetivo reconhecimento constitucional como instrumento de descentralização administrativa e de garantia de participação dos interessados na gestão efetiva dos interesses públicos (cf. artigo 267.º, n.os 1 e 2, da CRP) implica uma autonomia natural que passará seguramente pela emissão de regulamentos autónomos. A autonomia regulamentar das associações públicas em geral, embora só resulte diretamente da lei, tem um fundamento constitucional inequívoco: tratando-se de entidades públicas assentes num substrato pessoal que pretendem assegurar o objetivo constitucional de permitir aos interessados a participação na gestão efetiva dos interesses públicos por intermédio de associações públicas, em obediência ao imperativo descentralizador, afigura-se legítimo que o legislador, norteado por aquele objetivo, confira poderes de autonormação às associações públicas, em geral, e às associações públicas profissionais, em particular.

Todavia, esta compressão da reserva de lei deve ser orientada, como assinalámos, pelo princípio da concordância prática, não podendo, por isso, a admissibilidade dos regulamentos autónomos eliminar as exigências decorrentes daquele princípio. Nesta medida, a avaliação das possibilidades de emissão de regulamentos que cumpram uma função de dinamização da ordem jurídica no âmbito da reserva carece de uma ponderação que viabilize uma intervenção normativa das associações públicas em matéria reservada, desde que circunscrita aos aspetos secundários ou periféricos.

Tal não sucede na hipótese em análise. A imposição de uma prova de acesso representa uma restrição a um direito, liberdade e garantia: a liberdade de escolha de profissão (cf. artigo 47.º, n.º 1, da CRP). Constituindo os direitos, liberdades e garantias uma das matérias de reserva relativa de competência legislativa da Assembleia da República [cf. artigo 165.º, n.º 1, alínea *b)*, da CRP], a respetiva restrição implica uma intervenção inicial ou primária *do legislador* no núcleo – ou nos aspetos essenciais ou principais – da matéria reservada. Nesta medida, a norma regulamentar em causa – precisamente porque constitui a fonte primária da restrição à liberdade de escolha de profissão – padece de uma inconstitucionalidade por ofensa do princípio da reserva de lei.

2.1. Esta questão incide sobre o problema de saber quais as consequências que resultam da aplicação de uma norma regulamentar inválida em sede de validade de um ato administrativo.

Importa, desde logo, determinar qual a relação entre a invalidade do regulamento e a (in)validade do ato administrativo que o aplica e apurar se a (eventual) invalidade deste ato está dependente da declaração de inconstitucionalidade (como sucede no caso) daquele regulamento. Esta perspetivação da problemática em análise sugere uma aproximação às questões da designada invalidade derivada, reflexa, consequente ou consequencial de atuações jurídicas.

A invalidade derivada caracteriza-se pela irradiação da invalidade de um determinado ato (no caso, um regulamento) para outro ato deste dependente (no caso, um ato administrativo de aplicação). A tónica reside na relação de prejudiciabilidade entre os atos envolvidos: transpondo para a situação em análise, trata-se da saber se a invalidade do regulamento – enquanto ato necessário e lógico-juridicamente anterior ao ato prejudicado ou consequencial – implica a invalidade do ato administrativo de aplicação.

No caso concreto, por força do conteúdo do regulamento (condicionar a inscrição à realização de um exame prévio), aquele constitui o fundamento e o pressuposto necessários da prática e/ou do conteúdo do ato administrativo, que, na sua ausência, não seria praticado ou teria conteúdo diverso. Neste tipo de situações, o ato só existe (ou só existe naqueles termos) porque foi pré-determinado pelo regulamento administrativo. Neste sentido, afirmar-se-á que o indeferimento padece de uma invalidade derivada.

Quando, como sucede no caso, a invalidade do regulamento influa sobre a (in)validade do ato, não é necessária a prévia declaração da inconstitucionalidade (ou da ilegalidade) das normas para a afirmação da invalidade do ato administrativo de aplicação. Mesmo nas situações em que a invalidade do regulamento se configure como uma invalidade atípica (escapando à consequência da nulidade), a pronúncia dessa invalidade assume sempre natureza declarativa e não constitutiva - neste sentido, a declaração de inconstitucionalidade com força obrigatória geral do regulamento não se assume como *a* causa da invalidade do indeferimento.

A afirmação da invalidade derivada do indeferimento não implica, porém, uma contaminação automática da *consequência jurídica* da invalidade, em termos de se poder afirmar, sem mais, *v. g.*, que, padecendo o regulamento de uma nulidade, o ato administrativo consequente seria nulo. Desde logo, não existe uma consequência jurídica única para a invalidade do regulamento, admitindo-se (para além dos casos de inexistência ou irregularidade, que extravasam o âmbito das invalidades) a nulidade e a invalidade atípica das normas regulamentares que atentem contra um dos seus parâmetros de vinculação. Sem descurar as conexões entre norma prejudicial e ato pressuposto, não podemos negligenciar que a diversidade dos objetivos norteadores da identificação das consequências jurídicas da invalidade de atos administrativos e da invalidade de normas (em especial, de regulamentos) impede que, ainda quando se aceite uma (espécie de) "contaminação" de invalidades, se inviabilize qualquer comunicação de *sanções* da invalidade. Por este motivo, e considerando que, no plano da invalidade do ato administrativo, o CPA aponta como sanção-regra a anulabilidade (cf. artigo 136.º do CPA), o indeferimento em causa seria anulável.

2.2. A discussão entre Zélia e os seus colegas pretende refletir sobre duas questões: por um lado, a natureza jurídica dos atos de indeferimento; por outro lado, a forma de reação jurisdicional contra estes atos.

Na noção de ato administrativo proposta por Rogério Soares e Vieira de Andrade, prevê-se explicitamente que os atos administrativos podem produzir efeitos jurídicos positivos ou negativos, consoante produzam ou não um efeito pretendido pelo requerente. Os atos negativos (ou indeferimentos) caracterizam-se, pois, pela recusa a produção de um efeito pretendido pelo requerente - eis o que sucedeu, no caso concreto, em que a Ordem dos Advogados recusou a inscrição provisória de Zélia.

Como decorre destas considerações, discordamos da afirmação de Xavier, quando defende que o ato negativo não constitui um ato administrativo e, por esse motivo, contra ele não se pode exercer o direito de impugnação jurisdicional de atos administrativos. Trata-se, porém, de uma afirmação que confunde duas questões distintas.

A posição segundo a qual os indeferimentos não consubstanciam atos administrativos foi já propugnada, entre nós, por Sérvulo Correia, argumentando no sentido de que, face às inovações resultantes da reforma da Justiça Administrativa, o indeferimento constitui um pressuposto de acesso aos tribunais administrativos. Mas, evidentemente, tal não significa que contra este tipo de atuações o particular se encontre desprovido de tutela: pelo contrário, ao configurar o indeferimento como *pressuposto de acesso à Justiça Administrativa*, Sérvulo Correia pretende sublinhar que a decisão negativa da Administração confere ao particular o direito de solicitar ao tribunal (mais do que a apreciação da validade de um ato) a apreciação da sua pretensão material.

Ainda assim, entendemos que um ato negativo é um ato administrativo, por, num contexto em que o legislador atribuiu um poder decisório à Administração, traduzir uma posição administrativa relativamente à juridicidade e/ou à conveniência do comportamento do particular. Mesmo nestas hipóteses, o ato constitui uma resposta para a tensão, presente no caso concreto, entre os vários interesses públicos e entre estes e os interesses privados, e, nessa medida, define um entendimento (da Administração) quanto ao equilíbrio teleológico manifestado pelo caso concreto, sendo que o sistema não conhecia tal definição antes da prática do ato.

Simplesmente, a forma de reação contra este ato não corresponde hoje a uma *impugnação* judicial, mas antes à ação de condenação à prática de ato devido. Tem, por isso, razão Umbelino. A possibilidade de acesso aos tribunais administrativos para reagir contra indeferimentos inválidos teria sempre de existir, por força do princípio da tutela jurisdicional efetiva. É este princípio que justifica, aliás, a preferência legislativa por uma ação de condenação neste contexto: efetivamente, quando o particular vem arguir a invalidade do indeferimento, a sua esfera jurídica não fica totalmente satisfeita com a anulação (que apenas elimina o ato do ordenamento jurídico); na verdade, só se alcançará essa satisfação quando a Administração defira a sua pretensão – resultado que apenas com uma sentença condenatória se poderá (eventualmente) conseguir.

CASO 5

PEDRAS E PRAZOS

A Direção-Geral de Energia e Geologia (DGEG) indeferiu um requerimento, apresentado pela empresa *Pedras e Calhaus,* no qual solicitava o licenciamento de pesquisa e exploração de uma massa mineral (pedreira). Inconformada, a empresa *Pedras e Calhaus* pretende reagir, invocando o seguinte:

a) Não foram seguidas as conclusões dos pareceres solicitados a outras entidades;
b) Da análise do processo resulta que a DGEG avaliou exclusivamente os aspetos económicos do pedido, desconsiderando as vertentes ambientais, ao contrário do que resulta da legislação em vigor;
c) O indeferimento apenas se fundamentou no argumento de que o requerimento apresentado pela empresa *Pedras e Calhaus* era "totalmente inconveniente para o interesse público".

1. Serão procedentes os vícios invocados pela empresa *Pedras e Calhaus*?

2. Um ano e meio depois da notificação da decisão, a empresa *Pedras e Calhaus* decide intentar uma ação nos tribunais administrativos.

2.1. Se fosse juiz do processo, como se pronunciaria?

2.2. Independentemente da resposta à questão anterior, o gerente da sociedade entende que a melhor solução será apresentar um novo requerimento e obter uma nova decisão, deste modo reabrindo o prazo de propositura da respetiva ação. O Senhor Pedro da Rocha, sócio maioritário da *Pedras e Calhaus,* não está muito convencido com esta proposta e resolve consultá-la/o. O que lhe diria?

3. Imagine que, passado mais de um ano sobre a prática do ato, a DGEG também chega à conclusão que o ato praticado é anulável e pretende, por isso, anulá-lo. Poderá fazê-lo? A solução seria outra, na hipótese de o ato praticado (e que agora se pretende anular) ter consistido num deferimento?

4. Suponha agora que, ao invés de ter indeferido o requerimento, a DGEG tinha outorgado a licença. O proprietário de um terreno vizinho ao da exploração impugnou o ato administrativo, com fundamento na falta de solicitação de um parecer obrigatório não vinculativo. Admitindo que este era o único vício de que padecia o ato, como decidiria se fosse juiz do processo?

RESOLUÇÃO:

1. O indeferimento de uma licença de pesquisa e exploração integra a noção de ato administrativo, assumindo-se, na definição proposta por Rogério Soares e Vieira de Andrade, como uma estatuição autoritária, relativa a um caso individual e concreto, praticada por um sujeito de Direito Administrativo, ao abrigo de poderes jurídico-administrativos e dirigida à produção de efeitos jurídicos externos (*in casu*, negativos). Trata-se, aliás, de uma noção próxima do conceito de ato administrativo presente no artigo 148.º do CPA.

Com o objetivo de empreender a análise da validade de um ato administrativo e dos respetivos vícios, a doutrina procurou construir modelos teóricos que permitam uma correspondência (ainda que tendencial) de certos vícios a determinadas invalidades. Rogério Soares e Vieira de Andrade propõem um modelo prático e teleológico, que distingue três momentos estruturais (sujeito, objeto e estatuição, subdividindo-se esta em forma, procedimento, fim e conteúdo), em referência aos quais se podem localizar os diversos vícios e invalidades da pronúncia. É por referência a este modelo que empreenderemos a avaliação da (in)validade do ato administrativo de indeferimento da licença de pesquisa e exploração da pedreira.

a) Os pareceres são atos de natureza valorativa (contêm juízos administrativos de avaliação de uma dada realidade) praticados durante a instrução do procedimento.

Nos termos do artigo 91.º do CPA, encontramos duas classificações distintas de pareceres: em função da obrigatoriedade (ou não) da respetiva solicitação, os pareceres qualificam-se como *obrigatórios* ou *facultativos*; por referência à necessidade (ou não) da sua observância pelo órgão decisor, os pareceres dividem-se em *vinculativos* (ou *vinculantes*) e *não vinculativos* (ou *não vinculantes*). Embora o n.º 1 do artigo 91.º o não explicite, existe ainda uma modalidade específica de pareceres vinculantes – os pareceres *conformes*. Nestas hipóteses, o parecer vincula apenas num sentido: assim, se o legislador prevê que a adoção de uma decisão favorável carece de um parecer favorável, tal significa que as conclusões constantes do parecer apenas obrigam se tiverem um sentido desfavorável. Em princípio, e como refere o n.º 2 do artigo 91.º do CPA, e salvo disposição legal expressa em contrário, os pareceres previstos pelo legislador consideram-se *obrigatórios* e *não vinculativos* – com uma consequência determinante: de acordo com o n.º 5 do artigo 92.º do CPA, quando se não emitam tais pareceres dentro dos prazos legais, o procedimento pode prosseguir e vir a ser decidido sem o parecer (sem que ocorra, por esse motivo, qualquer vício procedimental).

As referidas classificações no interior dos pareceres possuem consequências práticas. Por um lado, se a ausência do pedido de um parecer facultativo não implica a existência de qualquer vício, a não solicitação de um parecer obrigatório gera um vício de procedimento suscetível de conduzir à invalidade (anulabilidade) do ato principal. Por outro lado, se a decisão contrariar um parecer vinculativo, o ato está, em princípio, inquinado de um vício de conteúdo; já se o órgão decisor não seguir a conclusão de um parecer não vinculativo, o ato não padece de qualquer vício, mas sobre aquele órgão recai um agravado dever de fundamentação [cf. artigo 152.º, n.º 1, alínea *c)*, do CPA].

No caso concreto, o problema reside na circunstância de os pareceres não terem sido seguidos (apesar de terem sido pedidos e de os órgãos consultados os haverem emitido). A solução passa por equacionar as várias hipóteses subjacentes ao circunstancialismo do caso.

Se estivesse em causa a aplicação da regra geral constante do n.º 2 do artigo 91.º, a inobservância dos pareceres em causa apenas determinaria que se fundamentasse o motivo pelo qual a decisão se afastou daqueles pareceres; se faltasse esta fundamentação, estaríamos diante de um vício formal, sobre cujos contornos e consequências nos deteremos na alínea c) desta questão.

Na hipótese de os pareceres revestirem natureza vinculativa, a respetiva inobservância origina um vício na estatuição, mais precisamente, um vício de conteúdo, determinante da anulabilidade do ato administrativo (nos termos gerais do n.º 1 do artigo 163.º do CPA). Importa, contudo referir que a solução poderá não ser esta quando o parecer não traduza uma competência de administração ativa (correspondendo a um juízo técnico, destinado a satisfazer os interesses públicos colocados a cargo do órgão que o emite), mas corresponda antes a uma competência de controlo prévio; nesta situação, pode suceder que, a final, se conclua que o juízo de controlo era, ele próprio, inválido, pelo que se revelava legítimo o conteúdo constante do ato administrativo, não obstante contrariar o parecer.

b) O argumento avançado pela empresa aponta no sentido de que a decisão não considerou todos os motivos determinantes para a sua prática. Eis-nos diante de um problema que afeta o fim do ato administrativo, projetando-se no respetivo conteúdo.

O fim de um ato administrativo consiste no interesse público (legalmente definido) que a pronúncia visa prosseguir. Na verdade, implicando um ato administrativo necessariamente o uso de poderes de autoridade e carecendo estes de previsão legal expressa, é compreensível que a decisão administrativa esteja vinculada pela lei, pelo menos no que concerne ao interesse público por ela prosseguido (princípio do primado da lei em sentido positivo).

Ordinariamente a lei define o interesse público através da enunciação de uma série de circunstâncias histórico-ambientais que delimitam a intervenção dos órgãos e agentes administrativos – os designados pressupostos hipotéticos; só se tais pressupostos se verificarem em concreto é que a Administração está autorizada a agir. Quando os pressupostos de facto (isto é, os acontecimentos concretos, as "parcelas da vida", como as denomina Rogério Soares) não coincidem com os pressupostos hipotéticos, designadamente porque se verificou um erro quanto à existência ou à avaliação dos mesmos (respetivamente, um erro de facto ou um erro de qualificação dos factos), falta a base legal para que a Administração possa atuar naquela situação concreta, estando o ato ferido de invalidade.

Deste modo, e no âmbito da atividade vinculada da Administração, os vícios de fim assumem um especial significado no momento em faltam quer os pressupostos hipotéticos, quer os pressupostos de facto.

Já no plano da atuação administrativa discricionária – como parece suceder na situação concreta –, os vícios resultantes da violação dos pressupostos projetam-se ao nível do conteúdo. É neste contexto que há a considerar os vícios concernentes aos motivos do ato discricionário, *i. e.*, aos interesses tomados em consideração para a prática do ato administrativo. Ora, no caso, a lei impunha que a decisão de licenciamento para pesquisa e exploração de uma massa mineral tinha de levar em conta não apenas os interesses económicos, mas, conjugadamente com estes, os interesses ambientais.

Como sublinhámos, os vícios relativos aos motivos (vícios na relação fim-conteúdo) são gerados em virtude do desrespeito dos princípios jurídico-normativos orientadores da conduta administrativa, razão por que se projetam no conteúdo do ato administrativo praticado. No caso concreto, está em causa a violação do princípio da imparcialidade na sua vertente objetiva, por falta de consideração de todos os interesses em presença juridicamente relevantes.

Tais vícios originam, em princípio, a anulabilidade do ato administrativo, de acordo com a regra geral cunhada pelo n.º 1 do artigo 163.º do CPA.

c) O último vício respeita a um momento formal (da estatuição) do ato administrativo: a fundamentação.

Nos termos do n.º 3 do artigo 268.º da CRP (num segmento introduzido com a revisão constitucional de 1982), a fundamentação dos atos administrativos constitui um dever constitucional. A fundamentação de atos administrativos abrange a justificação (verificação dos pressupostos legais) e a motivação (factos que, no exercício do poder discricionário, levam o órgão a optar por determinada solução, considerando-a a mais adequada à prossecução do interesse público) da pronúncia, devendo assumir, concomitantemente, as características da clareza, congruência e suficiência.

O dever da fundamentação de atos administrativos encontra igualmente acolhimento em termos gerais no CPA (cf. artigos 152.º e seguintes), que impõe a fundamentação como elemento contextual ao ato em causa [artigo 151.º, n.º 1, alínea *d)*], revelando-se através de declarações explícitas da Administração constantes do texto do ato.

O artigo 152.º do CPA esclarece qual o âmbito do dever de fundamentação, exigindo que, independentemente de outras situações previstas pelo legislador, sejam fundamentados os atos administrativos que, total ou parcialmente, "*decidam em contrário de pretensão* ou oposição *formulada por interessado*, ou de parecer, informação ou proposta oficial" [n.º 1, alínea *c)*].

Por sua vez, o artigo 153.º do CPA explicita as exigências legais em matéria de fundamentação: tendo em conta que o imperativo constitucional e legal se dirige a permitir aos destinatários um efetivo e esclarecido conhecimento do sentido da decisão e, sobretudo, dos motivos que basearam a pronúncia administrativa, não surpreenderá que o legislador exija que a mesma corresponda à sucinta exposição dos fundamentos de facto e de direito da decisão (n.º 1), equivalendo à falta de fundamentação a adoção de fundamentos que, por obscuridade, contradição ou insuficiência, não esclareçam concretamente a motivação do ato (n.º 2). O caso concreto ilustra precisamente uma situação de insuficiência da fundamentação: ao remeter os fundamentos decisórios para uma fórmula (mais ou menos vaga) de inconveniência para o interesse público, o ato não esclarece as razões que determinaram a orientação decisória.

A falta de fundamentação (ou, no caso, a insuficiência da fundamentação) constitui um vício de forma, determinante da anulabilidade do ato administrativo (cf. artigo 163.º, n.º 1, do CPA).

Uma vez que a todos os vícios invocados corresponde a sanção da anulabilidade, o ato é anulável. O regime da anulabilidade encontra-se previsto no artigo 163.º do CPA, manifestando-se na produção provisória de efeitos jurídicos e na impugnabilidade (administrativa e jurisdicional) do ato dentro de um certo prazo. São estas características essenciais da anulabilidade que visam assegurar a certeza que envolve a generalidade dos atos inválidos da Administração. O princípio do aproveitamento e da conservação dos atos jurídicos justifica que, em certos, casos, o efeito anulatório não se produza: considere-se, no caso concreto, a possibilidade de se comprovar que, independentemente da observância dos pareceres, o ato teria sido praticado com o mesmo conteúdo [cf. artigo 163.º, n.º 5, alínea *c)*, do CPA].

Há a considerar, todavia, as possibilidades de sanação deste tipo de invalidade, as quais estão a cargo do autor do ato (bem como do seu superior hierárquico ou do órgão delegante – cf. artigo 169.º do CPA, por remissão do n.º 1 do artigo 164.º do CPA). A este propósito, do artigo 164.º do CPA resulta que os atos anuláveis são suscetíveis de ratificação, reforma e conversão. Estão em causa atos secundários ou de segundo grau, cujos efeitos retroagem à data dos atos a que respeitam, sem prejuízo da possibilidade de anulação dos efeitos lesivos (cf. artigo 164.º, n.º 5, do CPA).

2.1. O ato administrativo possui uma força jurídica própria, que lhe garante, em certas circunstâncias, uma incontrovertibilidade no ordenamento jurídico, vinculadora dos poderes públicos e dos particulares.

O designado *caso decidido administrativo* traduz a «capacidade de resistência», a relativa estabilidade do ato administrativo (não nulo), após a passagem do prazo de impugnação jurisdicional [um ano, o prazo máximo da propositura da ação administrativa especial pelo Ministério Público e pelos interessados, no caso de "atraso desculpável", nos termos da alínea *a)* do n.º 1 e da alínea *c)* do n.º 3 do artigo 58.º do CPTA, respetivamente] – como, aliás, já havíamos indiciado na parte final da resposta anterior.

O caso decidido exprime quer a autonomia dos conceitos de validade e eficácia no Direito Administrativo – visto que permite que um ato anulável (inválido, portanto) seja eficaz (não apenas, provisoriamente, antes da impugnação contenciosa, mas sobretudo) após o prazo da ação administrativa, passando a produzir os seus efeitos normais, ainda que permaneça inválido –, quer a *função estabilizadora* do ato administrativo – admitindo que uma decisão, mesmo se padecer de uma ilegalidade (menos grave), se consolide dentro de um certo prazo. Dizendo de outra forma, se o ato não for impugnado durante os prazos legalmente estabelecidos, fica consolidado na ordem jurídica: o ato administrativo não passa a ser considerado válido, visto que o decurso do prazo não constitui uma causa de sanação da invalidade do ato; simplesmente, em homenagem às ideias de estabilidade e segurança, é plenamente eficaz; a invalidade de que o ato padecia não desapareceu – não obstante, perdeu a sua força invalidante.

No caso concreto, estava em causa a reação jurisdicional contra um ato de indeferimento, um ato com efeitos negativos. Ora, nesta hipótese, o meio processual adequado não se identifica com a impugnação, mas antes com a condenação à prática de ato devido [cf. artigos 51.º, n.º 4, e 67.º, n.º 1, alínea *b)*, do CPTA]. Ainda assim, e justamente com o objetivo de assegurar a função estabilizadora do ato administrativo, o legislador aproxima o prazo de propositura da ação condenatória ao da ação impugnatória (cf. artigo 69.º, n.º 2, do CPTA) até ao limite do caso decidido.

No caso em análise, o juiz não poderia dar provimento à ação, que tinha caducado pelo decurso do prazo.

2.2. Em regra, a apresentação do requerimento pelos interessados constitui a Administração no dever de decisão procedimental (princípio da decisão), desde que esteja verificado o cumprimento de um conjunto de pressupostos subjetivos e objetivos. Por um lado, o requerimento tem de ser apresentado ao órgão competente, por um particular com legitimidade para tanto, na aceção do artigo 68.º do CPA [pressupostos subjetivos; cf. também artigo 109.º, n.º 1, alínea *c)*]. Por outro lado, exige-se a inteligibilidade (artigo 108.º, n.º 3, do CPA), conexão material (no caso de vários pedidos de um ou mais requerentes – artigo 102.º, n.os 2 e 3, do CPA, respetivamente) e tempestividade do pedido [artigo 109.º, n.º 1, alínea *d)*, do CPA], a atualidade do direito que se pretende exercer [artigo 109.º, n.º 1, alínea *b)*, do CPA] e que o órgão não haja decidido (artigo 13.º, n.º 2, do CPA) sobre o mesmo pedido (formulado pelo mesmo particular e com os mesmos fundamentos) há mais de dois anos contados da apresentação do requerimento (pressupostos objetivos).

É precisamente este último pressuposto que falha no caso concreto. Como o novo requerimento (idêntico ao anterior) foi apresentando tendo decorrido ano e meio e sobre a prática do ato administrativo anterior (indeferimento), a DGEG não tem agora o dever de decidir. A solução legal visa evitar que os particulares, tendo relapsamente deixado passar o prazo para a reação jurisdicional contra a atuação administrativa, pudessem, com facilidade, reabrir esse prazo, através da simples apresentação de um novo requerimento – com todas as desvantagens que isso importaria para o funcionamento da Administração, se sistematicamente instada a repetir as suas decisões.

A inexistência de um dever de decisão não significa que a DGEG possa deixar de responder: efetivamente, o n.º 1 do artigo 13.º do CPA impõe aos órgãos administrativos um *dever de pronúncia* (materialmente correspetivo do direito de petição, consagrado no artigo 52.º da CRP) sobre todos os assuntos da sua competência que lhes sejam apresentados pelos particulares. No caso concreto, este dever ficaria cumprido, por exemplo, se a DGEG respondesse ao particular que, tendo já decidido aquele pedido, formulado pelo mesmo requerente, com os mesmos fundamentos, não tinha agora o dever de decidir, nos termos do n.º 2 do artigo 13.º do CPA.

Na hipótese de, em consequência da reiteração do pedido, a DGEG voltar a indeferir o requerimento, esta atuação não representa a prática de um ato administrativo, mas de um ato meramente *confirmativo* – um ato que, se nos quisermos louvar na noção proposta pelo n.º 1 do artigo

53.º do CPTA, se limita a reiterar, com os mesmos fundamentos, decisões contidas em atos administrativos anteriores. Os atos confirmativos, precisamente por se limitarem a repetir o conteúdo de um ato administrativo anterior, não consubstanciam uma decisão, uma estatuição autoritária. Efetivamente, a definição da situação jurídica do particular decorre da primeira e não da segunda atuação da Administração.

Sem prejuízo de os atos confirmativos não constituírem atos administrativos, o legislador admite, em algumas hipóteses, a possibilidade de reação jurisdicional contra eles, quando o particular não poderia ou deveria ter conhecimento do ato confirmado (o ato administrativo) (cf. artigo 53.º, n.º 2, do CPTA). O preceituado no artigo 53.º do CPTA obedece a uma ideia de tutela dos administrados (se estes não houverem tido conhecimento do ato através de notificação ou publicação exigida por lei, podem reagir contra o ato, ainda que meramente confirmativo), numa exceção à regra geral constante do n.º 1 da mesma disposição. A finalidade determinante da abertura da via contenciosa naqueles casos residiu em contrariar uma orientação jurisprudencial tendente a rejeitar a impugnação jurisdicional de todos os atos confirmativos, independentemente do condicionalismo dentro do qual estes haviam sido emanados (independentemente, portanto, de saber se o autor da ação tinha ou não conhecimento do ato).

Embora formulada apenas no contexto da ação de impugnação de atos administrativos, esta norma deverá aplicar-se também às situações em que o ato confirmativo é um ato negativo, um indeferimento, e, como tal, a forma de reação adequada reconduz-se, como assinalámos, à condenação prática de ato devido. Quer dizer, e agora por referência ao caso prático, ainda quando, apesar de não ter o dever de decidir, a DGEG voltasse a indeferir o requerimento, a circunstância de a empresa *Pedras e Calhaus* haver sido notificada da primeira decisão permitiria sempre ao juiz rejeitar a ação, com fundamento no caráter meramente confirmativo do ato, não se debruçando sobre a pretensão material do autor. Trata-se da solução mais congruente com a afirmação da natureza de ato administrativo dos atos de indeferimento.

3. A questão agora em análise recupera a temática do caso decidido, agora encarada sob a ótica da possibilidade de a *Administração* influir sobre o ato administrativo, uma vez passado o prazo de reação jurisdicional.

Tradicionalmente, o instituto do caso decidido aparecia associado à garantia de uma autovinculação de princípio da Administração, em homenagem à autoridade estadual (*lato sensu*) e a tutela da confiança depositada pelos particulares quanto a atos favoráveis. Estes valores não podem ser hoje apartados de outros aspetos igualmente relevantes: a juridicidade da ação administrativa (incluindo o respeito pelo Direito da União Europeia), assim como a boa fé (ou má fé) do beneficiário dos atos.

No regime anterior, a homenagem àquela autovinculação operada pelo caso decidido traduzia-se numa limitação do prazo da anulação administrativa, que apenas poderia ocorrer no prazo para a impugnação jurisdicional do ato em causa. A reforma do CPA ocorrida em 2015 veio introduzir modificações substanciais na disciplina jurídica da anulação, prevendo regimes normativos diferenciados.

É que a estabilidade do ato administrativo decorrente do «caso decidido» não assume carácter absoluto, surgindo cada vez mais relativizada. Em causa está a perceção de que a prevalência do princípio da segurança jurídica sobre outros valores igualmente diretores da ordem jurídica administrativa, entre os quais, a tutela da juridicidade da atuação da Administração e dos interesses (públicos e privados) que as normas violadas se destinam a proteger, não pode (nem deve) ser absolutizada – sobretudo quando a mesma contraria ainda o princípio da proibição do arbítrio e o princípio da proteção da confiança, o que sucederá nas hipóteses em que se permita à Administração prevalecer-se de ilegalidades (*maxime*, formais) pelas quais é responsável.

Contudo, o fator mais relevante de relativização do «caso decidido» decorreu das posições adotadas pelo Tribunal de Justiça da União Europeia, quando estivessem em causa atos administrativos que atentassem contra normas ou princípios europeus. Sem prejuízo de posteriores desenvolvimentos, o *leading case* desta orientação jurisprudencial é o Acórdão «Milchkontor», onde o Tribunal de Justiça entendeu que a aplicação de determinadas disposições nacionais (por exemplo, as consagradoras da estabilidade do ato), que impedem a devolução das ajudas comunitárias indevidamente percebidas, não poderá contender com o sentido e o alcance da efetividade do direito da UE – o que sucederia se a possibilidade de repetir o indevido ficasse subordinada a um prazo demasiado curto.

No caso concreto, e estando em causa um indeferimento, vigoraria a regra geral constante do n.º 1 do artigo 168.º do CPA: a DGEG poderia anular o ato, no prazo de seis meses, a contar da data do conhecimento pelo órgão competente da causa de invalidade, desde que ainda não tivessem decorrido cinco anos sobre a respetiva emissão. Na situação em análise, tendo passado apenas um ano e meio, a DGEG teria agora seis meses para a anulação administrativa. Atente-se, porém, em que o decurso do prazo máximo de reação jurisdicional (um ano, nos termos já explicitados na resposta à questão 2.2.) implica que a iniciativa do procedimento dirigido à anulação seja necessariamente oficiosa, não tendo os particulares um direito a solicitá-la (cf. artigo 168.º, n.º 5).

Contornos distintos revestiria a situação se a DGEG tivesse deferido o pedido de licenciamento. Nesta hipótese, estaríamos diante de um ato constitutivo de direitos e, por conseguinte, no âmbito de aplicação do n.º 2 do artigo 168.º do CPA, que, com o propósito de proteção da situação jurídica constituída a favor do particular, contém um regime mais restritivo que o número anterior. Não obstante uma certa equivocidade presente no teor textual, da sua necessária conjugação com o número anterior resulta que os atos constitutivos de direitos só podem ser objeto de anulação no prazo de seis meses (subsequentes à data do conhecimento pelo órgão competente da causa de invalidade, ou, nos casos de invalidade resultante do erro do agente, desde o momento da cessação do erro), mas apenas dentro do lapso temporal de um ano, contado da data respetiva emissão. Aliás, uma interpretação distinta (que desconsiderasse a articulação entre o prazo de seis meses constante do n.º 1 e entendesse, genericamente, que os atos constitutivos de direito poderiam constituir objeto de anulação dentro do ano subsequente à data da sua emissão) revelar-se-ia contrária à *ratio* do regime (menos favorável à anulação de atos constitutivos de direitos): se a Administração tivesse conhecimento do vício no dia seguinte ao da prática do ato e não se tratasse de um ato constitutivo de direitos, teria seis meses para o anular; estando em causa um ato constitutivo de direitos, poderia anulá-lo dentro do prazo de um ano. Em suma, e recuperando a ideia anterior, a Administração tem seis meses (contados da data do conhecimento da causa de invalidade ou do momento da cessação do erro) para praticar a anulação, desde que não ultrapasse o prazo de um ano a partir da emissão do ato.

Ora, no caso concreto, ambos os prazos já haviam expirado, tendo decorrido, desde logo, mais de um ano sobre a data da prática do ato.

A possibilidade de anulação dentro do prazo máximo de cinco anos de atos constitutivos de direitos constitui uma exceção, apenas admissível nas hipóteses previstas no n.º 4 do artigo 168.º. Considerando a factualidade subjacente à situação em análise, somente seria viável se se verificasse que o beneficiário da licença (a empresa *Pedras e Calhaus*) tinha utilizado artifício fraudulento dirigido à prática do ato [alínea *a)*]; a exceção justifica-se agora pela ausência de boa fé e confiança a tutelar.

4. Na questão em análise, trata-se de determinar se deveria o juiz anular ou não um ato administrativo que apenas se encontra ferido de um vício formal (*lato sensu*), mais precisamente, um vício de procedimento (vício da estatuição) que origina, em princípio, a anulabilidade do ato administrativo, nos termos gerais do n.º 1 do artigo 163.º do CPA.

O problema emerge em consequência do facto de, quando estão em causa invalidades formais (decorrentes da violação de disposições de procedimento ou de forma), se equacionar a possibilidade de os tribunais *aproveitarem* os atos administrativos afetados ou, numa terminologia mais próxima do n.º 5 do artigo 163.º, afastarem o efeito anulatório.

Nas hipóteses de aproveitamento do ato, o juiz, não obstante reconhecer que o mesmo padece de um vício invalidante, determinante, em regra, da sua anulabilidade, decide não o anular. Esta consideração permite afastar as situações de aproveitamento do ato (inválido) dos casos dos atos afetados apenas por uma irregularidade: nestes atos, o tribunal não encontra um vício invalidante e é por este motivo que os não anula.

À semelhança do sucede noutros ordenamento jurídicos paralelos ao nosso, o legislador consagra hoje esta possibilidade, obviando à anulação de atos cujo conteúdo poderá ser renovado em sede de execução da sentença. Nos termos do n.º 5 do artigo 163.º, o efeito anulatório não se produz se se verificar uma das seguintes hipóteses: o conteúdo do ato não pode ser outro (por se tratar de ato de conteúdo vinculado ou por estarmos diante de uma situação de redução de discricionariedade a zero); o fim visado pela exigência procedimental ou formal preterida foi alcançado por outra via; o juiz comprova, sem margem para dúvidas, que, mesmo sem o vício, o ato teria sido praticado com o mesmo conteúdo.

Aplicando este preceito ao caso concreto, o juiz poderia afastar o efeito anulatório se, nos termos da alínea *a)* do n.º 5 do artigo 163.º, pudesse concluir que a apreciação do caso concreto permitira identificar apenas uma solução como legalmente admissível; *i. e.*, considerando que a outorga deste tipo de licenças constitui, em regra, um ato de conteúdo discricionário, impor-se-ia ao tribunal concluir que, em face das circunstâncias do caso, o conteúdo da decisão administrativa não teria outra alternativa juridicamente admissível. Por outro lado, e ao abrigo da alínea *b)* do n.º 5 do artigo 163.º, o aproveitamento revelar-se-ia igualmente possível que se demonstrasse que o fim visado pela exigência do parecer tinha sido alcançado por outra via, designadamente se o órgão com competência consultiva tivesse participado no procedimento. Finalmente, o juiz apenas poderia aproveitar o ato, se concluísse que o conteúdo do parecer não solicitado não influenciaria sobre o sentido e/ou as cláusulas constantes do ato administrativo; e, por conseguinte, se entendesse segura e fundamentadamente que, se anulasse o ato administrativo, a DGEG praticaria, em sede de execução da sentença anulatória, um ato com o mesmo conteúdo, mas sem reincidir no vício procedimental (numa palavra, *renovava* o ato). A hipótese apresentada apresenta a particularidade de se poder afirmar que, ainda se o parecer tivesse sido pedido, como era desprovido natureza vinculativa, a DGEG não estava impedida de adotar aquela decisão, ainda que contra o parecer. Todavia, em princípio, para aproveitar o ato, o tribunal deve assegurar-se que, dadas as circunstâncias da situação *sub iudice*, a Administração não teria, *sem margem para dúvidas*, praticado um ato com outro conteúdo. De qualquer modo, ao juiz impor-se-á sempre a realização de uma ponderação, que, em cada situação concreta, visa equilibrar, por um lado, os interesses (públicos e privados) subjacentes à disposição legal de forma/procedimento violada e, por outro lado, os interesses (públicos e privados) na manutenção do ato inválido.

CASO 6
O SOLAR DESFIGURADO

Alberto adquiriu recentemente um solar no Douro, rodeado de magníficos jardins de traçado francês, aí residindo habitualmente. À data do contrato de compra e venda, quer o solar, quer os respetivos jardins já se encontravam classificados como bens de interesse público.

Entretanto, Alberto, com receio das correntes de ar e considerando-se dotado de um espírito artístico inovador, resolveu realizar obras e fechar todas as varandas do solar, com instalações de alumínio e vidros espelhados.

Ontem, Alberto recebeu uma notificação do ato praticado pelo Diretor-Geral do Património Cultural, que ordena a demolição das obras realizadas no solar, porque as mesmas não foram precedidas da necessária autorização. Inconformado com a decisão, Alberto pretende consultá-lo sobre as seguintes questões:

1. Sentindo-se tratado como súbdito e não como cidadão, Alberto entende que a necessidade de licenças para realizar obras em bens que lhe pertencem constitui um contrassenso, profundamente atentório do seu direito de propriedade, que, aliás, é um direito fundamental. Terá razão?

2. Alberto pretende saber se pode reagir contra a ordem demolição, mediante a utilização de garantias administrativas, bem como quais as vantagens e os efeitos daí resultantes.

3. Admitindo que, por razões de arquitetura e construção do edifício, a demolição das obras realizadas por Alberto apenas pode ser efetuada a partir do interior do edifício, quais as consequências que resultarão do incumprimento da obrigação de demolir?

A resposta seria a mesma se Alberto tivesse destruído os jardins para aí construir uma réplica das pirâmides do Louvre?

RESOLUÇÃO:

1. Perimida que está qualquer compreensão que conceba as pessoas como súbditos ou objetos de poder, não persistem dúvidas que hoje, nas relações jurídicas que estabelecem como a Administração Pública, os particulares surgem dotados de posições jurídicas substantivas, *i. e.*, de um conjunto de poderes e deveres potenciais que um ordenamento jurídico (direito objetivo) reconhece a um determinado sujeito de direito.

O reconhecimento desta realidade foi particularmente acentuado, a partir do momento em que a dogmática do Direito Administrativo se debruçou sobre a *relação jurídica administrativa*. Independentemente do relevo que se confira a este conceito para efeitos de organização do estudo do Direito Administrativo, é inegável que o modelo da relação jurídica administrativa assume, simultaneamente, uma função *heurística*, uma função *dogmática* e uma função *estruturante*: por um lado, permite exprimir a dinâmica do fluxo de posições entre os cidadãos e as entidades públicas, bem como no interior da Administração; por outro lado, desempenha um papel determinante na explicitação do sentido e da singularização dos diversos direitos administrativos especiais; por último, viabiliza a distinção entre vários degraus de organização administrativa (e, nesse cenário, entre diferentes círculos relacionais autónomos, mas interdependentes) e entre direito interno e direito externo, salientando a complexidade estrutural da Administração Pública e das ligações que desenvolve com os cidadãos.

É neste contexto que se deve perspetivar a existência de posições jurídicas substantivas dos particulares nas relações que estabelecem com a Administração Pública. Importa, desde logo, acentuar que a questão da identificação dos direitos – ou, mais amplamente, das posições jurídicas substantivas favoráveis – dos cidadãos radica no facto de as normas de Direito Administrativo visarem, em simultâneo, além da harmonização entre interesses públicos, o equilíbrio entre interesses públicos e interesses privados. E, efetivamente, neste campo, assumem especial relevância os direitos fundamentais de que gozam todas as pessoas (nos termos do princípio da universalidade – cf. artigo 12.º, conjugado também com o artigo 15.º, da CRP) face aos poderes públicos. Assim, e para além dos direitos fundamentais especificamente concebidos como direitos fundamentais dos administrados (consagrados, em especial, no artigo 268.º da

CRP), os cidadãos gozam dos demais direitos contemplados no catálogo constitucional.

Entre esses direitos conta-se, precisamente, o direito de propriedade (cf. artigo 62.º da CRP), que a doutrina e a jurisprudência constitucional vêm qualificando como direito de natureza análoga aos direitos, liberdades e garantias. Estamos, pois, diante de um direito dotado de aplicabilidade direta (cf. artigo 18.º, n.º 1, da CRP), intransitivo ou absoluto, a que corresponde um dever de abstenção ou de respeito por parte da Administração.

Repare-se, porém, que nem todas as posições jurídicas substantivas dos particulares (aí se incluindo também alguns direitos fundamentais) gozam de uma tutela plena, concebendo-se como direitos limitados. Tal sucede, precisamente, com o direito de propriedade, o qual, nos termos da própria Constituição, pode, inclusivamente, ser objeto de atos ablatórios, como a expropriação ou a requisição (c artigo 62.º, n.º 2).

Sem atingir este extremo, existem, por força da lei (que efetuou já uma ponderação entre valores constitucionalmente protegidos), outras limitações ao direito de propriedade, como sucede no caso em análise, quando este foi já objeto de um ato de classificação, que investiu o respetivo objeto (o imóvel) num estatuto jurídico-administrativo (*status*), sujeitando-o a um conjunto de restrições, impostas por razões de interesse público (proteção do património cultural).

Entre as limitações às faculdades do direito de propriedade decorrentes da classificação de um bem como bem cultural prevê-se a necessidade de obter uma licença para a realização de alterações (designadamente, nas fachadas dos edifícios). Trata-se, aliás, de uma verdadeira licença – uma autorização constitutiva, pois que, antes da prática do ato, a realização de obras de alteração se encontra (relativamente) proibida pela lei, apenas sendo tal atividade permitida depois de a Administração realizar um juízo positivo, concluindo que a pretensão do particular não vulnera o interesse público (no caso, a tutela do património cultural) que se intende proteger e que justificou a proibição legal. Estamos, por isso, numa área de *proibição sob reserva de autorização.*

Em suma, Alberto apenas tem parcialmente razão: se, atualmente, não persistem dúvidas de que os particulares são considerados como pessoas (e não súbditos) e têm direitos subjetivos (e, sobretudo, direitos fundamentais) face à Administração Pública, tal não implica que *todos* esses direitos gozem *sempre e em qualquer circunstância* de uma tutela absoluta.

2. As garantias administrativas, enquanto meios ao dispor dos administrados para permitir a defesa destes últimos contra atuações da Administração, encontram-se previstas, em geral, nos artigos 184.º e seguintes do CPA. O princípio geral decorrente do n.º 1 do artigo 184.º aponta no sentido de que, em princípio, os particulares têm o direito de impugnar os atos administrativos perante a Administração, solicitando a sua revogação, anulação, modificação ou substituição, bem como de reagir contra a omissão ilegal de atos administrativos, solicitando a emissão do ato pretendido.

Independentemente da garantia administrativa utilizada (reclamação ou recurso – cf. artigo 184.º, n.º 2), qualquer dos meios ao dispor do particular apresenta duas vantagens. Por um lado, a impugnação de um ato administrativo junto da própria Administração faculta uma apreciação não apenas da legalidade, mas também do mérito da atuação administrativa em causa (cf. artigo 185.º, n.º 3, do CPA). Trata-se, aliás, de uma característica que distingue as garantias impugnatórias administrativas das impugnações jurisdicionais, nas quais, por força do princípio da separação de poderes, os tribunais apenas controlam a juridicidade dos atos administrativos e não também a respetiva oportunidade ou conveniência.

Por outro lado, e agora no plano do relacionamento entre as impugnações administrativas e a impugnação jurisdicional, quer o CPA, quer o CPTA estabelecem que aquelas possuem a virtualidade de suspender o prazo para a propositura da ação administrativa especial contra o ato administrativo (cf. artigos 190.º, n.º 3, do CPA, e 59.º, n.º 4, do CPTA), admitindo ainda o legislador que, na pendência da impugnação administrativa, o particular possa reagir contenciosamente (cf. artigos 190.º, n.º 4, do CPA, e 59.º, n.º 5, do CPTA).

A articulação entre as normas referidas e o artigo 51.º do CPTA determinou também o desaparecimento da regra da exigência de uma impugnação administrativa prévia como pressuposto de acesso aos tribunais administrativos. Se, antes da reforma da Justiça Administrativa, não se revelava possível o recurso imediato aos tribunais (administrativos) dos atos que tivessem sido praticados ao abrigo de uma competência concorrente (com o órgão hierarquicamente superior), visto tais pronúncias não constituírem ainda a «última palavra da Administração» sobre a matéria em causa, o CPTA aponta noutro sentido. Norteou-se expressamente também por esta orientação o n.º 2 do artigo 185.º do CPA, que estabelece a regra do caráter facultativo das reclamações e recursos. Uma leitura articulada dos preceitos legais permite concluir que, perante um ato administrativo que considere ilegal, o particular pode optar entre impugnar judicialmente, utilizar os meios de impugnação administrativa (o que, em qualquer circunstância, suspende os prazos de impugnação contenciosa) ou fazer ambos em simultâneo. Independentemente de considerações de política legislativa (relativas à conveniência de uma apreciação administrativa como forma de racionalizar o recurso aos tribunais), não existem dúvidas de que ficou afastada a regra da definitividade (vertical) do ato como pressuposto processual positivo.

Aplicando estas considerações ao caso concreto, Alberto (enquanto titular do direito de propriedade) poderia, desde logo, reclamar da ordem de demolição junto do autor do ato (o Diretor-Geral do Património Cultural) – cf. artigos 186.º, n.º 1, alínea *a)*, e 191.º, n.º 1. Entre as especificidades do regime, importa acentuar a possibilidade de o interessado requerer a suspensão administrativa da eficácia do ato objeto da reclamação, cuja concessão depende de se verificar uma probabilidade séria da veracidade dos factos alegados pelos interessados, e de se considerar que a execução imediata do ato causa prejuízos irreparáveis ou de difícil reparação ao seu destinatário, e que a suspensão não causa prejuízo de maior gravidade para o interesse público (cf. artigo 189.º, n.os 2 a 4, do CPA).

A circunstância de a ordem de demolição ter sido praticada pelo Diretor-Geral do Património Cultural – um órgão integrado na Administração estadual direta – permite também equacionar a faculdade de utilização do recurso hierárquico para o membro do Governo responsável pela área da cultura, nos termos dos artigos 193.º e seguintes do CPA.

Na reclamação administrativa, Alberto poderia solicitar a declaração de nulidade ou a anulação do ato (consoante arguisse causas de nulidade ou anulabilidade do ato administrativo), bem como a modificação, revogação ou substituição da ordem de demolição. Em princípio, o superior hierárquico (no caso, o membro do Governo responsável pela área da cultura) teria os mesmos poderes; só assim não sucederia se, nos termos da lei, se concluísse que a competência para ordenar a demolição era exclusiva do Diretor-Geral do Património Cultural (não tendo, pois, o superior poderes de Administração ativa ou competência dispositiva na matéria), altura em que ao superior estaria vedada a prática dos atos de modificação, revogação e substituição (cf. artigos 169.º, n.os 2 e 3, e 197.º, n.º 1, do CPA).

Se, na reclamação ou no recurso hierárquico, for proferida uma *declaração administrativa de nulidade*, esta, enquanto ato de natureza declarativa, constata e certifica a presença de um ou mais vícios invalidantes geradores da nulidade de um ato administrativo prévio (no caso a demolição), que gera a improdutividade jurídica total do ato (cf. artigo 162.º do CPA). Se, por sua vez, for praticado um ato de *anulação administrativa*, este, com fundamento na existência de vícios determinantes da anulabilidade do ato, destruirá retroativamente os respetivos efeitos (cf. artigo 163.º do CPA).

Diversamente, quando o órgão, por razões de oportunidade, considere que a demolição não constituiu a medida mais adequada ao caso concreto, pode *revogá*-lo – quer dizer, determinar, *ex nunc*, a cessação dos efeitos do ato – bem como *modificar*, com eficácia prospetiva, o conteúdo regulatório do ato (por exemplo, no caso, não determinar a demolição, mas a substituição de alguns dos materiais utilizados) ou *substituir* o ato praticado.

3. A questão coloca-nos perante o problema da execução dos atos administrativos, quando os estes impõem obrigações não acatadas pelos particulares destinatários. Trata-se, pois, de determinar se, nestas hipóteses, a Administração pode, pelos seus próprios meios, executar coativamente os atos administrativos; ou, dizendo de outra forma, trata-se de esclarecer quando gozam os atos administrativos de *executoriedade*.

O ato administrativo, enquanto dotado de *autoridade* ou *imperatividade*, encerra uma força jurídica específica, que se impõe não apenas à Administração (força jurídica autovinculativa), mas também aos particulares (força jurídica heterovinculativa).

Tradicionalmente, a força jurídica do ato administrativo andava aliada ao designado *privilégio da execução prévia*, cuja mobilização, no contexto do sistema de Administração executiva, se destinava a caracterizar a situação (especial) em que a Administração se encontrava, que lhe permitia executar coativamente os atos administrativos em caso de incumprimento pelos particulares. A este propósito, fazia-se acompanhar o conceito de ato administrativo do adjetivo *executório*.

A executoriedade reconduz-se à propriedade do ato que a Administração pode executar pelos seus próprios meios, sem se dirigir aos tribunais; ora, como se intui desta definição, mais do que uma característica de certos atos administrativos, a referência à executoriedade reporta-se a um *poder público* das entidades administrativas que, como tal, está necessariamente subordinado ao princípio da legalidade (*rectius*, ao princípio da juridicidade) e apenas existe se e nos termos em que o sistema jurídico o reconhecer.

Recusa-se hoje uma conceção que associe a executoriedade às notas constitutivas do conceito de ato administrativo, o que, por sua vez, impõe a distinção entre a *imperatividade* (a sua força obrigatória, vinculante) e a executoriedade. Com efeito, se a imperatividade se assume como uma característica de qualquer ato administrativo (recorde-se que um dos elementos da sua definição consiste justamente na autoridade – o ato administrativo é uma *decisão*, uma estatuição autoritária), já a executoriedade se verifica apenas em relação a alguns atos.

A distinção entre estes dois aspetos – a imperatividade (associada *definição unilateral do direito no caso concreto*) e a executoridade (relacionada com a *execução coativa das determinações constantes dos atos administrativos*) – não se afigura despicienda, já que os fundamentos de cada um desses poderes são diversos: se o poder de decidir (de praticar atos administrativos) encontra o seu fundamento já ao nível constitucional, quando se prevê a própria existência do poder administrativo (o qual, furtando-lhe aquela possibilidade, não conheceria conteúdo – neste sentido, o poder de decidir é um *poder necessário*), o mesmo não sucede com o poder de execução coerciva, cuja atribuição caberá, dentro de um espaço de discricionariedade legislativa (pautado por considerações de oportunidade política), ao legislador ordinário, observados que estejam determinados parâmetros constitucionais.

Além disso, o problema da execução coativa de atos administrativos apenas emerge relativamente a certos tipos de atos: os designados atos *exequíveis*, enquanto atos que não prescindem de uma atividade de execução para produzirem os respetivos efeitos. Assim sucede com o ato de demolição, cujos efeitos só são atingidos, no caso concreto, com a eliminação das obras efetuadas nas varandas do solar.

Somente os atos *exequíveis* (como a ordem de demolição) – e apenas em relação a estes faz sentido falar de executoriedade, como vimos – que sejam eficazes possuem a característica da *executividade* (capacidade para basear uma execução). Com efeito, diversamente do que sucede quanto a outras fontes de obrigações (pense-se, paradigmaticamente, nos negócios jurídicos), o ato administrativo constitui um *título executivo* – recorde-se a designada função tituladora ou executiva: independentemente de qualquer pronúncia judicial, o ato revela-se suscetível de basear uma posterior execução, quer judicial, quer administrativa. Nas palavras de Rogério Soares, "a executividade exprime o momento do ato que o coloca ao lado da sentença declaratória".

Na situação concreta, impõe-se dilucidar se esta execução pode ser administrativa ou se, pelo contrário, necessita que a Administração intente uma ação judicial (executiva) para esse feito. Assim, e de acordo com a posição já defendida por Rogério Soares e Vieira de Andrade, a executoriedade não deverá existir como princípio geral, apenas se admitindo nos casos expressa e inequivocamente previstos na lei ou em situações de urgência fundamentada. Neste sentido, o atual n.º 1 do artigo 176.º do CPA estabelece que "a satisfação de obrigações e o respeito por limitações decorrentes de atos administrativos só podem ser impostos coercivamente pela Administração *nos casos e segundo as formas e termos expressamente previstos na lei, ou em situações de urgente necessidade pública, devidamente fundamentada*". Todavia, de acordo com o n.º 2 do artigo 8.º do Decreto-Lei n.º 4/2015, de 7 de janeiro (que aprovou a reforma do CPA), a vigência daquela norma ficou dependente da entrada em vigor de um outro diploma, que venha a fixar os casos, as formas e os termos em que os atos administrativos podem ser impostos coercivamente pela Administração; ora, o artigo 6.º do referido Decreto-Lei n.º 4/2015 determina que, até à entrada em vigor do mencionado regime jurídico, mantém-se o disposto no anterior n.º 2 do artigo 149.º do CPA (na redação de 1996), que consagra uma orientação diversa, admitindo a regra da execução coativa de atos administrativos, estando apenas sujeita ao princípio da tipicidade das formas e dos termos da execução: nos termos do n.º 2 do artigo 149.º, "o cumprimento das obrigações e o respeito pelas limitações que derivam de um acto administrativo podem ser impostos coercivamente pela Administração sem recurso prévio aos tribunais, desde que a imposição seja feita pelas formas e nos termos previstos no presente Código ou admitidos por lei".

A propósito dos atos que imponham obrigações fungíveis de prestação de facto positivo – aquelas que, como a demolição de uma obra, se traduzem na imposição aos destinatários da adoção de um certo comportamento suscetível de ser realizado por qualquer outra pessoa (e não apenas pelo destinatário do ato) –, o artigo 181.º do CPA consagra a possibilidade de execução coativa pela Administração, prevendo que esta pode realizar a execução diretamente ou por intermédio de terceiro (com quem tenha sido celebrado um contrato de empreitada, ou de prestação de serviços, por exemplo), a expensas do particular – está em causa a (impropriamente) designada execução substitutiva ou execução sub-rogatória.

À luz desta disposição, dir-se-ia, numa primeira análise, que, no caso concreto, a Administração poderia, pelos seus próprios meios, executar coativamente a ordem de demolição. Tal implicaria, na prática, que as autoridades administrativas (ou um terceiro por estas indicado) poderiam destruir as obras que Alberto fez nas varandas do solar. Todavia, a situação em causa tem um elemento de complexidade: a demolição das obras apenas pode ser efetuada a partir do interior do edifício, no qual Alberto reside. Esta circunstância determinaria que, no contexto da execução administrativa da ordem de demolição, as autoridades administrativas entrassem no domicílio de Alberto sem autorização. Ora, nos termos do n.º 2 do artigo 34.º da CRP, "a entrada no domicílio dos cidadãos contra a sua vontade só pode ser ordenada pela autoridade *judicial* competente, nos casos e segundo as formas previstos na lei".

Assim sendo, se Alberto não cumprisse a ordem de demolição e se se verificasse que a destruição das obras efetuadas exigiria efetivamente a entrada no seu domicílio, tal apenas seria possível com uma intervenção jurisdicional prévia.

Naturalmente, o caso revestiria contornos distintos na hipótese de as obras realizadas terem consistido na construção de umas pirâmides no local onde anteriormente se situava o jardim. Agora já não se colocava o óbice da invasão do domicílio, pelo que, ao abrigo do artigo 181.º do CPA, poderia a Administração executar o ato, sem dependência de qualquer decisão judicial.

Neste cenário, de acordo com o CPA, e nos termos exigidos pelo princípio da notificação prévia, a Administração teria de emitir uma decisão autónoma (face à ordem de demolição) e devidamente fundamentada de proceder à execução administrativa e notificá-la ao particular (cf. artigo 177.º, n.os 2 e 3, do CPA). Visando dar a conhecer ao destinatário a iminência de uma execução administrativa, daquela decisão e da respetiva notificação hão de constar o modo como o destinatário pode ainda cumprir a sua obrigação (a execução tem como finalidade dar aos particulares uma última oportunidade para cumprir) e a forma como a Administração executará a decisão em caso de incumprimento; tratando-se de procedimento de execução para prestação de facto fungível (como sucede no caso), a Administração notifica Alberto para que adote a conduta devida (a demolição e, eventualmente – dependeria agora do conteúdo do ato – a reconstrução dos jardins), fixando um prazo razoável para o seu cumprimento (artigo 181.º do CPA). Se tal não suceder, as autoridades administrativas (ou um terceiro em vez delas) deslocar-se-iam ao solar de Alberto, destruiriam as pirâmides construídas e, se fosse o caso, reconstruiriam os jardins – atuações que teriam de ser adotadas com respeito pelo princípio da proporcionalidade, utilizando os meios que, viabilizando a realização integral do interesse público, envolva o menos prejuízo para os direitos e interesses dos particulares (cf. artigo 178.º, n.º 1, do CPA e, em geral, artigo 266.º, n.º 2, da CRP).

CASO 7

A IMPORTÂNCIA DE SER... ACESSÓRIO

Considere as seguintes hipóteses:

1. Na sequência de um requerimento de Abel, a autoridade competente emitiu uma licença, autorizando a abertura de uma discoteca. Do ato consta ainda a obrigação de proceder ao reforço do isolamento sonoro do estabelecimento em causa. Ontem, foi inaugurada a discoteca, sem que tivessem sido realizadas as obras. *Quid iuris?*

2. Carolina viu deferido o seu pedido de licenciamento de uma construção, mas, em troca, a Câmara exige-lhe a doação de parte do terreno. Poderá fazê-lo?

E se, em vez da doação, lhe impuser a construção de um passeio ao redor do edifício pretendido?

3. Daniel pretende instalar um apoio de praia, na Praia dos Ingleses, no Porto. A entidade competente emitiu a respetiva licença de utilização do domínio público marítimo, mas obrigou o titular a utilizar, nos toldos e nas cadeiras disponibilizados aos utentes, madeira proveniente de produções sustentáveis, reservando-se ainda o poder de, no futuro, impor outro tipo de exigências. Além disso, determinou que a licença se extinguiria se a afluência de utentes não atingisse o mínimo de dez por dia, em toda a época balnear. Como qualificaria as referidas cláusulas constantes do ato?

RESOLUÇÃO:

Em qualquer uma das hipóteses apresentadas está pressuposta a distinção entre o *conteúdo principal* e o *conteúdo acessório* do ato administrativo.

O conteúdo consiste no «elemento substancial» do ato administrativo, *i. e.*, nas cláusulas que definem a regulação jurídica da situação a que o ato se reporta. É a partir do conteúdo do ato administrativo que se percecionam as alterações que aquele introduz no ordenamento.

No interior do conteúdo, torna-se possível diferenciar entre conteúdo principal e conteúdo acessório: o conteúdo principal do ato respeita aos efeitos jurídicos que este produz *tipicamente*, os quais se encontram, em regra, delineados, em traços mais ou menos largos, pelo legislador ordinário; o conteúdo acessório resulta da aposição ao ato de *cláusulas acessórias*, *i.e.*, de disposições inseridas no ato administrativo destinadas a moldar os efeitos jurídicos a que este tendia de acordo com a sua tipificação legal, com o objetivo de permitir uma maior plasticidade na regulação instituída pelo ato e a respetiva adequação, em simultâneo, às exigências do caso concreto e à satisfação do interesse público.

A possibilidade de aposição de cláusulas acessórias encontra-se expressamente acolhida no artigo 149.º do CPA, onde se prevê que "os atos administrativos podem ser sujeitos, pelo seu autor, mediante decisão fundamentada, a condição, termo, modo ou reserva, desde que estes não sejam contrários à lei ou ao fim a que o ato se destina, tenham relação direta com o conteúdo principal do ato e respeitem os princípios jurídicos aplicáveis, designadamente o princípio da proporcionalidade". Este preceito elucida duas questões essenciais: por um lado, identifica quatro tipos de cláusulas acessórias (condição, termo, modo e reserva); por outro lado, esclarece os limites a que a respetiva aposição se encontra subordinada. Tal significa, pois, que, o legislador consagra já uma habilitação formal para a aposição de uma condição, um termo, um modo ou uma reserva relativamente a qualquer ato administrativo, sem prejuízo da necessidade da fundamentação material de tal possibilidade. Repare-se ainda que, no mesmo ato administrativo, podem surgir combinadas cláusulas acessórias de natureza diversa.

1. A resolução da primeira hipótese pressupõe a correta qualificação da cláusula que impõe o reforço sonoro do estabelecimento. Atente-se em que a dilucidação deste tipo de problemas apenas pode ser efetuada em concreto, na medida em que exige uma interpretação do conteúdo do ato administrativo.

Tendo em conta os elementos disponíveis no caso e partindo do pressuposto de que a fonte da obrigação em causa é o ato administrativo (e não a lei), podem equacionar-se duas soluções distintas: o dever de realizar as obras de insonorização corresponde a uma *condição potestativa suspensiva* ou a um *modo*.

A condição é uma cláusula acessória que faz depender a eficácia do ato da verificação de um acontecimento futuro e incerto. A condição diz-se *suspensiva* se até à sua verificação a decisão não produz quaisquer efeitos (assim se destrinçando da condição resolutiva). Ao abrigo de um outro critério (o da causa produtiva do evento condicionante), qualifica-se a condição como *potestativa* (ou *impura*), quando o evento condicionante procede da vontade da Administração ou do destinatário do ato (daí se distinguindo da condição casual e da condição mista). Ora, aplicando ao caso em análise, se a cláusula que impõe a obrigação consubstanciar uma condição potestativa suspensiva significa que, até à verificação do evento condicionante (a realização das obras de insonorização), que depende da vontade do destinatário do ato administrativo (o proprietário do estabelecimento), a licença não produz os seus efeitos principais, tendo a sua eficácia diferida [cf. artigo 157.º, alínea *b)*, do CPA].

Esta conclusão não implica que, antes da verificação da condição, a prática do ato se revele juridicamente indiferente: por um lado, e porque, tendo atingido a fase constitutiva, já existe um ato administrativo (perfeito), o legislador admite a possibilidade da sua impugnação, quando seja seguro ou muito provável que o ato irá produzir efeitos, designadamente por a ineficácia se dever apenas ao facto de o ato se encontrar dependente de condição suspensiva, de verificação provável, desde logo, por depender da vontade do beneficiário do ato [cf. artigo 54.º, n.º 1, alínea *b)*, do CPTA]; por outro lado, a previsão (constitucional e legal – cf. artigos 266.º, n.º 2, da CRP, e 10.º do CPA) do princípio da boa fé implica que nem a Administração, nem o destinatário possam legitimamente impedir a ocorrência do acontecimento condicionante.

Todavia, como a não verificação do evento condicionante tolhe os efeitos principais do ato, se Abel abrir a discoteca, ficará numa situação ilegal: efetivamente, está a laborar num estabelecimento desprovido da necessária licença. Quando acontece, a verificação de uma condição suspensiva surge na fase integrativa de eficácia do procedimento tendente à prática do ato administrativo. O desencadeamento dos efeitos do ato reporta-se, pois, ao momento da verificação do acontecimento, motivo pelo qual se conclui que a condição suspensiva possui efeitos prospetivos ou *ex nunc*; assim, os direitos constituídos pelo ato (no caso, a abertura do estabelecimento) só existem na esfera do destinatário a partir do momento da ocorrência do evento, não "retroagindo" ao momento da perfeição do ato.

Mas a cláusula em análise também se poderá configurar como um modo, *i. e.*, uma cláusula acessória que impõe um encargo ao destinatário de um ato favorável.

Nem sempre revestirá contornos nítidos a distinção entre uma condição potestativa (em que a verificação do evento condicionante depende da vontade do particular destinatário do ato) e um modo. Claro que, ao contrário do que sucede com a condição, o modo não interfere na eficácia do ato: todavia, na interpretação de um determinado ato administrativo, o *punctum crucis* reside justamente em avaliar se a cláusula constitui uma condição ou um modo, para compreender se a não adoção de um certo comportamento pelo particular se projeta (ou não) nos efeitos do ato.

A destrinça passará por aferir se a adoção do comportamento previsto corresponde à satisfação de um ónus que impende sobre o particular – hipótese em que estaremos diante de uma condição potestativa – ou ao cumprimento de um dever – caso em que nos depararemos com um modo.

Se, na situação hipotizada, a cláusula for um modo, o titular da licença estará autorizado a abrir o estabelecimento, visto que a licença produz, de imediato, os seus efeitos. Contudo, terá de cumprir as obrigações impostas por aquela cláusula, sob pena, no máximo, de revogação do ato (como consequência sancionatória decorrente do incumprimento do dever) ou, no mínimo, de desencadeamento da execução da obrigação constante do ato. Repare-se que o facto de o dever emergente do modo apenas obrigar o destinatário porque este pretende gozar uma vantagem decorrente do ato (na situação concreta, se o particular não quiser abrir o estabelecimento, não terá de efetuar quaisquer obras) revela-se suscetível de ditar uma maior abertura nas soluções relativas à execução coativa por parte da Administração.

2. Nesta questão, o problema reside nos limites legais à aposição de cláusulas acessórias aos atos administrativos, cláusulas essas que, sem prejuízo da necessidade de interpretação do conteúdo do ato administrativo em causa, sempre se poderão qualificar ou como modos, ou como condições potestativas, nos termos e com os efeitos já assinalados na questão anterior.

As dificuldades resultam antes, como principiámos por afirmar, dos limites à aposição destas cláusulas. Tais limites decorrem da parte final do artigo 144.º do CPA.

Na medida em que constituem uma alteração dos efeitos típicos do ato, as cláusulas acessórias não podem incidir sobre as suas dimensões vinculadas. Efetivamente, estas dimensões encontram-se subtraídas à disponibilidade do órgão administrativo, que, por esse motivo, não se encontra habilitado a conformá-las, mediante a aposição de cláusulas acessórias.

Ainda que estejam em causa momentos discricionários do ato, a aposição de uma cláusula acessória está circunscrita por limites de natureza material: a cláusula há de ser *proporcionada*, *igual* e *imparcial*. Nesta medida, só se revela juridicamente admissível uma cláusula acessória que se assuma como adequada e necessária à produção do efeito jurídico pretendido, seja normalmente aposta a atos idênticos, e leve em consideração todos os interesses (públicos e privados) subjacentes ao ato administrativo. A estas exigências acresce ainda a relação direta com o conteúdo principal do ato, bem como compatibilidade com a lei, apurada não apenas em função da conformidade do conteúdo acessório com o direito, mas também da relação ou do nexo que intercede entre a cláusula acessória e o (fim inerente ao) conteúdo principal do ato.

Ora, estas exigências materiais não se encontram cumpridas quanto à cláusula que impõe a doação de um terreno: na verdade, a previsão desta obrigação revela-se claramente desadequada à satisfação dos fins públicos subjacente à outorga de uma licença construção (entre os quais se contarão os interesses em determinado arranjo urbanístico da cidade); por outro lado, não se vislumbra, face aos elementos disponibilizados, um nexo de causalidade entre o conteúdo principal e o conteúdo acessório do ato.

Um tal juízo negativo não afeta já a cláusula que obriga à construção de um passeio. Pressupondo que esta obrigação resulta apenas do ato (e não também da lei ou de instrumentos de gestão urbanística), a mesma revela-se materialmente conexa com o conteúdo licenciado. Compreende-se que, com o objetivo de garantir um certo desenho urbano ou uma certa paisagem urbana, o Município exija a construção de um específico tipo de passeios em redor dos edifícios.

3. No caso em análise, estamos diante de um ato administrativo favorável (mais precisamente, de uma concessão constitutiva), cujo efeito primordial consiste na constituição na esfera do destinatário do direito de utilizar uma parcela do domínio público marítimo (uma praia), para aí instalar chapéus e toldos, contra o pagamento de uma taxa.

Em face das cláusulas enunciadas, importa destrinçar quais delas ainda integram o conteúdo principal do ato e quais se incluem no seu conteúdo acessório.

Esta questão coloca-se atenta a dificuldade, que pode existir nas situações concretas, em distinguir entre as cláusulas particulares (que ainda pertencem ao conteúdo principal) e as cláusulas acessórias. Sublinhámos, logo no início da resposta, que estas últimas têm como propósito afeiçoar os efeitos típicos do ato às exigências concretas do interesse público. Já as cláusulas particulares auxiliam na determinação do conteúdo principal; quer dizer, contribuem para especificar o sentido dos direitos e/ou obrigações que correspondem ao conteúdo típico do ato. Constitui uma cláusula particular a que impõe ao destinatário a utilização, nos toldos e nas cadeiras disponibilizados aos utentes, madeira proveniente de produções sustentáveis, visto que particulariza o modo como o titular da «licença» pode exercer o seu direito de utilização privativa; quer dizer, o uso privativo da parcela dominial para instalação de apoios de praia só é conferido ao particular naquele circunstancialismo.

Por seu lado, a cláusula que associa a vigência da «licença» a um número mínimo de utentes corresponde a uma condição resolutiva casual, visto que faz depender a extinção da eficácia (a caducidade) do ato da verificação de um acontecimento *futuro* e *incerto*, independente da vontade do particular (comportamento de terceiros). Nesta hipótese, o destinatário goza imediata embora *precariamente* do direito de utilização privativa do domínio público; tal direito apenas se extinguirá se e quando se verificar o acontecimento condicionante.

A cláusula mediante a qual a Administração estabelece o poder de, no futuro, impor exigências adicionais configura uma reserva. A reserva constitui uma cláusula acessória pela qual a Administração se arroga um poder (que, em regra, não deteria) de influir sobre o ato, no caso concreto, modificando-o, através da imposição ulterior de um ou mais modos (*reserva de modo*).

Tradicionalmente, a principal dificuldade suscitada por esta cláusula acessória decorre de, ao contrário das até agora apreciadas, a mesma se não encontrar prevista no anterior artigo 121.º do CPA. A reforma do CPA operada em 2015 permitiu superar tal dificuldade, na medida em que a consagrou *ex professo* no elenco de cláusulas acessórias constante do n.º 1 do artigo 149.º.

Importa, agora, verificar se se encontram cumpridos os requisitos da respetiva aposição. Respeitadas as exigências do princípio da proporcionalidade, revela-se admissível a aposição deste tipo de reservas, especialmente úteis nos casos em que o exercício da atividade dos particulares está sujeito a uma fiscalização administrativa e se assiste a uma volatilidade da ponderação dos interesses públicos – como sucede no caso concreto, em que está em causa um ato que, por ter como objeto uma praia, toca também questões ambientais.

CASO 8

FÉRIAS NA NATUREZA

Nos termos do Decreto-Lei n.º 32/2011, de 7 de março, o exercício da atividade de organização de campos de férias depende de comunicação prévia ao (atual) Instituto Português do Desporto e Juventude (IPDJ). O mencionado diploma estabelece ainda que, efetuada a comunicação prévia em formulário eletrónico, cabe ao IPDJ proferir uma decisão sobre tal comunicação no prazo de 10 dias; decorrido este prazo sem que tenha sido proferida qualquer decisão, a atividade pode iniciar-se (artigo 5.º).

Em 6 de maio de 2019, a sociedade *Férias na Natureza* dirigiu ao IPDJ uma comunicação prévia nos termos previstos na lei. Não tendo obtido qualquer resposta, decidiu dar início à sua atividade em 3 de junho de 2019. Todavia, em 5 de agosto de 2019, recebeu uma notificação do IPDJ, no sentido da não admissão da comunicação prévia, com fundamento na discordância quanto ao projeto pedagógico e de animação apresentado, dada a nítida inspiração religiosa das atividades propostas às crianças.

Além disso, e tendo conhecimento do início das atividades da *Férias na Natureza*, a Autoridade de Segurança Alimentar e Económica (ASAE) – a quem, nos termos do artigo 20.º do Decreto-Lei n.º 32/2011, cabe a instrução dos procedimentos por infração – dirigiu-se às instalações da empresa e levantou um auto de notícia, aplicando-lhe uma coima de 25000€.

O sócio gerente da *Férias na Natureza* pretende saber se as condutas do IPDJ e da ASAE são legais.

RESOLUÇÃO:

O presente caso ilustra uma das tendências atuais do Direito Administrativo, no sentido da liberalização e da simplificação da atividade administrativa: a substituição de procedimentos autorizativos por procedimentos de comunicação prévia (ou de comunicação de início de atividade).

Estes últimos procedimentos encontram-se reservados para as hipóteses em que uma atividade *privada* de um *particular* está condicionada ao exercício de uma competência de *controlo* pela Administração. Tal apenas se revela possível quando a atividade desenvolvida pelos cidadãos corresponde ao exercício de um direito pré-existente na sua esfera jurídica e que, por razões de interesse público, o legislador sujeitava a uma apreciação administrativa prévia. Dizendo de outra forma, a previsão legislativa de uma comunicação prévia revela-se admissível em hipóteses em que, anteriormente, o controlo administrativo incidia sobre uma atividade sujeita a um ato administrativo de *autorização*, enquanto ato administrativo que se dirige a remover um limite imposto por lei para o exercício de uma atividade incluída na esfera própria do particular destinatário do ato.

No interior dos procedimentos de comunicação prévia, distingue-se entre a *mera comunicação prévia* e a *comunicação prévia com prazo* (cf. artigo 134.º do CPA): enquanto, no primeiro caso, o início da atividade pelo particular exige apenas, estando preenchidos os pressupostos legais e regulamentares, uma comunicação à Administração, no segundo, o exercício da atividade apenas se poderá iniciar se, depois de efetuada a comunicação, o órgão competente não se pronunciar em sentido desfavorável dentro de determinado prazo. Ou, se o quisermos dizer nos termos do Decreto-Lei n.º 92/2010, de 26 de julho (que transpôs para o ordenamento jurídico nacional a «Diretiva Serviços», e alterado pelo Decreto-Lei n.º 80/2019, de 17 de junho), a mera comunicação prévia constitui uma declaração efetuada pelo prestador de serviços necessária ao início da atividade, que permita o exercício da mesma imediatamente após a sua comunicação à autoridade administrativa; a comunicação prévia com prazo consubstancia uma declaração efetuada pelo prestador de serviços necessária ao início da atividade, que permita o exercício da mesma quando a autoridade administrativa não se pronuncie após o decurso de um determinado prazo (cf. artigo 8.º, n.º 2).

No caso concreto, o legislador veio submeter a atividade (privada) de organização de campos de férias a um controlo preventivo, cujo procedimento se inicia com a entrega de uma comunicação do interessado, e que pode terminar, após o decurso de um prazo (dez dias), *sem que a Administração emita qualquer pronúncia* – configurando uma hipótese de procedimento de comunicação prévia com prazo. Aqui reside quer a vertente simplificadora deste tipo de procedimentos, quer a feição liberalizadora, porquanto o exercício da atividade privada em causa não carece já da prática de um ato administrativo, verificando-se, neste horizonte, um retraimento da intervenção da Administração, cuja atuação positiva apenas se revela necessária em caso de oposição à pretensão do particular.

Tal significa, pois, que o IPDJ apenas terá de se pronunciar na hipótese de pretender opor-se ao exercício da atividade comunicada pelo particular, seja por razões de interesse público, seja por não estarem cumpridas as exigências legais. À ausência de qualquer resposta por parte do IPDJ o legislador não atribui, porém, o significado da prática de um ato administrativo, considerando antes que o decurso do prazo sem qualquer pronúncia em contrário do órgão competente habilita o interessado a desenvolver a atividade pretendida, sem prejuízo dos poderes administrativos de fiscalização e da possibilidade de a Administração utilizar os meios adequados à defesa da legalidade (cf. artigo 134.º, n.º 3, do CPA). Assim, após o decurso dos dez dias sobre a entrega da comunicação prévia sem que o IPDJ se tivesse pronunciado, a *Férias na Natureza* poderia dar início à atividade de organização de campos de férias, nos termos contemplados na lei e especificados na comunicação.

A questão complexifica-se porque, no dia 5 de agosto, a Administração veio proferir uma decisão expressa que considerou como "não admissão da comunicação prévia". Importa, pois, compreender qual o significado deste ato no contexto em análise. A partir do momento em que o legislador afirma que a ausência de resposta dentro do prazo *não dá origem a um ato de deferimento tácito* (cf. artigo 134.º, n.º 3), não se pode reconduzir uma decisão expressa proferida após o decurso do prazo legalmente previsto a um ato (administrativo) de segundo grau (uma modificação, revogação ou anulação de um ato anterior). Todavia, como também acrescenta o citado n.º 3 do artigo 134.º do CPA, a Administração não fica impedida de exercer os poderes de fiscalização, bem como de utilizar os meios adequados à defesa da legalidade; tal significa que, verificando que a atividade desenvolvida pelo particular não se encontra de acordo com os princípios e normas aplicáveis, a autoridade competente pode praticar um ato administrativo, proibindo as atuações desenvolvidas pelos particulares. Estamos agora diante de um ato administrativo de primeiro grau, de conteúdo desfavorável ao particular e de natureza impositiva, que configura uma proibição.

Impõe-se ainda perceber se este ato praticado pelo IPDJ (o ato proibitivo) se encontra ou não inquinado por uma causa de invalidade. Considerando o disposto no ato, este padecerá de um vício no conteúdo, por atentar contra um direito, liberdade e garantia: a liberdade religiosa (cf. artigo 41.º da CRP). Nos termos da alínea *d)* do n.º 2 do artigo 161.º, são nulos os atos que ofendam o conteúdo essencial de um direito fundamental – hipótese que abrange, desde logo, a violação de direitos, liberdades e garantias. A previsão da consequência da nulidade para estas situações deriva da circunstância de nem o próprio legislador poder ofender o conteúdo essencial (como resulta, quanto aos direitos, liberdades e garantias, do artigo 18.º, n.º 3, da CRP).

Conclui-se, então, que padece de nulidade a decisão do IPDJ que determinaria a cessação da atividade de organização de campos de férias, cujo exercício tinha sido iniciado ao abrigo da comunicação prévia efetuada.

A nulidade constitui a solução mais gravosa atribuída pelo ordenamento jurídico, resultando de uma desconformidade do ato administrativo com elementos essenciais da ordem jurídica. A sua característica essencial resulta do facto de um ato nulo não produzir efeitos desde o momento em que foi praticado, independentemente da declaração de nulidade (cf. artigo 162.º do CPA). De salientar ainda que os destinatários de um ato administrativo ferido de nulidade não estão obrigados a respeitá-lo: os cidadãos têm o direito de resistência, o qual está constitucionalmente consagrado para as pronúncias que lesem direitos, liberdades e garantias (cf. artigo 21.º da CRP) – o que poderia implicar, no caso concreto, que a *Férias na Natureza* poderia continuar a exercer a atividade em causa.

As dificuldades residem agora no facto de a ASAE ter aplicado uma sanção à sociedade, por entender que, ao abrigo do ato praticado pelo IPDJ em agosto, aquela se encontrava numa situação ilegal.

Repare-se que, perante uma decisão de não admissão da comunicação prévia ou uma proibição do exercício da atividade, a *Férias na Natureza* não poderia desenvolver a sua atuação: é que, como assinalámos, não obstante o impulso liberalizador e simplificador, não se verificou uma abolição do controlo administrativo preventivo relativamente ao exercício da atividade de organização de campos de férias. Daí que se admita a aplicação de um ato de natureza sancionatória por parte da entidade à qual o legislador cometeu a fiscalização da atuação dos particulares nesta matéria. Na verdade, as sanções administrativas destinam-se a punir atuações ilícitas dos particulares, violadoras de normas de Direito Administrativo; no caso concreto, estamos diante de uma sanção administrativa geral, correspondente à prática de uma contraordenação, de um ilícito de mera ordenação social, punido com uma coima (sanção pecuniária).

Contudo, já havíamos concluído que a proibição padecia de uma nulidade. A questão agora consiste em saber se esta nulidade se opõe também à ASAE.

Como resulta hoje do n.º 2 do artigo 162.º do CPA existe uma diferença entre a declaração da nulidade e o conhecimento da nulidade. Se a nulidade apenas pode ser *declarada* pelos tribunais administrativos e pelos órgãos administrativos competentes para a anulação (cf. artigo 169.º, n.os 3 a 6, do CPA), pode ser *conhecida* por qualquer autoridade. Na verdade, os vícios invalidantes que têm como consequência a nulidade revelam-se de tal forma graves que se opõem às restantes autoridades administrativas, as quais podem *conhecer* (mas não declarar) a nulidade. Assim, em princípio, também a própria Administração não está vinculada à observância de atos nulos, embora esta regra possa sofrer algumas limitações no âmbito das relações hierárquicas (hipótese esta última que não se verifica na situação concreta).

Em suma, também o ato praticado pela ASAE seria inválido, na medida em que lhe faltou o pressuposto de facto determinante da aplicação da sanção: a existência de uma transgressão ou de uma atividade ilícita por parte da *Férias na Natureza*. Está em causa um vício na estatuição, mais precisamente um vício de fim, ao qual se associa a sanção regra da anulabilidade (cf. artigo 163.º do CPA).

CASO 9

HÁ MAR E MAR... E UMA MARINA PARA EXPLORAR

O Governo lançou um concurso público internacional para a exploração e a gestão da marina de **X**. A obra foi adjudicada e o contrato seguidamente celebrado com a sociedade *Há Mar e Mar, S. A.*.

Uma das sociedades que viu a sua proposta preterida – a *Seaside Fun*, com sede em Londres – veio impugnar o ato de adjudicação com os seguintes fundamentos:

a) A adjudicação nunca lhe foi notificada;

b) Está em curso contra a *Há Mar e Mar, S. A.* um processo de execução fiscal por dívidas ao Fisco;

c) O verdadeiro fundamento da decisão consiste no interesse em privilegiar as empresas nacionais, sobretudo as sediadas no Algarve (como é o caso da *Há Mar e Mar, S. A.*), com objetivo de permitir o desenvolvimento económico da região;

d) O ato foi praticado pelo Secretário de Estado das Pescas, ao abrigo de uma delegação de competências nula.

1. Qualifique o contrato celebrado quanto à sua natureza e classifique-o entre os tipos e espécies relevantes.

2. Pronuncie-se sobre a procedência dos vícios invocados, localizando-os na estrutura do ato e fazendo-lhes corresponder as respetivas consequências jurídicas.

3. Em face dos vícios apontados pela *Seaside Fun*, o Governo pondera anular o ato de adjudicação. Em sede de audiência prévia, a *Há Mar e Mar* sustentou que uma tal decisão seria ilegal, visto que o contraente público não pode praticar atos administrativos em matéria de validade do contrato. Terá razão?

4. Suponha que a *Há Mar e Mar* tem violado reiteradamente as cláusulas contratuais relativas à manutenção da marina, designadamente não elaborando os regulamentos de navegação e não efetuando a necessária limpeza das águas e do cais. Indique, justificando, o que pode o contraente público fazer, com que força jurídica e com que eventual consequência.

RESOLUÇÃO:

1. Um contrato que tem por objeto a exploração e a gestão de uma marina é uma concessão de exploração do domínio público.

Uma reflexão sobre a natureza deste contrato exige que nos debrucemos sobre a respetiva qualificação como contrato público e contrato administrativo, conceitos esses que pautam a economia normativa do CCP.

O conceito de *contrato público* revela-se imprescindível para aferir qual a disciplina do procedimento de formação do contrato. A noção de contrato público e, por conseguinte a delimitação do âmbito de aplicação da Parte II (dedicada à contratação pública) são recortadas em função de um critério duplo, simultaneamente objetivo e subjetivo: por um lado, apenas se encontram compreendidos os *contratos cujo objeto abranja prestações que estão ou estejam suscetíveis de estar submetidas à concorrência de mercado* (cf. artigo 5.º, n.º 1, *a contrario*, e artigo 16.º, ambos do CCP; cf. também artigo 201.º, n.º 1, do CPA); por outro lado, têm de estar em causa contratos *celebrados pelas entidades adjudicantes* previstas no artigo 2.º (cf. também artigo 1.º, n.º 2, do CCP).

No caso concreto, está, desde logo, cumprido o critério subjetivo, visto que a entidade adjudicante é o Estado [cf. artigo 2.º, n.º 1, alínea *a)*, do CCP].

Por sua vez, o critério objetivo abrange aquelas hipóteses em que a Administração se dirige ao mercado para contratualizar com os particulares a obtenção de uma determinada prestação (consubstanciada, por via de regra, em bens ou serviços), da qual necessita para prosseguir as suas atividades de interesse público. Desta perspetiva, a delineação do âmbito da Parte II pressupõe que aí se enquadrem todas as situações em que entre os particulares em condições de oferecer os bens ou serviços (os potenciais cocontratantes) se verifique uma concorrência; ou, dito de outra forma, integrar-se-ão na previsão do legislador todos aqueles contratos cujas prestações (pela sua natureza, características ou posição relativa das partes) suscitam entre os potenciais cocontratantes que as oferecem à Administração uma "competição" própria da concorrência de mercado. Ora, considerando que a concessão de exploração satisfaz o interesse *público* da exploração ou gestão do domínio público, função que, não sendo desempenhada pelo concessionário, teria que ser cumprida pelo concedente, pode afirmar-se que a entidade administrativa se dirige ao mercado para solicitar a "prestação de um serviço" – a gestão de um bem do domínio público –, prestação essa que, da perspetiva dos cocontratantes, possui atratividade suficiente para desencadear uma concorrência entre eles – dando-se, por isso, por cumprido o critério objetivo.

O conceito de *contrato administrativo* permite-nos avaliar qual o regime aplicável à vida ou à execução do contrato celebrado. Uma concessão de exploração do domínio público consubstancia um *contrato administrativo*. Efetivamente, nos termos do n.º 1 do artigo 280.º do CCP, os contratos, celebrados entre um contraente público [no caso, o Estado – cf. 3.º, n.º 1, alínea *a)*, do CCP] e um cocontratante, que confiram a este direitos especiais sobre coisas públicas [cf. alínea *c)*] revestem a natureza de contratos administrativos; atente-se, porém, que, além de preencher este fator de administratividade, a Parte III do CCP efetua uma referência ao regime das concessões de exploração do domínio público (cf. artigo 408.º), pelo que também por força da alínea *a)* do n.º 1 do artigo 280.º do CCP, estas sempre se qualificarim como contratos administrativos. O facto de estar em causa um contrato administrativo determina a aplicação de um regime próprio de Direito Administrativo, presente, em geral, na Parte III do CCP. Independentemente de outros aspetos distintivos, aquela disciplina jurídica caracteriza-se, em especial, pela atribuição de poderes ao contraente público (cf. artigo 302.º do CCP), poderes esses que, na sua maioria, são exercidos através de atos administrativos (cf. artigo 307.º, n.º 2), alguns deles dotados de executoriedade (cf. artigo 309.º, n.º 2, do CCP).

Qualificada a concessão de exploração do domínio público como contrato administrativo, impõe-se a sua caracterização no contexto dos tipos e espécies mais relevantes.

Quanto ao fim, estamos diante de um *contrato de colaboração*, na medida em que, como já acentuámos, o cocontratante privado é chamado a desempenhar, mediante uma retribuição, uma tarefa pública, em vez da Administração. Cruzando este critério com o da relação entre as partes a concessão de exploração dominial constitui um *contrato de colaboração subordinada*, em especial, uma *concessão translativa*: associando o privado à prossecução de tarefas públicas, este contrato confere ao contraente público um «ascendente funcional» sobre o cocontratante privado.

Relativamente ao conteúdo, a concessão de exploração do domínio público é um *contrato com objeto passível de ato administrativo* (em sentido amplo), na medida em que o seu objeto – transferência dos poderes de gestão de uma coisa pública – poderia constar (e constou, originariamente) de um ato administrativo.

Quanto à sua eficácia, o contrato em causa – como, em regra, sucede com as concessões –, consubstancia um *contrato com eficácia normativa externa,* na medida em que não produz efeitos jurídicos apenas *inter partes,* atingindo terceiros (por exemplo, os potenciais utilizadores da marina).

Por último, a concessão de exploração do domínio público consubstancia um *contrato de delegação de funções ou serviços,* visto que, como apontámos, implica a assunção, pelo concessionário, da posição de Administração concedente no que respeita à gestão do bem dominial em causa, assumindo aquele o risco económico da concessão.

2. Esta questão versa sobre a eventual invalidade do ato administrativo de adjudicação.

Nos termos do artigo 73.º do CCP, a adjudicação constitui "o ato pelo qual o órgão competente para a decisão de contratar aceita a única proposta apresentada ou escolhe uma de entre as propostas apresentadas". Face a esta noção, logo se compreende que a adjudicação reveste a natureza de ato administrativo, enquanto estatuição de autoridade, relativa a um caso concreto, praticada por um sujeito de Direito Administrativo, ao abrigo de poderes jurídico-administrativos e dirigida à produção de efeitos jurídicos externos, positivo ou negativos (na noção proposta por Rogério Soares e Vieira de Andrade). Este conceito substantivo estrito é, aliás, muito próximo da definição de ato administrativo constante do artigo 148.º do CPA. Assim, e enquanto ato administrativo, a adjudicação representa o momento em que a entidade adjudicante escolhe a proposta e, por inerência, o futuro cocontratante.

Impõe-se, agora, avaliar se os argumentos aduzidos pela *Seaside Fun* contendem com a validade do ato de adjudicação.

a) O primeiro argumento apresentado respeita à falta de notificação da adjudicação à sociedade em causa.

A notificação consubstancia um ato instrumental, de natureza comunicativa, destinado a levar à esfera do conhecimento do destinatário a prática de uma atuação administrativa, *in casu,* um ato administrativo. O dever de notificação dos atos administrativos tem consagração constitucional no n.º 3 do artigo 268.º da CRP, encontrando-se igualmente contemplado, em geral, no artigo 114.º do CPA; o artigo 77.º do CCP prevê, em especial, o dever de notificação simultânea da adjudicação a todos os concorrentes, determinando que a mesma seja acompanhada do relatório final de análise das propostas.

O facto de estar em causa um dever da Administração (no caso, da entidade adjudicante) não significa que o respetivo incumprimento conduza à invalidade do ato administrativo; diversamente, a falta de notificação contende (não com a validade, mas antes) com a produção dos efeitos jurídicos a que o ato tende. Neste ponto, importa salientar que o ordenamento jurídico conhece a distinção entre atos administrativos recetícios e atos administrativos não recetícios, *i. e.*, respetivamente, atos administrativos em que a notificação é *condição de eficácia* (constituindo um dos atos integrativos de eficácia, praticados durante a fase homónima do procedimento) e em que a notificação não é condição de eficácia do ato administrativo, mas mera *condição de oponibilidade* de efeitos desfavoráveis, como decorre do artigo 160.º do CPA e do n.º 1 do artigo 60.º do CPTA). A regra consiste em os atos administrativos não se qualificarem como recetícios. Do CCP não resulta que a produção dos efeitos jurídicos da adjudicação dependa da notificação aos interessados, pelo que não estamos diante de um ato recetício.

Embora, no caso, a falta de notificação não implique a invalidade ou a ineficácia da adjudicação, tal não significa que se revele juridicamente indiferente. Enquanto o Governo não notificar a *Seaside Fun*, a adjudicação não lhe é oponível; em termos práticos, esta consequência implica, por exemplo, que, relativamente àquele sujeito, não começou a contar o prazo de impugnação do ato administrativo.

b) O segundo argumento respeita ao que o CCP designa como "impedimentos", *i. e.*, circunstâncias que, a verificarem-se, impedem que os sujeitos sejam candidatos, concorrentes ou membros de um agrupamento no contexto de um procedimento pré-contratual submetido à Parte II daquele Código.

No caso concreto, a ser verdadeira a alegação, a *Há Mar e Mar* encontra-se na hipótese prevista na alínea *e)* do n.º 1 do artigo 55.º do CCP, uma vez que não tem a sua situação regularizada relativamente a impostos devidos em Portugal. Por este motivo, e tendo a entidade adjudicante conhecimento de que se verificava esta situação [e sem prejuízo do desencadeamento do processo sancionatório pela prática de uma contraordenação muito grave – cf. artigo 456.º, alínea *a)*, do CCP], o júri do concurso deveria ter proposto, logo no relatório preliminar, a exclusão da proposta apresentada por aquela sociedade [cf. artigo 146.º, n.º 2, alínea *c)*, do CCP].

Não tendo tal acontecido, a adjudicação encontra-se eivada de um vício. Na estrutura do ato administrativo, o adjudicatário constitui o objeto do ato, *i. e.*, o ente que sofre os efeitos produzidos pelo ato administrativo. Na medida em que o ato administrativo se destina a operar uma transformação na ordem jurídica, os efeitos pelo mesmo produzidos incidem sobre um *quis* (pessoas) ou um *quid* (coisas, atos administrativos ou contratos administrativos): o objeto do ato administrativo (o «elemento passivo» do ato administrativo). São requisitos de validade quanto ao objeto a existência (possibilidade física e jurídica), a idoneidade e a legitimação.

Na hipótese concreta, falha o requisito da idoneidade: na medida em que não tem a sua situação regularizada relativamente a impostos e, como tal, encontrando-se legalmente impedida de concorrer, a sociedade *Há Mar e Mar* não poderia, nem sequer em abstrato, ser objeto de um ato de adjudicação.

O vício de falta de idoneidade do objeto gera a anulabilidade do ato administrativo, nos termos do artigo 163.º do CPA. O regime característico das consequências das invalidades administrativas resulta, em especial, da aplicação de critérios substanciais-teleológicos, fundamentalmente orientados em torno da essencialidade ou gravidade do vício e da consequente lesão da ordem jurídica e do interesse público, mas sem descurar a sua evidência da lesão, oscilando entre a nulidade – caracterizada pela improdutividade jurídica dos efeitos normais do ato afetado – e a anulabilidade – determinante da sua produtividade condicionada e potencial. Nesta medida, a nulidade está prevista para os casos em que a referida lesão da ordem jurídica decorrente do vício que afeta o ato jurídico em causa se anuncia de tal forma grave, que a respetiva salvaguarda só se encontrará satisfeita com a total improdutividade do ato; pelo contrário, nas hipóteses de anulabilidade, entende-se que o atentado contra o ordenamento não assumiu uma gravidade tal, que tolha totalmente a eficácia jurídica do ato, admitindo-se, por conseguinte, que, em homenagem a determinados interesses (públicos, mas também privados), subsistam certos efeitos jurídicos.

Do citado artigo 163.º do CPA decorre que o "regime-regra" das invalidades dos atos administrativos consiste na anulabilidade. É facilmente compreensível esta opção legislativa, resultante da ponderação entre critérios teleológicos, assentes, em simultâneo, na gravidade e na evidência dos vícios, enquanto lesões da ordem jurídica. Ademais, a preferência pelo referido regime assenta no próprio sistema de Administração (executivo ou continental) pelo qual nos regemos: com efeito, a opção pela anulabilidade consagra uma posição mais reforçada da máquina administrativa perante os cidadãos. Por último, um especial apego às ideias de estabilidade e de autoridade do ato administrativo justificou a adoção de um regime cujas características primordiais, em termos práticos, consistem na produção provisória de efeitos jurídicos e na preclusão, pelo decurso do tempo, do direito de invocar a anulabilidade (cf. artigos 169.º, n.º 5, do CPA, e 58.º, n.º 2, do CPA).

c) O terceiro argumento invocado prende-se com finalidade que presidiu ao ato de adjudicação, o qual se reconduziu, no caso, ao objetivo de privilegiar as empresas nacionais (em especial, as sediadas no Algarve) e, deste modo, dinamizar o tecido empresarial da região.

Se a consideração anterior permite antecipar a existência de um vício substancial na estatuição, são, porém, várias as questões jurídico-administrativas que este argumento suscita.

Desde logo, e localizando o problema no contexto do direito da contratação pública (fortemente influenciado pelo Direito da União Europeia), importa salientar que um dos princípios fundamentais nesta matéria consiste no princípio da igualdade, ao qual se associa o princípio da não discriminação em razão da nacionalidade; neste sentido, não pode a adjudicação servir como meio para beneficiar empresas nacionais, em detrimento de outras situadas no espaço europeu. Neste sentido, o ato padeceria de um vício de conteúdo, por ofensa de princípios jurídicos, determinante da sua anulabilidade.

Outro aspeto decisivo para a compreensão do problema decorre da circunstância de a adjudicação não constituir um ato estritamente vinculado. Na verdade, o sentido e alcance da identificação dos vícios substanciais na estatuição não se afigura idêntico em todos os atos administrativos. Neste cenário, urge efetuar uma diferenciação, de acordo com o critério da vinculação jurídica, entre atos vinculados e atos discricionários: verificados os pressupostos previstos pelo legislador, enquanto os atos vinculados têm de ser praticados com o preciso conteúdo imposto ou determinado na lei, os atos discricionários são adotados com o conteúdo autorizado ou permitido pela lei. Atente-se, porém, em que, no interior dos atos discricionários – como sucede com a adjudicação –, torna-se ainda possível graduar a vinculação, desde as situações em que o legislador contempla ainda alguns parâmetros decisórios, àquelas em que se assiste (como que) a uma demissão legislativa da fixação de normas retoras da prática do ato – *i. e.*, em que nos deparamos, no fundo, com aquelas hipóteses que a doutrina alemã designa como «atos administrativos discricionários livres» ou a doutrina norte-americana caracteriza como casos de inexistência de norma jurídica aplicável (*no law to apply*).

O facto de estar em causa um ato discricionário não o exime da subordinação ao princípio da juridicidade. Assumem aqui especial interesse as questões atinentes ao fim que preside à adjudicação: a escolha da melhor proposta pela entidade adjudicante, aferida em função dos critérios constantes do n.º 1 do artigo 74.º do CCP. Pressupondo que a finalidade que, a título principal, presidiu ao ato foi distinta – o que, por sua vez, terá determinado a adjudicação não à melhor proposta (*hoc sensu*, à proposta economicamente mais vantajosa), mas à proposta apresentada pelo concorrente nacional –, poderemos afirmar que existiu um vício na relação fim-conteúdo: o tradicionalmente designado desvio de poder, vício típico do exercício de poderes discricionários.

O problema em análise revela-se ainda suscetível de um outro enfoque. Alguma doutrina rejeita a prestabilidade do desvio de poder para permitir a correta compreensão das situações em que o órgão adota determinada decisão para satisfazer um interesse distinto do subjacente à norma legal, sobretudo em atenção às dificuldades probatórias e à conceção eminentemente subjetiva do vício, propondo, nestes casos, uma construção em torno do princípio da imparcialidade. Este princípio exige que as decisões da Administração sejam pautadas por critérios próprios do desempenho da função específica que o legislador lhe comete, impedindo a sua substituição ou distorção por interesses alheios ao fim (ou fins) legalmente previsto(s) – o que sucedeu no caso concreto.

Sob qualquer das perspetivas, a conclusão no sentido da invalidade não sai prejudicada pela circunstância de o fim prosseguido pelo ato ainda se poder, de alguma forma, configurar como uma finalidade pública.

O que releva, neste horizonte, é o facto de a prática do ato administrativo não servir o interesse público que o legislador punha a seu cargo.

Também o desvio de poder (para a satisfação de um fim de interesse público) e a violação do princípio da imparcialidade geram a anulabilidade do ato administrativo, nos termos e com os efeitos já considerados na alínea anterior, para a qual remetemos.

d) O último vício respeita ao sujeito do ato administrativo, *i. e.*, ao autor do ato, *in casu*, o Secretário de Estado das Pescas que praticou a adjudicação ao abrigo de uma delegação de competências nula.

Em regra, os secretários de Estado não dispõem de competências próprias, mas apenas daquelas que os ministros neles delegarem. O problema reside na circunstância de a delegação em causa padecer de nulidade.

Nos termos do artigo 44.º do CPA, a delegação consiste num ato administrativo através do qual um órgão administrativo, com base na lei, permite a outro órgão ou agente exerça um poder público de que é titular. Talqualmente resulta do regime jurídico traçado pelo CPA, a delegação assume-se como uma concessão constitutiva, em que o delegante transfere para o delegado um poder que lhe pertence (e continua a pertencer) e que originariamente não existe na esfera jurídica deste último.

Padecendo a delegação de uma causa determinante de nulidade, significa que aquela não produz quaisquer efeitos jurídicos. Efetivamente, a nulidade constitui a sanção mais gravosa atribuída pelo ordenamento jurídico a determinadas invalidades expressamente cominadas no artigo 161.º do CPA (e em outros diplomas avulsos). Esta sanção resulta de uma desconformidade do ato administrativo com elementos essenciais da ordem jurídica, como dimana da análise do disposto no referido artigo. A sua característica fundamental consiste na improdutividade jurídica *ab initio*, quer dizer, no facto de um ato nulo não produzir autonomamente, desde o momento em que foi constituído, os efeitos a que tende (cf. 162.º, n.º 1, do CPA) – sem prejuízo de, ao abrigo de princípios normativos (designadamente, boa fé, proteção da confiança e proporcionalidade), o ordenamento admitir a possibilidade de atribuição de efeitos a situações de facto decorrentes de atos nulos (cf. artigo 162.º, n.º 3, do CPA). Por outro lado, a nulidade pode ser invocada a todo o tempo, sem dependência de prazo, por qualquer interessado, sendo, de igual modo, suscetível de conhecimento por qualquer entidade e de declaração pelo tribunal ou pelos órgãos administrativos competentes (cf. artigo 162.º, n.º 2, do CPA).

Sendo a delegação nula, o Secretário de Estado não poderia exercer uma competência de que não dispunha. Tal significa que a adjudicação está ferida de um vício no sujeito, mais precisamente um vício de incompetência (na hipótese de a adjudicação se incluir no âmbito das atribuições do Ministério a que este Secretário de Estado se encontrava adstrito), que geraria a anulabilidade do ato administrativo (cf. artigo 163.º, n.º 1, do CPA), ou de falta de atribuições (no caso de a adjudicação dever ser praticada por um Ministro diferente), que originaria a nulidade do ato [cf. artigo 161.º, n.º 2, alínea *b)*, do CPA].

3. A sociedade *Há Mar e Mar* está a confundir duas questões distintas: a anulação da adjudicação e a anulação do contrato administrativo.

A anulação de atos administrativos constitui um poder conferido, em geral, à Administração, em particular aos órgãos identificados no artigo 169.º do CPA. A anulação administrativa consiste no ato administrativo (secundário), dotado de eficácia retroativa, pelo qual a autoridade administrativa, depois de ter concluído pela presença de um ou mais vícios invalidantes geradores da anulabilidade de um ato administrativo anterior, no contexto de uma reapreciação deste último à face dos seus parâmetros de vinculação, decide destruir os respetivos efeitos jurídicos. A causa ou o fundamento desta intervenção administrativa reside na existência de uma ilegalidade num ato administrativo anterior, fazendo corresponder a anulação a um ato desenvolvido no âmbito de uma função de administração de controlo. Assim, quando a Administração pretende anular um ato administrativo, não tem de se dirigir aos tribunais administrativos, mas, a pedido dos interessados ou *ex officio*, tem poderes para anular um ato administrativo, nos termos do artigo 168.º do CPA.

Problema diferente consiste em saber se o contraente público pode anular o contrato. E, neste ponto, a resposta é negativa, dispondo o n.º 1 do artigo 307.º do CCP que as declarações do contraente público sobre validade do contrato são meras declarações negociais, pelo que, na falta de acordo com o cocontratante, aquele apenas pode obter os efeitos pretendidos mediante a propositura de uma ação administrativa nos tribunais administrativos.

Ora, admitir que o contraente público (aqui, nas vestes de entidade adjudicante) anule a adjudicação não significa atribuir-lhe o poder para anular o contrato administrativo: se pretender obter a anulação do contrato com fundamento em invalidade derivada, deve o contraente público, *após (ou em cumulação com) a anulação do ato*, intentar, nos termos da alínea *a)* do n.º 1 do artigo 77.º-A do CPTA, a respetiva ação judicial.

4. A questão reporta-se aos direitos ou poderes que assistem ao contraente público/concedente em caso de incumprimento contratual por parte do cocontratante/concessionário.

Podem equacionar-se, neste contexto, soluções diferenciadas, que passam quer pela aplicação de sanções previstas no contrato, quer pelo sequestro da concessão e pela resolução sancionatória.

A possibilidade de aplicação das sanções previstas no contrato para o incumprimento (designadamente, sanções pecuniárias) está prevista no artigo 329.º do CCP.

O sequestro (cf. artigo 421.º do CCP, aplicável à concessão de exploração do domínio público, por força da remissão constante do artigo 408.º do CCP) constitui o poder do contraente público de, nos casos do incumprimento grave das obrigações contratuais (ou estando este iminente), assumir, em substituição deste e a expensas dele, a realização da(s) atividade(s) concedida(s). Na situação concreta, o concessionário não elaborou os regulamentos necessários ao funcionamento da marina, nem realiza as operações de limpeza: poderemos, por isso, colocar a hipótese de o caso se enquadrar no âmbito da alínea *b)* do n.º 2 do artigo 421.º, do CCP.

O sequestro é efetuado nos termos do procedimento previsto nos n.os 3 e 4 do artigo 421.º, mantendo-se durante o prazo máximo de um ano (cf. n.º 6). Todavia, se findo este prazo, o concessionário não puder ou se opuser a retomar o desenvolvimento das atividades concedidas ou se, tendo-o feito, continuarem a verificar-se os factos que deram origem ao sequestro, o concedente pode resolver o contrato (cf. artigo 421.º, n.º 7, do CCP). Estamos, pois, diante de um caso especial de resolução, que, tendo como fundamento último o incumprimento das obrigações do concessionário, se distingue, contudo, do regime da resolução sancionatória.

Uma outra possibilidade consiste na resolução por incumprimento (ou resolução sancionatória). Se, tradicionalmente, se entendia que o poder de resolução unilateral do contrato com fundamento no incumprimento do contrato pelo cocontratante privado só se poderia exercer se estivesse consagrado no clausulado contratual – tratava-se uma sanção contratual –, a atual redação do CCP parece apontar em sentido diverso, ao destrinçar a resolução unilateral (sancionatória) da aplicação das sanções previstas no contrato [cf. artigos 302.º, alíneas *d)* e *e)*, 307.º, alíneas *c)* e *d)*, e 329.º, do CCP], permitindo fundamentar a resolução por incumprimento na própria lei (sem necessidade de previsão no contrato).

O artigo 325.º do CCP estabelece que, quando o cocontratante não cumpre de forma exata e pontual as obrigações contratuais, deve o contraente público notificá-lo para cumprir dentro de um prazo razoável; se, após o decurso do prazo, se mantiver a situação de incumprimento, pode o contraente público optar pela efetivação das prestações de natureza fungível em falta (diretamente ou por intermédio de terceiro) ou por resolver o contrato com fundamento em incumprimento definitivo, nos termos do artigo 333.º do CCP. Atente-se em que, nos termos do n.º 2 deste último preceito, além da resolução por incumprimento, o cocontratante ainda responde pelos danos causados pela sua conduta, tendo o contraente público o direito de indemnização, nomeadamente pelos prejuízos decorrentes da adoção do novo procedimento de formação do contrato.

Em qualquer das hipóteses consideradas, o poder exercido pelo contraente público assume a natureza de ato administrativo [cf. artigo 307.º, n.º 2, alíneas *c)* e *d)*, do CCP]. No caso do sequestro e da resolução unilateral, o ato administrativo possui, de acordo com o n.º 2 do artigo 309.º do CCP, força executória. A executoriedade reconduz-se à propriedade do ato administrativo que a Administração pode executar pelos seus próprios meios, coativamente, sem ter de se dirigir aos tribunais através de uma ação executiva. A força executória atribuída à resolução unilateral e ao sequestro significa, na situação concreta, que, por exemplo, caso o cocontratante não retire, em consequência da extinção da concessão, as instalações desmontáveis (que não revertam para o contraente público) da parcela concedida, pode a Administração, pelos seus próprios meios (ou com a colaboração de um terceiro, a expensas do cocontratante), removê-las do local.

CASO 10
O PLANO

A Câmara Municipal de **X** lançou um concurso público para a celebração de um contrato, mediante o qual o cocontratante assumia, contra o pagamento de uma remuneração, a obrigação de elaborar um plano de pormenor para uma determinada área do município. O contrato foi adjudicado à e, entretanto, celebrado com a sociedade *Desenhos e Rabiscos.*

Uma das concorrentes que viu a sua proposta preterida entende que a adjudicação padece de várias causas de invalidade:

a) A sociedade *Desenhos e Rabiscos* prestou assessoria ao Município na preparação e elaboração do programa do concurso e do caderno de encargos, tendo aí incluído exigências que apenas ela cumpre;
b) Os demais concorrentes não foram ouvidos antes da adjudicação;
c) A *Desenhos e Rabiscos* não pagou qualquer caução antes da celebração do contrato.

1. Serão procedentes as causas de invalidade apresentadas?

2. Considerando apenas o regime geral aplicável a todos os contratos administrativos, pronuncie-se sobre a possibilidade de o Município, no âmbito do contrato celebrado, impor à *Desenhos e Rabiscos* a elaboração de outro plano de pormenor (aplicável, naturalmente, a outra área territorial), para além do inicialmente previsto.

3. Diga, justificando e referindo-se ao caso, em que medida a eventual invalidade do ato de adjudicação pode comprometer a validade do contrato celebrado.

RESOLUÇÃO:

1. A adjudicação tem a natureza de ato administrativo, isto é, na definição proposta por Rogério Soares e Vieira de Andrade, uma estatuição autoritária, relativa a um caso concreto, praticada por um sujeito de Direito Administrativo, no exercício de poderes jurídico-administrativos, destinada a produzir efeitos jurídicos externos, positivos ou negativos.

Como decorre do artigo 73.º do CCP, o conteúdo regulatório deste ato consiste em selecionar uma proposta.

A análise da validade da adjudicação (como, em geral, de qualquer ato administrativo) pode ser efetuada por referência ao modelo prático e teleológico dos momentos estruturais do ato administrativo, que distingue o sujeito, o objeto e a estatuição, incluindo, no interior desta última, aspetos formais (o procedimento e a forma) e aspetos substanciais (o fim e o conteúdo).

a) O vício agora apresentado enquadra-se no âmbito de aplicação do n.º 3 do artigo 69.º do CPA, que reconduz às situações de impedimento a prestação de serviços de consultoria (ou outros) a favor dos sujeitos públicos da relação jurídica procedimental por parte de quem tenha interesse no procedimento. No mesmo sentido, a alínea *i)* do n.º 1 do artigo 55.º do CCP determina que não podem ser concorrentes as entidades que tenham, a qualquer título, prestado, direta ou indiretamente, assessoria ou apoio técnico na preparação e elaboração das peças do procedimento que lhes confira vantagem que falseie as condições normais de concorrência.

No caso concreto, a *Desenhos e Rabiscos* colaborou na elaboração de duas peças do procedimento de concurso público [cf. artigo 40.º, n.º 1, alínea *b)*, do CCP]: o programa do concurso (a peça do procedimento que regula os termos em que se processa a formação do contrato – cf. artigo 41.º do CCP) e o caderno de encargos (a peça do procedimento que contém as cláusulas a incluir no contrato – cf. artigo 42.º, n.º 1, do CCP). O facto de tal ter sucedido determinou que passassem a estar incluídas nas peças do procedimento condições que, direta ou indiretamente, acabariam por favorecer a situação da *Desenhos e Rabiscos* – em sentido contrário às exigências postuladas pelo princípio da concorrência.

O vício em causa configura uma hipótese de falta de legitimação do objeto (do ente que sofre os efeitos do ato administrativo – no caso, o adjudicatário). Em abstrato, a *Desenhos e Rabiscos* poderia ser concorrente de um procedimento pré-contratual; todavia, em concreto, porque prestou assessoria na elaboração das peças deste específico procedimento pré-contratual, encontra-se impedida de nele participar como concorrente.

O vício de falta de legitimação do objeto tem como consequência jurídica a anulabilidade, nos termos n.º 1 do artigo 163.º do CPA.

b) O vício referido em segundo lugar afeta a tramitação procedimental dirigida à prática do ato de adjudicação (procedimento pré-contratual).

O procedimento administrativo é constituído pelo conjunto de atos, lógica e sequencialmente ordenados segundo uma tramitação, em ordem à produção de um determinado resultado: no caso, o ato administrativo de adjudicação. Num sentido similar, o legislador define procedimento administrativo como "a sucessão ordenada de atos e formalidades tendentes à formação, manifestação e execução da vontade dos órgãos da Administração Pública" (cf. artigo 1.º, n.º 1, do CPA).

O procedimento administrativo pré-contratual, sendo um procedimento administrativo especial, goza de uma tramitação própria. No caso concreto, aplica-se ao procedimento a Parte II do CCP (cf. também artigo 201.º, n.º 1, do CPA): eis a consequência de o contrato celebrado – um contrato de aquisição de serviços – cumprir os pressupostos subjetivos (contrato celebrado por uma entidade adjudicante do artigo 2.º do CCP) e objetivos [contrato cujo objeto abrange prestações que estão ou são suscetíveis de estar submetidas à concorrência de mercado – cf. artigo 16.º, n.º 2, alínea *e)*, do CCP] da noção de *contrato público*.

Em regra, o procedimento tendente à prática de um ato administrativo (procedimento declarativo) envolve três fases: a fase preparatória (que inclui a iniciativa, a instrução e a audiência dos interessados), a fase constitutiva e a fase integrativa de eficácia. Na situação hipotizada, faltou o trâmite relativo à audiência dos interessados.

Em geral, concluída a instrução e possuindo, nesta altura, a Administração os elementos que lhe permitem elaborar um projeto de decisão, os interessados têm direito a ser ouvidos sobre este (artigo 121.º, n.º 1, do CPA). A audiência pode assumir a forma escrita ou oral (artigo 123.º do CPA), cabendo a decisão acerca da forma ao órgão instrutor (artigo 122.º, n.º 1, do CPA). Nos termos do artigo 124.º do CPA, existem certas hipóteses em que o órgão instrutor pode *dispensar* a realização de audiência (casos de dispensa administrativa), a qual deverá ser fundamentada.

A realização de audiência dos interessados também se encontra prevista no CCP: assim, no caso do concurso público, o artigo 147.º impõe a realização de uma audiência prévia após a elaboração do relatório preliminar. Somente após esta diligência, o júri elaborará o relatório final, no qual ficará espelhada a ponderação das observações dos concorrentes apresentadas em sede de audiência prévia. Se do relatório final resultar a exclusão de uma proposta ou uma alteração da ordenação das propostas constante do relatório preliminar, deve o júri proceder à realização de uma nova audiência prévia (cf. artigo 147.º, n.º 2, do CCP).

A falta de audiência prévia origina um vício na estatuição (vício de procedimento), ao qual corresponde a anulabilidade da adjudicação, nos termos gerais do artigo 163.º do CPA. A solução apenas assumiria contornos diversos no âmbito dos procedimentos sancionatórios (disciplinar ou contraordenacional), em que o cumprimento desta fase corresponde à concretização de um direito de audiência *e defesa*, que constitui um direito, liberdade e garantia (cf. artigos 32.º, n.º 10, e 269.º, n.º 3, da CRP), pelo que a respetiva preterição implicaria a ofensa do "conteúdo essencial de um direito fundamental" [cf. artigo 161.º, n.º 2, alínea *d)*, do CPA].

c) A prestação de caução constitui uma obrigação do adjudicatário, a exigir em todos os contratos que impliquem o pagamento de um preço pela entidade adjudicante, destinando-se a garantir a celebração do contrato e o exato e pontual cumprimento das obrigações legais e contratuais que assume com aquela celebração (cf. artigo 88.º do CCP). O valor e o modo de prestação da caução constam dos artigos 89.º e 90.º, respetivamente.

Ora, como resulta já da referência à função da caução, o dever de a prestar nasce após a adjudicação, num momento posterior à fase constitutiva. Efetivamente, o procedimento de formação de contratos públicos é um procedimento complexo, composto por dois subprocedimentos: o procedimento adjudicatório (que termina com o ato de adjudicação) e o procedimento pós-adjudicatório (que culmina com a celebração do contrato). A prestação da caução (assim como a habilitação, a confirmação de compromissos ou a fixação da minuta do contrato) ocorre, pois, no procedimento pós-adjudicatório.

Por este motivo, o incumprimento da prestação da caução não constitui uma condição de *validade* da adjudicação, visto que aquele conceito exprime a qualidade do ato cuja *constituição* obedece aos princípios e normas jurídicos aos quais se encontra adstrito. Assim, o CCP prevê que a não prestação de caução origina a *caducidade* (que não a invalidade) do ato de adjudicação, quando tal se verifique por facto imputável ao adjudicatário (cf. artigo 91.º, n.º 1, do CCP).

Em suma, considerando os vícios apontados, a adjudicação encontrar-se-ia ferida de anulabilidade, de acordo com o regime previsto no artigo 163.º do CPA. Tal significa que, até à respetiva anulação (administrativa ou jurisdicional), a solicitar e efetuar dentro de determinado prazo, o ato produz (provisoriamente) os efeitos jurídicos a que tende; tais efeitos apenas serão (retroativamente) destruídos com a anulação do ato.

2. O contrato em causa reveste, efetivamente, a natureza de contrato administrativo (cf. artigos 200.º, n.º 2, do CPA e 280.º do CCP). Além de ter sido celebrado por um contraente público (cf. artigo 5.º do CCP), o contrato preenche o primeiro fator de administratividade contemplado na alínea *a)* do n.º 1 do artigo 280.º do CCP, porquanto se encontra especialmente regulado na Parte III do CCP (dedicada ao contrato administrativo). Com efeito, e como principiámos por afirmar, estamos diante de um contrato de aquisição de serviços, que o legislador define como "o contrato pelo qual um contraente público adquire a prestação de um ou vários serviços, mediante o pagamento de um preço" (cf. artigo 450.º do CCP).

Recorrendo apenas às disposições legais aplicáveis, em geral, a todos os contratos administrativos, temos que, na situação hipotizada, o contraente público pretende operar uma modificação unilateral do contrato. O poder do contraente público de, por ato administrativo, modificar o contrato decorre, conjugadamente, da alínea *c)* do artigo 302.º e da alínea *b)* do n.º 2 do artigo 307.º, ambos do CCP. Trata-se de uma modificação objetiva do contrato, por razões de interesse público. Deparamo-nos com um dos poderes ("prerrogativas") típicos dos contratos administrativos, que traduzem o imperativo da sua indeclinável conformação ao interesse público atual.

Impõe-se agora averiguar se a modificação em causa cumpre os requisitos legais. O n.º 1 do artigo 313.º do CCP estabelece vários limites ao poder de modificação unilateral, que se destinam a tutelar quer a posição do cocontratante, quer a posição dos eventuais interessados em concorrer e dos concorrentes aos quais o contrato não foi adjudicado. Este preceito sugere uma necessária articulação com as exigências de sentido emergentes da jurisprudência *Pressetext*, proibindo, por ofensa do princípio da igualdade dos proponentes e da obrigação de transparência, que a modificação do contrato importe *alterações substanciais*, as quais se verificam nas hipóteses em que se aquela alteração introduz condições que, *se tivessem figurado no procedimento de adjudicação inicial*, teriam permitido admitir concorrentes diferentes dos inicialmente admitidos ou teriam permitido adjudicar o contrato a uma proposta diferente da inicialmente aceite.

A tutela da concorrência justifica ainda a obrigação de transparência consagrada pelo artigo 315.º do CCP, que determina a publicitação, pelo contraente público, das modificações objetivas do contrato que representem um valor acumulado superior a 10% do preço contratual, sob pena de ineficácia do ato ou acordo modificativos. Esta publicidade constitui, aliás, uma condição que viabiliza o controlo pelos terceiros interessados da observância do limite previsto nas alíneas *b)* e *c)* ou mesmo da alínea *e)* do n.º 1 do artigo 313.º CCP, criando condições para permitir a reação jurisdicional por parte daqueles.

Os dados do caso concreto indiciam que não se encontrarão verificados os limites constantes do artigo 313.º do CCP. Desde logo, o objeto do contrato sofre uma alteração substancial. O limite resultante do respeito pela não alteração substancial do objeto do contrato reconduz-se à impossibilidade de a modificação contratual transmudar o conteúdo das prestações caracterizadoras do contrato; as alterações ao objeto da prestação apenas se encontrarão vedadas se propiciarem uma transformação do próprio contrato. Ora, no caso concreto, embora o tipo de prestação subjacente à modificação contratual seja idêntico ao da redação inicial (trata-se, em ambos os casos, da elaboração de um plano urbanístico), não se revela despicienda a diferença entre elaborar um ou dois planos relativos a áreas territoriais distintas. Ademais, e com toda a probabilidade, esta modificação configurava uma forma de impedir, restringir ou falsear a concorrência.

3. Esta questão coloca-nos perante o problema da invalidade derivada do contrato administrativo.

A invalidade derivada caracteriza-se pela irradiação da invalidade de um determinado ato jurídico – concebido como ato prejudicial ou pressuposto – para o contrato deste dependente – enquanto ato prejudicado ou consequencial.

O ato pressuposto (determinante da invalidade do ato prejudicado) deve reunir um conjunto de características: *(i)* além de ser dotado de *autonomia substantiva ou funcional* face ao ato prejudicado, *(ii)* tem de se assumir como um ato no qual se funda o ato prejudicado (*necessidade ou anterioridade lógico-jurídica*), (*iii*) implicando os efeitos da sua invalidade uma *afetação, autónoma e direta, da consistência do ato prejudicado*. Ora, não persistem dúvidas de que a adjudicação, enquanto ato administrativo que escolhe uma proposta e, por inerência, seleciona o futuro cocontratante da Administração integra o conceito de ato pressuposto: efetivamente, a adjudicação revela-se imprescindível para identificar um dos sujeitos contratuais e, em regra, também para modelar o clausulado.

No caso concreto, concluímos que os vícios de falta de legitimação do objeto e de falta de audiência dos interessados implicavam a anulabilidade da adjudicação. Resta saber agora se a anulabilidade do ato de adjudicação (enquanto ato pressuposto) compromete a validade do contrato administrativo (enquanto ato consequente).

A matéria atinente à invalidade derivada do contrato encontra a sua sede preferencial de tratamento no artigo 283.º do CCP: sob a epígrafe "invalidade consequente de actos procedimentais inválidos", o preceito prevê, em geral, que os contratos são anuláveis se tiverem sido anulados ou se forem anuláveis os atos procedimentais (n.º 2).

O n.º 4 do artigo 283.º do CCP prevê uma hipótese de *aproveitamento do contrato, i. e.*, uma situação em que, não obstante o contrato se encontrar ferido de anulabilidade nos termos do n.º 2, o tribunal decide não o anular, *aproveitando-o*. Tal pode suceder, quando a ponderação dos interesses públicos e privados em presença e a gravidade da ofensa do ato procedimental em causa, a anulação do contrato se revele desproporcionada ou contrária à boa fé; ou, independentemente da realização desta ponderação à luz dos princípios da proporcionalidade e da boa fé. A esta hipótese o n.º 4 do artigo 285.º do CCP adiciona uma outra, anulatório nos casos em que, não se tornando viável a redução ou conversão do contrato, aquele se revele desproporcionado ou contrário à boa fé, ponderados quer os interesses públicos e privados em presença, quer a gravidade do vício de que o contrato padece. Repare-se, porém, que as normas em causa operam em âmbitos diferenciados: o n.º 4 do artigo 283.º reporta-se apenas às anulabilidades decorrentes de uma invalidade consequente; por sua vez, o n.º 4 do artigo 285.º abrange ambos os tipos de invalidade (derivada e própria). São, igualmente, distintos os pressupostos subjacentes à possibilidade de afastamento do efeito anulatório, exigindo o n.º 4 do artigo 285.º, como requisito prévio, a impossibilidade de redução ou conversão do contrato – condição não solicitada pelo n.º 4 do artigo 283.º.

No caso concreto, estaria sempre arredada a aplicação do n.º 4 do artigo 285.º: na questão 2, concluímos que a adjudicação estava inquinada, *inter alia*, por um vício de falta de legitimação do objeto; quer dizer que o vício do ato pressuposto implicaria uma modificação subjetiva no contrato, que nunca deveria ter sido celebrado com aquele sujeito.

Tal não obvia, porém, a que se possa aproveitar o contrato nos termos do n.º 4, desde que a ponderação, de acordo com os princípios da proporcionalidade e da boa fé, dos interesses públicos e privados e a gravidade do vício assim o aconselhe. Considere-se, por exemplo, a hipótese de, aquando da apreciação judicial da validade do contrato, este já se encontrar quase todo executado; nesta situação, a anulação do contrato pode revelar-se mais prejudicial para o interesse público e para a segurança jurídica, que a sua manutenção.

ÍNDICE